Arthur E. Imhof

Die Lebenszeit

Arthur E. Imhof

Die Lebenszeit

Vom aufgeschobenen Tod
und von der Kunst des Lebens

Verlag C. H. Beck München

Mit 67 Abbildungen im Text

CIP-Titelaufnahme der Deutschen Bibliothek

Imhof, Arthur E.:
Die Lebenszeit : Vom aufgeschobenen Tod u. v. d. Kunst
d. Lebens / Arthur E. Imhof. –
München : Beck, 1988
ISBN 3-406-33211-0

ISBN 3 406 332110

Umschlagentwurf: Bruno Schachtner, Dachau
Umschlagbild: Arnold Böcklin, Selbstbildnis mit fiedelndem Tod,
Nationalgalerie der Staatlichen Museen Preußischer Kulturbesitz Berlin.
© C.H.Beck'sche Verlagsbuchhandlung (Oscar Beck), München 1988
Gesamtherstellung: C.H.Beck'sche Buchdruckerei, Nördlingen
Printed in Germany

Meinen Vorfahren im Wallis gewidmet.
Sie gaben mir Wurzeln.

Inhalt

Vorwort

Wer dieses Buch der zahlreichen Abbildungen wegen vorerst als Bilderbuch zur Hand nimmt und sich erst anschließend in die Lektüre vertieft, folgt damit dessen Entstehungsgeschichte. Alle Illustrationen dienten ursprünglich als Grundlage für Vorträge, die in freier Rede gehalten wurden.

Das auf dieser Grundlage entstandene und nun vorliegende Buch behält das starke Gewicht auf den Abbildungen ebenso bei wie die Tatsache, daß Vorträge im allgemeinen ohne Anmerkungs-Apparat auskommen müssen. Das Wesentliche hat knapp und bündig, oft holzschnittartig vorgebracht zu werden. Was sich beim mündlichen Vortrag nicht selten bewährt hatte, daß sich nämlich die Zuhörer durch bewußt pointierte Formulierungen herausgefordert fühlten, kann sich bei den Lesern dann vielleicht wiederholen. Meine eigenen Ausführungen bildeten somit immer nur den einen Teil und dienten als Einleitung in die Thematik. Der andere Teil ergab sich aus den anschließenden Fragen und Diskussionen. Genauso wenig geht es mir hier um ein monologisierendes Dozieren als vielmehr darum, den Leser zum eigenen Nachdenken über die vorgetragenen Probleme anzuregen. Von mir aus gesehen handelt es sich um den Versuch, eine zusammenhängende Antwort auf die gestellten Fragen zu geben und insgesamt darüber zu reflektieren.

Wer sich längs des Wegs in eines der angeschnittenen Probleme vertiefen möchte, dem mag das kommentierte Abbildungsverzeichnis am Ende des Buches hilfreich sein. Dort ist auch vermerkt, wo ich selbst jeweils die besten Denkanstöße erhalten hatte. Da manche Illustration zudem die Quintessenz längerer eigener Beschäftigung mit einem Thema darstellt, ist dort auch ein für allemal auf den exakten Erscheinungsort derartiger weiterausholender Vorstudien verwiesen. Im übrigen aber beschränkt sich der Anmerkungs-Apparat auf ein Minimum. Es widerspräche dem Buchkonzept, wenn sich der Leser bei einer ihn interessierenden Frage stets als erstes in zusätzliche Lektüre flüchten würde. Lesen können wir, und der sofortige Griff zum Buch erfolgt bei vielen von uns beinahe reflexartig. Angesichts der Flut von Veröffentlichungen über jedes Problemchen scheint es mir heute eher geboten, sich diesen Reflex wieder abzugewöhnen. Wir müssen den Kopf auch frei behalten können für Wesentliches, nämlich über die Probleme selbst nachzudenken – und nicht nur darüber nachzulesen.

Aus den Abbildungen geht rasch hervor, daß die Vorträge offensichtlich an ganz unterschiedlichen Orten gehalten worden sein mußten: in europäischen Ländern ebenso wie in Japan, Brasilien, Australien, in Namibia oder

Indien. Das tönt gewaltig, ist aber nicht so gemeint. Vor allem hat es sehr
wenig mit meiner vermeintlichen Reiselust zu tun. Aus dem Koffer zu leben
ist keineswegs immer ein Vergnügen, und seit Jahren drei Semester jährlich
zu unterrichten auch nicht: zwei bei uns auf der nördlichen Halbkugel und
eins während unserer «vorlesungsfreien Sommerzeit» auf der südlichen im
dortigen Winter. Viel hat es dagegen zu tun mit meinem Fach «Historische
Demographie und Sozialgeschichte», jedenfalls so wie ich es verstehe. In der
Historischen Demographie stehen die simpelsten Dinge des menschlichen
Lebens im Zentrum: Geburt und Tod, und in diesem Buch vor allem die
ganz unterschiedlich lange Zeitspanne dazwischen. Überdies hat es *Sozialge*-
schichte mit *allen* Menschen zu tun. Gab und gibt es die indes nicht überall
auf der Welt, in der Vergangenheit genauso wie in der Gegenwart? Wie also
könnte ich mich bloß auf Europa beschränken, wie auf ein paar ausgewählte
Jahre oder Jahrzehnte, ohne mein Thema nicht über alle Maßen einzuen-
gen? Es werden auch so noch genügend Einschränkungen notwendig werden.

Je weiter weg die Reisen führten und je länger die Aufenthalte währten,
um so mehr war ich auf mannigfache organisatorische, finanzielle, betreue-
rische Hilfe anderer angewiesen. Das wenigste, was ich zum Zeichen meines
Dankes hier tun kann, ist, zumindest jene Institutionen und Persönlichkeiten
namentlich erwähnen, denen ich vor allem außerhalb Europas besonders
verpflichtet bin. Es sind dies in erster Linie Professor Akira Hayami und die
Japan Society for the Promotion of Science für Einladungen als Gastforscher
an die Keio Universität Tokio 1983 und 1986, die Professoren René Ernaini
Gertz, Altiva Pilatti Balhana, Sergio Odilon Nadalin und Augustin Wernet
für Gastprofessuren an den brasilianischen Universitäten Porto Alegre, Curitiba und São Paulo 1984 und 1986, die regierungsunabhängigen Institutionen Southern African Forum und Namibia Foundation für die Ermöglichung von Recherchen über die unterschiedliche Säuglingssterblichkeit in
neun Krankenhäusern der beiden Länder 1983 und 1985, die Professoren
John C. Caldwell und Charles B. Kerr für zwei Einladungen an das Institute
of Advanced Studies der Australian National University in Canberra und an
das Department of Preventive and Social Medicine der Universität Sydney
1985 und 1987, Professor Zhu Yun-cheng für eine Gasteinladung 1986 an
das Institut für Bevölkerungsforschung der südchinesischen Zhongshan
Universität in Guangzhou (der ehemaligen Sun Yatsen-Universität von Kanton), die Professoren Ashish Bose vom Population Research Centre der
Universität Delhi, Mahendra K. Premi von der Jawaharlal Nehru Universität Neu Delhi, L. M. Nath vom Centre for Community Medicine am All
India Institute of Medical Sciences New Delhi sowie Asha A. Bhende vom
International Institute for Population Sciences in Bombay für eine Reihe von
Vorlesungen und Gastseminaren in Indien 1986 und 1987. Dankbar erwäh-
nen möchte ich aber auch – obwohl *geographisch* viel näher gelegen – die

Einladungen der Professoren Parviz Khalatbari, Ingeborg Dahm, Helga Schultz und Wulfram Speigner zu einer Serie von anregend verlaufenen Lehrveranstaltungen im Rahmen von Gastdozenturen 1984 und 1987 an der Humboldt-Universität zu Berlin (Bereiche Demographie und Sozial-Medizin der Charité) und an der Akademie der Wissenschaften der DDR (Bereiche Geschichte und Soziologie). Für namhafte Reisebeihilfen stehe ich in der Schuld der Deutschen Forschungsgemeinschaft und des Deutschen Akademischen Austauschdienstes in Bonn, der Union Internationale pour l'Etude Scientifique de la Population in Louvain sowie des Goethe-Instituts in München samt dessen Filialen in Kyoto, Hong Kong, Porto Alegre, Neu Delhi und Bombay.

Vortragsreisen, Gastdozenturen und Forschungsaufenthalte im Ausland können jedoch nur fruchtbar werden, wenn günstige Voraussetzungen für die eigene Arbeit auch zu Hause gegeben sind. In diesem Zusammenhang möchte ich dankbar die jahrelange ebenso verständnisvolle wie großzügige Förderung durch die Stiftung Volkswagenwerk Hannover, die Deutsche Forschungsgemeinschaft Bonn, die Freie Universität Berlin sowie das Friedrich-Meinecke-Institut am Fachbereich Geschichtswissenschaften erwähnen. Sie ermöglichte nicht nur die Beschaffung adäquater technischer Hilfsmittel, angefangen beim handgetragenen Kleincomputer zur direkten Erfassung von Kirchenbucheintragungen in Pfarrarchiven bis zu verschiedenen Personal Computern der Klassen XT und AT, sondern ebenso und noch wichtiger die kontinuierliche Finanzierung eines Forscher-Teams über mehr als ein Dutzend Jahre hinweg. Diese Mitarbeiter leisteten in vielen Bereichen die unabdingbare, oft mühsame Kärrner-Arbeit. Ihnen gebührt hier ein spezielles Wort des Dankes. Eigens erwähnen möchte ich in dem Zusammenhang Frau Gabriele Giesecke. Sie hat sich im Laufe der Jahre zur Graphik-Spezialistin entwickelt. Die meisten endgültigen Fassungen der hier aufgenommenen Abbildungen stammen von ihrer Hand. Da sie sich jedoch stets eng an meine Entwürfe zu halten hatte, sind allfällige Unstimmigkeiten in den Illustrationen oder bestehen gebliebene Fehler somit nicht ihr, sondern ausschließlich mir anzulasten. Ebenfalls im heimischen Institut konnten Ende 1986 einige zentrale Thesen des Buches anläßlich einer dritten forschungsbegleitenden Konferenz zum Thema «Die verlängerte Lebenszeit» in einem fächerübergreifenden Zusammenhang diskutiert werden. Die beteiligten Mediziner, Demographen, Volkskundler, Krankenhausseelsorger, Psychologen, Soziologen und Historiker-Kollegen sparten dabei weder mit ebenso harter wie augenöffnender Kritik noch mit einer Fülle neuer Anregungen: das eine so notwendig und willkommen wie das andere.

UN GRAND MERCI A VOUS TOUS!

Macht jemand von all diesen Förderungsmöglichkeiten, von den Einladungen und Anregungen so weitgehend Gebrauch wie der Autor, dann erwachsen ihm daraus auch Verpflichtungen. Mit dem vorliegenden Buch möchte ich deshalb nicht zuletzt die Ergebnisse der jahrelangen Unterstützung von verschiedenster Seite in einer Weise zusammenfassen und präsentieren, daß Sinn und Zweck der dadurch ermöglichten Forschung auch einem weiteren Publikum einsichtig werden. Es schiene mir sonst schade um all die Investitionen, die schließlich siebenstellige Ziffern (in D-Mark!) erreichten. Nachdenken über «die verlängerte Lebenszeit» ist kein Thema nur für den Elfenbeinturm. Es geht uns alle an. Daß mir der Verlag C. H. Beck erneut eine Publikationsmöglichkeit anbot, rechne ich ihm hoch an.

Friedrich-Meinecke-Institut der Freien Universität Berlin,
im Sommersemester 1987   A. E. I.

Einleitung

Es wird eine lange Reise werden, zeitlich und räumlich. Sie umspannt mehrere Jahrhunderte und reicht von Europa über Brasilien bis Süd- und Südwestafrika, von Indien über Japan bis Australien. Während das Ausholen in der ersten Dimension auf meinen Beruf als Historiker zurückgeht, so hängt das Ausgreifen in der zweiten mit der Überzeugung zusammen, daß ein Buch zum Thema «Historische Demographie und Sozialgeschichte» heute erst Sinn in einem weltweiten Zusammenhang macht.

So wenig wir es allerdings mit der «Großen Geschichte» vom 12. oder 13. Jahrhundert bis heute zu tun haben werden, so wenig wollen wir uns mit den allgemeinen Ländergeschichten Indiens oder Brasiliens, Namibias oder Japans befassen. Im Zentrum stehen vielmehr immer und überall Menschen, bei denen es sich einmal um Europäer aus dem 15., ein andermal um solche aus dem 18. Jahrhundert handelt. Oder es sind einmal Japaner, ein andermal Inder, ein drittes oder viertes Mal Australier oder Brasilianer. Das verbindende Element ist deren unterschiedliche Lebenserwartung. Da sind dann selbst «Brasilianer» nicht länger einfach «Brasilianer», und ein Europäer des 15. Jahrhunderts ist etwas anderes als ein Europäer des ausgehenden zwanzigsten. In den Elendsvierteln brasilianischer Großstädte, an deren Rändern die Bevölkerung explosionsartig zunimmt, sterben noch heute viele Säuglinge bereits kurz nach der Geburt oder schon als Kleinkinder. Ihr Leben erlischt, noch bevor es anfangen konnte zu laufen. Von einem «Lebenslauf» wäre da nie die Rede. Wir in Europa dagegen erhalten gleichzeitig mit unserer Geburtsurkunde heute praktisch alle einen Garantieschein für ein Leben von sechzig, siebzig, achtzig Jahren. Ziel des Buches ist es, zum Nachdenken hierüber anzuregen.

Bei Reisen in jene anderen Länder überkommt den europäischen Historiker immer wieder das «Déjà-vu»-Erlebnis. Kennen wir das alles nicht bis zum Überdruß aus unserer eigenen Geschichte? Oft müssen wir nur ein paar Generationen, manchmal einige Jahrhunderte zurückgehen. Aus allen Nähten platzende Städte mit katastrophalen Auswirkungen vor allem für die am raschesten wachsenden Randgruppen gab es bei uns im 19. Jahrhundert zu Dutzenden. Über massenhaft an infektiösen und parasitären Krankheiten sterbende Säuglinge und Kinder lesen wir in Sterberegistern des 18. Jahrhunderts seitenweise. Miserable hygienische Bedingungen waren auch bei uns die Regel – allerdings im 17. Jahrhundert.

Wir Europäer haben indes wenig Veranlassung, uns nun achselzuckend abzuwenden und blasiert selbst auf die Schultern zu klopfen. Gewiß existie-

ren diese traditionellen Probleme bei uns nicht mehr. Ersetzten wir sie jedoch nicht durch neue und sind nun ebensoweit davon entfernt, diese im
Griff zu haben wie die Entwicklungs- oder Schwellenländer die ihren? So
sterben zwar die meisten von uns heute nicht länger gemäß der Redewendung «Mitten wir im Leben / sind vom Tod umgeben» an irgendeiner im
allgemeinen rasch tötenden Infektionskrankheit. Dafür warten immer mehr
in vorgerücktem Alter auf die Erlösung von jahrelanger chronischer Pein. –
Als Denkanstoß sei zumindest die Frage erlaubt: Machten wir da wirklich
einen guten Tausch?

Natürlich kann es sich der europäische Historiker-Demograph bei seinen
Vortragsreisen und Gastdozenturen weltweit leicht machen. In vielen Ent-
wicklungs- und Schwellenländern ist man begierig darauf, von uns zu erfahren, wie wir es denn angestellt hätten, um die Säuglings- und Müttersterblichkeit so gut wie zum Verschwinden zu bringen, die Infektionskrankheiten
auszurotten, praktisch allen eine Lebenserwartung von sechzig, siebzig,
achtzig Jahren zu garantieren. Wir können ihnen mühelos die gewünschte
Lektion erteilen, sei es zusammenfassend lehrerhaft etwa unter dem Titel
«Von den Auswirkungen der Demokratisierung in unserem Gesundheitswesen», sei es thematisch portionenweise etwa in der Reihenfolge: «Verbesse-
rungen in der Ernährungssituation durch die ‹agrare Revolution› im europäischen 18. Jahrhundert», «Die segensreichen Folgen der Hygienisierungskampagne im 19. Jahrhundert», «Der Sieg im Kampf über die Tuberkulose
im 20. Jahrhundert». Als gefragter Redner kann sich der versierte europäische Historiker vor einem staunenden Publikum eins übers andere Mal in
den Erfolgen unserer Vorfahren sonnen: von Afrika bis Japan, von China
bis Lateinamerika.

Es hierbei bewenden zu lassen, ist jedoch nicht redlich, und die Erwäh-
nung Japans weist auch bereits darauf hin, weshalb nicht. Vom Standpunkt
vieler Entwicklungs- oder Schwellenländer aus gesehen, die noch tagtäglich
mit Infektionskrankheiten und Säuglingssterblichkeit, kurz mit unseren alten Problemen konfrontiert sind, scheint es leicht so, als ob wir bei uns, die
wir diese Probleme nicht mehr haben, im Paradiese lebten. Aber wir leben
nicht im Paradiese! Statt massierte Säuglingssterblichkeit haben wir massierte Altensterblichkeit, statt Infektionskrankheiten chronische Leiden.

Je mehr jene Länder ihre heutigen Probleme, die die unsrigen von gestern
sind, ebenfalls in den Griff bekommen, um so mehr werden sich dort morgen die unsrigen von heute einstellen. Auch sie werden dann nicht im Paradiese leben, sondern vor einer Fülle neuer Schwierigkeiten stehen. Es ist
nur fair, sie in unseren Vorträgen auch hierauf hinzuweisen und ihnen diese andere Seite der Medaille ebenfalls zu zeigen, kurzum: ihnen gegenüber
unsere Probleme nicht zu verschweigen. Dann stehen sich plötzlich zwei
Partner gegenüber, die beide ihre Probleme haben. Der Schulmeister in uns
kann vom Podest steigen. Ein *gegenseitiger* Dialog wird auf diese Weise

eher möglich, und er bringt mehr Früchte, als wenn wir bloß monologisieren.

Japan indes hat es bereits geschafft. Gemeinsam mit Finnland weist es die niedrigste Säuglingssterblichkeit der Welt auf, und bezüglich der Lebenserwartung hat es uns gar alle überholt. Seit 1984 können die Frauen dort bei ihrer Geburt im Durchschnitt mit mehr als 80 Jahren rechnen. Die Entwicklung verlief dabei dermaßen rasant, daß selbst die Japaner davon überrascht wurden und viele von ihnen nun einigermaßen ratlos wirken. Ähnlich wie in den Entwicklungsländern möchte man auch dort von unseren Erfahrungen profitieren und wissen, wie wir es denn angestellt hätten, um das Altenproblem, das es bei uns ja schon viel länger gebe, in den Griff zu bekommen. Mehr Altersheime? Oder Abwälzung bestimmter gesellschaftlicher Aufgaben auf die große Zahl von erfahrenen rüstigen Alten? Oder doch lieber deren harmlos therapeutische Beschäftigung in freundlichen Altenclubs? Oder ob wir gar Erfahrungen mit langerer Lebens- und dafür kürzerer Wochen- und Jahresarbeitszeit gemacht hätten?

Wiederum versucht der europäische Neuzeithistoriker, auf seinen Wissensfundus zurückgreifen. In der Tat kann er auch hier über die eine oder andere Erfahrung bei uns berichten. Doch stößt er diesmal ziemlich rasch an die Grenzen seiner belehrenden Möglichkeiten. Selbst wenn es bei uns unvergleichlich viel mehr und freundlichere Altersheime gibt als in Japan, so wird doch kaum jemand behaupten wollen, daß wir damit auch schon die vielfältigen Probleme einer immer noch älter werdenden Bevölkerung gelöst hätten. Wir sind in vielerlei Hinsicht genauso ratlos und schieben manche der bei uns in der Tat schon länger anstehenden Probleme Jahr für Jahr vor uns her, anstatt sie zu lösen. Wir hätten indes allen Grund, uns ihrer vermehrt anzunehmen, und zwar nicht nur unserer eigenen älteren Mitmenschen wegen, das heißt um unserer selbst willen, die wir schon morgen auch zu ihnen gehören werden. Wir müßten es meines Erachtens auch gar nicht einmal so sehr der Japaner wegen tun, um uns wenigstens in diesem Bereich für deren Vorsprung auf manch anderem Gebiet revanchieren zu können. Wir stehen vielmehr wiederum in der Pflicht gegenüber jenen Schwellen- und Entwicklungsländern, die sich heute zwar noch mit unseren Problemen von gestern plagen, die morgen jedoch schon die unseren von heute und die übermorgen unsere von morgen haben werden. Selbst unter günstigen ökonomischen Voraussetzungen wie in Japan, dem Wirtschaftswunderland der letzten Jahrzehnte, dauert der Anpassungsprozeß an veränderte, das heißt rasch gestiegene Lebenserwartungen eine erhebliche Zeit. Er erfolgt nicht von einem Tag auf den anderen. Warum also nicht jene Länder schon heute auf ihre Probleme von morgen und übermorgen aufmerksam machen, anstatt sie dann unvorbereitet mit ihnen konfrontiert zu sehen?

Ein zeitlich und räumlich dermaßen weit ausholendes Buch zwingt, selbst bei thematischer Beschränkung auf die menschliche Lebensspanne, zu rigorosen Eingrenzungen. Hierbei ließ ich mich von einigen simplen Grundsätzen leiten. Generell greife ich nur Beispiele auf, die ich selbst kenne. So wird der Leser nicht etwa *die* bestmögliche Illustration zum Thema «Rochus als Pestheiliger» finden, die sich überhaupt denken läßt. Bei mir muß es eine vielleicht zwar weniger berühmte Abbildung tun, die ich dafür im Kupferstichkabinett Berlin Dutzende von Malen gesehen und mit der ich mich auseinandergesetzt habe. *Sie* wurde zur Quelle meiner Inspiration. Ich möchte den Leser ermutigen, sich in ähnlicher Weise durch eigenes Sehen anregen zu lassen, und zwar auch dann, wenn er nicht in der Nähe weltberühmter Museen wohnt oder dort seine Ferien verbringt. Man lasse sich im übrigen auch nicht täuschen: je bekannter ein Kunstwerk ist, um so mehr staunen wir es oft nur noch an und betrachten es nicht mehr. Die ganze Pracht bleibt stumm. Eigene Entdeckungen in unbekannteren Sammlungen und an unverbrauchteren Kunstwerken tragen dagegen oft überraschend reiche Früchte.

Ebensowenig wird der Leser beim Abschnitt über die Ursachen und Folgen einer hohen Säuglingssterblichkeit etwas über die augenblicklich höchsten Werte auf der Welt überhaupt hören. Zu diesen schlimmsten Verhältnissen in Mali und Sierra Leone kann ich ganz einfach deshalb nichts sagen, weil ich dort bisher nie war. Meine Beispiele betreffen vielmehr wiederum sterbenskranke Kinder in den Elendsquartieren von São Paulo, Curitiba oder Porto Alegre. Oder sie handeln von den jüngsten und bei ihrer Einlieferung oft schon todgeweihten Patienten im Baragwanath-Krankenhaus von Soweto oder im King-Edward-VIII-Hospital von Durban oder im Katatura-Lazarett von Windhoek: alles immense Bettenburgen für die jeweilige nicht-weiße Bevölkerung dieser Einzugsgebiete. *Dort* habe ich zum ersten Mal konkret Dutzende von Marasmus- und Kwashiorkor-aufgedunsene schwarze und braune Kinderbäuche mit eigenen Augen gesehen und die aufgequollenen Eingeweide mit eigenen Händen getastet, den penetranten Gestank von diarrhöe-verschmierten Kinderbetten tagelang in der Nase gehabt, untergewichtige Frühgeburten ihre wenigen Stunden auf Erden zubringen sehen: zum Tode verurteilte wimmernde Wesen, die gerade in ihrer Hilflosigkeit dem europäischen Historiker eine drastische Lektion über das alltägliche physiologische Elend unseres eigenen 17., 18., 19. Jahrhunderts erteilten.

Sollten den einen oder anderen Leser jemals nostalgische Anwandlungen über die «gute alte Zeit» ankommen, dann möge er sich *hieran* erinnern. Die Nostalgie dürfte ihm alsbald vergehen. Auch bei uns starb damals durchschnittlich jedes vierte Kind vor Erfüllung seines ersten Lebensjahres. Auch bei uns waren Unter- und Fehlernährung, Durchfälle und Eingeweidewürmer gang und gäbe, herrschte oft genug die Ausweglosigkeit. Unsere Vorfahren sind nicht deswegen zu beneiden, weil sie in der «guten alten Zeit» geboren wurden. Vielmehr bewundere ich viele von ihnen deshalb, weil sie *trotzdem* durchhielten.

Was hier für den Rochus aus dem Berliner Kupferstichkabinett und die Säuglingssterblichkeit in Namibia gesagt wurde, trifft auf jedes andere Beispiel in diesem Buch genauso zu. Die Überlegungen zum Streben unserer Vorfahren nach «ein bißchen Unsterblichkeit» kamen mir nicht irgendwo auf einem Spaziergang im Berliner Grunewald, in dessen Nähe ich wohne, oder zu abendlicher Stunde vor dem eigenen Bücherschrank, sondern auf dem Ausgrabungsfeld des dänischen Klosters Aebelholt und beim Betrachten eines Bildteppichs, den Bamberger Dominikanerinnen ums Jahr 1500 gewoben haben und der heute noch in Bamberg hängt. Die Gedanken über die Vertreibung des Todes und der Toten aus der Welt der Lebenden drängten sich mir nie so machtvoll auf wie beim Besuch der Toteninsel San Michele vor Venedig. Dies wiederum war alles nur möglich, weil ich mich während einer Gastdozentur 1986 längere Zeit in Dänemark aufhalten konnte, weil mich eine deutsch-italienische Konferenz 1984 vierzehn Tage lang nach Venedig brachte, weil ich 1985 zu einigen Vorträgen in Bamberg weilte. Ich erwähne dies hier nicht, um erneut die simple Tatsache zu belegen, daß man über Historische Demographie unschwer an jedem Ort der Welt reden kann. Vielmehr verbirgt sich dahinter ein weiteres Konzept dieses Buches.

Die lange Reise, von der eingangs die Rede war, betrifft nämlich nicht nur die lange Reise über Zeit und Raum, die ich gemeinsam mit dem Leser anhand mehrjähriger Forschungsergebnisse unternehmen will. Sie meint auch die lange Reise meines eigenen Lebens. Wenn es nicht schade sein soll um all die vielen Jahre, die uns heute im Vergleich zu den meisten unserer Vorfahren oder zu vielen Menschen in anderen Teilen der Welt zur Verfügung stehen, dann sollten wir unser langes Lebens sinnvoll planen und ein Lebensziel im Auge haben. Eine durchschnittliche lange Lebenserwartung, so wie wir sie heute haben, heißt nichts anderes, als daß ein ausgereiftes Leben für so viele wie nie zuvor Chance und Ziel sein kann. Wenn wir dieses lange Leben jedoch nicht nur biologisch ausleben, sondern aus ihm auch ein erfülltes langes Leben machen wollen, dann brauchen wir – so meine ich – ein entsprechend langfristiges Konzept, brauchen einen mentalen Rahmen, den wir allmählich ausfüllen können.

Da ich nicht für andere reden kann noch will, wird es gezwungenermaßen ein sehr persönliches Buch werden. An einem Beispiel – eben an meinem – möchte ich zeigen, wie ein solches Lebensbild langsam entstehen kann, wie sich Mosaikstein zu Mosaikstein fügt und den Lebensrahmen mehr und mehr auffüllt. Mosaiksteine: das sind jene Überlegungen auf dem Ausgrabungsfeld in Aebelholt, auf San Michele, vor dem Bildteppich in Bamberg, angesichts des Rochus in Berlin oder der sterbenden Säuglinge in Windhoek – Bausteine, gesammelt auf der langen Reise über Zeit und Raum für die eigene lange Lebensreise. Andere mögen ihr biologisch langes Leben in ganz anderer Weise zu einem erfüllten langen Leben machen, mögen ganz andere

Lebensziele haben, den Rahmen ganz anders legen. Die Methode des Auffüllens und allmählichen Zusammenfügens zu einem kohärenten Bild allerdings dürfte dieselbe sein. Dies ist, was ich hier vorzeigen möchte. Daß ich dabei manchmal über meinen Schatten springen muß, versteht sich beinahe von selbst. Ich bin zwar Historiker, aber nicht Kunsthistoriker. Medizingeschichte habe ich nie studiert. Für Venedigs Vergangenheit bin ich in keiner Weise Spezialist. Und noch viel weniger bin ich Japanologe, Indologe, Australoge. Ja nicht einmal in der Geschichte der Augustiner-Chorherren von Aebelholt kenne ich mich gründlich aus. Und dennoch wage ich es, hier etwas über all diese Themen zu sagen, wagte es zuerst für mich selbst, dann in einzelnen Vorträgen oder Seminarveranstaltungen, und nun auch vor einem noch weiteren Lesepublikum. Unser *Detail*wissen ist heute ungeheuer groß. Doch wo ist unser Weltbild? Unsere Zusammenschau? Gehören wir inzwischen samt und sonders zu jener Sorte Spezialisten, die alles wissen, aber sonst nichts? Die vor lauter Bäumen den Wald nicht mehr sehen? Oft genug sind es nicht einmal Bäume, sondern ist es bloß Unterholz, wenn nicht einfach Gestrüpp.

Es ist mir sehr wohl bewußt, daß es andere gibt, die viel fundiertere Kenntnisse über Klosterinsassen im Mittelalter haben, über die Weltanschauung der Aborigines in Australien, über die Gründe, weshalb die Venezianer ihre Toten nicht mehr in der Stadt begraben wollten. Ich versuchte, den umgekehrten Weg zu gehen: mein Teilwissen zwar immer auch zu vertiefen, aber stets im Hinblick auf ein Leitbild, das mir vor Augen schwebt: ein langes Leben zu einem erfüllten langen Leben zu machen.

Manche Themenbehandlung und Vorgehensweise in diesem Buch mögen für den Leser ungewohnt sein. Damit ich die Ausführungen in den späteren Abschnitten nicht immer wieder durch methodische Erläuterungen unterbrechen muß, habe ich ihnen ein eigenes erstes Kapitel vorgeschaltet, das sich im wesentlichen auf diese methodischen Aspekte konzentriert.

1.

Methodische Einführung:
eine lange Reise über Zeit und Raum

1.1. Eine lange Reise über Zeit – oder: Historiker sehen Bilder an

Auch wer sich mit Kunstgeschichte sonst kaum beschäftigt, kennt doch meist den «Blumen-Brueghel». Der Blumenstrauß, den ich dem Leser in *Abbildung 1* zum Willkomm überreiche, mag somit manchem bekannt erscheinen.

Jan Brueghel lebte in einer unruhigen Zeit. Er wurde 1568 in Brüssel geboren und starb 1625 in Antwerpen. Sein Geburtsjahr fiel demnach mit dem Beginn des damaligen Aufstandes der Niederländer gegen die spanische Fremdherrschaft zusammen. 1585 erlebte er als Jüngling die Belagerung und Plünderung Antwerpens. Ein anschließender Waffenstillstand erwies sich als brüchig. Die letzten Lebensjahre waren erneut vom offenen Kampf gegen Spanien gekennzeichnet. Noch heute nennen die Niederländer den ganzen Zeitraum von 1568 bis 1648 kurz und bündig ihren «Achtzigjährigen Krieg». Und so lange waren auch die südlichen, heute belgischen Provinzen in den Konflikt miteinbezogen, in denen Brueghel lebte und wirkte.

Doch nichts von alledem ist in seinen vielen herrlichen Gemälden zu entdecken. – Nichts?

Jedenfalls nicht vordergründig. Deshalb versenden wir ja wohl noch heute die Hochglanzreproduktionen dieser kunstvoll arrangierten und farbenprächtigen Sträuße so gerne als Geburtstagsgrüße oder verschenken sie bei anderen feierlichen Anlässen. Schlachtengetümmel, Mord und Todschlag, Vergewaltigung und Plünderung, wie sie damals an der Tagesordnung waren, würden sich dazu weniger eignen. Flucht aus widrigen Zeitläuften in eine rosigere Welt? Bei Brueghel und bei uns?

Nun wäre ich der letzte, der sich nicht wie Dutzende früherer Generationen und Hunderte heutiger Zeitgenossen über diese Bilder freuen würde. Haben wir jedoch schon einmal genauer hingesehen, was wir da an unsere Geburtstagskinder verschicken und den Jubilaren zum Geschenk machen? Im Zeitalter der Farbfernseher und ihren raschen Bildsequenzen scheinen wir nur noch impressionistisch die schöne Farbigkeit wahrzunehmen. Details in der Darstellung entgehen uns leicht; sie kommen nicht mehr zur Geltung. Deshalb werden auch die Jubilare wahrscheinlich gar nie bemerken, wie viele Zeichen der Vergänglichkeit Brueghel offen oder versteckt in sein Bild eingestreut hat.

Wie am Ende der Einleitung angekündigt, soll dieses erste Kapitel zugleich eine Reihe methodischer Erläuterungen enthalten. Das ist über weite Strecken allerdings eine delikate Angelegenheit, greife ich als Historiker doch wiederholt auf Quellen zurück, die in der Geschichtsforschung eher unüblich sind oder es bislang waren. Das mag zwar erfrischend wirken und war – jedenfalls für mich – immer wieder anregend und augenöffnend. Doch kann man sich auch leicht die Finger verbrennen dabei.

So möchte ich – und zwar als Historiker – mit Brueghels Blumenstrauß zuerst einmal simpel demonstrieren, daß wir offensichtlich erst wieder lernen müssen zu sehen. Nun gibt es jedoch Fachleute, die hierfür ausgebildet und somit von Hause aus dazu besser in der Lage sind als ein Historiker. So hat zum Beispiel der Pädagogische Dienst der Staatlichen Museen in Berlin, wo das Bild heute hängt, ein vorzügliches Führungsblatt zum «Blumenstrauß» entwickelt. Auf knappstem Raum erfahren wir da viel Wissenswertes. So heißt es etwa: «Der bildfüllend aus 72 Blumen gefügte Strauß läßt sich – kaum glaublich – nach 58 unterschiedlichen Blumensorten differenzieren. Da nicht alle Blumen gleichzeitig blühen, war seine Arbeit auch erst mit der Vollendung der Natur im Wechsel der Jahreszeiten fertiggestellt» (Führungsblätter der Gemäldegalerie Berlin, Nr. 752). Folgerichtig sind diese Sorten dann auf einer Strich-Skizze im Führungsblatt numeriert und mit deutschen und lateinischen Bezeichnungen versehen. Außerdem ist die Blütezeit vermerkt und erwähnt, ab wann die Blume in Europa heimisch war.

Auf geschickte Art wird hier die Neugierde von Schülern oder das Interesse auch von Erwachsenen geweckt – und wahrscheinlich auch befriedigt. Hiergegen ist selbstverständlich nichts einzuwenden. Im Gegenteil werde auch ich öfter auf diesen letztlich für mich ebenso zentralen Aspekt des Interesse-Weckens zurückkommen. Je länger unser Leben nun währt, um so wichtiger scheint mir dies. Irgendwelche Überheblichkeit wäre völlig fehl am Platz. Wenn zum Beispiel Technikmuseen größere Besucherscharen anziehen als Kunstmuseen, ist das eine Realität, die auch ich zur Kenntnis zu nehmen habe, – gleichgültig, ob mir das nun paßt oder nicht. Bin ich dann immer noch der Ansicht, daß Gemäldegalerien, zumindest für meine Belange, eigentlich mehr hergäben, dann liegt es an mir, das Interesse am Betrachten von Bildern auch bei anderen in einer Weise zu wecken, daß für sie schließlich ebenso viel abfällt wie beim Besuch eines Technikmuseums. Im vorliegenden Buch versuche ich dies durch das Entwickeln von Fragen zu erreichen, die für manchen Leser zuerst vielleicht ungewohnt sein mögen, ihm aber dann erlauben sollen, in dieser oder jener Gemäldesammlung selbst auf ähnliche Entdeckungsreisen zu gehen. Wenn ihn die dabei kaum ausbleibenden Aha-Erlebnisse sodann immer wieder in die Welt der Bilder zurückführten, wäre eine meiner Absichten bereits mehr als erfüllt.

Historiker betrachten Bilder gewiß mit anderen Augen als Berufspädagogen, und diese sehen sie ihrerseits wiederum mit anderen als Kunsthistori-

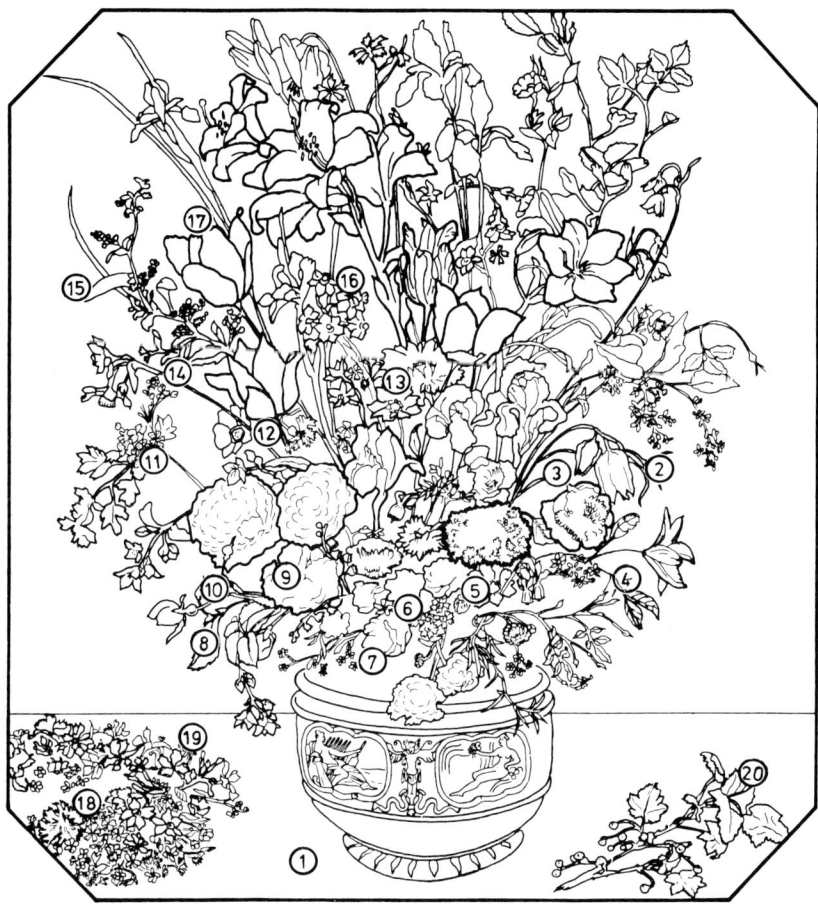

Abb. 1 Jan Brueghel der Ältere (bekannt als «Blumen-» oder «Sammet-Brueghel», Sohn des «Bauern-Brueghel»; Brüssel 1568 – Antwerpen 1625): Der Blumenstrauß, um 1619/20. *Strichzeichnung* nach dem Original in der Gemäldegalerie der Staatlichen Museen Preußischer Kulturbesitz Berlin. Dort Öl auf Eichenholz, 64 × 59 cm. Hervorgehoben und aufgelistet Insekten und Spinnen, soweit sie anhand des Originals erkenn- und bestimmbar waren. Zu den Nummern 1–20 vgl. unten S. 321–322.

ker. Hüten sich jedoch die Vertreter der drei erwähnten Disziplinen davor, die spezifische Betrachtungsweise der jeweils anderen Seite als ungenügend oder unangemessen zu be- oder verurteilen, so können alle drei eine Menge voneinander lernen. Genauso würde ich niemandem verwehren wollen – ihn im Gegenteil dazu ermuntern –, ein Gemälde zuerst einmal ganz unbefangen zu betrachten, sich über seine Präsenz zu freuen, über seine Farben und Formen und seinen Inhalt, über die malerisch-handwerkliche Qualität der

Ausführung, kurzum: es zuerst einmal wahrzunehmen, noch bevor nach irgendwelchem vermeintlichen und angeblich nur für Fachleute mit langem Spezialstudium verständlichen Hintersinn gefragt wird. Wer hier zusätzlichen Mut für eine unvoreingenommene Sehlust zu brauchen glaubt oder sich darin bestärken lassen will, der kann dies in unserem «niederländischen» Zusammenhang durch die Lektüre von Svetlana Alpers erfrischendem und mit mancher Tradition brechendem Buch über die holländische Malerei des 17. Jahrhunderts tun.[1] Man mag sich dann anschließend immer noch – oder gerade auch nicht mehr – durch das erwähnte pädagogische Führungsblatt zu Brueghels Blumenstrauß «aufklären» lassen. Dort lesen wir nämlich am Ende: «Zurück bleibt die Frage, ob sich Jans Stilleben in der vordergründigen Bedeutung ‹gemalter Blumenkataloge› erschöpfen. Zweifellos erklärt sich hieraus die porträthafte Genauigkeit in der Wiedergabe der Blumen. Andererseits weist die bildnerische Hervorhebung ihrer Schönheit – als sei im juwelenhaften Farbenglanz der Blüten eine höhere Natur eingefangen – über eine ausschließlich im sachbezogen-botanischen verhaftete Bestimmung hinaus. Die Schönheit der Blume, die vergänglich ist, galt in der Denkweise der Zeit als mahnendes, zur christlich-moralischen Auswertung aufgebotenes Zeichen für die Vergänglichkeit des irdischen Lebens».

Mich selbst haben die Berliner Museumspädagogen allerdings auf eine ganz andere Fährte gelockt. Und *dafür* bin ich ihnen dankbar. Weshalb denn ihre botanischen Bildexkursionen nicht für einmal auch auf das zoologische Feld ausdehnen? Und weshalb dabei nicht, ermuntert durch die noch frische Lektüre von Alpers wider den Stachel löckenden Interpretationen, der eigenen Sehlust freien Lauf lassen? So habe ich denn mit Berliner Studenten Brueghels Blumenpracht auch noch im Hinblick auf Kleingetier untersucht: auf Fliegen, Raupen, Schmetterlinge, Käfer. Und ob wir fündig geworden sind! Außerdem wären die wenigsten von uns einem Bild jemals so nahe gekommen. Einen ganzen Nachmittag lang durften wir das berühmte Gemälde im museumseigenen Labor für uns haben, unter wachsamen Wärteraugen, versteht sich. Etwas verlegen kamen wir uns dabei anfänglich schon vor, fast wie Voyeure, denn das Bild war nackt, die schützende Glasscheibe eigens für uns entfernt worden. Doch die beiden Insektenspezialisten der Freien und der Technischen Universität, die wir als beratende Fachleute hinzugebeten hatten, holten uns immer wieder auf den Boden der Realität zurück und erinnerten uns mit ungerührter Berufsmiene daran, weshalb wir uns im Labor versammelt hätten. Ausgerüstet mit Lupen, Spezialbeleuchtungen, Bildbefeuchtern und jeder Menge entomologischer Fachliteratur mit Hunderten von farbigen Insekten-Abbildungen zu Vergleichszwecken sahen wir sie schließlich alle: die Schmetterlinge, Käfer, Wespen, Hummeln, Raupen, Fliegen, Heuschrecken, Libellen, Spinnen und auch die zwei, drei Phantasietiere, die Brueghel mehr oder weniger offen oder versteckt auf seinen Blumenstrauß verstreut hatte (vgl. nochmals Abbildung 1).

Abb. 2 Edouard Manet (Paris 1832 – Paris 1883): Der Fliederstrauß, um 1882. Öl auf
Leinwand, 54 × 42 cm. Nationalgalerie der Staatlichen Museen Preußischer Kulturbesitz
Berlin.

Kunsthistorische Beschreibungen reduzieren sich in diesem Zusammenhang meist auf die nüchterne Feststellung: «Insekten beleben die Komposi-
tion». *Beleben* – in der Tat! Brueghels und anderer damaliger Meister Gemälde *leben*. Sie sind nicht «nature morte», keine «tote Natur», wie Stilleben bei den Franzosen heißen. Zu «nature morte» wurden sie erst viel

später. Um diesen Unterschied dem Leser drastisch vor Augen zu führen, stelle ich in *Abbildung* 2 Brueghels Blumensstrauß den Fliederstrauß des Impressionisten Edouard Manet (1832–1883) aus den frühen 1880er Jahren gegenüber. Auch dieser Strauß ist wunderschön anzusehen, blendend weiß, herrlich frisch. Er steckt in einer luzide durchschimmernden Kristallvase. Er scheint sogar zu duften. Doch ist er tot, ist «nature morte», eine sterile Schönheit. Nicht das geringste Lebewesen wäre zu entdecken. Nichts belebt ihn. Kein noch so winziges Fliederchen ist heruntergefallen. Die Blüten scheinen wie festgeklebt, für immer. Bei Brueghel lag ein ganzer abgebrochener Zweig neben der Vase, umgeben von einzelnen Blüten und Blättern, die sich ebenfalls schon losgelöst hatten.

Geburtstagskinder und Jubilare können sich freuen. Schicken wir ihnen eine Glückwunschkarte mit Manets Fliederstrauß statt Brueghels Blumenarrangement, so finden sie nicht den geringsten Hinweis auf ihre Vergänglichkeit. «Mitten wir im Leben / sind vom Tod umgeben!» Bei Brueghel: ja – bei Manet: nein!

Plötzlich ist der *Historiker* bei *seinem* Thema. Auch wenn bei Brueghel konkret nichts an Brand und Raub, Mord und Totschlag jener schreckerfüllten Zeit erinnert, sondern im Gegenteil ein bejahendes Lebensgefühl im Vordergrund steht und keine halbverronnene Sanduhr und kein bleicher Totenschädel als überdeutliches «Memento mori» ins Bild gerückt ist, so gehört auch bei ihm eben doch die tagtäglich gemachte Erfahrung eines ständig gefährdeten Lebens, dessen Endlichkeit und Vergänglichkeit mit dazu, und zwar als etwas völlig Selbstverständliches. Raupen fressen vom Blatt; Käfer nagen am Zweig; Schmetterlinge saugen vom Blütensaft; Blumen sind schon abgefallen und verwelken neben der Vase. Und all das, während der Strauß insgesamt noch in mittäglicher Schönheit blüht und vor *Leben* strotzt.

Heute halten wir es eher mit Manet. Wir möchten nur noch die Blumen haben, selbstverständlich unbelebt von jedem Getier. Wir kaufen sie im Blumenladen, und der hat sie aus dem Gewächs- und aus dem Kühlhaus. Pflücken wir beim Urlaub auf dem Land selbst einmal einen Strauß von Feldblumen am Wegrand, so werden wir – zu unserer Irritation – immer auch ein paar Ameisen oder sonstige Insekten mitpflücken. Offensichtlich hat sich zwischen Brueghel und Manet eine Entwicklung vollzogen, in deren Verlauf jene unseren Vorvorfahren so selbstverständliche Endlichkeit und Vergänglichkeit aus unserem Blickfeld verdrängt wurde. Wir möchten heute nur noch das, was wir als positiv empfinden, nur noch die Schönheit und Farbenpracht der Blumen, aber nicht mehr ihre Belebtheit, nur noch den einen, uns genehmen Teil der Natur, aber nicht mehr den anderen.

Derlei Fragen und Assoziationen sind es, die den Historiker beim Betrachten von Bildern beschäftigen und die ihm spontan einfallen. Er sieht die Gemälde nicht bloß als Momentaufnahmen, nicht nur statisch, sondern ordnet sie – wie er es gewohnt ist – in längerfristige allgemeingeschichtliche Entwicklungen ein. Daß sein Erkenntnisinteresse somit ein anderes ist als dasjenige des Kunsthistorikers, leuchtet ein. Von daher rührt denn oft auch die anfängliche Schwierigkeit, miteinander ins Gespräch zu kommen. Niemand sieht «falsch», sondern nur «anders». Ich möchte mit dem Leser noch etwas tiefer bohren. – «Bauernbrot» steht hoch im Kurs. Es soll möglichst handgeknetet sein und im Holzofen gebacken. Und selbstverständlich aus Bio-Getreide hergestellt, ohne jede Herbizid-Rückstände. In der Tat verströmt so ein angeschnittener frischer Laib dann einen unwiderstehlich betörenden Duft. Die Kruste ist so knusprig, daß man beim Verzehren aufpassen muß, sich nicht den Gaumen aufzuritzen. Jede abgeschnittene Scheibe schmeckt so kräftig, daß Butter und Marmeladenaufstrich fast überflüssig wirken. All dies ist ganz dazu angetan, uns nostalgisch in die Zeit unserer bäuerlichen Vorfahren zurückzusehnen. Zwar war ihnen solcher Genuß nicht ganz unbekannt, jedenfalls ab und zu nicht, dann nämlich, wenn frisch gebacken wurde. Aber die dazwischen liegenden Tage waren die zahlreicheren, das Brot dann ausgetrocknet und hart, grau und überdies oft angeschimmelt. Gingen Getreide und Mehl im Spätwinter zudem zur Neige oder fielen sie während der nicht selten reihenweise aufeinander folgenden Mißernten ganz aus, mußte mit Ersatz gebacken werden. «Rindenbrot» bezog sich dann nicht auf die Rinde des Brotes, sondern auf untergemischte Baumrinde. Das roch weder so gut, noch wollte es richtig schmecken. Zudem waren Magen- und Darmerkrankungen die Folge, wie nach dem Verzehr von verschimmeltem Brot auch.

Aber selbst wenn der Brotlaib aus unvermischtem Mehl bestand und angeschnitten herrlich duftete, gehörte hier – genauso wie in Brueghels Blumenstrauß – jene andere Seite der Natur völlig selbstverständlich mit dazu. Das dicke Biest in Georg Flegels «Nature morte» aus dem Jahre 1637 tut sich am verführerisch angeschnittenen Brotlaib in *Abbildung 3* genauso gütlich, wie es die Esser taten, für die er bestimmt war. Das überdimensioniert wirkende Viech mit den dämonischen Lichtreflexen in den uns giftig anstarrenden Augen ist übrigens nicht etwa, wofür wir es zuerst halten mögen, das Prachtexemplar einer besonders wohlernährten Schmeißfliege, sondern – mit ihren vier Flügeln – eindeutig eine Hummel. Die Schmeißfliege kommt auf dem Bild allerdings ebenfalls vor. Und auch sie ist keineswegs unterernährt, sondern zeigt beleibte Fülle und surrt über den Tellerrand. Wir entdecken sie ganz unten rechts bei den Fischen.

Im Gegensatz zu Brueghels Lebewesen haben wir es hier sogar beide Male mit einheimischen Insekten zu tun, auf deutschem Brot und Fischen aus dem Main. Der im mährischen Olmütz geborene Flegel (1566–1638) war lange vor der Jahrhundertwende nach Frankfurt gezogen, wo er 1597 das Bürgerrecht erhielt und vierzig Jahre später auch starb. Wiederum ist es nicht «tote Natur», die uns der Maler in seinem reifen Alterswerk zeigt, sondern belebte.

Abb. 3   Georg Flegel (Olmütz 1566 – Frankfurt am Main 1638): Nature morte au flacon de vin et aux petits poissons (wörtlich übersetzt: ‹Tote Natur mit Weinkaraffe und kleinen Fischen›. Im Deutschen ist jedoch der Titel ‹Stilleben mit Fischgericht› gebräuchlicher), 1637. Holz 19,8 × 15 cm. Louvre Paris.

Wie bei Brueghel gehörten auch bei Flegel die beiden Seiten der Medaille noch zusammen. Es hätte dazu nicht erst der Besetzung Frankfurts durch die Truppen Gustav Adolfs von Schweden 1631/32 bedurft oder der zahlreichen Todesfälle im engsten Angehörigenkreis während seiner letzten Lebensjahre. Nostalgiker lassen einen wesentlichen Bestandteil damaliger Rea-

litäten außer Acht, wenn sie nur schöne Blumen à la Brueghel und holzofen-
gebackene Brote à la Flegel vor Augen haben. Zur seinerzeitigen pestizid-,
insektizid-, herbizid-verschonten Natur gehörte ebenso, was da *auch* noch
kreuchte und fleuchte: zum Apfel der Wurm, zur Birne und Pflaume der
Schorf, zum Bett die Wanze, zu Kindern die Würmer und Läuse. Es war
keineswegs nur Phantasie, wenn Flegel auf einem seiner früheren, heute in
der Alten Pinakothek in München hängenden Bilder sogar eine wohlgenähr-
te Maus zwischen Birnen, Nüssen und Trauben hat herumhuschen und an
weißem Zuckerzeug knabbern lassen («Stilleben», Holz, 22 × 28 cm, Inventar-Nummer 5026).

Die widerliche Hummel und die dicke Schmeißfliege stören unser inzwischen hygienebewußt gewordenes und sauberkeitstrainiertes Auge. Aber zu
Flegels Insektenspray-losen Zeiten stellten sie auch gefährliche Überträger
von Krankheiten dar, deren Infektionsweg über kontaminierte Nahrungs-
mittel verlief. Insbesondere bei Bauchtyphus und Bakterienruhr übten sie die
fatale Rolle von Zwischenträgern aus. Sie hatten ihre Brutstätten in den
überall reichlich vorhandenen Fäkalien offener Abtritte und übertrugen von
dort den infizierten Kot auf Tische, Teller, Schüsseln und die Speisen. Dem
Verzehr von schönstem, duftendstem, wohlschmeckendstem Brot und lek-
kersten Fischen mochten dann nicht nur Übelkeit und Erbrechen, Fieber und
Schüttelfrost, Magenkrämpfe und Durchfälle folgen. Es war der Tod, der da
so verführerisch lauerte.

Wieso nun komme ich zu dieser Sehweise? Dem Historiker-Demographen, der ich bin, bereitet es keine große Mühe, in der Rückschau nachzuweisen, was sich zwischen Brueghel / Flegel in der ersten Hälfte des 17. und
Manet in der zweiten des 19. Jahrhunderts grundlegend verändert hat und
weshalb es es dadurch zu einem völlig neuen Erfahrungshorizont für die
jeweiligen Zeitgenossen kommen konnte. Ihr mentaler Hintergrund, ihr Alltag, ihre Lebensbedingungen waren gänzlich verschieden. Im Verlaufe jener
zweieinhalb Jahrhunderte mußte sich der ehedem allgegenwärtige Tod mehr
und mehr aus Positionen verdrängen lassen, die er nicht mehr zu halten
vermochte. Wo er einstmals leichtes Spiel hatte, machte man es ihm zuse-
hends schwerer, eine reiche Ernte einzufahren. Die folgenden Kapitel werden im Detail hierüber berichten. An dieser Stelle beschränke ich mich
wiederum auf einige methodische Aspekte. So sehen wir in der *Figur 4*
anhand mehrerer Teilgraphiken die wesentlichen Schritte dieser Entwicklung schematisch festgehalten. Bei den Bildern von Flegel, Brueghel und
Manet hatte es sich bisher jeweils bloß um Ausschnitte hieraus gehandelt.

Im folgenden bin ich nun bestrebt, die Bilder-Aussagen in einen geschichtlichen Zusammenhang, in eine längerfristige Entwicklung einzuordnen. Als
Historiker gehe ich hierbei von einem Konzept, einer Theorie aus, die ich
mir aufgrund langjährigen Forschens und Nachsinnens nach und nach zu-
rechtgelegt habe. In diesen Rahmen füge ich dann Bilder wie Entdeckungen

MORTALITÄT IN BERLIN 1751-1780, 1811-
1840 UND 1881-1910
SOWIE IN DER BUNDESREPUBLIK
DEUTSCHLAND 1951-1980
(GESTORBENE JE 1000 EINWOHNER)

GRAPHIK: IBM PC XT - EPSON LQ1500;
SOFTWARE: OPEN ACCESS.

B E R L I N		B E R L I N		B E R L I N		BUNDESREPUBLIK DEUTSCHLAND	
1751	39.9	1811	36.1	1881	28.8	1951	10.8
1752	32.4	1812	32.2	1882	27.4	1952	10.6
1753	29.8	1813	35.4	1883	30.3	1953	11.1
1754	35.8	1814	35.7	1884	27.8	1954	10.6
1755	34.5	1815	27.0	1885	25.8	1955	10.6
1756	42.0	1816	30.7	1886	26.9	1956	11.3
1757	49.2	1817	31.0	1887	23.1	1957	11.5
1758	56.1	1818	33.0	1888	21.6	1958	11.0
1759	43.5	1819	30.6	1889	24.2	1959	11.0
1760	41.6	1820	27.2	1890	22.5	1960	11.5
1761	38.2	1821	27.2	1891	22.0	1961	11.2
1762	48.0	1822	27.7	1892	21.9	1962	11.3
1763	50.3	1823	31.4	1893	23.1	1963	11.7
1764	30.3	1824	30.4	1894	18.8	1964	11.0
1765	29.9	1825	29.8	1895	21.2	1965	11.5
1766	39.2	1826	30.5	1896	19.0	1966	11.5
1767	34.7	1827	29.3	1897	18.7	1967	11.5
1768	33.1	1828	28.4	1898	18.2	1968	12.2
1769	30.6	1829	29.1	1899	19.7	1969	12.2
1770	40.1	1830	31.5	1900	19.0	1970	12.1
1771	45.3	1831	38.4	1901	18.1	1971	11.9
1772	67.5	1832	31.3	1902	16.2	1972	11.8
1773	40.0	1833	31.5	1903	16.6	1973	11.8
1774	34.2	1834	35.0	1904	17.0	1974	11.7
1775	33.8	1835	27.4	1905	17.1	1975	12.1
1776	37.2	1836	27.3	1906	15.9	1976	11.9
1777	33.8	1837	39.0	1907	15.6	1977	11.5
1778	39.4	1838	29.6	1908	15.7	1978	11.8
1779	35.6	1839	27.7	1909	15.5	1979	11.6
1780	33.7	1840	29.6	1910	14.6	1980	11.6

BERLIN 1751-1780

BERLIN 1811-1840

BERLIN 1881-1910

BRD 1951-1980

ein. Mein Konzept führt mich also dazu, sie mit *meinen* Augen zu betrachten und zu interpretieren. Manche beglückende Aha-Erlebnisse waren immer wieder Lohn für viele vorausgegangene Mühen.

Phase 1 (1751–1780): Die Sterblichkeit lag generell hoch. Sie forderte je tausend Einwohner jährlich etwa um die vierzig Menschenleben. Noch prägender für diese Phase waren jedoch die großen Schwankungen von Jahr zu Jahr: im einen Jahr sechzig Todesfälle, im nächsten nur dreißig, dafür im übernächsten siebzig. Fürwahr, nie traf die Redensart «Mitten wir im Leben / sind vom Tod umgeben» mehr zu als damals. Unsere Vorfahren schienen dem Tod völlig hilflos ausgeliefert. Mochte es einmal das Fleckfieber gewesen sein, das grassierte, so ein anderes Mal wieder eine Hungerseuche nach einer Mißernte. Oder man hatte das Wenige mit einquartierten Truppen zu teilen, die überdies, wenn sie wieder abgezogen waren, eine mitgeschleppte Krankheit hinterließen. Schließlich kam es auch immer wieder vor, daß das fromme Gebet «Vor Pest, Hunger und Krieg bewahre uns, o Herr!» überhaupt nicht fruchtete und alle drei Geißeln gleichzeitig eine hilflos ausgelieferte Bevölkerung peinigten.

Der Historiker dürfte ziemlich der einzige sein, der sich hierüber «freut», handelt es sich für ihn doch durchweg um «quellenfreundliche Ereignisse». Es fällt ihm in aller Regel nirgendwo schwer, alle Pendelausschläge leicht und eindeutig zu erklären. Im vorliegenden Falle (Berlin 1751–1780) sind zum Beispiel die Spitzen 1758 und 1763 auf den Siebenjährigen Krieg (1756–63) zurückzuführen. Zweimal kam es zu einer Besetzung der Stadt durch fremde Truppen, das eine Mal durch Österreicher, das andere Mal durch Russen. Das Maximum von 1772 ist sodann im Zusammenhang mit der gesamteuropäischen Mißernteperiode zu Beginn der 1770er Jahre zu sehen.

Insgesamt haben wir es hier mit der Schlußphase eines jahrhundertealten Sterblichkeitsmusters zu tun, das damals alle europäischen Bevölkerungen über Dutzende von Generationen geprägt hatte. Das generelle Niveau mochte am einen Ort zwar etwas höher, am anderen etwas weniger hoch gelegen haben, die Pendelungen hier etwas stärker, dort etwas schwächer ausgefallen sein – je nach sozialen, ökonomischen, topographisch-strategischen Gegebenheiten. Doch das physische Leben war nirgends und für niemanden eine gesicherte Angelegenheit. Der Lebenslauf konnte jederzeit abrupt zu Ende gehen, mit zehn Jahren ebenso gut wie mit fünfzig, mit zwei

Abb. 4 Gestorbene je 1000 Einwohner in Berlin 1751–1780, 1811–1840 und 1881–1910 sowie in der Bundesrepublik Deutschland 1951–1980.
Quelle: Jörg Schneider (Hrsg.): Struktur und Lebenslage der deutschen Familie. Hannover: Nordwestdeutsche Gesellschaft für Gynäkologie und Geburtshilfe 1986, Figur 7, S. 29.

wie mit achtzig, oder auch irgendwo dazwischen; heute, morgen, übermorgen, ganz im Sinne des Wortes «Niemand kennt die Stunde noch den Tag». Künstler und Maler waren hiervon selbstverständlich nicht ausgenommen. Zwar erreichte Georg Flegel ein Alter von 72 und Jan Brueghel immerhin von 57 Jahren. Aber damit rechnen, darauf verlassen konnten sie sich zu keinem Zeitpunkt in ihrem Leben. Jans Vater etwa, der «Bauern-Brueghel», war schon mit 44 Jahren gestorben. Unser «Blumen-Brueghel» (* 1568) hatte ihn nie gekannt, denn er lag noch in den Windeln, als sein Vater Pieter 1569 starb. Ein weiterer zeitgenössischer flämischer Meister kleinformatiger Genreszenen, Adriaen Brouwer, dessen kartenspielende, paffende, balgende, würfelnde, raufende und johlende Bauern noch heute Dutzende von Wohnungen zieren, wurde gar nur wenig mehr als dreißig Jahre alt (1605 oder 1606–1638). Und Isaak van Ostade, von dem wir in Abbildung 20 den «Halt vor dem Wirtshaus» sehen werden, schaffte es nicht einmal bis zu diesem Alter. Er ging mit ganzen 28 schon wieder von hinnen (1621–1649!). Ob sie nun die Schmeißfliege in ihren Gemälden wegließen oder nicht, die Wespe, den Käfer, die Hummel, die Maus – ganz gleich, diese Schädlinge waren trotzdem jederzeit da und gehörten zu ihrem Alltag. Als todbringende Überträger von Infektionskrankheiten wirkten sie mit, ihr Leben zu verkürzen. Sie waren nicht Symbole der Vergänglichkeit, sondern alltägliche Realitäten.

Phase 2 (1811–1840): Die Sterblichkeit war immer noch hoch. Sie lag generell nun etwa bei 30, 35 Todesfällen pro Jahr gerechnet auf tausend Einwohner. Verglichen mit Phase 1 hat sich inzwischen jedoch ein entscheidender Wandel vollzogen. Die großen Pendelausschläge sind verschwunden. Wir können uns die Auswirkungen dieses Wandels in einem jahrhundertealten Sterblichkeitsmuster auf die Mentalität der damaligen Zeitgenossen gar nicht groß genug vorstellen. Mir scheint diese Phase sogar die wichtigste unter allen vieren zu sein. Generationen von Menschen hatten zuvor unter der Fuchtel von «Pest, Hunger und Krieg» gelebt. Sie konnten nie sicher sein, wann der nächste Schlag erfolgte. Noch in diesem Jahr? Im nächsten? Oder allerspätestens doch im übernächsten? Und nun plötzlich diese Ruhe! Die Pest kehrte nach den 1720er Jahren in Europa nicht mehr zurück. Die Pocken blieben nach der Einführung der Schutzimpfung um die Wende zum 19. Jahrhundert aus. Der zügige Ausbau von Infrastrukturen nahm lokal begrenzten Hungerseuchen mehr und mehr ihren alten Schrecken. Ein zuvor kontinuierlich auf den Menschen lastender Druck begann zu weichen. Sie konnten aufatmen, witterten zumindest Morgenluft. Nicht daß der häufige Tod damit verschwunden wäre. Das nicht, aber er hielt sich nunmehr doch an und in Grenzen und verharrte in einem viel engeren Rahmen. Er schlug nicht länger unversehens über alle Stränge. Menschliches Leben, die menschliche Existenz wurde dadurch zunehmend sicherer und berechenbarer.

Eine einzige Frage, die mich nach dieser Entdeckung lange beschäftigte und auf die wir in späteren Kapiteln wieder zurückkommen werden, möchte ich hier dem Leser vorlegen und ihn einladen, auch selbst schon darüber nachzudenken. Es ist eine hintergründige Frage: Was geschah nun bloß mit jenem Heer von Nothelfern und Heiligen, zu denen unsere Vorfahren bis damals mangels «effektiverer» Gegenmittel ihre Zuflucht genommen hatten? Begann sich der Himmel der Heiligen und Seligen zu entvölkern und damit seinen Glanz zu verlieren? Die Säkularisation der volksreligiösen Mentalitäten, an deren vorläufigem Ende wir heute stehen, hat sich ebenso wenig in einem luftleeren Raum vollzogen wie die allgemeine Säkularisation auch rationalerer Vorstellungen. Der Historiker fragt nach Gründen – und wird sie bei angemessenem Fragen zweifellos auch finden.

Phase 3 (1881–1910): Manche Fachleute halten *diese* Phase für die wichtigste im Rahmen der Gesamtentwicklung, denn hier zeigt sich am markantesten, wie sich die Sterblichkeit drastisch verringerte und der Tod Schritt für Schritt auf die Hälfte reduziert wurde. Statt wie früher 30 Todesfälle je 1000 Einwohner und Jahr ereigneten sich alsbald nur noch 25, noch 20, noch 15. Dies mag innerhalb des Konzepts der sogenannten demographischen Transition, das heißt des Wandels von einem ehedem hohen zu einem nachher niedrigen Sterblichkeitsniveau zwar richtig gesehen sein. In mentalitätsgeschichtlicher Hinsicht jedoch mochte diese Phase eher wie die Konsolidierung der für unsere Vorfahren viel entscheidenderen Entwicklung während des vorangegangenen Zeitraums gewirkt haben. Sie hatte ihnen die Beruhigung eines über die Jahrhunderte zuvor traditionell unruhigen Geschehens gebracht.

Zu welcher Wertung dieser Phasen man auch immer neigt, so war die menschliche Existenz doch schon zu Manets Zeiten (1832–1883) wesentlich gesicherter als noch zu Zeiten eines Brueghel oder Flegel oder Brouwer. Für den Historiker-Demographen wirkt es somit stimmig, wenn der französische Impressionist seinen Fliederstrauß Anfang der 1880er Jahre eben *nur* noch als Fliederstrauß malte.

So gewiß wie heute konnte man sich allerdings auch zu Manets Zeiten seiner Sache, das heißt seines Lebens noch nicht sein. Andere Maler geben in ihren Bildern durchaus noch andere Inhalte wieder. Damit der Leser nicht den falschen Eindruck eines jeweils für alle Zeitgenossen stets gleichzeitig erfolgten Mentalitätswandels erhält, füge ich hier – bevor wir die letzte Phase der Abbildung 4 besprechen – einen illustrierenden Exkurs ein.

In der *Abbildung 5* sehen wir oben rechts, wie der Schweizer Maler Arnold Böcklin (1827–1901) in seinem vielleicht wichtigsten Selbstbildnis aus dem Jahre 1872 mitten im Schaffen innehält, um dem Lied des Todes zu lauschen. Es ist zwar nicht mehr der direkte Zugriff des Knochenmannes, wie noch bei seinem früheren Landsmann Niklaus Manuel (1484–1530)

oben links. Damals langte das Gerippe dem Berner Maler noch ganz ungeniert ins Handwerkszeug. Doch wenn Böcklin nun Jahrhunderte später
auch selbst den Pinsel führt, so ist der Tod bei ihm immer noch mehr als
bloß ein schemenhafter Schatten. In der Vollkraft seiner Mannesjahre und
auf dem Höhepunkt des Schaffens hat der Maler den kahlen Schädel dicht
und grinsend im Nacken sitzen. Die knöchernen Finger fiedeln, was das
Zeug hält: laut, deutlich, disharmonisch. Es ist kein dünner Klang aus kaum
die Wahrnehmung erreichender Ferne.

Angesichts der Familienbiographie Böcklins nun bloß schöngeistig darüber zu sinnieren, ob hier der «Vergänglichkeit des Lebens» die «Unver-
gänglichkeit der Kunst» gegenübergestellt werden soll, scheint mir reichlich
blaß und realitätsfern. Die Böcklins wurden nicht nur immer wieder von
schweren Krankheiten wie Ruhr, Typhus und Cholera heimgesucht. Vielmehr wurde da gestorben, und zwar nach dem alten Muster «Mitten wir im
Leben / sind vom Tod umgeben». Arnolds jüngster Bruder Wilhelm lebte
1837 nicht einmal ein Jahr lang; sein zweitjüngster, Friedrich, starb 1864
mit 31 Jahren. 1850 wurde ihm die erste Verlobte, Luise Schmidt, durch den
Tod genommen. Von den eigenen Kindern erreichte der Erstgeborene,
Friedrich, 1855 ein Sterbealter von neunzehn Monaten, Robert 1858 von
dreieinhalb, Ralph 1860 von neun Monaten. Bei Moritz fehlten 1866 fünf
Tage bis zum ersten Geburtstag. Lucia wurde sieben Jahre alt. Sie starb
1868. – Es hätte somit wahrlich nicht erst der kriegerischen Zeitläufte bedurft, um Böcklin 1870/71 zu seinem berühmt gewordenen «Ritt des Todes» anzuregen (Schack-Galerie der Bayerischen Staatsgemäldesammlungen
München). Jenes Bild war bei Studien nach der Natur entstanden. Eine der
vorangegangenen Skizzen dazu hieß: «Zerstörtes Haus bei Kehl», zerstört in
den damaligen deutsch-französischen Auseinandersetzungen (Kunstmuseum Basel).

Auch bei Niklaus Manuel war es Anfang des 16. Jahrhunderts um die
Verarbeitung kriegerischer Geschehnisse gegangen. Der Tod auf dem
Schlachtfeld und nicht mehr die Pest, wie es bis damals in einer anderthalb
Jahrhunderte langen Totentanz-Tradition üblich gewesen war, bildete bei
ihm den auslösenden Faktor zu seinem Monumentalgemälde. Im Frühjahr
1516 hatte er als Reisläufer am Feldzug der Eidgenossen in die Lombardei
teilgenommen und dabei jene Tausende toter Landsleute gesehen, die seit
Monaten unbegraben auf dem Schlachtfeld von Marignano herumlagen und
längst in Verwesung übergegangen waren. In seinem noch während des
gleichen Jahres begonnenen Totentanz-Zyklus an der Umfassungsmauer des
Berner Dominikanerklosters führten folgerichtig denn auch keine Kno-
chenskelette, sondern sich zersetzende Leichen die Vertreter aller Stände,
Berufe und Lebensalter zum letzten Tanz: vom Papst bis zum Waldbruder,
vom Kaiser bis zum Bettler, vom Junker über den Ratsherrn und Handwerker bis zum Bauern und Narren. Und am Schluß grapscht eine dieser Men-

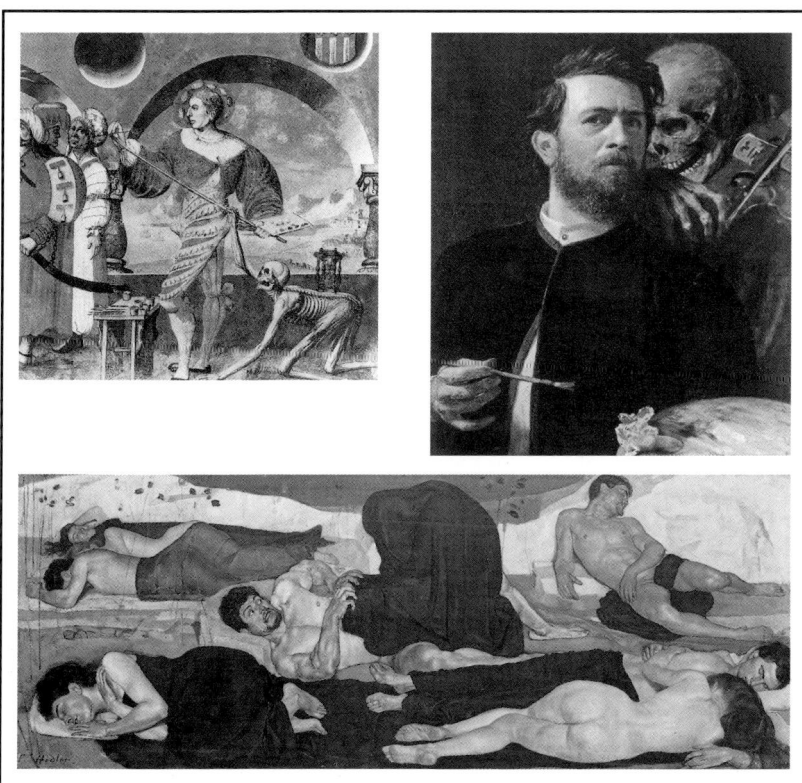

Abb. 5 Maler und Tod: Vom Tod, der dem Maler den Pinsel führt, über den Tod, auf dessen Lied der Maler hört, zum Tod, der den Maler erschreckt.
Oben links: Niklaus Manuel (Bern 1484 – Bern 1530): «Der Maler», aus dem «Berner Totentanz» von 1516/17. Nur erhalten in den Kopien von Albrecht Kauw 1649. Historisches Museum Bern.
Oben rechts: Arnold Böcklin (Basel 1827 – Fiesole 1901): Selbstbildnis mit fiedelndem Tod, 1872. Öl auf Leinwand, 75 × 61 cm. Nationalgalerie der Staatlichen Museen Preußischer Kulturbesitz Berlin.
Unten: Ferdinand Hodler (Bern 1853 – Genf 1918): Die Nacht, 1889/90. Leinwand, 116 × 299 cm. Kunstmuseum Bern.

schenfleisch-behangenen makabren Gestalten auch nach dem Maler (vgl. nochmals Abbildung 5, oben links).

Nur wenig später als Böcklins «Fiedelnder Tod» und Manets «Fliederstrauß» entstand 1889/90 «Die Nacht» von Ferdinand Hodler (1853–1918; Abbildung 5 unten). Auch hier hat sich der Maler selbst ins Bild gerückt, diesmal sogar in die Bildmitte. Und auch hier geht es um die Begegnung mit dem Tod. Doch wir sehen ihn nicht, weder als Gerippe noch als

Leiche oder auch nur als Schädel. Wie ein Phantom hockt er schwarzver-
hüllt und rittlings auf dem ausgestreckten Körper des Malers. Er überfällt
ihn mitten in der Nacht, reißt ihn aus dem Schlaf und läßt ihn vor Schreck
erstarren. Ebenso wie bei Böcklin oder Niklaus Manuel stammt auch bei
Hodler die Thematik aus erster Hand. Der Tod war eine frühe und ihn sein
Leben lang begleitende Erfahrung. Schon als Siebenjähriger verlor er 1860
den Vater, im doppelten Alter die noch nicht einmal vierzigjährige Mutter.
Seine fünf Geschwister – sämtliche jünger als er – starben zwischen 1861
und 1885 an Tuberkulose. Wäre er nun, der übriggebliebene Letzte der
Familie, das nächste Opfer?

Wenden wir uns nach diesem Exkurs zur Phase 3, der die damalige
Gleichzeitigkeit des Ungleichzeitigen illustrieren sollte, dem letzten Abschnitt in der langfristigen Sterblichkeitsentwicklung zu. In der *Phase 4*
(1951–1980) scheint die demographische Transition zu einem vorläufigen
Abschluß gekommen zu sein. Die Sterblichkeit hat sich auf niedrigem Niveau eingependelt. Irgendwelche markanteren Ausschläge sind nicht mehr
zu erkennen. Wir sind von dieser geringen Mortalität bereits dermaßen
geprägt, daß wir mittlerweile schon glauben, ein Anrecht auf die physiologische Sicherheit unserer Existenz zumindest für siebzig, achtzig Jahre zu
haben. Wer wäre in Todesanzeigen für Vierzig-, Fünfzigjährige noch nie auf
den vorwurfsvollen Hinweis gestoßen: «Warum so früh?» – Dabei sind
vierzig oder fünfzig Erdenjahre wesentlich mehr, als alle unsere Vorfahren
während der ersten und zweiten Phase im Durchschnitt je zu ihrer Verfügung hatten.

Doch selbst wenn uns der Tod im allgemeinen nicht länger «viel zu früh»
heimholt, ist manches an unserer statistisch zwar erwiesenen größeren Lebenssicherheit trügerisch. Zweifeln wir sie heimlich nicht selbst immer wieder an? Dies nicht etwa nur deshalb, weil die von den Statistischen Ämtern
ermittelte und jährlich noch immer steigende «durchschnittliche Lebenserwartung» von heute 70 oder 80 Jahren noch lange keine Lebens-Garantie
für den Einzelnen darstellt. Jeder kann morgen schon in wesentlich jüngerem Alter Opfer eines Verkehrsunfalls werden oder der Versuchung zum
Selbstmord erliegen. Die Zweifel an der «großen Lebenssicherheit» werden
durch andere Ursachen genährt. Und diese brauchen durchaus nicht immer
irrationaler Art zu sein, also nicht aus irgendwelcher diffusen Zukunftsangst
herzurühren. Gewiß sind es heutzutage nicht mehr die Schmeißfliegen und
die Mücken und Wanzen, die unser Leben durch Übertragung von Infektionskrankheiten bedrohen und verkürzen. Doch selbst wenn der Tod diese
früheren Positionen geräumt hat und uns im allgemeinen nun länger leben
läßt, lassen muß, so zog er sich doch nur auf Stellungen zurück, die um so
uneinnehmbarer sind. Ich möchte hier ein einziges Beispiel anführen. Es soll
gleichzeitig davor warnen, allzu abschätzig auf unsere Vorfahren hinabzu-
blicken, die noch nicht einmal den Zusammenhang zwischen dem Verzehr

von kontaminierten Nahrungsmitteln, der Übertragung infizierter Fäkalien durch Schmeißfliegen und der Erkrankung an einer tödlichen Bakterienruhr kannten, ein Umstand, der es dem Tod immer wieder gestattete, mit Leichtigkeit seine reiche Ernte einzufahren.

Was wissen wir denn schon über die Mechanismen, die in unseren Tagen da und dort auf der Welt immer wieder zu gewaltsamen Eruptionen zwischen Menschen, Völkern, Staaten führen? Und wenn wir's schon wissen, so fällt es uns – scheint mir – genau so schwer wie unseren Vorfahren, die Kontaminationskette zu unterbrechen und die brennende Zündschnur entzweizuschneiden, bevor der Tod seine Ernte einfahren kann. Schuf nicht Picasso schon vor einem halben Jahrhundert mit seinem nunmehr im Prado-Museum Madrid hängenden gewaltigen Gemälde «Guernica» eine inzwischen weltbekannte Vision hoffnungslosen Grauens? Es war während des Spanischen Bürgerkriegs 1937 unter dem Eindruck des verheerenden Bombenhagels deutscher Jagdflieger auf jene baskische Stadt entstanden, eines Krieges, in dem es bereits «keine Sieger – nur Besiegte»[2] gab. Flegels seuchenbringende Insekten nehmen sich im Vergleich zu Picassos toddurchtränktem Bildinhalt, dem zähnefletschenden Pferd mit spießdurchbohrter Zunge inmitten versengter Leiber, ermordeter Kinder, Glieder-amputierter Krieger mit kaputten Waffen, grotesk die Hände verwerfender Körper, Schrei-ersterbender Münder, des ganzen sinnlosen Gemetzels geradezu lieblich aus. Fast wie ein harmloser Tod zum Anfassen.

Was werden die Maler in einer, in zwei Generationen zu malen haben, wie sich überhaupt noch ausdrücken können? Auch wenn es nicht die Aufgabe eines Historikers ist, Visionen künftiger Apokalypsen heraufzubeschwören, so drängt sich einem doch unweigerlich eine solche Frage auf.

Doch kehren wir, was mir besser ansteht, in die Geschichte zurück. Dabei möchte ich vom Zitat eines zeitgenössischen Schriftstellers ausgehen. Beim Schweizer Dramatiker und Erzähler Friedrich Dürrenmatt (* 1921) lesen wir: «Ich kann vom Menschen etwas nicht loslösen: das ist der Tod. Ich behaupte, daß die erste wissenschaftliche Entdeckung des Menschen jene war, daß er sterblich ist. Der Mensch steht seither unter einem Schock, der ihn zur Metaphysik zwang, der ihn zur Religion zwang, der ihn zur Kunst zwang, der ihn zu allen möglichen Listen zwang. Durch die Erkenntnis seiner Sterblichkeit wird in ihm der Wunsch wach, seiner Sterblichkeit zu entfliehen, und er wird kreativ, ein Gott: ein Schöpfer oder ein Zerstörer. Das Dilemma des Menschen besteht darin, daß er zwar weiß, daß er sterblich ist, aber so lebt, als wäre er unsterblich. Er lebt drauflos. In ihm ist die evolutionäre Krise, in der er heute lebt, vorprogrammiert, eine Krise, von der ich nicht weiß, wie er herauskommt».[3]

Bedenkt man diese Worte und wendet sie auf unseren in der Abbildung 4 ingesamt behandelten Entwicklungszeitraum an, so versteht man noch besser, weshalb wir heute in des Blumen-Brueghels schönen Sträußen nichts

Vergängliches mehr sehen (wollen), während Vergänglichkeit damals, als sich die «evolutionäre Krise» noch nicht zugespitzt hatte, als Selbstverständlichkeit dazu gehörte. Dies bedeutet indes auch, daß wir heute Brueghels Bilder längst nicht mehr mit den Augen ihres Urhebers betrachten. Wir sehen sie mit unserem Vergänglichkeits-sterilen Blick und nicht mit dem Vergänglichkeits-empfindlichen der damaligen Zeit. Selbstverständlich will ich niemandem verwehren, dies so zu tun. Ich sage nur, daß es sich dabei um *keine historische* Betrachtungsweise handelt. Gerade eine solche aber sollte und soll hier, im methodologischen Kapitel, versucht werden. Die Frage ist somit, wie es uns gelingen kann, in Kunstwerken früherer Zeiten auch das zu sehen, wofür wir heute keine Augen mehr haben; wie wir es anstellen sollen, um mit damaligen Augen wahrzunehmen? Erst dann nämlich «verstehen» wir, was Maler wie Niklaus Manuel, Arnold Böcklin, Ferdinand Hodler an seinerzeit alltäglichen, inzwischen jedoch verschwundenen Schmerz-, Krankheits-, Todeserfahrungen in ihre Bilder haben miteinfließen lassen, wenn diese nicht gar aus deren Verarbeitung entstanden sind. «Hintersinn» entpuppt sich dann als Selbstverständlichkeit.

Fragen wir in diesem Zusammenhang einmal beim norwegischen Maler Edvard Munch nach (1863–1944). Über den Grund für sein künstlerisches Schaffen sagte er: «In meinem Elternhaus hausten Krankheit und Tod. Ich habe wohl nie das Unglück von dort überwunden. Es ist auch für meine Kunst bestimmend gewesen. ...In demselben Stuhl, in dem ich ‹Die Kranke› malte, haben ich und alle meine Lieben, von meiner Mutter an, Winter um Winter gesessen und sich nach der Sonne gesehnt – bis der Tod sie holte... Dies alles bildete das Fundament meiner Kunst».[4] 1868 war seine Mutter an Tuberkulose gestorben, 1877 seine Schwester Sophie, 1889 sein Vater, 1895 sein Bruder Andreas.

Abb. 6 Widrige Umstände früherer Zeiten führten zu engen Mutter-Kind-Beziehungen. Nach dem Rückgang der Säuglings- und Kindersterblichkeit ist dies nicht mehr im gleichen Ausmaß der Fall.
Oben: Edvard Munch (Löten 1863 – Ekely 1944): Das kranke Kind (The Sick Child), 1907. Öl auf Leinwand, 118,7 × 121 cm. Ausschnitt. The Tate Gallery London.
Unten links: Andrea Solario (Mailand um 1470/75 – Mailand oder Pavia 1524): Madonna mit dem grünen Kissen (La vierge au coussin vert), um 1507/10. Holz, 59 × 48,2 cm. Louvre Paris.
Unten rechts: Bartolomé Estéban Murillo (Sevilla 1617/18 – Sevilla 1682): Häusliche Toilette, um 1670/75. Öl auf Leinwand, 147,4 × 113 cm. Alte Pinakothek München.
Im Zentrum: Rückgang der Säuglingssterblichkeit in der Schweiz 1901–1980, unterteilt in Neonatal- und Postneonatal-Mortalität (d.h. innerhalb des ersten Lebensmonats, bzw. vom zweiten bis zum Ende des zwölften Monats). Angaben je tausend Lebendgeborene.
Quelle: Unveröffentlichtes Material des Schweizerischen Bundesamts für Statistik Bern, Dienst Gesundheitsstatistik. Im November 1984 freundlicherweise als Computerausdruck zur Verfügung gestellt.

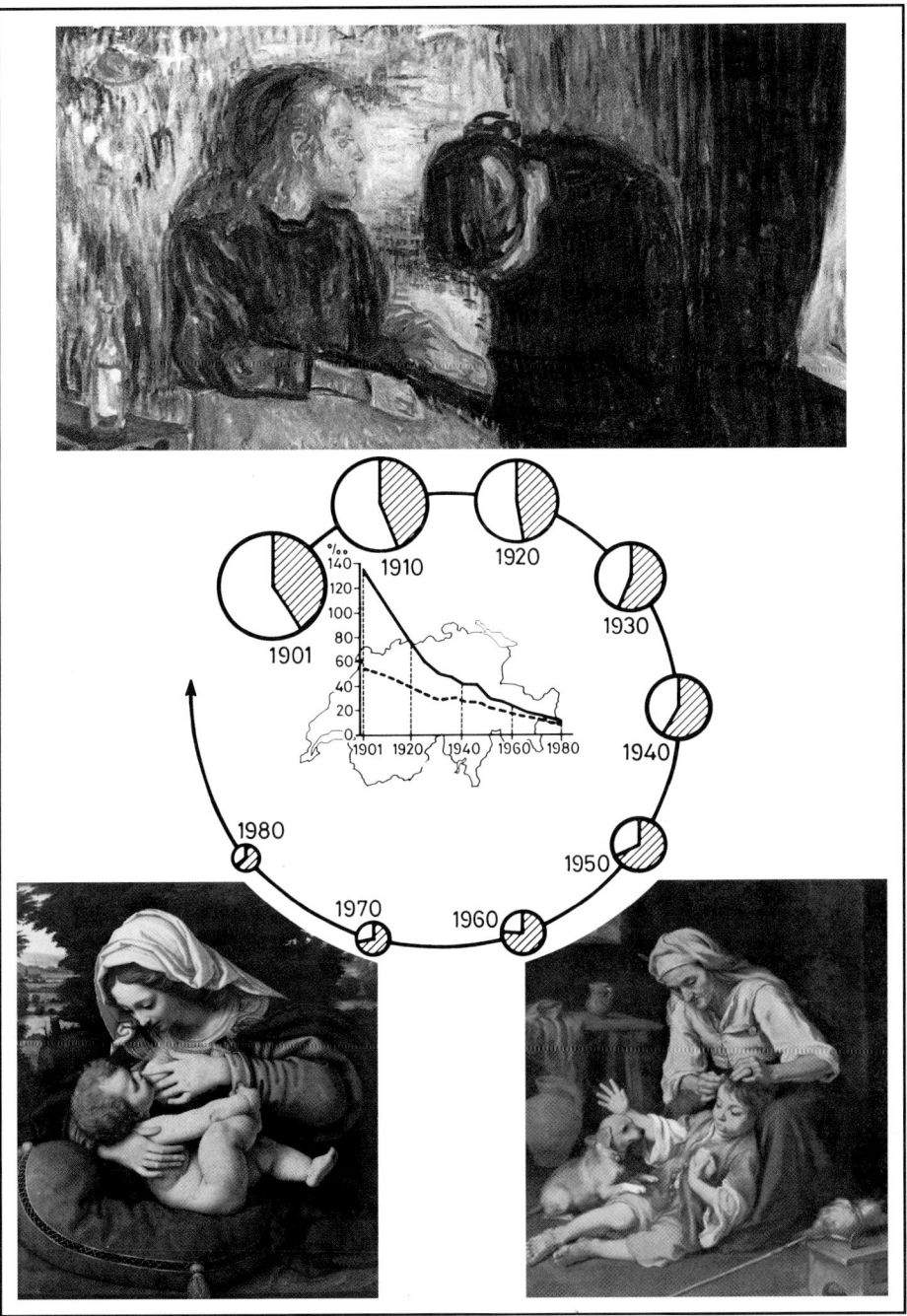

In der *Abbildung* 6 sehen wir oben einen Ausschnitt aus Munchs «Das kranke Kind». Der Norweger ist dieses Thema, das autobiographisch auf den Tod der Schwester Sophie zurückgeht, sein Leben lang nicht los geworden. Eine erste Version stammt aus dem Jahre 1885. Eine zweite malte er 1896. Bei der vorliegenden Variante handelt es sich um die vierte aus dem Jahre 1907. Es folgten eine fünfte um 1921/22, eine sechste 1927. Dazwischen entstand außerdem eine Reihe von grafischen Blättern.

Neben dem kranken Kind sitzt, vor Gram und Schmerz gebeugt, die unglückliche Mutter. Ihr verweintes Antlitz bleibt uns indes verborgen. Wir sehen nur ihre tastende Hand auf dem weißlichen Kissen. Bei dieser exakt in die Bildmitte gerückten Hände-Geste handelt es sich offenbar um die Schlüssel-Szene. Sie meint Trost in Krankheit und Leid, in Todesangst und Trauer durch körperliche Nähe, Anwesenheit, Gemeinschaft.

Um Mutter-Kind-Beziehungen geht es auch in den beiden Teilbildern von Figur 6 unten. Die vom Spanier Bartolomé Estéban Murillo (1617/18–1682) um 1670/75 bei seiner «Häuslichen Toilette» festgehaltenen Körperkontakte zwischen Mutter (oder Großmutter oder Tante) und Kind gab es selbstverständlich nur so lange, wie es im Rahmen damaliger vor Dreck starrender Umweltbedingungen solchermaßen verlauste Jungen gab. Je mehr die öffentliche wie private Hygiene in sämtliche Bereiche unseres Lebens vordrang, je stärker regelrechte «Hygienisierungs-Kampagnen» von einer Cholera- und Tuberkulose-verschreckten Obrigkeit im 19./20. Jahrhundert vorangetrieben wurden, um so mehr verschwanden selbstverständlich auch derlei Szenen, derlei Formen von früher umständehalber notwendigen Gemeinschaftsbildungen. Es gibt sie inzwischen nicht länger.

Ebenso wenig wäre – nun Bezug nehmend auf die «Madonna mit dem grünen Kissen» von Andrea Solario (1470/75–1524) unten links – ein ausgedehntes Stillen für Säuglinge in unseren überernährten Wohlstands-Breitengraden heute noch länger lebensnotwendig oder auch nur aus Gründen eines besseren Immunisierungsschutzes gegen Infektionskrankheiten irgend erforderlich. Das erledigt die rigorose Einhaltung von Babys Impfkalender längst weitaus effektiver: in der ersten Lebenswoche eine Tuberkulose-Schutzimpfung, ab dem dritten Lebensmonat die Grundimmunisierung gegen Diphtherie, Keuchhusten und Wundstarrkrampf sowie die Kinderlähmungs-Schluckimpfung, anfangs des zweiten Lebensjahres dann die Schutzimpfung gegen Masern, Mumps und Röteln sowie Abschluß der Grundimmunisierung gegen Diphtherie, Pertussis und Tetanus und außerdem, nicht zu vergessen: Poliomyelitis-Schluckimpfung. Und was Babys Speiseplan betrifft, so sind Neugeborene selbst ohne einen Tropfen Muttermilch in keiner Weise länger dem Hungertode ausgesetzt. Sie brauchen nicht einmal irgendwelche Bäuchlein-Beschwerden aufgrund allenfalls ungeeigneter Ersatznahrung zu befürchten. Vitamin- und Spurenelemente-angereicherte Gläser-, Beutel-, Dosen-, Büchsenkost wird in unseren Supermärkten jederzeit und für jeden Babygeschmack in großer Auswahl angeboten. Sollte es trotz allem dennoch einmal zu einer Unpäßlichkeit kommen, stehen genügend hervorragend ausgebildete Kinderärzte und schlimmstenfalls eine bestens ausgerüstete Spezialklinik für die Kleinen zur Verfügung.

Wenn wir die Graphik in der Mitte von Abbildung 6 in unsere Betrachtungen miteinbeziehen, so kann man dies zweifellos alles so sehen wie eben beschrieben. Wir finden dort die Säuglingssterblichkeit in der Schweiz von 1901 bis 1980 dargestellt. Verstarben bei den Eidgenossen um die Jahrhundertwende noch 137 je tausend Lebendgeborene im Verlaufe ihres ersten Lebensjahres, so sind es heute noch ganze neun. Und sehr viel weniger können es logischerweise auch gar nicht mehr werden. Wichtiger noch scheint mir in unserem Zusammenhang jedoch die Feststellung, daß die Mütter heute kaum mehr etwas Entscheidendes zur noch weiteren Senkung beitragen können. Unterteilen wir nämlich die Säuglingssterblichkeit in Todesfälle innerhalb des ersten Lebensmonats einerseits und andererseits in der Spanne vom zweiten bis zwölften Monat, so ereignen sich heute – wie aus den Kreisdiagrammen hervorgeht – rund zwei Drittel davon im ersten Monat. Zu Beginn des Jahrhunderts lagen die Verhältnisse noch umgekehrt. Diese Erstmonats-Sterbefälle sind im wesentlichen auf angeborene Schäden sowie traumatische Ereignisse während des Geburtsvorgangs zurückzuführen. Sie fallen somit in erster Linie in den Kompetenzbereich der Hebammen, Gynäkologen, Pädiater und weniger in denjenigen der Mütter.

Genau umgekehrt verhält, oder eben besser: verhielt es sich bei der Spätsterblichkeit, wo eine umsichtigere häusliche Pflege, eine bessere Hygiene, ein längeres Stillen, ein sorgfältigeres Füttern, generell überhaupt eine größere Aufmerksamkeit, kurzum die «getreue Erfüllung mütterlicher Pflichten» entscheidender waren. Weshalb also sollten Schweizerinnen ihre Neugeborenen heute noch lange stillen? Entlausen müssen sie sie ohnehin nicht mehr. Vor Schmerz gebeugt hoffnungslos um todkranke Kinder weinen entfiel nach dem Rückgang der Säuglings- und Kindersterblichkeit ebenfalls. Drei, während Jahrhunderten zum Mutter-Kind-Alltag gehörende, enge körperliche Verbundenheit sowie Gemeinschaft stiftende Situationen lösten sich binnen weniger Generationen auf, wurden überflüssig, verschwanden.

Gewiß fühle ich mich als Mann wenig zuständig, um zu beurteilen, was damit gleichzeitig *auch noch* verloren ging. Aus naheliegenden Gründen stoße ich hier rasch an meine Grenzen. Kehren wir indes zur Abbildung 6 zurück und betrachten nochmals die Bildteile von Munch, Murillo und Solario, so wird selbst «Mann» sagen dürfen, daß die Gefühlswelt von Müttern zumindest bezüglich der dort dargestellten Beziehungen ärmer geworden sein muß, sei es nun durch die weggefallene Krankenpflege, das überflüssig gewordene Entlausen, das nicht mehr notwendige Stillen.

Als ob es einzig darum ginge! Auch Solario war ein Mann, um 1470/75 in Oberitalien geboren und fünfzig Jahre später dort wieder gestorben. Mit

seiner stillenden Gottesmutter betrat er keineswegs Neuland. Das Motiv
hatte auch damals schon eine lange bildliche wie literarische Tradition.
«Maria lactans» galt Jahrhunderte hindurch als Symbol der Kirche, die den
Gläubigen Nahrung bot. Unter dem Einfluß franziskanischer Mystik erfuhr
es besonders im 14. Jahrhundert und den folgenden eine ebenso weite Verbreitung wie große Popularität. Kein geringerer als der Heilige Bonaventura
(um 1221–1274) – italienischer Theologe, Philosoph und Mystiker und
weithin als zweiter Gründer des Franziskanerordens angesehen – hatte sich
selbst immer wieder Gedanken gerade auch über die Beziehungen zwischen
der Gottesmutter und ihrem Sohn gemacht, mögen Teile der ihm zugeschriebenen «Medidationes vitae Christi» auch erst Jahrzehnte nach seinem Tode
redigiert worden sein. Wer mag, kann im zehnten Kapitel dieses von
menschlicher Wärme durchdrungenen Büchleins selbst nachlesen: «Cum
quanta jucunditate ipsum amplexabatur, stringebat dulciter, et delectabatur
in eo! O quam libenter eum lactabat»; oder zu deutsch: «Welche Wonne,
welche Freude, wenn sie es stillte! Wie liebevoll sie es umarmte, wie zärtlich
sie es streichelte und sich an ihm ergötzte».⁵
   Der durchschlagende Erfolg dieses Textes ist ebenso begreiflich wie sein
nachhaltiger und lang andauernder Einfluß auf die christliche Ikonographie.
Selten habe ich Glauben und Poesie so eng miteinander verwoben gefunden,
und nie zuvor auch ist mir klarer geworden als bei der Kontemplation dieses
Bildes im Louvre, daß ich als Mann allerhöchstens etwas davon erahnen
kann, was ich da an zwischenmenschlichen Beziehungen nie erlebe und
wovon wir Männer – und Frauen ohne Säuglinge natürlich genauso – ausgeschlossen bleiben.
   Auch wenn uns hier wieder einmal, wie so oft, die unbändige Entdecker-
lust und die an Dutzenden von überraschenden neuen Einsichten und Zu-
sammenhängen entzündete Phantasie noch so sehr mit Ungestüm davontra-
gen wollen, so haben wir uns doch daran zu erinnern, daß sich dieses
einleitende Kapitel in erster Linie mit methodischen Aspekten befassen wollte. Dazu gehört nun auch ein knapper Hinweis auf den Einsatz der elektro-
nischen Daten- und Textverarbeitung in meinem Forscheralltag. Näher auf
die angewandten Computertechniken einzugehen ist hier dagegen nicht der
Ort. Sie veralten rasch und sind oft schon nach wenigen Monaten von der
rasanten Entwicklung auf diesem Gebiet überholt. Es geht mir einzig darum,
über einige grundsätzliche Erfahrungen zu berichten. Daß dabei stets auch
finanzielle Aspekte eine Rolle spielen, versteht sich von selbst. Allerdings
zeigten die großen Förderungseinrichtungen wie die Deutsche Forschungsgemeinschaft oder die Stiftung Volkswagenwerk bislang stets Verständnis
für das Argument, daß es angesichts der heutigen Technik nicht mehr die
Aufgabe von – im vorliegenden Fall – Historiker-Demographen sein könne,
bei Archiv- oder Bibliotheksrecherchen noch länger per Hand zeitraubende
Zahlenexzerpte oder Strichlisten anzufertigen und das eingesammelte Quel-

lenmaterial anschließend mit einem Taschenrechner auszuwerten. Lautlos
arbeitende Handcomputer wirken für einen solchen Einsatz vor Ort wie
maßgeschneidert. (In meiner Forschergruppe bedienten wir uns während
der letzten drei Jahre mehrerer EPSON PX-8-Geräte.)

Um nochmals auf die Abbildung 4 zurückzukommen, hieß dies, daß die
den tabellarischen wie auch den graphischen Teilen zugrunde liegenden
Zahlenangaben im Archiv des Statistischen Landesamts Berlin direkt in das
mitgebrachte Gerät eingetippt wurden. Zurück im Institut brauchte dieses
auf einer kleinen Kassette abgespeicherte Quellenmaterial nur noch auf einen Personal-Computer überspielt zu werden, damit dort die gewünschten
Berechnungen sowie deren Ausdruck in statistischer oder figürlicher Form
vorgenommen werden konnten. (Im meinem Fall besteht die Hardware derzeit aus einem IBM PC-AT sowie zwei IBM PC-XT, einem Matrix-Drucker
EPSON LQ-1000 und zwei EPSON LQ-1500 sowie für Schwarz-weiß- oder
Farb-Graphiken einem EPSON PLOT-PRINTER HI-80. Auf Reisen begleitet mich ferner stets ein transportabler Kompakt-Computer TOSHIBA T-
3100 mit eingebauter 10 MByte Festplatte 3,5″.)

Betrachten wir die Abbildung 4, die direkt aus dem Computer kommt, so
haben wir dort im Prinzip zweimal dieselbe Aussage vor uns. Im oberen
Bildteil ist die Sterblichkeit in Berlin während der Jahre 1751–1780, 1811–
1840 und 1881–1910 sowie in der Bundesrepublik Deutschland von 1951–
1980 in Tabellenform ausgedruckt, unten dagegen in vier Graphiken.

Auch Wissenschaftler müssen ihre Forschungsprodukte marktgerecht verkaufen können, und das heißt meist in einer möglichst attraktiven Form.
Historiker (-Demographen) sind hierbei keine Ausnahmen. Jeder Leser mag
nun selbst beurteilen, was er rascher erfaßt und deutlicher im Gedächtnis
behält: die tabellarischen oder die (gleichlautenden) graphischen Aussagen.
Bei den meisten werden es die Figuren sein. Seitdem auf den Schreibtischen
auch von Geisteswissenschaftlern Personal-Computer stehen, fällt es leicht,
hieraus Konsequenzen zu ziehen. Diese Geräte liefern beides. Der Wechsel
von der einen zur anderen Darstellungsform erfolgt auf Knopfdruck.

Schwellenängste sind bei diesem ganzen Arbeitsablauf überflüssig, Programmierkenntnisse ebenso. Jeder von uns dürfte erheblich mehr Zeit gebraucht haben, um auch nur die Zahlen von 1 bis 10 lesen und schreiben zu
lernen, als nun die Gebrauchsanweisungen für einen Handheld- oder Perso-
nal-Tischcomputer durchzuarbeiten. Schon nach wenigen Wochen stellt
sich meist eine gewisse Virtuosität ein. Für geborene Perfektionisten kann
dies allerdings zur Gefahr werden, und zwar sowohl bei der Text- wie der
Graphik-Gestaltung. In beiderlei Hinsicht ist der Personal-Computer ein
Arbeitsinstrument von nie enden wollender Geduld und zudem von permanenter Stimulierung unserer Phantasie. Was etwa das Schreiben von Aufsätzen oder Artikeln betrifft, so wird einem das Auswechseln von Formulierungen, das probeweise Ersetzen von anfangs vielleicht überspitzt geratenen

Passagen durch elegantere Wendungen oder eine treffendere Ausdrucksweise, das Einfügen ganzer neuer Gedankengänge, das Umstellen kompletter Abschnitte dermaßen leicht gemacht, daß man darob leicht die Zeit vergißt. Aber ist es nicht besser, *einen* ausgefeilten, ausgereiften und das heißt meist gestrafften Text zu liefern als fünf lange und aufgequollene, die jemand – wenn überhaupt – nur kursorisch liest?

«Wenn ich mehr Zeit gehabt hätte, hätte ich einen kürzeren Brief geschrieben!» Dazu stachelt uns der Personal-Computer mit gleichbleibender Hartnäckigkeit Tag für Tag erneut an. Wenn ein Text am Ende dann doch nicht elegant formuliert wirkt und nur schwer verständlich bleibt, dann ist dies nicht sein Fehler, sondern liegt ausschließlich an meinem Unvermögen. – Von eher praktischem Nutzen ist in diesem Zusammenhang die Tatsache, daß der Papierverbrauch stark reduziert wird. Ein Ausdruck erfolgt erst dann, wenn der Text auf dem Bildschirm den letzten Schliff erhalten hat. Auch sind manche Zeitschriftenredaktionen und Buchverlage inzwischen dazu übergegangen, «Manuskripte» nur noch in Diskettenform zu akzeptieren. Damit kann jede Papier-Version überhaupt entfallen und für die Setzerei zudem das stupide Textabschreiben als ihr bislang stets erster Arbeitsschritt. Für den Autor wird das Lesen von Satzkorrekturen dadurch selbstverständlich ebenfalls hinfällig.

Die Phantasie noch stärker regt häufig das graphische Gestalten am Personal-Computer an. Einbildungskraft und Vorstellungsvermögen werden schon dadurch herausgefordert, daß die Figur bereits im Kopf entworfen sein sollte, bevor man sich an den Bildschirm setzt. Hatte ich im unteren Teil der Abbildung 4 eine sehr einfache und trotzdem, wie ich hoffe, aussagekräftige Form von Kurvendiagramm gewählt, so möchte ich mit der *Abbildung 7* die Möglichkeiten einer etwas aufwendigeren Darstellung in drei Dimensionen demonstrieren. (Zur Anwendung gelangte das Personal-Computer – Software-Paket OPEN ACCESS. Auch hier waren also keinerlei Programmierkenntnisse vonnöten.)

Der erste Arbeitsschritt bestand darin, die Zahlen jener Frauen (links) und Männer (rechts) einzugeben, die in Deutschland während verschiedener Zeiträume von 1871/80 bis 1980/82 unter je tausend gleichzeitig Geborenen ein Alter von 10, 20, 30, 40 usw. bis 90 Jahren erreicht hatten. Nach der Speicherung dieser Daten wird per Knopfdruck das dreidimensionale Gitterraster auf den Bildschirm geholt, so wie es in der Abbildung als Hintergrund zu sehen ist. Je nach Wunsch kann ich es drehen und wenden, stärker ansteigen oder flacher abfallen lassen, weitere Gitterstränge einziehen oder andere entfernen. Anschließend wird das Aussehen der Stapel gestaltet: zuerst die Breite, Höhe und Tiefe, dann die Rasterung der einzelnen Flächen. Es stehen, wieder auf Knopfdruck, waage- oder senkrechte, einfache oder gekreuzte Schraffuren zur Verfügung, Punkt- oder Netzrasterung, weiße oder schwarze Füllungen sowie andere Muster mehr. Auch jetzt

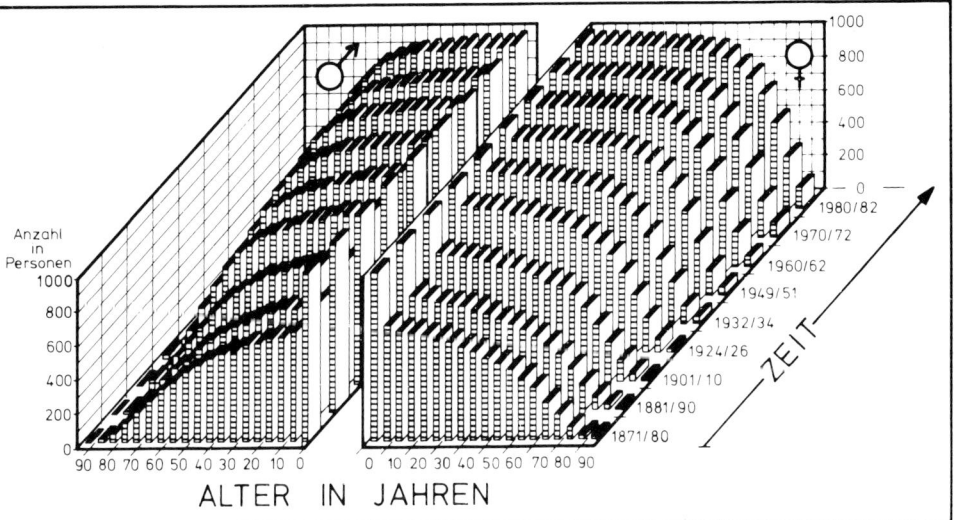

Abb. 7 Anzahl Männer (links) und Frauen (rechts), die in Deutschland zwischen 1871/ 80 und 1980/82 unter jeweils tausend im gleichen Jahr Geborenen ein Alter von 10, 20, 30 usw. Jahren erreichten (1871–1934 Deutsches Reich, 1949–1982 Bundesrepublik Deutschland).
Dreidimensionale Graphik mit Hilfe eines Personal-Computers. Hardware: IBM PC-XT, EPSON Matrix-Drucker LQ-1500; Software: Open Access.
Quellen: Statistisches Bundesamt (Hrsg.): Bevölkerung und Wirtschaft 1872–1972. Stuttgart: Kohlhammer 1972, 109. – Statistisches Bundesamt (Hrsg.): Statistisches Jahrbuch 1984 für die Bundesrepublik Deutschland. Stuttgart: Kohlhammer 1984, 77.

kann die Gitterneigung erneut geändert werden, die ganze Figur gedreht und gewendet, die Stapel verjüngt oder verdickt, wenn ich davon ein insgesamt eindrücklicheres Bild erwarte.

Wie oft habe ich nicht unzählige Versionen auf dem Bildschirm durchgespielt, bevor die beste, für Vorträge am ehesten geeignete, im Druck ansprechendste, kurzum die erfolgversprechendste Fassung ausgedruckt wurde. Ein derart intensives Gestalten ist nur möglich, wenn ein Personal-Computer am eigenen Arbeitsplatz rund um die Uhr zur Verfügung steht. Universitäre Großrechenzentren sind im Vergleich dazu zwar noch immer bedeutend leistungsfähiger und deshalb für aufwendigere Berechnungen oder kompliziertere Graphiken nach wie vor unerläßlich. Aber der Umgang mit ihnen ist ungleich viel schwerfälliger. Er erfordert mehr Zeit und Geduld, ganz abgesehen von der Notwendigkeit wesentlich umfangreicherer EDV-Kenntnisse. Pros und Contras abwägend möchte ich sagen, daß in bezug auf dieses Buch von dort selten das gleiche Maß an Stimulierung und permanenter Anregung ausgegangen ist.

Niemand sage mir somit, ein Personal-Computer wäre geisttötend oder lähme die Phantasie. Im Gegenteil! Und wieder mag der Leser selbst beurteilen, wie nachhaltig die vorgelegte Abbildung 7 auf ihn wirkt; wie rasch und eindeutig er das erfassen kann, was die Computer-Graphik als eine der entscheidensten Entwicklungen im Rahmen unseres Buchthemas zum Ausdruck bringen soll: die wachsende Anzahl von Lebensjahren bei immer mehr Männern und Frauen und damit deren kontinuierlich gestiegene Lebenssicherheit während des letzten Jahrhunderts, die altersmäßige Aufplusterung der gesamten deutschen Bevölkerung, zuerst in jüngeren, dann in mittleren und schließlich in späteren Jahren. – Und treten da nicht gleichzeitig noch zwei weitere Dinge in Erscheinung? Zum einen ging dieser grundlegende Wandel in der Lebenssicherheit sehr rasch, eben während eines einzigen Jahrhunderts vor sich. Zum anderen scheinen wir, was das durchschnittliche Sterbealter betrifft, allmählich gegen eine Obergrenze vorzustoßen. Auf beide Aspekte wird in den folgenden Kapiteln ausführlich eingegangen werden müssen. Behalten wir sie so lange im Kopf. Eine einprägsame, haftende Graphik tut hier doppelt not.

1.2. Eine lange Reise über Raum – oder: wenn Historiker reisen

Im Jahre 1973 bin ich zum ersten Mal nach Japan gereist, damals noch auf dem Land- und Seeweg. Von Helsinki aus, wo man die russischen Eisenbahnwaggons besteigen konnte, ging es zuerst auf über zehntausend Kilometern Schienenweg bis zum Japanischen Meer, von dort mit der russischen Fähre nach Yokohama. Für die 8531 Kilometer von Moskau bis Chabarowsk – die klassische Strecke der Transsibirischen Eisenbahn – benötigte der Zug insgesamt 147,5 Stunden an reiner Fahrtzeit. Das sind etwas mehr als sechs volle Tage (vgl. hierzu die *Abbildung 8*).

Dabei machte ich eine merkwürdige Erfahrung. Offensichtlich gab es eine «europäische» und eine «asiatische» Zuggeschwindigkeit, und zwar ziemlich unabhängig von der Geländebeschaffenheit für die Trasse-Führung oder von irgendwelchen Tages- und Nachtzeiten. Jenseits des Urals, besonders nach Omsk, Krasnojarsk, Irkutsk, Tschita wurde der Zug immer langsamer. Während er für die 897 Kilometer von Swerdlowsk nach Omsk noch 12 Stunden und 26 Minuten gebraucht hatte und somit durchschnittlich mit 72 Stundenkilometern gefahren war, benötigte er für die 1388 Kilometer von Omsk nach Krasnojarsk 20 Stunden und 58 Minuten, für die anschließenden 1087 Kilometer bis Irkutsk 20 Stunden und 04 Minuten, für die 1013 Kilometer bis Tschita 19 Stunden und 23 Minuten, und für die restlichen 2327 Kilometer bis Chabarowsk sogar 48 Stunden und 08 Minuten. Die Reisegeschwindigkeit nahm somit von 72 Kilometern pro Stunde auf 66 ab,

Von:	Nach:	Distanz	Fahrzeit	Kilometer pro Stunde
Helsinki	- Leningrad :	465 km	09 Std. 06 Min.	---
Leningrad	- Moskau :	650 km	08 Std. 20 Min.	78.0 km/h
Moskau	- Kirow :	957 km	14 Std. 18 Min.	66.9 km/h
Kirow	- Swerdlowsk :	862 km	12 Std. 11 Min.	70.7 km/h
Swerdlowsk	- Omsk :	897 km	12 Std. 26 Min.	72.1 km/h
Omsk	- Krasnojarsk:	1388 km	20 Std. 58 Min.	66.2 km/h
Krasnojarsk	- Irkutsk :	1087 km	20 Std. 04 Min.	54.2 km/h
Irkutsk	- Tschita :	1013 km	19 Std. 23 Min.	52.3 km/h
Tschita	- Chabarowsk :	2327 km	48 Std. 08 Min.	48.4 km/h
Chabarowsk	- Nachodka/ Tichokeanskaja :	910 km	14 Std. 50 Min.	---
				(T a g e)
Moskau	- Chabarowsk :	8531 km	147 Std. 28 Min.	(6:03:28)
Leningrad	- Chabarowsk :	9181 km	155 Std. 48 Min.	(6:11:48)
Helsinki	- Nachodka :	10556 km	179 Std. 44 Min.	(7:11:44)

Abb. 8 10556 Kilometer von der Ostsee zum Japanischen Meer mit der russischen Eisenbahn. (Die klassische Strecke der «Transsibirischen Eisenbahn» beschränkt sich auf den Teil Moskau – Chabarowsk.) Fahrzeit von Helsinki bis zum Stillen Ozean insgesamt 7 Tage, 11 Stunden und 44 Minuten. – Rasch am Anfang, gemächlich gegen das Ende: ein Gleichnis unseres langen Lebens?
Quelle: Railways of the USSR (Eds.): Timetable of international routes; June 3 to September 29, 1973; Moskau 1973.

dann auf 54, auf 52, und schließlich rollte er während der letzten beiden Tage gemächlich mit 48 Stundenkilometern dahin.

Doch nicht dieses Langsamerwerden bildete für mich das denkwürdige Erlebnis, sondern vielmehr der Umstand, daß sich mein Zeitempfinden im Verlauf dieser sechs Tage gründlich änderte. Am Anfang der Reise konnte es mir gar nicht rasch genug vorangehen. Im europäischen Teil der Reise entsprach die Zuggeschwindigkeit denn auch noch einigermaßen meinen «europäischen» Tempo-Erwartungen. Aber zu meiner Verblüffung tat sie das auch dann noch, als der Zug im asiatischen Teil immer gemächlicher dahin-

rollte. Je weiter er nach Osten vorankam, um so weniger hatte ich dagegen
einzuwenden; im Gegenteil empfand ich das langsamere Tempo als jener am
Waggonfenster vorüberziehenden fernöstlichen Landschaft und der in ihr
arbeitenden Menschen völlig angepaßt.

Die lange Eisenbahnfahrt wurde mir damals plötzlich zum Gleichnis für
die lange Reise unseres irdischen Lebens, und den sich während der Reise
mehr und mehr verändernden Wertmaßstab «Zeit» erfuhr ich wie ein
Schlüsselerlebnis. Noch zwischen Moskau und Omsk hätte ich mir schwerlich vorstellen können, daß ich im anschließend stets langsameren Eisen-
bahnzug nicht völlig kribbelig würde. Doch nichts dergleichen trat ein.

Wie kann ich also sicher sein, jetzt mit 48 Lebensjahren richtig zu beurteilen, welche Einstellung ich mit 60, 70, 80 Jahren gegenüber Leben und Tod
haben werde? Wenn das Leben wie der Zug hinter den Stationen Krasnojarsk, Irkutsk und Tschita einen immer gemächlicheren Gang geht, langsam
ausrollt und schließlich an der Endstation zum Stehen kommt? Wird sich
auf der langen Reise des Lebens wiederholen, was sich auf der langen Fahrt
mit der Transsibirischen Eisenbahn vollzog: eine stete, zum vornherein
kaum vorstellbare Anpassung an die Umstände? Ist es tatsächlich möglich –
wie Ärzte, Stationsschwestern, Krankenhausseelsorger zu berichten wissen,
die hochbetagte, aber nicht chronisch kranke und sich nicht wie diese nochmals aufbäumende Patienten zu betreuen haben – , daß wir Menschen bei
einem relativ gesunden Anstoßen an unsere – wenn man so sagen darf –
biologisch-physiologische Lebenshülse mit 80 oder 85 Jahren von einem
Gefühl der Lebenssattheit erfüllt werden, von einem akzeptierenden, mit
dem Leben und dem Sterben ausgesöhnten Gefühl «Nun kann es gut sein»?

Erneut sind wir bei einem wesentlichen Aspekt unseres Themas angelangt.
Er wird in den späteren thematischen Kapiteln zu vertiefen sein. Bereits an
dieser Stelle möchte ich indes zu bedenken geben, ob durch den weiteren
Anstieg des Sterbealters und dadurch eine wachsende Zahl von Menschen,
die bei relativ guter Gesundheit ihr ganzes Pensum irdischer Jahre zu Ende
leben können, nicht viele jener Sterbensängste mehr und mehr hinfällig
würden, die uns «mitten im Leben» Stehende heute noch so oft überfallen?

In eine andere Richtung schließlich zielen die folgenden Überlegungen.
Während ich seinerzeit auf der Reise per Bahn und Schiff nach Japan noch
eine dauernde Mitveränderung und Anpassung an immer neue Landschaften mit immer neuen Menschen, neuen Sprachen, Gewohnheiten, Uhrzeiten,
Gerüchen, Speisen, Getränken erfuhr, er-«fahren» konnte, ist dies im heutigen Jet-Zeitalter kaum mehr möglich. Für den dritten Besuch in Japan Anfang 1986 waren keine zwanzig Flugstunden mehr nötig (vgl. *Abbildung 9*).

Doch mache man sich nichts vor. Wir haben zwar große Flügel erhalten,
oder, um es überdeutlich mit einer Plastik von Alberto Giacometti (1901–
1966) zu demonstrieren: wir haben große Räder unter die Füße bekommen,
dabei aber einen kleinen Kopf behalten. Höchst wahrscheinlich verfremde

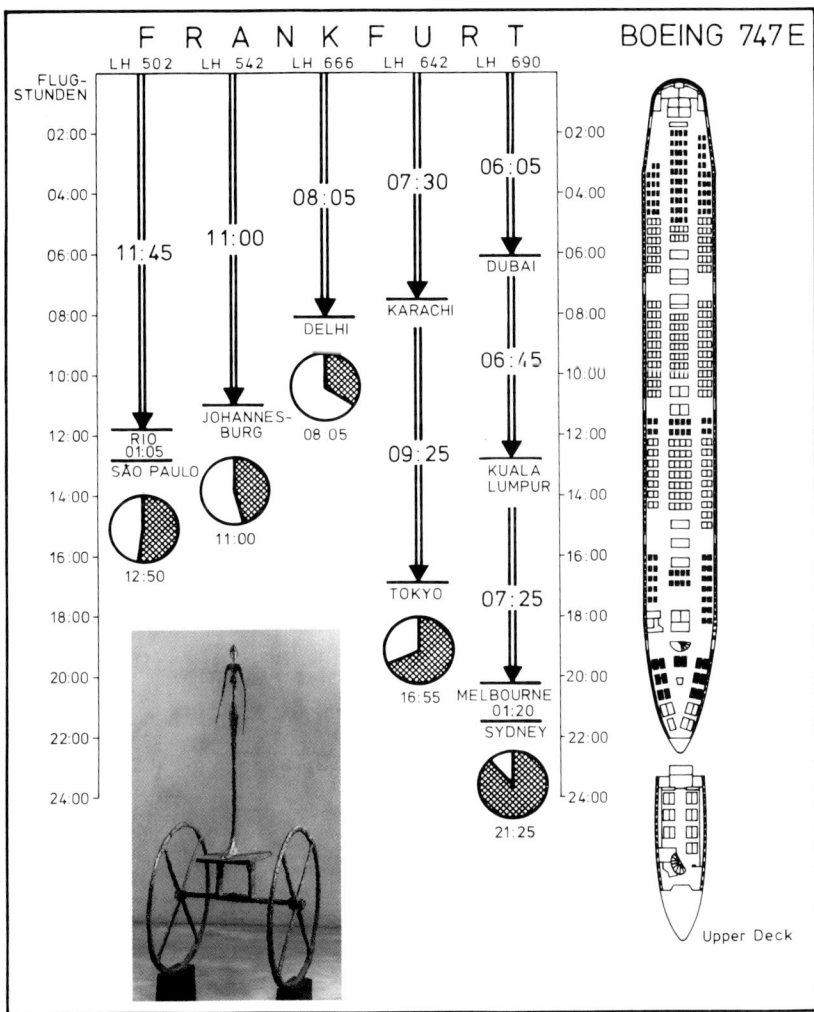

Abb. 9   Wenige Stunden dauernde Nonstop- und Direktflüge in alle Welt mit einer
BOEING 747 (= «Jumbo») der LUFTHANSA ab Frankfurt. Unten eingefügt: Alberto
Giacometti (Stampa 1901 – Chur 1966): Le chariot, 1950. Bronze, Höhe 167 cm, Breite
62 cm, Tiefe 70 cm. Von mir «verfremdend» interpretiert als: Wir haben große Räder
bekommen, aber einen kleinen Kopf behalten.
Quellen: Lufthansa-Flugplan 30. März – 30. Juni 1986. – Kunsthaus Zürich (Eigentum
der Alberto Giacometti-Stiftung).

ich hier mit meiner Sehweise die seinerzeitigen Absichten des Künstlers ganz beträchtlich. Doch ist es mir selten so wie Schuppen von den Augen gefallen wie beim Anblick dieser Skulptur. Ähnlich der gestelzten Figur auf den Riesenrädern werden wir mit zehnfacher Windeseile überallhin auf der Welt transportiert: in 12 Stunden 50 Minuten nach São Paulo, in 11 Stunden nach Johannesburg, in 8 Stunden 5 Minuten nach Neu Delhi, in 16 Stunden 55 Minuten nach Tokio, und in 21 Stunden 25 Minuten sogar zu unseren Gegenfüßlern nach Sydney: alles konkret erlebte Flugzeiten während der letzten drei Jahre.

So banal es klingen mag, so wichtig ist es doch, sich immer wieder in Erinnerung zu rufen, daß Fluggerät und Zielflughäfen zwar noch so ähnlich sein mögen, die Menschen am Ankunftsort es indes nicht sind. Sie haben ihre eigene Geschichte, leben in einer eigenen Welt, richten sich nach eigenen Wertmaßstäben. Während wir beim Verlassen des Großraum-Jets unsere Uhren selbstverständlich sofort der Lokalzeit anpassen, bereitet es uns unendlich viel Mühe, die neue Welt nicht weiterhin ständig mit unseren alten Augen zu sehen. In dieser Hinsicht sind wir noch in kein Jet-Zeitalter eingetreten. In ein paar Stunden ist die eigene Vergangenheit, die eigene Weltanschauung, die eigene Erziehung nicht abzustreifen, können wir sie nicht einfach hinter uns lassen. All dies ist ganz und gar mit uns verwoben.

Ich plädiere nicht etwa dafür, am anderen Ort den eigenen Standpunkt aufzugeben. Sich von heute auf morgen die Wurzeln selbst abzuschneiden, müßte rasch zum Verdorren führen. Wer jedoch mit anderen Menschen in einen Dialog eintreten will – und genau dies habe ich mir an jenen Orten vorgenommen und möchte es in diesem Buch als weiteres wichtiges Anliegen vorexerzieren –, der sollte zumindest bereit sein, seinen eigenen Standpunkt zu relativieren, ihn als einen unter verschiedenen möglichen zu betrachten, seine mitgebrachte Brille immer wieder für eine Weile abzulegen und dafür die dortige aufzusetzen.

Üben kann man das auf eine sehr einfache Weise. Man braucht bloß einen Globus zur Hand zu nehmen und darauf die jeweilige Lage seines Aufenthaltsortes zu betrachten. Drei Beispiele, die in den späteren Kapiteln alle eine Rolle spielen werden, bringen uns in Erinnerung, daß die Welt sehr unterschiedlich aussieht, je nachdem, ob Europa das Zentrum dieser Welt bildet *(Abbildung 10)*, oder aber nach acht Flugstunden Indien *(Abbildung 11)*, oder nach zwanzig Stunden Australien *(Abbildung 12)*. Es macht einen gewaltigen Unterschied, ob Australien durch eine 13 500 Kilometer messende Distanz von London getrennt ist, oder aber London durch dieselben 13 500 Kilometer von Australien. In Australien ist man sich dieses immensen Abstandes stets bewußt, in London nicht. Da liegen Paris, Brüssel, Amsterdam vor der Haustür, die übrigen europäischen Metropolen in Reichweite. Und selbst bis New York sind es gerade 5 700 Kilometer. Auf australische Verhältnisse übertragen ist man dann entweder in der Antarktis

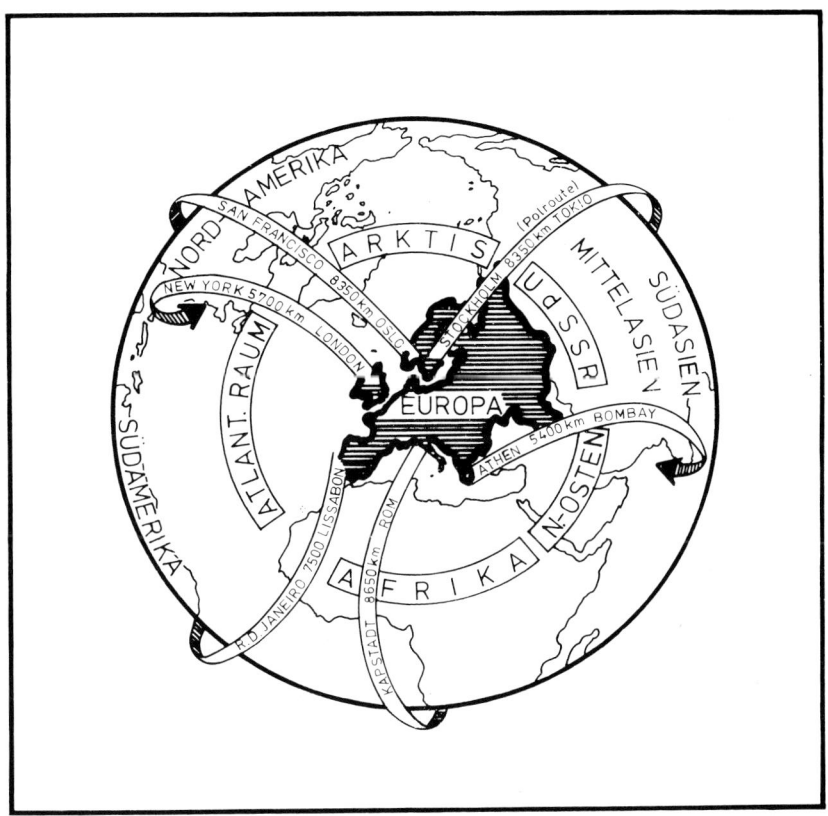

Abb. 10   Europa als Zentrum der Welt.
Umzeichnung nach Werner Hilgemann et al.: dtv-Perthes-Weltatlas. Großräume in Vergangenheit und Gegenwart. Band 12: Europa. München: Deutscher Taschenbuch Verlag und Darmstadt: Perthes 1978, 6.

(5 000 km) oder in Peking (5 800 km). Der fünfte Kontinent liegt mitten auf der Wasserhalbkugel unserer Erde und sieht sich im Westen durch den Indischen, im Osten durch den Pazifischen Ozean weit und breit von jedem Land abgeschnitten. Einzig Südostasien befindet sich einigermaßen in der Nähe. Auch wirkt der Ferne Osten nicht «fern» noch «Ost», sondern wird zum «Nahen Norden». Doch trotz einer bereits zweihundertjährigen Anwesenheit auf der Insel fällt es noch heute vielen Australiern schwer, sich nach diesen Gegebenheiten zu richten. Um wieviel weniger könnte ich Neuankömmling dazu nach einem halben Tag in der Lage sein? Erst allmählich lockert sich die traditionelle Orientierung nach Großbritannien. Und statt noch länger dem vergangenen Glanz des Commonwealth nachzutrauern, stellen sich zukunftsorientierte Australier realistischerweise

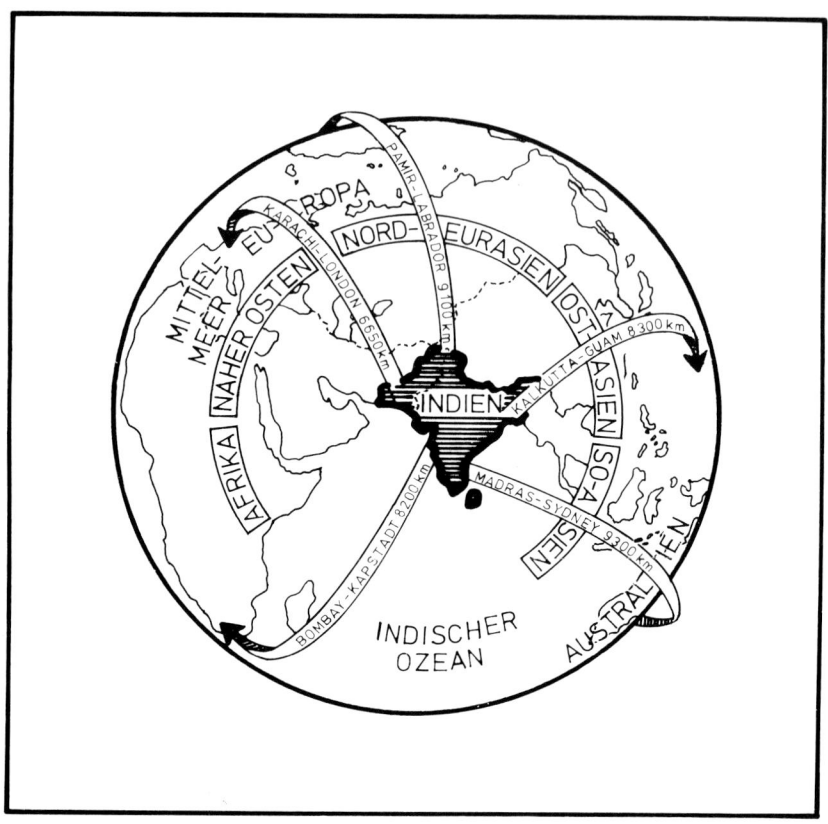

Abb. 11   Indien als Zentrum der Welt.
Umzeichnung nach Werner Hilgemann et al.: dtv-Perthes-Weltatlas. Großräume in Vergangenheit und Gegenwart. Band 2: Indien. München: Deutscher Taschenbuch Verlag und Darmstadt: Perthes, 2. durchgesehene Auflage 1977, 6.

mehr und mehr auf ihre großen Nachbarn in Asien ein: Indonesien, Indien, China, Japan.

In ebenso eindrücklicher Weise erinnern uns die euro- und die indozentrierten Karten der Abbildungen 10 und 11 an einige simple geographische Ursachen der unterschiedlichen weltpolitischen oder weltwirtschaftlichen Einbindung dieser Großräume. Liegt der europäische Kontinent fast im Mittelpunkt zwischen den beiden Supermächten Amerika und Sowjetunion, so sind – vom asiatischen Subkontinent aus gesehen – die Sowjetunion und China Nachbarn. Amerika dagegen befindet sich außerhalb des Blickfelds.

Sich an Ort und Stelle immer wieder Rechenschaft über derlei grundlegende Unterschiede allein schon bezüglich der geographischen Lage und Horizonte zu geben, erleichtert das notwendige Relativieren des eigenen Stand-

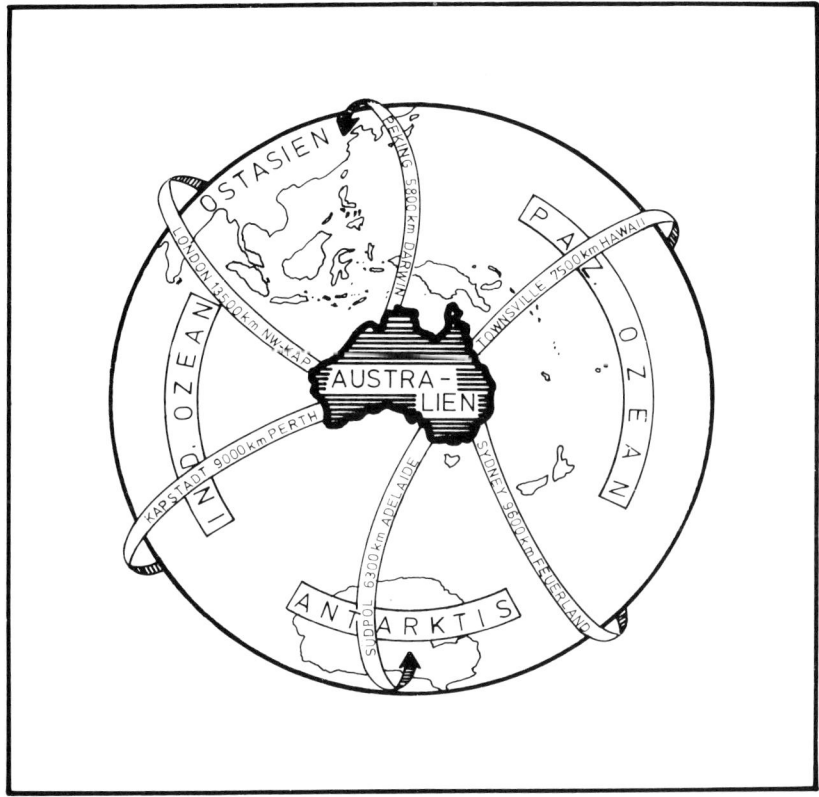

Abb. 12 Australien als Zentrum der Welt.
Umzeichnung nach Werner Hilgemann et al.: dtv-Perthes-Weltatlas. Großräume in Vergangenheit und Gegenwart. Band 11: Australien. München: Deutscher Taschenbuch Verlag und Darmstadt: Perthes 1977, 6.

punkts. Fast zwangsläufig schließen sich weitere Einsichten an, so etwa, daß anderenorts wahrscheinlich eben nicht nur andere geographische Großräume, sondern wohl genauso auch andere Probleme näher liegen dürften. Umgekehrt mögen Fragen, die bei uns aktuell sind, dort überhaupt kein Thema bilden, weil sie völlig außerhalb des Blickfelds liegen.

Was aber, wenn abzusehen ist, daß dort bestimmte Problemfelder demnächst ebenfalls auftauchen werden, sie zur Zeit nur gerade noch hinter der Horizontlinie liegen? Ist es nicht besser, dort dann heute schon darauf aufmerksam zu machen, damit Vorkehrungen jetzt zu guter Zeit getroffen werden können? Bei uns in Europa liegt, um ein Beispiel anzuführen, die «Überalterungs-Problematik» seit Jahren im Blickfeld; sie ist auch gar nicht zu übersehen. Nicht so etwa in Indien. Erst allmählich taucht sie auch dort am Horizont auf; in zwei, drei Generationen wird sie genauso unübersehbar sein wie bei uns heute. Zur Zeit jedoch ist «Säuglingssterblichkeit» am unteren Ende der Alterspyramide noch immer das wesentlichere Thema. Der von uns in Indien gesuchte Dialog wird sich klugerweise hiernach ausrichten müssen. Warum die Diskussion dort also nicht, wie es von uns Historiker-Demographen zuerst einmal erwartet wird, mit Ausführungen über unsere eigene hohe Säuglings- und Kindersterblichkeit noch bis zu Beginn des 20. Jahrhunderts beginnen? Setzen wir auch nur für einen Augenblick die indische Brille auf, werden wir rasch begreifen, daß man von uns tatsächlich zu wissen wünscht, wie wir es in der Zwischenzeit denn geschafft hätten, diese Sterblichkeit praktisch zum Verschwinden zu bringen. Durch den Einsatz der Medizin allein? Natürlich nicht! Wie also denn?

Natürlich fällt es dem europäischen Historiker nicht schwer, aufgrund seiner Fachkenntnisse im Detail zu schildern, was auch sonst alles noch notwendig gewesen ist: eine bessere öffentliche und private Hygiene, Schulung und Ausbildung der Mütter, weniger Geburten und größere Abstände dazwischen, «Demokratisierung des Gesundheitswesens». Der durchschlagende Erfolg verleiht uns hier eine fast unangreifbare Autorität. Je mehr uns nun jedoch die Inder, oder welche Bewohner von Dritt- und Viertwelt-Ländern auch immer, in all diesen Belangen nachahmen wollen und je rascher sie uns einholen, um so früher werden auch sie zwangsläufig mit den Problemen am obern Ende der Pyramide konfrontiert werden, um so schneller rückt auch dort die «Altersproblematik» von ihrer gegenwärtigen Randposition ins Zentrum. Weniger Säuglings- und Kindersterblichkeit bedeutet, daß auch dort immer mehr Menschen die gefährlichsten Jahre am Beginn ihres Lebens überstehen und älter werden, und zwar allermeist nicht nur 20, 30 oder 40 Jahre alt, sondern 60, 70, 80. Es ist nur fair, wenn wir unseren Dialog nicht mit der Schilderung unserer vollbrachten Glanzleistungen abbrechen, sondern die Diskussion fortsetzen und nun auch von unseren heutigen, durch die Eliminierung von Säuglings- und Kindersterblichkeit entstandenen Problemen sprechen. Es sind die ihren von morgen.

Das einleitende Kapitel handelte von Methoden und Techniken, wie wir unser Thema: die Veränderungen in der Lebensspanne des Menschen während der letzten Jahrhunderte und ihre Auswirkungen am ehesten in den Griff bekommen könnten, und zwar auch abgesehen von rein demographisch-statistischem Material. Es brachte den Einsatz des Computers ebenso zur Sprache wie die Entdeckerfreuden des selbständigen Betrachtens von Bildern aufgrund eines eigenen historischen Langzeit-Konzepts, führte aber auch die Notwendigkeit gleichzeitiger fächerübergreifender Kontakte an, um nicht zu leicht und zu naiv in Fallen zu tappen. Auf Beispiele konkreter Zusammenarbeit mit Kunsthistorikern oder Museumspädagogen wurde hierbei genau so hingewiesen wie auf die Kooperation mit Zoologen und

Entomologen, mit Geographen, Medizinern, Krankenhausseelsorgern und Sterbebetreuern.

Das Thema Lebensspanne des Menschen läßt sich nicht eng fassen. Es ist kein nur historisches, oder nur statistisches, oder nur medizinisches, oder nur biologisches Problem. Und überdies kein nur europäisches. Anderenorts befindet man sich an anderen Stellen der Entwicklung. Sollte es nicht zu denken geben, daß uns die Japaner im Verlaufe sehr kurzer Zeit nicht nur ein-, sondern auch überholt haben? Ihr Leben ist heute, zumindest physiologisch gesehen, am gesichertsten. Ebenso nachdenklich müßte die Tatsache stimmen, daß in Australien die Ur-Einwohner eine um zwanzig Jahre niedrigere Lebenserwartung haben als die weiße Bevölkerung. Warum?

Jahrzehntelang waren es indes nicht die Japaner, die die höchste durchschnittliche Lebenserwartung auf der Welt hatten und damit vergleichsweise die gesichertste Existenz, sondern das waren wir in Europa. Bei uns sind nicht nur die Probleme, die sich aus dem Wandel von einem allgemein unsicheren zu einem für die meisten unvergleichlich viel sichereren Leben ergeben haben, langsamer herangewachsen als anderswo, sondern sie hatten auch mehr Zeit zu reifen. Wir sind länger mit ihnen vertraut, können ihre Entwicklung über einen ausgedehnteren Zeitraum verfolgen und mit größerer Erfahrung hierüber sprechen. Wenn dann anderswo eine Erfahrungsmitteilung von uns gewünscht wird, sollten wir uns diesem Wunsch meines Erachtens nicht verschließen. Wir können dies guten Gewissens indes nur dann tun, wenn wir sehr genau Bescheid wissen über das, was sich bei uns abgespielt hat. Beginnen wir unsere Ausführungen deshalb in Europa, in allernächster Nähe, das heißt für mich: in Berlin.

2.

Von der unsicheren zur sicheren Lebenszeit

2.1. Von der allmählichen Zunahme und Angleichung unserer Sterbealter während der letzten drei Jahrhunderte

Er hieß George Techmann und wurde nur 24 Jahre alt, der Kanonier aus der Dorotheenstädter Kirchengemeinde zu Berlin. Das ist genau halb so viel, wie dem Autor dieses Buches bisher zur Verfügung standen. Sein Tod am 28. September 1719 muß rasch erfolgt sein. Es war kein schöner Tod, denn George starb unter heftigen Bauchschmerzen. Er litt an Durchfällen, gegen die kein Mittel mehr anschlagen wollte. Schon zwei Tage später bestattete man ihn auf dem neuen Kirchgemeinde-Friedhof, ohne feierliches Zeremoniell, ohne militärische Ehrenbezeugungen. Es war ein Armenbegräbnis.

Nie wäre mir eine Todesanzeige von George Techmann unter die Augen gekommen. Es hat sie wahrscheinlich auch nie gegeben. Diejenigen, die sie allenfalls hätten lesen können, interessierten sich nicht für eine solche Benachrichtigung. Und diejenigen, die sich vielleicht dafür interessiert hätten, konnten sie nicht lesen – und nicht bezahlen.

Sehr wohl gelesen habe ich dagegen eine Todesanzeige von Friedrich Ludwig. Er wurde am 20. Mai auf dem Münchner Nordfriedhof beigesetzt und hatte ein Alter von 86 Jahren erreicht. Allerdings war das nicht 1719, sondern 1986. Und es war ein Tod, wie ihn sich heute viele wohl wünschen

Abb. 13 Aus dem Beerdigungsregister der Kirchengemeinde Dorotheenstadt zu Berlin, erste Hälfte des 18. Jahrhunderts.
Oben: die ersten fünf Eintragungen von Seite 81 des Jahrgangs 1719.
Unten: die ersten sechs Eintragungen von Seite 414 des Jahrgangs 1749.

Unterstrichen sind die Todesursache (gestrichelt) und das Sterbealter (durchgehend). Sie lauten:

1719	1749
«am Durchfall»-«alt 4 Jahr»	«alt 54 Jahr»-«an Schwindsucht»
«an die Zehne»-«alt 3/4 Jahr»	«alt 5 Virtel Jahr»-«an Jammer»
«an den Pocken»-«alt 1/2 Jahr»	«alt 24 Jahr»-«an hitzigem Fieber»
«am Durchfall»-«alt 24 Jahr»	«alt 70 Jahr»-«an Brust Krankheit»
«am Durchfall»-«alt 3 Jahr»	«alt 28 Jahr»-«an Bluth Stürtzung»
	«alt 94 Jahr»-«an Schwindsucht»

Quelle: Evangelische Kirche in Deutschland und Evangelische Kirche der Union: Kirchenbuchstelle des Evangelischen Zentralarchivs in Berlin.

BERLIN

MÜNCHEN
MAI 1986

Unsere liebe Schwägerin und Tante

Frau Rosie Deubzer ✓

ist heute im Alter von 84 Jahren von ihrem schweren Leiden erlöst worden.
Sie hat ihre Krankheit in beispielloser Geduld ertragen.

München, den 18. Mai 1986

In tiefer Trauer:
Margarete Deubzer
Waltraud Deubzer
im Namen aller Verwandten

Der Trauergottesdienst findet am Donnerstag, dem 22. Mai 1986, um 10.00 Uhr
in St. Nikolaus in Neuried statt.
Beerdigung: Donnerstag, den 22. Mai 1986, um 13.00 Uhr im Waldfriedhof München,
alter Teil, Fürstenrieder Straße.

Nach einem erfüllten Leben ist plötzlich und unerwartet unser
Schwiegervater und Opa

Herr Friedrich Ludwig

im Alter von 86 Jahren von uns gegangen.

München, den 16. Mai 1986   Rudolf Neumair
Kreuzstraße 9   Rudi und Margot Neumair
Kaufingerstraße 7   Erika und Hermann Maisk
Mainz

Trauerfeier: Mittwoch, den 21. Mai 1986, um 9.00 Uhr
im Nordfriedhof.
Die Seelenmesse wird bei der Trauerfeier bekanntgegeben.

Abb. 14   Aus Todes- und Beerdigungsanzeigen in München 1986.
Links: Aus zwei Todesanzeigen in der Süddeutschen Zeitung vom 20. Mai
1986. Hervorgehoben: das Sterbealter. Durch Pfeile gekennzeichnet: die Art
des Sterbens.
Rechts: Aus der Bekanntmachung der Friedhofsverwaltung von München
über Bestattungen auf Friedhöfen der Landeshauptstadt sowie im Landkreis
München vom gleichen 20. Mai 1986. Hervorgehoben: das erreichte Lebensalter in Jahren.
Quelle: Süddeutsche Zeitung Nr. 113, Dienstag, 20. Mai 1986, S. 17.

Ostfriedhof, Krematorium:
  8.30 B u s c h m a n n Gertrud, Hausfrau, 84 Jahre
10.00 M a y e r Emmy, Hausfrau, 76 Jahre
10.45 M i n s s e n Mins Heinrich, Kaufmann, 69 Jahre
13.00 M ä r k e l Helene, ehem. Krankenschwester, 80 Jahre
15.15 S c h a m b e r g e r Helene, Verwaltungsangestellten-
           witwe, 83 Jahre

Friedhof am Perlacher Forst:
Erdbestattungen:
13.00 S p e n g l e r Anna, Hausfrau, 81 Jahre
13.30 M o l l Maria, Hausfrau, 67 Jahre
14.00 M e h l e r Emma, Hausfrau, 77 Jahre
14.30 K r o p f Thomas, Bankangestellter i. R., 69 Jahre
15.00 D a n i s c h e w s k i Ida Dora, Hausfrau, 90 Jahre

Neuer Südfriedhof:
Erdbestattungen:
13.00 G l a n z Max, Radio- u. Elektromeister i. R., 80 Jahre
13.45 E m m e r Bernhard, Buchdrucker, 45 Jahre

Neuer Südfriedhof:
Feuerbestattungen:
  9.45 M o s a n d l Otto, ehem. Postbeamter, 77 Jahre
10.30 E r h a r d t Rudolf, Kaufmann, 71 Jahre
11.15 M a y r Michael, ehem. städt. Arbeiter, 82 Jahre
14.30 D r e c h s e l Wilhelmine, Hausfrau, 78 Jahre

Friedhof Aubing:
11.00 F r i e ß Werner, DB-Betriebsinspektor a. D., 70 Jahre

Friedhof Daglfing:
11.00 G r ü n Georg, ehem. Mechaniker, 78 Jahre

Friedhof Haidhausen:
  9.00 H e i n z l m e i r Maria, Hausfrau, 73 Jahre
  9.30 K i c k Lidwina, Hausfrau, 79 Jahre

Friedhof Obermenzing:
10.00 B e c k m a n n Günter, leitender Angestellter, 66 Jahre

Friedhof Sendling:
  9.15 R i e ß Maria, Bankbeamtin i. R., 83 Jahre
10.00 G r u b e r Ludwig, Kraftfahrer i. R., 65 Jahre
10.45 D i e t r i c h Berta, Hausfrau, 76 Jahre

Waldfriedhof Grünwald:
10.00 K o t t a s Josef, ehem. Prokurist, 88 Jahre

Friedhof Ismaning:
15.00 S o l l e r Johann, Gärtner, 83 Jahre

Kirchenfriedhof Putzbrunn:
14.00 Gottesdienst, anschl. Beerdigung
           R ö h r m o s e r Maria, Hausfrau, 89 Jahre

Gemeindefriedhof Taufkirchen:
10.30 B r i e g e r Anna, Rentnerin, 84 Jahre

mögen, lesen wir da doch: «Nach einem erfüllten Leben ist plötzlich und
unerwartet unser Schwiegervater und Opa von uns gegangen».
«Mitten wir im Leben / sind vom Tod umgeben»: 1719 ja – 1986 nein!
George Techmann war für das 18. Jahrhundert ebenso wenig ein Sonderfall,
wie es Friedrich Ludwig einer für das ausgehende 20. ist. Beide sind sie
repräsentative Beispiele, der erste für die seinerzeitige Unsicherheit jeglicher
menschlichen Existenz, der zweite für die inzwischen erreichte unvergleichlich viel höhere Sicherheit unseres Menschenlebens.

Mit den drei folgenden Abbildungen 13–15 möchte ich diesen grundlegenden Wandel von der einstigen unsicheren Lebenszeit zur sichereren heute
demonstrieren, und zwar in einer Weise, daß sie jeder Leser ohne Schwierigkeiten in seinem eigenen Lebensbereich nachvollziehen kann.

Aus naheliegenden (Wohn- und Arbeitsorts-) Gründen habe ich mich in
den Kirchenbuch-Beständen von Berlin umgesehen. Zur Illustration früherer
Verhältnisse griff ich in der *Abbildung 13* auf eine Reihe von Beerdigungsein-
tragungen aus unserer Kirchengemeinde Dorotheenstadt zurück. Fünf dieser
Eintragungen betreffen das Jahr 1719, sechs das Jahr 1749. In der vorliegenden faksimilierten Wiedergabe stoßen wir an vierter Stelle von oben auf
unseren George Techmann. Es sind meine einzigen Angaben über ihn.

Um jene seinerzeitigen Verhältnisse mit heutigen zu kontrastieren, zog ich
andererseits eine Ausgabe der «Süddeutschen Zeitung» heran. Zur Hand
hatte ich die Nummer vom Dienstag, dem 20. Mai 1986. Die *Abbildung 14*
zeigt rechts einen Ausschnitt aus der Bestattungsliste, die von der zentralen
Friedhofsverwaltung in München jeweils für Stadt und Landkreis zusammengestellt und in der Tagespresse veröffentlicht wird. Links sind zusätzlich
zwei Todesanzeigen aus der gleichen Zeitung vom selben Tage wiedergegeben. Dort finden wir jene Angaben wieder, die ich in bezug auf Friedrich
Ludwig anführte.

Zwar kennen wir unsere beiden Beispiele nun mit Namen, haben es also
keineswegs mit irgendwelchen «namenlosen Vorfahren» zu tun. Viel sagt
uns aber auch das noch nicht. Schließlich hat jeder von uns ebenfalls das
eine oder andere Telephonbuch mit Tausenden von Namen und Adressen
stets in Griffnähe, ohne daß ihn deswegen – außer im Bedarfsfall – viel
damit verbände. Und doch handelt es sich bei diesen Kirchenbuch- und
Todesanzeigen-Zusammenstellungen, auf die wir uns im folgenden hauptsächlich stützen, um ein ganz außerordentliches Material. Es ist nicht übertrieben zu behaupten, daß die Quellen von 1719/1749 und 1986 – nebeneinander gestellt -zwei völlig verschiedene Welten sichtbar machen. Das
mag anfangs ein großes Wort sein, ist es bei genauerem Nachdenken, gegründet auf näheres Hinsehen aber nicht.

Unsere Beispiele werden erst interessant und beginnen erst dann wirklich zu
sprechen, wenn wir sie mit unzähligen weiteren in Beziehung setzen. Niemand
sage mir deshalb mit abwehrender Handbewegung: «Wer war denn dieser

George Techmann schon?» oder jener «Friedrich Ludwig?» «Nie gehört!» –
Ich vorher schließlich auch nicht. Aber deswegen gehe ich noch lange nicht
gleich wieder zur Tagesordnung über. Ebenso wenig halte mir jemand entgegen, daß ich die Formulierungen in den heutigen Todesanzeigen wohl nicht
immer so wörtlich auffassen und als bare Münze nehmen dürfe. Wie oft
handele es sich doch bloß um verschleiernde schöne Worte, um stereotype
Wendungen, um Topoi? Abgesehen davon, daß auch Topoi viel über die
vorherrschenden Einstellungen einer bestimmten Zeit aussagen können, gehören die anderen Angaben in all ihrer Dürre zu den zuverlässigsten, die wir in der
Geschichte überhaupt kennen. Wer sollte schließlich ein Interesse daran
haben, dem George Techmann ein Alter von 24 Jahren anzudichten, wenn er
bei seinem Tode bloß 19 oder aber schon 28 gewesen gewesen wäre? Wer dem
Friedrich Ludwig 86 geben wollen, wenn er nur 82 erreicht hätte?

Selbst wenn einzelne Altersangaben damals wie heute nicht hundertprozentig stimmen mögen, so sind die Unterschiede zwischen jener früheren
Welt und der heutigen so gewaltig, daß kleinere Ungenauigkeiten schon gar
nicht mehr ins Gewicht fallen. Ob nun der Christian Wilhelm Sambt, der
1719 gleichentags wie unser Kanonier auf dem neuen Friedhof begraben
wurde, bei seinem Tod tatsächlich ein halbes Jahr alt gewesen war wie
vermerkt, oder allenfalls nur fünf Monate oder aber sieben, und der ebenfalls am 30. September beerdigte Sohn des Kutschers, George Friedrich,
wirklich drei Jahre erreicht hatte oder ob ihm dazu noch zwei Monate
fehlten – was bedeutet dies schon angesichts der Münchner Sterbalterliste
von 1986, wo wir Schlag auf Schlag lesen: 84 Jahre, 76 Jahre, 69 Jahre, 83
Jahre, 81 Jahre, 67 Jahre, 77 Jahre, 69 Jahre, 90 Jahre?

Vor *diesem* Hintergrund war George Techmann mit den erreichten 24
Jahren in *seiner* Sterbelandschaft ein «alter Mann» geworden. Friedrich
Ludwig dagegen gehörte mit seinen 86 in der *heutigen* nur zum «guten
Durchschnitt». Die tägliche Erfahrung lehrte den ersten, daß er in keiner
Weise mit auch nur 24 Erdenjahren rechnen konnte. Für den zweiten hingegen war die dreifach so lange Lebensspanne durchaus vorhersehbar. Ist das
vielleicht kein *gewaltiger* Unterschied? Und dies ist denn auch der Grund,
weshalb mich die Schicksale des George Techmann und des Friedrich Ludwig nicht mehr loslassen. Ihre jeweiligen Welten *mußten* unterschiedlich
aussehen. Ich kann ob dieser Entdeckung nicht einfach zur Tagesordnung
übergehen.

Bohren wir deshalb tiefer. Zu diesem Zweck habe ich der *Tabelle 1* sowie
in der darauf basierenden *Abbildung 15* die Sterbealter der Toten von 1719/
1749 denjenigen von 1986 gegenübergestellt. Um dem Leser ein etwas fülli-
geres Material zu bieten, ist 1719 und 1749 jeweils die komplette Seite des
entsprechenden Kirchenbuches ausgewertet, während in der Figur 13 aus
Lesbarkeitsgründen nur je die fünf bzw. sechs obersten Eintragungen wiedergegeben sind.

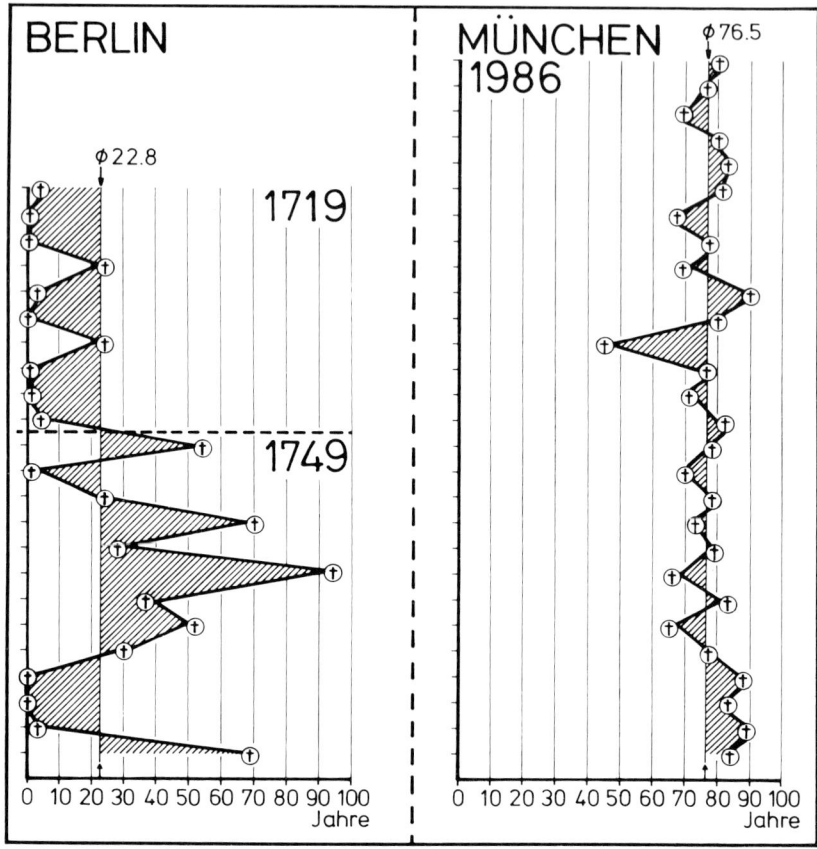

Abb. 15 «Mitten wir im Leben / sind vom Tod umgeben» – im 18. Jahrhundert ja, heute nein.

Graphische Darstellung der in Abbildung 13 und 14 vermerkten Sterbealter (vgl. auch Tabelle 1).

Links: Sterbealter aller Gestorbenen auf je einer Seite der Beerdigungsregister von 1719 und 1749 in der Kirchengemeinde Dorotheenstadt zu Berlin. Die erfaßten 23 Personen hatten insgesamt 524.5 Jahre gelebt. Daraus ergibt sich ein «durchschnittliches Sterbealter» von 22.8 Jahren für «die erste Hälfte des 18. Jahrhunderts».

Quelle: Wie für Abb. 13.

Rechts: Sterbealter der Bestatteten auf ausgewählten Friedhöfen in Stadt und Landkreis München nach den Angaben der Friedhofsverwaltung vom 20. Mai 1986. Die erfaßten 28 Personen hatten insgesamt 2143 Jahre gelebt. Daraus ergibt sich ein «durchschnittliches Sterbealter» von 76.5 Jahren «für das Jahr 1986».

Quelle: Wie für Abb. 14.

Tabelle 1: Sterbealter und Todesursachen im 18. Jahrhundert und heute.

Links: Auswertung von je einer Seite aus den Sterberegistern der Kirchengemeinde Dorotheenstadt zu Berlin für das Jahr 1719 und 1749. – Während 1719 jeweils Sterbe- und Beerdigungsdaten eingetragen wurden, so sind 1749 nur die Beerdigungsdaten vermerkt. Quelle: Totenbuch der Dorotheenstädtischen Kirche zu Berlin, Jahrgänge 1719 und 1749, Seiten 81 und 414. Evangelische Kirche in Deutschland und Evangelische Kirche der Union: Kirchenbuchstelle des Evangelischen Zentralarchivs in Berlin.
Rechts: Auswertung von Altersangaben aus der Bestattungsliste der Friedhofsverwaltung München vom 20. Mai 1986 für ausgewählte Friedhöfe.
Quelle: Süddeutsche Zeitung Nr. 113, Dienstag, 20. Mai 1986, Seite 17.

Dorotheenstadt zu Berlin – 18. Jahrhundert			München – heute	
gestorben/ beerdigt	Alter in Jahren	Todesursache	beerdigt	Alter in Jahren
Im Jahre 1719			*Im Jahre 1986*	
1. 23./25. 09.	4	Durchfall	1. 20. 05.	84 Jahre
2. 27./29. 09.	3/4	Zähne	2. 20. 05.	76 Jahre
3. 28./30. 09.	1/2	Pocken	3. 20. 05.	69 Jahre
4. 28./30. 09.	24	Durchfall	4. 20. 05.	80 Jahre
5. 28./30. 09.	3	Durchfall	5. 20. 05.	83 Jahre
6. — /08. 10.	0	Totgeburt	6. 20. 05.	81 Jahre
7. 10./11. 10.	24	Sechs Wochen	7. 20. 05.	67 Jahre
8. 13./15. 10.	1	Zähne	8. 20. 05.	77 Jahre
9. 15./17. 10.	1/2	Stickfluß	9. 20. 05.	69 Jahre
10. 16./19. 10.	3 3/4	Rothe Ruhr	10. 20. 05.	90 Jahre
			11. 20. 05.	80 Jahre
Im Jahre 1749			12. 20. 05.	45 Jahre
1. 16. 05.	54	Schwindsucht	13. 20. 05.	77 Jahre
2. 17. 05.	5/4	Jammer	14. 20. 05.	71 Jahre
3. 18. 05.	24	Hitziges Fieber	15. 20. 05.	82 Jahre
4. 19. 05.	70	Brustkrankheit	16. 20. 05.	78 Jahre
5. 20. 05.	28	Blutstürzung	17. 20. 05.	70 Jahre
6. 24. 05.	94	Schwindsucht	18. 20. 05.	78 Jahre
7. 27. 05.	37	Hitziges Fieber	19. 20. 05.	73 Jahre
8. 28. 05.	52	Schwindsucht	20. 20. 05.	79 Jahre
9. 30. 05.	30	Sechs Wochen	21. 20. 05.	66 Jahre
10. 31. 05.	1/4	Jammer	22. 20. 05.	83 Jahre
11. 01. 06.	0	Totgeburt	23. 20. 05.	65 Jahre
12. 02. 06.	3 1/2	Pocken	24. 20. 05.	76 Jahre
13. 02. 06.	69	Schlagfluß	25. 20. 05.	88 Jahre
			26. 20. 05.	83 Jahre
			27. 20. 05.	89 Jahre
			28. 20. 05.	84 Jahre

1719: 10 Personen lebten	61.5 Jahre	
im Durchschnitt	6.2 Jahre	
1749: 13 Personen lebten	463.0 Jahre	
im Durchschnitt	35.6 Jahre	

1719 und 1749:			1986:	
23 Personen lebten	524.5 Jahre		28 Personen:	2143 Jahre
im Durchschnitt	22.8 Jahre		im Schnitt:	76.5 Jahre

Die zehn Verstorbenen von 1719 hatten zusammengezählt 61.5 Jahre gelebt, die dreizehn von 1749 insgesamt 463. Die durchschnittliche Lebensspanne betrug bei den ersten somit etwas mehr als sechs, bei den zweiten
knapp 36 Jahre. Fassen wir sämtliche 23 Personen im 18. Jahrhundert
zusammen, ergibt sich für sie ein Durchschnitts-Sterbealter von 22.8 Jahren.
Man greift sich an den Kopf! Zwar waren wir auf eine saftige Lektion in
bezug auf jene nun schon öfter gebrauchte Redewendung «Mitten wir im
Leben / sind vom Tod umgeben» gefaßt. Doch sehen wir nun genauer hin,
handelt es sich dabei noch um eine glatte Untertreibung. Da wurden zwei
Totgeborene, eine ganze Anzahl Vierteljähriger, Halbjähriger, Dreiviertel-
jähriger, zudem Kleinkinder jeden Alters auf den Friedhof getragen. Für sie
war das «*Mitten* im Leben / sind vom Tod umgeben» ein leeres Verspre-
chen, ein Hohn. Sie brachten nicht einmal dessen erste Etappe heil hinter
sich, geschweige denn, daß sie es jemals bis zu irgendwelcher «Mitte» geschafft hätten.

Anderseits finden wir unter den Begrabenen auch 69- und 70jährige. Und
die Maurerwitwe Dorothea beispielsweise wurde gar 94 Jahre alt. Dazwischen holte sich der Tod allerdings, und nun wirklich ganz nach obigem
Motto, Menschen im besten Alter mitten aus dem vollen Leben: 24jährige,
28-, 30-, 37-, 52jährige.

Wir sprechen heute von unserem «Lebens*lauf*» als von etwas völlig Selbst-
verständlichem. Er ist dies allermeist ja auch. So hatten jene 28 im Mai 1986
auf den Münchner Friedhöfen bestatteten Personen insgesamt 2143 Jahre
gelebt. Das machte für jeden im Durchschnitt 76.5 Jahre. Oder drei Mal so
viel wie 1719/1749!

Ebenso wichtig wie diese erhebliche Ausdehnung der «durchschnittlichen» Lebensspanne ist jedoch die Tatsache, daß sich gleichzeitig die Varia-
tionsbreite der Sterbealter ganz außerordentlich verringert hat. Gewiß liegt
sie in unserem Beispiel noch immer zwischen 45 und 90 Jahren. Seinerzeit
war die Streuung jedoch doppelt so groß und lag zwischen 0 und 94! Der
damalige «Durchschnitt» – 22.8 Jahre – stellte für unsere Vorfahren eine
sehr viel theoretischere Größe dar, als dies die 76.5 Jahre für uns heute tun.
Wir können verhältnismäßig fest mit einer Lebensspanne rechnen, die um
den Mittelwert herum liegt, mögen es im Einzelfall auch 79, 67, 84, 70, 82,
77 oder – wie bei Friedrich Ludwig – 86 Jahre sein.

Ich kann es nicht oft genug in Erinnerung rufen und uns allen einprägen:
unsere biologische Existenz hat heute eine Sicherheit erlangt, die sich unsere
Vorfahren nie hätten vorstellen können. Wir *haben* alle einen Lebens*lauf*.
1719/1749 war das keineswegs der Fall. All die dort erwähnten Viertel-,
Halb- und Dreivierteljährigen – ganz zu schweigen von den Totgeborenen –
wurden begraben, noch bevor ihr Leben überhaupt hätte zum Laufen kommen können. Schon der Start mißglückte. Und von irgendwelcher «Repara-
tur» im Krankenhaus war da nichts zu erwarten. Es gab keine.

Eine ganz andere, konsternierend paradoxe Angelegenheit ist, daß während der jüngsten Vergangenheit nicht nur die *Sicherheit* des menschlichen Lebens gewaltig angestiegen ist, sondern daß gleichzeitig auch dessen Gefährdung in außergewöhnlicher Weise zugenommen hat. Gewiß leben wir im Vergleich zu unseren Vorfahren alle enorm lang – aber wir tun dies wie unter einem Damoklesschwert. Eine mehr oder weniger diffuse Angst vor einer heute durchaus möglichen eigenen Vernichtung von unser aller Existenz beeinträchtigt unser Lebensgefühl manchmal stärker, manchmal schwächer. Doch selbst wenn sich die Bedrohung angesichts ab und zu vorhandener weltpolitischer Schönwetterlagen dann und wann hinter die Kulissen zurückzieht, fällt es den demographischen Statistikern schwer, uns die nachweislich vorhandene und immer noch zunehmende Lebenssicherheit glaubhaft zu machen. Es scheint mir, daß wir lernen sollten, mit der einen wie mit der anderen Gegebenheit fertig zu werden. Beide prägen unser Leben, unseren Alltag, unsere Zukunft oder zumindest Zukunftsvisionen.

Die Welt des George Techmann vor zweieinhalb Jahrhunderten unterschied sich indes noch in einer anderen Hinsicht grundsätzlich von derjenigen des Friedrich Ludwig, und das heißt auch derjenigen von uns heute. Im Verlaufe des dazwischenliegenden Vierteljahrtausends ist die Sterbelandschaft nicht nur bezüglich der Altersverteilung völlig umgestaltet worden, sondern auch im Hinblick auf die Todesursachen. Selbst wenn wir hier quellenkritische Einwände öfter gelten lassen müssen als bei den verhältnismäßig sicheren Altersangaben, so trifft doch auch hier zu, daß der Unterschied zwischen damals und heute gewaltig genug ist, um selbst massive Einwände zu relativieren.

Wurde 1719 noch «am Durchfall», «am Zahnen», «an den Pocken» gestorben und 1749 «an Schwindsucht», «am Jammer», «an hitzigem Fieber», «an Brustkrankheit», so heißt es 1986, daß jemand «plötzlich und unerwartet» die Seinen verlassen hätte, oder aber es wird bloß vage angedeutet, daß er «von schwerem Leiden erlöst» worden sei. Die meisten von uns lesen hierbei allerdings dennoch zwischen den Zeilen heraus, daß es sich wohl um einen weiteren Krebs-Sterbefall gehandelt haben dürfte, jedenfalls – wie in gut drei Vierteln aller heutigen Todesfälle – um ein langwieriges chronisches Leiden.

Chronische Leiden als Todesursachen sind wie stumpfe Werkzeuge. Der Tod braucht länger, bis er mit ihnen sein Ziel erreicht. Die Infektionskrankheiten früherer Zeiten hatten im Vergleich dazu wesentlich spitzere Waffen dargestellt. Mit ihnen war der Tod in ein paar Tagen meist am Ziel angelangt. Auch wenn uns die Symptom-Beschreibungen in den Sterbebüchern vergangener Jahrhunderte nicht immer eine klare Identifizierung dieser oder jener Krankheit als Todesursache erlauben, so ist eine grobe Einteilung für unsere Zwecke doch in aller Regel möglich. «Durchfall» oder «rote Ruhr» deuten auf Magen-Darm-Erkrankungen und blutige Stühle hin. «Totgeburt» und «Pocken» sind als Bezeichnungen sogar gleich geblieben und noch heute jedermann verständlich, auch wenn es sie nunmehr kaum noch gibt. «Hitziges Fieber» wiederum bezeichnet ganz allgemein einen hoch fieberhaften Zustand, hinter dem sich nach heutigem Verständnis jede mit erhöhter Temperatur einhergehende Krankheit verbergen kann. «An den Zähnen» oder «am Jammer» schließlich verstarben Säuglinge, deren Leben während der ersten Zahnung zu Ende ging. Jeder Umstehende konnte sehen, wie sie sich vor Schmerzen krümmten, konnte hören, wie sie herzerweichend schrieen, dann nur noch wimmerten und schließlich ganz verstummten.

Zugegeben: «an den Zähnen» ist – nach unserem Verständnis jedenfalls – eine ebenso «falsche» Diagnose wie «an hitzigem Fieber». Denn weder verstarben die Kleinen ursächlich an der Zahnung, noch verstarb irgendein Erwachsener an seinem «Fieber». Aber um wieviel mehr sagen diese «Todesursachen» aus über damalige zwischenmenschliche Beziehungen, über das enge Verhältnis zwischen einem Sterbenden, einem Säugling, der ein letztes Mal als Person im Zentrum stand, und seiner unmittelbaren Umgebung? Unsere klinisch «richtigen» Aussagen über Todesursachen von heute haben von solcher Affektivität und Intimität Abstand genommen. An «Herzversagen» zu sterben meint, daß der Herzmuskel bei jemandem versagte und deshalb sein Exitus erfolgte. Über die Person des Herzmuskel-Patienten, über den Menschen mit Leib *und* Seele, mit physischen Schmerzen und psychischen Todesängsten, sein Sterben insgesamt ist damit nichts gesagt.

Überdenkt man den Wandel in beiden Bereichen – in der Sterbealtersverteilung wie im Todesursachenpanorama – , so wird ersichtlich, daß die gewonnene Lebenssicherheit heute vielfach ihren hohen Preis erfordert. Denn gemeinsam mit unserer Lebensdauer hat sich vielfach auch die Sterbedauer ausgeweitet. Der Tod schlägt meist nicht mehr gleichermaßen rasch zu wie ehedem, sondern er läßt auf sich warten. Er markiert sein Opfer zum Beispiel mit Krebs- oder AIDS-Symptomen wie ein Förster im Wald einen zu fällenden Baum, geht jedoch zuerst weiter zum nächsten Todeskandidaten, «vergißt» den ersten, kommt vielleicht morgen oder nächste Woche, in einem Monat, in einem Jahr oder in einem halben Jahrzehnt zurück, um seine Beute endlich zu holen. In der Zwischenzeit war das fatale Symptom nicht mehr gewichen, blieb eingekerbt, fraß sich tiefer und tiefer ein. Heute zermürbt der Tod sein Opfer, bevor er es schließlich «von schweren Leiden erlöst». Postum wird dem Verstorbenen dann bezeugt, daß er seine «Krankheit in beispielloser Geduld ertragen» habe – als ob dieses nachträglich gespendete Lob in der Todesanzeige noch ein Trost im unendlich lange sich hinziehenden aussichtslosen Kampf für den nunmehr Verstorbenen sein könnte.

All diese Mißlichkeiten beim heutigen Sterben nüchtern festzustellen bedeutet in keiner Weise, nostalgisch irgendeinem scheinbar «guten alten Sterben» das Wort zu reden. Im Gegenteil – und ich möchte dies hier wie auch später immer wieder unterstreichen! Gerade *weil* dem Alltagshistoriker das gesamte weitere Umfeld damaliger Verhältnisse ebenso vertraut ist wie die Todesursachen und die Sterbealtersverteilung – und zwar nicht etwa bloß von Sonntagsbesuchen in hochglanzpolierten Museen für Volkskunde mit Schildern «Bitte nicht berühren», sondern aus langjähriger Beschäftigung mit zeitgenössischen Quellen – , käme in ihm nicht einmal anflugweise irgendwelche Vergangenheitssehnsucht auf.

Erinnern wir uns hier an die Abbildungen im ersten Kapitel. Den raschen Tod an Infektionskrankheiten konnte es nur solange geben, wie diese Infektionskrankheiten einen völlig selbstverständlichen Bestandteil der damaligen ökologischen Gesamtsituation ausmachten. Konkret meint das, daß miserable Verhältnisse in der öffentlichen wie privaten persönlichen Hygiene vorherrschten. Der Miststock befand sich gleich vor der Haustür. Nach einem Kanalisationssystem hätte man vergeblich gesucht. Schmeißfliegen gab es wolkenweise, Bremsen, Stechmücken, Wanzen ebenso. Die Ernährung war quantitativ und qualitativ immer wieder unausgewogen und ungenügend. Außerdem taten sich an den Vorräten auch Mäuse und Ratten gütlich. Selbst wenn Verhungern und Erfrieren selten vorkamen, so Hungern und Frieren doch um so häufiger. Und auch das ist, gelinde gesagt, schon unangenehm genug. Außerdem dürfte das Zusammengepferchtsein mit Hühnern, Schweinen, Gänsen, Hunden, Schafen, Kühen, Pferden – samt deren Äpfeln – oft auf engstem Raum die einstige Lebensqualität nicht gerade angehoben haben. Ebenso wenig wurde die während der Spitzenzeiten bis zur Erschöpfung reichende Körperanstrengung in einem unausgewogenen Arbeitsjahr durch einen langen «bäuerlichen Winterschlaf» wettgemacht. Für Frauen kamen Schwangerschaften in nicht selten relativ kurzen Abständen, Fehlgeburten, die Pflege kranker Kinder und Erwachsener hinzu. Ist das alles vielleicht romantisch? Möchten Sie tauschen? Ich nicht!

Nostalgie hat gut gedeihen angesichts einer geregelten 40-Stunden-Woche, bei mindestens einem Monat bezahlten Urlaubes pro Jahr, fließendem kaltem und natürlich auch warmem Wasser in jeder Wohnung, selbstverständlich Badezimmer mit Innenhaus-Toilette, hautfreundlichem WC-Papier statt einem Grasbüschel oder ein paar Kohlblättern, einer elektronisch gesteuerten Waschmaschine samt Flauschtrockner, Seife, Zahnpasta, Kühlschrank, Mikrowellenherd, Zentralheizung, Insektenspray, Aspirin, Schlaftabletten, Beruhigungspillen, Antikonzeptiva.

Wir können das eine nicht ohne das andere haben: nicht einerseits den gnädigen raschen Tod von ehedem, jedoch losgelöst von den damaligen deplorablen Lebensbedingungen, noch andererseits die heutige lange Lebenserwartung, aber ohne chronisch-zermürbende Leiden. Erst dadurch, daß wir die Infektionskrankheiten weitgehend aus unserem Todesursachenspektrum verbannt haben und deswegen aber keineswegs die Unsterblichkeit erlangten, erhielten die chronischen Leiden schließlich ihre große Chance, in die verwaisten Stellen nachzurücken. Wer nach Abwägen von Pro und Contra zur Ansicht neigen sollte, die erste Art zu sterben wäre doch die bessere und ihm angemessenere, hat dazu hundertfach Gelegenheit. Er braucht nur unsere geschützte Glashaus-Atmosphäre zu verlassen und einige Zeit in wenig entwickelten Regionen Schwarzafrikas, Asiens oder Lateinamerikas zu verbringen, selbstverständlich ohne sich vorher noch gegen Gelbfieber, Cholera, Wundstarrkrampf oder die Pest impfen zu lassen oder mit einer Malaria-Prophylaxe zu beginnen. Das konnten unsere Vorfahren auch nicht. Wenn schon Nostalgie und romantische Rückkehr zu den Zuständen früherer Jahrhunderte, dann bitte mit sämtlichen Konsequenzen! Rosinen rauspicken geht nicht.

In jenen wenig entwickelten Gebieten Schwarzafrikas, Asiens oder Lateinamerikas wird jede Menge drastischsten Anschauungsunterrichts geboten. Was in den heimatlichen Gefilden eher einer Trockenübung glich, nämlich die Darlegungen des Historikers, wonach es bei uns bis vor wenigen Generationen kaum anders gewesen wäre, ist dort noch immer brutale Realität. Greifen wir einen einzigen Punkt heraus, den man wohl am wenigsten erwarten würde: das Sterben in Einsamkeit. Bei uns ist heute vielfach beredtes Klagen über das «einsame Sterben im Krankenhaus» zu vernehmen. Ganz so, als wäre ein einsamer Tod etwas Neues, etwas was sich erst im Rahmen unserer «High-tech»-Medizin im unpersönlichen Klinikbetrieb entwickelt hätte. Mitnichten!

Infektionskrankheiten früherer Zeiten waren – der Name sagt es schon – ansteckend. Sie konnten explosionsartig um sich greifen, in kürzester Zeit einen nach dem anderen erfassen und zur Strecke bringen. Selbst im kleinsten Dorf zählte ihre Beute leicht nach Dutzenden. In Städten fielen ihnen Hunderte, Tausende zum Opfer. Wer angesichts solcher Umstände glaubt, ein Seuchenbefallener wäre von seinen «lieben Angehörigen» hingebungsvoll bis zum letzten Atemzug umsorgt worden, mag sich sehr täuschen. Selbstaufopferung kannte auch damals eine geringe Ausbreitung. Sich abwenden, zurückziehen, auf sichere Distanz gehen, fliehen – wenn man konnte – dürfte häufiger vorgekommen sein.

Außerdem gab es zum liebevollen Abschiednehmen von den Seinen manchmal auch gar keine Gelegenheit mehr. Die Seuche mochte alle Angehörigen bereits hinweggefegt haben; man war der übriggebliebene Letzte, der an die Reihe kam. Ob sich jemand wenigstens des Leichnams erbarmen würde? Das sprichwörtlich gewordene: «Es stinkt wie die Pest» scheint eher auf das Gegenteil hinzudeuten und uns drastisch daran zu erinnern, was mit den verrottenden Überresten anstelle des Begrabenwerdens geschah. – Beim «einsamen Kliniktod» von heute brauchen wir uns jedenfalls hierüber keine Sorgen mehr zu machen. Unsere hundertprozentig gewährleistete Beseitigung geschieht in aller Regel ohne irgendwelche Geruchsemissionen.

Oder sollte es nicht vielleicht doch eine Möglichkeit geben, das «gute alte (will sagen rasche) Sterben» mit der «guten neuen (will sagen langen) Lebenserwartung» zu kombinieren? Hatten wir in der Todesanzeige «unseres» Friedrich Lang oben nicht schon beides vereint gefunden? «Plötzlich und unerwartet» war er aus der Welt geschieden, und das in einem Alter von 86 Jahren.

Hier konnte jemand ein langes Leben gemäß heutigem hohen Standard zu Ende leben und trotzdem einen raschen Tod – wie einst – sterben. Mag diese erstrebenswerte Kombination in unseren Tagen auch noch nicht die Regel bilden, so könnte sie das in wenigen Jahrzehnten vielleicht doch schon sein, dann nämlich, wenn es uns gelänge, den *Ausbruch* der chronischen Leiden altersmäßig immer noch etwas weiter hinauszuschieben. Gerade *weil* wir sterblich geblieben sind und es auch weiterhin bleiben werden, wäre ein gnädiges Ende und Erlöschen dann rascher abzusehen. Die Leidensphase würde verringert, die Phase des Sterbens wieder verkürzt. Hierüber weiter nachzudenken, bedeutet aber eben gerade nicht, nostalgisch in die Vergangenheit zurückzublicken, sondern umgekehrt sich entschieden der Zukunft zuzuwenden.

Nun höre ich den Einwand: «Schuster, bleib' bei Deinen Leisten!» sehr wohl. Auf mich bezogen meint dies: «Historiker: Halte Dich an Deine Domäne der Vergangenheit!» Es gibt indes zwei Gründe, weshalb ich – trotz eingestandenen Skrupeln – die Frage in diesem Kapitel etwas vertiefen will.

Zum einen geht es um uns selbst, hier und heute. Wagt es der Historiker nicht, von seiner Warte aus, das heißt auf der Basis seiner Langzeit-Erkenntnisse Stellung zu sich möglicherweise abzeichnenden Entwicklungen zu beziehen und damit Einfluß auf die Gestaltung unserer Zukunft zu nehmen, dann tun es andere – und zwar allermeist, ohne über solche Erkenntnisse zu verfügen. Ob sie somit berufener und geeigneter dazu sind, mögen Kompetentere als ich beurteilen. Eines allerdings ist auch für mich unerläßlich, nämlich überaus große Vorsicht walten zu lassen. Ich behaupte zu keinem Zeitpunkt, daß sich Extrapolationen geschichtlicher Entwicklungslinien in die Zukunft quasi gesetzmäßig in der skizzierten Weise vollziehen müßten. Es kann so kommen, und die Wahrscheinlichkeit dazu ist nicht gering; es braucht aber nicht der Fall zu sein. Ich betone dies um so mehr, als ich in meinen bisherigen Ausführungen selbst recht holzschnittartig vorgegangen bin und den Zuständen «früher» oft einfach Zustände «heute» gegenübergestellt habe. Dies konnte möglicherweise den falschen Eindruck erwecken, als folgten geschichtliche Entwicklungen Einbahnstraßen, als hätte – in unserem Falle – die Sterblichkeit gar nicht anders verlaufen können, als von einem «ursprünglich hohen Niveau» kontinuierlich zu einem «niedrigen heute» zu sinken.

Im Gegenteil fällt es dem Historiker leicht nachzuweisen, daß einmal begonnene Entwicklungen immer wieder «falsche» Richtungen einschlugen, daß das Pendel zurückschwang, sich Wellenbewegungen bildeten. Ferner gab es allenthalben Abweichungen von einer generellen Linie: so zwischen einzelnen Gegenden, einzelnen Bevölkerungsgruppen, den beiden Geschlechtern, jung und alt, zwischen Stadt und Land, arm und reich. Die einen hatten in Seuchenzeiten die Möglichkeit, eine pestverseuchte Region zu verlassen, die anderen nicht. Die einen konnten sich auch in teuersten Notjahren ausreichend mit Nahrungsmitteln versorgen, die anderen nicht. Der eine Ort lag an einer wichtigen Heer- oder rege befahrenen Handelsstraße, der andere im Windschatten der Geschichte und weit entfernt von jedem Durchgangsverkehr. In sumpfigem Gelände konnte die Anophelesmücke gedeihen und damit – auch in Zentraleuropa! – die Malaria heimisch werden, auf der Schwäbischen Alp war es ihr viel zu kalt.

Um dem Leser meine eigenen Vorbehalte darzulegen, aber auch, um ihm ein eigenes Urteil darüber zu erlauben, welche Schlüsse aus meinen Forschungen gezogen werden dürfen und welche nicht, werde ich gleich noch näher auf diese «Langzeit-Erkenntnisse» eingehen und darauf, wie sie gewonnen wurden.

Zum anderen denke ich an die Entwicklung in jenen Ländern der Zweiten, Dritten, Vierten Welt, die uns mit größerem oder geringerem Zeitabstand zu folgen und zu «kopieren» scheinen. Sie sind besonders begierig darauf, von unseren Erfahrungen und nicht zuletzt unseren Fehlern zu lernen. Wir sollten uns hierbei jedoch nicht darauf beschränken, ihnen nur unsere historischen Erfolge *und* Mißerfolge zu schildern und zu erläutern. Da jene Länder – sollte bei ihnen die parallele, wenn auch phasenverschobene Entwicklung tatsächlich eintreffen beziehungsweise andauern – morgen dort sein werden, wo wir heute stehen, und übermorgen, wo wir uns morgen befinden, so haben wir – wie mir scheint – eine doppelte Pflicht, ihretwie unseretwegen über die kommenden Jahre hierzulande und damit letztlich auch über die kommenden Jahrzehnte bei ihnen nachzudenken, besser gesagt vorauszudenken.

2.2. Langzeit-Erkenntnisse aus den letzten Jahrhunderten und welche Vorbehalte angebracht sind

Mit Langzeit-Erkenntnissen meine ich, daß wir uns im folgenden hauptsächlich den größeren Entwicklungslinien zuwenden wollen. Kurzfristige Ereignisse und Details sollen nur dann zur Sprache kommen und eingehender diskutiert werden, wenn sie auch eine langfristige oder aber eine exemplarische Bedeutung hatten. Auch werden wir genötigt sein zu gewichten; nicht alle Fragen sind in unserem Zusammenhang von gleichem Interesse. Um dies zu demonstrieren, lade ich den Leser ein, gemeinsam mit mir die *Abbildung 16* zu betrachten.

Wir sehen dort in den Teilgraphiken A und B die Sterblichkeitsentwick-
lungen in zwei europäischen Ländern, für die beide sehr weit zurückreichendes Zahlenmaterial vorliegt: England 1541–1871 und Schweden 1736–
1900. Mancher Leser mag anfangs enttäuscht sein, daß wir uns im folgenden nicht stärker jenen mit Jahreszahlen versehenen Mortalitätsmaxima
zuwenden. Schließlich hatten sie auch seinerzeit schon die größte Aufmerksamkeit erregt. Spuren davon sind noch heute überall zu finden: in den
Sterberegistern, in Tagebuchaufzeichnungen verschreckter Zeitgenossen, in
den Steuerbüchern, die wegen des Wegfalls zahlreicher Abgabenpflichtiger
über sinkende Einnahmen klagten, in endlosen Debatten über sich auftür-
mende Waisen- und Witwenprobleme. Hier könnte der Historiker problemlos aus dem vollen schöpfen. Selten würde es ihm größere Mühen bereiten,
die eine oder andere Sterblichkeitsspitze in allen Details zu erklären und
ganze Buchkapitel allein damit zu füllen.

Darum aber geht es hier nicht. Einmal mehr bekämen wir alsbald vor
lauter Bäumen den Wald nicht mehr zu sehen. In unserem langfristig ausgerichteten Zusammenhang interessieren solche Jahres-Einzelereignisse wenig.

Doch selbst wenn wir ausschließlich die größeren Linien im Auge haben,
müssen wir darauf achten, uns nicht allzu rasch in diesem oder jenem Detail
festzufahren und darin zu verlieren. So sagt uns zwar «die große Linie» für
England wie für Schweden eindeutig, daß sich die Sterblichkeit während der
erfaßten Zeiträume stark beruhigt hat. Worauf dies allerdings zurückzuführen ist, wissen wir noch heute nicht. Gerade «Sterblichkeit» stellt ein außerordentlich kompliziertes Endergebnis dar, zu dem oft hunderterlei unter-
schiedlichster Faktoren beigetragen haben. Dementsprechend liegen zwar
Dutzende von Einzelstudien über spezielle Aspekte vor (im Stile von: «Die
Rolle des Klimas bei der Ausbreitung von…»). Und es gibt Hunderte, wenn
nicht Tausende von noch enger gefaßten Aufsätzen (à la «Die Pest des
Jahres xy am Orte yz»). Was jedoch fehlt, ist – angesichts der komplizierten
Situation nun vielleicht nicht länger erstaunlich – eine schlüssige Erklärung.

Lassen wir in diesem Zusammenhang einen Fachmann zu Worte kommen
und sein Leid klagen, der sich in den letzten Jahren wie kaum ein anderer
mit dieser einer wahren Sisyphos-Arbeit gleichenden Forschung befaßt hat,
den Genfer Historiker-Demographen Alfred Perrenoud (* 1933). Nach ihm
können wir die fast zweihundert Jahre alten Thesen eines Thomas Robert
Malthus (1766–1834) ebenso zu den Akten legen wie die neueren eines
McKeown, die in der internationalen Diskussion seit der Mitte der 1950er
Jahre dominierten. 1985 schrieb Perrenoud: «Weitausholende vergleichen-
de Studien zwingen uns zu einer erneuten Überprüfung jenes gesamten Bün-
dels von Faktoren, von dem wir bisher glaubten, daß sie in einem Zusammenhang mit der Beruhigung und Senkung der Sterblichkeit gestanden hätten. Dies trifft insbesondere auch zu auf jene traditionell malthusisch gefärb-

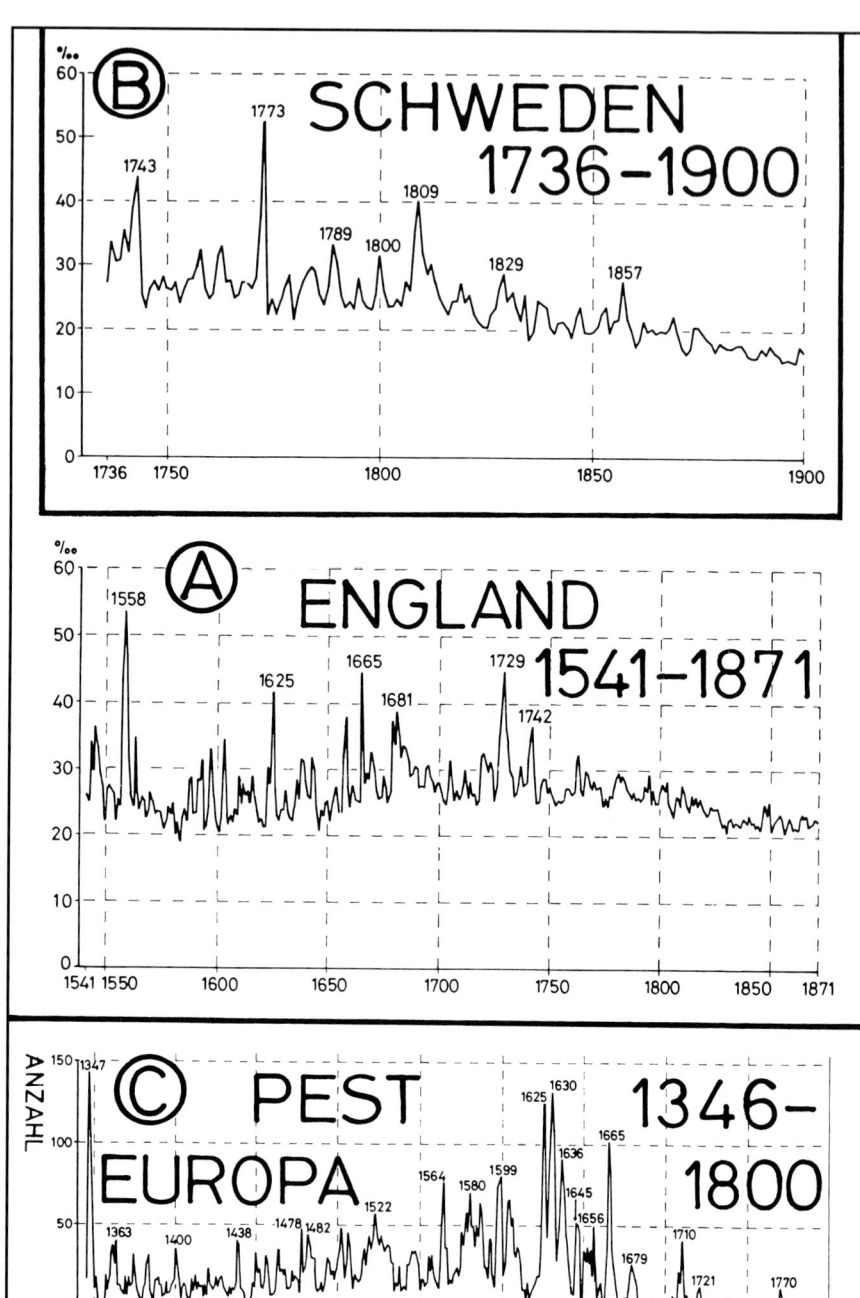

ten Erklärungen, wonach die im 18. Jahrhundert einsetzende Abwärtsentwicklung darauf beruhe, daß eine bessere Ernährung zu einem besseren Gesundheitszustand unter der gesamten Bevölkerung geführt habe. Allein schon die inzwischen bekannt gewordenen Forschungsergebnisse über die Entwicklung der Sterblichkeit in den verschiedenen Altersgruppen machen zum Beispiel deutlich, daß es große, bisher nicht beachtete Übereinstimmungen zwischen geographisch weit auseinander liegenden Räumen gibt, die bezüglich ihres Entwicklungsstandes, ihrer geschichtlichen Traditionen, ihrer gesellschaftlichen und wirtschaftlichen Merkmale kaum etwas gemeinsam haben. Es scheint somit, daß die Entwicklung der Sterblichkeit – zumindest bis Pasteur – insgesamt weniger von menschlichen als von biologischen Faktoren abhängig war. Dahinter wiederum lassen sich etwa weltweite klimatische Veränderungen vermuten».[6]

Soll der Historiker ob all der Schwierigkeiten also resignieren und die Hände in den Schoß legen? Bei Perrenoud hört sich dies manchmal fast so an. Jedenfalls meinte er am Schluß eines Gastvortrags vor erlauchtem Fachpublikum am berühmten Collège de France in Paris: «Allem Anschein nach spielte das Klima also eine entscheidende Rolle. Doch wie, auf welche Weise, über welche Mechanismen? Antworten hierauf zu finden ist nicht mehr Sache des Historikers» (wie Anm. 6).

Ich denke meinerseits jedoch gar nicht daran, die Hände in den Schoß zu legen. Vielmehr möchte ich den Leser bitten, gemeinsam mit mir nun auch noch die dritte und letzte Teilgraphik in der Abbildung 16 zu studieren (16 C). Ob sie uns aus dem Dilemma herausführen kann? Wie zu sehen, habe

Abb. 16 Beruhigung der Sterblichkeit in Europa vom 16. bis zum 20. Jahrhundert.
Mitte (= A): Gestorbene je 1000 Einwohner in England von Jahr zu Jahr 1541–1871.
Oben (= B): Gestorbene (ohne Totgeborene) je 1000 Einwohner in Schweden von Jahr zu Jahr von 1736–1900.
Unten (= C): Verschwinden der Pest aus Europa nach jahrhundertelangem Grassieren: vom großen Sterben am «Schwarzen Tod» 1346 bis zum Erlöschen der Seuchenzüge im 18. Jahrhundert. Eingetragen ist die Zahl der jährlichen Hinweise auf pestbetroffene Orte in Europa (ohne Balkan; Ländergruppen I–X bei J.-N. Biraben). Vom letzten Aufflackern der Pest im 18. Jahrhundert waren hauptsächlich noch betroffen:
– um 1710: Schweden, Dänemark, Schleswig-Holstein, Hamburg, Bremen, Polen, Prag, Wien;
– um 1721: die Provence um Marseille und Aix;
– um 1770: Nordwestrußland, Polen, Ungarn.
Quellen: E. A. Wrigley und R. S. Schofield: The Population History of England 1541–1871. A Reconstruction. London: Edward Arnold 1981, 531–534. – Historisk statistik för Sverige. Del 1: Befolkning, 1720–1967. Stockholm: Schwedisches Statistisches Zentralbüro, 2. Auflage 1969, 86–97. – Jean-Noël Biraben: Les hommes et la peste en France et dans les pays européens et méditéranéens; Tome I: La peste dans l'histoire. Paris – Den Haag: Mouton 1975, Annexe III, 363–374, sowie erläuternd 123–129.

ich dort die Entwicklung einer einzigen, wenn auch sehr wichtigen Seuche herausgegriffen: der Pest in Europa. Eingetragen ist die jährliche Anzahl pestverseuchter europäischer Orte zwischen dem Ausbruch des «Schwarzen Todes» in den 1340er und dem Erlöschen der Krankheit in den 1770er Jahren.

Die wenig ermutigenden Erkenntnisse von Perrenoud noch im Ohr, wollen wir uns hier nun nicht endlosen Debatten über irgendwelche altneue Theorien zuwenden und darüber streiten, weshalb wohl die Pest vor gut zweihundert Jahren, das heißt lange vor jeder effektiven medizinischen Therapie verschwunden sein könnte. Noch geringer ist unser Interesse an quellenkritischen Erörterungen jener Art, wonach dieser oder jener Pesttote vielleicht gar kein «richtiger» Pesttoter gewesen wäre, sondern im Zuge der während Seuchenzeiten häufig zu beobachtenden «Ansteckung der Diagnosen» einfach als weiterer «Pest»-Todesfall eingetragen worden wäre, während es sich in Wirklichkeit um Lungenentzündung oder irgendeine andere Krankheit gehandelt hatte. Und schon gar nicht reduziert sich unser Interesse auf punktuelle Untersuchungen vom erwähnten Typ: «Die Pest vom August 1633 in der Stadt sowieso».

Eine zuerst möglicherweise banal anmutende Erkenntnis aus dieser letzten Teilgraphik scheint mir in unserem Zusammenhang von wesentlich größerer Tragweite zu sein. *Jede Seuche hat ihre Geschichte.* Sie kommt. Sie geht aber auch wieder. Die Frage, die sich zumindest jedem Historiker sofort aufdrängt, ist natürlich: Wird sie auch wieder kommen? – Und wieder gehen?

Für die Zukunft wissen wir es nicht, wohl aber für die Vergangenheit. Auch vor ihrem verheerenden Ausbruch in den 1340er Jahren hatte die Pest schon einmal während Jahrhunderten Ruhe gegeben. Die letzte große Welle zuvor – bekannt unter dem Namen «Justinianische Pest» – hatte Europa zwischen 542 und 767 heimgesucht. Bis zum erneuten Aufflammen dauerte es damals somit länger als ein halbes Jahrtausend. Uns trennen vom letztmaligen Erlöschen um 1770 erst gerade gut zweihundert Jahre. Ich sage damit nicht, daß es auch diesmal zur erneuten Rückkehr kommen muß. Aber ausschließen können wir es nicht – weder bei der Pest noch bei irgendeiner anderen «überwundenen» Krankheit. Nicht nur werden Seuchenüberträger gegen bisher erfolgreich eingesetzte Abwehrstoffe resistent, sondern auch wir könnten gegen Pestizide (der Name meint «Pesttöter»!), Insektizide, Herbizide, ja gegen überflüssig scheinende Impfungen einen so großen Widerwillen entwickeln und auf sie verzichten, so daß die «vergessenen» Seu-

Abb. 17   Beruhigung und Rückgang der Sterblichkeit in Berlin 1721–1936.
Mitte (= A): Gestorbene je 1000 Einwohner in Berlin von Jahr zu Jahr 1721–1936 (1721–1899 einschließlich Totgeborener; 1721–1925 Alt-Berlin, nach 1925 bezogen auf das Gebiet des heutigen Berlin (West)).

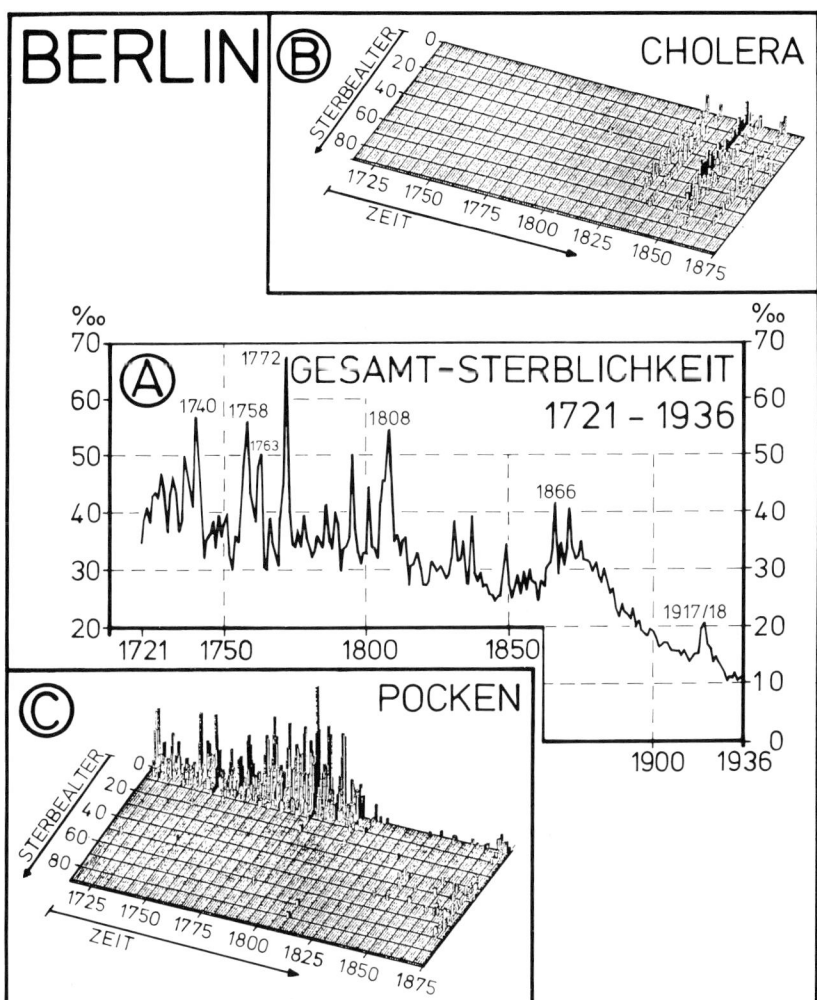

Oben (= B): Eine neue Seuche erscheint: Cholera-Wellen in Berlin im 19. Jahrhundert.
Unten (= C): Eine alte Seuche verschwindet. Eliminierung der Pocken durch Einführung
der Pockenschutzimpfung in Berlin zu Beginn des 19. Jahrhunderts.
Bei B und C handelt es sich um dreidimensionale Computer-Ausdrucke mit der Anzahl der
Todesfälle an Cholera und Pocken nach Sterbealter in der Kirchengemeinde Dorotheen-
stadt zu Berlin von Jahr zu Jahr 1715–1875.
Quellen: Mortalität in Berlin vom 18. bis 20. Jahrhundert. In: Berliner Statistik 31, 1977,
138–145 sowie Titelblatt von Heft 31;8 (August 1977). – Für B und C: Dorotheenstädter
Datenbank am Friedrich-Meinecke-Institut der Freien Universität Berlin, basierend auf
den Totenbüchern der Dorotheenstädtischen Kirche zu Berlin, Evangelische Kirche in
Deutschland und Evangelische Kirche der Union: Kirchenbuchstelle des Evangelischen
Zentralarchivs in Berlin.

chen plötzlich wieder eine Chance erhielten. Die Natur tut nicht einfach
nichts, wenn wir in ihren Kreislauf eingreifen oder uns wieder daraus zurückziehen.

Dieselbe Lektion erteilt uns auch die *Abbildung 17*. Und gleich noch ein
paar weitere hinzu. Ich beziehe mich diesmal auf meine eigenen Forschungen in Berlin. Obwohl wir aus Quellengründen die Entwicklung der Ge-
samtsterblichkeit erst ab 1721 zu fassen bekommen, wiederholt sich doch –
wie im Mittelteil zu sehen ist – dasselbe Bild wie in England 1541–1871 und
wie in Schweden 1736–1900. Zuerst haben wir ein hohes Sterblichkeits-
Niveau mit enormen Pendelausschlägen von Jahr zu Jahr. Dann beruhigt
sich die Mortalität im Verlaufe des 19. Jahrhunderts. Und seit den 1870er
Jahren geht sie kontinuierlich zurück.

Wiederum ist es ein leichtes, zu den Einzelereignissen Stellung zu nehmen:
1740 Mißernte, 1758 und 1763 Siebenjähriger Krieg, 1772 Mißernte, 1808
Napoleonische Kriege. Und 1866?? – Eindeutige Antwort: Cholera! Eine
neue Seuche, die wir bis ins 19. Jahrhundert hinein in Europa nicht gekannt
hatten. Das dreidimensionale Computerbild ganz oben zeigt uns diesen
Sachverhalt für die Berliner Kirchengemeinde Dorotheenstadt mit einpräg-
samer Deutlichkeit. Bis zur ersten Pandemie, die in den späten 1820er Jahren ihren Ausgang von den alten Krankheitsherden auf dem indischen Subkontinent nahm, war hier kein einziger Cholera-Todesfall zu verzeichnen
gewesen. Dann folgten im Abstand von wenigen Jahrzehnten drei Wellen
hintereinander. Es braucht also nicht immer eine alte, überwunden geglaub-
te Seuche zu sein, die – wie die Pest – nach Jahrhunderten wieder auf-
flammt. Es gibt auch neue Krankheiten. Wem würde in diesem Zusammenhang heute nicht sofort AIDS in den Sinn kommen?

Beziehen wir die letzte Teilfigur in der Abbildung 17 in unsere Betrachtungen mit ein, so wird das dahinter verborgene Grundproblem deutlich. Wir
sehen dort in einer weiteren Computergraphik eine andere Seuche, die nach
jahrhundertelangem Grassieren zu Beginn des 19. Jahrhunderts verschwunden ist: die Pocken. Diesmal wissen wir sogar, weshalb. Die damals einge-
führte Pocken-Schutzimpfung tat ihre Wirkung. Wie im Jahrhundert zuvor
durch das Erlöschen der Pest wurde damit eine weitere der großen alten
Todesursachen aus dem Gesamtspektrum herausgebrochen. Zwar trug dies
zur Beruhigung und zum Absinken der Sterblichkeit bei. Aber die Unsterblichkeit erreichte dadurch niemand. Die restlichen Todesursachen verteilten
die Beute neu. Andere, wie die Cholera, kamen hinzu und wollten nun
ebenfalls ihr Stück vom Kuchen.

Schauen wir die Pocken-Graphik nochmals genau an, erhalten wir einen
zusätzlichen beunruhigenden Gedankenanstoß. Mit der Einführung der
Pockenschutzimpfung ging diese Krankheit zwar schlagartig zurück, verschwand aber keineswegs endgültig. Einige Berliner, die man «vergessen»
hatte zu impfen oder korrekt wiederzuimpfen, oder die als Nicht-Geimpfte

zugezogen waren, fielen ihr auch später noch zum Opfer, und zwar nicht mehr, wie während der klassischen Pocken-Zeiten, nur im Kleinkindesalter. Wie aus der Sterbealters-Verteilung hervorgeht, ereigneten sich Todesfälle nun auch unter den Erwachsenen. Entgegen landläufiger Meinung sind Pokken keineswegs eine Kinderkrankheit. Sie hatten sich bei uns aufgrund ihrer speziellen Epidemiologie bloß dazu entwickelt. Da die Krankheit einerseits sehr ansteckend ist und andererseits bei den Genesenen zu einer lebenslänglichen Immunität führt, war auf dem europäischen Kontinent bis zu Beginn des 19. Jahrhunderts praktisch stets die gesamte erwachsene Bevölkerung nicht nur durchseucht, sondern kontinuierlich dagegen immunisiert. Chancen zum Grassieren hatten die Pocken auf diese Weise immer nur unter den noch nicht geschützten Neugeborenen. Wie in der untersten Teilgraphik abzulesen ist, dauerte es meist etwa fünf, sechs Jahre, bis ihr Reservoir für ein erneutes seuchenhaftes Aufflammen groß genug war.

Mit der Einführung der Pockenschutzimpfung verlor sich diese Gesetzmäßigkeit. Noch nie angesteckte und daher nicht geschützte Erwachsene waren nun ihr Leben lang gefährdet und konnten der Krankheit jederzeit und in jedem Alter zum Opfer fallen. Die isländische Bevölkerung hatte dies bereits einmal schmerzvoll erfahren müssen. Da die Insel während Jahrhunderten zu abgelegen war, um wie das übrige Europa in den permanenten Re-Immunisierungsprozeß miteinbezogen zu werden, entbehrten die Menschen dort dieses Schutzes. Als deshalb die Krankheit im Jahre 1707 von der Besatzung eines dänischen Schiffes auf die Insel eingeschleppt wurde, führte dies in kurzer Zeit zu rund 18 000 Todesfällen, und zwar unter allen Altersgruppen. 18 000: das war gut ein Drittel der gesamten damaligen Inselbevölkerung! Man weiß über diese Katastrophe auf Island deshalb so gut Bescheid, weil nur wenige Jahre zuvor, 1703, die erste exakte Bevölkerungszählung auf der Insel durchgeführt worden war.

Inzwischen, so sagt uns die Weltgesundheits-Organisation, seien die Pokken weltweit ausgerottet. Der letzte Fall hätte sich 1977 in Somalia beim Krankenhauskoch Ali Maow Maalin gezeigt. Noch sind in unserer Bevölkerung zwar die älteren und mittleren Jahrgänge seinerzeit gegen sie geimpft worden und verfügen deshalb über eine lebenslange Immunität. Nicht so jedoch die nachwachsende junge Generation. Da es die Krankheit «nicht mehr gibt», ist eine Impfung gegen sie folglich auch nicht mehr nötig. In absehbarer Zeit wird bei uns niemand mehr einen Immunitätsschutz gegen Pocken aufweisen. Wieso auch?

Wie nun aber, wenn irgendwo oder irgendwann doch wieder ein Pockenfall auftauchen sollte? Ein neues Island könnte leicht die Folge sein. Es bräuchte keineswegs nochmals so glimpflich abzulaufen wie beim spektakulären «Unfall» von 1978. Mitten im Sieges- und Freudentaumel der Menschheit über das Verschwinden der alten Seuche gelang es einem Pockenvirus im englischen Birmingham, aus einem Forschungslaboratorium zu

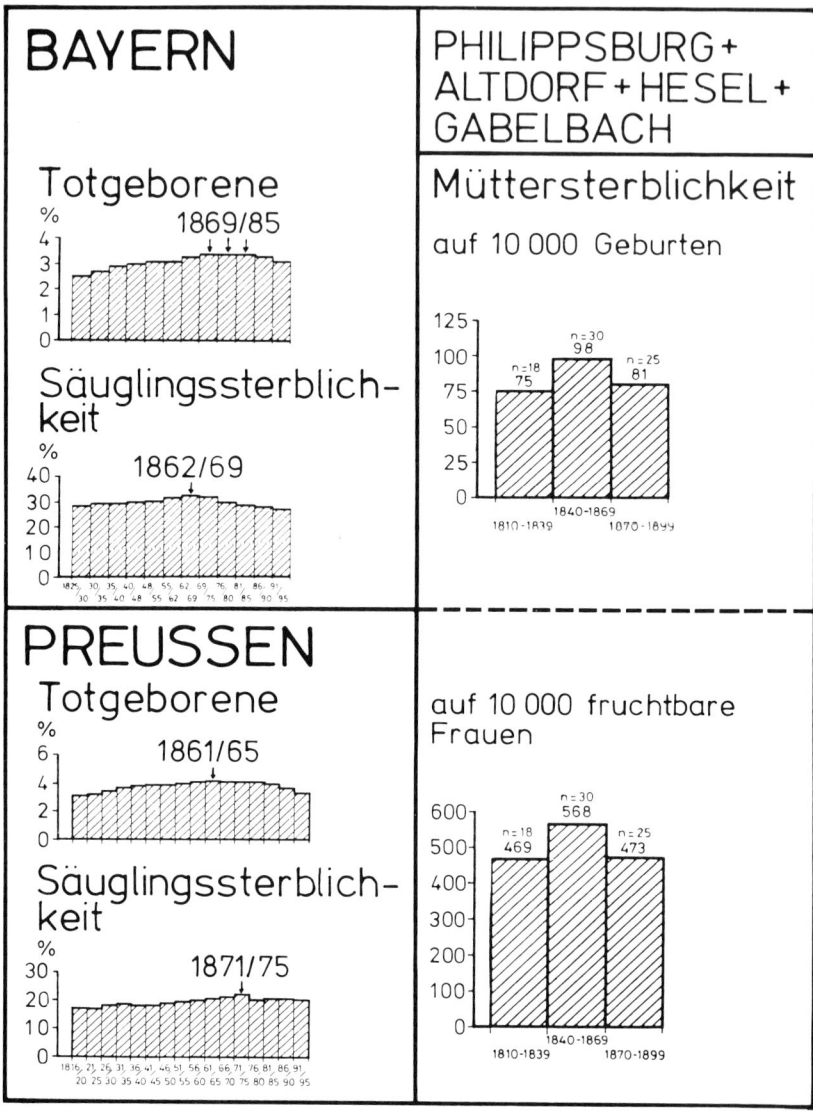

Abb. 18   Ein gleichzeitiges vorübergehendes Ansteigen der Totgeborenenraten, der Säug-
lings- sowie der Müttersterblichkeit um die Mitte des 19. Jahrhunderts in Deutschland.
Links: Totgeborene sowie im Verlaufe ihres ersten Lebensjahres verstorbene Säuglinge in
Prozent aller Geborenen, oben in Bayern 1825–1895, unten in Preußen 1816–1895.
Rechts: Müttersterblichkeit 1810–1839, 1840–1869 und 1870–1899 in vier westdeut-
schen Gemeinden (Philippsburg und Altdorf am Oberrhein, Gabelbach in Schwaben sowie
Hesel in Ostfriesland). Dargestellt ist die Anzahl der Todesfälle von Frauen 0–41 Tage
nach der letzten Geburt, oben je 10 000 Geburten, unten je 10 000 Mütter.

entweichen. Prompt gab es ein neues Todesopfer. Nicht auszudenken, wenn jemand auf die perfide Idee käme, diesen Sachverhalt systematisch auszunutzen. Mit minimalem Sachaufwand könnte man eine bestimmte ausgewählte Bevölkerungsgruppe weiterhin konsequent impfen und damit gegen Pocken immunisieren. Die anschließend zum Einsatz gelangende Taktik wäre dann dieselbe, mit der man sich effektiv gegen Flächenbrände schützt. Jenes Umfeld, auf dem man sich gerade selbst befindet, wird angesteckt und dem nahenden Feuer dadurch jede Nahrung entzogen. Auf diese Weise überlebt man im verschonten Refugium und kann von dort aus zusehen, wie die ganze übrige Welt im Flammeninferno versinkt.

Doch kehren wir in die Vergangenheit zurück. Es liegt mir daran, aufgrund von historisch belegbaren Entwicklungen jene leichtfertige Zukunftsgläubigkeit zu relativieren, wonach die Sterblichkeit bei uns oder anderswo auf der Welt bloß immer weiter abnehmen und nicht genau umgekehrt auch wieder zunehmen könnte. Anhand von *Abbildung 18* möchte ich zuerst dokumentieren, wie sich bei uns vor einigen Generationen ganze große Sterblichkeitsbereiche zeitweise «in die falsche Richtung» entwickelten. Anschließend werden wir zu prüfen haben, wieso dies der Fall sein konnte. Die verschiedenen Teilgraphiken in 18 geben einerseits die Totgeborenenrate sowie die Säuglingssterblichkeit in Bayern von 1825–1895 und in Preußen von 1816–1895 wieder. Anderseits zeigen sie die Müttersterblichkeit in einer Reihe ausgewählter Gemeinden in Westdeutschland von 1810–1899. Keiner dieser Bereiche hätte ein kontinuierliches Sinken der Sterblichkeit gekannt. Im Gegenteil! Um die Mitte des Jahrhunderts kam es überall zu einem deutlichen, wenn auch vorübergehenden Wiederanstieg. Dieser simultane Boom konnte doch wohl auf keinem Zufall beruhen!? Die Frage ließ mich nicht mehr los, wobei die Entdeckung der erstaunlichen Gleichzeitigkeit selbst schon die Richtung angab, in der die weiteren Forschungen zu gehen hatten. Einfach waren sie nicht, wie die nächsten drei Illustrationen gleich zeigen werden.

Die *Abbildung 19* führt uns eindringlich vor Augen, daß wir keinesfalls undifferenziert von *der* Säuglingssterblichkeit oder *der* Müttersterblichkeit in Bayern oder wo auch immer sprechen dürfen. Tun wir es trotzdem, werden wir unsere knifflige Frage nie lösen können. – Die Graphikteile unten links und rechts nehmen Bezug auf Ergebnisse, die jüngst von Forschern der größten historisch-demographischen Datenbank Europas an der nordschwedischen Universität Umeå vorgelegt wurden. Sie betreffen das an Finnland angrenzende Kirchspiel Nedertorneå am Ende des Bottnischen Meerbusens. Dort hatten im Zeitraum von 1818–1895 1722 Mütter insge-

Quelle: Tommy Bengtsson et al. (Eds.): Pre-Industrial Population Change. The Mortality Decline and Short-Term Population Movements. Stockholm: Almqvist & Wiksell International 1984, 209, sowie laufende Forschungen.

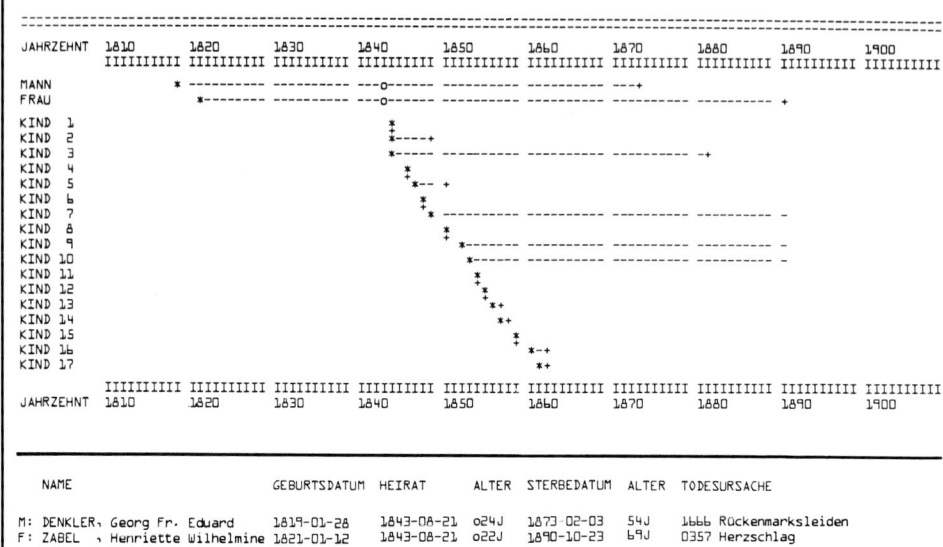

```
JAHRZEHNT  1810     1820     1830     1840     1850     1860     1870     1880     1890     1900
           IIIIIIIIII IIIIIIIIII IIIIIIIIII IIIIIIIIII IIIIIIIIII IIIIIIIIII IIIIIIIIII IIIIIIIIII IIIIIIIIII IIIIIIIIII

MANN            *-------- ---------- ---o------ ---------- ---------- ---+
FRAU            *-------- ---------- ---o------ ---------- ---------- ---------- ---------- +

KIND  1                                 *
KIND  2                                 *----+
KIND  3                                 *----- ---------- ---------- ---------- ---------- -+
KIND  4                                 *
KIND  5                                 *-- +
KIND  6                                 *
KIND  7                                 * * ---------- ---------- ---------- ---------- -
KIND  8                                 +
KIND  9                                  *------ ---------- ---------- ---------- ---------- -
KIND 10                                  *------ ---------- ---------- ---------- ---------- -
KIND 11                                   *
KIND 12                                   +
KIND 13                                   *+
KIND 14                                    *+
KIND 15                                    *
KIND 16                                     *-+
KIND 17                                     *+

           IIIIIIIIII IIIIIIIIII IIIIIIIIII IIIIIIIIII IIIIIIIIII IIIIIIIIII IIIIIIIIII IIIIIIIIII IIIIIIIIII IIIIIIIIII
JAHRZEHNT  1810     1820     1830     1840     1850     1860     1870     1880     1890     1900
```

NAME	GEBURTSDATUM	HEIRAT	ALTER	STERBEDATUM	ALTER	TODESURSACHE
M: DENKLER, Georg Fr. Eduard	1819-01-28	1843-08-21	o24J	1873-02-03	54J	1666 Rückenmarksleiden
F: ZABEL , Henriette Wilhelmine	1821-01-12	1843-08-21	o22J	1890-10-23	69J	0357 Herzschlag
1: Georg Aug. Heinr. Eduard	1844-02-10		*23J	1844-07-29	5M	0456 Krämpfe
2: Henriette Marie Wilh. Anna	1844-02-10		*23J	1849-08-01	5J	0147 Cholera
3: Eduard August Waldemar	1844-12-25		*23J	1881-01-26	36J	0657 Schlaganfall
4: Eduard Rudolph George	1846-03-11		*25J	1846-05-03	1M	0659 Schlagfluss
5: Berth. Wilh. Mathilde	1847-03-26		*26J	1850-09-07	3J	0456 Krämpfe
6: George Eduard Robert	1848-03-19		*27J	1848-08-13	4M	0817 Zähne
7: Franz Theodor Emil	1849-06-15		*28J	1890++		
8: Otto Waldemar Eduard	1850-06-30		*29J	1850-07-31	1M	0456 Krämpfe
9: Marie Wilh. Anna	1852-02-29		*31J	1890++		
10: Otto Robert Eduard	1853-03-28		*32J	1890++		
11: Gustav Eduard Heinrich	1854-04-12		*33J	1854-06-19	2M	0456 Krämpfe
12: Anna Wilhelmine Marie	1855-07-01		*34J	1855-07-13	12T	0456 Krämpfe
13: Clara Wilhelmine	1856-08-29		*35J	1857-02-12	5M	0663 Schwäche
14: Gustav Eduard Otto	1857-10-22		*36J	1858-04-01	5M	0007 Abzehrung
15: Gustav Eduard Friedrich	1859-02-22		*38J	1859-08-27	6M	0109 Brechdurchfall
16: Anna Wilh. Clara	1860-05-19		*39J	1862-08-24	2J	0529 Masern
17: namenlos, + vor der Taufe	1861-12-29		*40J	1862-01-10	12T	0456 Krämpfe

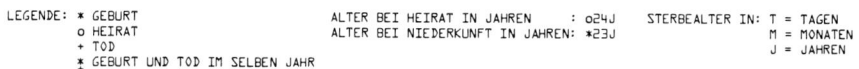

```
LEGENDE:  * GEBURT                        ALTER BEI HEIRAT IN JAHREN   : o24J   STERBEALTER IN: T = TAGEN
          o HEIRAT                        ALTER BEI NIEDERKUNFT IN JAHREN: *23J                 M = MONATEN
          + TOD                                                                                 J = JAHREN
          * GEBURT UND TOD IM SELBEN JAHR
```

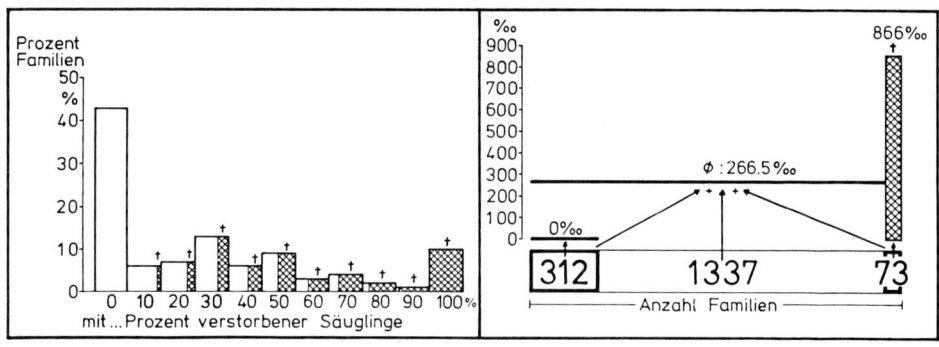

samt 7850 Kinder zur Welt gebracht. Davon verstarben 2092 vor Vollendung ihres ersten Lebensjahres. Die «durchschnittliche Säuglingssterblichkeit» lag somit bei 266.5 je Tausend (vgl. unten rechts). Allerdings verteilte sie sich sehr unterschiedlich auf die einzelnen Familien. Mehr als vierzig Prozent aller Mütter verloren keinen einzigen Säugling, zehn Prozent dagegen alle. Die übrigen lagen irgendwo dazwischen (vgl. unten links).

Da eine solche Gliederung bei Frauen, die nur eine Geburt hatten, wenig Sinn macht, ließen die schwedischen Forscher alle Einkinderfamilien bei ihren weiteren Überlegungen außer acht. Bei den restlichen unterschieden sie sodann ein großes Mittelfeld und zwei Extremgruppen. Diesen letzteren widmeten sie ihre besondere Aufmerksamkeit. Dabei zeigte sich, daß einerseits 312 Mütter mindestens drei Kinder zur Welt brachten, von denen sie keines im Säuglingsalter verloren. Hier handelt es sich um «Niedrigrisiko-Familien». Anderseits stießen sie auf 73 Mütter, die alle mindestens zwei Mal gebaren, deren Kinderschar aber schon im ersten Lebensjahr um je drei Viertel dezimiert wurde. Diese Gruppe bezeichneten sie als «Hochrisiko-Familien». Wendet man diese etwas verwickelte Definition auf sämtliche 73 Familien an, so ergibt sich folgendes Bild: insgesamt brachten die 73 Frauen 322 Kinder zur Welt. 279 davon verstarben vor Ablauf von zwölf Monaten. Während die Säuglingssterblichkeit bei der Gruppe der Niedrigrisiko-Fami-

Abb. 19 Die Denkler-Zabels aus Berlin-Spandau: eine Hochrisiko-Familie aus der Mitte des 19. Jahrhunderts.
Oben und Mitte: Computer-Ausdruck der rekonstruierten Familie Georg Fr. Eduard Denkler und Henriette Wilhelmine, geborene Zabel. Das Paar hatte am 21. August 1843 geheiratet. Zwischen 1844 und 1861 kamen 17 Kinder zur Welt, von denen 10 das erste Lebensjahr nicht vollendeten.
Quelle: Archiv der Kirchengemeinde Sankt-Nikolai, Berlin-Spandau.
Unten: Unterschiedlich hohe Säuglingssterblichkeit in den 1722 Familien des nordschwedischen Kirchspiels Nedertorneå im 19. Jahrhundert. Zwischen 1818–1895 kamen insgesamt 7850 Kinder zur Welt, wovon 2092 vor Vollendung ihres ersten Lebensjahres verstarben. Die «durchschnittliche Säuglingssterblichkeit» betrug somit 266.5 Promill. Sie verteilte sich allerdings sehr ungleichmäßig auf die einzelnen Familien.
links: Mehr als vierzig Prozent aller Mütter verloren keinen einzigen Säugling, zehn Prozent dagegen sämtliche.
rechts: Die beiden Extremgruppen der «Niedrigrisiko-» und der «Hochrisiko-Familien». In der ersten Gruppe verloren die 312 Mütter, die alle mindestens drei Kinder hatten, keines im Säuglingsalter. In der zweiten Gruppe brachten 73 Frauen, die alle wenigstens zwei Mal gebaren, insgesamt 322 Kinder zur Welt. Davon verstarben 279 im Säuglingsalter. Bei der ersten Gruppe betrug die Säuglingssterblichkeit somit null, bei der zweiten hingegen 866 Promill.
Quelle: Anders Brändström: «De kärlekslösa mödrarna». Spädbarnsdödlighet i Sverige under 1800-talet med särskild hänsyn till Nedertorneå. Stockholm: Almqvist & Wiksell International 1984, 143–149.

lien bei null Promill gelegen hatte, so betrug sie bei den Hochrisiko-Familien
– horribile dictu! – 866 je Tausend, in einigen Fällen sogar 1000 Promill.
Hier überlebte kein einziges Kind sein erstes Lebensjahr (vgl. erneut unten
rechts).

Obwohl wir in Berlin seit mehr als einem Dutzend Jahren eng mit dieser
nordschwedischen Forschergruppe zusammenarbeiten und unsere Personal-
Computer-gespeicherten Datenbank-Materialien regelmäßig als Disketten-
Briefpost austauschen, mochte ich mich in bezug auf die eigenen Forschungen doch nicht dieser äußerst rigorosen Definition von «Hochrisiko-Familien» anschließen. Mir wollten auch jene Familien schon nicht mehr aus dem
Sinn gehen, deren Säuglingssterblichkeit bei «nur» fünfzig Prozent lag, die
also «bloß» die Hälfte ihres Kindersegens verloren.

Im oberen Teil der Abbildung 19 sehen wir einen jener Familienausdruk-
ke, wie ihn mir der Computer nach Einspeisung der Kirchenbuchdaten im
Verlaufe der letzten Jahre zu Tausenden geliefert hat. Er betrifft die Familie
Denkler-Zabel aus dem heute zu Berlin (West) gehörenden Stadtteil Span-
dau. In der dortigen Kirchengemeinde Sankt-Nikolai hatte am 21. August
1843 der 24jährige Maurergesell und spätere Bauaufseher Georg Friedrich
Eduard Denkler die um zwei Jahre jüngere Henriette Wilhelmine Zabel
geheiratet. Zwischen 1844 und 1861 kamen in dieser Ehe bei 16 Geburten
insgesamt 17 Kinder zur Welt. Die ersten beiden waren Zwillinge gewesen.
Zehn von den siebzehn wurden kein Jahr alt. Die Säuglingssterblichkeit
betrug umgerechnet somit 588 Promill. Drei weitere starben zudem im
Kleinkindesalter, eines mit fünf Jahren 1849 an der Cholera, eines mit drei
1850 an (Magen-) Krämpfen und eines schließlich zweijährig 1862 an Masern. Beim Tod des Vaters 1873 waren noch ganze vier übrig, beim Tod der
Mutter 1890 noch drei – von siebzehn! Eduard August Waldemar, der
Drittgeborene, hatte im Januar 1881 einen Schlaganfall erlitten und war,
auch er nur 36jährig, seiner Mutter im Tod noch vorangegangen.

Nicht nur, daß vor dem Hintergrund derartiger Familienschicksale irgendwelche abstrakt errechneten «Säuglingssterblichkeits-Durchschnitte»
von selbst verblassen, sondern die bloße Existenz solcher Hochrisiko-Familien zwingt uns auch zu vertiefter Forschung, dies nicht zuletzt im Hinblick
auf Länder der Dritten und Vierten Welt. Genauso wie in historischen Zeiten bei uns sind es dort noch heute bestimmte Nester von Hochrisiko-
Familien, welche die «durchschnittliche Säuglingssterblichkeit» in die Höhe
treiben, mögen im übrigen auch vierzig oder fünfzig Prozent aller anderen
Familien eine Säuglingssterblichkeit von null Promill aufweisen. Die konkrete Aufgabe besteht in jenen Entwicklungsländern folglich denn auch
nicht darin, abstrakte «Durchschnitts»-Werte zu senken. Vielmehr geht es
darum, diese Nester aufzuspüren und dort die Sterblichkeit zu reduzieren.
Auf historische Verhältnisse übertragen bedeutet dies wiederum, daß wir
uns zu überlegen haben, wo und weshalb es bei uns im 16., 17., 18. Jahr-

hundert derartige Hochrisiko-Nester gegeben hat. Und, um auf unsere Aus-
gangsfrage zurückzukommen, weshalb ihre Zahl im 19. Jahrhundert da und
dort offensichtlich anstieg.

Der gesuchten Hochrisiko-Familien habhaft zu werden, bereitet im deutschen Raum verhältnismäßig wenig Schwierigkeiten, existieren hierzulande
doch Dutzende und Aber-Dutzende von sogenannten Dorf- oder Ortssippenbüchern. Darin wird uns jeweils das gesamte Kirchenbuch-Material für
eine bestimmte Gemeinde nach immer demselben Schema wie auf einem
Silbertablett vorgelegt. Da alle Tauf-, Heirats- und Beerdigungs-Eintragun-
gen alphabetisch nach Familien geordnet sind, brauchen wir nur nach denjenigen Ausschau zu halten, die unsere Hochrisiko-Vorgaben erfüllen.

Greifen wir als Beispiel das «Sippenbuch der Stadt Herbolzheim im Breisgau, Landkreis Emmendingen in Baden» heraus. Es wurde 1967 veröffent-
licht.[7] Auf mehr als achthundert Seiten sind jene knapp zehntausend Familien, die vom Ende des 16. bis zur Mitte des 20. Jahrhunderts in dieser
süddeutschen Kleinstadt zwischen Freiburg und Offenburg wohnten, fein
säuberlich aufgelistet. Man braucht nicht lange zu blättern, um fündig zu
werden. Hochrisiko-Familien waren in Herbolzheim keine Seltenheit. Selbst
extreme Beispiele sind verzeichnet. So lautet die Eintragung unter der Fami-
lien-Nummer 1103:

«28. 11. 1822: IV. Heirat des Hechlers Johann Dörle (19. 12. 1784–
26. 7. 1855; [aus 1058; I 1082, II 1089, III. 1096]) und der Theresia Fetsch
(11. 10. 1793–12. 6. 1842; [aus 1573]).

11 Kinder: 1. Sylverius (20. 6. 1823–24. 7. 1823). – 2. Erasmus (1. 6.
1824–8.6 1824). – 3. ein Mädchen (Totgeburt 20. 3. 1825). – 4. ein Mäd-
chen (Totgeburt 13. 2. 1826). – 5. Johann (8. 4. 1827–11. 7. 1827). – 6. ein
Knabe (Totgeburt 20. 6. 1828). – 7. Theresia (13. 6. 1829–15. 6. 1829). –
8. Johann Nepomuk (6. 11. 1830–20. 3. 1831). – 9. ein Mädchen (Totge-
burt 2. 12. 1831). – 10. Josepha (6. 3. 1833–4.5 1833). – 11. Theresia (8. 4.
1835–27. 2. 1836).»

Haben wir richtig hingesehen? Man traut vorerst den Augen nicht. Von
den elf Kindern kamen vier tot zur Welt. Unter den übrigen sieben hatte
keines auch nur bis zu seinem ersten Geburtstag gelebt. Die Säuglingssterblichkeit in dieser Höchstrisiko-Familie betrug somit tausend Promill!

Ohne nun in die Details gehen zu wollen, sei doch vermerkt, daß viele
Ortssippenbücher ganz dazu angetan sind, einen Leser zu weiteren Nachfor-
schungen anzustacheln. So wird man sich bei unserem Beispiel unweigerlich
fragen, wie es denn in der ersten, zweiten, dritten Ehe des Johann Dörle mit
der Säuglingssterblichkeit bestellt gewesen war, wie in den Familien seiner
Eltern, Großeltern, Urgroßeltern väterlicher- und mütterlicherseits, wie in
denjenigen seiner ersten, zweiten, dritten, vierten Frau? Den Querverweisen
auf diese Familien in spitzen Klammern folgend, erfahren wir dort in kürzester Zeit, ob es sich um «erbliche» Hochrisiko-Familien und -Geschlechter

handelte oder aber um einen Einzelfall, ob Inzucht vorlag, in welchem Ausmaß und ob wir somit an Erbkrankheiten denken müssen. Falls genetische Schäden im Spiel gewesen sein konnten, werden wir die Frage in interdisziplinärer Zusammenarbeit mit Genetikern zu klären haben.

Da die meisten Sippenbücher überdies von hervorragenden Ortskennern verfaßt sind, enthalten sie vielfach auch eine sehr solide geschichtliche Einführung mit einer Fülle wichtiger Interpretations-Hinweise. Auf den nicht selten mitabgedruckten Katasterkarten etwa läßt sich jedes einzelne Gebäude, jeder Bauernhof, jedes Armenhäuschen lokalisieren. Historische Flächennutzungspläne und mitpublizierte Steuerlisten aus verschiedenen Zeitperioden vermitteln detaillierte wirtschaftliche Einsichten bis auf Gehöfts- und Familienebene hinab. Besonders schwerwiegende lokale Seuchen oder Kriegsheimsuchungen sind oft mit eigenen Kapiteln bedacht. Dasselbe gilt für das Schul- oder Hebammenwesen. An die einstige permanente Feuergefahr und die vielen Feuersbrünste wird ebenso erinnert wie an das dorfgemeinsame Wasch- und falls vorhanden Badehäuschen. Wir hören von Familien, die in Verruf gerieten, weil die Mütter ihre Kinder vernachlässigten und die Väter sich dem Trunk ergaben, vernehmen von Schlägereien mit schlimmen Folgen, von Verwünschungen, Saufen und Fluchen – und Abbitte nach dem nächsten Gottesdienst.

Wer Alltagsgeschichte unserer Vorfahren haut- und quellennah erleben will, nehme an einem verregneten Sonntag eines dieser Ortssippenbücher zur Hand. Die Lektüre macht den ausgefallenen Spaziergang mehr als wett. Allerdings muß man darauf gefaßt sein, daß es über weite Strecken keine sehr sonntägliche Lektüre ist, die einem da angeboten wird. Nichts für Nostalgiker und Romantiker! Wer sich zuvor zum Beispiel beim Namen «Herbolzheim» nur noch an die bei einem Ausflug einmal gesehenen prächtigen Barockfassaden und eine Kirche mit reicher Gemälde- und Skulpturenausstattung erinnerte, merkt nun bald, daß er sich von diesen Fassaden offensichtlich blenden ließ. Statt eine nostalgieverbrämte «gute alte Zeit» kommt eine von «Pest, Hunger und Krieg» geprägte Vergangenheit zum Vorschein. Für den Hechler Johann Dörle und seine vierte Frau Theresia Fetsch jedenfalls war sie bitter genug: sie hatten elf Kinder – und begruben elf Säuglinge. Deren Leben kam nie zum Laufen.

Wem die Angaben in den Ortssippenbüchern noch zu dürftig oder zu abstrakt sind, mag auf seiner Suche nach ergänzendem Quellenmaterial in zeitgenössischen Bildern fündig werden. Auch hierfür möchte ich ein Beispiel geben, und zwar erneut zugeschnitten auf den Themenbereich Hochrisiko-Familien und Sterblichkeitsboom im 19. Jahrhundert, den wir noch immer nicht von allen Seiten ausgeleuchtet haben. Die *Abbildung 20* enthält drei Ausschnitte. Sie haben es alle mit Hygiene zu tun, besser gesagt mit mangelnder Hygiene oder – wenn mir der Leser für einmal das Modewort nachsieht – mit «gesellschaftlicher Ungleichheit vor der Hygiene». Auch für

Abb. 20   Ungeniertes öffentliches Defäkieren und Urinieren von Mensch und Tier führten allenthalben zu Brutstätten für Erreger verschiedenster Infektionskrankheiten und zu deren leichter Ausbreitung.
Oben: Isack von Ostade (Haarlem 1621 – Haarlem 1649): Halt vor dem Wirtshaus, 1646. Eichenholz, 50.5 × 53 cm (Ausschnitt). Kunsthistorisches Museum Wien.
Unten links: Hendrik Averkamp (Amsterdam 1585 – Kampen 1634): Winterlandschaft, vor 1610. Eichenholz, 29.5 × 46.4 cm (Ausschnitt). Kunsthistorisches Museum Wien.
Unten rechts: Ein Mönch erwartet auf einem Zweisitzer die Wirkung des eingenommenen Mittels gegen seine Verstopfung, um 1400.
Quelle: John Arderne: De Arte phisicali et de Chirurgia, 1412. Umzeichnung einer Vorlage in: Vilhelm Möller-Christensen: Aebelholt Kloster. Kopenhagen, Nationalmuseum, 2. Auflage 1982, 64.

unsere Vorfahren war es schließlich nicht gleichgültig, zu welcher gesellschaftlichen Gruppierung oder Schicht sie gehörten – für sie sogar meist
noch weniger als für uns heute. Jene unter unseren Ahnen, die ihre kleine
und große Notdurft vor den Augen und Nasen anderer verrichteten und mit
ihren öffentlichen Hinterlassenschaften ständig Brutstätten und fliegen-
freundliche Umschlageplätze für Krankheitserreger aller Art produzierten,
waren auch selbst seuchengefährdeter als andere, die dies abgeschirmt und
weniger fliegenzugänglich auf einem eleganten Zweisitzer mit Abtrittdeckel
tun konnten (vgl. Ausschnitte oben und unten links contra unten rechts).

Zwar akzeptiere ich den Einwand, daß wir in der Illustration 20 oben
sowie unten links niederländische Alltagsszenen aus dem 17. Jahrhundert
vor uns hätten. Wie sollten diese etwas über die Verhältnisse bei uns während der Boom-Periode im 19. aussagen können? Zwischenzeitlich hätte
doch die Verhäuslichung der elementaren Körperbedürfnisse im Rahmen
des allgemeinen Zivilisationsprozesses derartige Fortschritte gemacht, daß
diese Form öffentlicher Gefährdung ganz und gar verschwunden wäre. Und
beweise außerdem nicht jener unten rechts in aller Heimlichkeit auf Erlösung von seiner Verstopfung hoffende Mönch – der uns obendrein kuttenge-
kleidet seinen Hintern nicht so freimütig preisgibt wie der Mensch links im
Bilde –, daß es bereits um 1400 auch schon anders ging?

Doch was in einem Kloster mit gehobener Kultur um 1400 gang und gäbe
war – laut Sankt Galler-Klosterplan idealiter sogar schon Jahrhunderte zuvor[8] –, brauchte es für Bauern in den Niederlanden selbst ein Vierteljahrtausend danach noch nicht zu sein, und ebensowenig für Spandauer Stadthand-
werker nochmals zweihundert Jahre später. Viele unserer Städte wuchsen
damals, mitten in der Industrialisierungsphase, so rasch, daß sie aus allen
Nähten platzten. Der Ausbau einer geordneten Infrastruktur vermochte in
keiner Weise Schritt zu halten mit der wuchernden Ausuferung in immer
neue Wohngebiete. Sauberes Trinkwasser fehlte dort ebenso wie eine Kana-
lisation für die Abwässer. Wer sich die Folgen für die Gesundheit nicht
selbst vorzustellen vermag, kann jederzeit Anschauungsunterricht erhalten.
Er braucht bloß einen der heutigen Großstadt-Slums an den Rändern von
São Paulo oder Kalkutta, New York oder Mexiko aufzusuchen.

Wie sonst sollen wir uns erklären – um damit wieder konkreten Bezug auf
unsere Spandauer Hochrisiko-Familie aus der Abbildung 19 zu nehmen –,
daß so manches Denkler-Zabel-Kind an einer Magen-Darmkrankheit verstarb? Da lesen wir als Todesursache beinahe stereotyp: «Georg, (Magen-)
Krämpfe, 5 Monate alt», «Mathilda, (Magen-) Krämpfe, 3 Jahre alt», «Otto, (Magen-) Krämpfe, 1 Monat alt», «Gustav, (Magen-) Krämpfe, 2 Monate alt», «Anna, (Magen-) Krämpfe, 12 Tage alt», «namenlos vor der Taufe
verstorben, (Magen-) Krämpfe, 12 Tage alt». Nur wie zur Abwechslung
heißt es einmal «Gustav, Brechdurchfall, 6 Monate alt» und ein andermal:
«Henriette, Cholera, 5 Jahre alt». Bei einem derart gehäuften Kindersterben

aufgrund von Magen-Darm-Infektionen werden wir die Situation kaum falsch deuten, daß in jener Familie nicht eben gehobene Hygienestandards vorgeherrscht haben dürften.

Doch selbst wenn uns vor diesem unhygienisch düsteren Hintergrund jedes nostalgische Zurückblicken gründlich vergangen sein sollte, so wollen viele von uns dennoch des hochgetrimmten Hygienestandards unserer eigenen Tage manchmal nicht richtig froh werden. Gewiß gibt's auf unseren Durchgangsstraßen keine Pferdeäpfel mehr, und die Rossbollen auseinander scharrende Hühner oder sie einsammelnde Jungen auch nicht länger. Hundedreck gibt's zwar noch, aber er wird uns – jedenfalls bezüglich Infektionskrankheiten – nicht mehr gefährlich. Ob allerdings die Autoabgase gesünder sind, für uns und für unsere Bäume, wird mancher bezweifeln. Ganz abgesehen davon, daß tödliche wie auch lebenslang invalidisierende Unfälle durch die motorisierte Ablösung der einstigen Fuhrgespanne mit gelegentlich ausschlagenden und durchbrennenden Pferden und Ochsen keineswegs ab-, sondern im Gegenteil zugenommen haben. Überdies meint «lebenslang» invalide, querschnittgelähmt, an einen Rollstuhl gebunden zu sein heute im allgemeinen ein wesentlich *längeres* Leben lang!

Wenn man zu einem bestimmten Zeitpunkt in den laufenden eigenen Forschungen herausgefunden hat, daß wir es weder in historischen Zeiten in Europa noch in den heutigen Dritt- und Viertwelt-Ländern mit einer «durchschnittlich» hohen Säuglings- oder Müttersterblichkeit zu tun haben, sondern mit einer bestimmten Anzahl spezieller Hochrisiko-Familien, dann bedeutet das im Hinblick auf die weiteren Untersuchungen, sinnvollerweise ganz gezielt jene Familien unter die Lupe zu nehmen. Kehren wir also nochmals ins 19. Jahrhundert zurück, als es bei uns zu einem Boom in diesen beiden Sterblichkeitssparten gekommen war, und suchen nach einer Erklärung.

Die *Abbildung* 21 zeigt links schematisch das Neckartal zwischen Stuttgart und Heilbronn. Seit 1848 waren die beiden Städte durch eine Eisenbahnlinie untereinander verbunden. Zwei Jahre später wurde das Streckennetz bis Ulm und Friedrichshafen in südlicher, 1869 sowohl nach Würzburg als auch nach Heidelberg in nördlicher Richtung ausgedehnt. Diese Anbindung an den europäischen Schienenverkehr trug erheblich zum raschen industriellen Aufschwung bei, so in der Elektrotechnik und Chemie, im Fahrzeug- und Maschinenbau, in der Textil- und Bekleidungsbranche, bei Feinmechanik und Optik, Nahrungs- und Genußmitteln. Die Bevölkerung wuchs beinahe explosionsartig. Noch um die Mitte des 19. Jahrhunderts zählte Stuttgart nicht mehr als 50000, Heilbronn nicht einmal 14000 Einwohner. Bis 1910 waren es in Stuttgart dagegen mehr als 286000, in Heilbronn fast 43000.

Wer sollte die vielen neuen Münder ernähren, wer die hungrigen Städter mit immer mehr Milch, mehr Fleisch, mehr Butter, mehr Eiern, mehr Getrei-

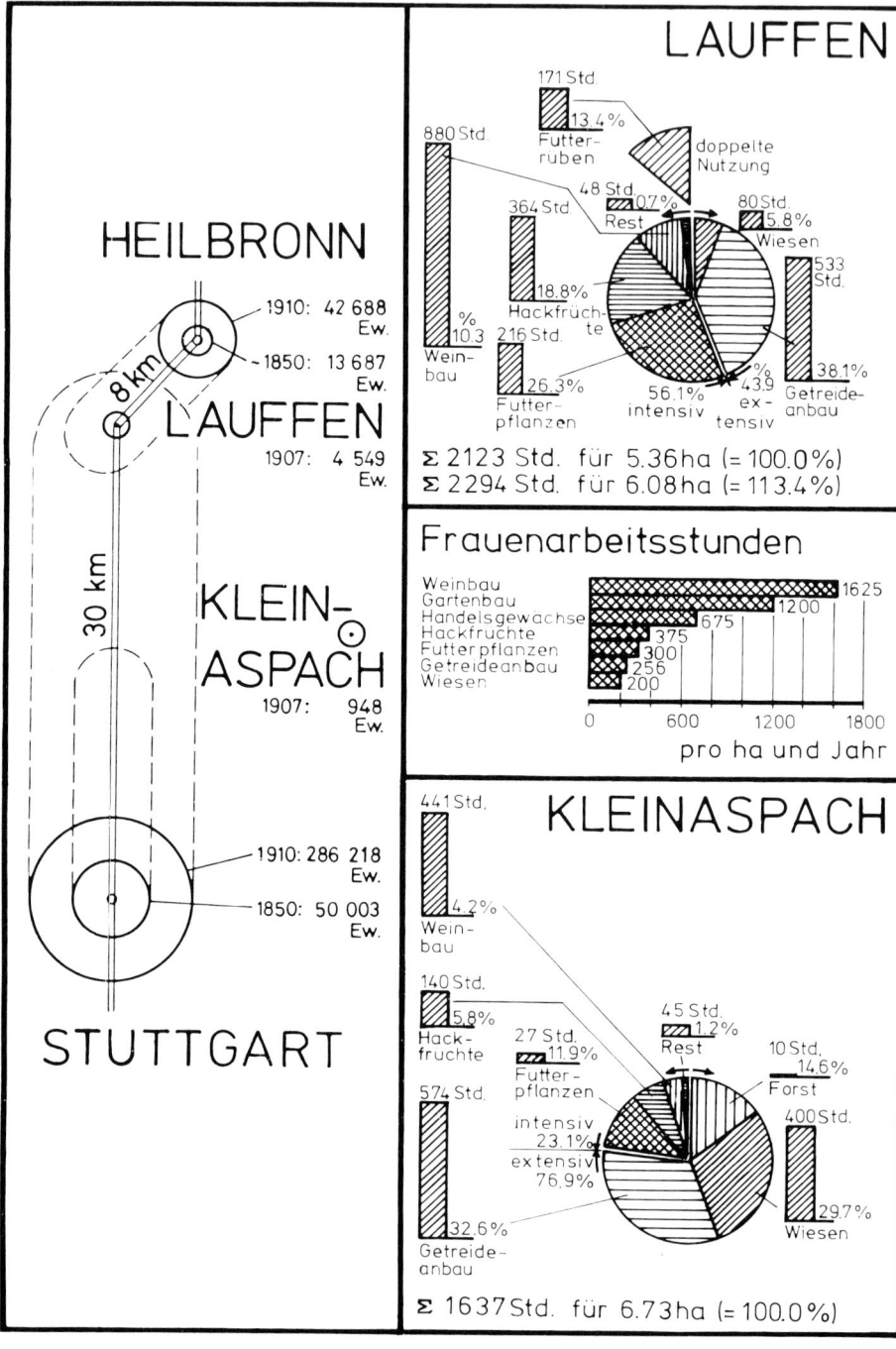

de, mehr Kartoffeln, mehr Zuckerrübenzucker, auch mal mit einem Blumenstrauß für triste Hinterhof- und trockenzuwohnende Kellerbehausungen
versorgen? Der Kreis zusätzlicher Nahrungsproduzenten dehnte sich weiter
und weiter aus – allerdings nur in gewisse Richtungen. Die vorgelagerten
Zulieferbereiche wuchsen naturgemäß dort am schnellsten, wo die Verkehrs- und Transportbedingungen am günstigsten waren. So befanden sich
Lauffen und Kleinaspach zwar, wie aus der Kartenskizze hervorgeht, etwa
gleich weit von Stuttgart und Heilbronn entfernt. Dennoch geriet nur der
erste Ort in den Sog der anschwellenden beiden Ballungszentren. Genau wie
sie war er äußerst günstig im Neckartal gelegen und mit der einen wie der
anderen Stadt durch die erwähnte Eisenbahnlinie verbunden. Kleinaspach
befand sich dagegen von jedem größeren Durchgangsverkehr abgeschnitten
und abseits in hügeligem Gelände. Den Lauffenern eröffneten sich glänzende Möglichkeiten, ihre landwirtschaftlichen Erzeugnisse in immer größeren
Mengen nach Stuttgart und Heilbronn zu verkaufen. Das milde Klima im
fruchtbaren Tal begünstigte die Frühkartoffel-, Beeren- und Obstkulturen
ebenso wie einen ertragreichen Gemüse- und Weinanbau. Am zweiten Ort
dagegen wurde selbst noch zu Beginn unseres Jahrhunderts wie eh und je
nur für die Eigenversorgung produziert, und dies außerdem für eine rückläufige Bevölkerung.

Sieht man sich den Flächennutzungsplan je eines etwa gleich großen Bauernhofes in Lauffen und in Kleinaspach zu Beginn unseres Jahrhunderts im
Detail an (Abbildung 21 rechts, oben und unten), so erstaunt vor diesem
Hintergrund das unterschiedliche Arbeitsaufkommen nicht länger. Der in
allen Einzelheiten untersuchte Hof in Lauffen wies eine Größe von 5.36
Hektar auf. Da einige Böden durch den Anbau von Zwischenfrüchten, vor

Abb. 21 Eine Folge von Industrialisierung und Urbanisierung im 19. Jahrhundert für die
Bevölkerung des Umlandes: Unterschiedliche Arbeitsbelastung je nach Einbeziehung von
Dörfern und Gehöften in die sich ausweitenden Zulieferbereiche.
Links: Während Lauffen im Neckartal verkehrsgünstig zwischen den Städten Stuttgart
und Heilbronn lag und seit 1848 mit beiden durch eine Eisenbahnlinie verbunden war,
befand sich das nicht weit davon entfernte Kleinaspach in hügeligem Gelände und abgeschnitten von jedem größeren Durchgangsverkehr. Die Einwohnerzahlen von Heilbronn
und Stuttgart verdrei-, bzw. verfünffachten sich zwischen 1850 und 1910.
Rechts: Unterschiedliches Arbeitsaufkommen zweier Bäuerinnen auf je einem Gehöft mit
etwa gleich großem, aber unterschiedlich genutztem Kulturareal um 1910, oben im markteinbezogenen Lauffen, unten im abgelegenen Kleinaspach. Auf dem Hof in Lauffen wurde
weit mehr als die Hälfte des Bodens intensiv bewirtschaftet, in Kleinaspach dagegen weniger als ein Viertel. In Lauffen hatte die Bäuerin 2294 Stunden pro Jahr auf dem Feld
mitzuarbeiten, in Kleinaspach dagegen «nur» 1637. – Berechnungen aufgrund von zeitgenössischen Umfragen vor Ort.
Quelle: H. L. Cox und Günter Wiegelmann (Hrsg.): Volkskundliche Kulturraumforschung heute. Münster: Coppenrath 1984, 97.

allem Futterrüben, doppelt genutzt wurden, standen jährlich jeweils rund 6.08 Hektar zur Bearbeitung an. Auf dem Hof in Kleinaspach waren es geringfügig mehr, nämlich 6.73 Hektar. Von dieser Gesamtfläche bewirtschaftete man in Kleinaspach rund drei Viertel (76.9%) in traditioneller Weise mit Forst, Wiesen, Weiden und Getreide. Auf dem Rest wurden Futterpflanzen für das Vieh sowie Hackfrüchte für den Eigenverzehr gezogen, vor allem Zuckerrüben und Kartoffeln, und wohl auch einige Weinstöcke gehalten.

Ganz anders war das Kulturareal auf dem Hof in Lauffen aufgeteilt. Nicht einmal die Hälfte diente hier noch der extensiven Nutzung. Forstwirtschaft war ganz verschwunden, der Wiesenbereich auf 5.8% geschrumpft. In Kleinaspach machte er gleichzeitig 29.7% aus! Von der intensiv genutzten Fläche entfiel das meiste auf Futterpflanzen für eine gesteigerte Milch- und Fleischproduktion, auf Hackfrüchte sowie den Anbau von Wein und nicht zuletzt auf Garten- und Handelsgewächse.

Wer meint, daß diese intensive Flächennutzung doch wohl nicht habe bewirken können, daß damals auf jenen marktorientierten Bauernhöfen eine erhöhte Säuglings- und Müttersterblichkeit entstand – mit der Folge, daß wir dort auf die gesuchten Hochrisiko-Familien stoßen –, dem muß ich entgegen halten, daß genau hierin die Ursache zu suchen und zu finden ist! Nicht nur (ver-) führten die leichten Absatzmöglichkeiten dazu, daß auch noch der letzte Blumenkohl aus dem Garten, das letzte Ei vom Hühnerhof, der letzte Tropfen Milch aus dem Kuhstall in die Stadt verkauft wurde und man sich selbst – trotz steigendem «Wohlstand»! – schließlich nur noch mit einer «elenden Wassersuppe» ernährte.[9] Sondern schwerer wog in unserem Zusammenhang noch die Tatsache, daß sich der zunehmende Arbeitseinsatz auf diesen Höfen nicht gleichmäßig auf Mann und Frau verteilte. Zu den traditionellen Tätigkeiten der Bäuerin gehörten gerade jene, die am raschesten und stärksten anstiegen: das Besorgen der Kleintiere, das Melken und die Milchverarbeitung, das Setzen und Lesen der Kartoffeln, das Pflanzen, Vereinzeln und Ernten der Rüben, das Ziehen von Gartengemüse. Es will somit bedacht sein, daß der Einsatz von Frauenarbeit je Hektar Forst oder Wiese unvergleichlich viel niedriger war als pro Hektar Kartoffeln oder Salat oder gar bei Beeren. Anhand der Umrechnungstabelle, die ich in die Abbildung 21 rechts einmontiert habe, kann jeder Leser nun leicht selbst nachrechnen, weshalb die Bäuerin auf dem Hof in Lauffen insgesamt 2294 Stunden pro Jahr auf dem Feld und im Garten zu arbeiten hatte, diejenige auf dem etwa gleich großen Betrieb in Kleinaspach dagegen «nur» 1637 Stunden. Hier führten die 5.8% Gesamtfläche für Hackfrüchte zu «nur» 140 Arbeitsstunden, dort die 18.8% dagegen zu 364 Stunden; hier die 4.2% für Weinbau zu 441 Stunden, dort die 10.3% jedoch zu 880 Stunden. Hier kam überhaupt keine Doppelnutzung vor; dort ergaben die 13.4% zweimal pro Jahr bepflanzten Areale zusätzliche 171 Jahresstunden. Gemessen an unserer 40-, geschweige denn 35-Stundenwoche resultiert allein aus dem letzteren ein voller dreizehnter Arbeitsmonat!

Wer überschlagsmäßig rechnet, daß 1637 Stunden pro Jahr in Kleinaspach nur rund zwei Drittel von 2294 Stunden in Lauffen ausgemacht hätten oder daß in Kleinaspach jeder dritte Tag ein Feier- oder Ruhetag gewesen wäre, rechnet arithmetisch zwar richtig, situationsbezogen jedoch falsch. Bäuerliche Feldarbeit ist nicht mit einer jahrein jahraus gleichbleibenden 40- oder 35-Stundenwoche zu vergleichen. Im Winter gab es draußen fast nichts zu tun. Im Frühling setzten die Arbeiten allmählich ein, steigerten sich gegen den Sommer hin und erreichten während der Ernte ihren Höhepunkt. Von da sanken sie sukzessive wieder auf den Nullpunkt. Hätten die Bäuerinnen in Lauffen ihre zusätzliche Arbeitslast gleichmäßig auf das Jahr verteilen können oder wäre es ihnen möglich gewesen, die Winterflaute auszufüllen, hätten sich die gesundheitsschädigenden Auswirkungen einer exorbitanten Mittjahresarbeit vielleicht in Grenzen gehalten. Da dies aber nicht der Fall war, führte die Arbeitsüberlastung zu jenen Ergebnissen, die wir oben bereits zur Kenntnis zu nehmen hatten: einer steigenden Müttersterblichkeit, einer Zunahme von Totgeborenen, einer Erhöhung der Mortalität unter Säuglingen, und zwar alles gleichzeitig!

Katastrophal wirkte sich insbesondere der Umstand aus, daß es bei vielen dieser Bäuerinnen damals zu einer Kollision zwischen zwei traditionellen Jahresrhythmen kam. Wohin wir in Europa im 16., 17., 18. Jahrhundert auch blicken: überall hatte sich auf dem Lande ein Gleichgewicht herausgebildet zwischen der Arbeitsbelastung von Frauen auf dem Feld einerseits – hoch im Sommer, niedrig im Winter – und anderseits der jahreszeitlichen Verteilung von Schwangerschaften und Geburten. Die weitaus meisten Kinder kamen im Winterhalbjahr zur Welt, sehr viel weniger dagegen im Sommer. Dieses Gleichgewicht wirkte sich gleichermaßen günstig für Mütter wie Kinder aus. So konnten sich die Hochschwangeren im Winter eher schonen, in Ruhe ihre Kinder zur Welt bringen und sich der Neugeborenen mit größerer Umsicht widmen, sie ohne Hetze stillen und pflegen. Wenn im März, April die Frühjahrsarbeiten auf dem Feld einsetzten, waren die Kleinen aus dem Gröbsten heraus und konnten auch schon mal auf den Acker mitgenommen werden. Selbst für stadtnahe Agrargebiete ist dieses jahrhundertealte Gleichgewicht noch bis um die Mitte des 19. Jahrhunderts nachzuweisen. Dann brach es dort auseinander.

Die siebzig Bäuerinnen, die kurz vor dem Ersten Weltkrieg auf marktorientierten Lauffener Höfen nach ihren täglichen Arbeitszeiten befragt wurden, hatten nicht nur während der Hochsommermonate Juni, Juli und August wesentlich länger auf dem Feld zu tun – in der Regel mehr als vierzehn Stunden – als die gleichzeitig interviewten Bäuerinnen in Kleinaspach. Ihr Arbeitsjahr begann auch mehrere Wochen früher und endete etliche Wochen später. Nicht selten standen sie bis in den November hinein draußen, um die letzten Rüben zu ernten. Und im März mußte schon wieder der Boden für die Frühkartoffeln vorbereitet werden. Gleichgültig, ob diese Frauen nun hochschwanger waren, sich kurz vor der Niederkunft befanden oder ein Neugeborenes zu Hause hatten: die Arbeiten auf dem Feld duldeten keinen Aufschub. Man kann Frühkartoffeln nicht einfach drei Wochen später in die Erde bringen, und ebensowenig Rüben Ende Dezember auf gefrorenen Feldern unter einer Schneedecke ernten.

Spontanaborte sind zwar in den Kirchenbüchern nicht verzeichnet, wohl aber Totgeborene oder noch vor der Taufe Verstorbene. Ebenso stoßen wir auf alle jene Säuglinge, die keine acht Tage, keine drei Wochen, keine zwei Monate, kein Vierteljahr alt wurden, weil ihre Mütter die Zeit für ordentliches Stillen, für regelmäßiges Wickeln, für die Pflege von Erkrankten nicht aufbringen konnten. Und schließlich erteilen dieselben Quellen genauesten Aufschluß darüber, welche Mütter selbst die «sechs Wochen» nicht überlebten. In allen drei Sparten stiegen die Zahlen, im gleichen Zeitraum, verständlicherweise.

Sie sanken erst wieder, als die betroffenen Mütter zu reagieren begannen. Prinzipiell standen ihnen zwei Möglichkeiten offen, das auseinandergebrochene Gleichgewicht wiederherzustellen. Entweder strebten sie zum alten Zustand zurück. Dann hätten sie die Überbeschäftigung, die ihre und ihrer Kinder Gesundheit ruinierte, abbauen und den seinerzeitigen traditionellen Bewirtschaftungsformen wieder Vorrang einräumen müssen: weniger Hühner halten, weniger Kartoffeln anbauen, weniger Gemüse produzieren, weniger Kühe melken, weniger Butter herstellen. Oder aber sie behielten den intensivierten Arbeitstakt und den umgestülpten Jahresarbeits-Rhythmus bei, setzten sich jedoch und damit auch das ungeborene wie das soeben geborene Leben vorbeugend schon gar nicht mehr so häufig jenen Gefahren aus, die mit einer Schwangerschaft, Geburt, empfindlichstem Säuglingsalter verbunden waren. Die Konsequenz hieraus hieß: Geburtenkontrolle, nicht mehr so häufig schwanger werden, Einschränkung des Kindersegens.

Sie wählten den zweiten Weg. Gegen Ende des 19. Jahrhunderts sehen wir in vielen dieser ländlichen Regionen Deutschlands die Geburtenzahlen drastisch sinken. Zum einen stellten wir in den Taufregistern fest, daß sich die Abstände zwischen den «freudigen Ereignissen» in mehr und mehr Familien ganz erheblich ausdehnten. Zum anderen brachten die Frauen ihr letztes Kind in immer jüngeren Jahren zur Welt. Sie hörten zu einem wesentlich früheren Zeitpunkt als ihre eigenen Mütter auf, überhaupt noch schwanger zu werden.

Zwar scheinen all diese Forschungsergebnisse auf Anhieb einzuleuchten, sogar selbstverständlich zu sein. Dennoch führten sie, zumindest beim Autor, zu einem nachhaltigen Aha-Erlebnis. Erstaunlich ist im vorliegenden nicht die Tatsache einer effektiven Geburtenkontrolle und Familienplanung lange vor «der Pille». Wirksame Mittel gab es auch in den davor liegenden

Zeiten schon genug, und sie waren in weiten Bevölkerungskreisen seit langem bekannt. Kontrazeptiv wirkende Destillate gehörten genauso dazu wie zu Aborten führende Dekokte, Vorformen heutiger Kondome aus Tierblasen und -därmen ebenso wie – von Seiten der Frauen – das Nahelegen, wenn nötig Erzwingen des Coitus interruptus beim Mann. Erstaunlich war für mich vielmehr jenes andere Faktum, daß diese alten Kenntnisse in weiten Kreisen nun erstmals auch tatsächlich angewandt und in die Realität umgesetzt wurden. Was damals ganz offensichtlich neu hinzukam, war eine *starke Motivation* der in erster Linie Betroffenen. Die damaligen Frauen und Mütter ließen sich auf Dauer nicht einfach zur Schlachtbank führen; sie handelten, und zwar mit stupendem Erfolg. – Ein «Aha-Erlebnis», das keineswegs auf die Wahrnehmung von Geburtenkontrolle und Familienplanung beschränkt ist. Je mehr wir darüber nachdenken, um so mehr vermögen wir hier einen Schlüssel für das Handeln von Individuen, Gruppen, Schichten, ganzer Völker überhaupt zu erkennen. Und gewiß trifft das Beispiel nicht nur für historische Zeiten zu. – Vielleicht sollten wir in unserem heutigen Alltag etwas häufiger an diesen Sachverhalt denken, sei es als Erzieher, als (Hochschul-) Lehrer, als Eltern oder – wenn wir darum gebeten werden – als Berater in der Dritten, Vierten Welt? Es geht nicht nur um Kenntnisse, nicht nur um Wissen, sondern um die Motivation, Kenntnisse und Wissen anzuwenden. Kenntnisse und Wissen allein sind wie die schönsten Elektrogeräte, wenn der Strom fehlt. Sie arbeiten nicht.

Gerade weil ich eingangs dieses Kapitels wegen seines jahrhundertüberspannenden Zeitraums so holzschnittartig nach dem Schema «früher – heute» vorgegangen war – und auch später immer wieder gezwungen sein werde, in ähnlicher Weise zu vereinfachen –, bin ich für einmal so ausführlich auf die stets auch vorhandenen Ungleichheiten, auf das Auf und Ab von Entwicklungen, ja den vorübergehenden Verlauf in die verkehrte Richtung zu sprechen gekommen, habe das Erscheinen neuer Krankheiten wie der Cholera im 19. Jahrhundert aufgeführt, das Kontraproduktive von «zunehmendem Wohlstand» geschildert. Dadurch soll der Leser – wie übrigens der Autor selbst auch – im Hinblick auf den folgenden Abschnitt vor dreierlei Trugschlüssen gewarnt werden und bewahrt bleiben. Zum einen hat man sich davor in acht zu nehmen, Entwicklungen in der Geschichte, von denen man nur die beiden Punkte «früher» und «heute» kennt, quasi automatisch als geradlinig abgelaufen anzunehmen. Mit dieser ersten Ermahnung hängt zum zweiten zusammen, daß historisch konstatierte Entwicklungslinien nur mit allergrößter Vorsicht von der Vergangenheit über die Gegenwart hinaus in die Zukunft extrapoliert werden dürfen. Und drittens kann man deshalb nicht ohne weiteres davon ausgehen, daß bestimmte Entwicklungen, die wir bei uns aus der Geschichte kennen, anderswo, vor allem in Ländern der Dritten und Vierten Welt, mit einem bestimmten Zeitverzug in gleicher Weise oder auch nur ähnlich verlaufen *müssen*.

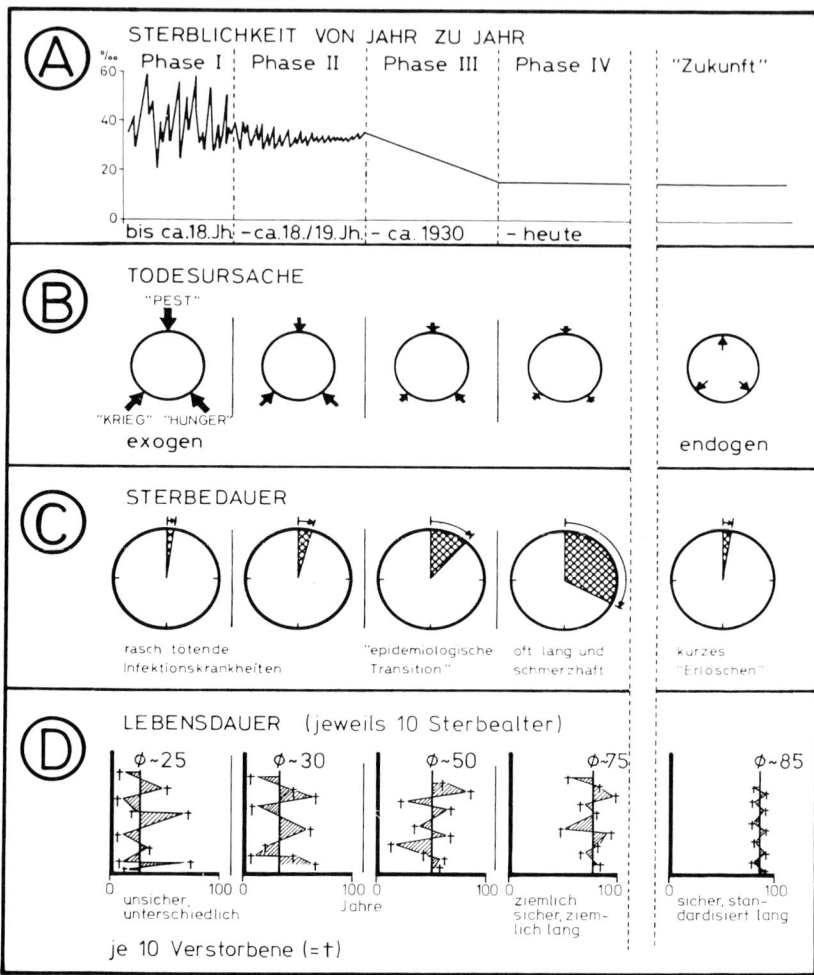

Abb. 22   Schematische Darstellung in fünf Phasen von Sterblichkeit, Todesursache, Sterbedauer und Lebensdauer während der letzten Jahrhunderte – mit einem Blick «in die Zukunft».

Die fünf Phasen betreffen von links nach rechts folgende «circa»-Zeiträume:

Phase I: bis etwa ins 18. Jahrhundert hinein;
Phase II: ca. 18./19. Jahrhundert;
Phase III: bis ca. 1930;
Phase IV: anschließend etwa bis heute;

(Phase V): «in Zukunft».

2.3. Vor dem Hintergrund der Langzeit-Erkenntnisse: ein Blick in die Zukunft?

Die *Abbildung* 22 faßt die bisher beschriebenen Langzeit-Erkenntnisse nochmals schematisch zusammen und tut vor diesem Hintergrund dann einen Blick in die Zukunft. Von oben nach unten sehen wir die Entwicklungen im Bereich der «Sterblichkeit» (= A), der «Todesursachen» (= B), der «Sterbedauer» (= C) und der «Lebensdauer» (= D). Jede dieser Ebenen ist in fünf Phasen unterteilt. Ganz links außen zeigt die Phase I die Verhältnisse jeweils für den frühest faßbaren Kirchenbuch-Zeitraum an, also vom 16., 17. Jahrhundert bis etwa ins 18. hinein. Die anschließende Phase II gibt sodann die weitere Entwicklung im 18./19. Jahrhundert wieder. Phase III betrifft den Verlauf bis in die Zwischenkriegszeit hinein. Phase IV schließlich meint den Zustand, so wie er sich uns heute präsentiert. – Rechts davon habe ich, aber wegen der erwähnten Unsicherheiten deutlich abgetrennt, in einer Phase V die *möglichen* Fortsetzungen eingetragen, so wie ich sie vor dem Hintergrund der vorangegangenen vier Phasen auf allen vier Ebenen zumindest in absehbarer Zukunft nicht für ausgeschlossen halte.

Bezüglich der «Sterblichkeit» erinnern wir uns daran, daß sie in der ersten Phase generell hoch gewesen war und von Jahr zu Jahr starke Pendelausschläge zeigte. In der zweiten Phase beruhigte sich die Mortalität zwar, blieb jedoch auf einem hohen Niveau. Erst in der Phase III sank sie kontinuierlich bis auf die Hälfte oder sogar ein Drittel einstiger Werte. Inzwischen hat sie sich auf dieser niedrigen Ebene eingependelt. Größere Schwankungen von Jahr zu Jahr kommen kaum noch vor. Mögen Sterbefälle an der einen oder

Die vier Ebenen betreffen von oben nach unten:
(A) Sterblichkeit: Sterbefälle von Jahr zu Jahr je tausend Einwohner.
(B) Todesursache: Zunehmende Ablösung der ehedem von «Pest, Hunger und Krieg» geprägten Todesursachen «von außen her» (= exogen) durch das physiologisch-endogen bedingte Erlöschen der Lebensfunktionen («in Zukunft»).
(C) Sterbedauer: Vom einstigen kurzen Sterben an meist rasch tötenden Infektionskrankheiten über das heutige oft schmerzvoll langsame Dahinsiechen an chronisch-unheilbaren Leiden zum raschen «Erlöschen» in «Zukunft».
(D) Lebensdauer (eingetragen ist in jeder Phase das Sterbealter von zehn Todesfällen sowie der daraus ermittelte Durchschnitt): Vom unsicheren, sehr unterschiedlich langen Leben über die allmähliche Zurückdrängung der Säuglings- und Kindersterblichkeit sowie eine Anhebung der Sterbealter auch von Erwachsenen zum relativ sichereren und durchschnittlich langen Leben heute sowie schließlich zur «standardisiert langen Lebensdauer» in «Zukunft».
Quelle: Veränderte Version von Abbildung 5 in: Wolfgang Ribbe (Hrsg.): Berlin-Forschung I. (Einzelveröffentlichungen der Historischen Kommission zu Berlin, Band 54). Berlin: Colloquium Verlag 1986, 312.

anderen überwunden geglaubten, wenn nicht gar «neuen» Krankheit noch
so spektakulär sein, wirklich ins Gewicht fallen sie jedoch (noch?) nicht.
Angesichts von gut 700000 Sterbefällen pro Jahr in der Bundesrepublik
Deutschland bedeuten die zwölf medienwirksam vermarkteten Fälle von
Malaria 1982 oder die damaligen 275 Todesfälle an Hirnhautentzündung
wenig. Selbst die 1986 auch bei uns schon auf über zweihundert gestiegene
Zahl von AIDS-Todesopfern reichen für einen sichtbaren Ausschlag in der
Sterblichkeitskurve bei weitem noch nicht aus. (Laut Auskunft der AIDS-
Arbeitsgruppe am Bundesgesundheitsamt Berlin von Ende Januar 1987 ereigneten sich in den Bundesländern und West Berlin vom 1. 1.–31. 12. 1986
insgesamt 208 Todesfälle am Acquired Immune Deficiency Syndrome, kurz
AIDS genannt. Vgl. auch Bundesgesundheitsblatt 30, 1987, 87–88). – Wenn
wir hier somit einen Blick in die «Zukunft» wagen, werden wir gut daran
tun, die *Relationen* im Auge zu behalten. Abgesehen davon ist es wohl eher
wieder der Historiker, der aufgrund seiner Erfahrungen zur Vorsicht mahnt:
die Cholerawellen des 19. Jahrhunderts hatte auch niemand vorausgeahnt.
Insgesamt gesehen ist es jedoch nicht unwahrscheinlich, daß wir – wenn wir
uns die «Zukunft» nicht selbst verderben – die Sterblichkeit auf einige Zeit
hinaus auf ihrem jetzigen niedrigen und relativ ausgeglichenen Niveau zu
halten vermögen.

Dieselbe Feststellung trifft auch für die zweite Ebene, die «Todesursachen», zu. Der grundlegende Wandel von der hohen, unruhigen Sterblichkeitskurve «früher» zur niedrigen, ausgeglichenen Linie «heute» hängt
selbstverständlich aufs engste mit tiefgreifenden Verschiebungen im Spek-
trum der Todesursachen zusammen. Diese Entwicklung heißt in der Fachsprache «epidemiologische Transition». Die ehedem von außen («exogen»)
auf uns einstürmende und unser Leben bedrohende Trias «Pest, Hunger und
Krieg» verlor im Verlaufe der Phasen I-IV mehr und mehr von ihrer tödlichen Kraft. Je schwächer und stumpfer ihre Pfeile wurden, desto mehr
erhielten jene von innen («endogen») wirksam werdenden Todesursachen
eine Chance, an denen wir heute zum überwiegenden Teil sterben: Herz-
und Kreislauferkrankungen, verschiedene Formen von Krebs, degenerative
Leiden. So wie die epidemiologische Transition bei uns bisher verlaufen ist –
die mittlere Graphik der späteren Abbildung 25 zeigt davon die Jahrzehnte
1905–1980 im Detail –, deutet vieles darauf hin, daß diese Entwicklung
auch in «Zukunft» noch einige Zeit andauern wird.

Die «Pest, Hunger und Kriegs»-Pfeile von einst trafen zwar jedermann,
jedefrau, Alt und Jung, Kinder und Greise, Ungeborene im Mutterschoß
genauso wie Menschen in der Blüte ihres Lebens. In manchen Jahren schienen sie jedoch sehr selektiv und gezielt vorzugehen, während sie plötzlich
vor allem in Seuchen-, Kriegs- und Hungerzeiten undifferenziert und in
Massen auf unsere Vorfahren trafen. Eines allerdings hatten sie meist gemeinsam. Sie machten nicht viel Federlesens, sondern töteten – wie es die

Ebene C zusammenfaßt – in der Regel rasch. Die Sterbedauer war im allgemeinen kurz. So ist in jedem Handbuch für Infektionskrankheiten nachzulesen, daß die Inkubationszeit etwa bei der Pest einen bis fünf Tage betrage und der Tod in unbehandelten Fällen fast immer innerhalb einer halben Woche eintrete. Bei der Cholera liegen zwei bis fünf Tage zwischen Ansteckung und Ausbruch; in weiteren zwei bis fünf ist mit dem Ableben zu rechnen.

Selbst dort, wo Ansteckungs- wie Krankheitsdauer eher in Wochen als bloß in Tagen zu messen sind, wie etwa bei Pocken, Bauchtyphus, Keuchhusten, Fleckfieber, Masern, Ruhr, ist dies im Vergleich zu den chronischen Gesundheitseinbußen, die heute vielfach unseren Tod herbeiführen, noch immer vergleichsweise minimal. Wie ließ es doch in der Münchner Todesanzeige vom 18. Mai 1986 (vgl. nochmals Abbildung 14) oder heißt es tagtäglich dutzendfach landauf landab: «... von langem schwerem Leiden erlöst. ... hat ihre Krankheit in beispielloser Geduld ertragen». Wir werden heute in ganz anderer Weise als unsere Vorfahren dazu gezwungen, Sterben als einen Prozeß aufzufassen, uns damit auseinanderzusetzen, physisch und psychisch, wochen-, monate-, oft jahrelang. Nicht nur die «durchschnittliche Lebensdauer» hat sich, wie in der untersten Ebene summarisch dargestellt wird, im Verlauf der Phasen I bis IV ganz erheblich ausgedehnt und auf hoher Ebene standardisiert, sondern im gleichen Takt weitete sich auch die «durchschnittliche Sterbedauer» aus, das heißt jener Zeitraum zwischen dem Tag, an dem uns inkurable Krankheitssymptome unser Ende ankündigen und jenem, an dem dieses dann schließlich eintrifft.

Hieran allerdings könnte sich nun möglicherweise in absehbarer «Zukunft» grundsätzlich etwas ändern. Diese gewundene Formulierung soll den Leser erneut an die zahlreichen Unsicherheitselemente erinnern, die mit derlei Überlegungen verbunden sind. Dennoch lohnt es sich, hier etwas länger zu verweilen und weiter nachzudenken. Kaum jemand von uns dürfte etwas dagegen einzuwenden haben, daß die traditionelle Trias «Pest-Hunger-Krieg» ihre alte Macht während der jüngsten Vergangenheit verloren hat, daß die Sterblichkeit im Verlaufe der letzten Jahrhunderte drastisch gesunken ist und unsere Lebenserwartung dadurch um das Dreifache anstieg. All dies mochten wir zwar haben, jedoch möglichst ohne die gegenwärtig oft hohe Rechnung dafür bezahlen und das langsame Sterben in Kauf nehmen zu müssen. Unser Wunsch wäre es, fest mit einem langen Leben rechnen zu können, aber an seinem Ende dann doch den einstigen raschen Tod unserer Vorfahren zu sterben. Im Augenblick geht diese Rechnung selten auf. Zum vergleichsweise sicheren langen Leben von heute gehört der mühsame Sterbeprozeß ebenso wie seinerzeit das rasche Sterben zum unsicheren und durchschnittlich kürzeren Leben. Wir können das eine nicht ohne das andere haben. Es waren seinerzeit genauso zwei Seiten einer und derselben Medaille, wie sie es heute auch sind.

Da viele von uns jedoch nur die eine Seite sehen (wollen), geraten wir in einen heillosen Zustand. Dürrenmatt sagte es so: «Das Dilemma des Menschen besteht darin, daß er zwar weiß, daß er sterblich ist, aber so lebt, als wäre er unsterblich. Er lebt drauflos».[10] Zweifellos wird uns dieses unbedachte Drauflos-Leben heute leicht gemacht, denn «Mitten wir im Leben / sind längst nicht mehr vom Tod umgeben»! Gegen alles und jedes gibt es Tropfen, Pillen, Zäpfchen, Pulver, Pflaster, Spritzen, einen kleinen chirurgischen Eingriff – fatalerweise nur gegen den Tod selbst noch nicht. Doch solange wir leben, ist unser Leben gesichert wie nie zuvor in der Geschichte. Zwar sind wir noch immer nicht gefeit gegen Gesundheitseinbußen, aber dem Anschein nach handelt es sich dabei doch immer bloß um kleinere Betriebsunfälle. Unsere medizinischen Reparaturwerkstätten arbeiten höchst effektiv. Ihre Erfolge scheinen uns immer aufs neue zu bestätigen, daß wir eigentlich gar nicht mehr richtig sterblich sind.

Bis es dann endlich trotzdem so weit ist und die Symptome chronischer, definitionsgemäß nicht mehr rückgängig zu machender Leiden uns den Anfang des unausweichlichen Sterbeprozesses vor Augen führen. Dies ist es, wovor wir uns ein Leben lang fürchten und was wir nicht wahrhaben wollen. So gesehen scheint mir das Diktum von Dürrenmatt gar nicht richtig zu Ende gedacht. Wir leben gerade *nicht* «drauflos», was ja wohl doch in Richtung «nach vorn» bedeuten würde. Wir leben vielmehr verkehrt: nach rückwärts gewandt, wollen unser eigenes Ende nicht sehen, trauern der Jugend und den besten Jahren nach, leben mental immer weiter entfernt von unserem physiologischen Alter, jedenfalls nicht in Übereinstimmung damit. Die Kluft zwischen «man ist so alt, wie man sich fühlt – oder es sich vormacht» und «man ist so alt, wie man ist» wird immer breiter. Auf einen irgendwann einmal dennoch einsetzenden Sterbeprozeß sind wir bei einem solchermaßen verkehrten Leben nicht vorbereitet. Das Dilemma scheint unüberbrückbar. Nicht einmal Dürrenmatt «weiß, wie er da herauskommt» (aus demselben Interview). Wie sollten wir noch gewöhnlicheren Sterblichen es da schaffen?

Eines ist gewiß: derzeit stecken wir in einer mißlichen Situation. Wir haben das lange Leben, haben aber eben auch das lange Sterben, mit vielerlei damit verbundenen Abhängigkeiten, mit physischem Verglimmen, Pflegebedürftigkeit, eventuell geistiger Senilität, Alzheimerscher Krankheit. Wie also komme ich dazu, bei der «Sterbedauer» unten rechts für die «Zukunft» ein Umschlagen zurück zum raschen Erlöschen von einst zu prognostizieren? Zweck-Optimismus? Selbstverständlich kann ich mir als Historiker nicht anmaßen, diese Frage kompetent zu beantworten, zumal sie in den befragten Fachkreisen der Medizin, der Genetik, der Biologie und physischen Anthropologie selbst kontrovers diskutiert wird. Was ich dagegen sehr wohl machen kann, ist im folgenden einige Überlegungen hierzu aufgrund meiner historisch-demographischen Forschungen vorzutragen. Als

Dokumentation dienen mir die verschiedenen Teilgraphiken von *Abbildung*
23.

Links sehen wir unter der Überschrift «Lebenserwartung» zwei Illustrationen. Sie umfassen beide den Zeitraum von 1600 bis 1980. Die fünfzehn
unterschiedlich langen Perioden betreffen bis ins Jahr 1869 die Bewohner
der nordhessischen Schwalm, von 1871–1934 die Menschen im Deutschen
Kaiserreich und seit 1949 die Bevölkerung der Bundesrepublik Deutschland.
Die untere Figur zeigt jene «Lebenserwartung», die wir meist im Sinne
haben, wenn wir von deren «enormer Zunahme» im Verlauf der jüngsten
Vergangenheit, von Verdoppelung und Verdreifachung sprechen. Eigentlich
meinen wir damit das durchschnittliche Sterbealter aller in einem bestimmten Zeitraum und in einer bestimmten Region zu Grabe Getragenen: Säuglinge, Kinder, Erwachsene mittleren Alters, Greise, alle in einem. Der Fachausdruck hierfür lautet «ökologische Lebenserwartung». Damit ist die
Lebensspanne gemeint, die ein Mensch unter jenen ganz bestimmten Bedingungen erreicht, in die er hineingeboren wird. Fällt seine Geburt in eine
Periode von «Pest, Hunger und Krieg», so ist diese Spanne in der Regel
deutlich kürzer, als wenn «Pest» oder «Hunger» oder «Krieg» oder gleich
die ganze Trias fehlt. Vor vier Jahrhunderten hatten die spezifischen Bedingungen in der Schwalm zur Folge, daß die «ökologische Lebenserwartung»
der dortigen Einwohner bei «durchschnittlich» etwa 25–30 Jahren lag.

Führen die Menschen dagegen keinen (Dreißigjährigen) Krieg gegeneinander, hungern sie nicht und haben sie die Pestilenzen einigermaßen im Griff,
dann steigt das durchschnittliche Sterbealter und damit auch die durchschnittliche Lebenserwartung. Die Zahl jener, die vorzeitig auf der Strecke
bleiben, geht zurück.

Wie lang aber ist diese «Strecke»? Handelt es sich dabei um eine feste
Größe? Oder hat auch sie sich im Verlauf der Geschichte verändert? Dehnte
sie sich aus, oder kann sie allenfalls in «Zukunft» ausgeweitet werden? Für
diese zweite Art von Lebensspanne brauchen wir den Fachausdruck «physiologische Lebenserwartung». Damit meinen wir jene Zeiteinheit, die uns
die Natur zu leben eigentlich gibt – oder gäbe, wenn wir nicht wie bisher
jahrhundertelang wegen «Pest, Hunger und Krieg» immer wieder ein vorzei-
tiges Ende gefunden hätten. Und offensichtlich immer noch finden. Jedenfalls scheinen derzeit erst relativ wenige Menschen dieses volle Lebens-Po-
tential ausschöpfen zu können.

Da die «physiologische Lebenserwartung» auch als «mittlere maximale
Lebensdauer» definiert wird und wir uns im folgenden an diese Umschreibung halten wollen, brauchen wir hier nicht näher auf eine dritte Variante,
die sogenannte «maximale Lebenserwartung» einzugehen. Bei ihr handelt es
sich um die vor allem von den Medien gern aufgegriffene Langlebigkeit
dieses oder jenes Ausnahme-Menschen oder von irgendwelchen Sonderex-
emplaren angeblich uralt werdender Geschlechter. Als gesichert gilt derzeit

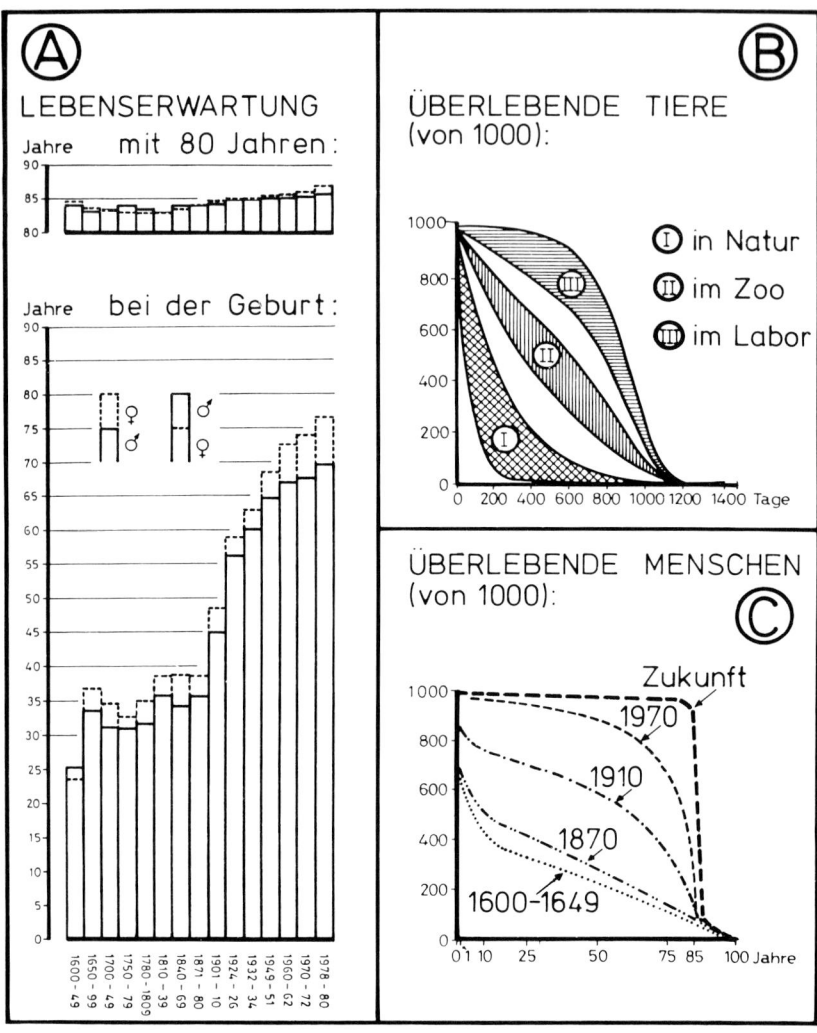

Abb. 23   Ökologische und physiologische Lebenserwartung während der letzten vierhundert Jahre – mit einem Blick in die Zukunft und ins Tierreich.
Links (= A): Durchschnittliche Lebenserwartung in Jahren (abgeleitet vom durchschnittlichen Sterbealter) in ausgewählten Zeiträumen; 1600–1869 in der Region Schwalm in Nordhessen, basierend auf Kirchenbucheintragungen für rund 30000 Personen; 1871–1934 im Deutschen Reich; 1949–1980 in der Bundesrepublik Deutschland.
Links unten: Bei der Geburt (= «ökologische Lebenserwartung»).
Links oben: Im Alter von 80 Jahren (= «physiologische Lebenserwartung», auch «durchschnittliche maximale Lebensdauer» genannt).
Während die physiologische Lebenserwartung in diesen vier Jahrhunderten praktisch konstant geblieben ist, hat sich die ökologische Lebensdauer fast verdreifacht.

bei der Spezies Mensch in ganz vereinzelten Fällen eine Längstlebigkeit von
etwa 115 Jahren.[11]

Um die Frage nach der physiologischen Lebenserwartung in historischer
Zeit wenigstens annäherungsweise beantworten zu können, habe ich in der
Abbildung 23 oben links für alle fünfzehn Perioden die restliche durchschnittliche Lebensspanne von Menschen eingetragen, die jeweils mindestens achtzig Jahre alt wurden. Diese Restspanne betrug vor vier Jahrhunderten knapp fünf, heute gut fünf Jahre. Im Gegensatz also zur durchschnittlichen Lebenserwartung bei der Geburt, die von 1600 bis 1980 um
etwa das Dreifache stieg, veränderte sich dieser Lebensrest während des
gleichen Zeitraums kaum nennenswert. Die physiologische Lebenserwartung des Menschen schien und scheint zumindest bis heute somit relativ
konstant bei etwa 85 Jahren zu liegen. – Es sei nochmals betont, daß es sich
bei dieser Angabe um einen statistisch gesehen verhältnismäßig «weichen»
Wert handelt. Zum einen war die Zahl der Achtzigjährigen, vor allem in den
ersten Perioden, relativ gering. Zum anderen wären, hätte ich alternativ
etwa die Fünfundachtzigjährigen zum Maßstab genommen, auch sie nicht
sämtlich schon im darauffolgenden Jahr gestorben. Als Annäherungswert
hätten sich dann vielleicht 87 oder 88 Jahre ergeben.

An sich brauchen uns diese historischen Befunde zur physiologischen
menschlichen Lebenserwartung indes nicht sonderlich zu erstaunen, kennen
doch auch alle anderen Lebewesen genauso eine von der Natur vorgezeich-
nete mittlere maximale Lebensdauer. Bei manchen Familien mäuseartiger
Nagetiere liegt sie zum Beispiel bei rund 1200 Tagen. Wie aus dem Figuren-
teil oben rechts hervorgeht, bleiben jedoch von tausend gleichzeitig geborenen Tieren jeweils ganz unterschiedlich viele am Leben, oder anders gesagt:
vorzeitig auf der 1200er Strecke, und zwar auch bei ihnen je nachdem, in
welches Umfeld sie hineingeboren werden und unter welchen ökologischen
Bedingungen sie heranwachsen. Leben sie in völlig freier Natur, so fallen

Rechts oben (= B): Unterschiedliche Absterbe-Ordnung in Mäusepopulationen von je
tausend gleichzeitig geborenen Tieren, je nachdem, ob sie:
(I) in freier Natur leben,
(II) geschützt in Zoologischen Gärten gehalten werden, oder
(III) unter hervorragenden Laborbedingungen altern können.
Unten (= C): Unterschiedliche Absterbe-Ordnung unter je tausend gleichzeitig geborenen
Menschen, je nachdem, ob sie:
(1.) 1600–1649 in der Schwalm lebten, oder
(2.) 1870, oder
(3.) 1910, oder
(4.) 1970 in Berlin wohnten.
(5.) Zusätzlich ist die sog. «rechtwinklige Absterbekurve ‹in Zukunft›» eingetragen. Ob
sie Realität wird?
Quelle: Veränderte Version der Abbildungen 1 und 2 in: Saeculum 36, 1985, 47, 48.

viele von ihnen einer feindlichen Umgebung bereits als Säuglinge zum Opfer. Besser haben es diejenigen, die in der Obhut zum Beispiel von zoologischen Gärten oder in geschützten Reservaten aufwachsen können. Und die
meisten Exemplare überleben, wenn sämtliche denkbaren Gefährdungen
systematisch von ihnen ferngehalten werden, so wie dies etwa unter Laborbedingungen zu erreichen ist. Aber auch diese hochgepäppelten Tiere werden dadurch nicht unsterblich. Wie die Teilgraphik oben rechts deutlich
macht, erfährt die mittlere maximale Lebenserwartung durch eine besonders ungünstige oder eine besonders günstige ökologische Situation weder
eine grundsätzliche Verkürzung noch eine spürbare Verlängerung. Für die
Tiere im Labor gilt genau die selbe Limite von rund 1200 Tagen wie für
diejenigen im Zoo oder in freier Natur. Unter welchen äußeren Bedingungen
die Kohorten-Zugehörigen auch immer existieren mögen, so läuft ihre innere Lebensuhr doch gleichzeitig aus.

Etwas ganz anderes ist es, daß unter Laborbedingungen wesentlich mehr
Tiere einen größeren Teil ihres Lebens-Potentials ausschöpfen können, in
freier Wildnis dagegen sehr viel weniger. Im einen Fall liegt das durchschnittliche Sterbealter hoch, im anderen niedrig.

Übertragen wir dieses Schema auf den Menschen und legen dabei historische Maßstäbe an, so ergibt sich im Prinzip dasselbe Bild. Aus der letzten
Teilgraphik in Abbildung 23, unten rechts, geht hervor, daß die Schwälmer
Bevölkerung während des Zeitraums 1600–1649 eine ähnliche Absterbe-
ordnung aufwies wie eine Tierpopulation «in freier Natur». Bis 1870 änderte sich hieran, nunmehr auf die Einwohnerschaft von Berlin bezogen, kaum
etwas Wesentliches. Erst im Verlauf der letzten hundert Jahre wurde ein
generationenüberdauerndes Sterblichkeits-Muster grundlegend aufgebrochen. Zuerst verschwand vor allem der Knick im Säuglings- und Kindesal-
ter. Statt 600–700 unter tausend gleichzeitig Geborenen wie noch in der
zweiten Hälfte des 19. Jahrhunderts überlebten 1910 bereits mehr als 800
ihr erstes Jahr. Damals ähnelte die Absterbeordnung derjenigen einer Zoo-
Population. 1970 schließlich überlebten praktisch alle Neugeborenen. Aber
auch die jüngeren und mittleren Generationen wurden nun älter. Die Absterbeordnung erhielt damit allmählich ihr heutiges bauchiges Aussehen,
nicht unähnlich einer Tierpopulation, die unter besten Laborbedingungen
heranwachsen und altern kann.

Was für ein delikater Zustand! Ob wir ihn auf Dauer werden aufrechterhalten können? Ohne Pestilenzen? Ohne Hunger? Ohne Kriege? Im Glas-
haus? Wehe wenn auch nur einer einen Stein wirft!

Vorausgesetzt, daß uns das Kunststück gelingt, könnte man sich überlegen, wie es «in Zukunft» allenfalls weiterginge. Folgende Entwicklung
schiene mir für die absehbare Zeit – wiederum mit allen Reserven – nicht
ganz unwahrscheinlich. Wenn es sich einerseits tatsächlich so verhält, daß
die physiologische Lebenserwartung der Spezies Mensch bei etwa 85 Jahren

oder ein bißchen darüber liegt, wir in Mitteleuropa aber anderseits durchschnittlich nur rund 70, 75 Jahre alt werden, dann sterben wir folglich immer noch zehn bis fünfzehn Jahre «zu früh». Betrachten wir die allerjüngste Vergangenheit, dann zeigt sich, daß unser durchschnittliches Sterbealter von Jahr zu Jahr immer noch etwas ansteigt. Umgemünzt in «ökologische Lebenserwartung» hatten Männer in der Bundesrepublik Deutschland 1950 bei der Geburt durchschnittlich 64.6 Lebensjahre vor sich, 1960: 66.9, 1970: 67.4, 1980: 70.2. Bei den Frauen stieg sie im gleichen Zeitraum von 68.5 Jahren auf 72.4, dann 73.8 und bis 1980 schließlich auf 76.9 Jahre. Wenig spricht dafür, daß dieser Aufwärtstrend zum Stillstand kommt. So zeigen die neuesten verfügbaren Zahlen für 1982/84 bei den Männern 70.8 und bei den Frauen 77.5 Lebensjahre (Statistisches Jahrbuch 1986 für die Bundesrepublik Deutschland, 76).

Allerdings kann der Anstieg nicht unendlich weitergehen. Die obere Grenze ist durch unsere physiologisch mögliche Lebensspanne vorgezeichnet. Mehr als durchschnittlich 85 Jahre oder eben ein bißchen mehr können wir nicht werden. Was sich somit «in Zukunft» noch abspielen könnte, wäre, daß immer noch ein paar mehr Menschen immer noch ein paar Jahre älter würden, daß immer mehr von uns noch etwas näher an die Decke der mittleren maximalen Lebenserwartung herankämen und erst mit 80, 82, 84, vielleicht auch 86 oder 88 stürben. Es ist diese Entwicklung, die ich in der Abbildung 23 unten rechts vorweggenommen und für die «Zukunft» eingezeichnet habe. Amerikanische Geriater und Gerontologen, auf deren Studien ich mich hierbei mitstütze, sprechen in diesem Zusammenhang von der Entwicklung hin zu einer «rechtwinkligen Absterbekurve» (wörtliche Übersetzung von «rectangular survival curve»;[12]). Wie man sieht, werden selbst dann «bedauerlicherweise» immer noch ein paar Mitmenschen vorzeitig auf der Strecke bleiben: ein paar (Tausend!) Verkehrstote, etwa ebenso viele (geglückte) Suizide, ein paar eigentlich längst «überflüssige» Sterbefälle an Infektionskrankheiten. Generell aber könnte die Mehrzahl aller Zeitgenossen dann ihre biologische «Lebenshülse» ausleben, also bis an die Grenze der uns von Natur aus zustehenden Lebenszeit vorstoßen. Ökologische und physiologische Lebenserwartung würden nach Jahrhunderten endlich miteinander übereinstimmen. Damit wäre auch jener Zustand erreicht, den ich schon in der vorausgegangenen Abbildung 22 unten rechts für die «Zukunft» eingetragen habe: die sichere, nunmehr standardisiert lange Lebensdauer von durchschnittlich 85 Jahren – oder ein bißchen mehr –, demokratisch für alle.

Um hier auch nicht einen einzigen Leser in falsche Euphorie ausbrechen zu lassen, aus der ich ihn in den späteren Kapiteln dann doch wieder zurückholen müßte, sei schon hier dick unterstrichen: *von «schöner neuer Welt» bei Erreichen jenes Zustands habe ich nichts gesagt!* Ich ersuche dringend darum, dies im Gedächtnis zu behalten. Eine «sichere, standardisiert lange

Lebensdauer» ist nicht dasselbe wie ein «erfülltes langes Leben». Es ist allenfalls eine gute Vorbedingung dafür – was nicht wenig ist –, aber in keiner Weise zwangsläufig identisch damit.

2.4. Ist unsere Gegenwart die Zukunft von Schwellen- und Entwicklungsländern?

Wir sollten die in diesem Kapitel weitläufig ausgebreiteten Überlegungen zu den beiden Lebensspannen indes nicht nur anstellen, weil sie für uns selbst von enormer Bedeutung sind: für jeden einzelnen von uns, für unser Zusammenleben in der Familie, für unsere gesellschaftliche Zukunft, sondern auch deshalb, weil wir weltweit gesehen am vordersten Punkt einer Entwicklung stehen, in der uns andere Völker der Zweiten, Dritten, Vierten Welt mit mehr oder weniger großem Abstand zu folgen scheinen. Sie haben naturgemäß ein sehr beachtliches Interesse daran zu erfahren, wie es bei ihnen selbst morgen und übermorgen aussehen könnte, worauf sie sich gegebenenfalls einzurichten haben, wie sie ihre Zukunft langfristig planen sollten. Ich versuche, einige grundlegende Zusammenhänge anhand der beiden folgenden Abbildungen 24 und 25 zu verdeutlichen, werde aber auch in den späteren Kapiteln immer wieder auf diesen Fragenkomplex zurückkommen.

Für die «anderen Völker der Zweiten, Dritten, Vierten Welt» steht hier das Schwellenland Brasilien. Ich wählte es aus zwei Gründen. Zum einen sind mir die Verhältnisse dort aufgrund von zwei längeren Gastdozenturen 1984 und 1986 etwas vertrauter. Zum anderen verfügt dieses Land über ein relativ solides bevölkerungsstatistisches Material. Anderswo, vor allem in der Dritten und Vierten Welt, läßt oft schon die Unzuverlässigkeit von nur grob geschätzten Daten ähnlich fundierte Überlegungen weniger zu.

Abb. 24   Ein Schwellenland wie Brasilien scheint uns in der Sterblichkeitsentwicklung auf dem Fuß zu folgen.
Oben (= A): Absterbe-Ordnung, links für Männer, rechts für Frauen, einerseits in (Alt-) Berlin 1865/1868/1872, in (Alt-) Berlin 1910 und in Berlin (West) 1970/1972, andererseits in den beiden unterschiedlich weit entwickelten brasilianischen Großregionen «Nordeste» (= sog. «Armenhaus Brasiliens», bestehend aus den Bundesstaaten Maranhão, Piauí, Ceará, Rio Grande do Norte, Paraíba, Pernambuco, Alagoas, Sergipe und Bahia) und «Sul» (= mit den am weitesten entwickelten Bundesländern Paraná, Santa Catarina und Rio Grande do Sul) im Jahre 1977.
Unten (= B): Gestorbene nach Alter und Geschlecht, einerseits in (Alt-) Berlin 1875, in (Groß-) Berlin 1925 und in Berlin (West) 1975 sowie 1978, andererseits in Brasilien 1980. Bei den Teilgraphiken für Berlin (West) 1978 und Brasilien 1980 sind die in Krankenhäusern Verstorbenen als dunkle Kerne besonders gekennzeichnet.
Quelle: Veränderte Version der Abbildungen 8 und 9 in: Zeitschrift für Bevölkerungswissenschaft 11, 1985, 22, 24.

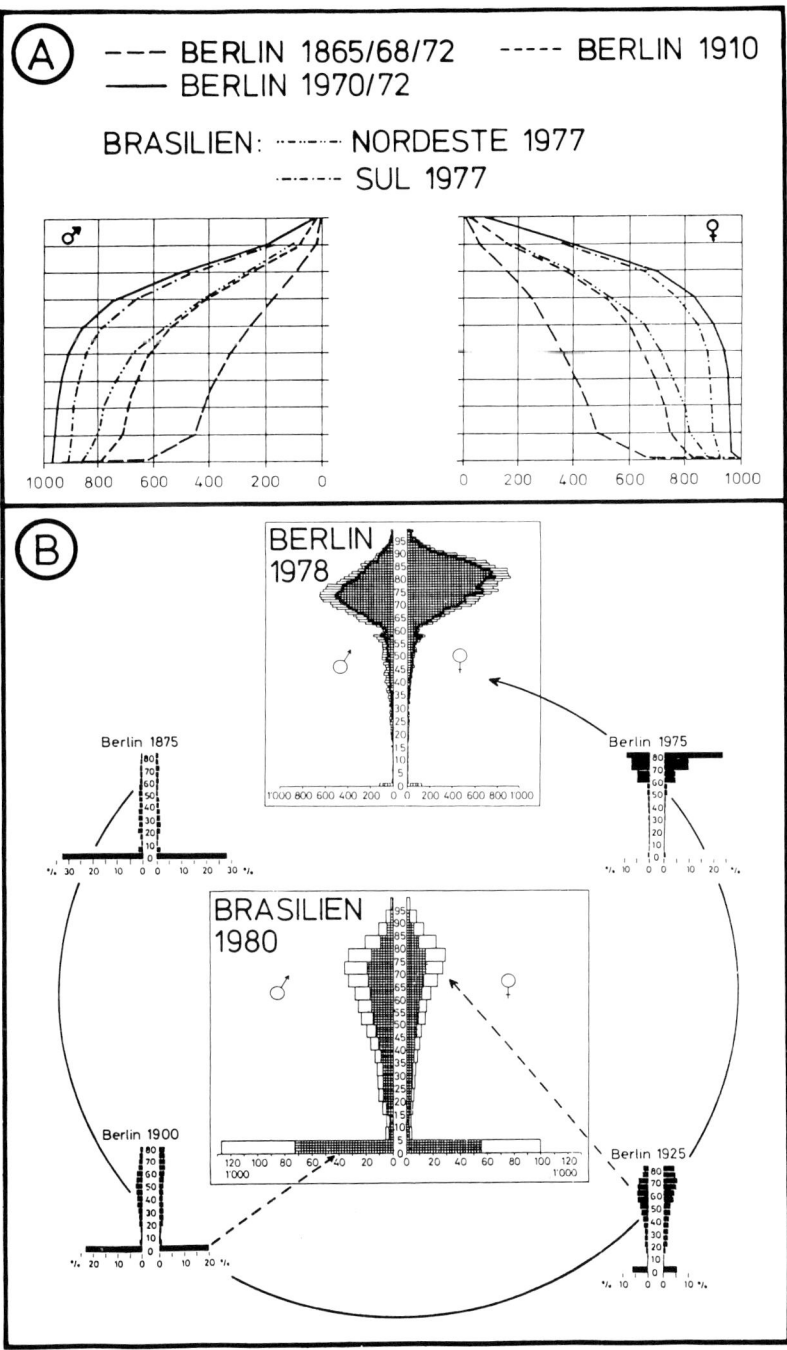

In der *Abbildung* 24 knüpfen die beiden Teilgraphiken oben an die Ab-
sterbekurven der Berliner Bevölkerung für die Jahre 1865/68/72, 1910 und
1970/72 aus der Abbildung 23 an. Da Frauen im allgemeinen eine höhere
Lebenserwartung haben als Männer, wurde hier nach Geschlechtern getrennt: rechts weiblich, links männlich. So erreichten 1970/72 unter tausend
Berlinerinnen rund 700 mindestens ihr siebzigstes Altersjahr, unter tausend
Männern dagegen rund 500.

In dieses zeitgestufte Berliner Raster wurden rechts und links nun zwei
brasilianische Kurven übertragen. Obwohl sich beide auf das Jahr 1977
beziehen, gleichen sie einmal mehr den Berliner Werten von 1910, ein an-
dermal dagegen mehr denjenigen von 1970/72. Diese Gleichzeitigkeit des
Ungleichzeitigen ist darauf zurückzuführen, daß die niedriger verlaufende
Linie die Absterbeordnung in den ärmsten Teilen von Brasilien wiederspie-
gelt. Es sind dies die im Nordosten gelegenen Bundesstaaten Maranhão,
Ceará, Rio Grande do Norte, Paraìba, Pernambuco, Alagoas, Sergipe und
Bahia. Im Volksmund werden sie kurz als Armenhaus Brasiliens bezeichnet.
Die wesentlich höher verlaufende Kurve bezieht sich dagegen auf die drei
prosperierendsten brasilianischen Gliedstaaten ganz im Süden: Paraná, Santa Catarina und Rio Grande do Sul. Während es sich dort kaum anders als
bei uns lebt, so fühlt man sich bei Besuchen im unterentwickelten Nordosten
um Jahrzehnte zurückversetzt. Ein sprechendes Resultat sind die markanten
Unterschiede in der ökologischen Lebenserwartung. Im Norden wird immer
noch weitgehend nach dem Motto «Mitten wir im Leben / sind vom Tod
umgeben» gestorben, im Süden dagegen nicht mehr. Im Norden gibt es
verhältnismäßig wenig ältere und alte Menschen. Die Bevölkerung kommt
uns dort folgerichtig viel jünger vor als im Süden, wo viele Personen erst in
vorgerückterem Alter sterben. Entsprechend steht im Norden noch immer
die Bekämpfung einer hohen Säuglings- und Kindersterblichkeit und von
Infektionskrankheiten aller Art obenan. Im Süden dagegen dominieren Diskussionen über die Gefahren einer drohenden Vergreisung, über die gesamt-
wirtschaftlichen Belastungen durch die vielen chronisch Kranken, über die
Notwendigkeit von immer mehr Altersheimen und Langzeit-Pflegeplätzen –
wie bei uns, wie höchstwahrscheinlich aber eben auch im brasilianischen
Nordosten in wenigen Jahrzehnten, nämlich dann, wenn auch dort die
Säuglings- und Kindersterblichkeit zurückgedrängt ist, die Infektionskrankheiten unter Kontrolle gebracht sind, die Menschen älter und älter werden.

Der untere Graphikteil will nicht nur deutlich machen, wie uns Brasilien
mit einem Zeitverzug von einigen Jahrzehnten in der Umverteilung der
Sterbealter nachfolgt, sondern er möchte auch zum Nachdenken darüber
anregen, daß die Menschen jenes Landes dadurch ebenfalls in wachsendem
Ausmaß mit den uns seit langem bekannten Problemen konfrontiert werden. Quellenkritische Gründe führten dazu, daß ich mich hier wie auch in
der folgenden Abbildung auf die Angaben für die 24 Bundesstaats-Haupt-

städte beschränke. Nur dort schienen mir die Daten für unsere Belange genügend zuverlässig erhoben, nicht jedoch im jeweiligen oft abgelegenen und schwer zugänglichen Hinterland. Immerhin sind dadurch rund zwei Drittel der brasilianischen Gesamtbevölkerung erfaßt.

Die Abbildung 24 B zeigt, durch eine Kreislinie untereinander verbunden, die Berliner Sterbealters-Verteilung für die Jahre 1875, 1900, 1925, 1975 und 1978. Im Verlaufe dieses einen Jahrhunderts wurde sie buchstäblich auf den Kopf gestellt. Seinerzeit dominierte die Säuglings- und Kleinkindersterblichkeit. Heute ist es eine alles in den Schatten stellende Altensterblichkeit. Im Zentrum befindet sich dieselbe Darstellung für Brasilien 1980. Was die Säuglings- und Kleinkindersterblichkeit betrifft, gleicht das Bild am ehesten demjenigen Berlins von 1900, in bezug auf die Erwachsenensterblichkeit demjenigen von 1925. Brasilien hat somit den ältesten Zustand, wie er sich bei uns noch 1875 gezeigt hatte, bereits verlassen. Auch hier ist es ein Schwellen- und nicht länger ein Drittwelt-Land. Die Säuglings- und Kindersterblichkeit ist ingesamt bereits deutlich auf dem Rückzug. Und unter den Überlebenden erreichen mehr und mehr ein immer höheres Alter: 60, 70, 80 Jahre.

Dies hat indes bereits dazu geführt, daß uns Brasilien nun auch noch in einer zweiten Hinsicht folgt. Sowohl für Berlin 1978 wie für die brasilianischen Kapitalen 1980 habe ich diejenigen Sterbefälle, die sich nicht länger zu Hause, nicht mehr im Kreise von Familienangehörigen und Verwandten, sondern in einem Krankenhaus ereigneten, als dunkle Kerne hervorgehoben. In Berlin waren dies 1978 bei den Männern 72 Prozent und bei den Frauen 79 Prozent, insgesamt also rund drei Viertel sämtlicher Todesfälle. In Brasilien machten sie 1980 ebenfalls bereits mehr als die Hälfte aus: 57 Prozent bei den Männern, 56 Prozent bei den Frauen. Wen wundert's, daß man dort von uns gern erfahren möchte, wie wir denn mit dieser Auslagerung, Abschiebung, Verdrängung von Sterben und Tod fertig würden, ob sich die Entwicklung immer noch weiter fortsetze, ob wir etwas dagegen unternähmen oder der Situation gleichgültig gegenüberstünden?

Diese auch in Brasilien immer brennender werdenden Fragen scheinen um so berechtigter, als gerade in diesem Bereich eine zeitverschobene Parallel-Entwicklung überdeutlich wird. Wie aus der *Abbildung 25* hervorgeht, ist auch in Brasilien die epidemiologische Transition in vollem Gange. Derzeit beträgt der Abstand zu uns rund drei Jahrzehnte. Brasilien steht heute dort, wo wir uns etwa 1950 befanden. 1950 wiederum hatte es einen Punkt erreicht, der mit den Verhältnissen hierzulande um das Jahr 1920 verglichen werden kann.

Je mehr indes der «alte Tod» auch in Brasilien durch den «neuen Tod» verdrängt wird, je mehr also die langwierigen chronischen Leiden auch dort die ehedem in allen Altersstufen relativ rasch tötenden Infektionskrankheiten ablösen und dadurch das Sterben in immer höhere Jahre hinaufschieben,

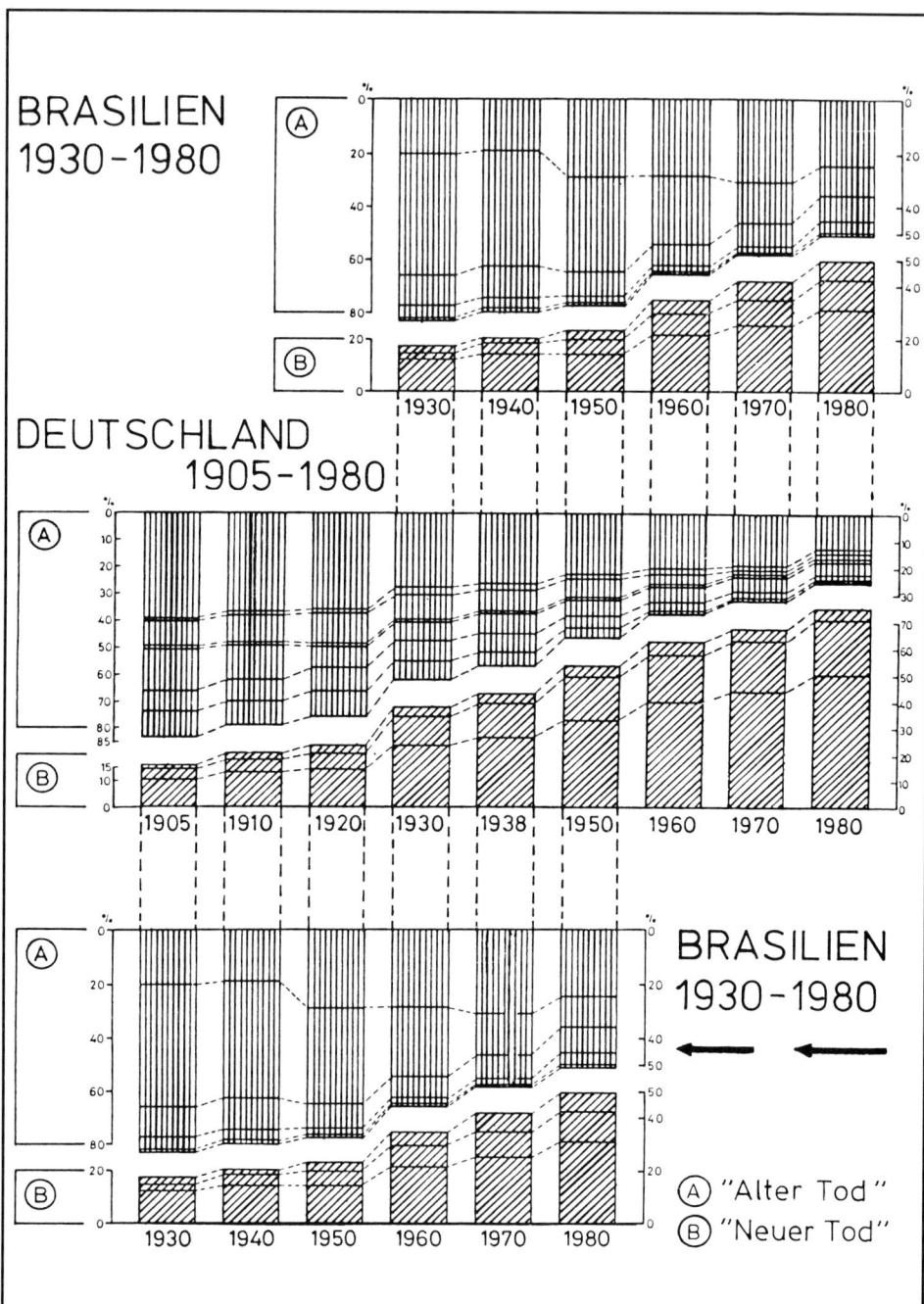

um so häufiger wird es auch dort zu Hospitalisierungen kommen, um so unausweichlicher werden Langzeit-Stationierungen, werden Monate und Jahre andauernde Unterbringungen in Pflegeheimen. Und um so mehr wird sich auch in Brasilien bei einer wachsenden Zahl von älteren und alten Menschen das Ende des Sterbeprozesses in einem für sie fremden Klinikraum vollziehen, mühsam, von den Schmerzen chronischer Leiden gepeinigt, durch wechselndes Krankenhauspersonal zwar physisch versorgt, menschlich aber nicht selten im Stich gelassen und einsam sterbend.

Eine Horror-Vision? Bei uns entspricht sie nur allzu häufig seit Jahren der Wirklichkeit. Im Alltagstrubel nehmen wir sie bloß nicht wahr. So verhallen denn auch die periodischen Rufe überforderter Krankenhausseelsorger oder des ebenso allein gelassenen Pflegepersonals «Sterbende brauchen Solidarität!» immer wieder ungehört.[13] Die hilflosen Appelle professioneller Sterbebegleiter liegen nicht auf unserer Wellenlänge. «Mitten wir im Leben, wollen ganz einfach nicht mehr von Tod und Sterben umgeben sein»!

Es scheint mir nicht nur um unserer selbst willen wichtig, das Nachdenken und die Diskussion hierüber nicht an diesem Punkt abbrechen zu lassen. Allzu leicht könnten sonst unsere Gesprächspartner in Brasilien oder wo auch sonst immer in der Zweiten, Dritten oder Vierten Welt den Eindruck erhalten, als lohne sich ihr ganzer Einsatz ja doch nicht. Haben die Men-

Abb. 25 Epidemiologische Transition in Deutschland 1905–1980 (1950–1980: Bundesrepublik Deutschland) und in Brasilien 1930–1980; oder: vom «Alten Tod» zum «Neuen Tod».
Mitte: Sukzessive Verschiebung in der Häufigkeitsverteilung der wichtigsten Todesursachen bzw. -ursachengruppen im Deutschen Reich 1905–1938 sowie in der Bundesrepublik Deutschland 1950–1980. Die A-Gruppe umfaßt von oben nach unten: 1. Übrige Todesursachen inklusive vor allem Infektionskrankheiten, 2. Selbstmord, 3. Altersschwäche, 4. Müttersterblichkeit, 5. Krankheiten der Verdauungsorgane, 6. Lungenentzündung, 7. Tuberkulose. – Die B-Gruppe umfaßt von oben nach unten: 1. Unfälle, 2. Neoplasmen, 3. Herz- und Kreislauf-Erkrankungen. 100% = sämtliche Todesfälle im jeweiligen Jahr.
Oben und unten: Sukzessive Verschiebung in der Häufigkeitsverteilung der wichtigsten Todesursachen bzw. -ursachengruppen in den 24 Hauptstädten der brasilianischen Bundesländer. Die A-Gruppe umfaßt von oben nach unten: 1. Übrige Todesursachen, 2. Infektiöse und parasitäre Krankheiten, 3. Krankheiten der Atemwege, 4. Krankheiten der Verdauungsorgane, 5. Todesfälle im Zusammenhang mit Schwangerschaft und Geburt. – Die B-Gruppe umfaßt von oben nach unten: 1. Unfälle, 2. Neoplasmen, 3. Herz- und Kreislauf-Erkrankungen. 100% = sämtliche Todesfälle im jeweiligen Jahr.
Zu Beginn der erfaßten Zeiträume machten die Sterbefälle an Neoplasmen (Krebs) sowie Herz- und Kreislauf-Erkrankungen in beiden Ländern noch weniger als 20% aus. 1980 war es in Brasilien dagegen rund die Hälfte, in der Bundesrepublik waren es sogar schon drei Viertel. In Brasilien scheint sich unsere Entwicklung mit einem Zeitverzug von derzeit rund dreißig Jahren zu wiederholen.
Quelle: Veränderte Version der Figur 2 in: Revista de Saúde Pública (São Paulo) 19, 1985, 240.

schen in der Ersten Welt nicht einfach uralte gegen völlig neue Probleme eingetauscht? Die Säuglings- durch die Altensterblichkeit ersetzt? Durch Eliminierung von infektiösen und parasitären Krankheiten den chronischen Leiden Tür und Tor geöffnet? Und würde sich nicht genau dies auch bei ihnen wiederholen? Ich habe weiter oben schon meine Skrupel offengelegt, wann immer ich (als Historiker) dazu gedrängt werde, einen Blick in die Zukunft zu werfen. Die hier angesprochene Problematik bewegt mich indes dann doch immer wieder dazu, genau dies zu tun und über den eigenen Schatten zu springen. Es hat den Anschein, als ob wir – und mit entsprechendem Zeitverzug auch Brasilien und all die weiteren uns möglicherweise folgenden Länder – durch diese Hölle der neuen Probleme gehen müßten, bevor es wieder besser wird.

Auch wenn ich mich entschieden dagegen verwahrt habe, euphorisch von einer künftigen «guten neuen Welt» zu sprechen, so brauchen wir dennoch nicht völlig pessimistisch in die Zukunft zu blicken. «Besser» würde es nämlich dann wieder, wenn jene Entwicklungen zum Abschluß kämen, deren Verlauf während der letzten Jahrhunderte in den Abbildungen 22 bis 25 eingetragen ist. Wie ersichtlich, sind die meisten von ihnen bereits sehr weit gediehen. Es wäre dann jener Zustand erreicht, den ich in den Abbildungen für die «Zukunft» vorweggenommen habe: ein kurzes, schmerzloses «Erlöschen» nach einer «standardisiert langen Lebensdauer». Wie aber soll das möglich werden?

Rufen wir uns die wesentlichen Punkte der Diskussion in Erinnerung zurück. Einerseits nimmt die ökologische Lebenserwartung stetig zu; das durchschnittliche Sterbealter steigt. Andererseits bleibt unsere physiologische Lebensspanne relativ konstant, dehnt sich jedenfalls nicht im gleichen Takt wie die ökologische Lebenszeit aus. Die beiden Werte kommen einander somit immer näher, bis sie praktisch übereinstimmen werden. Lassen wir einmal dahin gestellt, ob dies nun bei 85, 87, 90 oder am Ende gar bei noch mehr Jahren sein wird.

Das durchschnittliche Sterbealter steigt deshalb von Jahr zu Jahr, weil auch bei uns die epidemiologische Transition noch nicht völlig zum Abschluß gekommen ist, die Absterbekurve noch nicht ganz ihre rechtwinklige Form erreicht hat. Dies ist ja gerade der wunde Punkt in der gesamten Entwicklung, der uns zur Zeit so enorm zu schaffen macht. Und hierin liegt begründet, weshalb unsere Gesprächspartner in Schwellen- und Dritt- und Viertwelt-Ländern begreiflicherweise so irritiert reagieren, wenn wir ihnen auseinandersetzen, daß auch sie genau auf diesen Punkt zugehen, sofern sie uns in ihrer Entwicklung folgen. Ganz offensichtlich gibt es bei uns derzeit kein *allgemeines* kurzes Erlöschen am Ende einer *generell* langen Lebensdauer. «Wurde mit 66 Jahren von langem schwerem Leiden erlöst» ist in unseren Todesanzeigen noch immer die häufigere Formel als «starb nach kurzer Krankheit im hohen Alter von 85 Jahren». Ein Alter von 66 Jahren ist im Vergleich zur Mehrzahl unserer Vorfahren zwar viel. Doch im Vergleich zu dem, was eigentlich erreicht werden könnte, sind es noch immer zwanzig Jahre zu wenig. Auch wenn dieser vorzeitige Tod nicht länger durch eine «traditionelle» Infektionskrankheit verursacht wird, so führte dennoch auch das «moderne» chronische Leiden zu einem um zwei Jahrzehnte verfrühten Ende.

Gemäß dem Konzept der epidemiologischen Transition sind viele dieser heutigen chronischen Leiden endogen bedingt. Es handelt sich demnach um nicht mehr rückgängig zu machende Gesundheitseinbußen, um degenerative Erscheinungen, die in uns selbst angelegt sind. Früher oder später im Leben kommen sie zum Ausbruch und zeigen ihre Symptome. Wenn nun das durchschnittliche Sterbealter stetig steigt, ist dies ein Hinweis darauf, daß uns diese Leiden mit jedem Jahr «im Durchschnitt» noch etwas später heimholen. In die Zukunft hineinprojiziert ließe sich daraus der Schluß ableiten, daß bei einem immer späteren Ausbruch der offenen Symptome dieser allmählich zu einem so vorgerückten Zeitpunkt erfolgen wird, daß wir schon zuvor am Ende der physiologischen Lebensspanne anlangen. Unser Lebenslicht würde erlöschen, kurz und schmerzlos, weil wir die uns von Natur aus zur Verfügung stehenden Jahre ausgelebt haben. Die mittlere maximale Lebenserwartung wäre erreicht, noch bevor uns chronische Leiden auf Jahre hinaus drangsalieren könnten. Um diese Entwicklung Wirklichkeit werden zu lassen, müßte sich – im Wortlaut von Geriatern und Gerontologen – eine «stets noch weitere Hinausschiebung der Symptomschwelle aufgrund einer zunehmend besseren Ausnützung der körpereigenen Reservekapazitäten» vollziehen.

Es ist hier nicht der Ort, in die Debatte einzutreten, wie dies am besten zu geschehen hätte. Sie ist ebenso umstritten wie emotionsgeladen und läuft am Ende auf die Frage hinaus, wer für unsere Gesundheit verantwortlich sei: die Gesellschaft, die Familie, jeder Einzelne? Mehr joggen, weniger rauchen, mehr Birchermüesli essen und auf Fett und Salz verzichten? Oder aber weniger Streß am Arbeitsplatz, mehr Freizeit, Abbau des Konkurrenzdenkens, geringere Umweltverschmutzung etwa durch Kollektivverkehr?

Auch ohne mich hierauf einzulassen, mußte ich in diesem Kapitel häufig genug über meinen eigenen Schatten springen, nicht nur im Hinblick auf die Entwicklungen «in Zukunft». Selbst in bezug auf die Vergangenheit, meine eigentliche Domäne als Historiker, hatte ich immer wieder Anleihen bei anderen Disziplinen zu machen. Nicht selten entließ man mich dort mit der Warnung vor zu großer Vereinfachung oder mit der Vertröstung, daß sich die Forschung noch im Fluß befinde und meine Fragen deshalb zur Zeit nicht schlüssig zu beantworten seien. Wenden wir uns, um ein einziges Beispiel erneut aufzugreifen, nochmals der Abbildung 25 mit der epidemiologischen Transition in Deutschland 1905–1980 zu. Was dort so einfach und einleuchtend erscheint, nämlich ein kontinuierlicher, quasi gesetzmäßiger Verlauf, muß bei näherem Zusehen mit einer ganzen Reihe von Fragezeichen versehen werden. So basieren die amtlichen Todesursachenstatistiken, die hier zugrunde liegen, seit 1898 auf der «Internationalen Klassifikation der Krankheiten, Verletzungen und Todesursachen». Sie unterscheidet mehrere Tausend einzelne Positionen. Zwar sind diese in siebzehn Groß-«Kapitel» gegliedert, wobei etwa die Nummer 1 alle «infektiösen und parasitären Krankheiten» zusammenfaßt, Nummer 2 die «Neubildungen», Nummer 7 die «Krankheiten des Kreislaufsystems». Doch erfuhr diese Klassifikation immer wieder Abänderungen. Neue Krankheiten kamen hinzu, alte wurden besser zugeordnet. Zur Zeit ist die neunte Revision maßgeblich. Sie wurde 1975 von der Weltgesundheits-Organisation in Genf verabschiedet und ist seit dem 1. Januar 1979 in Kraft. Das Statistische Bundesamt in Wiesbaden, das jährlich eine vollständige Auflistung sämtlicher Sterbefälle nach diesen Tausenden von Einzelursachen vorlegt, warnt seit damals in der Einleitung stets: «Diese 1975 beschlossene Fassung hat gegenüber der achten Revision eine starke Erweiterung sowie in einigen Kapiteln größere Veränderungen erfahren. Hierduch sind Vergleiche mit den Ergebnissen der Todesursachenstatistik vor 1979 teilweise nicht mehr oder nur bedingt möglich».[14] Da meine Abbildung jedoch sehr viel weiter zurückreicht als nur bis 1979, sind praktisch alle früheren Fassungen ebenfalls mitbetroffen. Im Jahre 1900/01 wurde die erste Revision verabschiedet, 1909/10 die zweite, 1920 die dritte, 1929 die vierte, 1938 die fünfte, 1948 die sechste, 1955 die siebte, 1965 die achte.

Hierin liegt indes nur ein Unsicherheitsfaktor. In vielen Fällen sind bereits die Todesbescheinigungen, auf denen die Statistiken ihrerseits beruhen, nicht hundertprozentig korrekt ausgefüllt. Wie sollte der eine Leichenschau vornehmende Arzt auch stets sämtliche Tausende von Ursachen im Kopf präsent haben? Werden von keiner Seite Verdachtsmomente geäußert, kommt es selten zu einer genaueren Abklärung durch Obduktion. Außerdem sind gemäß den Regeln der Weltgesundheits-Organisation die Todesursachen auf den Scheinen in einer Kausalkette einzutragen. Diese beginnt mit dem unmittelbar zum Tode führenden Leiden und geht von da bis zum Grundleiden zurück. Die Statistiken wiederum werden anschließend jedoch unikausal aufbereitet. Berücksichtigt wird nur das Grundleiden. Was somit bei uns in historischer Zeit eindeutig und simpel war oder es in der Dritten Welt vielfach noch heute ist, wo «gesunde» Menschen «mitten im Leben» von einer Infektionskrankheit mit kurzer Inkubationszeit hinweggerafft werden, ist es bei uns längst nicht mehr. Die Latenzzeit unserer chronischen Leiden kann Jahre betragen. Die Exposition gegenüber dem ursächlichen Faktor mag in der Jugendzeit gelegen haben. Doch bis wir in vorgerücktem Alter dann wirklich daran sterben, konnte es längst zu einem multifaktoriellen Zusammenwirken gekommen sein.

Obwohl mir dies alles bekannt ist – und noch eine Vielzahl weiterer

Bedenken dazu –, stehe ich zu meiner Abbildung, hier wie überall sonst auch. Zwar würde ich mich nirgendwo auf Punkt und Komma versteifen wollen, doch scheint mir mein Anliegen korrekt zum Ausdruck gebracht. Die *Tendenz* im Todesursachen-Panoramawandel ist stimmig, und sie weist eindeutig auf einen grundlegenden Wandel von einem alten zu einem neuen Sterben, vom «Alten Tod» zum «Neuen Tod» hin. Das ist, was ich hier zeigen und dem Leser vermitteln will. Mein Anliegen besteht im Aufzeigen von Perspektiven – und nicht im Fliegenbeine-Zählen. Dies trifft auf die epidemiologische Transition genau so zu wie auf die anderen, in diesem Kapitel zur Sprache gebrachten langfristigen Entwicklungen. Sie alle sind mit ebenso vielen Elementen der Unsicherheit behaftet.

Es versteht sich von selbst, daß diese Faktoren einem Autor oder Vortragenden auch dann bekannt sein müssen, wenn er versucht, größere Linien herauszuarbeiten und darum bemüht ist, von einem weiteren als nur gerade dem engsten Fach-Publikum verstanden zu werden. Grobe Fehler dürfen ihm auch dann zu keinem Zeitpunkt unterlaufen. Er darf nie als «harte Fakten» und als statistisch angeblich hundertprozentig abgesicherte unumstößliche Tatsachen ausgeben, was bei genauerem Hinsehen «weiche Daten» sind.

Doch selbst wenn wir diese Unsicherheitsfaktoren in Kauf nehmen und sie unumwunden einräumen, um dann wenigstens voll zu den Tendenz-Aussagen stehen zu können, müssen wir uns immer noch darüber Rechenschaft ablegen, was die zum Ausdruck kommenden «großen Linien» eigentlich bedeuteten – und was nicht. So meint das von Jahr zu Jahr statistisch nachweislich ansteigende durchschnittliche Sterbealter, daß unsere biologische Lebenssicherheit objektiv weiter wächst und unsere ökologische Lebenserwartung zunimmt. Über die Qualität dieser sich quantitativ ausweitenden Lebensspanne ist damit noch gar nichts gesagt, ebenso wenig etwas über den Sterbeprozeß, dessen Dauer, dessen Art und Weise. Es könnte ja durchaus sein, daß zwar der Augenblick des Todes einerseits immer später eintritt, die physiologische Lebenserwartung also steigt, daß andererseits die Symptomschwelle der schließlich diesen Tod herbeiführenden chronischen Leiden aber nach wie vor im etwa gleichem Alter überschritten wird. Die Phase der Pein, der Leiden und Schmerzen, der Abhängigkeit und des Wartens auf Erlösung würde dadurch also nur noch weiter zunehmen. «Zunahme der Lebenserwartung» braucht keineswegs identisch zu sein mit der zur Zeit viel diskutierten «Kompression der Morbidität» am Lebensende.

Doch trotz meinen vielen hier eben selbst angebrachten Skrupeln und Zweifeln stehe ich erneut zu den Aussagen der letzten Abbildungen – und versuche die Konsequenzen daraus zu ziehen. Wir *haben* nun einmal in aller Regel ein längeres Leben als unsere Vorfahren. Es liegt an uns, diesen größer gewordenen und immer noch größer werdenden Hohlraum mit Inhalt zu füllen und das biologisch lange Leben zu einem erfüllten langen Leben zu machen.

In diesem Kapitel habe ich eine Reihe hauptsächlich demographischer Fakten ausgebreitet, um uns klar zu machen, wo in einer Jahrhunderte überdauernden Entwicklung wir – und andere anderswo auf der Welt – heute stehen. Im anschließenden Kapitel wollen wir die Folgen einiger konstatierter grundlegender Veränderungen auf unser Zusammenleben überdenken. Niemand ist allein auf der Welt. Weder waren das unsere Vorfahren, noch sind wir es. Muß es jedoch nicht ein gewaltiger Unterschied zwischen ihnen und uns sein, wenn damals jedes, aber auch jedes einzelne Menschenleben eine höchst unsichere Sache war und niemand längerfristig mit jemand anderem rechnen konnte? Wir dagegen haben diese Gewißheit auf Jahre hinaus. Wie wurden *sie* fertig mit dieser ständigen Unsicherheit? Und wie benehmen wir *uns* angesichts unserer großen heutigen Lebenssicherheit? Wo stehen wir heute in diesem Prozeß und werden morgen wahrscheinlich die Schwellenländer und übermorgen die Drittwelt-Länder stehen?

Tauchen wir somit wieder ein in die Geschichte und versuchen, unseren heutigen Standort auch in diesem Prozeß zu ermitteln.

3.

Auswirkungen auf das Zusammenleben:
einst und jetzt

In diesem Kapitel gehen wir einen schwierigen Balance-Gang. Ich werde dem Leser viele Bilder vorlegen, bei den Erläuterungen jedoch nicht mehr immer so lange verweilen wie bisher. Damit die Fülle trotzdem keine Verwirrung stiftet, will ich eingangs den roten Faden herausstreichen, der dieses große Kapitel durchzieht.

Den Ausgangspunkt bildet unser heutiger Alltag. Wir werden Tag für Tag überschwemmt von einer Flut von Bildern. Es sind nicht nur zahlenmäßig sehr viel mehr Eindrücke, mit denen wir im Vergleich zu unseren Vorfahren konfrontiert werden, sondern die Sequenzen folgen einander auch rascher. Unsere Verkehrsmittel transportieren uns schneller, wodurch wir mehr zu Gesicht bekommen. Wir legen immer größere Strecken in immer kürzerer Zeit zurück. Horizonte gibt es für uns kaum mehr. Und abends, wenn wir einige Eindrücke verdauen könnten, versetzt uns das Fernsehen bei den Nachrichten oder irgendwelchen Sendungen noch in den hintersten und letzten Winkel der Erde, auf den Mond oder in die Nähe eines Planeten. Wem dies alles noch immer nicht genug sein sollte und wessen Hunger trotz der steigenden Anzahl von Sendekanälen und jährlich neuen Fernurlaubszielen noch immer nicht befriedigt ist, dem stehen ja außerdem Zeitungen, Zeitschriften, Broschüren, Bücher, Bildschirmtexte in jeder beliebigen Menge rund um die Uhr zur Verfügung.

Und all das nunmehr während eines wesentlich längeren Lebens mit unvergleichlich mehr Freizeit. Diesen Eindruck haben wir jedoch selten. Im Gegenteil! Wir kommen uns von einem Ort zum anderen gejagt vor, fühlen uns von der Flut überschwemmt. Unsere Vorfahren bauten gegen Fluten Dämme. Wollen auch wir uns nicht einfach von der Überfülle zudecken lassen, sollten wir genauso Gegenmaßnahmen treffen. Mit dem hier vorliegenden Kapitel möchte ich, unter anderem, genau dies vorexerzieren. Es schien mir unbefriedigend, im darauf folgenden Abschnitt, der «Von der Notwendigkeit, ein langes Leben zu planen» handelt, bloß zu reden und zu theoretisieren, ohne nicht dem Leser wenigstens einmal vorgeführt zu haben, auf welche Weise dieses Planen denn geschehen könnte.

Genauso wenig, wie wir in einem Selbstbedienungs-Restaurant von allem essen und noch weniger es alles verdauen können, genauso wenig schaffen wir es, die ganze stets auf uns einstürmende Fülle von Bildern, Eindrücken, Informationen zu bewältigen. Dort wie hier müssen wir auswählen. Dazu brauchen wir Selektionskriterien. In bezug auf die Bilderflut oder wenn man allgemeiner will: die geistige Nahrung bezeichne ich dieses Auswahlprinzip – sehr langfristig gesehen – als den Lebensplan. Damit meine ich einen Rahmen, den wir in relativ jungen Jahren legen und den wir während eines nun meist langen Lebens allmählich ausfüllen. Man kann dies mit dem Anfertigen eines Mosaiks vergleichen, das man Steinchen um Steinchen zusammenfügt, bis das Bild im hohen Alter schließlich seine Vollendung findet. Ohne Rahmen, ohne Selektionskriterien, ohne Plan würde es – trotz 70, 80, 90 Lebensjahren – bei einem bloßen Steinhaufen bleiben. Selbstverständlich kann dieser Lebensplan bei jedem Menschen anders aussehen. Entsprechend wird das angefangene oder auch schon seiner Vollendung entgegengehende Mosaik ein unterschiedliches Bild zeigen.

Auf welche Weise ein solcher Rahmen zustandekommen kann, ist das generelle Anliegen dieses Buches, wie er allmählich aufgefüllt wird, Inhalt dieses Kapitels. Bei jedem der vielen eingangs erwähnten und im folgenden nach und nach gezeigten einzelnen Bildern handelt es sich um einen solchen Mosaikstein. Obwohl unser Leben nun lange dauert, währt es doch immer noch zu kurz, als daß man sich bei jedem von ihnen übertrieben lange aufhalten könnte. Ständig müssen wir zwischen unseren Interessen am Detail und dem übergeordneten Interesse am Ganzen abwägen und einen Ausgleich anstreben. Je länger wir bei einem Detail verharren, um so mehr wächst die Gefahr, daß wir das Gesamtbild aus den Augen verlieren und nie zu einer Gesamtschau kommen werden. Zurückkehren können wir immer noch und immer wieder. Auch das geringste Steinchen entwischt uns nicht mehr. Es befindet sich bereits innerhalb des Rahmens, ist eingefügt und verankert.

Kehren wir für einen Augenblick zu den allerersten drei Abbildungen dieses Buches zurück. Wer sich, wie der Autor, in universitärer Forschung und Lehre über Jahre hinweg mit dem Wandel von der unsicheren zur sicheren Lebenszeit beschäftigt hat, kann schwerlich anders, als sich bei einem erstmaligen Betrachten dieser Bilder von Brueghel, Flegel und Manet verwundert an den Kopf greifen und fragen, wieso denn die ersten beiden Maler im 17. Jahrhundert ihre Bilder mit größter Selbstverständlichkeit noch voller Ungeziefer, Spinnen und Insekten malten, während bei Manet gegen Ende des 19. nichts dergleichen mehr zu entdecken ist. Mein *Rahmen*, der diese spontane Reaktion auslöste, war zuvor schon vorgegeben. Lange konnte ich mich an meiner Entdeckung nicht satt sehen, so unvergleichlich gut paßten die Mosaiksteinchen in den Rahmen meines Bildes «Von der unsicheren zur sicheren Lebenszeit».

Daß ich hierbei die drei Gemälde weder kunsthistorisch noch entomologisch «richtig» ansah, war mir klar. Schließlich habe ich weder Kunstgeschichte noch Zoologie studiert. «Richtig»-Stellungen konnten – falls gewünscht – indes auch später jederzeit nachgeholt werden. Mein Interesse, und dies ist hierbei das entscheidende, war geweckt. Kompetente Kunsthistoriker und Zoologen-Entomologen-Biologen gab's und gibt's innerhalb wie außerhalb der Universität in Berlin genügend. Das interdisziplinäre Gespräch konnte beginnen und zog immer weitere Kreise. Schließlich wurden verschiedenste Fachleute zurate gezogen, einheimische Symbol-Spezialisten und Niederlandisten ebenso um ihre Meinung gefragt wie mit auswärtigen Museen und Forschungseinrichtungen korrespondiert oder eigene Studenten bei ihren Examensarbeiten mit einschlägigen Spezialuntersuchungen betraut. Und selbst nach Monaten und Jahren ist das Thema noch immer nicht ausgelotet. Stets kommen neue Erkenntnisse hinzu, die sich nun jederzeit problemlos in den Rahmen einfügen lassen.

Selbstverständlich ärgert es mich inzwischen in der Rückschau, daß ich im Brueghel'schen Blumenstrauß (Abbildung 1) das augenfällige Ungeziefer links von der Vase lange als «große Fliege» bezeichnete. Dabei handelt es sich doch um einen «Hummelschwärmer, der eindeutig zur Gruppe der Schmetterlinge» gehört. Ebenso nannte ich das völlig überdimensionierte Insekt auf dem angeschnittenen Flegel'schen Brotlaib (Abbildung 3) zuerst naiv eine «dicke Schmeißfliege». Doch kann überhaupt kein Zweifel daran bestehen, daß hier eine Hummel dargestellt ist. Fliegen haben nur zwei und nicht, wie das hier abgebildete Tier, vier Flügel! Geschadet haben mir meine Fehler nicht. Inzwischen konnte ich viel Wissenswertes hinzulernen, und es ist wohl plaziert, alles in den Rahmen eingefügt. Als Universitätslehrer oder Vortragender konnte ich außerdem eine Reihe weiterer Menschen zu neuem Schauen anregen, zu eigenen zwischen den Disziplinen liegenden Gedankengängen anspornen.

Bei den folgenden Abbildungen begnüge ich mich damit, das jeweils angesprochene Thema immer nur so weit zu behandeln, daß seine Position im Rahmen meines Mosaikplans klar wird. Wer von sich aus dann tiefer schürfen möchte, kann das tun, ohne sich zu verlieren. Literaturhinweise am Schluß des Buches mögen ihm als Einstieg dazu dienen.

Bei all den folgenden Abbildungen handelt es sich um Mosaiksteine, auf die ich längs meines eigenen Lebenswegs da oder dort stieß, die gut in meinen Rahmen paßten und die ich somit dort nach und nach einfügte – bei Vortragsreisen, Forschungsaufenthalten, Gastdozenturen. Daß ich mich mit diesem Selektionsprinzip der Gefahr aussetze, die Welt doch immer nur durch meine Brille zu sehen, ist mir ebenso bewußt wie die schon erwähnte Tatsache, daß ich mich keineswegs zu allen Mosaiksteinen als kompetenter Fachmann äußern kann. Zu praktisch allen von ihnen gibt es Spezialisten, die es besser wissen. Darum aber geht es mir gar nicht in erster Linie. Ich will nicht möglichst viele Detailkenntnisse über alles und jedes anhäufen – und alsbald den Wald vor lauter Buschwerk und Gestrüpp nicht mehr sehen. Mein Anliegen ist es vielmehr, aus der überbordenden Flut von Bildern, Informationen, Kenntnissen, Detailwissen so auszuwählen, daß ich davon nicht erschlagen werde, sondern daß sich daraus ein Sinnzusammenhang für

mich ergibt, ein Mosaik, eine Gesamtschau. Mit Fliegenbeine Zählen allein
gelangen wir nie und nimmer an dieses Ziel. – Wer hierin nicht mit mir einig
geht, möge sich gerne melden. Für alle Kritik, für Anregungen, für Hinweise
jeder Art bin ich offen. Ich werde sie in meinen Rahmen einzuordnen wissen.

3.1. «Einst»: Von der Notwendigkeit, angesichts allgemeiner Unsicherheit menschlicher Existenz in Gemeinschaften zusammenzuleben

Wenn sich jemand lange mit einem bestimmten Thema beschäftigt hat oder
sich lange in ein Bild vertiefte, dann neigt er gern zur Ansicht, daß dieses
Bild oder jenes Thema auch anderen etwas «sagen» müsse, ja daß beide
doch eigentlich «für sich selbst sprächen». Das tun sie in den Augen anderer
indes allermeist auf Anhieb eben doch nicht. So stelle ich in diesem Kapitel
häufig zwei Bilder in derselben Illustration einander gegenüber, oder hebe
Bildausschnitte, auf die es mir besonders ankommt, vorgrößert hervor, oder
kombiniere Teile aus Gemälden mit Computer-Graphiken – alles in der
Absicht, diese Bilder, Figuren, Graphiken zusammen mit meinen Hinweisen
auch für andere zum Sprechen zu bringen.

Mit den Abbildungen 26–28 kehren wir in historische Zeiträume, und
zwar bis ins 16. Jahrhundert zurück. Sie zeigen unterschiedliche Reaktio-
nen unserer damaligen Vorfahren auf ihre eigene Vergänglichkeit und Ge-
brechlichkeit. Selbstverständlich konnten auch sie Altern, Sterben und
Tod geradewegs ins Auge blicken oder nicht, an ihnen vorbeisehen oder
nicht, vor ihnen davonrennen oder nicht: diese waren da, waren Begleiter
ihres Lebens von Kindsbeinen an, und zwar in ganz anderer, nicht so leicht
wie heute zu verdrängender Weise, bei Mann und Frau, bei Arm und
Reich, bei Gelehrten und Künstlern genauso wie bei «gewöhnlichen Sterblichen».

Welches Selbstporträt würde sich heute mit einem Totenschädel «zieren»,
mit Vanitas-Zeichen umgeben? Welcher Porträtist oder Photograph würde
es in unseren Tagen wagen, das von ihm erwartete repräsentative Bild mit
unmißverständlichen Zügen der Vergänglichkeit zu versehen? Ganz im Gegenteil: Runzeln werden wegretuschiert, Falten aus dem Gesicht getilgt,
allenfalls schwermütig dreinblickende Augen durch fröhlich-unbeschwert in
die Zukunft grinsende ersetzt. Nichts dergleichen ist bei den Künstlern des
16. Jahrhunderts zu finden, deren Werke ich hier vorstelle.

Die *Abbildung 26* zeigt oben links das Doppelbildnis des Augsburger
Malers Hans Burgkmair (1473–1531) und seiner Frau Anna Allerlaiin aus
dem Jahre 1529. Sie hält einen konvex geschliffenen Spiegel in der Hand,
aus dem zwei Schädel starren. Zwar blickt das Ehepaar nicht in den Spiegel,

SOLLCHE GESTALT
UNSER BAIDER WAS.
IM SPIEGEL ABER
NIX DAN DAS.

Abb. 26   Der Tod als Selbstverständlichkeit im 16. Jahrhundert.
Oben: Lukas Furtenagel (Augsburg 1505 – nach 1546): Der Maler Hans Burgkmair
(Augsburg 1473 – Augsburg 1531) und seine Frau Anna Allerlaiin († 1554), 1529. Linden-
holz, 60 × 52 cm. Kunsthistorisches Museum Wien.
Unten: Ludger tom Ring der Jüngere (Münster in Westfalen 1522 – Braunschweig 1584):
Bildnis des Hermann Huddaeus (Minden in Westfalen 1517/18 – Minden um 1575),
1568. Öl auf Eiche, 40.3 × 31.2 cm. Gemäldegalerie der Staatlichen Museen Preußischer
Kulturbesitz Berlin.

doch weiß es sehr wohl, was es darin zu sehen gäbe. Dazu bräuchte nicht erst das Menetekel «ERKEN DICH SELBS» in großen Lettern um den Rand geschrieben zu sein. Oben rechts, über dem Haupt von Hans, heißt es unmißverständlich: «SOLLCHE GESTALT UNSER BAIDER WAS. IM SPIEGEL ABER NIX DAN DAS.» Nach Worten des Trostes würden wir vergeblich suchen, selbst nach Worten des damaligen Trostes. Kein Zeichen christlicher Glaubensgesinnung, kein Hinweis auf eine Auferstehung von den Toten und ein ewiges Leben. Es ist so, wie es ist. Wir haben uns damit abzufinden. Kann das nicht Anlaß genug für uns sein, uns lange mit diesem Bild zu beschäftigen?

Burgkmair war damals 56 Jahre alt. Der mit offiziellen Aufträgen Überhäufte fand jedoch weder Muße noch Zeit, sein Porträt selbst zu malen. Er ließ es vom jüngeren Kollegen Lukas Furtenagel (1505 – nach 1546) ausführen. Nicht daß dieser gerade 24jährige und ebenfalls aus Augsburg stammende Künstler trotz jugendlichen Alters nicht selbst schon gewußt hätte, was Sterben und Tod bedeutete und wie man das in einem Gemälde zum Ausdruck bringen könnte. Das wußten zu seinen Zeiten schon Zehn- und Fünfzehnjahrige aus alltäglichsten Erfahrungen. Dennoch hätte es der junge Furtenagel wohl kaum wagen dürfen, von sich aus sein stadtberühmtes Vorbild samt dessen Gemahlin so offen in den Schatten von Tod und Vergänglichkeit zu stellen. Die Instruktionen Burgkmairs müssen recht exakt gewesen sein. Sogar die Ehefrau erscheint in dermaßen irritierendem Aufzug – und zwar an prominentester Stelle in der Bildmitte –, daß selbst dem hintersten und letzten Betrachter die Eitelkeit allen irdischen Strebens auf Anhieb klar werden muß. Es ist schwer vorstellbar, daß dies ohne Zustimmung oder vielmehr nicht auf Anweisung ihres Gemahls geschah. So aber tritt Anna mit unschicklich aufgelöster wallender Haarpracht vor uns. Die Haube hat sie abgelegt und ein Unterhemd schon gar nicht angezogen. Ihr Kleid gibt große Hals- und Schulterpartien eines welkenden Frauenkörpers den Blicken frei.

Ob die Allerlaiin trotz dieser Aufmachung und ihres trüben Blicks damals allerdings ebenso häufig an ein nahendes Ende gedacht haben mochte wie offensichtlich ihr Mann in seiner Schwermut und bleichen Kränklichkeit, weiß ich nicht. Ihn trennten damals nur noch zwei Jahre vom Tode. Anna dagegen war allem Anschein nach kerngesund. Jedenfalls überlebte sie ihn ein knappes Vierteljahrhundert. Sie starb 1554.

Auch das in Abbildung 26 unten rechts eingefügte Teilbild zeigt uns einen Fünzigjährigen. Und auch er war in seiner Vaterstadt – Minden in Westfalen – zu Amt und Würden gelangt. Er hatte es dort bis zum Gymnasialrektor und zum Superintendenten an der Sankt Martini-Kirche gebracht. Die Rede ist von Hermann Huddaeus, geboren 1517 oder 1518, gestorben um 1575. Auch er war verheiratet und hatte zumindest einen Sohn. Als studiertem Theologen mochte es ihm wohl unschicklich erschienen sein, sich nicht wenigstens mit ein paar christlichen Symbolen zu umgeben. Entgegen damaliger Gepflogenheit posiert er auf dem repräsentativen Bild von 1568 nicht in der intimen Abgeschiedenheit eines privat vornehmen Raumes vor neutralem dunklem Hintergrund. Vielmehr ragen links und rechts von seinem Kopf ein paar Mindener Kirchtürme in den Himmel. Sie erinnern gleich vier- und fünffach daran, wohin die irdische Reise geht oder bei christlichem Lebenswandel jedenfalls gehen sollte: gen Himmel! Rechts sind es die Türme von St. Marien und St. Johannes, links vom Dom und wahrscheinlich von St. Martin und St. Mauritius, vielleicht auch von St. Simeon.

Kirchtürme haben normalerweise Uhren mit großen Zifferblättern und großen Zeigern. Zwischen Erde und Himmel weithin sichtbar sollen sie stets an das Verrinnen der Zeit und an die Endlichkeit unseres Lebens hienieden gemahnen. In diesem Gemälde sind die Kirchtürme jedoch zu weit weg, so daß wir die Uhren nicht erkennen können. Sehr wohl erkennen wir dagegen das Stundenglas auf der Brüstung links vor dem Herrn Pastor. Der weitaus größte Teil des Sandes befindet sich bereits im unteren Behälter, so wie es den kommenden Ereignissen entsprechen sollte. Dem damals Fünfzigjährigen standen nur noch sieben Lebensjahre bevor.

So wenig Burgkmair und seine Frau nach den Totenköpfen im Spiegel geschaut hätten, so wenig betrachtet Huddaeus den vor ihm liegenden Schädel. Und doch wußte auch er: solcher Gestalt werde ich ebenfalls bald sein. Am Schädel lehnt ein Zettel. Darauf steht: «Tres sunt nuntii mortis, casus, infirmitas, senectus», zu deutsch: «Es gibt drei Boten des Todes: den körperlichen Verfall, Krankheit, Alter». Wir wissen nicht, welche Zeichen des Verfalls Huddaeus' Körper damals bereits trug. Anders als bei Anna Allerlaiin wird unseren Blicken kein welkendes Fleisch enthüllt. Im Gegenteil: der Herr Pfarrer ist ganz in schwarz gekleidet. Unter dem Mantel trägt er ein pelzgefüttertes Gewand und um den Hals eine feine Krause. In der Linken hält er braune Handschuhe. Da er zudem kopfbedeckt ist, wissen wir nicht einmal, ob sich unter dem Barett schon eine Glatze verbirgt. Krank scheint er auch nicht zu sein. Bis damals hatte er alle Gefährdungen durch Seuchen stets gut überstanden. Nur eben: der Sand im Stundenglas verrinnt. So dürfte es kein Zufall sein, daß er damals, beim Übertritt ins sechste Lebensjahrzehnt, in der Stiftungsurkunde für eine neue Bruderschaft an erster Stelle genannt wird. Diese nach dem Gründungstag, dem 29. September, benannte «Sankt-Michaelis-Bruderschaft» verpflichtete ihre Mitglieder ausdrücklich zur gegenseitigen Totenfolge.

Es ist also keineswegs so gewesen, daß sich der fromme Gottesmann zu Minden vor vierhundert Jahren trotz seinem Glauben an Auferstehung von den Toten und ein ewiges Leben keine Gedanken über Sterben und Tod gemacht hat. Ebenso deutlich wahrnehmbar wie die Kirchtürme im Hintergrund als Wegweiser zum Himmel und noch viel deutlicher als die schwer leserliche Schrift auf dem Zettel am Totenschädel prangt uns auf dem Mittelfeld der Brüstung vorn die Inschrift entgegen:

Ut laeti exurgunt frutices ramique virescunt /
Sic Euangelij voce Sarepta viget.

(So wie die Sträucher üppig in die Höhe schießen und die Zweige grünen /
So blüht Sarepta auf durch die Stimme des Evangeliums.)

Im alttestamentarischen Sarepta (Zarpat) hatte einstmals der Prophet Elia bei einer Witwe Unterkunft gefunden und ihren Sohn vom Tode auferweckt (1. Könige 17, 8–24, und Lukas 4, 25–26). Doch dieser hiermit bekundete biblische Glaube an den Sieg über den Tod war keine Garantie für Befreiung vor Angst und Bangen im Hinblick auf die letzte Stunde. Den letzten Gang auf Erden mochte auch der Herr Pastor nicht gern allein tun, sondern ihn lieber im Gefolge der Sankt-Michaelis-Brüder gehen.

Bitter nötig hätte auch der Berner Küster vom Anfang des 16. Jahrhunderts einen Trost angesichts des Todes gehabt. In der *Abbildung 27* sehen wir ihn auf den beiden Außenflügeln eines sogenannten Allerseelenalters. Die Tafeln waren 1505 vom Großvater «unseres» Niklaus Manuel (vgl. Abb. 5), dem Stadtschreiber Doktor Thüring Fricker, ins Münster gestiftet worden. Mit drastischen Darstellungen sollte für Meßstiftungen geworben werden, um hierdurch die Strafen und Leiden von Armen Seelen im Fegfeuer abzukürzen. Unter der Geistlichkeit gab es hierüber allerdings geteilte Meinungen. Nicht alle mochten sich diesem Allerseelenkult anschließen. Der Streit wurde in Bern sogar so rabiat geführt, daß in einer Nacht- und Nebelaktion den Toten, die auf den Tafeln aus ihren Gräbern steigen und Totenmessen lesen, die Augen ausgestochen und einzelne Gesichter mit spitzen Instrumenten zerkratzt oder überpinselt wurden. Trotz stellenweisem Verputzen und späterem Retuschieren sind die Spuren noch heute sichtbar. Wir haben für die Vorlage hier nicht etwa eine schlechte Reproduktion zur Hand gehabt.

Es ist mitten in der Nacht. Das Innere der Kirche erstrahlt jedoch in hellem Licht. Da scheint etwas nicht mit rechten Dingen zuzugehen. Der Küster entschließt sich nachzusehen. Er wirft seinen roten Rock über, zieht die graublauen Strümpfe an und bedeckt das Haupt mit einem schwarzen Barett. Eine brennende Kerze leuchtet ihm den Weg. In der Rechten hält er seinen großen Schlüsselbund. Doch braucht er gar nicht aufzuschließen. Die Tür steht weit offen. Mit vorgehaltener Kerze tritt er ein – und bleibt wie angewurzelt stehen. Dann macht er kehrt, rennt auf und davon. Doch kommt er nicht weit. Neben ihm tut sich der Boden auf. Die schwere Grabplatte wird emporgestemmt. Ein Gerippe streckt seinen dürren Arm durch den Spalt. Blitzschnell grapscht es nach dem linken Fuß des Davoneilenden und hakt den Küster fest. Dem stockt der Atem; er greift sich an den Hals, um Luft zu bekommen.

Abb. 27   Panik-Reaktion auf die Begegnung mit dem Tod Anfang des 16. Jahrhunderts:
Hals über Kopf auf und davon rennen.
Anonym, Bern: Allerseelenaltar, 1505. Außenseite, linker und rechter Flügel. Mischtech-
nik auf Tannenholz, je 149 × 62 cm. 1505 für das Berner Münster gestiftet. Heute im
Kunstmuseum Bern, Gottfried Keller-Stiftung, Inventarnummer 1425.
Links: Linker Außenflügel: Der Küster findet nachts die Kirche erleuchtet. Oben beschnit-
ten. *Rechts:* Rechter Außenflügel: Der Küster wohnt der Messe der Toten bei.

Mittlerweile sind drei weitere Gerippe aus ihren Grüften gestiegen und
eilen durch das offene Tor ins Kircheninnere. Dort lesen an mehreren Altä-
ren andere, in schwarze Ornate gehüllte Auferstandene Seelenmessen für
Verstorbene. Von allen Seiten strömen mehr und mehr Gerippe in den hohen Raum und assistieren beim Gottesdienst. Draußen kniet eine Frau am
Beinhaus und stimmt vor einem Haufen hervorlugender Schädel in das Fle-
hen ein.

Die hundertfachen Bitten scheinen zu fruchten. Überall tut sich der Himmel auf. Das nachtblaue Firmament ist durchsetzt mit großen güldenen Flächen. Sie markieren den Eingang zur ewigen Glückseligkeit. Durch das Kirchendach entschwebt ein Engel, der in seinen Armen eine erlöste Seele in Form eines nackten kleinen Kindes dem Jenseits entgegenträgt. Ein anderer, der ihm den Weg weist, ist dort bereits halb entschwunden.

Man darf wohl annehmen, daß auch dieser Siegrist von Kindsbeinen an mit der christlichen Botschaft vertraut war und zuvor vielhundertmal die Verheißung gemurmelt hatte: «Ich glaube an eine Auferstehung von den Toten und an ein ewiges Leben. Amen». Aber so wirklichkeitsnah wie auf dem Bild mochte er sich Tod und Auferstehung denn doch nie vorgestellt haben, mit Verwesung des Leibes, mit Maden und Würmern, Fleischfetzen, offenen Bäuchen und heraushängenden Eingeweiden. Gewiß: Sterbende hatte er häufig gesehen, frische Leichen auch. Doch war das alles immer noch nicht Vorbereitung genug gewesen auf das, was er nun erlebte und wie er die kalte Hand des Gerippes um seinen Knöchel spürte. Der Schock saß tief und schnürte ihm die Kehle zu. Seinen *eigenen* Tod zu akzeptieren, sich nicht wegzuwenden, nicht die Augen vor dem Unausweichlichen zu verschließen und in Panik davonzurennen, das fiel auch damals trotz lebendigerem Jenseitsglauben nicht leicht.

In der *Abbildung 28* scheinen wir indes erneut zwei Zeugnisse vorliegen zu haben, die belegen – wie es auch die Bilder des Ehepaares Burgkmair und des Pastors Huddaeus auf ihre Weise schon taten –, daß die Menschen damals zumindest eher bereit gewesen waren, sich mit dem Unabänderlichen auseinanderzusetzen und es nicht einfach zu verdrängen. Bei genügend Realitätssinn, den wir unseren Vorfahren nicht absprechen wollen, war es von da bis zum Akzeptieren kein allzu großer Schritt mehr. Natürlich kann man einwenden, daß sie damals vielfach überhaupt keine andere Wahl gehabt hätten und daß dadurch für sie die Auseinandersetzung erleichtert wurde. Wirksame Medikamente gab es nicht, Ärzte und Krankenhäuser fehlten weitgehend, den Mißernten war man ziemlich hilflos ausgeliefert, den Kriegszügen ebenso.

Inzwischen hat sich die Situation grundlegend geändert, wodurch dieselbe Auseinandersetzung für uns so schwierig, wenn für die längste Zeit im Leben nicht überhaupt völlig irrelevant geworden ist. Was sollen wir heute denn etwa noch anfangen mit den drei «Boten des Todes» im Huddaeus'-schen Bild: dem körperlichen Verfall, der Krankheit, dem Alter? Alle haben sie ihre Kraft für uns doch längst verloren. Wir schicken sie ihm Mal auf Mal zurück. Die auf Jahre hinaus erfolgreiche Taktik lullt uns allerdings in falsche Sicherheit. Sie gaukelt uns bloß eine Quasi-Unsterblichkeit vor. Wir meinen – fälschlicherweise – jedesmal, wenn wir nach einer Krankheit vom Arzt wieder gesund geschrieben worden sind, wenn wir repariert aus dem Krankenhaus entlassen wurden, wenn wir mit Haarwässerchen die Glatzen-

TINTORETTO
1518-1594

gemalt mit
etwa 70 Jahren

"1514 an oculy
Dz ist albrecht dürers
muter dy was alt 63 Jor
und ist verschiden
im 1514 Jor
am erchtag vor
der crewtzwochn
vm zwey genacht"

Abb. 28 Altern von sich und von anderen im 16. Jahrhundert: Akzeptieren und verarbeiten.
Oben: Jacopo Robusti, genannt Jacopo Tintoretto (Venedig 1518 – Venedig 1594): «Selbstbildnis», um 1588. Leinwand, 61 × 51 cm. Ausschnitt. Louvre Paris.
Unten: Albrecht Dürer (Nürnberg 1471 – Nürnberg 1528): Die Mutter des Künstlers (Nürnberg 1451 – «1514 an oculy» = 19. März 1514). Kohle, 42.1 × 30.3 cm. Ausschnitt. – Die 63jährige Mutter Dürers starb nur zwei Monate nach Entstehung dieses Porträts «am erchtag vor der crewtzwochn», d.h. am Dienstag, dem 16. Mai 1514. Kupferstichkabinett der Staatlichen Museen Preußischer Kulturbesitz Berlin.

bildung noch einmal stoppen oder angegraute Schläfen in tiefes Schwarz oder sattes Kastanienbraun zurückfärben konnten, wenn uns das Altersturnen körperliche Rüstigkeit und Jugendhaftigkeit noch mit 70 und 80 bescheinigt, daß uns unser Leben nunmehr offensichtlich schon auf Erden für ewig garantiert wäre. Je länger diese Erfolgssträhne andauert, je älter wir werden, ohne daß uns die anklopfenden Boten des Todes wirklich etwas anhaben können, desto überflüssiger kommt uns eine ernsthafte Auseinandersetzung mit unserem eigenen Sterben und dem Tod vor. Sie ist so obsolet geworden wie Kopfschmerzen – wo es doch Aspirin dagegen gibt.

Auch die beiden Teile von Abbildung 28 stammen aus dem 16. Jahrhundert. Albrecht Dürer (1471–1539) war gerade 43 Jahre alt, als er seine Mutter «an oculy 1514» porträtierte. Knapp zwei Monate später starb sie, 63jährig. Die Nürnberger Goldschmiedetochter mit dem Mädchennamen Barbara Holper (1451–1514) hatte ungewöhnlich früh, schon im Alter von 15, geheiratet. Nur so war es möglich, daß in ihrer Ehe mit Albrecht Dürer dem Älteren (1427–1502), ebenfalls einem Nürnberger Goldschmied, achtzehn Geburten erfolgen konnten. Was davon «übrig blieb», war allerdings – zumindest in unseren Augen – erschreckend wenig. Am Totenbett von Mutter/Witwe Barbara standen einzig drei Söhne: Albrecht (*1471), Endres (*1484) und Hans (*1490). Alle übrigen Geschwister waren, wie der Vater, längst dahingegangen, meist sogar schon im Säuglings- und Kleinkindesalter. Wünscht sich eine Frau heute drei Kinder, braucht sie nicht mehr achtzehn auf die Welt zu bringen. Mit sehr großer Wahrscheinlichkeit wachsen alle drei heran – und werden sie um Jahrzehnte überleben. Zumindest aus diesem Grunde wird in unseren Tagen keine Mutter mit 63 Jahren mehr so alt und körperlich verschlissen aussehen wie Witwe Barbara.

Trotz häufiger Krankheit und häufigem Tod im Elternhaus ist Albrecht Dürer dem Leiden und Sterben gegenüber jedoch nicht unempfindlich und gleichgültig geworden. Er war das drittgeborene Kind und das erste, das überlebte. Während seines Heranwachsens dürfte er dann mindestens ein Dutzend Sterbefälle aus allernächster Nähe miterfahren haben, so auch den seines Vaters 1502. Im Berliner Kupferstichkabinett sind Bruchstücke eines «Gedenkbuchs» erhalten, in dem wir etwas über die Seelenverfassung Dürers beim Tode seines Vaters und dem seiner Mutter erfahren (Signatur: Cim. 32). Die hilflos klingenden Texte lesen sich gar nicht wie abgestumpfte Tagebuchnotizen zum Zwecke späterer Gedächtnisstützung. Beim Ableben seines Vaters am 20. September 1502 schrieb er: «Vnd jn der negsten nacht for sant Mathevs ist mein vater ferschiden. Der barmhertzig gott helff mir awch zw eim selligen end. Vnd hett mein muter ein betrübte wittwen gelossen. O jr all mein frewnt, ich pit ewch vm gotz willen, so jr meins frumen faters ferscheiden lest, jr wölt seiner sell gedencken mit einm Vater vnser vnd Afe Maria. Wan gott ist vol barmherczikeit. Durch dy geb vns got noch disem elendem leben dy frewd der ewigen selickeit».

Während der Vater relativ rasch an der Ruhr verstorben war und das
«elende Leben» hienieden mit der «ewigen Seligkeit» vertauscht hatte, war
Dürer auf den Tod seiner Mutter durch deren häufigere Krankheiten an sich
besser vorbereitet. Trotzdem übermannte ihn der Schmerz bei ihrem Ableben so sehr, daß er in seiner Verzweiflung kaum noch Worte fand: «Dyse
mein frume muter hat 18 kint tragen vnd erczogen, hat oft dy pestilentz
gehabt. Van dem an, als sy kranck ist worden, vber ein jor, jst mein frume
muter Barbara Dürerin verschiden crystlich mit allen sacramenten. Ich pet-
tett jr for. Do fan hab jch solchen schmerczen gehabt, daz jchs nit aws
sprechen kan. Got sey jr genedig».
     Acht Wochen zuvor hatte er nicht reden müssen, sondern konnte, was ihn
beschäftigte, in einer Kohlezeichnung ausdrücken. Dabei machte er Alter
und Verfall seiner Mutter bis zum letzten deutlich. Wir sehen ihre verrunzel-
te Stirn und die überflüssige Haut um den Hals, so daß die Falten fast so
dicht sind wie am Kopftuch, sehen ihre spitze Nase, die herausstehenden
Backenknochen, abgemagerte, eingefallene Wangen, aus den Höhlen quel-
lende Augen und sich sträubende Brauen. Es ist nicht Lieblosigkeit, was aus
diesem Bildnis eines bekümmerten Sohnes spricht, schon gar nicht Boshaf-
tigkeit oder Gemeinheit. Sondern: *Es ist so.* Die Augen zu schließen hat
keinen Sinn. Altern, Sterben und Tod *gehören* zum Lebenszyklus. Davonrennen bringt nichts. Die Hand des Gerippes wird jeden früher oder später
ergreifen und festhalten.
     Noch etwas älter als Dürers Mutter ist der Mann, den der Venezianer
Jacopo Tintoretto (1518–1594) um 1588 porträtierte und dem wir in der
Abbildung 28 oben links frontal in die Augen blicken. Und in was für
Augen! – Als der deutsche Bühnendichter Gerhart Hauptmann (1862–
1946) dem Gemälde im Oktober 1937 in Venedig auf einer Tintoretto-
Retrospektive begegnete, brach es nur so aus ihm hervor: «Dieser Tintoretto
ist ausgehöhlt. Seine beiden aufgerissenen Augen, die zwei Kratern gleichen,
sind vom Sehen nach innen und außen gleichsam verkohlt. Hier bin! So bin
ich! Das bin ich! sagt zu uns sein Altersporträt. Kommt alle herzu, mich
anzusehen! Ich habe meine Augen in meine Augen gebohrt! Seht mich an!
Ich habe nichts mehr zu sagen, nichts mehr zu suchen, nichts mehr zu
wollen!» (Hauptmann, Tintoretto, 966).
     Hauptmann konnte damals noch davon ausgehen, tatsächlich ein Alters-
Selbstporträt des berühmten Italieners vor sich zu haben. Über dem Haupte
des bärtigen Mannes prangte seinerzeit in großen Lettern die Inschrift
«IACOBUS.TENTORETVS.PICTor.VENT.ius» und rechts von der Schul-
ter etwas kleiner, aber immer noch unübersehbar die Fortsetzung «IPSIUS.
F⟨ECIT⟩.» Es mag deshalb verständlich sein, daß der hochbetagte Nobel-
preisträger für Literatur damals in diesem Porträt schließlich das Spiegelbild
seiner selbst erblickte, und zwar zu einem Zeitpunkt, als sein eigener Stern
im Gefolge der nationalsozialistischen Machtergreifung nördlich der Alpen

schon im Sinken war. Ihm, dem wahlverwandten Mittsiebziger, erschien das ausdrucksstarke Gemälde wie eine kongeniale Künstlervision in düsteren Farben.

Inzwischen ist die Inschrift entfernt. Bei einer Restaurierung des Bildes 1957 hatte man herausgefunden, daß sie von fremder Hand sehr viel später angebracht worden war. Längst steht im Pariser Louvre, wo das Gemälde heute hängt, nur noch «Selbst-Porträt» in Anführungszeichen. Doch gleich viel, ob Selbstporträt, ob Konterfei eines anderen alten Mannes: was Tintoretto da mit seinen eigenen siebzig Jahren zustande gebracht hat und uns vor Augen hält, ist wiederum ungeschminkte Wahrheit, ist erneut das simple Eingeständnis des «*So ist es!*», weder boshaft, noch abschätzig, aber auch nicht verklärend und nicht resignierend. Es gibt kein Ausweichen, kein Kneifen.

3.1.1. Beispiele organisierter Gemeinschaften

In den Abbildungen 26–28 sahen wir fünf Dokumentationen aus dem 16. Jahrhundert: aus Augsburg, Minden, Bern, Nürnberg und Venedig. Es waren fünf Beispiele dafür, wie sich unsere Vorfahren damals mit Altern und körperlichem Verfall, mit Sterben und Tod als ständigen Begleitern des menschlichen Lebens auseinandersetzten. Die einen reagierten gelassener darauf, die anderen weniger. Dritte gerieten gar – trotz größerer damaliger Vertrautheit mit allen Formen der Vergänglichkeit – in Panik. Selbst dort, wo christlicher Glaube eine «ewige Seligkeit» im goldenen Jenseits hinter dem nachtschwarzen Himmel versprach, fiel es offensichtlich nicht leicht, das «elende Leben» hienieden zu verlassen. Auch damals klammerte man sich daran. Die Alternative mochte – trotz allem – doch zu unattraktiv sein? Vielleicht auch zu wenig sicher?

So sehen wir denn, wie sich unsere Vorfahren zuerst einmal hienieden einrichteten, wie sie versuchten, es sich auf Erden trotz allem, trotz Pest, Hunger und Krieg wohnlich zu machen. Hierauf hinzuweisen ist mir an dieser Stelle wichtiger, als überall schon ausführliche Antworten zu geben. Jeder Leser kann sie in seiner Umgebung in vielfacher Ausfertigung meist selbst finden. Es gibt diese Antworten in unzähligen Varianten. Einige wenige will ich exemplarisch anführen. Dabei soll stets ein ganz bestimmter Aspekt im Vordergrund stehen. So habe ich bei der einen Illustration den Hauptakzent auf den ökologisch-wirtschaftlichen Faktor gelegt, bei der anderen auf den verfassungsgeschichtlichen, bei der dritten auf den politischen. Wie dabei bald deutlich werden dürfte, war das Ziel immer dasselbe, nämlich das Erstreben von generationenüberdauernden Stabilitäten – trotz Pest, Hunger und Krieg.

Da unsere Vorfahren die große Unsicherheit menschlichen Lebens, seine ständige Gefährdung, das Verrinnen des Sandes stets vor Augen hatten und das Faktum – wie sie sich im übrigen auch immer dazu verhielten, ob griesgrämig oder schwermütig, ob beunruhigt oder gelassen – nicht verdrängten, ja schwerlich verdrängen konnten, fiel es ihnen offensichtlich leichter, angemessen darauf zu reagieren. Angemessen meint, mit den ihnen zur Verfügung stehenden Mitteln. Diese mögen nur anfänglich bescheidener ausgesehen haben als heute. Langfristig betrachtet wurde das Ziel aber immer und immer wieder erreicht. Grundvoraussetzung war, daß nirgendwo das unsichere Leben eines einzelnen im Zentrum stand. Schon morgen hätte es zu Ende sein können. Waren bei den Dürers nicht selbst achtzehn Geburten noch lange keine Garantie für den Bestand der Familie? Statt drei überlebende Söhne hätten es leicht auch gar keine sein können. Zudem war eine so blühende Handelsstadt wie Nürnberg, wo die Dürers wohnten, besonders seuchenanfällig, ihre Einwohnerschaft noch gefährdeter als zum Beispiel irgendwelche isolierten Hinterwäldler. Im Ernstfall wären die Eltern ebenso wenig in der Lage gewesen, für den kleinen Albrecht oder den erkrankten kleinen Endres oder den angesteckten Hans einen Kinderarzt herbeizurufen, wie dieser eine Überweisung in eine Kinderklinik hätte vornehmen können. Es gab weder das eine noch das andere.

Das Reservoir, das einen Bestand garantieren konnte, mußte somit größer sein, nicht so leicht völlig auslaufen können, einen weiteren Kreis von Menschen umfassen: mehrere Familien, ein Geschlecht, eine kleinere oder größere *Gemeinschaft* von Menschen. Gemeinschaften dieser Art gab es Dutzende: Hofgemeinschaften, Dorfgemeinschaften, Talgemeinschaften, Inselgemeinschaften, Klostergemeinschaften, Zunftgemeinschaften, Landsgemeinden, Gilden, Brüderschaften. Nicht irgendein Einzelner stand dort im Zentrum, sondern die vielen Einzelnen gewährleisteten insgesamt die ungebrochene Tradierung eines gemeinschaftlichen Ziels. Auch wenn dann der eine morgen schon wegfallen mochte, der andere übermorgen, fünf weitere am Tage danach, so blieben doch immer noch genügend zurück, um die Rolle zu übernehmen. Hierin bestand das Wesensmerkmal dieser, der allgemeinen Unsicherheit jeglicher menschlichen Existenz angemessenen Überlebensstrategie.

800 Jahre Inselgemeinschaft Läsö im Kattegat

Im oberen Teil der *Abbildung 29* sehen wir die Lage der dänischen Insel Läsö im Kattegat eingezeichnet. Bis zur jütländischen Küste sind es etwa zwanzig, bis zur schwedischen etwa vierzig Kilometer. Von West nach Ost mißt das Eiland gut zwanzig, von Nord nach Süd zwischen zwei und zwölf Kilometern. Heute leben die etwas über zweieinhalbtausend Inselbewohner hauptsächlich vom Fischfang und der Fischverarbeitung sowie vom Tourismus. Ihre Vorfahren lassen sich bis ins 13. Jahrhundert zurückverfolgen.

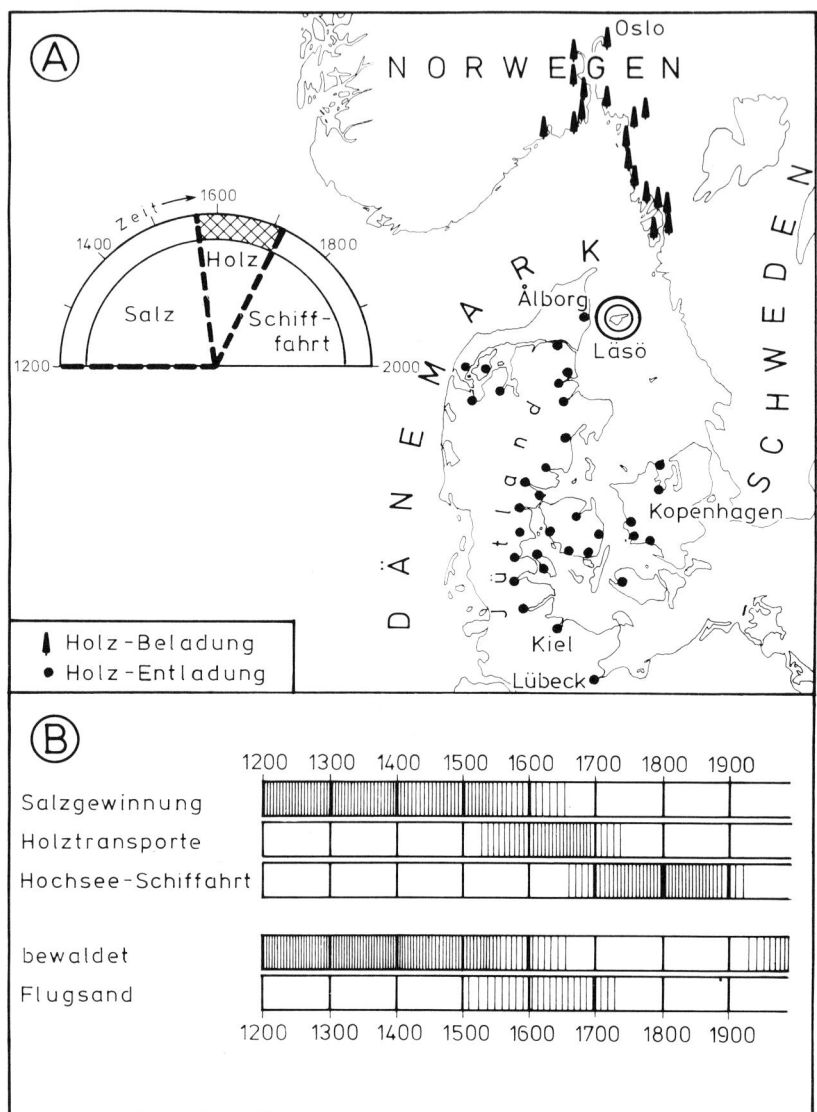

Abb. 29 Überleben und Stabilität vom 13. bis zum 20. Jahrhundert durch ökologische und wirtschaftliche Anpassung: 800 Jahre Inselbevölkerung auf Läsö im Kattegat.
Oben (= A): Lage der Insel Läsö zwischen der dänisch-jütländischen und der schwedisch-norwegischen Küste im Kattegat.
Unten (= B): Einander ablösende hauptsächlichste Wirtschaftsformen und ökologische Situationen vom 12. bis zum 20. Jahrhundert auf Läsö.
Quelle: Bjarne Stoklund: «Economy, Work and Social Roles. Continuity and Change in the Danish Island of Läsö, c. 1200–1900». In: Ethnologia Europaea 15, 1985, 134, 137.

Bereits im Hochmittelalter gab es drei Kirchspiele auf der Insel: Vesterö, Byrum und Hals. Es scheint, daß auch damals schon eine ansehnliche Zahl von Menschen hier gelebt hat. Dies ist alles andere als selbstverständlich. Dem Besucher, der nicht nur als Tourist hierher kommt, bleibt zu Beginn jedenfalls fraglich, wie damals so viele hier ihr Auskommen gefunden haben können. Der Meeresgrund rund um die Insel ist, besonders im Süden, so seicht, daß man bei Ebbe kilometerweit trockenen Fußes hinauswaten kann. Vor dem Bau des ersten Hafens in Vesterö 1872 konnten nur sehr flache Boote überhaupt die Insel anlaufen. Für eine intensive (Hochsee-) Fischerei waren diese indes völlig unbrauchbar. Und Tourismus gab's seinerzeit auch noch keinen. Außerdem eigneten sich der sandige, dünige, moorige Boden und die ausgedehnte Heide nicht eben dazu, eine blühende Landwirtschaft hervorzubringen. Die Läsöer mußten sich schon etwas anderes einfallen lassen. In der Tat sehen wir sie während acht Jahrhunderten angemessen reagieren, das heißt eben ihrer – wie uns zuerst scheinen will – mißlichen Situation angepaßt. Sie taten dies mit stupendem Erfolg und erreichten jahrhunderteüberdauernde Stabilitäten – trotz allem.

Zu Beginn war die Insel noch weitgehend bewaldet. Brennholz gab es somit in Fülle. Außerdem erlaubte der vorgelagerte seichte Grund, große Meeresflächen leicht einzudämmen und das Wasser zu verdunsten. Die entstandene Sole wurde sodann in Metallpfannen gekocht und eingedickt. Aufgrund einfachster Techniken ergab sich hierdurch ein Salz von hervorragender Qualität. Es war weit besser als das sonstwo in Skandinavien durch Einkochen von meerwasserhaltigem Seegras produzierte sogenannte «schwarze Salz». Auch war es erheblich billiger als das qualitätsmäßig vergleichbare Importsalz aus Südeuropa. Salz brauchte man damals nicht nur zum Salzen von Speisen. Große Mengen benötigte man vor allem deswegen, weil es sich mit Abstand um das beste Konservierungsmittel handelte. Die Bevölkerung auf Läsö prosperierte und expandierte. Man konnte es sich leisten, die auf der Insel längst nur noch in ungenügendem Ausmaß selbst produzierten Lebensmittel anderswo zu beschaffen und teuer einzuführen.

Doch allmählich rächte sich der Holzraubbau. Zu Beginn des 16. Jahrhunderts spitzte sich die ökologische Krise zu. Nicht nur schmolzen damals die letzten Waldflächen rasch dahin, sondern der nunmehr ungeschützte Inselboden war Wind und Wetter dermaßen ausgesetzt, daß er über weite Strecken von verwehtem Sand bald völlig zugedeckt wurde. Außerdem hatte sich die Welthandelslage inzwischen so weit verändert, daß importiertes Salz von gleicher Qualität billiger zu haben war. Das Meerwasser-Kochen lohnte sich weniger und weniger und wurde im 17. Jahrhundert schließlich ganz aufgegeben. Noch ein Jahrhundert länger dauerte es indes, bis man auch das Flugsand-Problem durch Neuaufforstung und neuen Grasbewuchs allmählich wieder unter Kontrolle bekam. Inzwischen hatten die Läsö-Bewohner ihre eigentliche wirtschaftliche Krisensituation jedoch längst gemeistert und die Lage stabilisiert, denn sie hatten eine andere ökonomische Nische entdeckt.

Im 16. Jahrhundert erlebte das Königreich Dänemark einen bedeutenden Aufschwung, in dessen Folge es auch zu einem Bauboom kam. Holz war überall Mangelware. Große Vorräte gab es allerdings in Reichweite, nämlich in Westschweden und besonders im südlichen Norwegen, das damals einen Teil des dänischen Reiches bildete. Handelsstrategisch gesehen nahm Läsö eine hervorragende Stellung ein. Es lag mitten zwischen Export- und Importhäfen. Zudem schienen die äußerst flach gebauten Läsö-Schuten genau das richtige Transportmittel zu sein, um überall anlegen zu können und Holz zu laden. An die hundert Boote waren schließlich zwischen der schwedisch-norwegischen Küste und einer Vielzahl dänischer Häfen mit Holz unterwegs. Im Gegenzug brachten sie den Schweden und Norwegern Getreide, von dem es dort selten genügend gab.

In der ersten Hälfte des 18. Jahrhunderts mußte sich die Wirtschaft der Läsöer indes erneut umstellen und an eine neue Situation anpassen. Diesmal brachte die politische Großwetterlage das florierende Holz-Getreide-Geschäft zum Erliegen. Im Großen Nordischen Krieg 1700–1721 standen die dänisch-norwegische und die schwedische Monarchie einander jahrelang feindlich gegenüber. Und Läsö lag mitten zwischen beiden. Trotz lukrativen Aussichten auf erheblich erhöhte Gewinnspannen wurde vielen Bootsbesitzern der Handel im umkämpften Gebiet zu riskant. Mehr und mehr unter ihnen gaben ihn schließlich auf.

Auch wenn sie sich aus diesem innerskandinavischen Geschäft zurückzogen, verloren sie eines dadurch jedoch nicht, nämlich ihre langjährige Erfahrung zur See. Dies wiederum war, was man anderswo dringend brauchte. In ganz Europa hielten damals Agenten aufstrebender europäischer Kolonialmächte Ausschau nach geeigneten Leuten für eine ständig wachsende Zahl von Bootsmannschaften für die Überseefahrt. So blieben die meisten Läsöer nicht lange arbeitslos, sondern heuerten zunehmend auf den Handelsschiffen dänischer, holländischer, englischer Reedereien an. Im 19. Jahrhundert gab es auf der Insel kaum einen gesunden jungen Mann zwischen vierzehn und vierzig Jahren, der nicht in deren Diensten stand. Zuhause wiederum hatte das zur Folge, daß sich die gesamte Landwirtschaft zur ausschließlichen Frauensache entwickelte. Selbst wenn die Männer ab etwa dem fünften Lebensjahrzehnt nicht länger auf Hochseefahrt gingen, mischten sie sich – unerfahren wie sie hierin waren – wenig ein. Vielmehr blieben sie auch dann der Arbeit zur See treu – und entdeckten dabei sogar ein neues Betätigungsfeld, wiederum eine ökonomische Nische. Während die ausgedehnten Sandbänke um die Insel herum einerseits zwar nur einen bescheidenen Fischfang erlaubten, so versprachen sie andererseits doch eine immer attraktivere Beute besonderer Art. Und hierbei hatten diese Männer bald alle Hände voll zu tun. Den größer werdenden Schiffen des 18. und 19. Jahrhunderts mit

wachsendem Tiefgang wurden die kilometerweiten seichten Gründe auf ihrer Fahrt zwischen Nord- und Ostsee oft genug zum Verhängnis. Allein
zwischen 1780 und 1800 strandeten nicht weniger als achtzig solcher Fahr-
zeuge. Ein Drittel des an Land gebrachten Strandgutes durften die Läsöer
nach altem Recht für sich behalten. – Die Fortsetzung der Geschichte seit
dem Ausbau des ersten Hafens 1872 haben wir bereits oben kennen gelernt:
die Hochseefischerei und, im 20. Jahrhundert, das Aufblühen des Tourismus.

Achthundert Jahre Geschichte einer Inselgemeinschaft, achthundert Jahre
zwar wechselhafte, doch relativ gleichbleibende Stabilität – und dies trotz
aller Probleme! Wir sahen eine Bevölkerung, die sich immer wieder den
Gegebenheiten anpaßte, den unterschiedlichen ökologischen Bedingungen,
den sich verändernden wirtschaftlichen Situationen, den alternierenden politischen Großwetterlagen. Zum Teil waren die Inselbewohner für diese
Veränderungen selbst verantwortlich, so etwa für die erste ökologische Krise im 16. Jahrhundert durch generationenlanges rücksichtsloses Abholzen
der Waldbestände. Zum größeren Teil aber handelte es sich um tiefgreifende
Strukturwandlungen im gesamtskandinavischen, europäischen, ja weltweiten Kräfteverhältnis, in das die kleine Insel und ihre Bewohner mitverstrickt
waren.

Wenn wir diese achthundertjährige Erfolgsgeschichte im Überblick betrachten, so handelte es sich bei der bisher geschilderten permanenten Anpassung an ökologische, ökonomische, politische Wechsellagen jedoch nur
um die eine Seite des «angemessenen Reagierens». Die andere, nicht minder
wichtige bestand darin, daß die Inselbewohner nicht nur insgesamt, sondern
auch individuell «angemessen» auf die allgegenwärtige Gefährdung ihres
biologischen Lebens reagierten und die grundsätzliche Unsicherheit jeglicher
menschlichen Existenz in ihre Überlebensstrategien integrierten. Zu keinem
Zeitpunkt hatte sich ein einzelnes EGO ins Zentrum gerückt, sondern stets
taten sich mehrere EGOs zu kleineren oder größeren Einheiten zusammen.
Starb dann jemand «vorzeitig» – was ja durchaus der Regel entsprach und
somit einen allgemeinen Erfahrungswert darstellte –, brach nicht gleich die
ganze Welt zusammen. Ein Einzelner hätte es auch gar nie geschafft, eine der
geschilderten kleinen Gemeinschafts-Welten in Gang zu halten. Sie alle
funktionierten erst durch die gemeinsamen Anstrengungen einer Mehrzahl,
die ihrerseits dem einzelnen eine Existenzgrundlage sicherte und ihm somit
das Überleben garantierte.

Man kann die verschiedenen Phasen nochmals Revue passieren lassen und
stößt dabei immer wieder auf diesen gleichen Sachverhalt. Die Inselbewohner selbst prägten dafür den Ausdruck «faellig». Es handelt sich stets um
kleine Kollektive, Partnerschaften, Gruppen. Die Beteiligten haben alle dasselbe Ziel vor Augen und ordnen sich ihm unter. In der ersten Phase der
Inselgeschichte handelte es sich häufig um den Betrieb und die Sorge für eine

gemeinsame Salzpfanne, die ständig am Kochen gehalten werden mußte. Später war es häufiger eine gemeinsame Schute für den Holz- und Getreidetransport zwischen Dänemark und Schweden-Norwegen, noch später das gemeinsame Boot für die Bergung von Wracks oder in der Hochseefischerei. Selbst in der Landwirtschaft tat man sich zusammen und arbeitete in «Pflug-Gemeinschaften». Die schweren Radpflüge, die Anfang des 18. Jahrhunderts auf der Insel in Gebrauch kamen, benötigten Gespanne von acht bis zehn Pferdepaaren. Kaum einer der kleinen Höfe war in der Lage, mehr als eines davon zu stellen.

700 Jahre Schweizerische Eidgenossenschaft

Eine ähnlich lange und trotz vielem Auf und Ab von heute aus gesehen ähnlich stabile Geschichte zeigt, als ein weiteres Beispiel, auch die Schweizerische Eidgenossenschaft. Seit ihrer Gründung 1291 sind inzwischen ebenfalls 700 Jahre verflossen. «Von heute aus gesehen» meint nicht nur den Standpunkt des Betrachters, des Autors wie des Lesers gleichermaßen. Der Hinweis soll auch Warnung sein. Er sagt ganz deutlich, daß wir *zurück*blikken. In der *Rückschau* über einen Zeitraum von sieben Jahrhunderten mag uns leicht als Stabilität, als kontinuierliche Entwicklung, als stetiges Vorwärtsschreiten, als harmonisches Wachsen und Gedeihen vorkommen, was es seinerzeit oft in keiner Weise war. Ob eingestandenermaßen oder nicht, vergleichen wir dabei zudem oft die abgeschlossene Geschichte mit unserer offenen Gegenwart und einer noch offeneren Zukunft. Unseren Vorfahren kann nichts mehr passieren, uns jedoch sehr wohl. Die Vergangenheit erscheint uns allzu leicht wie ein sicheres Refugium. Gegenwart und Zukunft sind dagegen unbeschriebene leere Blätter, sind ungesicherte Zonen, unsichere Felder. Sehen sie düster aus, liegt die Flucht in die Vergangenheit nahe. Und selbst bei vergleichsweise hellen Aussichten überkommen uns oft nostalgische Gefühle.

So mögen zwar unsere Lebenssicherheit und unsere Lebenserwartung, statistisch gesehen und zahlenmäßig gut untermauert und abgesichert, von Jahr zu Jahr weiter zunehmen und im Vergleich zu «früher» drei und vier Mal größer sein. Trotzdem haben es diese Statistiken oft schwer gegenüber einer weitverbreiteten diffusen Angst, die durch allerlei Horrormeldungen und apokalyptische Visionen genährt wird. Einmal ist es die totale Umweltverschmutzung, ein andermal die bevorstehende friedliche oder unfriedlich-militärische Atomkatastrophe, dann wieder ein Giftmüllskandal, ein viertes Mal die Bevölkerungsexplosion oder gerade umgekehrt eine Bevölkerungsimplosion aufgrund eines angeblich auf uns zukommenden vielhundertmillionenfachen Todes an AIDS, dieser neuen «Pest». Vor einem solchen pechschwarzen Hintergrund kann es in der Tat leicht geschehen, daß sich das Ableben unserer Vorfahren an Fleckfieber oder Bauchtyphus geradezu harmlos ausnimmt. Jener Tod mag uns dann in der Rückschau wie ein «guter alter Tod zum Anfassen» vorkommen, obwohl er das überhaupt nicht war. Reihenweise mähte er damals die Angehörigen ganzer Familien, die Anwohner ganzer Straßenzüge, die Bevölkerung ganzer Dörfer, Stadtteile, Städte dahin. Jugend, blühendes Alter, strotzende Gesundheit hatten für ihn nicht die geringste Barrierenwirkung. Er holte sie alle ein, diejenigen im Alter von acht, fünfzehn, fünfundzwanzig genauso wie die paar aus welchen Gründen auch immer übriggebliebenen Siebzig-, Achtzig-, Neunzigjährigen.

Nostalgiker sollten jene Zustände indes nicht nur «von heute aus» betrachten, sondern sich in die damaligen Zeitumstände zu versetzen versuchen, sollten mit den Augen unserer betroffenen Vorfahren zu sehen lernen. Jede Verniedlichung und jede Verharmlosung seinerzeitiger permanenter «Pest-, Hunger- und Kriegs»-Umstände tut unseren Vorfahren Unrecht und schmälert ihr gerüttelt Maß an alltäglichen, allstündlichen Mühen und Nöten. Und wer ihnen dann das ab und zu, wenn auch keineswegs immer vorhandene Bauernbrot ohne Insektizidrückstände aus dem Holzofen auch noch vergönnt, dem ist Alltagsgeschichte wohl nie anders begegnet als in fachmännisch hergerichteten Vitrinen sonntäglicher Volkskunde-Museen, in denen der Besucher auf Schritt und Tritt ermahnt wird, bitte ja nichts zu berühren. Man kann es nicht drastisch genug ausdrücken und nicht oft genug wiederholen. Aber die bäuerliche Welt unserer Vorfahren war nun einmal eine Welt, in der es stank und wo man darbte, fror und schwitzte und wo das Leben «im Durchschnitt» mit 30 (in Worten: «mit Dreißig»!) zu Ende war. Die Hälfte aller Lebendgeborenen erreichte es nie.

Und dennoch habe ich die *Abbildung 30* mit «Stabilität und Wurzeln: Die Schweizerische Eidgenossenschaft» überschrieben. Vergaß ich da plötzlich selbst, was ich eben schrieb und womit der letzte Abschnitt endete? Oder handelt es sich etwa um die chauvinistisch verpackte Formulierung eines Autors, der selbst Eidgenosse ist? Weder das eine noch das andere! Ohne im geringsten ein Nestbeschmutzer sein zu wollen, übersehe ich keineswegs eine Menge dunkler Flecken in unserer eigenen Geschichte. Weder kommen wir als Saubermänner zur Welt – wie viele meiner Landsleute glauben mögen –, noch haben wir die «beste Staatsform der Welt» erfunden. So starben die Schweizer in früheren Jahrhunderten genau so häufig an Pest und Bauchtyphus, an Fleckfieber und Ruhr wie andere Mitteleuropäer auch. Um ihre Hygiene kann es also keinen Deut besser bestellt gewesen sein als außerhalb ihrer Grenzen. Die «sprichwörtliche Sauberkeit der Schweizer», die uns ausländische Touristen andichten, hat keineswegs jene tiefen historischen Wurzeln, an die viele von uns inzwischen selbst glauben. Nur so jedenfalls ist verständlich, daß vor einige Jahren die Dissertation einer Lausanner Doktorandin für «einigen Aufruhr» unter den Eidgenossen sorgen konnte («Neue Zürcher Zeitung», Fernausgabe Nr. 142, 22./23. Juni 1980, 25). Die angeblich angeborene Sauberkeit der Schweizer erwies sich bei näherem Zusehen als ein anerzogenes kulturelles Verhalten mit relativ jun-

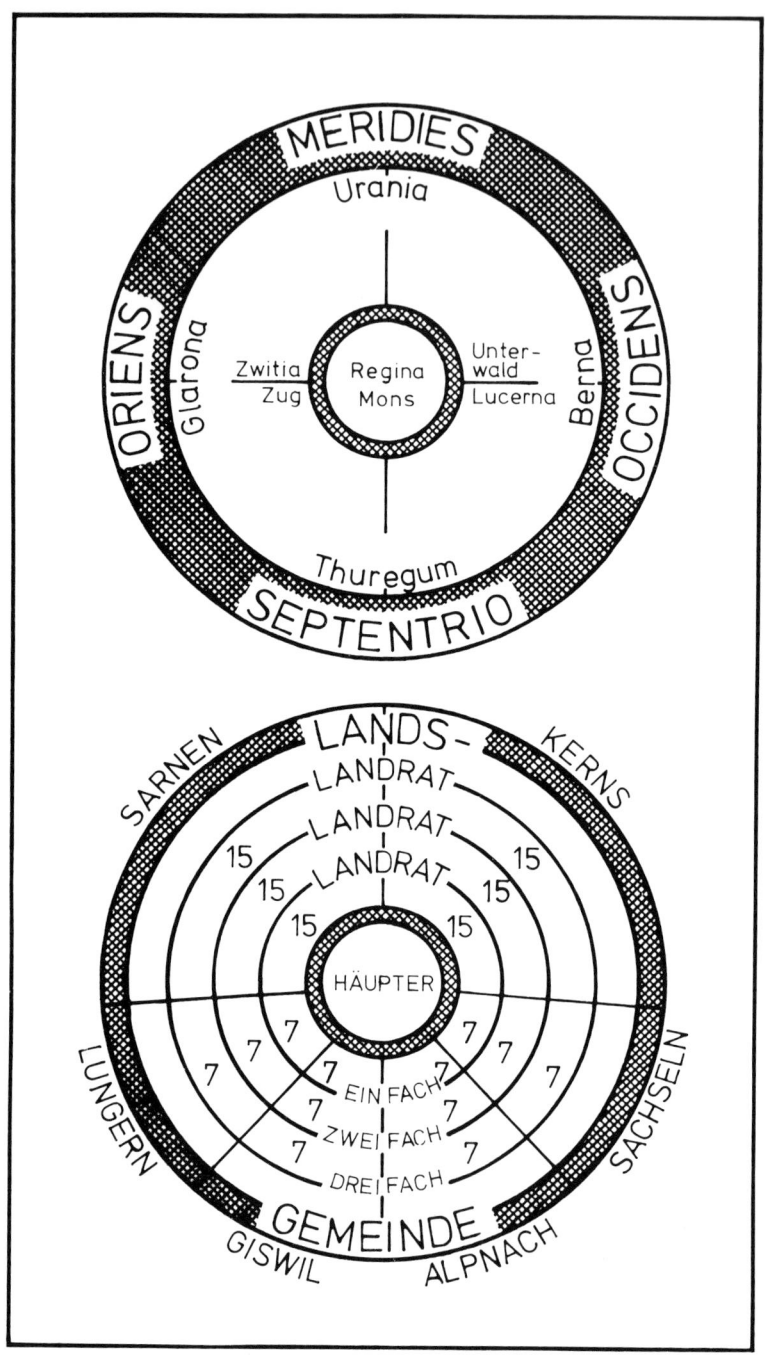

ger, knapp hundertjähriger Vergangenheit. Sie scheint hauptsächlich das immer noch nachwirkende Produkt einer obrigkeitlich erfolgreich durchgesetzten Hygienisierungskampagne zwecks Eindämmung von Cholera und Tuberkulose in der zweiten Hälfte des 19. Jahrhunderts zu sein (15). – Und was uns heute, zumindest in Teilen der westlichen Welt, positiv angerechnet wird und worauf wir uns vielfach wiederum selbst so viel zugute halten: unsere weit zurückreichende demokratische Verfassung, wurde lange Zeit von unseren Nachbarn keineswegs so gesehen, noch sind wir seinerzeit wirklich «demokratisch» gewesen. Heute haben gut funktionierende Demokratien Vorbildcharakter. Noch vor wenigen Generationen galten dagegen Monarchien als gottgewollt. Demokratien waren, wenn schon nicht des Teufels, so doch Ausgeburten von Anarchie und tumultuöser Verhältnisse, waren Haufen unregierbaren Volks. Wenigen wäre es damals in den Sinn gekommen, sich demokratischer Zustände rühmen zu wollen.

Diese knappen Präzisierungen und Zurechtrückungen schienen mir notwendig, um nicht unnötigerweise in den Verdacht von Nostalgie und Chauvinismus zu geraten. Eines allerdings bewundere ich bei unseren Vorfahren, und zwar gleichgültig, ob es sich nun um Eidgenossen oder die Bewohner der dänischen Insel Läsö oder von wo sonst auch immer handelt: ihre Fähigkeit, angemessen zu reagieren und Widrigkeiten aller Art auf ihre Weise und mit ihren Mitteln zu meistern. Sie hatten das Vermögen, sich den Verhältnissen anzupassen und Wechsellagen aufzufangen. Dabei brachten sie es fertig, Überlebensstrategien zu entwickeln und durchzuhalten, die zu erstaunlichen «Stabilitäten trotz allem» auf lange und sehr lange Dauer führten. Zu *einer* solchen Bewohnerschaft zu gehören,

Abb. 30 Stabilität und Wurzeln: Die Schweizerische Eidgenossenschaft in der Mitte der Welt und in deren Mitte die Landsgemeinde.
Oben: Schematische Nachzeichnung der ersten Karte der Eidgenossenschaft von 1479 durch den Humanisten Albrecht von Bonstetten aus Einsiedeln (1442–1504). In der Mitte der Welt befindet sich Regina Mons, der «Königsberg» (heute: Rigi), umgeben von den Kantonen Schwyz (Zwitia), Zug und Glarus (Glarona) im Osten (Oriens), von Uri (Urania) im Süden (Meridies), von Unterwald(en) (zusammengesetzt aus den beiden Halbkantonen Ob und Nid dem Wald), Luzern (Lucerna) und Bern (Berna) im Westen (Occidens) und von Zürich (Thuregum) im Norden.
Unten: Die Regierung des aus den Gemeinden Sarnen, Kerns, Sachseln, Alpnach, Giswil und Lungern bestehenden Halbkantons Ob dem Wald im 18. Jahrhundert. Die schematische Darstellung zeigt die sechs (Ober-) Häupter in der Mitte, umgeben vom Einfachen, Zweifachen und Dreifachen Landrat sowie von der Landsgemeinde sämtlicher eingebürgerter erwachsener Männer.
Quellen: Zur oberen Teilgraphik Urs Altermatt: Der Alpenraum und die Schweiz. In: Gebirgsarmeekorps 3 (Hrsg.): Unser Alpenkorps. Zug: Kalt-Zehnder 1983, 35. – Zur unteren Teilgraphik François de Capitani: Beharren und Umsturz (1648–1815). In: Beatrix Mesmer (Red.): Geschichte der Schweiz – und der Schweizer, Band II. Basel: Helbing & Lichtenhahn 1983, 137.

in diesem Fall zu derjenigen der Eidgenossen, das letzte Glied in einer langen Kette zu bilden, gibt mir Wurzeln und dadurch auch, wie ich oft empfinde, eine relativ große Standfestigkeit im Hinblick auf eine nach vorn offene, ungesicherte Zukunft. Dabei nehme ich die dunklen Flecken in dieser langen Geschichte ebenso in Kauf, wie ich die keineswegs immer demokratischen Zustände unserer angeblich vorbildhaften Demokratie früher wie heute un-umwunden eingestehe. Beides läßt mich sogar erleichtert aufatmen. Wären unsere Vorfahren vollkommen(er) gewesen, würden sie es mir wesentlich schwerer machen, mit den heutigen Problemen vergleichsweise ebenso ange-messen fertig zu werden. Wenn es bei dieser Art von Geschichtsbetrachtung also schon nicht um ein romantisierendes Rückwärtsblicken geht, so doch darum, immer wieder über die Mechanismen nachzudenken, die zu jenen Stabilitäten führten.

Die Abbildung 30 enthält zwei schematische Darstellungen, die uns helfen können, diese Mechanismen besser zu verstehen. Oben sehen wir die soge-nannte Achtörtige Eidgenossenschaft, so wie sie nach dem sukzessiven Bei-tritt von Uri, Schwyz, Unterwalden, Luzern, Zug, Glarus, Zürich und Bern seit 1351/53 bestand. Dieser Nachzeichnung liegt die letzte von vier Teil-karten aus der Hand Albrechts von Bonstetten (1442–1504) zugrunde. Der Humanist aus Einsiedeln hatte die Serie 1479 im Rahmen seiner ersten Kartographierung der Schweiz angefertigt. Dem spätmittelalterlichen Welt-bild sowie der zeitgenössischen Weltanschauung entsprechend zeigt der er-ste Teil eine vom Ozean umschlossene Erdscheibe. Im zweiten sehen wir die Erdteile Asien, Afrika und Europa. Auf der dritten Karte ist Europa in den Mittelpunkt gerückt. Im hier wiedergegebenen vierten Teil liegt schließlich die Eidgenossenschaft im Zentrum der Welt und innerhalb der Eidgenossen-schaft der «Königsberg», Regina Mons. Heute heißt er Rigi.

Auch Läsö mochte für die Bewohner jener dänischen Insel das Zentrum der Welt gebildet haben, einer kleinen, scheinbar abgeschiedenen Welt im Kattegat, kilometerweit entfernt vom nächsten Festland, durch Wassermas-sen getrennt von Jütland, Schweden und Norwegen. Für sie war es der Mittelpunkt eines überschaubaren Mikrokosmos. Doch genau so, wie die geopolitische Lage von Läsö in der Meerenge zwischen Nord- und Ostsee dazu führte, daß die Insel samt ihren Bewohnern immer wieder in den Strudel des großen Weltgeschehens geriet, so hatte auch die Topographie der Zentralschweiz zur Folge, daß diese Gebirgsregion samt ihren Bewoh-nern nie lange in den Windschatten gesamteuropäischer Auseinandersetzun-gen zu liegen kam. Die Alpen bildeten zu keinem Zeitpunkt in der Geschich-te bloß einen abschirmenden Riegel, einen schützenden Wall gegen außen. Die militärstrategisch wie handels- und verkehrspolitisch gleichermaßen wichtigen Paßübergänge im Herzen des Kontinents zogen vielmehr immer wieder das Interesse der seinerzeitigen Großmächte in West und Ost, Nord und Süd brennpunktartig auf sich. Es ist deshalb nur folgerichtig, daß in der

Karte des Eidgenossen Bonstetten der «Berg» das Zentrum der Welt ein-
nimmt, kreisförmig umgeben von den acht Alten Orten.

Wer unter solchen Bedingungen leben, vor allem überleben und seine
Freiheit behaupten wollte, der konnte das nie und nimmer aus eigener Kraft,
als Solo-Ego, sondern nur mit anderen vereint. Nicht das Individuum stand
somit im Zentrum, sondern die Nachbarschaft, die Talschaft, die Gemeinde; nicht der Einzelne, sondern die Gemeinschaft.

Der untere Teil von Abbildung 30 zeigt nun an einem schweizerischen
Beispiel schematisch, wie ein solches Gemeinwesen strukturiert sein konnte.
Um die Mitte des 14. Jahrhunderts hatte sich einer jener acht Alten Orte,
Unterwalden, in die beiden Halbkantone Ob dem Wald und Nid dem Wald
gespalten. In beiden fungierte, wie in den übrigen Länderorten auch, eine
Landsgemeinde als höchste Gewalt. In Obwalden, das ich für unser Beispiel
ausgesucht habe, hat sie sich bis heute erhalten. Diese mehr als sechshundert
Jahre ununterbrochen andauernde Tradition zeugt erneut von der erstaunlichen Fähigkeit unserer Vorfahren, generationenüberdauernde «Stabilitäten
trotz allem» zustande zu bringen. Genauso wie auf Läsö haben wir es auch
im vorliegenden Fall mit einem überschaubaren Mikrokosmos zu tun. Un-
terwalden-Ob dem Wald bestand aus sechs einzelnen Teilgemeinden. Es
waren dies die vier kleineren Orte Lungern, Giswil, Alpnach und Sachseln
sowie die beiden größeren Kerns und der Vorort Sarnen. Als siebente Gemeinde ist – allerdings erst 1798 – Engelberg hinzugekommen. Der Kloster-
ort bildete seit der Gründung der Benediktinerabtei 1120 bis zum Untergang
der Alten Eidgenossenschaft einen selbständigen geistlichen Staat. Auf einer
Gesamtfläche von 491 Km^2 leben derzeit (1985) 27046 Menschen. Die
Übersichtlichkeit ist bis heute bewahrt (Amtliche Statistik der Schweiz,
Wohnbevölkerung 1985, 82. – Zum Vergleich: 1985 lebten in Berlin (West)
auf einer Fläche von 480 Km^2 1.86 Millionen Menschen. Statistisches Jahrbuch 1986 für die Bundesrepublik Deutschland, 40–41).

Als oberstes Organ tagte die Landsgemeinde prinzipiell einmal jährlich im
Frühling. An ihr nahmen in politischer Gleichberechtigung «alle Land-
Leuth, die das 14. Jahr ihres Alters erreichet, mit ihren Seithen-Gewehr» teil
(Leu 1763, 637). Hier wurden Allmendprobleme ebenso besprochen wie
Rechtshändel in letzter Instanz entschieden, Gesetze genauso verabschiedet
wie die «Häupter» als oberste Landesbehörde gewählt, die Steuern festge-
legt und das Kirchengut überwacht, über Krieg und Frieden diskutiert,
Bündnisse eingegangen oder verworfen. Standen besonders dringliche Entscheidungen wie etwa ein Kriegsauszug an, konnte es bisweilen zur Einberu-
fung zusätzlicher Vollversammlungen im übrigen Jahresverlauf kommen.
Dennoch waren die Intervalle zwischen den einzelnen Landsgemeinden in
der Regel lang.

Es erstaunt somit wenig, daß die «Häupter» mehr und mehr die faktische
Gewalt an sich zu ziehen vermochten. Die «Häupter»: das waren der Regie-

rende Landammann, der Stillstehende (= vorangegangene) Landammann,
der Landeshauptmann, der Pannerherr, der Seckelmeister und der Bauherr.
Betrachten wir Eidgenossen unsere mittelalterlichen Vorfahren in der Rückschau heute manchmal gerne als «gute Demokraten», so stimmt dies höchstens insofern, als wohl das politische Denken in der Urschweiz demokratisch geprägt war. Die tatsächlichen Machtstrukturen waren es indes nicht.
Selbst gewundene Etikettierungen unserer Tage wie «Aristodemokratie»
oder «Wahlaristokratie» vermögen den mittelalterlichen Sachverhalt nicht
exakt zu treffen. Einigen wohlsituierten Familien gelang es, über das permanente Innehaben der «Häupter»-Stellen ihren Einfluß und ihre Macht erfolgreich auszubauen. In Obwalden waren es lange Zeit die Geschlechter
der Bucher und von der Flüh. Sie organisierten ihre Clans und manipulierten
über ein feinverästeltes Klientelsystem schließlich auch die Landsgemeinden,
auf denen es dann nicht selten zu heftigen Auseinandersetzungen zwischen
diesen einzelnen großen Familien und ihren Anhängerschaften kam. Im 17.
und 18. Jahrhundert zeigten sich mehr und mehr rein absolutistische Züge.
Die soliden wirtschaftlichen Verhältnisse und Beziehungen dieser Sippen,
die im Zusammenhang mit den eidgenössischen Söldnerdiensten zu sehen
sind, machten es möglich. Da half es schließlich auch nicht viel, daß die
«Häupter» schon seit frühesten Zeiten einen 58köpfigen Landrat neben sich
zu dulden hatten. Zwar war es dessen Aufgabe, sämtliche laufend anfallen-
den Geschäfte zwischen den Vollversammlungen entweder selbst zu erledigen oder aber für die Behandlung durch die Landsgemeinden aufzubereiten.
Sie taten dies wiederum unter der Leitung von eben diesen «Häuptern».

Für die mittelalterliche Verfassung ist es kennzeichnend, daß es sich bei
diesem Landrat nicht um eine während der Landsgemeinde «demokratisch»
gewählte Kontroll-Behörde handelte, sondern um Korporationen aus den
sechs Einzelgemeinden. Die beiden größeren von ihnen – Sarnen und
Kerns – entsandten je fünfzehn, die vier kleineren je sieben Delegierte. Bei
besonders wichtigen Geschäften konnte sich der Einfache Landrat zum
Zwei- oder gar Dreifachen Landrat erweitern. Jeder Abgeordnete erschien
dann mit einem beziehungsweise zwei zusätzlichen Männern aus seiner Gemeinde im Vorort Sarnen.

Trotz all den aufgezählten Mängeln und all den dunklen Flecken ist die
Institution der Landsgemeinde in der Schweiz beim Untergang der Alten
Eidgenossenschaft 1798 nicht mituntergegangen. Es gibt sie noch heute.
Selbst in unserem Jahrhundert blieben vier Initiativen von Landsgemeinde-
gegnern in Obwalden erfolglos. 1919, 1922, 1966 und 1973 sprach sich
jeweils die Mehrheit der Stimmberechtigten in geheimen Abstimmungen für
deren Beibehaltung aus. Sie bietet wohl, auch nach fast siebenhundert Jahren, noch immer jene Partizipationsmöglichkeiten, die den Wünschen und
Bedürfnissen auch heutiger Menschen am weitesten entgegenkommen –
trotz allem.

«Trotz allem» – um es nochmals zu unterstreichen – meint eben nicht romantische Rückschau, sondern heißt, auch die Nachteile sehen und in Kauf nehmen, die diesen Kleinstaaterei-Gemeinwesen innewohnen: ihre Familienzwiste, der Kleinkrieg zwischen den Klientelen, die mögliche Abhängigkeit von einflußreichen Despoten, die Gängelei durch rigide soziale Kontrollen mit erniedrigenden Sanktionen. In einem Mikrokosmos kennt jeder jeden. Abweichler haben es schwer.

1100 Jahre Inselrepublik Venedig
Noch vierhundert Jahre länger als die bisherige Geschichte der Schweizerischen Eidgenossenschaft währte diejenige der Inselrepublik Venedig. 697 soll Paoluccio Anafesto zum ersten Dogen gewählt worden sein. 1797 besetzten napoleonische Truppen die Stadt. Der letzte Doge, Lodovico Manin, dankte ab. Seit Anafesto war er der hundertzwanzigste Amtsträger in ununterbrochener Reihenfolge. Die Geschichte venezianischer Freiheit, Unabhängigkeit und Selbständigkeit war damit zu Ende. Diejenige der schweizerischen Eidgenossenschaft aber ist es nicht. Konservieren, Zeugnisse vergangener Größe pflegen, vom Erbe zehren dort – in ungebrochener Tradition leben, das vorderste Glied in einer Kette bilden, beharren und doch sich wandeln und immer neu anpassen, nach rückwärts *und* vorwärts blicken hier. Dieses Eingebettetsein in eine Kontinuität und das Wissen darum mögen in der Schweiz die Bereitschaft fördern, kritische Einwände zur Kenntnis und ernst nehmen, ohne sich ihnen gleich hilflos ausgeliefert zu fühlen. Die Wurzeln greifen tief genug, um Auswüchse unbeschadet auch selbst in Frage zu stellen und wenn nötig abzuschneiden. (Vgl. hierzu etwa vom Eidgenössischen Alt-Parlamentarier Ulrich Luder in seinen «Gedanken über die Demokratie – Politik der inneren Haltung» unter dem Stichwort «Helvetischer Herbst?» In: Neue Zürcher Zeitung, Fernausgabe Nr. 266, 16./17. 11. 1986, 41).

Wer auch immer Venedig besucht – und sei es noch so kurz –, wird als eine der ersten Sehenswürdigkeiten den Dogenpalast sehen wollen. Meist betritt man ihn durch den Haupteingang, die Porta della Carta. Über diesem Portal prangt jenes venezianische Wahrzeichen, das einem bei weiteren Rundgängen unzählige Male begegnen wird: der geflügelte Markuslöwe, die rechte vordere Pranke auf das geöffnete Evangelienbuch haltend (vgl. die Nachzeichnung in *Abbildung 31 unten*). Er symbolisiert gleichermaßen Kontinuität und Stabilität, Herrschaft und Macht, Gerechtigkeit und Strenge, durch die sich die Republik so lange auszeichnete. Zwar findet sich auch der Doge mit im Bild, sogar in gleicher Größe und prächtig ausgestattet mit den Machtinsignien seiner obersten politischen und militärischen Autorität. Den Corno trägt er wie eine Krone auf dem Haupt, und über goldenem Pallium und weißer Stola umhüllt ihn prächtiger Purpur. Doch selbst der höchste Amts- und Würdenträger hat bescheiden und ehrfurchtsvoll vor dem symbolhaften Tier zu knien. Folgerichtig ist es denn auch nicht der an die linke Seite gedrängte Doge, sondern der majestätisch in die Mitte gerückte Markuslöwe, der auf uns herabschaut und jeden Besucher in Augenschein nimmt.

Es bereitet wenig Mühe herauszufinden, um welchen Dogen es sich handelt. Die Porta della Carta wurde 1438–1442 unter der Leitung von Vater und Sohn Giovanni und Bartolomeo B(u)on sowie unter Mitarbeit von Giorgio da Sebenico und verschiedenen toskanischen und lombardischen Bildhauern ausgeführt. Als Vorbild diente ihnen der damalige Amtsinhaber, Francesco Foscari. Er war um 1373 geboren worden und bekleidete die höchste Stelle im Staat über ein Vierteljahrhundert lang, von 1423 bis 1457. Es gibt kaum eine Geschichte Venedigs, die ihn nicht als einen der herausragendsten Dogen bezeichnen würde.

Doch Hand aufs Herz: wer unter den Abertausenden von Besuchern der Stadt könnte heute noch etwas mit dem Namen Francesco Foscari verbinden? Wenn wir an berühmte venezianische Persönlichkeiten denken, dann kommen uns ganz andere Namen in den Sinn, so etwa der Weltreisende Marco Polo (1254–1324), der Herzensbrecher und frivole Memoirenschreiber Giacomo Casanova (1725–1798), der Komödiendichter Carlo Goldoni (1707–1793), der Baumeister Jacopo Sansovino (1486–1570), die Musiker Claudio Monteverdi (1567–1643) und Antonio Vivaldi (1678–1741), oder aus der langen Reihe berühmter Maler Tiziano Vecellio (um 1488/90–1576) oder «unser» Jacopo Robusti Tintoretto (1518–1594, vgl. Abb. 28) oder Paolo Veronese (1528–1588), Giovanni Battista Tiepolo (1696–1770), Giovanni Antonio Canaletto (1697–1768), Pietro Longhi (1702–1785) und Francesco Guardi (1712–1793). Bei ihnen handelt es sich samt und sonders um Ausnahmegestalten, um einmalige Persönlichkeiten, unverwechselbare Charaktere, Schöpfer je eines einzigartigen Lebenswerks. Die Dogen indes waren das nicht. Sie durften es auch gar nicht sein. Bei ihnen handelte es sich um Rollenträger, um Amtsinhaber, um auswechselbare Gestalten. Sie wurden als Figuren eingesetzt – und gar nicht so selten auch wieder abgesetzt. Dies wiederfuhr selbst einem Francesco Foscari.

Abb. 31 Stabilitäten von langer Dauer: Elfhundert Jahre Inselrepublik Venedig 697–1797 – 120 Dogen als Rollenträger.
Oben: Der Doge als Rollenträger; hier am Beispiel von Leonardo Loredan, 75. Doge von Venedig 1501–1521. Porträt von Giovanni Bellini (Venedig Anfang 1430er Jahre – Venedig 1516), etwa 1501. Pappelholz, 61,6 × 45,1 cm. National Gallery London.
Unten: Der geflügelte Markuslöwe als Kennzeichen der Inselrepublik und Symbol von deren Kontinuität und Stabilität, von Herrschaft, Macht, Gerechtigkeit und Strenge. Davor hatte selbst der Doge zu knien. – Nachzeichnung nach der Skulptur über dem Haupteingang zum Dogenpalast. Rollenträger ist hier Francesco Foscari, 65. Doge von Venedig 1423–1457.

DOGE
**697 – †1797
(120 ROLLEN-
TRÄGER)

Zwar hatte er den Venezianern zur größten territorialen Ausdehnung auf dem Festland im Westen verholfen und ihnen ihr Reich auch im türkengefährdeten Osten bewahrt. Doch weil er 1457 «wegen familiärer Querelen» nicht mehr genehm war, mußte er gehen. Der Doge kniet. Der Markuslöwe steht.

Zugespitzt könnte man sagen: Dogen hatten die Dogenrolle zu spielen – aber sonst spielten sie keine Rolle. Es hat somit nichts Ehrenrühriges, ihre individuellen Namen nicht zu kennen. Vielmehr ist dies sogar «systemkonform». Im *oberen Teil der Abbildung 31* habe ich versucht, diesen zentralen Gedanken anschaulich zu machen. DER DOGE wurde 697 geboren. DER DOGE starb 1797. DER DOGE hat keinen individuellen Namen. An Stelle des Herzens habe ich einen großen leeren Kreis eingezeichnet. 120 Mal wurde DEM DOGEN vorübergehend ein Herz eingepflanzt. 120 Mal verlieh ihm jemand sein Leben, spielte ein Mensch vorübergehend die Dogenrolle, war jemand Rollenträger. So lebte DER DOGE jahrhundertelang, sogar mehr als ein Jahrtausend.

Auch hier macht es nicht viel Mühe, den Abkonterfeiten zu identifizieren. Viele unter uns mögen sogar glauben, ihn auf Anhieb zu erkennen. Tatsächlich handelt es sich um eines der am häufigsten reproduzierten Dogenporträts. Kein Prachtband über Venedig läßt seine Wiedergabe aus – und auch keiner über die Londoner National Gallery, wo das Bild heute an exponierter Stelle hängt. So kommt uns allermeist zwar das *Gemälde* bekannt vor und wir erinnern uns, damit verbunden, an den Maler. Der Name des Dargestellten dagegen ist uns entfallen, falls wir ihn überhaupt je wußten. Völlig «system-konform» sagen wir: «Ah! Giovanni Bellini: ‹Der Doge›», nicht jedoch : «Oh! Leonardo Loredan, von irgendeinem gewissen – wie hieß er gleich noch? – Giovanni Bellini?».

Bellini selbst gibt sich in seinem Gemälde allerdings nicht ganz so «system-konform». Wer auch immer, ob nun als Maler, Bildhauer, Schriftsteller, Historiker oder sonstiger Wissenschafter sich zu Darstellungszwecken über einen längeren Zeitraum mit einem einzigen Menschen befaßt, dem dürfte es schwerfallen, den Porträtierten nicht auch mit persönlich-individuellen Zügen auszustatten, und soll dieser noch so sehr in erster Linie als Rollenträger, Amtsinhaber, Symbolfigur erscheinen. So lautete etwa das abschließende Urteil des Österreichers Heinrich Kretschmayr (1870–1939), das heißt des Altmeisters venezianischer Geschichtsschreibung, über unseren Dogen Francesco Foscari zuerst zwar noch kühl abwägend: «Man klagte mit Recht oder Unrecht über die Unzukömmlichkeiten» (die zu seiner Absetzung am 21. Oktober 1457 geführt hatten). Doch dann schildert auch er, mitfühlend, warm, menschlich, anteilnehmend: «Einen oder zwei Tage nach dem Spruch verließ er den Palast, gebeugt, auf den Stab gestützt, die große Treppe herunter, die er einst emporgestiegen, ein Gegenstand des Mitleids».

Mir scheint, daß der für Foscari tragische Ausgang ganz und gar vorprogrammiert war. Kretschmayr trifft den Nagel auf den Kopf, wenn er
schreibt: «Er war die letzte hochaufragende Persönlichkeit in diesem wun-
derbar unpersönlichem Venedig» (Kretschmayr 1920, 365–366). Dies aber
eben vertrug sich nicht, genauso wenig wie sich die Elemente Feuer und
Wasser je dulden werden. Der Markuslöwe gestattete keiner anderen Persönlichkeit einen Platz neben sich, einer hochaufragenden schon gar nicht,
höchstens einer unterwürfig knieenden. Foscari hätte es wissen müssen.
Oder war ihm die Darstellung von Giovanni und Bartolomeo B(u)on nie
aufgefallen? Sah er gar bewußt und beleidigt weg, weil ihn der Markuslöwe
dort auch keines Blickes würdigte? «Venedig gewährte seinen Dogen monumentale und pompöse Grabdenkmäler, in San Zanipolo, in der Frari-Kirche
oder auch in der Basilika. Aber schon zeitlebens war der Doge eingemauert
in das Gebäude eines äußerst komplizierten Staatsmechanismus. Der mit
aller gebotenen und für Venedig selbstverständlichen Pracht den Staat Re-
präsentierende lebte in Wahrheit als Gefangener in einem goldenen Käfig»
(Horst 1982, 166–167). Streckte er den Kopf trotzdem hinaus, das heißt
wagte er die geringste Selbständigkeit, wurde ihm das Haupt erbarmungslos
abgeschlagen.
    Auch Bellini schien, wie Kretschmayr, hin- und hergerissen. Zwar gehörte
Loredan, anders als Foscari, nicht zu den ganz großen in der Reihe der
hundertzwanzig Dogen. Unter ihm büßte die Seerepublik sogar viel von
ihrer bis damals behaupteten Weltrangstellung ein. Die Weichen des Ab-
stiegs wurden gestellt. Am Ende seines langen Dogats (1501–1521) war
Venedig keine Großmacht mehr. Vielleicht fiel es dem Maler deshalb leichter, ihm menschlich näher zu kommen. Wohl betont Bellini in seinem Porträt Würde und Autorität des höchsten Amtes. Das Bild ist streng symme-
trisch, der Gesichtsausdruck des damaligen Amtsinhabers diszipliniert, ver-
bindlich, formal, unnahbar, über allen Parteien stehend, erhaben, rollen-
konform, systemangepaßt. Ebenso werden Macht und Prunk zur Schau
gestellt. Es fehlen auch nicht die Amtsinsignien, weder der Corno, noch
Gold und Brokat des Habits. Doch dort, wo man hautnah an den *Menschen*
Loredan herankommt, enthüllt uns Bellini unübersehbar dessen deutliche
Anzeichen von Verfall, von Alter, von Vergänglichkeit. In Loredans Gesicht
haben sich tiefe Furchen eingegraben. Sie umklammern seinen Mund, teilen
die rechte Wange senkrecht in zwei Hälften. Und der Hals wirkt, jedenfalls
was wir davon sehen, vollends faltig und verrunzelt. Diese Partien sind
überhaupt nicht prächtig und würdeheischend. «Die Person war Bellini
mehr als das Amt», meint treffend der Münchner Kunsthistoriker Norbert
Huse (* 1941), seine Betrachtungen resümierend (Huse 1986, 241).
    Da hat ein anderer venezianischer Maler, Vittore Carpaccio (um 1465/
67–1525/26), den Dogen Leonardo Loredan *insgesamt* schon wesentlich
«system-gerechter» interpretiert. In dem ihm jedenfalls zugeschriebenen

Porträt ist nicht, wie bei Bellini, LEONARDO LOREDAN, seines Zeichens Doge, dargestellt, sondern EIN DOGE, namens Loredan, bestehend aus lauter Versatzstücken von Macht, Amt und Würde und einem maskenhaft erstarrten Dogen-Antlitz in der Mitte (Lauts 1962, 241–242 und ganzseitige Abbildung Nr. 106). Ähnliche Gedanken gingen einem, wenn auch für eine niedrigere Ebene, durch den Kopf, als man letzthin auf einer Wanderausstellung vierzehn Gemälde Pietro Longhis und seiner Werkstatt zum Thema «Alltagsleben in Venedig im 18. Jahrhundert» zu Gesicht bekam. Das rollenhaft schablonenmäßige Agieren der dargestellten Personen war dermaßen in die Augen fallend, daß sogar die Tagespresse dazu vermerkte: «Obwohl vom Sujet her äußerst lebendige Szenen dargestellt sind, erstarren die Personen in apathischer Haltung. Selbst das ‹Kaffeehaus› strahlt nicht gerade aktive Lebensfreude aus. Man könnte meinen, es sei eher eine Apotheke, wo die Kunden auf ihre bittere Arznei warten» (John Laupitz in seiner Besprechung anläßlich der Ausstellungs-Eröffnung in der Gemäldegalerie der Staatlichen Museen Preußischer Kulturbesitz Berlin. In: Berliner Morgenpost, 8. Februar 1987, S. 37 (16)).

Längst haben andere vor uns über die generationenüberdauernde Stabilität der Republik Venedig geschrieben und publiziert. Wir brauchen dies hier nicht weitschweifig zu wiederholen. Was ich als einziges jedoch nochmals unterstreichen möchte, ist die absolute Vorrangigkeit des Rollenverhaltens, des Hintanstellens partikularer Sonderinteressen, des Unterordnens eines jeden EGO unter ein gemeinsames Ziel, unter das Gemeinwohl. Dies ist, was uns inzwischen abhanden kam, abhanden kommen konnte, weil es auch ohne zu gehen scheint. *Hierüber* werden wir in den späteren Kapiteln weiter nachdenken müssen. Wir sind nicht länger gezwungen, wie seinerzeit die Venezianer oder die Eidgenossen in der Alten Schweiz oder die Inselbewohner auf Läsö oder die Angehörigen unzähliger anderer Mini- und Mikro-Gemeinschaften, aufgrund permanenter «Pest, Hunger und Kriegs»-Umstände zusammenzuhalten, aus überlebensstrategischen Gründen unser EGO hintanzustellen, unsere Rolle im Gemeinschafts-Spiel zu spielen.

Lassen wir abschließend jemanden zu Worte kommen, der es wissen muß, und zwar besser als der Venedig-fremde Autor. Denn Alvise Zorzi entstammt selbst einer jener alteingesessenen venezianischen Adelsfamilien, die die Republik während Jahrhunderten mit den wichtigsten Rollenträgern versorgt hatten, mit Dogen, Prokuratoren, Kardinälen, Lehensherren. Er schließt seinen Band «Venedig – eine Stadt, eine Republik, ein Weltreich; 697–1797» mit dem Kapitel «Weshalb elf Jahrhunderte Unabhängigkeit?» – Zwei Punkte stellt er dabei ins Zentrum: einerseits die Voraussetzungen (die im Falle Venedig besonders extrem sind) und andererseits das angemessene Reagieren darauf. «Da gab es zunächst den ‹Notstand›, den täglichen Kampf ums Überleben». Dazu rechnet Zorzi den permanenten Kampf der Lagunenstadt gegen das nagende Meer, die häufigen Seuchen in der exponierten Handelsmetropole, die andauernden Auseinandersetzungen der Seerepublik auf dem Festland und entlang der Meereswege in West und Ost, in Süd und Nord: gegen Langobarden und Franken, gegen Feudalherren und Stadtstaaten, gegen Kaiser und Päpste, Könige und Sultane, gegen Spanier wie Österreicher, Franzosen wie Türken. Dieser nie endende ‹Notstand› führte nach Zorzi dazu, «daß die Venezianer in dieser ganzen Zeit ⟨697–1797⟩ sich stets voll einsetzten für das, was sie taten, ob Handel und Politik, ob Krieg und Diplomatie: ein voller Einsatz, motiviert durch das Bewußtsein, daß er zum Überleben unumgänglich ist».

«Zweites Element: der konstante Vorrang, in allen Aspekten des politischen und sozialen Lebens, des ‹Öffentlichen› vor dem ‹Privaten›. In der Tat war in der venezianischen Welt der Verzicht des *particulare* zugunsten dessen, was als öffentliches Interesse angesehen wurde, eine Regel, der sich nicht einmal diejenigen entzogen, die, ob Einzelpersönlichkeit oder Sozialklasse, über der Kollektivität standen und sie beherrschten». Allein schaffte man es nicht, schaffte es niemand. «Die Tatsache, daß jeder Venezianer in all den langen Jahrhunderten das öffentliche Interesse als das ‹seine› empfunden hat, ist zweifellos ebenso Ursache für Expansion, Macht und Langlebigkeit der Republik wie die Strenge des Patriziats sich selbst gegenüber». Jeder Nobile bekleidete im ausgedehnten Staatsapparat irgend ein Amt; keiner konnte den Dienst oder ein Kommando verweigern. Ob jedoch auf einer solchen höheren Ebene oder auf niedrigster Stufe eines Soldaten: stets hatte sich das Rollenspiel eines jeden nach dem Grundprinzip der venezianischen Moral auszurichten. «Tapferkeit vor dem Feind, korrekte Amtsführung und gerechte Justiz waren selbstverständliche Pflichten und verdienten keine besondere Anerkennung. Unkorrektheit führte dagegen zur Denunzierung und Unehre dessen, der sie begangen hatte» (alle Passagen sind dem erwähnten Schlußkapitel «Weshalb elf Jahrhunderte Unabhängigkeit?» entnommen: Zorzi 1981, 231–240).

Trotzdem ging es mit *diesem* Venedig nach elfhundert Jahren zu Ende, brach die Dogenkette mit dem hundertzwanzigsten Glied ab, verschwand die Adelsrepublik, wich ihre aristokratisch restriktive «gottgewollte» Staatsverfassung einer naturrechtlich begründeten Volkssouveränität mit der Gleichberechtigung Aller. Die Stadt als solche hat überlebt, die Venezianer haben überlebt. Zeit-angemessener gingen sie im 19. Jahrhundert in einem italienischen Nationalstaat auf.

Damit scheint mir die Richtung für unsere weiteren Überlegungen vorgezeichnet. Wie kommt, wie kam es zum Auf- und Auseinanderbrechen eines jahrhundertüberdauernden Systems? Es geht hier nicht darum, jene immer wieder eintretenden äußeren Zwänge wirtschaftlicher oder politischer Natur im Detail zu beschreiben, die diesen oder jenen Mikrokosmos schließlich bersten ließen. Bezüglich Venedigs hatte ich dies ansatzweise eben getan. Jeder Leser kann die Einzelheiten selbst weiterverfolgen, so das Heranwachsen der letztlich übermächtig gewordenen Ideen von Volksherrschaft und Nationalstaat oder das schon sehr viel früher erfolgte Verdrängtwerden aus der Großmachtstellung unter Leonardo Loredan, weil die Basis einer einzigen Stadt in der Konkurrenz mit aufstrebenden Flächenstaaten politisch und militärisch zu schmal wurde. Zudem büßte Venedig wegen der Verlagerung der Welthandelswege zunehmend seine wirtschaftliche Grundlage ein. Mit der noch lange nachwirkenden «Riputazione», mit «Ansehen» allein aber konnten – wenn die wirtschaftliche, finanzielle, militärische Basis fehlte – keine napoleonischen Massenheere mehr aufgehalten werden.

Vielmehr wollen wir im folgenden auf einer allgemeineren Ebene jenen unter- und hintergründigen Veränderungen nachspüren, die zu einem Wandel in den Lebens-Grundlagen selbst führten und deren Konsequenz das Aufbrechen des Systems war. «Lebens-Grundlage» kann hierbei wörtlich genommen werden: wie war es mit der Grundlage, der Sicherheit oder Unsicherheit des Lebens bestellt?

3.2. Risse im System der Gemeinschaften

Methodisch will ich auch in diesem Kapitelteil so vorgehen, daß ich dem Leser eine Reihe von Abbildungen vorlege. Je drei bis vier Figuren sollen dabei einem bestimmten Themenbereich gewidmet sein. Diese Abbildungen sind in erster Linie als Denkanstöße zu verstehen. Einmal mehr spiegeln sich hierin meine eigenen Erlebnisse und Erfahrungen der letzten Jahre wieder. Jeder Leser mag, gemäß seinen eigenen Erlebnissen und Erfahrungen, je für sich ergänzen, abändern, weglassen, hinzufügen.

Systeme brechen nicht von einem Tag auf den anderen auf, fallen nicht plötzlich und über Nacht auseinander. Lange vorher zeigen sich Risse, Schwachstellen, brüchige Nähte, mühsam übertünchte Divergenzen, gibt es erzwungenes Weiterbestehen. Es knistert im Gebälk, bevor es einstürzt.

Schon beim Beispiel Venedig hatten wir abschließend darauf hingewiesen, daß «Reputation» zwar ein zentraler Wert sein kann, in deren Dienst man sich unter Hintansetzung egoistischer Partikularinteressen stellt. Reputation allein aber, so zeigte sich, genügt nicht. Es muß auch das wirtschaftliche Fundament stimmen und tragfähig sein. Auf die bäuerliche Welt unserer eigenen Vorfahren übertragen meint dies, daß ein Hof von dreißig bis vierzig Hektar für «gehobenes Ansehen» ausreichte, ein Gütlein von fünf Hektar jedoch nicht. Im ersten Fall kann der Historiker dann beobachten, wie man versuchte, die Reputation des großen Gutes Generation um Generation aufrecht zu erhalten, indem man es nie aufteilte, selbst dann nicht, wenn mehrere erbberechtigte Kinder vorhanden waren. Ein solcher Hof wurde stets ungeteilt an die nächste Generation übergegeben. Die restlichen Nachkommen gingen indes nicht einfach «leer» aus. Sie profitierten auf ihre

Weise genau so vom permanenten Ansehen des Gutes, zu dem sie gehörten. Für sie war es wesentlich leichter, eine «gute Partie» zu machen, als wenn sie zu einer Familie von Habenichtsen gehörten. – Im zweiten Fall konnte man sich derlei heiratsstrategische Überlegungen zum vornherein ersparen. Es gab da schon gar nichts zusammenzuhalten.

Fragen wir nun nach bruchträchtigen Schwachstellen im Rahmen eines solchen Systems, so konnten sie – von heute aus gesehen – am ehesten in der freiwillig zu erfolgenden Unterordnung unter den zentralen Wert der Reputation liegen, und zwar auch all jener Hofbewohner, die das angesehene große Gut selbst nicht erbten. Sobald jeder für sich «Gleichberechtigung» zu fordern begann und der Hof daraufhin tatsächlich gedrittelt oder geviertelt wurde und man eine gleiche Teilung in der daraufhin folgenden Generation nochmals wiederholte, dann war es mit der Reputation vorbei, für alle vorbei. – Die Abbildungen 32–34 wollen eine Grundlage schaffen, um hierüber weiter nachzudenken.

Wer von den hohen Heiratszahlen früherer Zeiten, von den häufigen Wiederverheiratungen, den kurzen Witwer- oder Witwenschaftsdauern, der geringen Quote lebenslänglicher alter Tanten oder lediger Onkel hört, könnte leicht meinen, daß die überwiegende Mehrzahl unserer Vorfahren in Gemeinschaften ehelicher, familiärer Art wohl aufgehoben war. Vordergründig mag dies – wie die *Abbildung 32* belegt – vielleicht zutreffen. Aber hinter den Kulissen? Verheiratet sein, in einer Familie leben, gemeinsam unter einem Dach wohnen, in einen Haushalt integriert sein, all das sagt über das «Glück» (oder Unglück) der betreffenden Ehepartner, der Familien- und Haushaltsmitglieder noch gar nichts aus – außer, und dies war damals der entscheidende Umstand, daß das physiologische Leben und Überleben jedes Beteiligten gesicherter war, als wenn er allein gelebt hätte.

Für Frankreich, England und Schweden liegt weit in die Vergangenheit zurückreichendes Zahlenmaterial vor. So konnte ich für Frankreich in der oberen Figurenhälfte den Anteil je verheirateter Männer und Frauen unter den im Alter von fünfzig und mehr Jahren Verstorbenen zwischen 1660–64 und 1851–55 eintragen. Der Prozentsatz lebenslanger «Singles» betrug in diesem Zeitraum bei den Männern zwischen 3.9% für die Geburtskohorten 1660–64 und 10.5% 1815–25. Bei den Frauen waren es zwischen 4.8% 1670–74 und 14.0% 1785–89. – In der Teilgraphik für England sind die Anteile der je verheirateten Personen im Alter von 40 bis 44 Jahren unter allen Angehörigen dieser Altersgruppe für die Geburtsjahrgänge zwischen 1556 und 1821 wiedergegeben. Hier schwankte der Prozentsatz von «Singles» zwischen 4.2% in der Geburtenkohorte 1566 und maximal 27.0% 1646 und 1651. – In Schweden schließlich sehen wir die Anteile je verheirateter Männer und Frauen unter der 45- bis 49jährigen Bevölkerung zwischen 1750 und 1900 eingezeichnet. Dort gab es 1750 unter den Männern 5.5% lebenslängliche «Singles», unter den Frauen 10.4%, 1800 6.9%

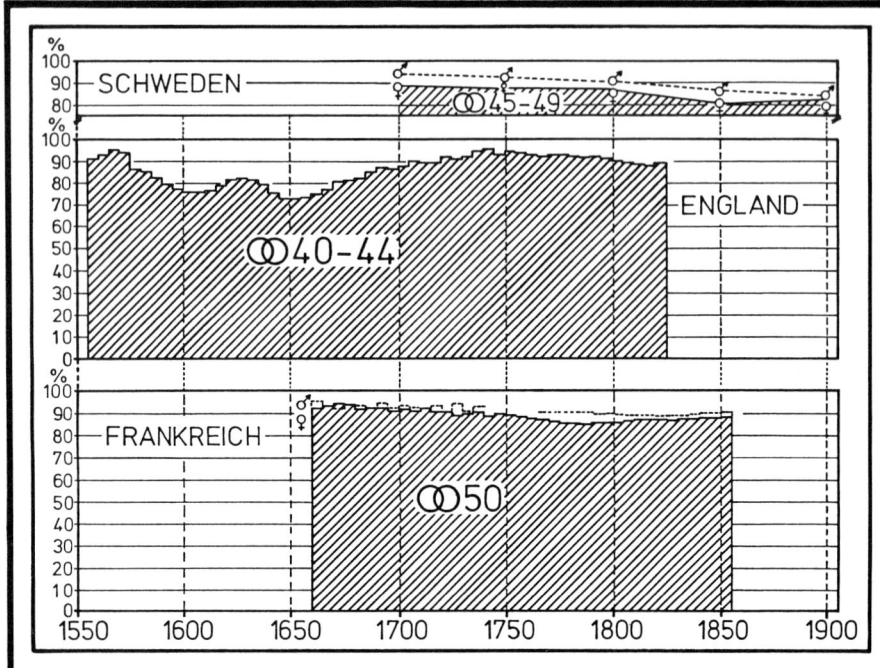

und 11.7%, 1850 8.9% und 12.3%, und 1900 schließlich 13.5% und 19.4%.

Doch was heißt eben schon ‹verheiratet› oder ‹wiederverheiratet› oder nicht ‹Single› sein? Was meint, in einer ‹Familie› leben, Geschwister haben? Wenn viele unserer Märchen «aus guter alter Zeit» zum Beispiel überquellen von arglistigen, abgrundbösen, niederträchtigen Stiefmüttern, so ist wohl kaum anzunehmen, daß damals in derartigen Familienkonstellationen immer nur eitel Freude herrschte. – In der unteren Hälfte von Figur 32 sehen wir die englische Familie Saltonstall aus der ersten Hälfte des 17. Jahrhunderts abgebildet. Sir Richard Saltonstall of Chipping Warden steht am Totenbett seiner ersten Frau. Sie starb im Jahre 1630. Drei Jahre später heiratete Sir Richard erneut. Aus erster Ehe brachte er zwei kleine Kinder mit. Im Familienporträt hält er sie in seiner rechten Hand. Mit der linken hebt er leicht den Vorhang hoch, damit die dahingegangene Mutter dennoch am Gruppenbild teilhaben kann. Rechts sitzt seine jetzige Gemahlin. Auf ihrem Schoß hält sie ein Kind aus dieser zweiten Ehe. Doch weder die junge Frau noch das eben erwähnte Stiefgeschwisterchen scheinen das geringste mit den übrigen Personen zu tun zu haben. Weder gibt es Blickkontakte zwischen ihnen noch die mindeste körperliche Annäherung. Beide Gruppen sind isoliert und sehen eher aus wie feindliche Parteien. In der Mitte steht der einzige, der mit allen etwas zu tun hat, Sir Richard. Doch kommt er uns vor, als ob er zwischen zwei Fronten stünde. Von Zärtlichkeit ist in dieser Darstellung nichts zu spüren, von intimer Gemeinschaft schon gar nicht. – Ein Familienleben «wie aus guter alter Zeit»? Man beginnt sich zu fragen, ob die vielen heutigen Scheidungswaisen wirklich so viel schlechter dran sind als jene zahlreichen seinerzeitigen Halb- und Vollwaisen?

Auf deutsche Lande bezogen, macht die *Abbildung 33* deutlich, daß es damals Hunderte, ja Tausende und Abertausende von derlei innerfamiliären, gemeinschaftsinternen bruchträchtigen Schwachstellen gegeben haben muß. Im schwäbischen Gabelbach, im ostfriesischen Hesel, im nordhessischen Schwalmgebiet sowie im oberrheinischen Städtchen Philippsburg ha-

Abb. 32 Ehe-Gemeinschaften in Schweden, England und Frankreich: 16. bis zum 19. Jahrhundert. – Zwar ein hoher Anteil an der Gesamtbevölkerung, doch konnten die vielen Wiederverheiratungen leicht zu innerfamiliären Konfliktpotentialen führen.
Oben: Anteil jemals verheirateter Personen in ausgewählten Altersgruppen – in Schweden: Geburtsjahrgänge ab 1700, in England: Geburtsjahrgänge 1556–1821, in Frankreich: Geburtsjahrgänge 1660–64 bis 1815–1825.
Unten: David Des Granges (1611–1675): Die Familie Saltonstall, 1636/1637. Öl auf Leinwand, 214 × 276.2 cm. The Tate Gallery London.
Quelle: Life-Course Patterns of Women and Their Husbands: 16th to 20th Century. In: Aage B. Sörensen et al. (Eds.): Human Development and the Life Course: Multidisciplinary Perspectives. Hillsdale, New Jersey: Lawrence Erlbaum 1986, 257.

be ich jeweils sämtliche Heiraten untersucht, die an diesen Orten von 1600–1779 sowie von 1780–1899 geschlossen wurden. Dabei achtete ich darauf, ob es sich bei Braut und Bräutigam um ledige Personen handelte, ob er oder sie zuvor schon einmal verheiratet gewesen war oder ob gar Witwer und Witwen zusammenfanden. Das letzte Variante kam zwar nur selten vor:

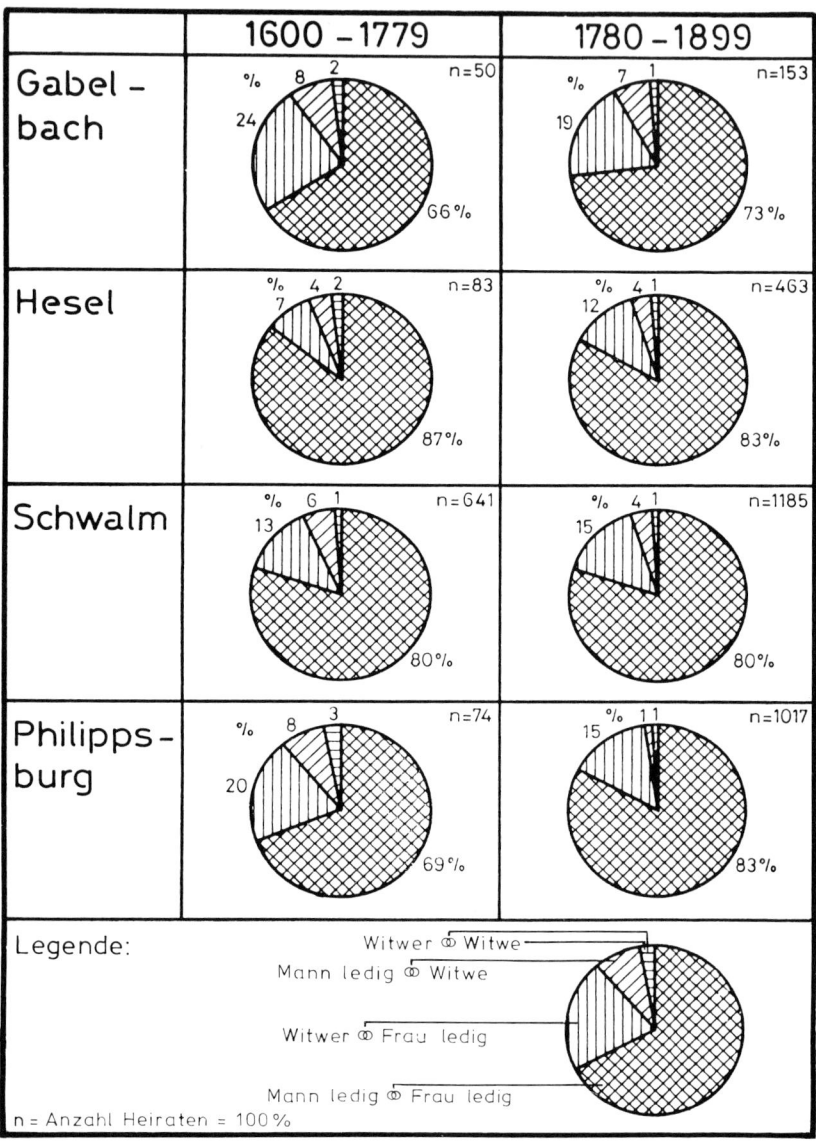

beidseitige Wiederverehelichungen machten zu allen Zeiten und an allen Orten höchstens drei Prozent sämtlicher Heiraten aus. Doch Ehen zwischen zuvor ledigen Partnern gab es auch nur in zwei Dritteln bis höchstens vier Fünfteln aller Fälle (minimal 66%; maximal 83%). Das aus den restlichen vielen «Gemischt-Ehen» resultierende Konfliktpotential dürfte somit beträchtlich gewesen sein. Wir haben daher wenig Anlaß, die seinerzeitigen Familien-«Gemeinschaften» immer nur nostalgisch zu betrachten, und zwar auch dann nicht, wenn wir sie vor dem Hintergrund der großen Zahl heutiger Ehen sehen, die nach kurzer Zeit wieder in die Brüche gehen. Waren denn jene vielen schlechten alten Muß-Gemeinschaften etwa eine bessere Lösung, als wenn sich heute Partner, die einander nicht mehr verstehen, zum Auseinandergehen entschließen? Die derzeitigen rechtlichen, wirtschaftlichen, gesellschaftlichen Umstände erlauben eine solche Konflikt-Lösung, die seinerzeitigen taten es nicht.

Konfliktpotentiale ergaben sich damals jedoch nicht allein wegen häufig komplizierter Familienverhältnisse, die immer wieder zu Spannungen zwischen Angehörigen ganz unterschiedlicher Verwandtschaftsgrade führen konnten. Ruft man sich die beiden Abbildungen 32 und 33 nochmals ins Gedächtnis zurück, so waren nicht nur keineswegs alle Männer und Frauen selbst im damals fortgeschrittenen Alter von vierzig oder fünfzig Jahren verheiratet oder jemals verheiratet gewesen, sondern unter den Verwitweten hatten wiederum die Witwer eine größere Chance als die Witwen, eine neue eheliche Gemeinschaft zu bilden. In England, so hatten wir gehört, lebten um die Mitte des 17. Jahrhunderts wiederholt bis zu einem Viertel aller 40- bis 44jährigen als «Singles». Und im südwestdeutschen Städtchen Philippsburg führte 1780–1899 in fünfzehn Prozent sämtlicher Heiraten ein Witwer eine ledige Frau zum Traualtar, jedoch nur in einem Prozent eine Witwe einen ledigen Bräutigam.

Da fragt sich ja wohl doch, wie es denn um die gar nicht so wenigen «übrigen» bestellt gewesen sein mochte, um die lebenslänglich Ledigen, um die nicht wieder heiratenden Witwen oder Witwer? Wählten sie, wie die meisten heutigen «Singles», ihren Zivilstand aus eigenem Antrieb? Waren es samt und sonders Hagestolze, die ihr Leben genießen wollten? Hedonisten,

Abb. 33   Ehe-Gemeinschaften in Deutschland 1600–1899: bis zu einem Drittel Wiederverheiratungen.
Anteil Ehen in Gabelbach (Schwaben), Hesel (Ostfriesland), der Schwalm (Nordhessen) und Philippsburg (Oberrheinische Tiefebene), die zwischen 1600–1779 und 1780–1899 geschlossen wurden, gegliedert nach dem Zivilstand der Heiratenden.
Quelle : Wiederverheiratung in Deutschland zwischen dem 16. und dem Beginn des 20. Jahrhunderts. In: Rudolf Lenz (Hrsg.): Studien zur deutschsprachigen Leichenpredigt der frühen Neuzeit (= Marburger Personalschriften-Forschungen, Bd. 4). Marburg: Schwarz 1981, 185–222.

die nach Lustgewinn trachteten? Oder handelte es sich in vielen Fällen nicht eher um einen erzwungenen Ledigenstand, um erzwungene Witwenschaften bis ans Lebensende? Was ich hiermit zu bedenken geben will, ist die wahrscheinlich keineswegs romantische Lage, in der sich eine große Zahl dieser Menschen befunden haben muß. Auch sie gehörten zu unseren Vorfahren, und wenn sie noch so sehr eine Minderheit bildeten.

Minderheit? Laut Armenprotokoll des Kirchspiels Sankt Marien zu Flensburg aus der Zeit zwischen 1795 und 1798 waren 71% der 315 darin aufgeführten verarmten Personen Frauen, und von diesen wiederum 53% verwitwet und weitere 21% ledig. Das sind allein über 160 Betroffene. Und es waren noch lange nicht alle! Wieviele Arme es in den übrigen drei Kirchspielen der damals etwa 11500 Einwohner zählenden Stadt gab, ist nirgends vermerkt. Wieviele unerkannt bleiben wollende «verschämte Arme» von der Hand in den Mund lebten, erfahren wir ebenso wenig.

Und wo damit schon das Problem der Ausgeschlagenen, der Marginalisierten, Verarmten, abseits Gedrängten angesprochen wird, können wir uns auch gleich den ganzen Merkvers in Erinnerung rufen, der die Quintessenz der jeweils sieben christlichen Werke der leiblichen und der geistigen Barmherzigkeit enthält:

«Visito, poto, cibo, Redimo, tego, colligo, condo»;
«Consule, carpe, doce, solare, remitte, fer, ora».

oder zu deutsch:

«Die Hungrigen speisen; Die Sünder zurechtweisen;
Die Durstigen tränken; Die Unwissenden belehren;
Die Nackten bekleiden; Den Zweifelnden recht raten;
Die Fremden beherbergen; Den Betrübten Trost spenden;
Die Gefangenen erlösen; Das Unrecht geduldig ertragen;
Die Kranken besuchen; Den Beleidigern gern verzeihen;
Die Toten begraben. Für die Lebenden und Toten beten».

Diese Aufzählung war allerdings nicht ausschließlich zu verstehen. Sie bezeichnete vielmehr konkrete Beispiele für Hilfeleistungen in existentiellen und situationsbedingten Nöten, und zwar sowohl für Notleidende wie für Helfende. So waren etwa am ehemaligen Lettner des Straßburger Münsters aus der Zeit um 1250 acht leibliche Werke dargestellt. Der Krankenbesuch fehlte; dafür gab es je ein Relief «Die Barfüßigen beschuhen» und «Die Witwen und Waisen versorgen». Wer sich weder die lateinische Kurzformel merken konnte – lesen schon gar nicht und verstehen wahrscheinlich ebenso wenig –, und wem auch die deutsche Version nicht im Gedächtnis haften bleiben wollte, dem wurde seit dem hohen Mittelalter das Pflichtenheft christlicher Caritas durch unmißverständliche Bildprogramme im Rahmen der monumentalen Kunst vorgeführt. Dazu brauchte man nicht lesen zu können. Meistens waren es sechs Werke der leiblichen Barmherzigkeit, die da belehrend an exponierter Stelle prangten. Gemeinsam mit dem Jüngsten Gericht bildeten sie eine Illustration der biblischen Weissagung (Matthäus 25, 34–45): «Alsdann wird der König zu denen auf der Rechten sprechen: ‹Kommt, ihr Gesegneten meines Vaters! Nehmet in Besitz das Reich, das seit der Weltschöpfung für euch bereitet ist,

> Denn ich war hungrig, und ihr gabt mir zu essen,
> durstig, und ihr gabt mir zu trinken.
> Ich war fremd, und ihr habt mich beherbergt,
> nackt, und ihr habt mich bekleidet.
> Ich war krank, und ihr habt mich besucht,
> gefangen, und ihr seid zu mir gekommen».

Seit dem 12. Jahrhundert kann man eines der berühmtesten Beispiele in je drei Hochreliefs an der Galluspforte des Basler Münsters sehen, im Bogenfeld überragt vom Letzten Gericht. Allem Anschein nach hat sich der Weltenrichter mit den Hilfsbedürftigen identifiziert, während den – nicht ganz uneigennützig zum Besten des eigenen Seelenheils handelnden – Helfern die Belohnung durch die ewige Glückseligkeit winkt.

Diskreter, wenn auch nicht minder eindringlich erfuhren die Gläubigen dieselbe Botschaft auf unzähligen Altartafeln. Für die *Abbildung 34* wählte ich als Beispiel das Bildprogramm auf den beiden Innenflügeln des Altars aus der Seeauer Kapelle im oberösterreichischen Altmünster. Sie entstanden im 15. Jahrhundert. Diesmal fehlt als einziges unter den sieben leiblichen Werken der Krankenbesuch. (Das hier mitdargestellte «Die Toten begraben» – unten rechts – bezieht sich auf das Buch Tobias 1, 19–20. Ebenso wie alle geistlichen Werke der Barmherzigkeit, die nicht auf einer bestimmten Bibelstelle beruhen, sondern theologische Parallelbildungen sind, kam dieses Apokryph erst später hinzu.)

Im übrigen hat auch hier der unbekannte Künstler nicht vergessen, auf jeder der sechs Bildumsetzungen anschaulich die Erlösung einer Seele aus dem Fegefeuer durch einen Engel und eine kleine nackte Menschengestalt hinzuzufügen. Insgesamt wird hier die mittelalterlich überlieferte Wohltätigkeit in hervorragender Weise als jedermann verständliche Almosenlehre dargestellt. Mildtätigkeit war zwar ein «freiwilliger Akt», der je einen ganz bestimmten Mangel ohne Rücksicht auf dessen Ursprung ausgleichen sollte. Doch wichtiger als der Almosenempfänger, der denn in den Bildern auch kleiner und eher nur am Rande in Erscheinung tritt, ist der Geber. Offenbar wird an *sein* religiöses und persönliches Interesse appelliert. Als Gegenleistung sollte der Empfänger für das Seelenheil des Spenders sich zu Fürbitte und Gebeten verpflichten.

«Du sollst...!» – «Du sollst...!» – «Du sollst...!» – Und dies alles im Hinblick auf dein eigenes Seelenheil! – Das konnte nur so lange gut gehen,

wie die Caritas als eine der christlichen Haupttugenden lebendig war. Mit
dem allmählichen Verblassen dieser Ethik im Abendland, mit ihrer Verdam-
mung im Protestantismus als Seelenheil-Egoismus und der an dessen Stelle
tretenden obrigkeitlichen Sozialdisziplinierung mehrten sich die Risse im
alten Fürsorgenetz. Inzwischen ist es nicht nur wieder intakt, sondern sogar
enger gewoben als je zuvor. Durch das staatlich abgesicherte soziale Netz-
werk fällt heute niemand mehr so leicht hindurch. Auch sind wir nicht
länger, wie unsere Vorfahren ehedem, auf ein bloßes «Du sollst!» angewiesen. Vielmehr haben wir ein Anrecht auf Hilfestellung. Durch den Sozial-
staat ist – jedenfalls materiell – vorgesorgt. Im Sozialgesetzbuch der Bundesrepublik Deutschland heißt es in Paragraph 9 unter «Sozialhilfe» klipp und
klar: «Wer nicht in der Lage ist, aus eigenen Kräften seinen Lebensunterhalt
zu bestreiten oder in besonderen Lebenslagen sich selbst zu helfen, und auch
von anderer Seite keine ausreichende Hilfe erhält, hat ein Recht auf persönliche und wirtschaftliche Hilfe, die seinem besonderen Bedarf entspricht, ihn
zur Selbsthilfe befähigt, die Teilnahme am Leben in der Gemeinschaft ermöglicht und die Führung eines menschenwürdigen Lebens sichert». Schaut
man sich daraufhin auch noch die 152 Paragraphen des «Bundessozialhilfegesetzes» (in der seit dem 1. Juli 1985 gültigen Version) an, kommt einem
vieles bekannt vor. Allerdings erscheinen die ehedem christlichen Pflichten
nun in «rechtlicher Form»:

§ 12 «Notwendiger Lebensunterhalt»: «(1) Der notwendige Lebensunterhalt umfaßt besonders Ernährung, Unterkunft, Kleidung, Körperpflege,
Hausrat, Heizung und persönliche Bedürfnisse des täglichen Lebens».

§ 13 «Übernahme von Krankenversicherungsbeiträgen».

§ 14 «Alterssicherung»: «Als Hilfe zum Lebensunterhalt können auch die
Kosten übernommen werden, die erforderlich sind, um die Voraussetzungen
eines Anspruchs auf eine angemessene Alterssicherung oder auf ein ange-
messenes Sterbegeld zu erfüllen».

Abb. 34 Monogrammist SH, Oberösterreich, gegen Ende des 15. Jahrhunderts: Die
beiden Innenflügel des Altars der Seeauer Kapelle von Altmünster mit sechs Einzeldarstel-
lungen der ‹Sieben Leiblichen Werke der Barmherzigkeit› (es fehlt «Die Kranken besu-
chen»). Tempera auf Holz. Höhe der Flügel: rechts 176 cm, links 175 cm; Breite je
43.5 cm. Oberösterreichisches Landesmuseum Schloß Linz.
Links von oben nach unten:
«Du sold den hungring speysen»   (Die Hungrigen speisen);
«Du sold den nakchoten gewäntten»   (Die Nackten bekleiden);
«Du sold den gefanngen trösten»   (Die Gefangenen erlösen).
Rechts von oben nach unten:
«Du sold den dursting trenckchen»   (Die Durstigen tränken);
«Du sold den ellenden pehawsen»   (Die Fremden beherbergen);
«Du sold den totten pegraben»   (Die Toten begraben).

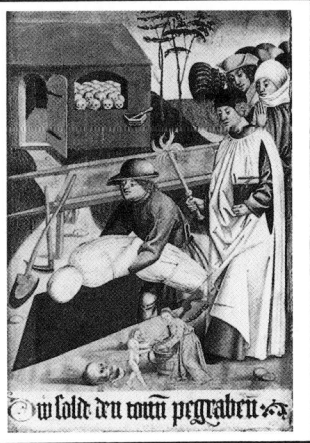

§ 15 «Bestattungskosten»: «Die erforderlichen Kosten einer Bestattung sind zu übernehmen, soweit dem hierzu Verpflichteten nicht zugemutet werden kann, die Kosten zu tragen».

§ 37 «Krankenhilfe»: «(1) Kranken ist Krankenhilfe zu gewähren».

§ 68 «Hilfe zur Pflege»: «Personen, die infolge Krankheit oder Behinderung so hilflos sind, daß sie nicht ohne Wartung und Pflege bleiben können, ist Hilfe zur Pflege zu gewähren».

§ 75: «Altenhilfe»: «(1) Alten Menschen soll außer der Hilfe nach den übrigen Bestimmungen dieses Gesetzes Altenhilfe gewährt werden. Sie soll dazu beitragen, Schwierigkeiten, die durch das Alter entstehen, zu verhüten, zu überwinden oder zu mildern und alten Menschen die Möglichkeit zu erhalten, am Leben in der Gemeinschaft teilzunehmen».

Vielleicht sollte man sich heute, gerade weil die leiblichen Werke somit nicht länger wie ehedem im Vordergrund stehen, wieder vermehrt daran erinnern, daß es daneben auch noch die Werke der geistigen Barmherzigkeit gab?

Auch wenn unsere Vorfahren versuchten, je auf ihre Weise mit den vielfältigen Widerwärtigkeiten eines stets von «Pest, Hunger und Krieg» bedrohten Alltags fertig zu werden und sich zu diesem Zwecke auf ganz verschiedenen Ebenen zu Gemeinschaften zusammenschlossen, so waren in diesen größeren und kleineren Netzwerken doch nicht alle Menschen gleich gut aufgehoben und in sie eingebettet. Es gab besser und weniger gut Situierte, gab Arme und Reiche, lebenslänglich Ledige, Witwen und Witwer, Halb- und Vollwaisen, aber auch glücklich Verheiratete und intakte Familien.

Abb. 35 Stabilitäten von langer Dauer: fast sieben Jahrhunderte Zisterzienser-Kloster Salem am Bodensee. 40 Äbte als Rollenträger 1137–1802/1804.
Oben: Epitaph der vierzig Äbte im Münster des Klosters, gestaltet vom Bildhauer und Stukkator Johann Georg Dirr (1723–1779) in seinem letzten Lebensjahrzehnt. – Die Äbte sind bis zur Aufhebung des Klosters und der Auflösung des Konvents 1802/1804 nachgetragen. Beim letzten Abt, Kaspar Oexle, ist dessen Todesjahr 1820 vermerkt.
Unten: Abtreihe mit den Namen der vierzig Rollenträger von Salem, arrangiert in Form einer ununterbrochenen Kette um die Abtinsignien und Pontifikalien Mütze/Mitra, Stab mit Zeugstreifen, Sandalen, Ring und Handschuhe. (Hierbei ist sowohl mitberücksichtigt, daß Salem 1354 von König Karl IV. zu einem gefreiten Stift erhoben worden war, wie auch, daß die Reichsabtei 1384 zusätzlich zum Exemtionsprivileg von Papst Urban VI. auch noch die Pontifikalienrechte erhalten hatte. – Als Abtinsignien gelten üblicherweise Mütze, Ring, Handschuhe und Stab, wobei Abtstäbe im Gegensatz zu Bischofsstäben nach innen gekrümmt sein mußten, um anzudeuten, daß sich der Machtbereich ausschließlich auf das Kloster beschränkte.)
Quelle: Reinhard Schneider (Hrsg.): Salem – 850 Jahre Reichsabtei und Schloss. Konstanz: Stadler 1984, Abbildung 8, S. 106. Ein genaues Verzeichnis aller Abtnamen und Daten auf S. 140. Die 40 umrandeten Namensschildchen wurden mit Hilfe der Software Microsoft Chart auf dem Personal-Computer IBM-AT entworfen. Der Ausdruck erfolgte auf einem EPSON Plot Printer HI-80.

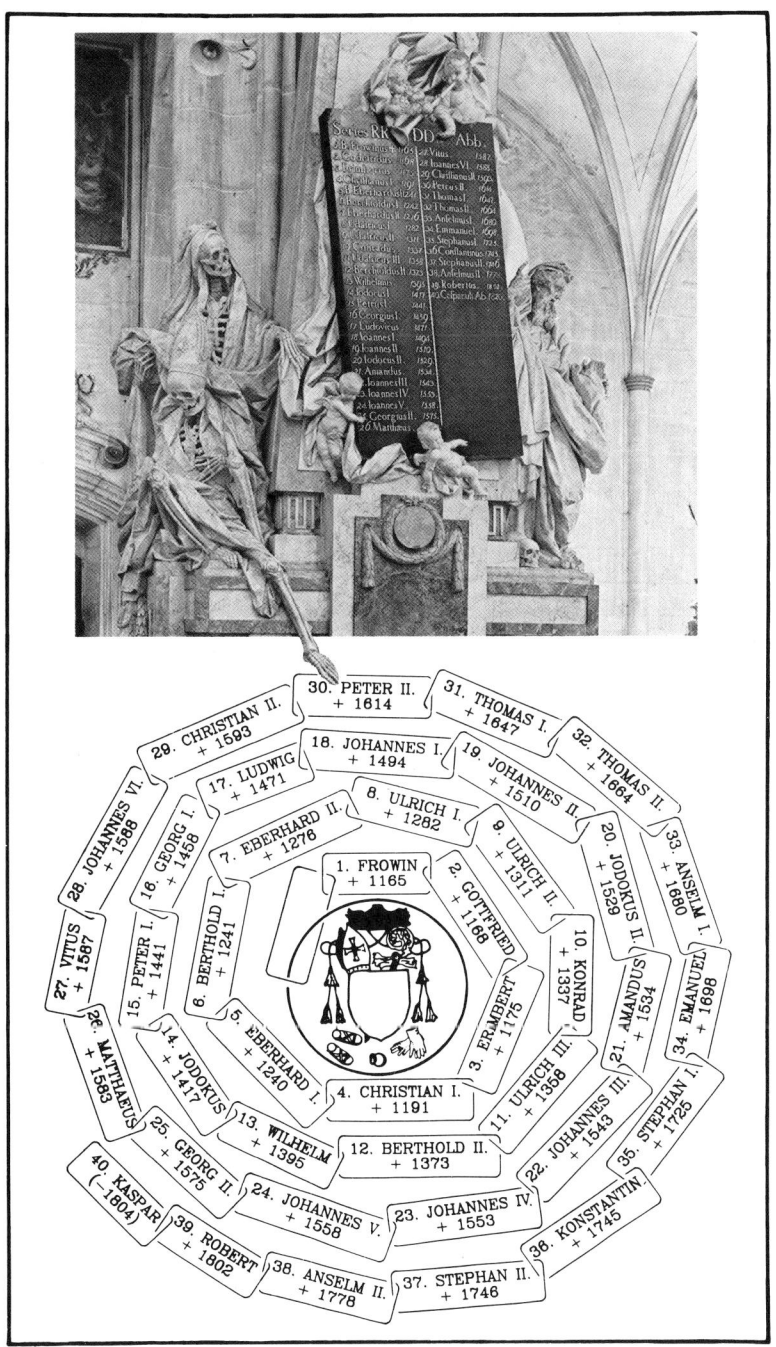

Auch innerhalb dieser Stabilitäten zeichneten sich somit Unterschiede ab. Selbst wenn sich alle Beteiligten in den Dienst eines übergeordneten zentralen Wertes stellten, so waren einige dem Zentrum doch näher als andere, besaßen größeres Gewicht und hatten mehr zu sagen: auf der Landsgemeinde die Häupter und Vorsteher der mächtigen Clans, in Venedig die Adligen, auf den Bauerngütern die vorübergehenden Inhaber, in Tausenden von familiären Mikrokosmen die Männer und Väter.

Und in Klostergemeinschaften die Äbte. Mit den folgenden drei Abbildungen möchte ich einige Punkte aus diesem Umfeld vertiefen, und zwar wiederum im Hinblick auf die ihnen innewohnende Sprengkraft, auf Keime, die angelegt waren und die schließlich unter veränderten Umständen aufbrachen. Wenn schon Unterschiede, Ungleichheiten zwischen den Angehörigen jener Gemeinschaften existierten, so lag auch damals wohl, trotz prinzipieller Ein- und Unterordnung unter einen zentralen Gedanken, die Versuchung für die Herausragende(re)n nahe, ihre relative Höherstellung für ein bißchen irdische Unsterblichkeit, für den eigenen Nachruhm zu nutzen: Keime von Individualismus, von Egoismus, die heute prächtig blühen.

Im ersten Beispiel greife ich auf die fast siebenhundert Jahre während klösterliche Gemeinschaft der Zistersienser-Abtei von Salem am Bodensee zurück: erneut eine Stabilität von wahrlich imponierender Dauer. Im oberen Teil von *Abbildung 35* ist die Gedenktafel mit den Namen aller vierzig Äbte wiedergegeben, die dem Kloster zwischen seiner Gründung in den 1130er Jahren und dem Auseinandergehen des Konvents 1804 nach der Klosteraufhebung 1802/1803 vorstanden. Wer heute bei einem Rundgang durch die Klosterkirche vor diesem Epitaph stehen bleibt, interessiert sich allerdings meist eher dafür, daß es vom Bildhauer Johann Georg Dirr (1723–1779) aus der berühmten Feuchtmayer-Dirr-Wieland-Stukkatoren-Dynastie geschaffen worden ist, als daß er sich in die Namensliste vertiefen würde. Das *Kunstwerk* Dirrs ist für uns das Einzigartige. Die Namensinhaber scheinen sowieso alle gleich zu sein. Sie tragen, in chronologischer Abfolge, einfach Nummern, von 1 bis 40. Links der Tafel bringen die beiden Pontifikaliengekleideten Gerippe ihrer aller irdische Vergänglichkeit drastisch zum Ausdruck. Rechts erinnert der Prophet Ezechiel an seine Weissagung im Anschluß an die apokalyptische Vision in Kapitel 37: «So spricht der Herr von diesen Gebeinen: ich will einen Odem in euch bringen, daß ihr sollt lebendig werden!» (Hesekiel 37, 9). Und oben bläst der kleine Engel folgerichtig für sie alle gleichermaßen die Posaune des Jüngsten Gerichts.

Diesen Gedanken der Gleichheit, der vorübergehenden Rollenträgerschaft habe ich im unteren Abbildungsteil nochmals zusammengefaßt. Als zentralen Wert rückte ich dort die Abt-Insignien in die Mitte. Von ihnen geht sodann die Kette aus, in der alle diese vierzig Funktionsträger ein Glied ausmachten. Doch wenn wir hier schon Gleichheit ins Spiel bringen, so handelte es sich eben doch höchstens um Gleichheit im Rahmen dieser exklusiven Vorsteherschaft. Auf die sehr viel zahlreicheren übrigen Angehörigen der berühmten Abtei gibt es keinerlei Hinweis. Gewiß wäre es möglich, auch deren Namen in Erfahrung zu bringen. In vielen Klöstern wurden über die Jahrhunderte – hauptsächlich zum Zwecke des liturgischen Gebetsgedenkens – Mönchslisten, Verbrüderungsbücher, Toten-Annalen, Nekrologien angefertigt und kontinuierlich nachgeführt. Sie enthielten schließlich Hunderte, ja Tausende von Eintragungen und bildeten eine der tragenden Säulen für ein ungebrochenes Traditionsbewußtsein der betreffenden klösterlichen Gemeinschaft überhaupt. Man kann sich noch heute die Mühe machen, diese Memorialien in Archiven, Bibliotheken, neuerdings sogar per Computer ein- und anzusehen. Doch wer macht sie sich schon? Die Abt-Namen stehen uns bei jedem Besuch im Salemer Münster an ganz prominenter Stelle vor Augen, die Tausende von Mönchs-Namen indes nicht.[17] Wer schon vertieftes Interesse bekundet, wird deshalb in aller Regel einen dieser Abt-Namen, die er weiß auf schwarz vor sich hat, als Schlüssel benutzen.

Dabei stellt man indes rasch fest, daß diese vierzig Rollenträger nicht nur insgesamt über den «Durchschnitt» Hunderter von Salemer Klosterangehörigen hinausragten, sondern daß es auch unter den vierzig Rollenträgern selbst große Unterschiede gab. Über einige erfahren wir mehr als über andere, so etwa über Nummer 38: Anselm II. aus dem bayrischen Füssen am Lech. Er war schon mit 33 Jahren Abt geworden und ist es beinahe ebenso lange geblieben (* 1713, Abt von 1746–1778). Auf ihn geht die Indienststellung des oben erwähnten Dirr und der Auftrag für das Epitaph ebenso zurück wie die gleichzeitige Um- und Neugestaltung des Münster-Innenraums sowie zahlreicher Klosterräume. Bringt er sich uns hierdurch einerseits als selbstbewußter Barockfürst eines freien Reichsstiftes in Erinnerung, so zeugt andererseits die ebenso noch heute in Salem erhaltene und von ihm gestiftete Witwen- und Waisenkasse als Deutschlands erste Sparkasse von seinem sozialen Engagement.

3.2.1. Das Individuum, das nach Unsterblichkeit strebt

Auch noch im Tod sind somit nicht alle diese vierzig Reverendissimi gleich. Es schien uns beim Betrachten der Gedenktafel zuerst nur so. Der gleiche Eindruck verstärkt sich noch, wenn wir nun zur *Abbildung 36* übergehen. Wiederum befinden wir uns in der kirchlichen Welt, diesmal im Spätmittelalter. Und wiederum versuchte da offenbar einer, für sich ein bißchen Extra-Nachruhm zu ergattern und sich des *irdischen,* nicht nur des jenseitigen Weiterlebens nach dem Tode zu versichern. Er hat's geschafft! Und zwar allein schon deshalb, weil wir uns hier und heute, mehr als sechshundert Jahre nach seinem Hinscheiden, mit ihm befassen. Dies gelang ihm in markanterer Weise als selbst den berühmtesten unter den eben erwähnten vierzig Salemer Äbten. Er tat es nämlich direkter, figürlicher, konkreter, auf-

Abb. 36 Ein bißchen irdische Unsterblichkeit durch Verewigung auf einem gestifteten Altarbild. – Unbekannter Meister aus Böhmen, um 1350: Thronende Maria mit dem Kind (Glatzer Muttergottes). Tempera auf Leinwand über Pappelholz, 186 × 95 cm. Gemäldegalerie der Staatlichen Museen Preußischer Kulturbesitz Berlin.

Unten links: Ausschnitt mit dem Stifter des Bildes Ernst von Pardubitz (um 1297–1364), erster Erzbischof von Prag.

dringlicher. Zwar hatten sich jene Äbte von ihrer Mönchsgemeinschaft abgehoben: zu Lebzeiten, indem sie nicht bei ihnen wohnten, nicht im allgemeinen Dormitorium, sondern in ihrer eigenen Behausung schliefen und
sich als «Reverendissimi» ansprechen ließen; im Tode, indem sie sich auf
einem prächtigen Epitaph an gut sichtbarer Stelle in der Klosterkirche mit
ihren Namen in den Vordergrund drängten. Doch zumindest auf der Erinne-
rungsliste sind einander alle vierzig gleichgestellt. Ja noch mehr: da unterwerfen sie sich alle den Symbolen ihrer vorübergehenden Würde. Die Insignien bilden den Mittelpunkt, stellen den zentralen Wert dar, stehen am
Anfang der Kette – und nicht ein einzelnes Individuum. Hierin «bekundete
sich ihr Bestreben, Insignien, Kostümelemente und Ehrenrechte so zu häu-
fen, daß nur noch der Träger des Amtes, fast möchte man sagen: nur noch
das Amt selbst, in Erscheinung trat, während die individuelle Persönlichkeit
unter der Fülle der Attribute und unter dem Gepränge des Zeremoniells
gleichsam ausgelöscht war» (Klauser, 1949, 6).

Völlig anders verhält es sich bei Ernst von Pardubitz in der Abbildung 36!
Er war um 1297 im heutigen Pardubice, etwa hundert Kilometer östlich von
Prag, als Sohn eines Hauptmanns zur Welt gekommen. Nachdem er in
Glatz, dem heutigen Kłodzko jenseits der polnischen Grenze die Schule
besucht und dann an den berühmtesten Universitäten seiner Zeit, in Padua,
Bologna und Paris studiert hatte, machte er rasch Karriere. 1343 wurde er
Bischof von Prag. Im Jahre darauf weilte er bei Papst Clemens XV. in
Avignon und erreichte von ihm die Loslösung Prags vom Erzbistum Mainz.
Seit damals war er für zwanzig Jahre bis zu seinem Tod 1364 sein eigener
Erzbischof in einem eigenen Erzbistum. Folgerichtig sehen wir auf dem Bild
nicht nur, wie er die üblichen bischöflichen Insignien Mitra, Krummstab
und Handschuhe vor sich auf die Stufen des Altars hingelegt hat, um bar-
häuptig und freihändig zu beten. Viel auffälliger noch steht da senkrecht vor
ihm das Patriarchenkreuz als Zeichen seiner neuen Erzbischofswürde. Doch
obwohl es ihn an Größe überragt, er sich ihm also unterordnet, verzichtet er
keineswegs darauf, vor uns als individuelle Persönlichkeit in Erscheinung zu
treten. Er denkt gar nicht daran, «unter der Fülle der Attribute und unter
dem Gepränge des Zeremoniells gleichsam ausgelöscht» zu werden. Im Gegenteil! Man schaue bloß seinen prachtvoll modellierten Kopf an! Da mag
er noch so «demütig» auf den Altarstufen knien – seinen selbstbewußten
Gesichtszügen tut das in keiner Weise Abbruch. Sie werden dadurch nicht
ausgelöscht.

Erneut mögen zwei Zitate Zeugnis davon ablegen, daß andere vor uns
längst auf diesen eminent wichtigen Sachverhalt gestoßen sind: auf Persönlichkeiten, Individualitäten trotz Unterordnung unter zentrale Werte, trotz
überlebensnotwendiger Einordnung in Gemeinschaften. Die anschließende
Frage für uns ist, weshalb sich das Verhältnis inzwischen umgekehrt hat.
Persönlichkeit, Individualität, die Verwirklichung des Selbst scheint heute

wichtiger zu sein als Gemeinschaft, schon gar als Unterordnung unter gemeinschaftliche Ziele. Der Zwang dazu ist nicht länger gegeben; Unterordnung ist nicht mehr überlebensnotwendig. Unsere Lebensspanne ist uns auf
Jahrzehnte hinaus auch so garantiert. Im Mittelalter war das keineswegs der
Fall, auch in der frühen Neuzeit noch nicht. Dafür mögen hier zwei Belege
aus dem Munde von Historikern stehen, die sich je auf ihre Weise jahrzehntelang mit diesem Thema beschäftigt haben. Vor zwanzig Jahren schon
meinte Karl Schmid (* 1923): «Es wäre nämlich unsinnig, den mittelalterlichen Menschen die individuelle Prägung, d.h. Individualität und jegliches
Personen- und Persönlichkeitsbewußtsein einfach abzusprechen», und dies
eben, obwohl sie «viel stärker als Amtsträger, als Angehörige eines Geburts-
und Berufsstandes, als Mitglieder von Gemeinschaften der verschiedensten
Art denn als einmalige Charaktere in Erscheinung treten. Offenbar lebte
damals die Person nicht aus sich selbst; ihr Eigenbereich war nicht der
Schwerpunkt, aus dem sie lebte. Vielmehr war sie gleichsam hineinverwoben in die Lebensbereiche, die ihr zu leben erst ermöglichten. Mit Recht
wird daher in Abrede gestellt, die Persönlichkeit habe im früheren Mittelalter für sich selbst und in sich selbst einen Wert dargestellt» (Schmid 1967,
239). Die Individualität kuschte, *mußte* kuschen, wenn sie überleben wollte.

Fast ein halbes Jahrhundert früher schon als der Mediävist Schmid meinte
der niederländische Kulturhistoriker Johan Huizinga (1872–1945) für die
Übergangszeit vom Mittelalter zur Neuzeit in einer ursprünglich 1920 erschienenen Studie über den Renaissance-Menschen: «Ein ganzer Komplex
von Vorstellungen, der die Haltung des einzelnen Menschen dem Leben und
der Gesellschaft gegenüber betrifft, ist dem Mittelalter fremd gewesen: die
Aufstellung eines persönlichen Lebenswerkes als Selbstzweck; das Streben
nach Erweiterung des Lebenskreises und Ausbildung der Persönlichkeit
durch die bewußte Entwicklung aller Kräfte und Potenzen, die einem gegeben sind; das Bewußtsein persönlicher Autonomie und der verhängnisvolle
Wahn eines Rechtes auf irdisches Glück; und damit verbunden: die Ver-
pflichtung gegen die Gesamtheit. Was kennt die Renaissance von all dem?
Nichts als die Keime. Das Bewußtsein der persönlichen Autonomie und der
eigenen Zielsetzung hat der Mensch der Renaissance einigermaßen besessen.
Aber das gesamte altruistische Element dieses Ideenbündels, mithin das soziale Verantwortungsgefühl, hat der Renaissance in hohem Maße gefehlt»
(Huizinga 1930, 135–136). Die Keime waren da, sind im Menschen angelegt, und wenn die Unterdrückungsmechanismen von außen, die permanenten «Pest, Hunger und Kriegs»-Zustände wegfallen, brechen sie durch. Die
zurückgebundene Individualität befreit sich aus den locker gewordenen Fes-
seln, streift sie ab, macht sich selbständig, wird autonom.

Weitergehen als Ernst von Pardubitz konnte man damals, um die Mitte
des 15. Jahrhunderts, nicht. Trotz individuellen Gesichtszügen und trotz
deutlichen Anzeichen von Persönlichkeit war auch er eingebunden. Bezogen

auf das Bild kann man dies wörtlich nehmen: auch er ist eingehüllt in das Ornat seines Amts. Er trägt die erzbischöfliche Pontifikalkleidung, ganz auffällig sogar das Pallium, jenes nur Erzbischöfen und dem Papst vorbehaltene schmale weiße Band mit schwarz eingestickten Kreuzen um die Schultern und je einem über Brust und Rücken herabfallenden Streifen. Auch er spielt vorübergehend seine Rolle, ist ein Funktionsausüber – so wie jeder Doge es war, jeder Abt, jeder Hofvorsteher. Nicht etwa er steht in der Mitte des Bildes. Dort thront nach wie vor und noch lange die Muttergottes als Königin des Himmels mit Szepter und Globus und sitzt das Jesuskind. Sie bilden das Zentrum, auf das hin die Welt und Weltanschauung auch dieses Erzbischofs wie Tausender gewöhnlicherer gläubiger Christen ausgerichtet war. Pardubitz hatte bloß die Gelegenheit wahrgenommen – und die Mittel dazu waren ihm im Gegensatz zu Tausenden gewöhnlicherer Mitmenschen gegeben –, sich in einem Stifterbild als Auftraggeber verewigen zu lassen, winzig zwar, aber durchaus erkennbar und ganz realistisch, auf Augenhöhe mit dem Betrachter. 1350 hatte er in seiner ehemaligen Heimatstadt Glatz ein Augustinerkloster gegründet. Die Madonnentafel bildete ursprünglich das Mittelstück eines Altares, den er für dessen Kirche Mariae Verkündigung stiftete. Dort ist er nun: in ewiger Anbetung und nahe beim zentralen Gegenstand seines Glaubens und Hoffens.

Die seinerzeitige Funktion hat das Bild längst eingebüßt. Doch materiell und ästhetisch ist es präsent wie nie zuvor. Heute hängt es an prominenter Stelle in einem der berühmten Museen der Welt: der Dahlemer Gemäldegalerie. Mehr Menschen als jemals zuvor bekommen den Stifter auf diese Weise zu Gesicht. Wir können ihm dort näherkommen, als dies normalerweise in einer Kirche möglich wäre. Seine Züge treten uns im gleichbleibenden Scheinwerferlicht deutlicher entgegen als einem Besucher in einem kaum erleuchteten Kircheninneren. Ernst von Pardubitz ist lebendiger denn je.

Nicht minder am Rand ihres Kunstwerks erscheinen die beiden Dominikanerinnen aus dem Heiliggrab-Kloster zu Bamberg, die anderthalb Jahrhunderte später den großen Passionsteppich gewoben haben, den wir in *Abbildung 37* sehen. Auch sie hätten nie daran gedacht, sich dort selbst ins Zentrum zu rücken. In den Mittelfeldern des Teppichs sind vielmehr, wie im Stifterbild von Pardubitz, wichtige Elemente der christlichen Welt und Weltanschauung dargestellt. In neun Szenen zieht die Leidensgeschichte des Herrn an uns vorüber. Die Passion beginnt oben links mit dem Abendmahl, der Fußwaschung und dem Gebet am Ölberg. Es folgt der Judaskuß. Sodann steht Christus vor Kaiphas, während ihn Petrus im Hintergrund verleugnet. Anschließend wird Jesus vor Pilatus geführt, der ihn geißeln, mit einer Dornenkrone krönen und verspotten läßt. So steht er vor uns, in der mittleren Reihe rechts außen: Ecce Homo! Es schließen sich unten an: die Kreuztragung mit der Kreuzigung im Hintergrund, die Grablegung und klein im Hintergrund Christus in der Vorhölle, endlich die Auferstehung und der triumphierende Heiland.

Während wir diese Bildinhalte beim Betrachten des Teppichs im Diözesanmuseum Bamberg befriedigt nickend zur Kenntnis nehmen, weil uns die biblischen Szenen auch ein halbes Jahrtausend nach deren Entstehen noch vertraut sind, so wächst unsere Entdeckerfreude, wenn wir plötzlich die beiden Klosterfrauen in Dominikanerinnentracht entdecken. Allerdings haben sich die Nonnen nicht einfach irgendwo auf dem mehr als drei mal vier Meter großen Teppich verborgen oder versteckt. Sie wollen gar nicht unerkannt bleiben. Im Gegenteil verewigten sie sich ganz unauffällig auffällig auf der Abschlußbordüre am unteren Teppichrand, dort wo man beim Lesen des ganzen Bilderzyklus von oben links nach unten rechts schließlich mit den Augen wie von selbst hingelangt, so wie beim Lesen eines Briefes zur Unterschrift. Das winzige Abbild wirkt somit wie ihre eigene Signatur. Damit man auf sie stößt, glaubten die Klosterfrauen nicht einmal jener Wegweiser zu bedürfen, die Ernst von Pardubitz auf seiner Altartafel offensichtlich als notwendig erachtete, damit man auf ihn aufmerksam werde. Die Augen des frommen Betrachters sollten sich zwar ruhig zuerst auf die Zentralgestalten der Altartafel richten: die thronende Muttergottes und das Christuskind auf ihrem Schoß. Damit sie aber dort nicht hängen blieben, wenden sich deren Blicke und Haltung betont dem unten knieenden Stifter zu. Auch die Altarstufen führen, im Gegensatz zum symmetrischen Aufbau der übrigen Architektur, nach links zu ihm hinunter. Und wer ihn nach allen diesen Hinweisen immer noch nicht entdeckt haben sollte, dem zeigt der kleine Engel in der Mitte des linken Bildrandes mit seiner Hand den Weg zu ihm, der diskret indiskret eine ewige Zurkenntnisnahme durch Generationen von Nachfahren heischt.

So wie sich der selbstbewußte Erzbischof – zwar am Rande seiner Welt und Weltanschauung, aber in sie integriert – bei einer seiner wichtigsten Beschäftigungen zeigt: beim mystisch inbrünstigen Gebet, so verhält es sich auch mit den zwei Klosterfrauen. Beide sind sie emsig an der Arbeit, die eine am Webstuhl sitzend, die andere hinter ihr stehend und ihr an die Hand gehend. Sie sind so von ihrer Tätigkeit erfüllt und widmen sich ihrer Gottesdienst-Arbeit mit solcher Lust und Laune, daß sie – didaktisch sehr geschickt – auch gleich uns noch daran teilhaben lassen und uns zeigen wollen,

Abb. 37   Ein bißchen irdische Unsterblichkeit durch Verewigung auf einem Kunstwerk: zwei Dominikanerinnen auf einer von ihnen hergestellten Bildwirkerei. – Passionsteppich aus dem Dominikanerinnenkloster Heilig Grab zu Bamberg, um 1500. Wolle mit Seidenfäden, 404–420 cm × 326–329 cm. Wahrscheinlich nach Entwürfen des 1478 in Bamberg geborenen Malers Paul Lautensack. Diözesanmuseum Bamberg.
Unten links: Ausschnitt aus dem unteren Bortenrand mit zwei Dominikanerinnen am Webstuhl.

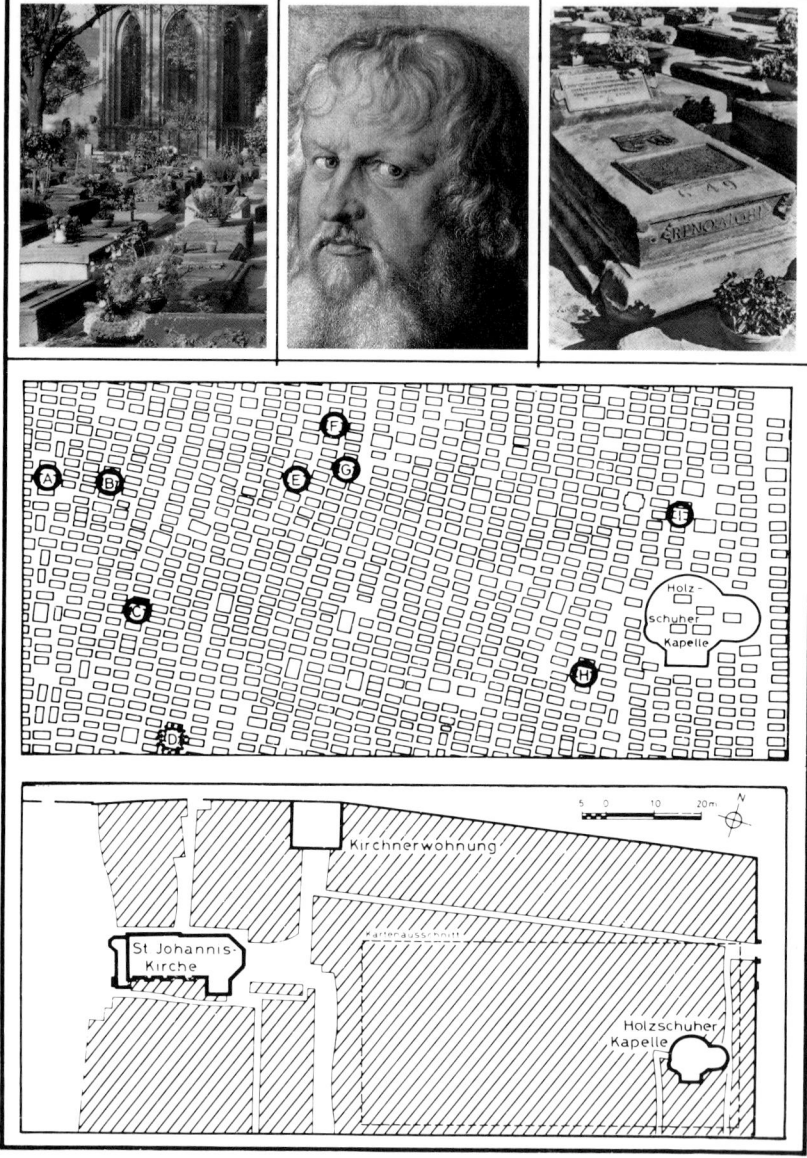

Abb. 38   Ein bißchen irdische Unsterblichkeit durch eine Grabesstätte möglichst in der
Nähe berühmter Namen? – Auf dem Sankt-Johannisfriedhof in Nürnberg.
Unten: Situationsskizze mit dem ältesten, seit 1520 genutzten Teil des Friedhofs zwischen
Holzschuher-Kapelle und der St. Johannis-Kirche.
Mitte: Kartenausschnitt mit Hervorhebung einiger berühmter Grabstätten: A (Grab-Num-
mer 200) Johann Konrad Grübel; B (268) Veit Stoss; C (406) Peter Flötner; D (503)

wie man so einen Wirkteppich herstellt. Als erstes braucht man dazu einen aufrechten Webstuhl. Auch wenn der Bamberger Teppich nicht aus einem einzigen Stück besteht, sondern aus mehreren Teilen zusammengesetzt wurde, wäre ein waagrechter Webstuhl doch völlig ungeeignet gewesen. Die inhaltlich komplizierten und nuancenreichen Bilderszenen – man hat 23 verschiedene Farbtöne gezählt – wurden nach Zeichenvorlagen gefertigt, mußten während des Entstehens also kontinuierlich mit den Originalkartons verglichen werden. Im Gegensatz zur sogenannten Basse-lisse-Technik am liegenden Webstuhl, bei der sich die Nonnen ständig über ihre Arbeit hätten beugen müssen, gestattete ihnen die Haute-lisse-Wirkerei sehr viel mehr Arm- und Augenfreiheit und eine leichtere Handhabung bei den Arbeitsvorgängen. Man sieht sogar oben die Kurbel, mit deren Hilfe sie das fertig gewobene Stück immer so weit aufrollten, daß das Wirken stets auf Augen- und Handhöhe vor sich gehen konnte.

Menschen sind ungeheuer erfinderisch. Die Beispiele, die ich anhand der Abbildungen 35–37 mit den Salemer Äbten, dem Erzbischof von Prag und den beiden Dominikanerinnen aus Bamberg in einigem Detail geschildert habe, könnte man fast beliebig ergänzen. Ich will mich auf sieben weitere Illustrationen beschränken und sie nur knapp präsentieren. Jeder Leser dürfte inzwischen wohl in der Lage sein, sie auch ohne umfangreiche Erläuterungen meinerseits in den Gesamtzusammenhang einzuordnen. (Es handelt sich um die Abbildungen 38–44; für speziell Interessierte sind die Kommentare im Abbildungsverzeichnis hier etwas ausführlicher gehalten.) Darüber hinaus möchten sie vor allem dazu anregen, nach weiteren Beispielen aus dem eigenen Lebensraum Ausschau zu halten und sie «mit neuen Augen» zu sehen.

Auch wer nicht Abt von Salem war, nicht wie Erzbischof Pardubitz eine Altartafel zu stiften die Mittel hatte, ja sich nicht einmal als Handwerker oder Künstler auf einem langlebigen Kunstwerk verewigen konnte, der mochte vom überdauernden irdischen Ruhm dieser Herausragenden dennoch profitieren, indem er sich zum Beispiel bemühte, in deren Nähe begraben zu werden. Der Nürnberger Sankt-Johannisfriedhof ist voll von berühmten Namen (vgl. *Abbildung 38*). Im Umkreis des einen oder anderen

«Hans Sachs»; E (649) Albrecht Dürer; F (664) Wenzel I. Jamnitzer; G (715) Anselm Feuerbach; H (1319) Lazarus Spengler; I (1414) Willibald Pirckheimer, sowie Holzschuher-Kapelle als Grablege dieser Nürnberger Patrizier-Familie.
Oben links: Blick über die ältesten Teile des Friedhofs vor dem Ostchor der Sankt-Johanniskirche mit durchgehend ähnlich großen liegenden Grabmälern in grauem Sandstein.
Oben rechts: Grabstätte von Albrecht Dürer (1471–1528); Grab-Nummer 649 (= E).
Oben Mitte: Dürers Freund Hieronymus Holzschuher (1469–1529), porträtiert von ihm 1526. Lindenholz, 51 × 37 cm (hier Ausschnitt). Gemäldegalerie der Staatlichen Museen Preußischer Kulturbesitz Berlin.

mußte es doch möglich sein, einen Grabplatz zu finden! Es scheint auch dort zuerst nur so, als ob im Tode alle gleich wären. Gewiß ist es für diesen Friedhof charakteristisch, daß vorschriftsgemäß alle Grabmäler ähnlich groß und in nüchternem grauem Sandstein gehalten sind, vor allem aber, daß sie in Reih und Glied flach daliegen. Daraus ergibt sich auf den ersten Blick der Eindruck großer Geschlossenheit und Homogenität. Doch sind die schmalen Gehwege zu bestimmten Grabstätten ausgetretener als zu anderen: so etwa zum Bildhauer und Bildschnitzer Veit Stoss (1447/48–1533), zu den Humanisten Lazarus Spengler (1479–1534) und Willibald Pirckheimer (1470–1530), zum Baumeister und Bildhauer Peter Flötner (um 1490/95–1546), zum angeblichen Grab des Schuhmacher-Dichters Hans Sachs (1494–1567), zum Goldschmied Wenzel Jamnitzer (um 1508–1585), zum Mundartdichter Johann Konrad Grübel (1736–1809), zum Maler Anselm Feuerbach (1829–1880), und vor allem zum wohl berühmtesten Manne auf dem ganzen Friedhof überhaupt: dem Maler, Zeichner und Kunsttheoretiker Albrecht Dürer (1471–1528).

Unsere Assoziationen dürften kaum auf sich warten lassen. Wer das Grab Dürers besucht, wird sich auch für seine Werke interessieren – oder umgekehrt. Wohnt man in Berlin, hat man vielleicht das Prachtgemälde des Hieronymus Holzschuher aus der Dahlemer Galerie vor Augen – und wird auf dem Sankt-Johannisfriedhof folglich auch noch die Holzschuher-Kapelle besuchen, die dieser Nürnberger Patrizierfamilie seit 1523 als Grablege diente. Es sind nur wenige Schritte zwischen dem schlichten Grabmal mit der Nummer 649, das heißt demjenigen Dürers und der Holzschuher-Kapelle, in der sein Freund Hieronymus (1469–1529) beigesetzt ist. Doch je häufiger man den kurzen Weg zwischen den beiden Stätten macht, um so mehr geraten einem auch andere Grabmale links und rechts des Pfads ins Blickfeld. Man hält da und dort inne, liest die Namen und wird auf diese Weise mit immer mehr unter ihnen bekannt. Sie stehen von den Toten auf. Beim Spaziergang zurück in die Stadt wird man davon überrascht, wie häufig sie einem auch hierbei begegnen. Straßenzüge tragen ihre Namen, Gassen, Plätze, Brunnen, Gymnasien, Häuser – ganz zu schweigen von den vielen Schildern an Kunstwerken oder handwerklichen Erzeugnissen in Museen, Kirchen, öffentlichen Gebäuden. Sie alle leben somit weiter, bis heute: ein bißchen irdische Unsterblichkeit selbst für Kleinere, die auf dem Sankt-Johannisfriedhof im Schatten der Größeren ruhen.

Nicht alle wohnten in einer berühmten Stadt wie Nürnberg, mit Dutzenden von ruhmbedeckten Namen auf den Friedhöfen, neben die man sich nach Möglichkeit selbst zur letzten Ruhe betten lassen konnte. Mehr als ein bißchen irdische Unsterblichkeit war dadurch auch nicht zu gewinnen. Selbst wenn Namen auf den Grabmälern verewigt sind und echohaft als Straßen-, Gassen-, Platzbezeichnungen wiederkehren, so handelt es sich dabei doch stets um eine höchstens irdische Ewigkeit, die schließlich doch ihr

Ende findet. Denn Straßen werden umbenannt, Plätze neu bezeichnet, Friedhöfe eingeebnet.

Sicherer war es da schon, sich um eine haltbarere Unsterblichkeit, eine länger währende Ewigkeit zu bemühen, der Ruhmsucht ganz abzuschwören, sich des Strebens nach ein bißchen Nachglanz unter dem vergeßlichen, gleichgültigen Menschengeschlecht zu entledigen. Unsere Vorfahren wußten auch, wie sie dies erreichen konnten, christlich-gläubig und abergläubisch wie sie gleichermaßen waren. Wer es sich heute nicht mehr vorstellen kann, mag es in einem der Romane des wortgewaltigen Emmentaler Pfarrers Albert Bitzius alias Jeremias Gotthelf (1797–1854) nachlesen. Sie handeln durchweg in reformiertem Berner Bauernmilieu des 19. Jahrhunderts. So hob etwa der «weise Totengräber» in den «Leiden und Freuden eines Schulmeisters» eine frische Grube ganz nah an der Kirchenmauer aus und machte sie nur wenig tief, denn dort sollte ein ungetauft verstorbenes Kleinkind beigesetzt werden. Diese waren immer besonders gefährdet. Das «Volk» allerdings wußte Abhilfe. «Je näher der Kirche man begraben werde, desto sicherer sei man vor den bösen Erdgeistern, und da ungetaufte Kinder nicht durch die Taufe vor ihnen geschützt würden, so tue man sie an die Kirche, um durch die Kirche selbst beschützt zu werden. Dann tue man sie ins Dachtrauf, damit sie noch hier getauft würden. Wenn es einmal stark regne, so werde auch Regenwasser auf dem Dach Taufwasser, und wenn es nun hinunterrinne und bis zu dem Kinde dringe, so werde das Kind im Boden so gut und gültig getauft als das Kind in der Kirche» (18).

Man konnte für seine Unsterblichkeit und die ewige Glückseligkeit jedoch noch mehr tun. Jede armselige Landkirche mochte zwar eine Dachtraufe haben, aus der ab und zu das Regenwasser tropfte und einem die Gebeine im nur wenig tiefen Grab benetzte. Das konnte sicher nicht schaden, auch wenn man als getaufter Erwachsener bestattet worden war. Doch gab es eine Menge anderer Orte, wo Zusätzliches geboten wurde, so vor allem von Klostergemeinschaften. Es hatte sich allgemein herumgesprochen, daß Mönche sehr pfleglich mit den Seelen Verstorbener umgingen. In jeder Klosterkirche wurden täglich (Seelen-) Messen zelebriert, die Verstorbenen ins Gebet miteingeschlossen, darüber hinaus Vesper gesungen, Gottesdienste der verschiedensten Art gefeiert, Vigil gelesen und dabei der armen Seelen noch und noch gedacht. Wessen Leichnam hier begraben lag, dessen Gebeine waren ständig umgeben von einer kaum abbrechenden Reihe von Messen, Psalmengesängen, Gebeten und anderen heiligen Handlungen. Es ist verständlich, daß vermögende Menschen bereit waren, ihren ganzen Reichtum zu opfern, um sich hier eine Begräbnisstätte zu sichern, sei es in der Kirche selbst, sei es in deren Nähe, zumindest auf Klostergrund. Wer Weniger sein Eigen nannte, mochte dasselbe auf andere Weise versuchen. Er konnte zum Beispiel an seinem Lebensende zum Kloster pilgern und seine Tage in der dortigen Armenherberge beschließen. Die irdischen Überreste

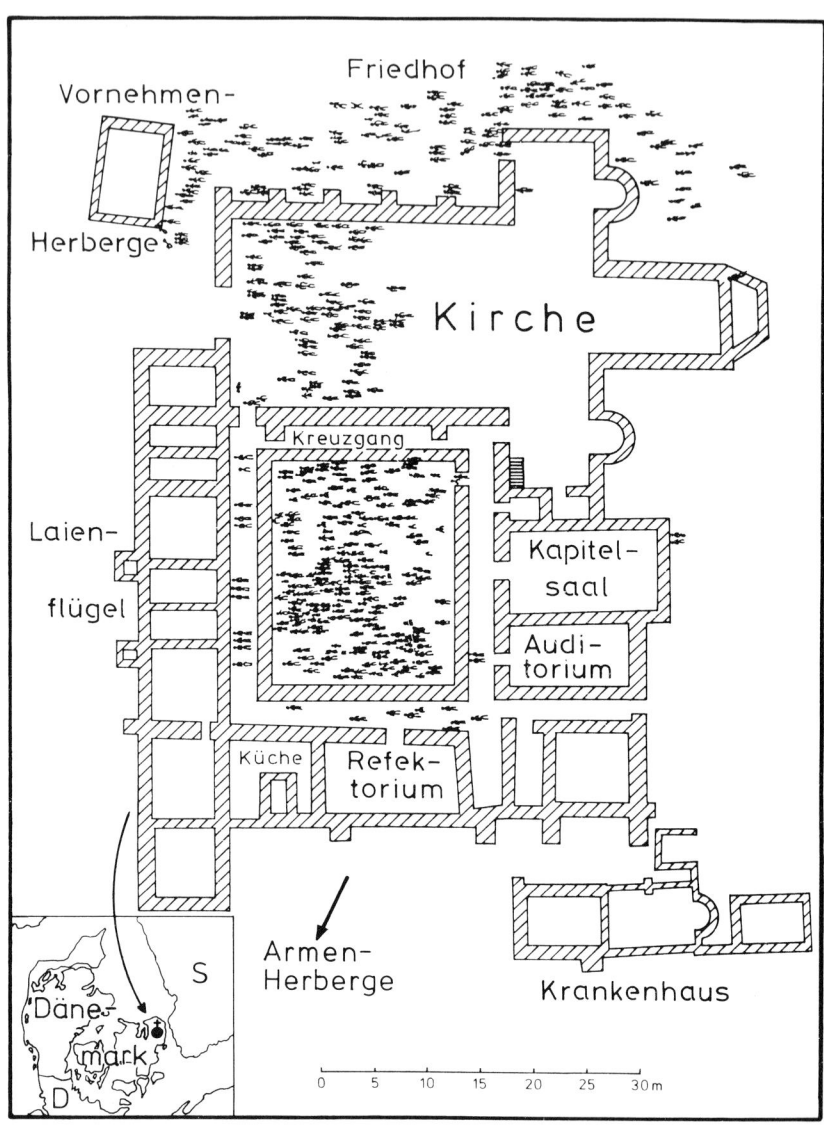

Abb. 39   Unsterblichkeit durch Auferstehung von den Toten und ein ewiges Leben? –
Klosterfriedhof der Augustiner-Chorherren in Aebelholt, 40 km nordwestlich von Kopen-
hagen. 760 Skelette aus der Zeit zwischen der Gründung des Stifts um 1175 und seiner
Aufhebung 1560.
Quellen: Vilhelm Möller-Christensen: Aebelholt Kloster. Kopenhagen: Nationalmuseum
1982, 98, 110, ferner persönliche Mitteilungen durch Professor Möller-Christensen sowie
Besichtigung an Ort und Stelle.

wurden dann selbstverständlich auf dem Klosterfriedhof beigesetzt. So ist leicht einzusehen, daß deren Anziehungskraft groß war, denn wo sonst wäre ein solcher Seelen-Luxus betrieben worden? Eine armselige Landkirche vermochte das jedenfalls nie und nimmer zu bieten.

Das Kloster Aebelholt, dessen Grundriß wir in der *Abbildung 39* sehen, war 1175 als Augustiner-Chorherrenstift gegründet worden. Es liegt auf Nordjütland, knapp vierzig Kilometer von der dänischen Hauptstadt entfernt. Besser gesagt: es lag dort. Denn wer heute von Kopenhagen aus einen Tagesausflug nach Aebelholt unternimmt oder die sechs Kilometer von Hilleröd zu Fuß hinüberspaziert, wird enttäuscht sein. Die alte Pracht und alle Herrlichkeit sind längst dahin. Die dreischiffige Klosterkirche, der viereckige Kreuzgang um den Fratergarten, der vornehme Kapitelsaal, das Auditorium, darüber das Dormitorium als Schlafsaal der Kanoniker, das Refektorium mit Küche und Lavatorium, das Krankenhaus, der Laienflügel für die Konversen, Handwerker, Künstler samt ihren Familien sowie zusätzliche Schulräume, Magazine und Unterbringungsmöglichkeiten für Kostgänger und Pensionäre, die Vornehmen-Herberge und die Armen-Herberge: alles ist verschwunden bis auf ein paar ausgegrabene Fundamente, ein paar freigelegte Grundmauern und einige wieder aufgestellte Säulenstümpfe. 1536 war in Dänemark die Reformation eingeführt worden, was zur Aufhebung auch dieses Klosters vier Jahre später führte. Die leeren Gebäude wurden zum Steinbruch. Nach und nach war die ganze Anlage abgetragen, das Areal völlig eingeebnet.

Nur wer sich für Osteo-Archäologie interessiert, kommt heutzutage hier noch voll auf seine Rechnung. Seit 1957 unterhält das dänische Nationalmuseum in Aebelholt eine Zweigniederlassung für Knochenfunde und Untersuchungen, die man auf dieser Basis über den Gesundheitszustand und die Todesursache der Beigesetzten anstellen kann. Unter medizinhistorischer Leitung waren seit 1935 760 Skelette ausgegraben und in allen Details analysiert worden. 303 gehörten Männern, 209 Frauen. Bei 113 weiteren konnte das Geschlecht nicht mehr festgestellt werden. 135 waren Kinder bis zu 14 Jahren. Während in der Kirche selbst sowie auf dem nördlich und östlich angrenzenden Klosterfriedhof die Skelette von Männern überwogen, diese Teile in erster Linie also offensichtlich für Kanoniker und Laienbrüder reserviert waren, hielten sich im Fratergarten männliche (168) und weibliche (161) Begräbnisse etwa die Waage. Hinzu kamen dort noch 40 Bestattungen von Kindern. Oft lagen die Skelette in diesem am stärksten benutzten Begräbnisteil in mehreren Schichten übereinander. Er hatte dreieinhalb Jahrhunderte lang ununterbrochen als Begräbnisstätte gedient, von 1200 bis in die 1550er Jahre hinein. Hier wurden vor allem die verheirateten Handwerker samt Frauen und Kindern bestattet, die Beherbergten, Klosterarmen, Witwen und Waisen, die im Krankenhaus Verstorbenen oder während des alljährlich vom 15.–29. Juni abgehaltenen Klostermarktes aus irgendwel-

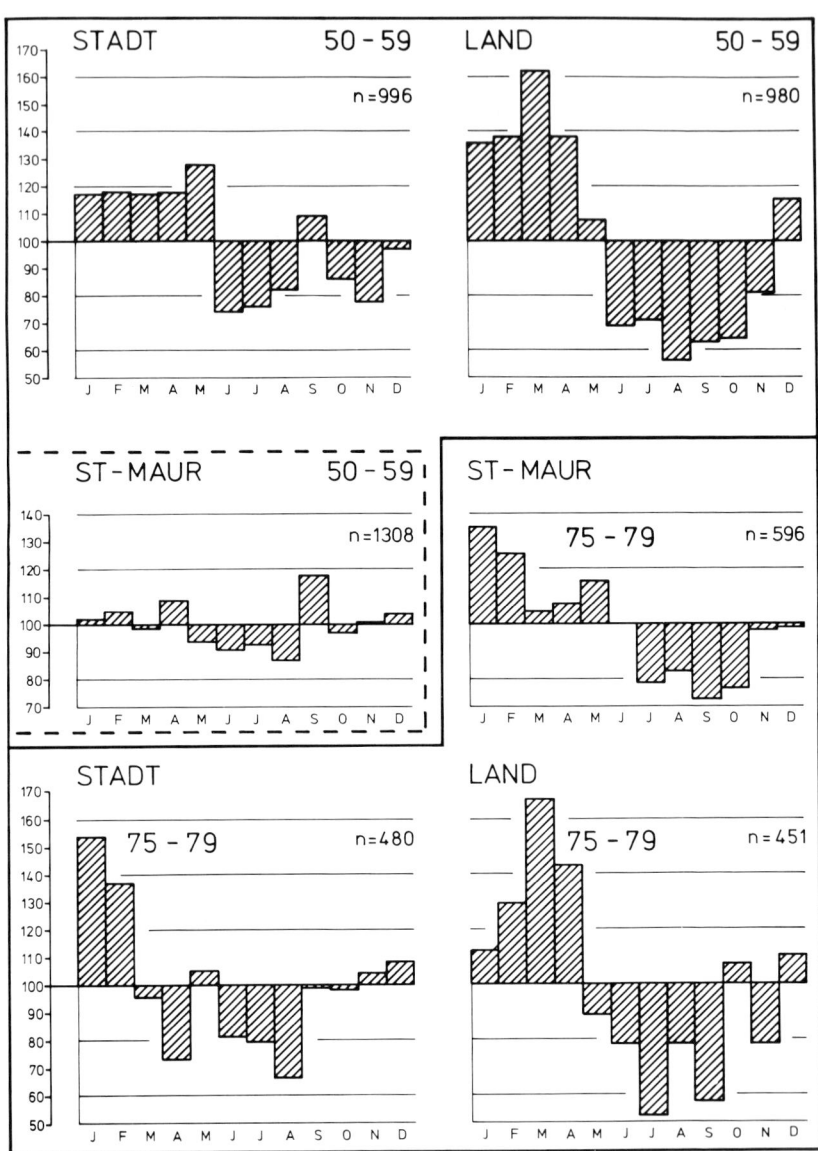

Abb. 40 Eine Zeit zu leben und eine Zeit zu sterben: Vom Willen zu leben in jüngerem und der Bereitschaft zu sterben in höherem Alter unter den Benediktinermönchen von Kloster Saint-Maur bei Paris 1612–1789, aufgezeigt anhand der grundsätzlich unterschiedlichen Monatsverteilung der Sterbefälle in den Altersgruppen der 50- bis 59- und der 75- bis 79jährigen. Zum Vergleich die Monatsverteilung je einer städtischen und einer ländlichen Bevölkerung.
Stadt = Stadt Gießen in Oberhessen 1701–1800;

chem Grund zu Tode Gekommenen sowie die Pilger, die in großer Zahl zum Grab des 1224 heilig gesprochenen Klostergründers und ersten Abtes Wilhelm (etwa 1127–1203) wallfahrteten.

Da lagen sie nun, dicht an dicht, viele auch in der Nähe der Dachtraufe, und harrten der ewigen Auferstehung. Jedenfalls taten sie das ein paar Jahrhunderte lang, bis sie nämlich von wissenschaftlichen Interessenten um die Mitte des 20. ausgehoben wurden. Heute sind sie Kunstgegenstände insofern, als wir ihre Überreste in den 31 Glasvitrinen des Klostermuseums studieren können. Sie sind mitsamt den Spuren ihrer Krankheiten, ihrer Leiden, ihrer Todesursachen dort «verewigt», und das meint für jene mittelalterlichen Jahrhunderte meist mitsamt einem großen Teil ihrer Lebensumstände, mit den Auswirkungen eines unsicheren, ungesicherten, bedrohten Lebens. Kaum ein Skelett gibt es, das ohne Läsionen wäre. Es gibt jede Menge von schlecht verheilten Knochenbrüchen, fehlenden Fingern, amputierten Zehen, deformierten Nasen, Schulterblättern, Wirbelsäulen, Hüften, eingeschlagenen Schädeln, Rippen, Schienbeinen. Menschen, denen sämtliche Zähne ausgefallen waren, lange bevor sie das Zeitliche gesegnet hatten. Wie die sich wohl während ihrer letzten Jahre ernährt haben mochten? Dabei erreichten die wenigsten von ihnen auch nur ein Alter von sechzig Jahren. 92 Prozent starben vorher.

Dennoch kann man nicht sagen, daß diese Menschen damals wie die Fliegen hinwegstarben. Vor allem traf dies für die Klosterangehörigen nicht zu. Trotz Glauben an die Auferstehung von den Toten und eine ewige Glückseligkeit im Jenseits hingen auch sie am diesseitigen Leben. Wieso sonst hätten sie, um nochmals einen Blick auf die Abbildung 39 zu werfen, ein so großes Krankenhaus eingerichtet? Zudem macht ein zweiter Punkt stutzig. Der ganze vordere Teil der Klosterkirche wurde als Begräbnisplatz ausgespart. Kein einziges Skelett hat man im Bereich des Chors oder der darunter liegenden Krypta gefunden. Dabei hätte doch gerade dieser Ort als Grabstätte am beliebtesten sein müssen. Hier war man dem Allerheiligsten näher als sonstwo. Doch scheinen sehr irdische Gesichtspunkte eine entscheidendere Rolle gespielt zu haben. In der Krypta gab es auf dem ganzen Klosterareal nämlich den einzigen Sodbrunnen mit einwandfreiem Wasser.

Land = Summe der Sterbefälle in den acht bäuerlich-ländlichen Gemeinden in der Umgebung Gießens: Allendorf/Lahn, Klein-Linden, Grossen-Linden, Heuchelheim, Lang-Göns, Leihgestern, Wieseck und Albach, alle 1701–1800.
Quellen: Hervé Le Bras und Dominique Dinet: Mortalité des laïcs et mortalité des religieux: Les bénédictins de St-Maur aux XVIIe et XVIIIe siècles. In: Population 35, 1980, 347–384. – Sterblichkeitsstrukturen im 18. Jahrhundert auf Grund von massenstatistischen Analysen. In: Zeitschrift für Bevölkerungswissenschaft 2, 1976, 103–117. – Die Benediktus-Regel zitiert nach: Basilius Steidle (Hrsg.): Die Benediktus-Regel Lateinisch-deutsch. 4. Auflage, Beuron: Beuroner Kunstverlag 1980 (Kapitel 36, 126–127).

Die Qualität eines zweiten Brunnens im Lavatorium neben der Küche genügte zwar für die wöchentliche Fußwäsche, war jedoch als Trinkwasser
ungeeignet. So achtete man während all der Jahrhunderte strikt darauf, daß
das lebensnotwendige Naß aus der Krypta nicht verunreinigt wurde. Im
Umkreis von dreizehn Metern stießen die Archäologen weder auf Grabfun-
de noch auf Abtritte.

«...hingen auch Mönche am irdischen Leben» und «wozu sonst das Klo-
sterhospital?» – Mit diesen beiden soeben gebrauchten Wendungen mache
ich jedoch nur auf den einen Aspekt damaligen klösterlichen Lebens, nur auf
die eine Seite der Medaille aufmerksam. Daneben gab es noch eine zweite.
Anhand von *Abbildung 40* will ich belegen, wieso ich dieser Ansicht bin und
was ich damit meine. Wir sehen dort die Verteilung von Sterbefällen auf die
zwölf Monate des Jahres, und zwar einerseits in der oberhessischen Stadt
Gießen sowie in acht bäuerlich-ländlichen Gemeinden in deren Umgebung
während des 18. Jahrhunderts, und andererseits bei den Benediktinermönchen des Klosters von Saint-Maur 1612–1789, heute an der südöstlichen
Peripherie von Paris gelegen. Für alle drei Subpopulationen habe ich die
Sterbealter 50–59 sowie 75–79 Jahre herausgegriffen. Die Teilgraphiken
ganz oben und ganz unten zeigen jenes übliche Bild, das wir aus Hunderten
anderer Studien über städtische und ländliche Bevölkerungen in Europa
noch bis ins 19. Jahrhundert hinein gewohnt sind. Es gab stets weitaus mehr
Sterbefälle im Winterhalbjahr als während des Sommers. Vor allem schlu-
gen die harten Spätwintermonate Februar, März, April voll zu Buche. Dann
machte nicht nur die langandauernde Kälte sehr oft den Schwachen, den
Kranken, vor allem den Älteren zu schaffen. Hinzu kamen in dieser Jahres-
zeit nicht selten Mängel in der Ernährung, weil dann häufig die Vorräte
einer oft ungenügenden Ernte zur Neige gingen. Auf dem Land war dieses
Phänomen ausgeprägter als in der Stadt, wo es durch bessere Vorratshaltung und bessere Wohnungsbedingungen meist etwas abgemildert werden
konnte.

Und wie war es nun bei der Mönchsgemeinschaft von Saint-Maur? Die
1308 Sterbefälle im Alter von 50–59 Jahren zeigen ein völlig anderes Bild,
als wir es in dieser Altersgruppe sonst gewohnt sind (Mitte links). Die 596
75–79jährigen weisen dagegen genau dieselbe Verteilung auf wie die Bevölkerung von Stadt und Umland Gießen (Mitte rechts). Es hat somit den
Anschein, als ob es vor allem die jüngeren Mönche gewesen wären, diejenigen «in ihren besten Jahren», die in der «Blüte ihres Lebens» Stehenden,
welche am irdischen Leben gehangen hätten. Sie waren es, die vollen Gebrauch von den besseren Möglichkeiten machten, welche ihnen ein Kloster-
leben bot. Während Seuchenzeiten war die Ansteckungsgefahr in der dortigen Abgeschiedenheit geringer als auf dem frei zugänglichen offenen Land,
aber auch als in einer dicht besiedelten Stadt. Notzeiten überstand man
angesichts einer geregelten Vorratshaltung im Kloster besser. Der Hygiene-

standard lag im allgemeinen höher. Adäquate medizinische Kenntnisse sowie Medikamente waren im Krankheitsfalle eher vorhanden als außerhalb.
Und vor allem gab es da ein Hospital samt einer guten Pflege – lesen wir
doch in Kapitel 36 der auch für dieses Kloster maßgeblichen Regel des
Heiligen Benedikt von Nursia (480–547), das heißt dem Kapitel, welches
den «kranken Brüdern» gewidmet ist: «Die Sorge für die Kranken steht vor
und über allen anderen Pflichten. Man soll ihnen wirklich wie Christus
dienen. Er hat ja gesagt: ‹Ich war krank, und ihr habt mich besucht›, und:
‹Was ihr für einen meiner geringsten Brüder getan habt, das habt ihr für
mich getan›. Es soll also die oberste Sorge des Abtes sein, daß sie nicht
vernachlässigt werden. Für die kranken Brüder werde ein eigener Raum
bestimmt. Man biete den Kranken die Gelegenheit, ein Bad zu nehmen,
sooft es ihnen zuträglich ist. Außerdem erlaube man den ganz schwachen
Kranken zu ihrer Kräftigung den Genuß von Fleisch; doch sobald es ihnen
bessergeht, sollen alle, wie es üblich ist, auf Fleischgenuß verzichten» (Regu-
la Benedicti XXXVI: «De infirmis fratribus»).

Nützte man das alles konsequent aus, konnten einem offensichtlich auch
die sonst oft gefährlichen Wintermonate wenig anhaben. Eine nennenswerte
Übersterblichkeit im Dezember, Januar, Februar, März ist unter den 50–
59jährigen Benediktinermönchen von Saint-Maur jedenfalls nicht zu sehen.
Sehr wohl dagegen stellen wir dies bei den 75–79jährigen fest. Wer erst
einmal die 60 überschritten hatte, begann allem Anschein nach umzudenken
und sich anders zu besinnen. Schließlich fürchteten die frommen Gottes-
männer den Tod nicht. Sie bereiteten sich ja ein Leben lang darauf vor –
oder sollten es wenigstens tun. Auch konnten sie nach dem Ableben des
immerwährenden Gebetsgedenkens durch ihre Mitbrüder gewiß sein. So
wehrten sie sich mit zunehmend höherem Alter nicht länger gegen das Sterben und akzeptierten nun auch eher Krankheiten, sei es als Buße, sei es als
eine Vorbereitung auf das Ende. Zu keinem Zeitpunkt während des ganzen
17. und 18. Jahrhunderts stieg die Lebenserwartung in dieser Mönchsgemeinschaft trotz gesundheitlicher Besserstellung höher als auf durchschnittlich 63 Jahre. Wer diese Schwelle einmal überschritten hatte und älter wurde, stemmte sich nicht länger mit aller Kraft gegen den Tod. Es kommt mir
beinahe so vor, als ob wir hören könnten, wie sie beteten: «Herr, nun mag
es gut sein». Wie jeder Bauer auf dem Lande und wie jeder einfache Handwerker in der Stadt ließen sie sich mitten im Winter vom Tod heimholen, am
häufigsten im Januar und Februar. Die saisonale Verteilung der Sterbefälle
mit der markanten Übersterblichkeit im Winter paßte sich bei den betagten
Mönchen mehr und mehr derjenigen anderer Bevölkerungsgruppen an.

Nicht alle brauchten indes gleich erfinderisch zu sein und ähnlich trick-
reich vorzugehen, um ein bißchen irdische und womöglich ewige Unsterblichkeit auch noch im Jenseits zu ergattern. Einige wenige Ausgewählte
hatten das Paradies schon immer auch auf Erden. Florens Deuchler

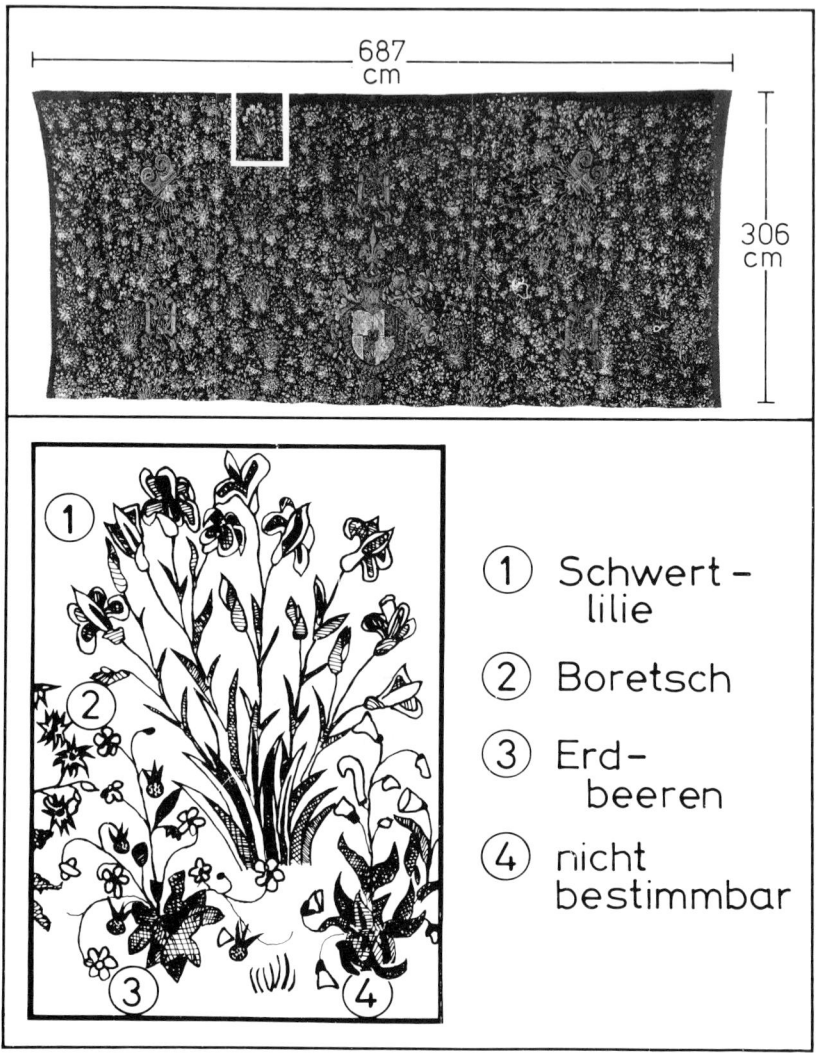

687 cm

306 cm

① Schwert- lilie

② Boretsch

③ Erd- beeren

④ nicht bestimmbar

Abb. 41 Einige hatten schon immer das Paradies bereits auf Erden. – Wozu brauchten sie dann noch eine Ewigkeit? Der burgundische Tausendblumenteppich von 1466 als Abbild des Paradieses. Historisches Museum Bern.

Oben: Der Tausendblumenteppich war 1466 durch Herzog Philipp den Guten von Burgund (1396–1467) beim Brüsseler Wirker Jehan Le Haze in Auftrag gegeben worden. Sein Sohn, Herzog Karl der Kühne (1433–1477, letzter burgundischer Herzog von 1467–1477), hatte ihn als Wandbehang in seinem Feldherrenzelt hängen, als er 1476 von den Eidgenossen bei Grandson geschlagen wurde. Der Blumenteppich mißt heute noch 306 cm in der Höhe und 687 cm in der Breite. Das fehlende untere Drittel ist wahrscheinlich schon bei der Beuteteilung noch auf dem Schlachtfeld abgetrennt worden.

(* 1931), derzeit Professor für Mittelalterliche Kunstgeschichte an der Universität Genf, hat sich hierüber lange Gedanken gemacht. Bezeichnenderweise heißt eines seiner Hauptwerke im Untertitel denn auch: «Ein Abbild des Paradieses» (Deuchler 1984). Der Verfasser bezieht sich hierbei auf den sogenannten «Tausendblumenteppich» aus der Burgunderbeute. Eine Wiedergabe findet sich in der *Abbildung 41*. Gewiß sind bei der vorliegenden Verkleinerung Details kaum noch zu erkennen. Der Teppich ist im Original fast sieben Meter breit. Wer all die gold- und silberdurchwirkten Partien auf wollenem und seidenem Grund, überhaupt die ganze blumenübersäte Pracht in mehr als zwei Dutzend verschiedenen Farbtönen bestaunen will, der kann das jederzeit im Historischen Museum zu Bern nachholen. Zumindest kann er es bei zwei Dritteln der Pracht und Herrlichkeit tun, denn das letzte, unterste Drittel fehlt.

Es fehlt seit 1476. Damals hatten es die siegreichen Eidgenossen bei ihrer Beuteilung noch auf dem Schlachtfeld vor Grandson in der Westschweiz vom Rest abgetrennt und verhökert. Der Teppich hatte sich im Hals über Kopf geräumten herzoglichen Feldherrenzelt des burgundischen Heerführers Karl des Kühnen (1433–1477) befunden und war ihnen dort unter unermeßlichen anderen Schätzen in die Hände gefallen. «Tausend» Blumen sollte überdies nicht zu wörtlich genommen werden, denn soviele waren es wohl selbst auf dem unzerschnittenen Stück nie gewesen, jedenfalls nicht tausend verschiedene. Botaniker vermochten fünfunddreißig zu identifizieren. Allerdings kommen mehrere von ihnen an verschiedenen Stellen des Teppichs vor. Andere wiederum sind zu kleinen Bouquets arrangiert, so etwa die Schwertlilie, die ich im vergrößerten Ausschnitt oben neben Boretsch und Erdbeere hervorgehoben habe. Zudem sind Phantasieblumen vorhanden, die nicht eindeutig bestimmt werden können.

Schwertlilie? Erdbeere? Boretsch? – Wer auch nur ein bißchen mit mittelalterlicher Tafelmalerei vertraut ist, wird hier aufhorchen. Das waren damals doch allenthalben eingestreute Blumen von hohem Symbolgehalt? So galt etwa die Lilie als Zeichen der Jungfräulichkeit, der Unschuld, der strahlenden Reinheit, der Erwählung. Mancher Leser mag sich hier daran erinnern, daß der Engel Gabriel, wie er Maria die Empfängnis ankündigt, seit

---

Unten: Strichnachzeichnung eines Ausschnitts aus dem obersten Teppichteil. Es sind zu erkennen: 1. Schwertlilie (Iris germanica), 2. Boretsch (Borago officinalis), 3. Erdbeere (Fragaria vesca). Die vierte Blume ist botanisch nicht zu bestimmten.
Quelle (für die Nachzeichnung): Florens Deuchler: Der Tausendblumenteppich aus der Burgunderbeute. Ein Abbild des Paradieses. Zürich: Oppersdorff 1984, Großaufnahme S. 34 sowie Falttafel im Anhang. Ferner wurden herangezogen die drei Einzel-Großaufnahmen von Schwertlilie, Boretsch und Erdbeere in: Florens Deuchler: Der Tausendblumenteppich in Bern. Stuttgart: Reclam 1966, vordere Umschlag-Außenseite sowie Abb. 7 und S. 18.

dem 14. Jahrhundert auf zahlreichen Bildern mit einem Lilienstengel ausgestattet ist. Der Erdbeerstrauch seinerseits versinnbildlichte – ähnlich dem Veilchen – die edle Bescheidenheit und Demut. Zugleich symbolisierte sein dreifaches Blatt die Dreifaltigkeit. Um das zu verstehen, brauchten unsere Vorfahren kein «Lexikon der Bilder und Zeichen christlicher Kunst». Sie hätten es sowieso nicht lesen können. Symbole, Bilder, Zeichen waren ihnen dagegen von Kindsbeinen an geläufig.

Versuchen auch wir somit – wiewohl es uns gegen den angeschulten Strich gehen mag –, den unbebuchstabten und dennoch vielsagenden Teppich auf Art und Weise unserer Vorfahren mit Analphabeten-Augen zu «lesen». Da sehen wir im Zentrum des (ehedem unzerschnittenen) Teppichs ein Wappen. Es ist höchst kompliziert zusammengesetzt, jedoch in all seinen Teilen völlig verständlich angeordnet. Jeder Ausschnitt symbolisiert ein Stück des damaligen arg zusammengewürfelten, geerbten, erpfändeten, gekauften und eroberten Burgunderreichs. So enthält das zweite und dritte Feld jeweils im linken Teil einen abwechselnd gold- und blaugestreiften Bereich, der das alte Kernland, das heißt das eigentliche Herzogtum Burgund kennzeichnet. Jeweils rechts davon steht ein Löwe. Oben ist er golden auf schwarzem Grund und symbolisiert somit Brabant, unten dagegen rot auf weißem Grund: Limburg. Die Mitte des Wappens zeigt ein drittes Tier auf einem Mini-Schild. Dieser Löwe ist schwarz auf goldenem Grund und meint damit die Grafschaft Flandern. Sein Platz im Zentrum war überdies ganz «wörtlich» gemeint. Das reiche Flandern galt als «Herzstück des Reichs». Feld eins und vier schließlich zeigen einen blauen Grund sowie eine Fülle goldener Lilien: ein untrügliches Zeichen für die Herkunft der burgundischen Herzöge aus dem Hause und Geschlecht der französischen Valois.

Insgesamt versinnbildlicht das Wappen somit, was das aufgesplitterte Territorium nie war: die burgundische Einheit. Unterstrichen wird dies noch dadurch, daß die zusammengestückelten Wappenteile ganz von der Kette des Ordens vom Goldenen Vlies mit dem herabhängenden Widderfell festgezurrt werden. Der Auftraggeber des Teppichs, Herzog Philipp der Gute (1396–1467), hatte diesen Orden anläßlich seiner Vermählung mit Isabella von Portugal 1430 ins Leben gerufen. Ihm gehörten die höchsten Adligen aller Landesteile als Ritter an. Durch ein ideelles Band wurden sie so in einer Ordensgemeinschaft untereinander verbunden.

Dieses Kernstück befindet sich mitten in einer strahlenden Pracht üppig sprießender Natur, mitten in einem Meer von Blumen. Pracht und Herrlichkeit könnten immer noch weitergehen. Sie haben, ganz wörtlich genommen, kein Ende. Schaut man den Teppich genau an, fällt auf, daß es einen Bildrahmen nicht gibt. Nur der Teppich hört auf; die blühende Wiese dagegen ist grenzenlos. Sie läuft einfach in eine Randzone aus. Und wie aufmerksam man den Teppich auch immer studiert, jeden Quadratzentimeter mit den Augen absucht, so wird man doch nicht das geringste Zeichen der Vergänglichkeit finden, kein Insekt, keine Spinne, kein Ungeziefer, kein verwelktes abgefallenes Blütenteilchen – ganz anders als in Brueghels Kleingetier-bestücktem Blumenstrauß (vgl. nochmals die Abbildung 1). Wahrlich ein Abbild des irdischen Paradieses! Ein immerwährender Frühling, Wunschtraum der Menschheit seit ältesten Zeiten. Ewiger Friede und ewiges Leben, goldenes Zeitalter, keine «Pest-, Hunger- und Kriegszustände». «Es gibt auf dieser Welt ein irdisches Paradies!» meinten schon zeitgenössische Chronisten im Hinblick auf die damaligen blühenden burgundischen Lande. «C'est en ce monde ung paradis terrestre»: Damit bezog sich der große französische Rhetoriker und Hofgeschichtsschreiber Karls des Kühnen, Jean Molinet (* 1435 in der Nähe von Boulogne-sur-Mer, † 1507 in Valenciennes; Zitat: Chroniques V, 271), auf eben jene Ländereien, die unter der langen Regierungszeit Philipps des Guten (1419–1467) einen ungeahnten Aufschwung genommen hatten. Während Frankreich in einen Hundertjährigen Krieg mit England verstrickt war (1339–1453) und das Deutsche Kaiserreich vergleichsweise schwach scheint, blühte hier – wo jahrelang der Friede herrschte – Handel und Wandel. Wohlhabende Mäzene: Adlige, allen voran der Herzog selbst, Amtsträger, Kaufleute, Bürger, Prälaten, Geistliche, Bruderschaften investierten in Kunst, Musik, Architektur und Wissenschaft. Als Abglanz jenes goldenen burgundischen Zeitalters bewundern wir in unseren Museen noch heute die Werke eines Robert Campin (um 1375? – Tournai 1444), eines Jan van Eyck (um 1390 – Brügge 1441), eines Rogier van der Weyden (Tournai 1399/1400 – Brüssel 1464), eines Dieric Bouts (Haarlem 1410/1420 – Löwen 1475), eines Hugo van der Goes (Gent um 1440/45 – bei Brüssel 1482), um nur einige Namen in Erinnerung zu rufen.

Und bewundern in Bern den «Tausendblumenteppich aus der Burgunderbeute. Ein Abbild des Paradieses» (so Titel und Untertitel des erwähnten Buches von Florens Deuchler), entstanden in Brüssel 1466 für den Motor des Ganzen, den Herzog Philipp den Guten. Das Paradies währte indes nicht lange. Schon ein Jahr, nachdem die Eidgenossen seinem Sohn und Nachfolger, Karl dem Kühnen, bei Grandson den Teppich abgenommen hatten, nahmen sie ihm 1477 in der Schlacht bei Nancy auch noch das Leben. Mit ihm starb die männliche Herzogslinie aus. Das Burgunderreich fiel auseinander.

Die Frage, die hier für uns zurückbleibt, lautet: Wenn auch wir, zumindest im Vergleich zum stets mehr oder weniger akut bedrohten Leben der meisten unserer Vorfahren, das Paradies schon auf Erden haben, weil jene ständigen «Pest-, Hunger- und Kriegs-»-Bedrohungen von uns genommen sind: brauchen wir dann eigentlich noch ein Paradies im Jenseits, eine ewige Glückseligkeit? Wenn wir schon hier alles bekommen, was überhaupt zu bekommen ist, was wollen wir dann dort noch?

Doch: haben wir durch das Verschwinden von «Pest, Hunger und Krieg» wirklich das Paradies auf Erden gewonnen? Leben wir wirklich unter para-

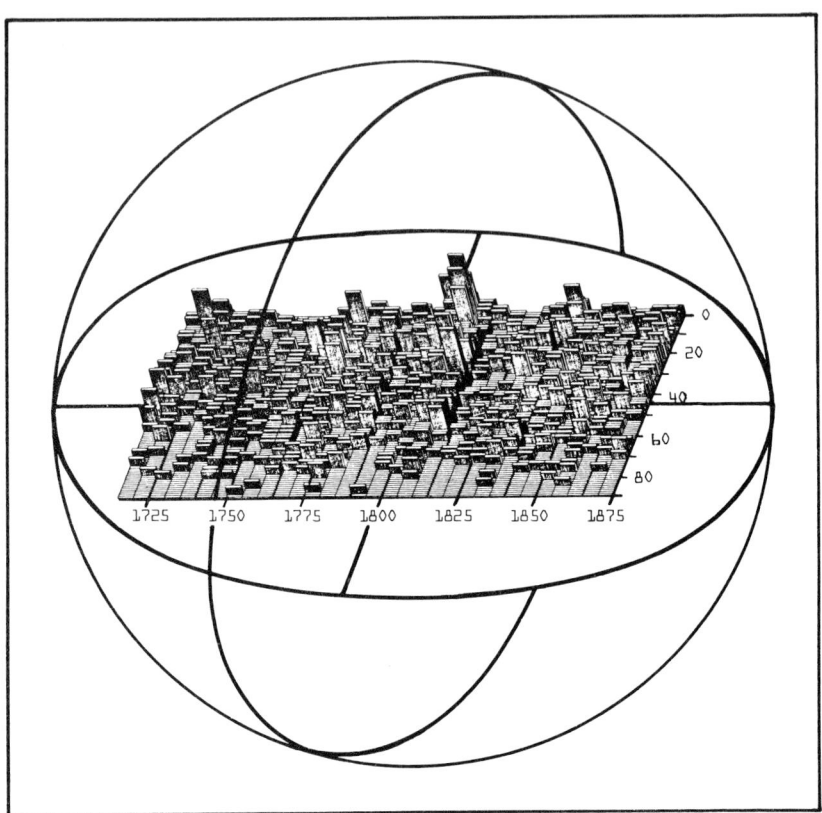

Abb. 42 Sterbefälle an «Fieber» in der Berliner Kirchengemeinde zu Dorotheenstadt
fünfjahresweise von 1715 bis 1874 nach Sterbealter (0–90 Jahren). Dreidimensionaler
Computerausdruck in einer Kugelgraphik als Sinnbild der metaphysischen Eingebundenheit unserer Vorfahren.
Quelle: Wolfgang Ribbe (Hrsg.): Berlin-Forschungen I. (Einzelveröffentlichungen der Historischen Kommission zu Berlin, Band 54). Berlin: Colloquium Verlag 1986, 131. – Die
Verteilung der 3 164 Sterbefälle auf die 54 verschiedenen «Fieber»-Todesursachen in absoluten Zahlen S. 123 und 125.

diesischen Umständen? In einem ewigen Frühling? In einem grenzenlosen
Garten von nie verwelkenden Blumen und Blüten? Der Tod ist noch immer
in der Welt. Er hat sich bloß ein wenig hinter die Kulissen zurückgezogen,
hat sich versteckt. Vielleicht würden wir angemessener sagen: wir haben ihn
dort versteckt und dorthin abgeschoben, weil er für uns keinen Sinn mehr
macht. Das Verwelken übertünchen wir mit Make-up, wenn nötig unter-
stützt durch Face-Lifting. Die grauen Schläfen tönen wir in kastanienbraune
Haarpracht zurück. Und wenn's nichts mehr zu tönen gibt, nehmen wir

Zuflucht zur Perücke. Krankheiten und Verwelken, Tod und Sterben waren für unsere Vorfahren eingebettet in den Gang der Welt, in ihren Alltag. Sie gehörten ganz selbstverständlich dazu. Verstecken konnte man sich damals gar nicht – so wenig wie sich der Tod seinerseits Mühe gegeben hätte, sich hinter die Kulissen zurückzuziehen.

In der *Abbildung 42* wird illustriert, wie Tod und Sterben damals die Spitze eines Eisberges bildeten. Wir sehen dort einen dreidimensionalen Computer-Ausdruck, der alle Todesfälle enthält, die sich zwischen 1715 und 1874 in der Kirchengemeinde zu Dorotheenstadt in Berlin an «Fieber» ereigneten. Die Zahlen sind fünfjahresweise zusammengefaßt und von hinten nach vorn für jedes Sterbealter von null bis neunzig Jahren eingetragen. Unter sämtlichen Todesursachen für alle während jenes Zeitraums gestorbenen 39251 Dorotheenstädter fand ich 3164 Bezeichnungen, die (auf 54 verschiedene Weisen!) den Wortteil «Fieber» enthielten. So starben nach damaliger Auffassung 658 Menschen an «Hitzigem Fieber», 151 an «Zehrendem Fieber», 19 an «Eiterungsfieber», 4 an «schleimigem Fieber», 2 an «schleichendem Fieber». Wir mögen diese Todesursachen-Bezeichnungen aus heutiger medizinisch-biologischer Sicht bemängeln. Meist sagen sie nicht mehr aus, als daß mit dem Körper des Dahingegangenen etwas nicht in Ordnung war. Eine Gesundheitseinbuße hatte zu Fieber geführt, sogar zu hitzigem, will sagen hohem Fieber. Jeder Laie konnte das feststellen, der betroffene Kranke ebenso wie seine Umgebung. Überstand er den Fieberanfall nicht, dann starb er «am Fieber».

Meist mochte ein fieberhafter Zustand indes auch damals vorübergegangen sein, ohne gleich zum Tode zu führen. Neun Zehntel des «Fieber-Eisbergs» dürften somit unterhalb der eingezeichneten Schnittfläche zu vermuten sein. Es waren Fieber, die von hunderterlei alltäglichen Gesundheitseinbußen, von Verletzungen und Unfällen aller Art herrührten. Fieber, die unseren Vorfahren zu schaffen machten und um deretwillen sie sich damals doch nicht krankschreiben lassen konnten. Wir erinnern uns an die 760 Skelette vom Friedhof Aebelholt in Dänemark aus der Zeit zwischen 1175 und 1560 (Abb. 39). Hatten wir dort nicht gehört, daß kaum eines von ihnen ohne Läsionen gewesen wäre? – Mit der Kugelgraphik möchte ich sodann andeuten, daß die Spitze wie der Unterbau des Eisbergs, das heißt Tod und Sterben ebenso wie die vielen vorübergehenden Gesundheitseinbußen für unsere Vorfahren eingebettet waren in einen Sinnzusammenhang, daß sie zu ihrer Welt und Weltanschauung gehörten und weder verdrängt noch geleugnet wurden oder auch nur werden konnten.

Damit sage ich in keiner Weise, daß sie deswegen leichten Herzens darüber hinweggekommen wären. Aber sie setzten sich auf ihre Weise damit auseinander, entwickelten Strategien, um mit diesen unausweichlichen Ereignissen zu Rande zu kommen. So mochten Tod und Sterben noch so sehr eine «Passage» vom diesseitigen zum jenseitigen ewigen Leben gewesen sein,

Gesundheitseinbußen noch so oft zur Umkehr und zur Vorbereitung auf Sterben und Tod gemahnt haben. Gestorben sind deshalb auch unsere Vorfahren noch lange nicht leicht. Im Gegenteil! Die damalige Welt strotzte ja nicht «nur» vor «Pest, Hunger und Krieg», die einem das irdische Leben sauer machten und es ständig bedrohten. Es gab da außerdem noch Hunderte von Bedrohungen für das Seelenheil. Sterben und Tod – eine «Passage»: ja. Doch der Weg konnte sich anschließend teilen. Niemand garantierte einem, daß er auf jeden Fall nach oben führte. Gefährlich war besonders die Stunde des Todes selbst. Da versuchten die bösen Geister und Teufel nochmals mit allen Mitteln, die sich bald vom Körper lösende Seele auf ihre Seite zu ziehen. Gott bewahre, daß man einen unverhofften Tod starb, daß man sich in jenem entscheidenden Augenblick nicht aus ihren von allen Seiten her grapschenden Krallen lösen konnte!

Doch niemand wurde damals im Stich gelassen. Die Anfechtungen in der Stunde des Todes mochten noch so beängstigend sein – wie es in *Abbildung* 43 oben gezeigt wird. Man wußte, wie man zu sterben hatte. Man lernte es, konnte es lernen. Einer der im 14., 15. Jahrhundert weit verbreiteten Traktate hieß schlicht «Ars moriendi», das ist: «Die Kunst und Technik vom guten, seligen Sterben». Für diejenigen, die nicht lesen konnten oder die ihre Phantasie lieber bildhaft ansprechen ließen, entwickelte sich vor allem im 15. Jahrhundert eine graphische, sehr anschauliche Version. Wer auch müßte beim Betrachten jenes oberen Bildes Buchstaben lesen können? Sie stünden bloß im Wege!

Auch das untere Teilbild von Illustration 43 bedurfte keiner langen Erläuterungen. Unsere Vorfahren wußten, was damit gemeint war. Oder wer würde bei dessen Anblick mißverstehen, daß es – sollte es trotz allem schief gehen und der Weg nach der «Passage» nicht direkt und unmittelbar ins Himmelreich führen – im Jenseits auch noch einen mächtigen Gott gab, der einen kraftvoll an der Hand nahm und der einen der ewigen Verdammnis entriß.

Die graphische Version der «Ars moriendi» war ein didaktisch sehr geschickt zusammengestelltes schmales Bilderheft und damit eine verhältnis-

Abb. 43 Trotz Verankerung im Glauben: Angst vor den Versuchungen des Teufels auch noch in der Sterbestunde. Doch – wenn's schief gehen sollte – auch ein mächtiger Gott, der einen noch im Jenseits an der Hand nehmen und dem Höllenschlund entreißen konnte. *Oben:* Meister E. S. (Namen und Lebensdaten unbekannt, tätig im ersten und zweiten Drittel des 15. Jahrhunderts am Oberrhein): Die Versuchung im Glauben (= jeweils erstes der elf Bilder, die zu einer graphischen Version der «Ars moriendi» gehörten). Kupferstich, 91 × 69 mm. Kupferstichkabinett der Staatlichen Museen Preußischer Kulturbesitz Berlin (hier Strich-Nachzeichnung). *Unten:* Meister Bertram (in oder bei Minden in Westfalen um 1340 – Hamburg 1414/ 1415): Höllenfahrt Christi. Dreizehnte Szene aus dem Passionsaltar (= zweitletztes Bild

Ars moriendi
←

Höllenfahrt Christi ↓

unten rechts auf dem Altar-Mittelteil), 1394 wahrscheinlich für die Sankt-Petrikirche in Hamburg geschaffen. – Maße des ganzen Passionsaltars: Mittelteil: 124 × 229 cm incl. Originalrahmen; Flügel: je 121 × 113 cm incl. Originalrahmen. – Höllenfahrt Christi: Tempera (und Goldgrund) auf Eiche, 51,5 × 51 cm incl. Originalrahmen. Niedersächsisches Landesmuseum Hannover (hier Strich-Nachzeichnung).

mäßig preiswerte Broschüre für (fast) jedermann. Sie bestand stets aus einer Serie von bloß elf Abbildungen. Manchmal waren es Holzschnitte, manchmal Kupferstiche. Fünf Illustrationen hatten die fünf hauptsächlichsten Versuchungen zum Thema, mit denen der Teufel eine Seele auf seine Seite ziehen konnte. In fünf weiteren Abbildungen, die als Antwort darauf konzipiert waren, sind herbeieilende himmlische Mächte dargestellt, die Beistand und Trost spenden. Auf dem elften und letzten Bild schließlich sieht man den Sterbenden, wie er seine Seele aushaucht. In Form eines kleinen Kindes wird sie von einem bereitstehenden Engel in Empfang genommen und gen oben getragen, Gottvater entgegen. Die Mächte des Himmels haben gesiegt! Die Teufel kreischen, brüllen und toben. Sie ziehen die Schwänze ein und trotten schließlich von dannen.

Unser Bild gibt die erste dieser elf Abbildungen wieder. Es handelt sich um die Versuchung im Glauben. Der Sterbende liegt auf dem Totenlager. Gestikulierende Teufel reden auf ihn ein. Von oben links schwebt eben noch ein weiterer ein. Ob man bete wie die kniende Frau vorn links, sich kasteie (vorn Mitte), Selbstmord mittels Durchschneiden der eigenen Kehle begehe (vorn rechts), dem Gequassel der drei Schriftgelehrten zuhöre (Bettkante rechts): es sei doch alles einerlei. Gewißheit habe niemand. Oder ob denn schon mal ein Verstorbener aus dem Jenseits zurückgekehrt sei, um zu berichten, was tatsächlich Sache wäre? – Im Antwortbild hierauf sieht man dann, wie Gottvater, Christus und Maria aus ihrem Versteck hinter dem Bett (in unserer Abbildung oben rechts) hervortreten und sich zur Rechten des Sterbenden aufstellen, gefolgt von unüberschaubaren himmlischen Heerscharen. Von links spendet ein Engel Trost. Die Teufel müssen sich geschlagen geben und liegen völlig erschöpft am Boden. – Das nächste Bildpaar ist den Versuchungen aus Verzweiflung gewidmet. Die Teufel rufen dem Sterbenden alle ein Leben lang begangenen Untaten ins Gedächtnis zurück: Meineid, Ehebruch, Urkundenfälschung, unterlassene Werke der Barmherzigkeit. Doch wiederum erfolgt Trost: Hat sich nicht Dismas, der gute Schächer, noch am Kreuz bekehrt und ist er nicht am selben Tage wie Christus ins Paradies eingegangen? – Es folgt die Versuchung aus Ungeduld. Die lange währende Krankheit wird vom Teufel als Abwendung Gottes gedeutet. Da könne es doch keine Hoffnung mehr geben. Wiederum tröstet im Antwortbild ein herbei eilender Engel und legt das Leiden als Prüfung des Himmels aus. – In ähnlicher Weise gibt es tröstliche Antworten auch noch auf die vierte und die fünfte Versuchung: den Hochmut der Menschen und ihre Sorge um die diesseitigen irdischen Güter. Am Ende jedenfalls steht der strahlende Sieg über alle Anfechtungen, der glückliche Ausgang: ein gutes, seliges Sterben.

Eine noch längere mündliche, schriftliche sowie bildliche Tradition als die «Ars moriendi» hat die «Höllenfahrt Christi», jene sinnbildliche Illustration der wohl allen unseren Vorfahren geläufigen Stelle im Apostolischen Glau-

bensbekenntnis: «Niedergefahren zur Hölle». Gemeint war damit ursprünglich nicht die «Hölle» als Ort der ewigen Verdammnis und Gottesferne,
sondern das Totenreich als ein Ort des Wartens – so, wie es seit den Modifi-
kationen durch das II. Vatikanische Konzil wieder heißt: «...gekreuzigt,
gestorben und begraben, / hinabgestiegen in das Reich des Todes, / am
dritten Tage auferstanden von den Toten...». Zu denken hatte man dabei
an all jene Verstorbenen, die dort seit Adam auf das Kommen des Herrn und
die endgültige Erlösung durch ihn warteten. Auf unserer Abbildung sehen
wir denn auch, wie Christus – zwischen eigener Grablegung und Auferstehung – als ersten den bärtigen alten Adam mit seiner Rechten an der Hand
nimmt und – den Erlöserkreuzstab in der Linken – ihn dem aufgerissenen
Schlund des löwenkopfartigen brennenden Höllenrachens entreißt. Ihm
folgt, mit gefalteten Händen ehrfürchtig betend, Eva, dann die Könige David und Salomon, die Patriarchen und Propheten, schließlich die ganze
Schar der Gerechten des Alten Bundes. Die fratzenhaft grapschenden Teufel
versuchen, für sich zu retten, was zu retten ist. Ihre Müh scheint vergeblich.
Sie schneiden Grimassen, beißen die Zähne zusammen und wenden sich
geschlagen ab. Und der gekrönte König der Unterwelt, der den entsteigen-
den Adam grad noch am Fuß zurückhalten will, liegt selbst schon in Ketten.

Im Abendland, wo der Abstieg Christi ins Totenreich und seine Auferstehung zum traditionellen Osterbild gehören, ging es somit während Jahrhunderten wahrhaft um eine «Höllenfahrt». Darstellungen davon finden wir im
Hoch- und Spätmittelalter in gemalten Passionszyklen auf Altartafeln ebenso wie in den weitverbreiteten sogenannten Armenbibeln, wo das Thema
«Christus in der Vorhölle» ebenfalls fester Bestandteil der Bildfolgen geworden war. Das von mir gewählte Beispiel ist eine Nachzeichnung des drei-
zehnten Bildes aus dem Passionsaltar von Meister Bertram (* um 1340 in
oder bei Minden, † in Hamburg 1414/1415). Er hatte ihn 1394 wahrscheinlich für die Hamburger Sankt-Petrikirche gemalt. Insgesamt wird dort in
sechzehn etwa gleich großen quadratischen Einzeldarstellungen die ganze
Leidensgeschichte des Herrn erzählt, angefangen vom Einzug Christi in Je-
rusalem über den Judaskuß und die Gefangennahme, die Geißelung und
Verurteilung, die Kreuzigung und Grablegung sowie die Auferstehung bis
hin zur Himmelfahrt und zur Ausgießung des Heiligen Geistes an Pfingsten.

Sterben tun wir noch heute. Doch wir lernen es nicht mehr. Die Flut von
Literatur der letzten Jahre über «Sterben und Tod» ist kein Ersatz für die
vergessenen elf Abbildungen der «Ars moriendi». Um unsere Totenlager
herum stehen zwar nicht länger nach unserer Seele grapschende böse Geister. Aber es stehen da auch keine Engel mehr, die uns zu Hilfe kämen. Oder
wem könnten die medizinischen Professionalisten, die nunmehr das Ende
unserer Körperfunktionen überwachen, ein Ersatz sein? Und wo wäre der
mächtige Gott, der uns – wenn's arg kommt – an der Hand nehmen und
dem Höllenschlund entreißen würde? An die «Hölle» unserer Vorfahren

glauben wir zwar nicht länger. Wem käme es manchmal jedoch nicht so vor, als ob es sie dennoch nach wie vor gäbe? Nicht im Jenseits, sondern hier und heute? Aber eine mächtige Hand, die uns halten und aufrichten könnte, fehlt. Wir greifen ins Leere.

Nostalgie löst indes keine Probleme. Was ich an unseren Vorfahren bewundere und zurückhaben möchte, ist nicht ihre ständig von «Pest, Hunger und Krieg» bedrohte physische und ihre ebenso andauernd von Dämonen und Teufeln gefährdete seelische Existenz, sondern sind ihr Wille und ihre Fähigkeit, damit umzugehen und einigermaßen fertigzuwerden. Dabei will mir oft scheinen, als ob ich noch immer von ihnen lernen könnte. Zwar erlauben heutzutage wohlgefüllte Bibliotheksbestände sowie reich bestückte Kupferstichkabinette und hervorragend erschlossene Museumssammlungen uns rein intellektuell, rein kunsthistorisch, rein theologisch, rein philosophisch, rein kirchengeschichtlich mit Problemkomplexen wie «Passionsaltar» oder «Höllenfahrt» oder «Ars moriendi» zu beschäftigen, und zwar tagelang, wochenlang, monatelang. Welche Version ist die ursprünglichste? Wer schrieb von wem ab? Wo und weshalb entwickelte sich eine neue Tradition? Gab es die Holzschnittfassung früher oder war die Kupferstichfassung eher? Undsoweiter. Undsoweiter. Undsoweiter. Kurz: wir hätten dann einerseits den bildlich, textlich, darstellerisch festgehaltenen, eingefaßten Gegenstand und anderseits den distanzierten Betrachter oder Leser, den sich intellektuell Übenden. Dieser macht am Sonntag Vormittag einen Besuch in einer Ausstellung: welche Augenweide! Am Sonntag Nachmittag erfolgt das Studium des Ausstellungskatalogs: was für ein geistiger Genuß! Werktags dagegen erfährt er, völlig davon abgehoben, Streß und Alltagstrott. Am nächsten Sonntag geht's auf zur nächsten Ausstellung: ein neuer Genuß! Hier liegen getrennte Welten vor. Es findet kein gegenseitiges Durchdringen statt, kein Sichbeeinflussen, kein Sichbefruchten. Das ist schade!

Wir können aber auch versuchen, Kunstgenuß Kunstgenuß sein zu lassen und Gelehrsamkeit Gelehrsamkeit. Es mag uns dann möglich werden, die selbst aufgetürmte Distanz zum Gegenstand allmählich wieder abzubauen und mit ihm eine Zwiesprache einzuleiten. Ob dann nicht zum Beispiel das eine oder andere der elf Bilder einer «Ars moriendi»-Sequenz auch uns noch etwas sagen könnte? Meiner Ansicht nach sehr wohl. Man erinnere sich etwa daran, daß die fünfte Versuchung in der stereotypen Abfolge von den Sorgen um irdische Güter handelt. Häufig ist dort ein prächtiges Haus in gepflegter Gartenumgebung abgebildet. Soll beides nicht verlottern und verkommen, muß Tag für Tag nach dem Rechten gesehen werden. Das kostet Zeit und Energie, Mühen und Geld. Auch ist auf dem Bild zum Beispiel die Tür zum Keller des Gebäudes weit offen und gibt den Blick auf die gut sortierten Vorräte frei. Hier muß ebenso ständig für Nachschub gesorgt werden, wenn der Keller nicht bald leer sein soll. Oder es wird uns das prächtige Leibroß des Hausherrn vorgeführt. Allerdings deutet der nebenan stehende Pferdeknecht auf die Hufe und meint, es wäre wohl an der Zeit für neue Beschläge. Allüberall lenkt die Sorge ums Irdische selbst den Sterbenden im Bild noch vom Ewigen ab. Dabei steht der Tod schon unmittelbar vor der Tür.

Wenn wir hieraus für heute etwas lernen wollen, brauchen wir gar nicht so weit, will sagen gar nicht bis zum «Ewigen» zu gehen. Es genügt, «vom Ewigen abhalten» simpel durch «vom Wichtigen abhalten» zu ersetzen. Auch wir können schließlich nichts ins Grab mitnehmen, weder eine prächtige Eigentumswohnung, noch irgendwelche angehäuften Güter und auch anstelle des Leibrosses nicht die Luxuslimousine oder den schnittigen Sportwagen. Zum allermindesten dürften wir hierbei Denkanstöße erfahren, die geeignet sind, unsere ständigen Sorgen um die Reichtümer dieser Erde wenigstens zu relativieren, unsere Streß erzeugende Ungeduld etwas zu dämpfen, unseren verzehrenden Ehrgeiz zu zügeln, unsere Unersättlichkeit in so manchen Dingen zu bremsen, unser Streben nach Ansehen, nach Ruhm und rasch vergänglicher Unsterblichkeit in Grenzen zu halten.

So habe ich für mich durchaus von diesen jahrhundertealten elf «Ars moriendi»-Bildern vieles gelernt, wenn möglicherweise auch nicht fürs Sterben, so doch fürs Leben. Vor allem lassen mich Betrachten und Nachdenken immer wieder zur Ruhe kommen. Dies allein ist schon ein Labsal und ist ein Quell der inneren Sammlung in unseren hektischen Tagen. Darüber hinaus bleibt mir hier allerdings stets schmerzlich bewußt, wie sehr auch wir, nicht anders als unsere Vorfahren ehedem, die «Ars moriendi» zu erlernen bitter nötig hätten. Es ist schwer zu sterben, wenn man nicht weiß wie, wenn man es nie gelernt hat, ja nicht einmal mehr vom Sehen her kennt.

3.3. Auf- und Auseinanderbrechen des Systems im Zuge zunehmender Lebenssicherheit: von einem Individuum in «Gemeinschaft» zu einem Individuum in «Gesellschaft»

Mit den folgenden beiden Abbildungen möchte ich zu jener Frage zurücklenken, die sich inzwischen wohl jedem Leser ebenso wie mir seinerzeit selbst aufgedrängt hat: Weshalb löste sich denn dieses System, in das unsere Vorfahren offensichtlich eingebettet und in dem sie mit ihren leiblichen Sorgen und seelischen Nöten aufgehoben waren, inzwischen mehr und mehr auf? Machen wir uns zuerst anhand von *Abbildung 44* nochmals ein paar zusammenfassende Gedanken zu jenem «alten System». So kannten unsere Vorfahren zwar keine Ärzteschwemme. Im Gegenteil lebten sie weitestgehend in Ärztewüsten. Dennoch waren sie ihren vielfältigen Gesundheitseinbußen nicht einfach hilflos ausgeliefert. Aus dem weiten Feld der «Volks-

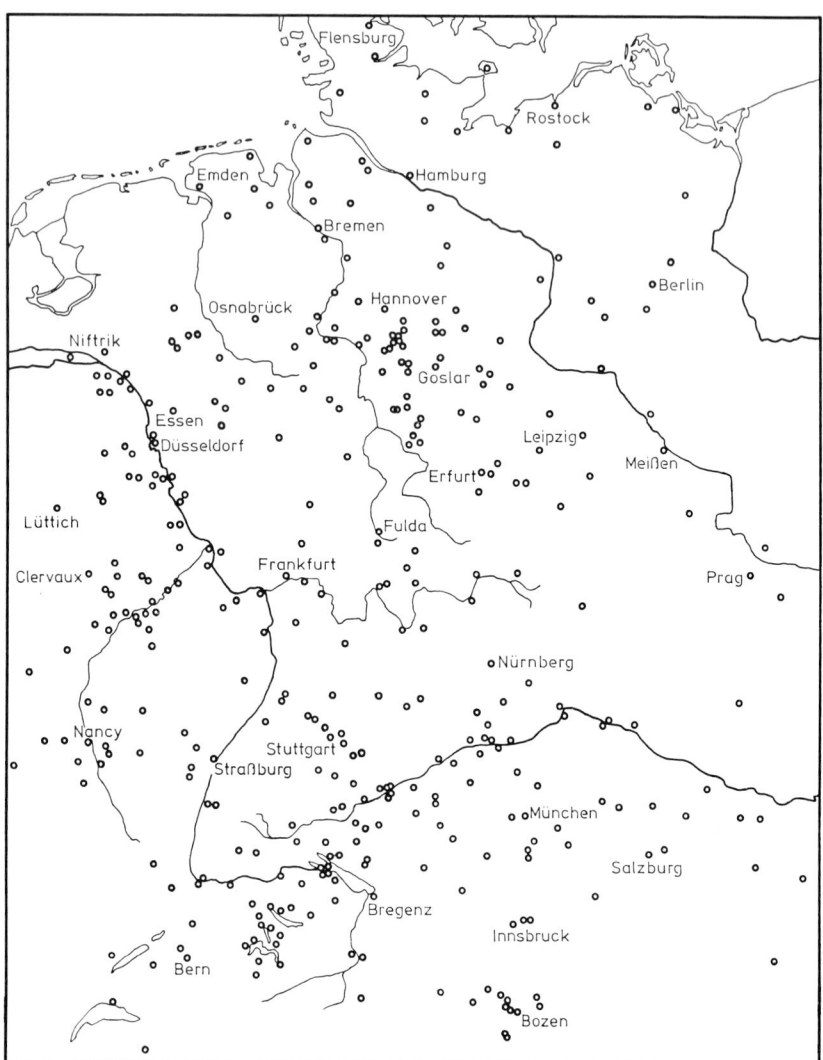

Abb. 44   Kultorte des heiligen Ärzte-Brüderpaares Kosmas und Damian im zentraleuropäischen Raum.
Sie lagen so dicht beieinander, daß sie für jedermann erreichbar waren – im Gegensatz zu Ärztepraxen.
Quellen: Anneliese Wittmann: Kosmas und Damian. Kultausbreitung und Volksdevotion. Berlin: Erich Schmidt 1967, Karte S. 80–81 und Verzeichnis der Kultstätten, S. 82–118. – Die Legenda aurea Deutsch (Die Legenda aurea des Jacobus de Voragine, aus dem Lateinischen übersetzt von Richard Benz). Zehnte Auflage Darmstadt: Wissenschaftliche Buchgesellschaft 1984 («Von Sanct Cosmas und Damianus»: 737–740).

frömmigkeit» habe ich hier die Kultstätten der Heiligen Kosmas und Damian ausgewählt und für den zentraleuropäischen Raum kartographisch
dargestellt. Beide sind auch in diesen Regionen «uralte» Heilige. Ursprünglich waren sie während der Diokletianischen Christenverfolgung Anfang des
4. Jahrhunderts im asiatischen Raum zu Tode gekommen. Ihre Verehrung
breitete sich von Syrien über Konstantinopel und Rom rasch auch auf unseren Kontinent aus. Um die Mitte des 9. Jahrhunderts gelangten sogar Reliquien in den Dom von Hildesheim und in das Kanonissenstift Essen, ein
Jahrhundert später auch nach Bremen, im 12. nach Salem und Weingarten.

Die Popularität ist somit nicht verwunderlich. In der berühmtesten, um-
fangreichsten und am weitesten verbreiteten Sammlung von Heiligenviten
im Mittelalter, der vom Genueser Erzbischof Jakobus von Voragine († 1298)
zusammengestellten Legenda aurea, heißt es über die Beiden schlicht: «Cosmas und Damianus waren leibliche Brüder. Sie lernten die Kunst der Ärzte
und empfingen so große Gnade in der Kunst von dem heiligen Geist, daß sie
alles Siechtum von Menschen und von Tieren vertrieben. Dafür nahmen sie
kein Gut» (Die Legenda aurea deutsch, 737). Viel wichtiger, als daß sich die
syrischen Märtyrer zu Patronen von Ärzten und Apothekern, Barbieren und
Chirurgen entwickelten – die im Gegensatz zu ihren «Vorbildern» meist
nicht ohne Honorar praktizieren –, war, daß das wundertätige Arztbruder-
paar all jenen, die sich eine kostspielige Konsultation nicht leisten konnten,
durch Gebetsanrufung unentgeltliche Hilfe in Aussicht stellten. Und wichtiger noch als ihre Abbildungen in der Hohen Kunst, vor allem auf Altartafeln, wo wir die beiden leicht an ihren Attributen Salbenspatel und Uringlas,
Mörser oder sonstigen medizinischen Instrumenten erkennen, sind die in die
Tausende gehenden Drucke von anspruchslosen Andachtsbildchen für den
täglichen Gebrauch. Jedermann konnte sie zuhause aufbewahren und über
sein eigenes Exemplar verfügen – ähnlich wie alle von uns heute die eigene
Schachtel Schmerztabletten in Griffnähe haben.

Während Jahrhunderten durchgeführte Kosmas- und Damianprozessio-
nen, Tausende von Mirakelberichten und Votivtafeln, ferner von Volks-
kundlern beschriebene Heilbräuche und von ihnen gesammelte und aufbe-
wahrte Opfergaben legen samt und sonders Zeugnis davon ab, wie sich die
Kompetenzen der heiligen Ärzte im Rahmen vielfältigster Verehrungsfor-
men innerhalb der Volksfrömmigkeit immer mehr ausweiteten. Sie entwik-
kelten sich zu Krankheitsheilern par excellence für Mensch und Tier, wurden zu Helfern bei Impotenz ebenso wie bei Unfruchtbarkeit oder beim
Bettnässen der Kinder. In Haus und Stall, auf Feld und Flur wirkten sie
durch heilkräftige Segenssprüche und durch die an ihren Reliquien oder
Kultfiguren berührten Gegenstände.

Ein nochmaliger Blick auf die Abbildung 44 zeigt, daß das Netz von
Anlaufstellen bei uns so dicht war, daß kaum irgendwo jemand mehr als
eine Tagesreise zu Fuß oder Pferd vom nächsten Ort entfernt wohnte. Und

hierbei habe ich sogar nur die spezifischen öffentlichen Kultorte, nicht jedoch auch die Hunderttausende von Heiligenbildchen oder berührten Gegenstände in Betracht gezogen und auf die Karte übertragen. Berücksichtigt sind somit nur Pfarreien, Kirchen, Klöster, Kapellen, Hospitäler, Oratorien, medizinische Fakultäten, Wallfahrtszentren und Stiftungen, deren Patrone sie waren; zudem Orte, an denen es Statuen oder Bilder von ihnen gab und wo Gilden oder Bruderschaften nach ihnen benannt waren.

Niemand möge dieses Kosmas-und-Damian-Beispiel vorschnell mit einer Handbewegung abtun und achselzuckend einwenden, daß dieses System doch allerhöchstens bis ins Reformationszeitalter hinein funktioniert haben könne, anschließend vielleicht noch eine Zeitlang in der katholischen Bevölkerung, aber auch dort heute «selbstverständlich» längst nicht mehr. Ich jedenfalls bin mir da für meinen Teil nicht so sicher.

Zum einen sind es gerade die Volkskundler aus den, wie man meinen sollte, reformatorisch «puristischsten» Regionen Europas, etwa den zwinglianischen Gebieten der Schweiz oder den calvinistischen Gegenden in den Niederlanden, die uns seit langem auf das zähe Weiterleben der «papistischen» Heiligenverehrung aufmerksam machen. Abhandlungen wie «Die Frage nach der Kontinuität des Nikolausbrauches im nachreformatorischen Zürich» oder «Vorreformatorische Relikte in den reformatorischen Niederlanden» sprechen eine deutliche Sprache. Man kann auch nochmals in den bereits oben angeführten Berner-Bauern-Romanen des reformierten Dichterpfarrers Jeremias Gotthelf nachlesen und stößt dort alsbald zum Beispiel auf Mariae Verkündigung als «Frauentag», und zwar noch im 19. Jahrhundert, das heißt ein gutes Vierteljahrtausend nach der Einführung der zwinglianischen Reformation im Bernbiet mit einer im Vergleich zum Luthertum «radikalen» Säuberung des Kirchenjahres von unbiblischen Überlieferungen. – Schriftliche Ergüsse von Reformatoren sind indes eben eine Sache, die Verankerung von Traditionen im Volk eine andere. Über das zweite können wir nicht bei den ersten nachlesen oder vermögen davon doch höchstens in deren Wettern dagegen etwas zu erahnen.

Zum anderen beschäftigen sich hochwissenschaftliche Symposien auch noch in unseren Tagen nicht etwa nur mit historischen Themen wie «‹Volksbarocke› Heiligenverehrung und jesuitische Kultpropaganda», sondern durchaus aktualitätsbezogen gleichermaßen mit der «Heiligenverehrung in der Glaubenspraxis der Gegenwart» (20). Gerade Kosmas und Damian haben alle Säuberungen selbst des II. Vatikanischen Konzils heil überstanden, auch wenn ihr Gedächtnis laut Dekret der römischen Ritenkongregation von 1969 um einen Tag vom traditionellen 27. September auf den 26. vorverschoben wurde.

Auch der heilige Rochus hat alle konziliären Bereinigungen des 20. Jahrhunderts «überlebt». Ihm wurde sogar sein traditioneller Festtag, der 16. August, belassen. Ebenso «überlebt» hat Sebastian. Auch ihm blieb, wie eh und je, der 20. Januar. Eine ganz andere Frage ist, ob wir sie heute noch brauchen. «Allround»-Heilige, die bei verschiedensten Gesundheitseinbußen helfen konnten wie Kosmas und Damian, haben es da leichter, und zwar selbst dann, wenn die heutigen Gesundheitseinbußen-Kultorte noch viel dichter gesät sind, als es die ihren seinerzeit waren. So führt die letzte Ausgabe des «Systematischen Verzeichnisses der Krankenhäuser in der Bundesrepublik Deutschland» insgesamt 1342 Orte auf, in denen es im Jahre 1982 zumindest eine derartige medizinische Einrichtung gab.

Ähnlich flexibel wie Kosmas und Damian war auch etwa das Heiligen-Kollektiv der «Vierzehn Nothelfer». Sie hatten es in unserem Raum auf ingesamt 830 Kultstätten gebracht. Abgesehen davon, daß die traditionellen «Vierzehn» – Achatius, Aegidius, Barbara, Blasius, Christophorus, Cyriakus, Dionysius, Erasmus, Eustachius, Georg, Katharina, Margareta, Pantaleon und Vitus – nicht überall dieselben vierzehn waren, sondern je nach örtlichen Gegebenheiten Auswechslungen erfuhren und überdies manchmal bis auf fünfzehn, sechzehn, siebzehn anwuchsen, gab es unter ihnen stets einige, die unspezifisch gegen verschiedene leibliche und seelische Nöte angerufen werden konnten. So half etwa der heilige Erasmus – einem Arzt mit Allgemeinpraxis ähnlich – gegen «Leibschmerzen», Sankt Eustachius «in allen schwierigen Lebenslagen», Sankt Dionysius bei «Kopfweh». Gegen «einen unvorbereiteten Tod» nahm man Zuflucht zu Sankt Christophorus, gegen «Anfechtungen in der Todesstunde» zu Sankt Cyriakus, gegen «Todesangst» zu Sankt Achatius, und als «Patronin der Sterbenden» galt die Heilige Barbara. Der heilige Georg schließlich war, für unsere bäuerlichen Vorfahren nicht unwichtig, bei «Viehseuchen» zuständig.

Spezialheilige waren indes viel gefährdeter, vor allem dann, wenn ihre Spezialität nicht länger gefragt war oder man auf andere Weise bessere Lösungen erzielte. Bezüglich der «Vierzehn Nothelfer» denkt man hierbei zuerst vielleicht an den heiligen Blasius, Spezialist für «Halsleiden», oder an die heilige Margareta, Patronin der «Gebärenden». Man fragt sich, was mit ihnen geschah, als «Hals-, Nasen-, Ohren-Ärzte» immer effektiver arbeiteten, Gynäkologen und Gebärkliniken die Müttersterblichkeit praktisch auf Null reduzierten? Pferdekutscher zum Beispiel starben aus, als es nichts mehr mit Pferden zu kutschieren gab, traditionelle Schriftsetzer ebenso, als man Druck-Erzeugnisse mit anderen Techniken herzustellen begann. Die heiligen Rochus und Sebastian waren Jahrhunderte lang Pest-Heilige par excellence gewesen. Sie sind es nicht länger, können es auch gar nicht mehr sein, seitdem es die Pest bei uns nicht mehr gibt. In der *Abbildung 45* habe ich dargestellt, wie sich ihnen die Existenzgrundlage, die im zentraleuropäischen Raum seit dem Großen Schwarzen Tod im 14. Jahrhundert massiv gegeben war, mit dem Verschwinden der Seuche im Verlaufe des 18. Jahrhunderts entzog. Noch zu dessen Beginn konnte es im 1703 erschienenen «Neu-Vollkommen-Catholischen Gesangbuch Straßburger Bischthums» –

Abb. 45   Rückzug der Pest aus Zentral-Europa Anfang des 18. Jahrhunderts – und damit Entzug der Existenz-Grundlage für die Pest-Heiligen Sebastian und Rochus.
Unten: Als «Fundament» für die Verehrung der Pestheiligen Sebastian und Rochus wurde die Anzahl der jährlichen Hinweise auf pestbetroffene Orte in Zentral-Europa seit dem Schwarzen Tod in den 1340er Jahren bis zum Verschwinden der Seuche zu Beginn des 18. Jahrhunderts eingetragen. *Quelle:* Jean-Noël Biraben: Les hommes et la peste en France et dans les pays européens et méditérannéens. Tome I: La peste dans l'histoire. Paris – Den Haag: Mouton 1975. «Zentral-Europa» = Ländergruppe VI: Deutschland, Schweiz, Österreich, Böhmen, Auflistung: 363–374, Erläuterungen: 123–129.
Oben: Nachzeichnung nach Albrecht Dürer (Nürnberg 1471 – Nürnberg 1528): Die Heiligen Sebastian und Rochus, um 1497. Federzeichnung, 29.6 × 20 cm. In der Nach-

das Elsaß war eine Hochburg der Sebastiansverehrung, seitdem um 1250 ein Arm des Heiligen als Reliquie in die Franziskanerkirche von Hagenau überführt worden war – ganz selbstverständlich heißen:

> «O heiliger Sebastian, wir ruffen dich von Hertzen an,
> dein Schmertz und Pein, dein Marter all,
> uns nutzen laß in allem Fall.
> Wir bitten dich durch dein schwere Pein,
> bey Gott wöllst unser Fürsprecher sein,
> O treuer Blutzeug thu dein best,
> wend von uns ab die leidige Pest.»

Das Gesangbuch wurde 1709 und 1710 erneut aufgelegt, 1738 nochmals. Doch inzwischen hatte dem Sebastian, wie natürlich auch dem Rochus, der Boden unter den Füßen zu wanken begonnen. Selbst in den gefährdetsten Mittelmeerregionen Frankreichs zeigte sich die Pest nach 1722/23 nicht mehr. Die jahrhundertealte Plattform wurde durchlässig und trug die Pestheiligen schließlich nicht länger. Ebenso wenig würde heute die praktisch verschwundene Volkskrankheit Tuberkulose die ehedem zahlreichen Lungen-Sanatorien finanziell noch länger tragen. Auch sie mußten schließen und verschwanden, oder sie wurden in ihrer Bestimmung umfunktioniert. Ist eine neue Aufgabe auch für Rochus und Sebastian in Sicht, als AIDS-Heilige vielleicht?

3.3.1. ‹Entchristlichung›

Begann sich der Heiligen-Himmel schon auf diese Weise, das heißt wegen des Verschwindens alter Seuchen und des Fortschritts der Medizin zu entvölkern, so wurde anderen alten Volksheiligen ebenso effektiv der Garaus durch technischen Fortschritt gemacht. Jahrhundertelang war der heilige Sankt Florian einer der populärsten unter den himmlischen Heerscharen gewesen. Vor allem im süddeutsch-oberösterreichischen Raum wurde er bei den immer und immer wiederkehrenden Feuer- und Wassergefahren um seinen himmlischen Beistand angerufen. Auf alten Altarbildern, Statuen und Votivtafeln kann man ihn noch heute meist als römischen Soldaten in Harnisch und Helm gekleidet sehen (vgl. *Abbildung 46*). In der einen Hand hält er Lanze und Banner, in der anderen einen Kübel Wasser, mit dem er ein brennendes Haus löscht. Er soll schon als Kind ein brennendes Haus mit einem Schaff Wasser gelöscht haben. – Florian war seinerzeit römischer

zeichnung oben und unten etwas beschnitten. *Quelle:* Städelsches Kunstinstitut Frankfurt am Main. Hier nach Friedrich Winkler: Die Zeichnungen Albrecht Dürers in vier Bänden. Bd. I: 1484–1502, Berlin: Deutscher Verein für Kunstwissenschaft 1936, Nr. 149.

Offizier und anschließend Verwaltungsbeamter gewesen. Wie Kosmas und Damian und auch Sebastian hatte er während der Diokletianischen Christenverfolgung um seines Glaubens willen das Martyrium erlitten. Der Legende nach wurde er 304 an seinem oberösterreichischen Dienstort in der Enns ertränkt. Über der angeblichen Grabstätte südlich von Linz erhebt sich heute in fürstlichem Barock das Augustiner-Chorherrenstift Sankt Florian.

Während wir den Heiligen in Abbildung 46 oben somit bei seiner traditionellen Verrichtung sehen, so habe ich unten links die fahrbare Handdruck-Feuerspritze aus dem süddeutschen Herrieden bei Ansbach in Franken eingefügt. Sie stammt aus dem Jahre 1759 und ist im wesentlichen aus Eichen- und Pappelholz gefertigt. Nur die Felgen tragen Eisenbereifung; das Rohr ist aus Bronze. Der Wasserkasten hat ein Volumen von 60 × 160 × 80 cm. Die Gesamthöhe beträgt 230 cm, die Länge des Pumpbalkens 260 cm und die beiden Pumpbalken-Verlängerungsstücke nochmals je 270 cm.

Die Wasserauffüllung der beiden Siebkästen geschah mit Hilfe von Handeimern. Zwei wechselweise zu betätigende eiserne Kolben beidseits der Kästen preßten dieses Wasser sodann in die mitten auf dem Wagen angebrachte Zuleitung mit schwenkbarem Strahlrohr. Wie aus der Skizze hervorgeht, wurden die Kolben durch einen Pumpbalken bewegt. Er verlief durch zwei geschlitzte Bretter an den Schmalseiten der Kästen. Um die Hebelwirkung zu steigern, konnten Verlängerungsstücke aufgesteckt werden. Während der An- und Rückfahrt schnallte man sie seitlich der Kästen fest. Die Enden der geschlitzten Bretter waren durch einen Balken verbunden. Auf ihm saß rittlings der Feuerwehrmann, der das Wendrohr bediente.

Die Herrieder Feuerspritze blieb bis um die Wende zum 20. Jahrhundert im Einsatz. Ob sie im Ernstfall immer viel ausgerichtet hat, weiß ich nicht. Oft wird sie bei abgelegenen Feuersbrünsten zu spät gewesen sein oder bei schweren Heimsuchungen ganzer Dorfteile kaum mehr als die heiße Asche gekühlt haben können. Dem heiligen Sankt Florian wurde dadurch jedenfalls die Existenzgrundlage noch nicht völlig entzogen. Inzwischen sind wir jedoch himmelweit vom Einsatz solcher eimergefüllten Handdruckspritzen entfernt. In der Abbildung unten rechts ist zu sehen, womit wir heute im Falle einer Feuersbrunst rechnen können. Alarmiert über Telephon oder die automatische Sprinkleranlage kommt da ein 26 Tonnen schweres Ziegler-Tanklöschfahrzeug TLF 48/70–40 HA auf Mercedes-Benz Allrad-Antrieb mit Blaulicht und Sirenengeheul in minutenschnelle angerast, 10 Zylinder

Abb. 46 Nicht nur die Pest-Heiligen verloren im 18. Jahrhundert ihren festen Boden unter den Füßen. Auch für andere Spezialheilige begann die Existenzgrundlage zu wanken. So verdrängten effizientere Feuerwehr-Spritzen und schließlich unsere High-tech-Löschzüge den heiligen Sankt Florian mit seinem bescheidenen Wasserkübel.
Oben: Heiliger Florian, Hinterglasbild aus Sandl / Oberösterreich, 19. Jahrhundert. 31,8 × 23,3 cm. Bayerisches Nationalmuseum München; Sammlung für religiöse Volkskunde,

"O heiliger Sankt

Florian, verschone

unser Haus, zünd'

lieber and're an."

Professor Dr. Rudolf Kriss. (Inv. Nr. Kr G 265). – Sandl war im 19. Jahrhundert ein Zentrum der österreichischen Hinterglasmalerei.
Unten links: Fahrbare Handdruck-Feuerspritze der süddeutschen Pfarrgemeinde Herrieden bei Ansbach in Franken aus dem Jahre 1759. Die Spritze versah ihren Dienst in Herrieden bis um die Wende zum 20. Jahrhundert. Seit 1903 im Heimatmuseum Feuchtwangen, Seitenraum Erdgeschoß. Hier Nachzeichnung nach der photographischen Wiedergabe in Friederike Tschochner, unter Mitarbeit von Matthias Exner: Heiliger Sankt Florian. München: Callwey 1981, S. 187.
Unten rechts: Ziegler-Tanklöschfahrzeug TLF 48/70–40 HA auf Mercedes-Benz Allrad-Antrieb. Hier Nachzeichnung nach dem «Feuerwehr-Katalog 1985/87» der Albert Ziegler GmbH, Feuerwehrgerätefabrik und Schlauchweberei, D-7928 Giengen/Brenz ⟨nach eigenen Angaben «Deutschlands Feuerwehrausrüster Nr. 1»⟩, S. 27, 52.

Diesel, 355 PS. Schon die Ausmaße sind imponierend – und vielleicht auch etwas beruhigend. Die Länge beträgt 9.40 Meter, die Breite 2.50, die Höhe 3.20. Als Wendekreis braucht er 19.00 Meter. Der Randstand ist 4.10 Meter. Er hat bereits 7000 Liter Wasser und 4000 Liter Schaummittel geladen. Zusätzlich verfügt er über eine Halon-Anlage von 300 kg.

Und was der nicht alles kann, sei es nun fernbedient vom Fahrerhaus aus oder aber mit Hilfe einer tragbaren Befehlseinheit bis auf zehn Meter Distanz zum Feuerherd! Die maximale Leistung seiner Feuerlöschpumpe Marke FP 48/8–2 H TROKOMAT beträgt 5000 Liter pro Minute bei einem Druck von acht Bar oder bei kombiniertem Schaum-und Wasserausstoß 3000 Liter pro Minute. Außerdem gibt es da noch ein Schaumzumischsystem von der Marke PROMAT D, eine Druckzumischung mit Hydraulik-Antrieb und links und rechts schließlich je eine Schnellangriffseinrichtung. Die raffinierte Pumpenanlage ermöglicht den getrennten wie den gleichzeitigen Löschbetrieb aus dem Wassertank oder / und die Zuspeisung über eine Ringleitung. Alles in allem schafft er mit der Fremdeinspeisung eine Durchsatzleistung von hundert Hektolitern Wasser-Schaum-Gemisch in der Minute. Natürlich wird der Schnellangriff bereits während der Anfahrt über den fernbedienbaren Monitor vorprogrammiert. Die Anschaffungskosten für diesen High-tech-Löschzug belaufen sich laut Firmenangebot von Mitte 1986 auf rund eine Viertelmillion DMark.

Obwohl wesentlich billiger, hat es da der heilige Sankt Florian mit seinem Wasserkübel ganz schön schwer daneben. Wir brauchen ihn heute längst nicht mehr. Nicht einmal die Feuerwehr kann den ehrwürdigen alten Spezialisten noch länger verwenden. Vielmehr braucht umgekehrt der heilige Sankt Florian die Feuerwehr – zum Überleben. Laut gleichem Firmenangebot gibt es «Florian-Motive in Wachs schon ab DM 39.–». Teurer ist der Heilige als «Rustikaler Wandschmuck, 150 cm hoch und 70 cm breit». In dieser Ausführung kostet er DM 980.–. Dafür bekommen wir ihn allerdings in Metall gegossen.

Mögen die enorm leistungsfähigen Feuerspritzen unserer Tage den heiligen Sankt Florian somit auch längst in den Hintergrund gedrängt haben, so besteht für uns deswegen noch kein Grund zum Übermut. Die Tätigkeit der Feuerwehr beschränkt sich schließlich nicht mehr, wie noch zu Florians Zeiten, nur auf die Bekämpfung von Feuersbrünsten. Ihre Tanklöschfahrzeuge haben auch dann auszurücken, wenn es zum Beispiel um Unfälle mit Chemikalien geht. Der Rhein aber, etwa zwischen den Standorten der chemischen Großindustrie in Basel und Rotterdam, ist lang. Geraten hochgiftige Substanzen in den Fluß, nehmen sich die Feuerwehr-Fahrzeuge, trotz aller High-tech-Ausrüstung, doch eher bescheiden und kläglich aus. – Wird es zu einer Wiedererweckung auch von Florian kommen?

Machten die letzten beiden Abbildungen (45 und 46) auf die Lockerung im Gefüge generationenüberdauernder enger Verbindungen zwischen der

ehedem jederzeit bedrohten Gemeinschaft der Lebenden und der mächtige
Fürbitte leistenden Gemeinschaft der Heiligen durch zunehmende Erfolge
bei den Bedrohungs-Einschränkungen auf Erden aufmerksam, so möchte
ich mit den beiden folgenden Illustrationen auf zwei weitere Entwicklungen
hinweisen, durch welche die entstandenen Risse noch vertieft wurden. Zum
einen dokumentiert die Abbildung 47, wie selbst Christus im Verlauf der
Jahrhunderte mehr und mehr auf Distanz zu den Hilfesuchenden ging; zum
anderen konnten verquere obrigkeitskirchliche Vorschriften zu einer wachsenden Entfremdung zwischen dieser Kirche und unseren bäuerlichen Vorfahren führen (Abbildung 48).

In der ersten der vier Teilfiguren sehen wir in *Abbildung 47* unten rechts
das Bockhorster Triumphkreuz. Es hängt heute im Westfälischen Landesmuseum in Münster. Entstanden dürfte es gegen Ende des 12. Jahrhunderts sein. Die Ausmaße sind beeindruckend. Die Höhe beträgt 350 cm, die
Breite 220 cm, die Spannweite der Arme 176 cm, die Figur von der Kronenspitze bis zu den Zehen 224 cm. Ursprünglich waren die Balken moos-
grün bemalt. Damit sollte wohl das hier vollbrachte Erlösungswerk als Le-
bensbaum versinnbildlicht werden. Christus selbst war blaß fleischfarben
und trug ein dunkelblaues Lendentuch. Nur seine fünf Wunden leuchteten
tiefrot.

Zwar ist die Frage «Was ist Mystik?» noch lange nicht ausdiskutiert. Erst
jüngst bildete sie wieder einen der Kernpunkte im Rahmen eines hochwis-
senschaftlichen Symposions über «Abendländische Mystik im Mittelalter».[21] Zwar wurde auch dort einmal mehr eher der «Streit der Fakultäten»
heraufbeschworen als über «existentielle Lebenshilfe in einem unmittelbaren Sinne» gesprochen, was zweifellos ebenso in diesen Bereich gehört.
Dennoch wird kaum verneint werden können, daß manche Menschen –
auch abseits von immer wieder aufwallenden Modeströmungen – durch
kontemplativ-meditative Versenkung in das Bild des Gekreuzigten eine
«unio mystica» eben im Sinne einer lebenspraktischen Umsetzung von Mystik erfahren dürften, im ausgehenden 20. Jahrhundert nicht anders als am
Ende des 12. Ich kann nichts Pejoratives oder gar Verächtliches hieran
finden. So gestehe ich denn auch ohne Umschweife ein, daß mich dieses
Kruzifix noch heute zu «packen» vermag. Da hängt ein halb schon toter,
halb noch lebender ausgemergelter Mensch am Kreuz. Hilflos, verlassen,
einsam, mit vier Bolzen angenagelt. Er schaut mich an, wiewohl er seine
Augen kaum noch offenzuhalten vermag. Ob er etwas sagen will? Sein
Mund steht halboffen. Doch er sagt nichts mehr. Und spricht mich doch an,
selbst noch im Museum und somit ganz und gar getrennt von seiner einstigen kirchlichen Umgebung. Dort wurde er von unseren Vorfahren zum
Zweck der Zusprache in ihrer Not und in ihrem Elend aufgesucht. Ich hatte
ihn nicht aufgesucht, sondern war beim Rundgang eher zufällig auf ihn
gestoßen, Kaffee-und-Kuchen-gestärkt gleich hinter der Museums-Cafete-

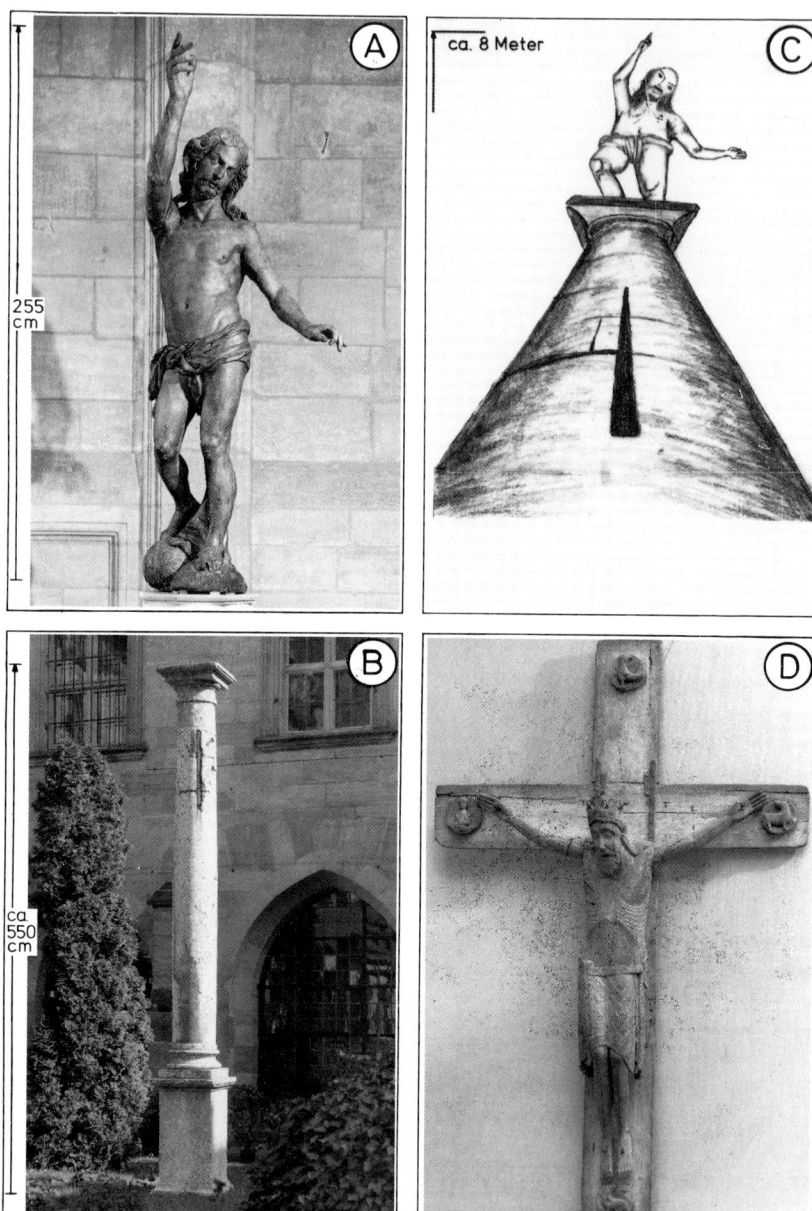

Abb. 47 CHRISTUS SALVATOR geht auf Distanz: Ein großartig barock die Arme verwerfender Christus auf einer fünfeinhalb Meter hohen Marmorsäule im 17. Jahrhundert. Im Gegensatz dazu ein mit vier eisernen Bolzen erbärmlich ans Kreuz gehefteter Christus im Augenblick tiefster Erniedrigung, und doch gekrönt mit der Krone des Him-

ria. Mich trieb keine Lebensunsicherheit zu ihm, keine existentielle Bedrohung – ganz im Gegensatz zu unseren Vorfahren.

Auf einen ganz anderen und zudem um fünfhundert Jahre jüngeren Christus treffen wir im Diözesanmuseum Bamberg. Wir müssen ihn uns sogar zuerst zusammenmontieren. So, wie wir ihn dort heute sehen, sehen wir ihn «falsch». Nur die Christusfigur selbst in ihrer stolzen Größe von 255 cm befindet sich *im* Museum (Teilfigur A). Die fünfeinhalb Meter hohe Marmorsäule, auf der sie nach ihrer Entstehung 1648/49 im Dom bis zu dessen Purifizierung 1840 beim Mauritiusaltar am Aufgang zum Westchor plaziert war, ist im Garten des Domkreuzganges aufgestellt. Im Museum hat man Christus auf unsere Ebene heruntergeholt. Dort stehen wir ihm nun Aug' in Aug' gegenüber. Das ist eine völlig andere Perspektive, als wenn er aus acht Metern Höhe in hochbarocker Christus-Salvator-Pose auf uns herabblickt (vgl. die Montage in Teilfigur C). Sein grandioser Segensgestus kommt so nicht länger richtig zur Geltung. Vielmehr vermittelt er nun den ungewollten Eindruck von pompösem Imponiergehabe. Unsere Vorfahren blickten – falls sie es überhaupt taten – von unten ehrfürchtig und staunend zum Hochentrückten empor. Christus war für sie auf Distanz gegangen. Er triumphierte, schwenkte in der Linken ursprünglich sogar eine inzwischen verlorene Kreuzstab-Siegesfahne. Aber sprechen, ansprechen wollte er von dort oben nicht.

Auch das Bockhorster Kreuz wird zwar in der Fachsprache als «Triumphkreuz» bezeichnet. Vielleicht haben wir bisher bloß übersehen, daß der

mels zum Zeichen des Triumphs über Leiden und Tod im 12. Jahrhundert: das Bockhorster Triumphkreuz.

(A) Justus Glesker (* in Hameln um etwa 1610–1623, † 1678 in Frankfurt am Main): Christus Salvator, Frankfurt am Main, 1648/49. Holz vergoldet, Höhe 255 cm. Geschaffen für die hochbarocke Neuausstattung des Bamberger Doms. Heute Diözesanmuseum Bamberg.

(B) 5,5 Meter hohe Marmorsäule, auf der Christus Salvator im Bamberger Dom einst stand. Heute im Garten des Domkreuzganges aufgestellt.

(C) Justus Gleskers «Salvatore vf der Marmolstaine Seulen stehent» befand sich bis zur Purifizierung des Bamberger Doms 1840 hinter dem Mauritiusaltar am Aufgang zum Westchor. Montage-Nachzeichnung nach (A) und (B). – Frau Dr. Renate Baumgärtel-Fleischmann, Oberkonservatorin am Diözesanmuseum, danke ich für die Ermöglichung von Neuaufnahmen im Sommer 1985 (Foto Ingeborg Limmer, Bamberg).

(D) Sogenanntes «Bockhorster Triumphkreuz», um 1150 entstanden. Ende des 19. Jahrhunderts auf dem Dachboden der kleinen Dorfkirche zu Bockhorst gefunden. Kreuz und Corpus aus Eichenholz, ursprünglich beide farbig gefaßt. Höhe des Kreuzes 350 cm, Breite 220 cm, Breite der Kreuzbalken 39–41.5 cm, Stärke der Bohlen 2–5 cm. Spannweite der Arme 176 cm, Höhe der Figur von den Zehenspitzen bis zur Kronenspitze 224 cm. Durchmesser der auf den Balken-Enden plazierten Rundreliefs (Mensch – Stier – Löwe – Adler) 22–23 cm. Westfälisches Landesmuseum für Kunst und Kulturgeschichte Münster.

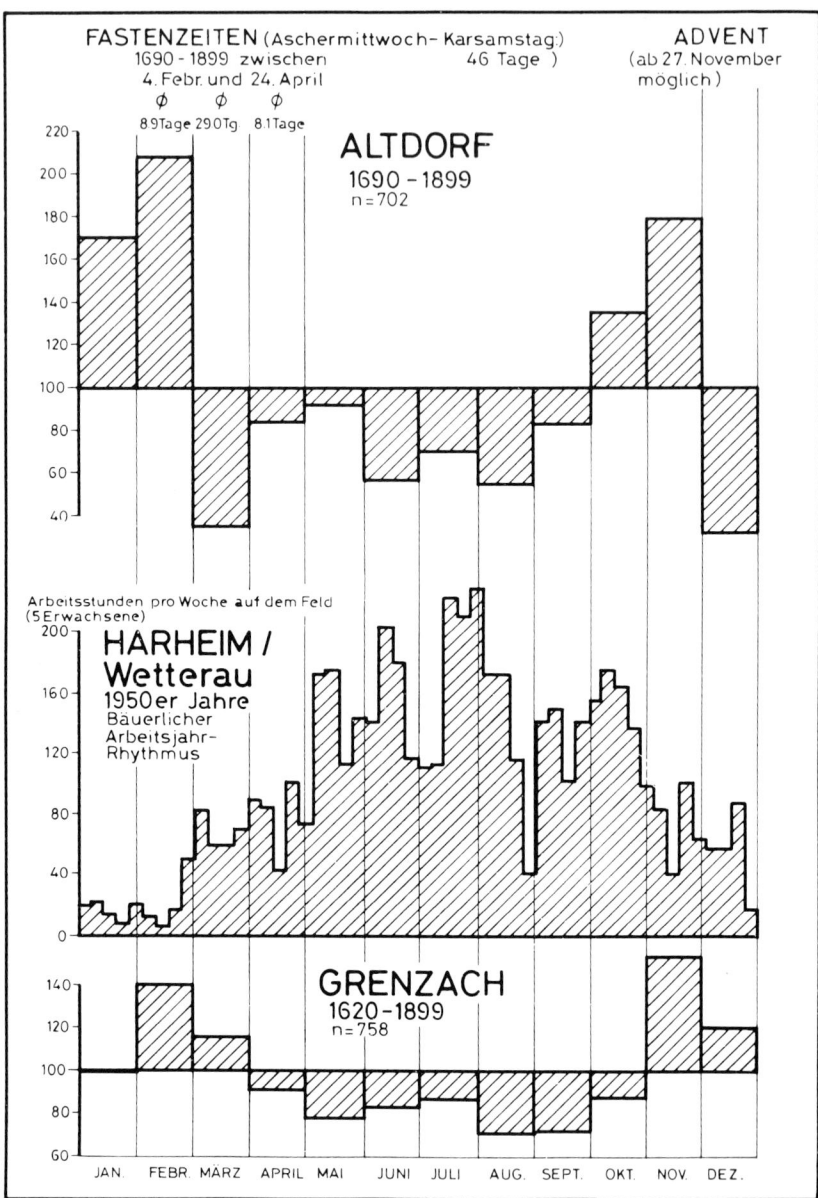

Abb. 48   Verquere Vorschriften untergraben den kirchlichen Autoritätsanspruch. Kollision zwischen agrarisch geprägtem Arbeitsjahr der Bauern und liturgisch bestimmten Jahresablauf der (katholischen) Kirche.
Oben und unten: Monatsverteilung aller Eheschließungen (Erst-Ehen und Wiederverheiratungen) einerseits im katholischen Altdorf 1690–1899, andererseits im lutherisch-prote-

gemarterte Kopf des völlig erschöpften Christus die Krone des Himmels trägt? Er scheint allerdings schwer daran zu tragen. Wenn schon, ist hier der Triumph über den Tod und damit der Beginn der himmlischen Erhöhung mit der tiefsten Erniedrigung am Kreuz, mit Leiden und Sterben eins. Eine Siegesfahne wäre für diesen Christus fehl am Platz.

Jeder mag sich selbst prüfen, ob ihm der Hochgehievte in Figur C wirklich noch etwas zu sagen hat oder ob nicht der leere Säulenschaft in B seiner Weltanschauung doch eher entspricht. Mit «etwas zu sagen haben» meine ich hier nicht etwa den künstlerischen oder kunsthistorischen Aspekt des Glesker'schen Christus. Lassen wir, soweit wir dies können, die wissenschaftliche Betrachtungsweise beiseite. Sie kann sich rasch wandeln. 1840 hatten die «Reiniger» des Domes in Gleskers Figuren nur «abscheulichen Geschmack» gesehen (Herzog-Ress 1962, 53). – Der Säulenschaft steht zwar noch; aber er trägt nichts mehr. Der Gott, der unsere Vorfahren von dort oben einmal gesegnet hat, ist verschwunden. Man hat ihn «wegpurifiziert». Die Christusfigur, die bei der Entstehung 1648/49 beachtliche achthundert Reichstaler kostete, wurde 1840 für den minimalen Betrag von acht Gulden und zwölf Kreuzern an den Bamberger Zeichenlehrer Martin Josef von Reider verramscht. Erst 1912 gelangte sie bei einer Versteigerung durch Rückkauf wieder an den Dom zurück.

Im Hinblick auf die Lockerung der Bindungen zwischen der Amtskirche als einer gottesverwaltenden Institution und dem Gros der ihr eigentlich angehörigen Bevölkerung mag auch die *Abbildung 48* zu denken geben. Vertiefen wir uns in die drei Teilgraphiken, kommen wir zu einem überraschenden Ergebnis. In der Mitte ist der bäuerliche Arbeitsjahr-Rhythmus für Feldarbeiten dargestellt. Obwohl wir die Untersuchung aus Quellengründen erst um die Mitte unseres Jahrhunderts ansetzen konnten, dürfen wir das Resultat im großen ganzen doch auch für unsere bäuerlichen Vorfahren in zurückliegenden Zeiten als gültig erachten. Während der Wintermonate Januar und Februar gab es auf den gefrorenen und schneebedeckten Feldern

stantischen Grenzach 1620–1899 (beide am Oberrhein gelegen). Umrechnung auf je 1200 Fälle sowie eine gleiche Monatslänge von 30.4 Tagen.
Mitte: Feldarbeitsbelastung für Bauern, hier gemessen in der Gesamtzahl der Arbeitsstunden von fünf Erwachsenen pro Woche auf einem Bauernhof in Harheim in der Nähe von Frankfurt am Main zu Beginn der 1950er Jahre (= frühest möglicher Zeitpunkt für derart exakte Messungen).
Während der rein agrarisch geprägte Jahresrhythmus der Eheschließungen im protestantischen Grenzach spiegelbildlich gut mit dem Arbeits-Jahresrhythmus übereinstimmt, kollidieren die beiden Rhythmen im katholischen Altdorf vor allem im März und im Dezember miteinander.
Quelle: Leib und Leben in der Geschichte der Neuzeit (= Berliner Historische Studien, Bd. 9). Berlin: Duncker & Humblot 1983, 34.

kaum etwas zu tun. Im März und April setzten die Vorbereitungsarbeiten für die neue Aussaat ein. Es folgte das Bestellen der Äcker, dann nach-, zeitweise sogar miteinander die Heu-, Getreide-, Kartoffel- und Obsternte mit Arbeitsspitzen im Juni, Juli und August. Von da nahm die Belastung wieder ab und erreichte ihren Tiefpunkt am Ende des Jahres.

Kombinieren wir diesen Agrarrhythmus mit einem zweiten, durch die Konfessionszugehörigkeit geprägten Jahresrhythmus, nämlich der Verteilung von Heiraten auf die verschiedenen Monate, so ergeben sich für die hier untersuchten zwei Dorfbevölkerungen stark voneinander abweichende Bilder. Beide Gemeinden liegen am Oberrhein: Grenzach direkt bei Basel, Altdorf (heute Stadt Ettenheim) auf halbem Weg zwischen Freiburg und Offenburg. Während die Altdorfer Bauern jedoch katholisch waren, so die Grenzacher evangelisch-lutherisch. Erwartungsgemäß heiraten Bauern am ehesten dann, wenn sie am meisten Zeit dazu haben, das heißt vorwiegend im Winterhalbjahr. Dies kann entweder vor dem Einsetzen der Feldarbeiten im Februar und Anfang März sein, oder aber nach abgeschlossener Ernte im November und Dezember (mit reicheren Bewirtungsmöglichkeiten!). Eine derartige Monatsverteilung sehen wir in Grenzach für die zwischen 1620 und 1899 eingegangenen Ehen. Als Folge daraus zeichnet sich eine gute spiegelbildliche Übereinstimmung zwischen der mittleren und der unteren Teilfigur ab.

Anders verhält es sich in Altdorf (Mitte und oben). Dort ist das ausgewogene Verhältnis zwischen den beiden Jahresrhythmen empfindlich gestört. Und zwar gestört durch die Institution Kirche, die doch eigentlich, wie man meinen sollte, «Verständnis» für die Belange ihrer bäuerlichen Untergebenen hätte haben sollen. Ihr jedoch schien es offenbar gleichgültig zu sein, daß im März die Feldarbeiten noch weitgehend ruhten und es im Dezember dort sowieso nichts mehr zu tun gab, die Bauern also in beiden Monaten viel Zeit zum Heiraten gehabt hätten. Sie beharrte auf ihrem liturgischen Jahresrhythmus und mochte der auch noch so sehr mit dem anders geprägten Agrarrhythmus kollidieren. So fielen im untersuchten Zeitraum 1690–1899 durchschnittlich 29 Märztage in die vorösterliche Fastenzeit. Der Dezember andererseits stimmte weitgehend mit dem Advent überein. Fastenzeit und Advent aber waren und blieben für die Kirche «geschlossene Zeiten».

Zwar konnte nach altem Kanonischem Eherecht (v. a. Absätze 1108 und 1109 des Corpus Iuris Canonici) eine Heirat zu jeder Zeit des Jahres und zu jeder Stunde des Tages stattfinden. Im Verlaufe von über tausend Jahren hatte sich jedoch eine Entwicklung vollzogen, wonach während der «geschlossenen Zeiten», also vom Aschermittwoch bis zum Ostersonntag einschließlich und vom Ersten Adventssonntag bis zum Weihnachtsfest eine feierliche Eheschließung mit Brautmesse und Brautsegen nicht möglich war. In diese ernsten Buß- und Vorbereitungszeiten paßten nach Ansicht der Kirche heitere Feste ebenso wenig, wie sie auch nicht auf die traditionellen

Wochenfastentage Mittwoch und Freitag gelegt werden sollten, an dem Jesus gefangengenommen und gekreuzigt wurde. Schließlich wolle man mit dem Fasten seine Zerknirschung über begangene Sünden zum Ausdruck bringen und Besserung in der Lebensführung anzeigen. Man faste zur Überwindung des Fleisches und um der sexuellen Versuchung zu widerstehen. Deshalb solle auch nichts unternommen werden, was die weltlichen Lüste und die Sinnenfreuden gerade umgekehrt erst recht anstachle.

Wer wollte dem schon widersprechen? Und dazu noch öffentlich und feierlich? Wer also durfte es wohl wagen, trotz kirchlichem Verbot mitten in der Fasten- oder Adventzeit mit allem Pomp und Prunk zu heiraten? Schauen wir in der Abbildung 48 genauer hin, so gab es zwar auch im katholischen Altdorf einige Gläubige (?), die sich nicht an die Vorschriften hielten und trotzdem im März oder Dezember heirateten. Die Graphik gibt in den beiden Monaten nicht einfach keine Heiraten an. Es sind bloß erheblich weniger als im Durchschnitt der übrigen Monate, ja nicht einmal halb so viele. In ähnlicher Weise fanden, was hier nicht eingezeichnet ist und was der Kirche ebenso ein Dorn im Auge war, stets auch einige Heiraten mittwochs oder freitags statt. Als «Kompromiß» einigte man sich auf stille Eheschließungen, etwa in Seitenkapellen früh morgens um sechs, was an sich erlaubt war. Handelte es sich überdies um eine Zweit- oder Dritt-Ehe, so legte das Brautpaar vielleicht auch seinerseits nicht länger großen Wert auf Pomp und Pracht und beugte sich den kirchlichen Diskretions-Auflagen möglicherweise überhaupt ohne Murren. Dasselbe mochte auf «Muß-Ehen» hochschwangerer Bräute zutreffen, die gemäß kirchlichen Anweisungen ebenfalls zu solch ungewöhnlichen «heimlichen» Tages- oder eher schon Nachtzeiten stattzufinden hatten.

Im protestantischen Bereich brauchten sich die Bauern dagegen keinerlei derartigen Zwängen zu unterwerfen. Sie konnten heiraten, wenn sie dazu Zeit hatten. So sehen wir denn, wie in Grenzach – und dies eben im Gegensatz zu Altdorf – auch im März und Dezember überdurchschnittlich viele Eheschließungen stattfanden. Was bei allen Reformatoren gleichermaßen Anstoß erregt hatte, war nicht so sehr das Fasten als eine freiwillige fromme Zuchtübung an bestimmten Tagen des Jahres an sich gewesen. Mit Vehemenz aber wandten sie sich gegen die Anmaßung der mittelalterlichen Kirche, ganz bestimmte Tage oder Wochen im Jahresablauf als Fastentage oder -wochen festzulegen und zu «schließen», andere jedoch «offen» zu halten. Ihrer Meinung nach war die christliche Fastenpraxis ursprünglich so flexibel und unterschiedlich gehandhabt worden, daß der Antichrist, das heißt die römische Kirche, daraus niemals hätte gesetzmäßige Einschränkungen ableiten dürfen.

Als Historiker frage ich mich im Rückblick, wie sich wohl solches hochkirchliche Gezänk auf die Gläubigen hüben und drüben ausgewirkt haben mochte. Es wird unseren bäuerlichen Vorfahren – vor allem in gemischtkonfessionellen Gebieten – kaum lange verborgen geblieben sein, daß die einen am einen Ort durften, was den anderen am anderen zu tun nicht erlaubt war. Die Grenzacher hatten nach Einführung der Reformation – wie wir eben sahen – alsbald regen Gebrauch von den neuen Heiratsmöglichkeiten im arbeitsflauen März und Dezember gemacht. Viele Altdorfer dürften sich hingegen geärgert haben, daß diese günstigen Jahreszeiten für sie weiterhin «geschlossen» blieben. Ob hierdurch nicht mancher Vorfahr einen weiteren Anstoß erfahren hat, sich von einer Kirche zu lösen und abzuwenden, die seinen Bedürfnissen so wenig entgegenkam? Auf diese Weise mochte sich vielerorten ein weiteres Steinchen im Rahmen einer Entwicklung gelockert haben, die wir insgesamt als zunehmende «Entchristlichung» des 17., 18., 19. Jahrhunderts bezeichnen.

Weitere Schläge, die der festgefügten alten Weltanschauung Stöße versetzten, kamen von der weltlichen Obrigkeit. Dies will ich anhand der *Abbildung 49* illustrieren. Ich habe bislang schon mehrfach darauf hingewiesen, daß Leben und Sterben, Krankheit und Tod für unsere Vorfahren lange Zeit eine Einheit gebildet hatten und als Einheit einen Sinn machten. Ende des 18., vor allem aber im 19. Jahrhundert wurde diese Einheit mehr und mehr in ihre Bestandteile aufgelöst und jedem Teil sein besonderer, vom Ganzen abgetrennter Ort zugewiesen: hie Leben, hie Krankheit, hie Sterben, hie Tod. Man kann dies kaum irgendwo so intensiv erleben und nachvollziehen wie in Venedig. Manchmal wirkt der Anschauungsunterricht fast brutal.

Zwischen den Kanälen pulsiert das Leben. Es platzt aus allen Nähten. Man hat oft seine liebe Not, den begonnenen Rundgang von berühmtem Monument zu berühmtem Monument fortzusetzen, weil man sich allenthalben auf die Füße tritt. Doch schließlich hat man es geschafft und steht vor einem der Hauptwerke der venezianischen Frührenaissance, nämlich der 1495 fertiggestellten prachtvoll marmorverkleideten assymetrischen Fassade der Scuola Grande di San Marco mit ihren markant gestuften Giebelrundungen (49 B). Die bedeutendsten Baumeister jener Tage hatten daran mitgewirkt: Vater und Sohn Pietro und Tullio Lombardo, Giovanni Buora, Mauro Codussi, vielleicht auch Giorgio Spavento. Selbstverständlich kann man darüber in Entzücken ausbrechen, sich städtebau- und kunsthistorisch delektieren, die Augenweide genießen. Man kann aber auch ins Nachdenken geraten. Hinter der Fassade verbirgt sich nicht bloß, was die meisten Fremden hier suchen: die superbe goldene Kassettendecke in der großen Versammlungshalle des Obergeschosses aus dem frühen 16. Jahrhundert. Im ehemaligen Gebäude der Markus-Bruderschaft ist überdies das immens weitläufige Ospedale Civile, das städtische Zentralkrankenhaus untergebracht. Hier sind die Leidenden am Rande der Stadt zusammengepfercht, getrennt vom pulsierenden Leben.

Verläßt man das Portal der Scuola Grande di San Marco wieder, kann man sich nach links oder rechts wenden. In beiden Richtungen geht's zu den

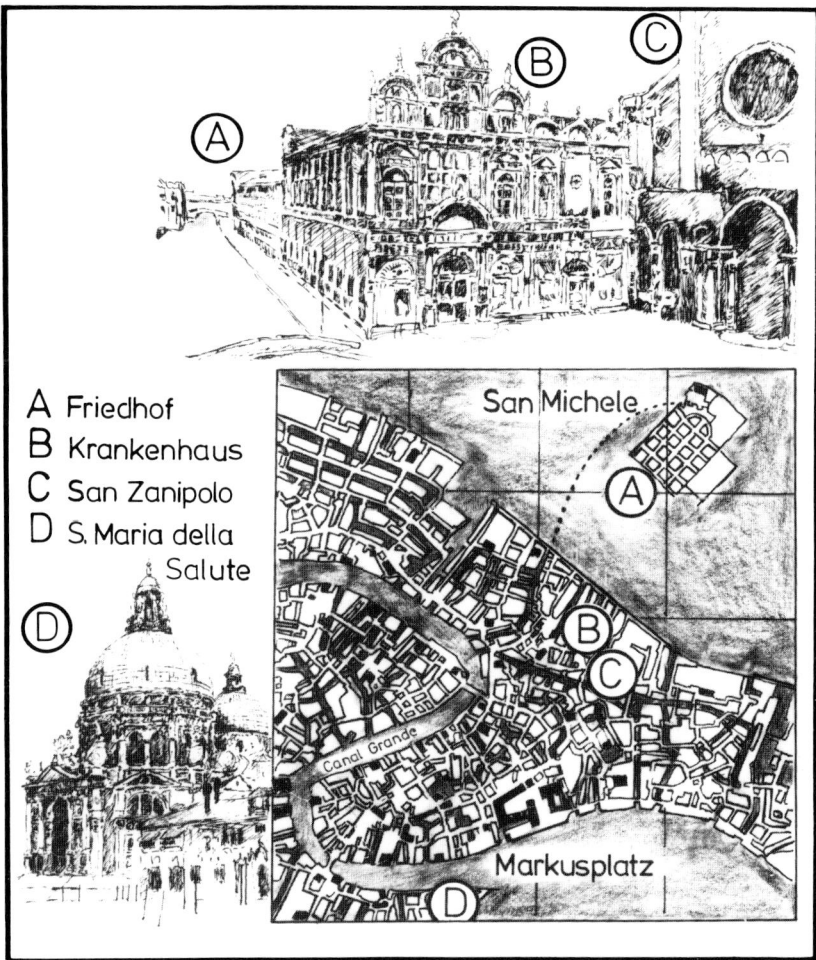

A Friedhof
B Krankenhaus
C San Zanipolo
D S. Maria della Salute

Abb. 49 Trennung von Lebenden, Kranken und Toten: selten so drastisch vor Augen geführt wie in Venedig. Pulsierendstes Leben in der Stadt der Kanäle, gesammelt die elenden Kranken im Ospedale Civile am Rande der Stadt und in der Laguna Morta dahinter abgetrennt die Toten auf der Friedhofsinsel San Michele.

(A) Im 19. Jahrhundert angelegter Zentralfriedhof von Venedig auf der Insel San Michele in der Laguna Morta.
(B) Städtisches Zentralkrankenhaus im ehemaligen Gebäude der Markus-Bruderschaft (Scuola Grande di San Marco).
(C) Dominikanerkirche San Zanipolo, eigentlich Santi Giovanni e Paolo.
(D) Santa Maria della Salute; Votivkirche gestiftet aus Anlaß der Pest von 1630–1631, die rund 50000 der damals 150000 Einwohnern das Leben kostete.
Quellen: Nachzeichnung gängiger Stadtpläne sowie photographischer Vorlagen.

noch mehr Abgesonderten, nämlich zu den Toten dieser Stadt, aber zu unterschiedlichen Toten. Rechts um die Ecke herum dem nüchternen Seitengemäuer des Ospedale folgend gelangt man dem Rio dei Mendicanti entlang an dessen Ende zum Fondamento Nuovo. Von dort tragen einen die Boote in wenigen Minuten zur Toteninsel San Michele hinüber und, falls man zu den Lebenden gehört, auch wieder zurück (49 A). Seit dem 19. Jahrhundert dient diese Insel in der Laguna Morta jenseits des Städtischen Krankenhauses auf dem Bootsweg nach Murano den Venezianern als Zentralfriedhof. Der Friede währt hier allerdings nur kurz. So wie die Lebenden zwischen den Kanälen einander auf die Füße treten, so vertreiben hier die Toten auch noch die Toten. Auch sie leiden unter Platzmangel. Nach zwölf Jahren ist ihre ewige Ruhe vorbei. Kein Einzelgrab darf länger bestehenbleiben. Bis spätestens dann muß – wie es Zyniker wohl sehen würden – das Fleisch abgefault sein. Die Gebeine werden exhumiert und in eine Gemeinschaftsgrube gekarrt, die Grabsteine zur Schuttverwertung gefahren. In Venedig verdrängen nicht bloß die Gesunden die Kranken aus ihrem Alltag und ihrem Sinn, und nicht nur die Lebenden die Toten aus ihrer Gemeinschaft, sondern hier wollen noch die Verstorbenen nichts von den Verstorbenen wissen.

Nur wenige Fremde besuchen das Ospedale Civile und noch weniger die Friedhofsinsel. Es wäre denn, man hätte sich dafür entschieden, dem russischen Komponisten Igor Strawinsky (1882–1971) oder dem amerikanischen Dichter Ezra Pound (1885–1972) seine letzte Ehre zu erweisen. Auf den abgesonderten orthodoxen beziehungsweise evangelischen Friedhofsteilen haben sie beide, unberührt vom Kommen und Gehen der übrigen Toten, eine längerwährende Ruhestätte gefunden. Im übrigen aber verbindet man vielfach mit dem Namen der Insel zuerst eine falsche Assoziation. San Michele? Der Bestseller «Das Buch von San Michele» des schwedischen Schriftstellers Axel Munthe (1857–1949) betrifft *nicht* diese Toteninsel. Sein San Michele liegt auf Capri. Dort hatte er den gleichnamigen Besitz als vermögender königlicher Leibmedikus erworben und durch seine Erinnerungen weltberühmt gemacht.

Vom Portal der Scuola Grande di San Marco kann man aber auch die paar Schritte in der anderen Richtung zum Haupteingang von Santi Giovanni e Paolo tun (49 C). Meist wird die rechtwinklig ans Ospedale angebaute Kirche nur abgekürzt San Zanipolo genannt. Es ist das größte Gotteshaus Venedigs und einer der bedeutendsten Bauten der italienischen Gotik dazu. Die 1333 begonnene und 1430 geweihte Dominikanerkirche war lange Zeit bevorzugte Grabstätte der Dogen. Wir können sie noch heute besuchen. An sie brauchen wir uns somit, anders als an die Hunderte und Tausende exhumierter Toter auf San Michele nach dem Dutzend Vermoderungsjahren nicht nur im Geiste zu erinnern. Unter den insgesamt fünfundzwanzig hier zu einer vergleichsweise sehr viel längeren Ruhe gebetteten Dogenrollen-

Inhabern, die zugleich künstlerisch besonders wertvolle Grabmonumente erhalten haben, wären in erster Linie zu nennen: Michele Morosini (†1382), Antonio Venier (†1400), Tommaso Mocenigo (†1423), Pietro Mocenigo (†1476), Andrea Vendramin (†1478), Bertuccio (Alberto) Valier (†1658), Silvestro Valier (†1700). Zu Lebzeiten waren den Dogen Denkmäler verwehrt. Als Tote konnten sie sie haben, auch wenn uns diese Prachtgräber in einer dem Armutsideal verpflichteten Predigerkirche heute manchmal etwas stören mögen. Schließlich erhielten sie sie zur größeren Ehre und zum Ruhm und Andenken der Republik.

Eigentlich könnten wir diesen Kapitelteil hier abschließen und zum nächsten Punkt übergehen. Doch wollen wir noch einen Augenblick lang in Venedig verweilen. Denn es gibt da einen weiteren Aspekt, der mir dort oft durch den Kopf ging. Unter den vielen Hochglanz-Prachtbänden über diese Stadt kommt wohl keiner ohne zumindest eine ganzseitige Wiedergabe der ästhetisch überwältigenden Silhouette von Santa Maria della Salute aus. Oft dient sie schon auf dem Umschlag als verkaufsträchtiger Blickfang (49 D). Doch nicht nur den heutigen Amateur- und Berufsphotographen tut's diese bedeutendste Barockkirche Venedigs mit ihrer unverwechselbaren Kuppel auf der Landzunge zwischen dem auslaufenden Canal Grande und dem Giudecca-Kanal an. Auch den größten Malern sticht und stach sie immer und immer wieder ins Auge, einheimischen wie Giovanni Antonio Canaletto (1697–1768) oder Francesco Guardi (1712–1793) genauso wie fremden, so etwa dem Engländer William Turner (1775–1851), der die Lagunenstadt 1819, 1833 und 1840 besuchte.

Die Votivkirche zur «Heiligen Maria von der Gesundheit» war der Muttergottes bei Ausbruch der fürchterlichen Pest von 1630/31 gelobigt worden, damit sie ihre mächtige Fürbitte um baldige Abwendung der Seuche beim Herrn einlegen möge. Der damals erst 32jährige Architekt Baldassare Longhena erhielt von der Signoria den Auftrag zum Bau eines stattlichen Gotteshauses, dessen Äußeres an so exponierter Stelle mit der Basilika von San Marco sowie der erst 1580 fertiggestellten Georgskirche des Andrea Palladio auf der Isola di San Giorgio Maggiore jenseits des Giudecca-Kanals harmonieren sollte. Gebaut wurde ein halbes Jahrhundert lang. Die Einweihung fand 1687 statt, fünf Jahre nach Longhenas Tod. Es wurde eine wahrlich meisterhafte Leistung, vollgültig auch im vorgegebenen städtebaulichen Kontext.

Welch vollendete Schönheit und welche Pracht! Man braucht nicht unbedingt zu den Großen oder Berühmten oder Reichen dieser Welt zu gehören und deshalb im Luxushotel Gritti Palace jenseits des Canal Grande und somit der Salute-Kirche gegenüber einquartiert zu sein, um bei einem Sonnenuntergang von dessen Terrasse aus wie ein Jean Cocteau oder Somerset Maugham überschwänglich auszurufen, daß nur weniges auf dieser Erde von vergleichbarer Erhabenheit wäre. Eine Fahrt auf dem Kanal vom oder zum Markusplatz tut's auch. Man kann auf seinem schmalen Bootssitz genauso ins Grübeln kommen. Diese manchmal fast unwirklich anmutende Schönheit wurde gezeugt von zehntausendfachem Sterben und Tod. Was bringt uns, die wir inzwischen die Seuchen besiegt haben, dazu, Vergleichbares zu schaffen?

Die Pest war im Juli 1630 ausgebrochen. Bis zu ihrem Erlöschen im Oktober 1631 kostete sie 46 490 Menschen das Leben. Venedig hatte damals rund 150 000 Einwohner. Jeder dritte mußte dran glauben. Man weiß die Zahlen so genau, weil die stets extrem seuchengefährdete Handels- und Seemacht Venedig damals über die besten Gesundheitsbehörden verfügte. Stets wurde jeder Seuchenfall registriert. Allerdings war es dann meist für eine effektive Vorbeugung auch schon zu spät, denn kurativ konnte selbst sie wenig ausrichten. So nahm auch die Pest von 1630 ihren Lauf. Viele unter den älteren Venezianern erinnerten sich noch an ihren letzten Ausbruch. Damals hatte sie von Anfang Juli 1575 bis Ende Februar 1577 insgesamt 46 721 Menschen das Leben gekostet. Diesmal wurde der Höhepunkt im November 1630 erreicht. 14 485 Todesopfer waren es allein in diesem Monat, durchschnittlich fünfhundert jeden Tag.

Abschließend möchte ich unsere Überlegungen weniger auf die Tatsache richten, daß Venedig trotz diesen beiden enormen Aderlässen weder im 16. noch im 17. Jahrhundert unterging. Es sprang über seinen Schatten, denn der Bestand und Erhalt des Gemeinwesens als «zentraler Wert» war wichtiger. So öffnete es sich vorübergehend einem Immigrantenstrom und erlaubte die Auffrischung der zuvor mehr oder weniger abgeschlossenen obersten gesellschaftlichen, wirtschaftlichen oder politischen Zirkel. Wo das System als zentraler Wert alles ist, der Einzelne als Individuum dagegen nichts zählt, können auch 50 000 Rollenträger auf allen Ebenen verhältnismäßig leicht ersetzt werden. Bei der Fertigstellung der Salute-Kirche war die alte Einwohnerzahl wieder erreicht. Venedig hatte als Gemeinschaft eine weitere «Pest, Hunger und Krieg»-Katastrophe überlebt.

Als Denkanstoß möchte ich dem Leser die Frage mitgegeben, was wir durch die Eliminierung der alten Pestilenzen, ja der ganzen «Pest, Hunger und Krieg»-Trias möglicherweise miteingebüßt haben? Heute brauchen wir, um nur auf das zuletzt angeführte Beispiel zurückzukommen, keine herrlichen Votivkirchen mehr zu geloben. Diese Überlegungen laufen selbstverständlich nicht darauf hinaus, daß ich die jetzigen «Pest, Hunger und Kriegs»-losen Zeiten mit der stets bedrohten Welt unserer Vorfahren vertauschen wollte. Ich frage mich – und frage den Leser – bloß, ob uns mit der Überwindung oder zumindest der Zurückdrängung von Pest, Hunger und Krieg möglicherweise nicht auch gewaltige kulturelle Antriebe verlorenen gegangen sind.

3.3.2. Eine neue Welt durch Lesekenntnisse

Wir sind bislang auf eine ganze Reihe locker gewordener Stellen im alten System gestoßen. Aus den Angeln gehoben wurde es indes durch eine Hebelwirkung, von der bisher noch nicht die Rede war. Versuchen wir, die Entwicklung nachzuvollziehen.

Die *Illustration 50* zeigt uns einen zweifachen Umgang mit Büchern im 17. Jahrhundert. Oben rechts sehen wir von Peter Paul Rubens (1577–1640) die Figurengruppe «Maria mit dem Kinde». Die Blumen in diesem um 1624/25 entstandenen ‹Team-work› indes stammen, genauso wie die idyllische Parklandschaft im Hintergrund, von Jan Brueghel dem Älteren (1568–1625), also «unserem» Blumen-Brueghel aus der Abbildung 1. Ein weiterer Antwerpener Kollege, Frans Snyders (1579–1657), hat die Früchte gemalt.

Die drei Künstler variieren hier ein altes Andachtsbild-Thema und verlegen es für einmal in eine Waldlichtung. Ungewöhnlich ist auch die großformatige Darstellung. Das Bild in der Gemäldegalerie Berlin mißt gut anderthalb Meter in der Höhe und über einen Meter in der Breite. Maria steht hinter einer Balustrade, die mit einem persischen Blumenteppich bedeckt ist. Mit der linken Hand blättert sie in einer farbenprächtigen spätgotischen Bilderhandschrift. Mit der Rechten hält sie das bloße Jesuskind, das ebenfalls ein paar amüsierte Blicke in den Prachtband wirft. G*elesen* aber wird hier nicht. – Bücher gehören zu den ältesten Attributen in der christlich-religiösen Kunst. Die Propheten, Johannes der Täufer, Joachim, Anna, Zacharias, die Evangelisten, heilige Männer und Frauen, Gottesgelehrte und Kirchenlehrer: alle sind sie immer wieder auch mit Büchern ausgestattet, tragen sie mit sich herum, verweisen darauf, lesen auch schon mal darin oder machen Randnotizen. Im einen Bild ist damit einfach die «Schrift» oder das «Buch der Bücher» gemeint, ein ander Mal das «Buch des neuen Bundes» oder das «Buch des Lebens» oder irgendein Gesetzes- oder Evangelien-Buch. Dann wieder haben wir es als Hinweis auf eine Gelehrtentätigkeit aufzufassen, auf die Beschäftigung mit der Heiligen Schrift oder auf den Gebetseifer der dargestellten Person.

Das Buch als Attribut, als Statussymbol oder als Staffage: das kennen wir doch heute noch. Es gibt kaum eine feierliche Weihnachts- oder Neujahrsansprache irgendeines Regierungschefs oder Staatsoberhauptes, die im Fernsehen nicht vor der imponierenden Bücherwand einer prallvollen Bibliothek zelebriert würde. Von den Propheten und Aposteln, den Evangelisten und heiligen Männern und Frauen ging das Buch auf die weltliche Bildnismalerei über und von dort schließlich zu den Prominentenphotographen und Kameraleuten. Dokumentierte das Buch am Anfang somit religiöses Interesse und Frömmigkeit, bekundete es anschließend geistige Regsamkeit und weltliche Aufgeschlossenheit, so hat es heute wohl intellektuelles Prestige zu suggerieren. Das Buch braucht dabei nicht einmal zum Lesen aufgeschlagen zu sein.

Auch bloßes Blättern darin oder gar nur die Präsenz einiger Prachtbände als Rückendeckung ist schon genug.

Ein völlig anderes Verhältnis zum Buch kommt im zweiten Teilbild, unten links zum Ausdruck. Da *wird* gelesen, und wie! Das Gemälde könnte gar keinen zutreffenderen Titel tragen als eben «Die lesende Frau». Es hängt in der Alten Pinakothek in München. 1984 kam es im Rahmen der Ausstellung «Von Frans Hals bis Vermeer. Meisterwerke holländischer Genremalerei» zu Besuch in die Gemäldegalerie nach Berlin. Gemalt hat es Pieter Janssens Elinga wohl um 1670. Elinga (1623–1682) wurde zwar in Brügge geboren, doch lebte er hauptsächlich in Rotterdam und Amsterdam, wo er auch starb. Er gilt demzufolge als holländischer, nicht als flämischer Maler – ein in unserem Zusammenhang, wie wir gleich sehen werden, nicht unwesentlicher Unterschied. In den nördlichen Niederlanden hatte sich die calvinistische Konfession ausgebreitet; die südlichen waren beim katholischen Glauben geblieben.

Durch drei Oberfenster dringt gedämpftes Licht in die von der Außenwelt abgeschirmte nüchtern einfache Stube. Auf einem niedrigen Holzstuhl sitzt eine Frau. Sie kehrt uns den Rücken zu und ist in ein Buch vertieft. Vermutlich ist sie recht jung, jedenfalls keine bibelbuchstabierende Alte. Noch weniger erinnert sie uns an eine studierte Gelehrte. Und sie *liest*! Offenbar hatte sie es eilig, ihre Lektüre wieder aufzunehmen. So balanciert die rasch abgestellte Obstschale gefährlich auf dem gewölbten Lederpolster des zweiten Stuhles an der Wand. Dorthin gehört das Gefäß selbstverständlich nicht, aber es ordentlicher auf einen Tisch zu stellen hat die Zeit wohl nicht gereicht. Das Kissen, das sich zuvor wahrscheinlich auf der Sitzfläche befand, hat die Frau unachtsam auf den Boden geworfen. Dabei dürfte sie auch über die beiden Schuhe gestolpert sein, die nun deplaziert mitten im Raume und damit im Wege stehen. Es sind außerdem nicht ihre Schuhe, denn sie selbst trägt ja braune Pantoffeln. Wahrscheinlich handelt es sich um die Schuhe der Hausherrin, deren Dienstmädchen diese Frau ist und deren vorübergehende Abwesenheit sie nun benutzt, um rasch ein oder zwei Kapitel weiterzulesen. Es scheint eine spannende Lektüre zu sein. Die Bibel jedenfalls ist es nicht. Sieht man sich das geöffnete Buch genau an – und die Leserin erlaubt uns einen solchen indiskreten Blick über ihre Schultern –, so erkennt man auf der linken aufgeschlagenen Seite gerade noch die Anfangsbuchstaben zu einem neuen Kapitel: «Male...», oder allenfalls «Malo...».

Einer der populärsten Lesestoffe in den Niederlanden des 17. Jahrhunderts, und deswegen damals oft auch einfach «Das niederländische Volksbuch» genannt, trug den herrlich blumigen Titel: «De schoone historie van den Ridder Malegijs, die het vervaarlijk paard Ros Beyaard won; ende die veel wonderlyke dingen en avontuurlyke dingen bedreef, en is zeer genoegelyk te lezen voor jong en oud. Te Amsterdam gedrukt, 1609»; zu deutsch: «Die schöne Historie von dem Ritter Malegis, der das berühmte Pferd Ross

Abb. ₃₀   Vom Umgang mit Büchern im 17. Jahrhundert: Attributives Statussymbol zum Durchblättern oder aber attraktiver Lesestoff zum Verschlingen.

Oben rechts: Peter Paul Rubens (Siegen 1577 – Antwerpen 1640) unter Mithilfe von Jan Brueghel dem Älteren (Brüssel 1568 – Antwerpen 1625) und Frans Snyders (Antwerpen 1579 – Antwerpen 1657): Maria mit dem Kinde, um 1624/25. Leinwand, 151 × 108 cm. Gemäldegalerie der Staatlichen Museen Preußischer Kulturbesitz Berlin.

Unten links: Pieter Janssens Elinga (Brügge 1623 – Amsterdam 1682, lebte hauptsächlich in Rotterdam und Amsterdam und gilt demzufolge als holländischer, nicht als flämischer Maler): Die lesende Frau, wahrscheinlich späte 1660er Jahre. Leinwand, 75.5 × 63.5 cm. Alte Pinakothek München.

Baiart gewann, und viel wunderbare und abenteuerliche Geschichten betrieb, was sehr vergnüglich zu lesen ist für Jung und Alt. Gedruckt zu
Amsterdam, 1609». Ursprünglich handelte es sich hierbei um das französische ‹Chanson de geste› vom Ritter Maugis d'Aigremont, doch war das
mittelalterliche Heldenepos längst in niederländische Prosa umgedichtet
worden. Seit Erfindung der Buchdruckerkunst erlebte der Abenteuer-Ritter-
roman dort unzählige Auflagen.

Begreiflicherweise handelte es sich bei dieser ganz offensichtlich «ver-
gnüglichen Lektüre» nicht gerade um das, was sich calvinistische Prediger
unter einer Vertiefung ihrer Gläubigen in religiöses Schrifttum vorstellen
mochten. Ihrer Ansicht nach hatte Lektüre keineswegs der Stillung eines
uneingeschränkten Wissensdranges oder reiner Neugierde zu dienen und
auch nicht das Bedürfnis nach Unterhaltung zu befriedigen. Es kann durchaus sein, daß Elinga in seinem Gemälde gerade deren Vorwurf zum Ausdruck bringen wollte oder sollte. Das Bild würde demnach sagen, daß es
klüger wäre, wenn die junge Frau ernsthafte Bibellektüre betriebe, als ihre
Zeit mit dem seichten Amusement so läppischer Abenteuergeschichten zu
vergeuden. Ganz abgesehen davon stünde es ihr wohl entschieden besser an,
am hellichten Tage und auch bei Abwesenheit der Hausfrau ihre Arbeits-
pflichten ordnungsgemäß und sorgfältig zu erledigen. Wie kann sie bloß die
Schuhe so herumliegen lassen? Das Kissen nicht aufheben? Die Schale auf
dem Stuhl bald herunterfallen lassen?

Ich mag mich hier nicht am alten, aber noch keineswegs beendeten Ge-
lehrtenstreit beteiligen und enthalte mich einer Stellungnahme, ob und falls
ja inwieweit wir hier den moralisierenden Zeigefinger calvinistisch-nieder-
ländischen Prediger- und städtisch-bürgerlichen Eifertums zu sehen haben. Ist dieses Bild wirklich, wie einige meinen, in erster Linie als eine Kritik
an unnütz-törichter Lektüre aufzufassen, die vom Wesentlichen, von den
alltäglichen Pflichten ablenkt? Wichtiger ist mir in diesem Zusammenhang,
dem Leser zu zeigen, *daß* die Frau *liest*, daß sie *lesen kann*, und zwar im 17.
Jahrhundert und dies zudem als Dienstmädchen, das heißt eindeutig als
Zugehörige zum «einfachen Volk» und nicht zu einer dünnen, schon immer
lesekundigen Oberschichten-Elite.

Für einen Sozialhistoriker sind die hier dokumentierten frühen allgemeinen Lesekenntnisse in den calvinistischen Niederlanden allerdings nicht weiter erstaunlich. Aus einem anderen europäischen Land, dessen Bevölkerung
gemäß obrigkeitlicher Order ebenfalls in seiner Gesamtheit zum protestantischen Glauben übergetreten (worden) war, wissen wir sogar genau, wann
und wie sich diese Kenntnisse ausgebreitet haben. Eine einzigartige Quellen-
lage erlaubt es für Schweden, den Entwicklungsverlauf in allen Details zu
studieren, die betriebene Alphabetisierungskampagne bis zur entlegendsten
Kirchengemeinde, ja bis zu jedem Bauernhof und jedem Haushalt, bis zu
jedem einzelnen Individuum zu verfolgen. In jenem nordeuropäischen Land

lag die Bibel seit 1541 in muttersprachlicher Übersetzung gedruckt vor. Jeder Mann, jede Frau, jedes Kind sollte von diesem Zeitpunkt an die Schrift selbst lesen. Wie in den Niederlanden galt auch in Schweden: «De kerk had daarbij vooral lezen en godsdienstonderwijs op het oog. Alle mensen moesten kunnen lezen: armen en rijken, mannen en vrouwen, zowel om actief deel te kunnen nemen in de kerkdienst als om ‹ordentelijk te kunnen lezen in Gods woord›» (A. M. van der Woude 1980, 264). Zu diesem Zweck startete die schwedische Kirche eine großangelegte Lesekampagne, und zwar außerhalb jeder damals noch nicht bestehenden Schulorganisation. Unter Anleitung des Gemeindepfarrers wurde vor dem Gottesdienst in der Kirche das ABC buchstabieren gelernt. Zuhause sollte mit gegenseitiger Überprüfung weitergeübt werden. Die zusätzlich einmal pro Jahr in jedem Haushalt durch den Pfarrer des Ortes vorgenommenen Kontroll-Verhöre waren rigoros, die Sanktionen drastisch, weil öffentlich bloßstellend. Jedes einzelne Haushaltsmitglied wurde der Reihe nach examiniert und das Ergebnis in umfangreichen Buchprotokollen genauestens festgehalten. Zuoberst auf jeder Seite steht immer der Haushaltsvorsteher mit Namen, Vornamen und Alter. Es folgen Frau und Kinder, schließlich Knechte, Mägde und wer sonst noch im Haushalt leben mochte. Sofern auch ortsfremde Personen aufgeführt sind, ist vermerkt, woher sie kamen oder, falls sie beim Kontrollgang des nächsten Jahres fehlten, wohin sie gezogen waren. Nicht selten finden sich zudem Angaben über den Bücherbestand auf jedem besuchten Hof. Hierbei zeigt sich, daß offenbar selbst die ärmste Familie zumindest über einen Katechismus oder ein Psalmbuch verfügte. In besser situierten Haushalten gab es verständlicherweise größere Bücherbestände. Diese noch heute erhaltenen und inzwischen mit Hilfe des Computers ausgewerteten Protokoll-Bücher heißen somit nicht umsonst «Husförhörs-Längder». Auch des Schwedischen nicht Mächtige dürften heraushören, worum es hier geht, eben um – wörtlich übersetzt – «Hausverhörs-Register».

Nach individuell durchgeführtem Frage-und-Antwort-Examen trug der Pfarrer hinter jedem Namen eine Note ein. In der *Abbildung 51* (B) habe ich die dabei angewandten Wertungs-Zeichen einerseits für die Lesekenntnisse und andererseits für das Text-Verständnis wiedergegeben. Wer ungenügende Leistungen aufwies, wurde von der Gemeinschafts-Kommunion ausgeschlossen. Außerdem erhielten Ehewillige keine Heiratserlaubnis, bevor sie nicht befriedigende Lesekenntnisse an den Tag legten.

Die protestantische Kirche war somit am Lesen, nicht am Schreiben interessiert. Aus dem Abbildungsteil 51 A geht denn auch deutlich hervor, daß aufgrund dieser rigorosen Lesekampagne die gesamte schwedische Bevölkerung schon zwischen 1700 und 1750 in der Tat zu lesen im Stande war, zu schreiben dagegen erst nach Einführung eines landesweit organisierten Schulunterrichts anderthalb Jahrhunderte später, nämlich gegen 1900.

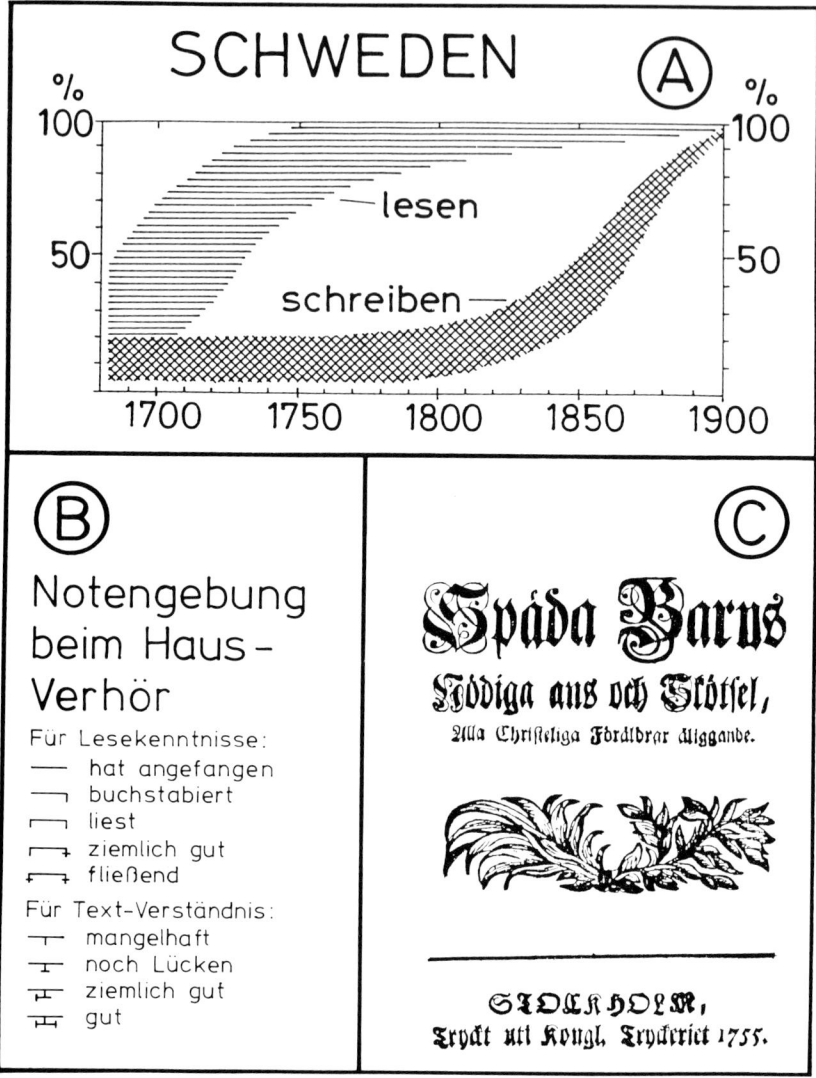

Abb. 51 Die protestantische Kirche Schwedens bringt all ihren Gläubigen bis um 1750 das Lesen bei; und die staatliche Obrigkeit nutzt die allgemeinen Lesekenntnisse umgehend in ihrem merkantilistischen Sinne zur Senkung der Säuglingssterblichkeit.

(A) Erfolgreiche *Lese*-Kampagne unter der schwedischen Bevölkerung durch die protestantische Kirche 1680–1750. – *Quelle:* Egil Johansson: The History of Literacy in Sweden. In comparison with some other countries. Umeå: School of Education, Umeå University 1977, 64.

(B) Benotungszeichen für die Lesekenntnisse und das Text-Verständnis beim individuellen jährlichen «Haus-Verhör» durch die protestantischen Pfarrer in Schweden seit der

Eine ganz andere Sache ist selbstverständlich, daß lesekundig gewordene
Menschen in Schweden oder wo sonst auch immer ihre neuen Fähigkeiten
keineswegs ausschließlich dazu benutzten, um im Sinne eifriger Prediger
bloß in der Heiligen Schrift zu lesen oder nur aus dem Psalmbuch mitzusin-
gen. Wem käme hier nun nicht Elingas «Lesende Frau» aus der Abbildung
50 wieder in den Sinn, eben jenes lesekundige Dienstmädchen, das sich –
sehr zum Mißfallen calvinistischer Moralisten – an einem trivialen Ritterro-
man ergötzt, statt sich in die Bibel zu vertiefen. Wäre es nach ihnen gegangen, hätte individuelle Lektüre ausschließlich dem Bibelstudium, der frommen Belehrung, der Erbauung, nicht jedoch der banalen Unterhaltung und
Zerstreuung zu dienen gehabt.

Da gab es nun jedoch noch jemanden beziehungsweise noch eine weitere
Instanz, die die neuen Fähigkeiten des «einfachen Volkes» umgehend zu
einem anderen als nur dem kirchlich intendierten Zweck zu nutzen beab-
sichtigte. Die allgemein gewordenen Lesekenntnisse waren nach Dafürhalten auch der *weltlichen* Obrigkeit ein viel zu kostbares Gut, als daß sie
dieses preziöse Instrument nicht alsbald für ihre eigenen Belange eingesetzt
hätte. «Ihre eigenen Belange»: das waren damals – im merkantilistischen
Zeitalter – eine «große Bevölkerung als primärer Reichtum des Staates».
1749 hatte in Stockholm das erste Statistische Zentralbüro der Welt seine
Tätigkeit aufgenommen. Genauso wie die Kirchengemeinde-Pfarrer im ganzen Königreich ihre Gläubigen jährlich im Hinblick auf deren Lesekenntnisse zu examinieren hatten, so mußten diese Amtsträger seit 1749 ebenso Jahr
für Jahr die vom Statistischen Büro versandten Erhebungsbögen ausfüllen.
Darin hatten sie in vorgedruckten Rubriken einzutragen, wieviele Menschen
in ihrem Sprengel lebten, wieviele jeden Monat geboren wurden, wieviele
heirateten und wieviele starben, in welchem Alter sie starben und an welcher
Ursache.

Auf diese Weise wurde der Zentralverwaltung in Stockholm sehr rasch
klar, daß es vor allem die hohe Säuglingssterblichkeit war, welche die staatlichen Bemühungen um eine «große Bevölkerung» immer wieder zunichte
machte. Es wurden nicht eigentlich, wie man geglaubt hatte, zu wenig Kin-

Mitte des 17. Jahrhunderts. – *Quelle:* Egil Johansson: «Läser och förstår». In: Tvär-
snitt 1, (Stockholm) 1982, 5.
(C) Collegium Medicum (Hrsg.): Späda Barns Nödiga ans och Skötsel, Alla Christeliga
Föräldrar åliggande ⟨«Über die notwendige Pflege und Behandlung von Neugeborenen, so wie sie allen christlichen Eltern obliegt»⟩. Stockholm: Königliche Hofdrucke-
rei 1755. – Leicht lesbare knapp 16seitige Broschüre, entstanden unter Federführung
der obersten schwedischen Medizinalbehörde und kostenlos landesweit an die (lesekundige!) Elternschaft verteilt.
Quelle: Titelblatt nach dem Exemplar in der Königlich-Schwedischen Zentralbiblio-
thek in Stockholm.

der geboren, sondern es starben zu viele von ihnen bereits wieder während
des ersten Lebensjahres weg, das heißt lange bevor sie fleißig arbeitende
Hände, Abgaben entrichtende Untertanen, diensttuende Soldaten, Kinder
gebärende Mütter hätten werden können. So erging königliche Order an die
zuständigen Gesundheitsbehörden, hier für Abhilfe zu sorgen. 1755 lag das
Ergebnis ihrer Beratungen vor. In großer Auflage wurde in der «Königlichen
Druckerei zu Stockholm» eine schmale, nur fünfzehneinhalb Seiten umfassende Broschüre hergestellt und über die Pfarrer des ganzen Landes an
sämtliche Haushalte im Königreich verteilt. Der Titel dieser Broschüre – wir
sehen ihn in der Abbildung 51 C – lautete «Späda Barns Nödiga ans och
Skötsel, Alla Christeliga Föräldrar åliggande», was auf Deutsch so viel heißt
wie: «Über die notwendige Pflege und Behandlung von Neugeborenen, so
wie sie allen christlichen Eltern obliegt».

Das federführende Collegium Medicum ging darin psychologisch wie
pädagogisch außerordentlich geschickt zu Wege. Fünfzehneinhalb Seiten
und in großen Lettern gedruckt: das konnte auch noch lesen, wer nur mühsam buchstabierte. Und das zumindest taten inzwischen, wie wir oben erfahren haben, alle Bewohner des Landes. Ein zweihundertseitiges gelehrtes
Kompedium über Säuglingspflege hätte keineswegs dieselbe Wirkung er-
zielt. Weniger war auch hier wieder einmal mehr.

Man darf in diesem Zusammenhang ferner nicht vergessen, daß es damals
wie heute unterschiedliche Grade von Lesefähigkeit gab und gibt. Was die
protestantisch-reformierte Kirche allenthalten anstrebte, war ein «intensives» Lesen, beinahe identisch mit «Beten». Diese Art des Lesens konzen-
trierte sich auf wenige religiöse Stoffe, die sich durch häufiges Wiederholen
ins Gedächtnis einprägen sollten. Unser heutiges Lesen ist dagegen meist ein
extensives Lesen. Weder begnügen wir uns mit einigen wenigen Buchtiteln,
noch wiederholen wir dabei ständig, was wir sowieso schon wissen – im
Gegenteil. Erst die eben erwähnte Art des extensiven Lesens aber fordert
beinahe unweigerlich zu einer Auseinandersetzung mit überkommenen Ver-
haltensnormen heraus – was damals verständlicherweise weder im Interesse
der kirchlichen noch der weltlichen Obrigkeit lag.

So beschränkte sich die erwähnte schwedische Broschüre inhaltlich denn
auch auf einige zentrale Punkte, die bei der Bekämpfung der Säuglingssterblichkeit die größten Erfolge versprachen. Sie, und nur sie, sollten den Eltern
– *beiden Eltern.* – eingehämmert werden. Portionengerecht verpackt wurde
der Text in 23 Paragraphen untergliedert. Alle Mütter hätten die christliche
Pflicht, ihre Kinder zu stillen, und zwar länger zu stillen, als sie es bisher
üblicherweise täten. Nach dem Abstillen müßte jegliche Nahrung sodann
stets frisch zubereitet und dem Säugling in warmem Zustand verabreicht
werden – nicht zu heiß, nicht zu kalt. Fliegen wären fernzuhalten; Schnuller
täglich zu reinigen. So oft ein Säugling genässt hätte, wären die Windeln
unverzüglich zu wechseln. Im letzten Paragraphen werden auch die Väter

ausdrücklich nochmals in die Pflicht genommen. Sie trügen bezüglich des Überlebens ihrer Kinder genauso viel Verantwortung wie die Mütter. Vor allem müßten sie diese in allen ihren Anstrengungen uneingeschränkt unterstützen. Väter hätten dereinst vor Gottes Richterstuhl einen ebenso schweren Stand wie Mütter, wenn ihre Kinder aus elterlicher Unachtsamkeit oder Sorglosigkeit vorzeitig verstorben wären. – Das staatliche Interesse an deren Heranwachsen ließ man in der Broschüre dagegen diskreterweise beiseite.

Lange vor dem Erscheinen dieser Broschüre Mitte des 18. Jahrhunderts mochten viele unserer Vorfahren in ihren einfachen Pfarrkirchen immer schon ein Altarbild oder eine Statue der «Nährenden Muttergottes» vor Augen gehabt haben. «Maria lactans» war ein beliebtes Motiv, um den Gläubigen gleichnishaft das lebensnotwendige Wort Gottes vorzuführen. So wie die stillende Gottesmutter ihrem Kind die Brust bot, so hielt auch die Kirche die heilsspendende Nahrung für ihre Gläubigen bereit. Man mag sich hier nochmals die Abbildung 6 ins Gedächtnis rufen, in der ich Andrea Solarios um 1507/10 entstandene «Madonna mit dem grünen Kissen» wiedergegeben habe, wobei ich auf die im späten Mittelalter erfolgte «Entdeckung» und unter dem Einfluß franziskanischer Mystik intensivierte Propagierung der natürlichen menschlichen Beziehung zwischen Mutter und Kind hinwies. Hatten wir in jenem Zusammenhang nicht beim Heiligen Bonaventura im 13. Jahrhundert nachgelesen: «Welche Wonne, welche Freude, wenn sie es stillte! Wie liebevoll sie es umarmte, wie zärtlich sie es streichelte und sich an ihm ergötzte» (vgl. nochmals Anm. 5)? – Für die vorliegende *Abbildung 52* habe ich als Illustration Robert Campins (1375/79–1444) «Maria mit dem Kind vor einem Ofenschirm» aus der ersten Hälfte des 15. Jahrhunderts einmontiert (= 52 A). Bildlich wie textlich abgesichert dürfen wir somit davon ausgehen, daß der Appell der schwedischen Obrigkeit an die «Stillpflicht aller Mütter» auf vorbereiteten Boden fiel. Handelte es sich bei den Maria-lactans-Gemälden zudem um naturalistische Darstellungen wie bei Campin, so mochte den angesprochenen Müttern damals die Assoziation zwischen kirchlich-religiöser Bildinterpretation und weltlich-häuslichen – vom Staat allerdings durchaus «christlich» verbrämten – Pflichten leicht gefallen sein. Vertiefen auch wir uns einen Augenblick lang in die Reproduktion 52 A, so zeigt uns der Meister von Flémalle, der hauptsächlich in Tournai arbeitete, dort nämlich alles andere als eine überirdisch thronende, zeitlos entrückte Himmelskönigin. Bei den derben Gesichtszügen denkt man eher an ein Bauernmädchen aus seiner Umgebung, das ihm als Vorbild gedient haben könnte. Ebenso irdisch-realistisch ist der dargestellte Nimbus der stillenden Mutter: ein aus Stroh geflochtener Ofenschirm. All dies und außerdem der uns zuzwinkernde nackte Jesusknabe dürften manche im stillen zusehende Mutter sehr wohl an ihren eigenen Alltag erinnert haben.

Doch Stillen, auch ausgedehntes oder zumindest ausgedehnteres Stillen allein genügte zur spürbaren Senkung der Säuglingssterblichkeit noch nicht. Die schwedische Obrigkeit brachte in der knappen Broschüre daher – wie wir gesehen haben – noch weitere Punkte zur Sprache. Mit Stillen mußte sich Hygiene paaren: Windeln wechseln, Schnuller waschen, Fliegen fernhalten. Überdies aber wurde massiv an die *Verantwortung der Eltern* für das Überleben ihres Nachwuchses appelliert.

Wer diesbezüglich Anschauungsunterricht braucht, mag ihn beim Betrachten der beiden weiteren Bildausschnitte in Figur 52 erfahren. Unten sehen wir eine Illustration, die das «Stillen in einer Umgebung ohne Hygiene» zum Thema hat. Oben links wird dagegen «Stillen in Kombination mit Hygiene» dargestellt. Beide Bilder stammen aus den Niederlanden, und beide sind im 16./17. Jahrhundert entstanden. Hier wie dort hat eine Mutter ihren Säugling zum Stillen an die entblößte Brust gelegt. Dabei ist es wohl kaum ein Zufall, daß das untere Bild seinen Ursprung in den südlichen, das heißt katholischen Niederlanden hat, das obere indes in den nördlichen, also calvinistischen? Selbstverständlich sind noch weitere Umstände gleichermaßen zu berücksichtigen. Hier wie anderswo liegen mir eingleisige Interpretationen fern. So haben wir es im ersten Fall zum Beispiel mit einer bäuerlich-ländlichen Umgebung zu tun, im zweiten hingegen mit einer städtisch-bürgerlichen. Es sei lediglich gestattet, aufgrund der beiden Bildausschnitte eine Reihe von Überlegungen anzustellen, die in unserem Zusammenhang relevant zu sein scheinen.

Einmal mehr geht das untere Bild auf «unseren» Jan Brueghel den Älteren zurück (Brüssel 1568 – Antwerpen 1625). Wir haben ihn bereits im Zusammenhang mit den Abbildungen 1 und 50 kennengelernt. Wie bei seinem «Blumenstrauß» (Abb. 1) gehören auch hier verschiedene höchst alltägliche Dinge völlig selbstverständlich zusammen. So wenig es sich beim prächtigen Strauß damals um eine reine Blütenidylle gehandelt hatte, so wenig haben wir es hier mit einer nur bäuerlichen Idylle zu tun. Dort belebten Insekten und Spinnen die Blumenpracht. Hier gehört der Dreck auf der gestampften Erde mit dazu, ferner der Hund, der es sich in der noch warmen Wiege bequem macht und sich dort behaglich zusammenrollt, außerdem der wohl penetrant riechende Pferdekummet auf der Bank dahinter. An Essen mangelt es an sich nicht. Die Menschen sehen wohlernährt aus. Der Tisch ist bereitet, und die Schüsseln sind gefüllt. Ein großes offenes Feuer erwärmt die winterkalte Stube. Die von außen eingetretenen Hofbesitzer – das Bild heißt «Besuch auf dem Pachthof» – tragen Mäntel und haben offenbar einen Zuckerhut als Geschenk mitgebracht.

Nicht alle auf dem Bild haben indes ausreichende Kleidung gegen die Kälte und sind durch Schuhwerk vor Krätze an den Füßen geschützt. Der Säugling hat überhaupt nichts an, und seine beiden Geschwisterchen laufen im bloßen Hemdchen und barfuß herum. Gewiß steht für den Säugling, falls

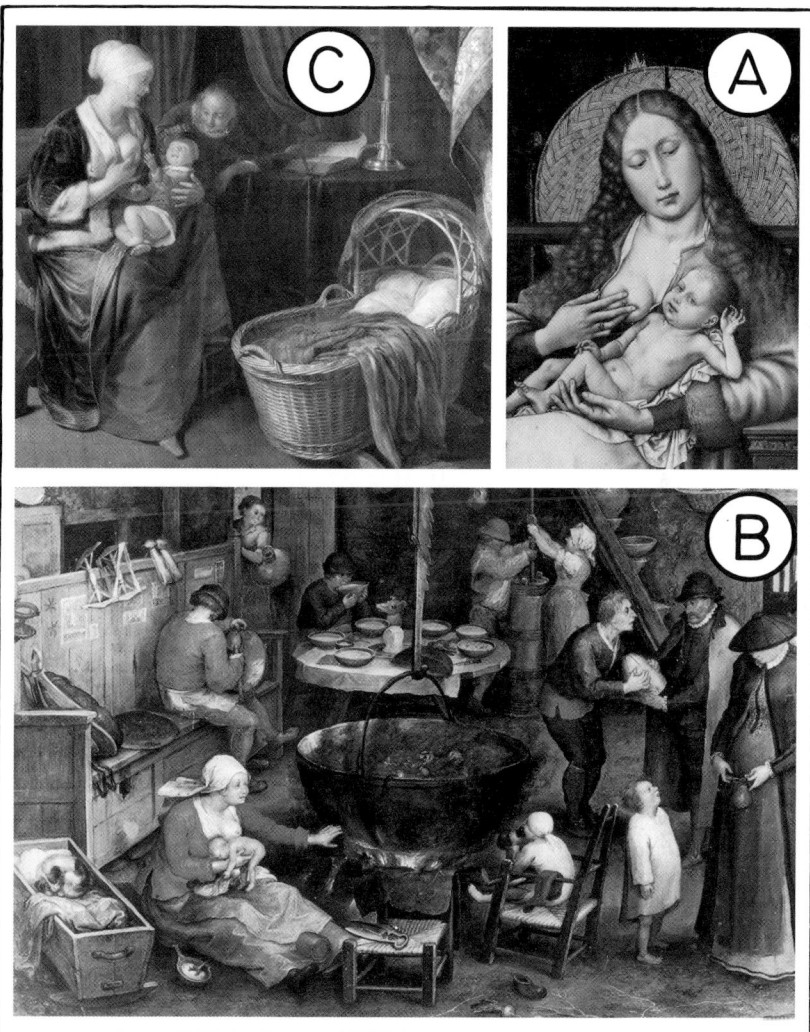

Abb. 52   Senkung der Säuglingssterblichkeit im 16./17. Jahrhundert in Europa: mit dem Appell an die «Stillpflicht» der Mütter durch Hinweis auf die «Nährende Himmelskönigin» war es noch nicht getan. – Hygiene in den nördlichen (calvinistischen) Niederlanden, Unhygiene in den südlichen (katholischen) Niederlanden.

(A) Robert Campin (Meister von Flémalle) zugeschrieben (1375/79–1444, arbeitete hauptsächlich in Tournai, Lehrer von Rogier van der Weyden): Maria mit Kind vor einem Ofenschirm. 63.5 × 49 cm. National Gallery London, Ausschnitt.

(B) Jan Brueghel der Ältere (Brüssel 1568 – Antwerpen 1625): Der Besuch auf dem Pachthof, 1597. 27 × 36 cm. Kunsthistorisches Museum Wien, Ausschnitt.

(C) Gerard Dou (Leiden 1613 – Leiden 1675): Die junge Mutter, um 1655/1660. Eichenholz, 49.1 × 36.5 cm, oben gerundet. Gemäldegalerie der Staatlichen Museen Preußischer Kulturbesitz Berlin, Ausschnitt.

er der Mutter Brust verschmähen sollte oder dort nicht satt wird, in Reichweite ein Schüsselchen mit Ersatznahrung bereit – allerdings am *Boden* neben der Wiege, wo vorher und nachher der Hund herumstrolcht und wo zum Beispiel die mit Pferdegeschirr aus dem Stall kommenden Menschen herumtrampeln. Der Brei darin ist längst kalt geworden. Von *Hygiene* ist nichts zu spüren, von *Verantwortung* der Eltern für das Überleben ihres Nachwuchses ebensowenig. Geht's gut, dann geht's gut. Wenn nicht, macht's – so hat es jedenfalls den Anschein – auch nichts. Es ist nicht unwahrscheinlich, daß dieser Säugling seinen ersten Geburtstag nie erleben wird. Als Todesursache könnte eine Erkältungskrankheit ebenso in Frage kommen wie eine Magen-Darm-Infektion. Beides war unter den hier vorgeführten Umständen leicht möglich. Überspitzt formuliert könnte man nun sogar sagen, daß die Mutter dabei nicht einmal ein schlechtes Gewissen zu haben brauchte. Sie hatte der «Stillpflicht» ja durchaus Genüge getan. Dem «Maria lactans»-Appell war sie nachgekommen.

Ganz im Gegensatz dazu zeigt uns Meister Gerard Dou aus Leiden (1613– 1675) das vorhangbekleidete Interieur einer gepflegten holländischen Bürgerstube. Der Boden ist holzbeplankt. Die Wiege besteht aus Korbgeflecht mit einem Himmel darüber, und nicht einfach aus einer Kiste wie bei den Bauern unten. Selbstverständlich kann die dargestellte Mutter lesen. Sie hat das Buch auf dem Tisch aufgeschlagen gelassen. Die Kerze brennt noch. Nach dem Stillen, das ihr offensichtlich ebenso wie dem Säugling Behagen bereitet, wird sie sich wieder in die Lektüre vertiefen. Das satte Kleine legt sie zuvor in eine Wiege zurück, die so einladend aussieht, daß wohl selbst heute noch kaum eine Mutter Bedenken haben würde, ihr Kind dorthinein zu legen. Den Säuglingstod an einer Infektionskrankheit wegen mangelnder Hygiene oder aufgrund einer Erkältung hat dieses – bekleidete! – Baby jedenfalls weit weniger zu befürchten als das anscheinend weniger willkommene, lustlos gestillte kleine Wesen bei Brueghels Pächtern in den südlichen Niederlanden.

3.4. «Jetzt»: Eine zunehmende Gesellschaft von Einzelgängern – oder: war der Mensch ein «soziales Wesen» nur solange, wie ihn widrige Umstände dazu zwangen?

Einigen Lesern mag es vielleicht gewagt vorkommen, von hier aus einen Sprung ins 19. und 20. Jahrhundert zu machen, und daran anschließend einen weiteren Sprung bis in außereuropäische Gebiete. Und doch habe ich all die vielen kleinen Schritte bisher getan, die zahlreichen Illustrationen zur europäischen Geschichte vom Mittelalter zur Neuzeit einzeln durchbesprochen, um eine tragfähige Basis für eben diese beiden nun folgenden größeren Schritte zu schaffen. Sie waren keineswegs beliebiges Bilderbuchmaterial und auch nicht Selbstzweck, sondern sollten ein Fundament bilden, um schließlich unsere eigene Zeit besser zu verstehen, und zwar bei uns *und* anderswo.

Mit *Abbildung 53* tun wir den ersten Sprung. Wie jeder weiß, gibt es auch heute innerhalb Europas noch große regionale Unterschiede in bezug auf die Lebenserwartung, das Sterbealter, die Todesursachen oder die Höhe der Mortalität. So werden auf Island Männer wie Frauen im Durchschnitt mehrere Jahre älter als in Ungarn (Island 1983: 73.4 und 80.6 Jahre; Ungarn 1984: 65.1 und 73.0 Jahre), in Großbritannien älter als in Polen (Großbritannien 1981/83: 71.3 und 77.2 Jahre; Polen 1984: 66.8 und 75.0 Jahre). Die Bundesrepublik Deutschland befindet sich meist im Mittelfeld (1982/84: 70.8 und 77.5 Jahre. – Statistisches Jahrbuch 1986 für die Bundesrepublik Deutschland; Internationale Übersichten, 650).

Schlagzeilen machen vor allem auch immer wieder die Unterschiede in der Säuglingssterblichkeit. Als leicht meßbare Werte gelten sie als Gradmesser dafür, wie es um das präventive und kurative Gesundheitssystem einer Gesellschaft bestellt ist, wie es sich mit ihrer Einstellung zur nächsten Generation verhält, wie sie mit ihrer wichtigsten «Zukunftsressource» umgeht. In der Tat sind auch hier die Differenzen zwischen den einzelnen Ländern nach wie vor beachtlich. So wiesen Island 1983 und Finnland 1984 mit je 6.2 Sterbefällen je tausend Lebendgeborene nicht einmal halb so hohe Werte auf wie Griechenland (1984: 14.1) oder Portugal (1984: 16.7), ganz zu schweigen von Polen (1984: 19.2) oder Ungarn (1984: 19.2). Auch hier bewegt sich die Bundesrepublik wieder im europäischen Mittelfeld (1984: 9.6. – Statistisches Jahrbuch 1986, 649).

Wieso gibt es diese Unterschiede? Erneut liegt es mir fern, monokausal zu argumentieren. Wenn ich bei der Interpretation von Abbildung 53 trotzdem einen bestimmten Aspekt ins Zentrum rücke, so deshalb, weil wir vor dem soeben behandelten geschichtlichen Hintergrund allen Anlaß dazu haben. Daß es daneben noch andere Ursachen gibt, leugne ich keinen Augenblick lang. So spielt es heute selbstverständlich eine wichtige Rolle, daß die nordeuropäischen Länder über eine ganz hervorragende perinatale medizinische Versorgung von Schwangeren wie Neugeborenen verfügen, während dies in südeuropäischen Staaten nicht im gleichen Ausmaß der Fall ist. Zu behaupten, daß hierin der Hauptgrund für die großen Unterschiede läge, kann aber umgekehrt schon deswegen wohl kaum zutreffen, weil es dieses eklatante Nord-Süd-Gefälle auch schon zu Zeiten gab, als man weder hier noch dort eine flächendeckende medizinische Betreuung kannte. Also müssen offenbar noch andere, und zwar schon sehr viel länger wirksame Elemente in Spiele sein. Eines davon ist der nun zur Sprache kommende historisch-mentalitätsgeschichtliche Aspekt.

In beiden Teilgraphiken bilden die Umrisse Europas den Hintergrund. Links wie rechts sind Kreise unterschiedlichen Durchmessers auf dieser

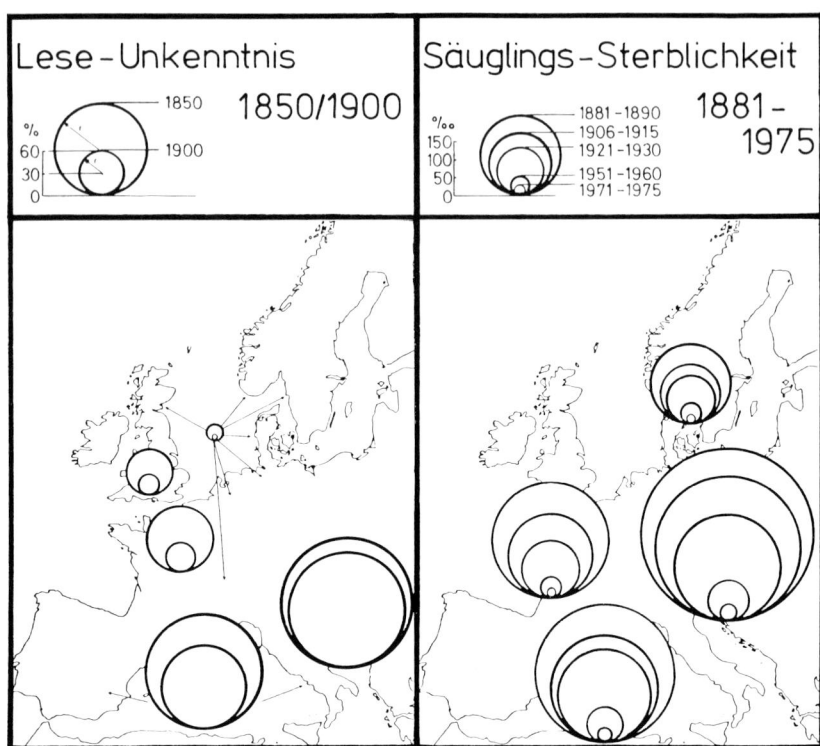

Abb. 53   Von der Ähnlichkeit der Proportionen, einerseits bei der Lese-Unkenntnis in europäischen Ländern 1850/1900 und andererseits in der Höhe der Säuglings-Sterblichkeit 1881–1975. – In beiden Teilgraphiken ist der Kreisradius, nicht die Kreisfläche proportional zu den dargestellten Werten (die absoluten Zahlen sind in den Hinweisen zu den Abbildungen am Schluß des Buches vermerkt).
Links: Anteil der Bevölkerung in ausgewählten europäischen Ländern, der 1850 beziehungsweise 1900 noch nicht lesen konnte. Die Kreisringe betreffen im Gegenuhrzeigersinn: 1. Die nordischen Ländern, Schottland, die Niederlande, Deutschland und die Schweiz; 2. England und Wales; 3. Frankreich, Belgien und Irland; 4. Spanien, Italien und Polen, 5. Die Balkanländer, Rußland und Portugal.
Rechts: Säuglingssterblichkeit in Europa nach Ländergruppen von 1881–1890 bis 1971–1975. – Die Kreisringe betreffen im Gegenuhrzeigersinn: 1. Schweden, Norwegen, Dänemark, Irland; 2. England, Frankreich, Schweiz, Belgien, Niederlande, Finnland; 3. Spanien, Italien; 4. Deutschland, Österreich, Ungarn, Tschechoslowakei, Rumänien, Rußland.
Quelle: Nach den Figuren 12 und 13 in der Studie: Säuglingssterblichkeit im europäischen Kontext, 17.–20. Jahrhundert. Umeå: Umeå University, Demographic Database 1984, 41, 43.

Landkarte eingetragen. Links betreffen sie die Lesekenntnisse der einzelnen Bevölkerungen 1850 und 1900, rechts die Säuglingssterblichkeit zu unterschiedlichen Zeitpunkten zwischen 1881 und 1975. Je kleiner ein Kreis links ist, um so geringer die Analphabetenquote, je kleiner rechts, um so niedriger die Säuglingssterblichkeit. (Die exakten Zahlen hierzu finden sich in den Anmerkungen zur Abb. 53 am Schluß des Buches).

Vergleicht man die beiden Teilgraphiken miteinander, so springt in die Augen, wie sich die Muster wiederholen. In Nordeuropa sind die Kreise überall und zu allen Zeiten am kleinsten. Gegen Westen, Süden, Osten werden sie kontinuierlich größer. Das verhält sich in bezug auf den Anteil der lese-unkundigen Bevölkerung (links) genauso wie im Hinblick auf die geringere oder größere Rate der verstorbenen Säuglinge. Und es war, wenn auch immer auf unterschiedlichem Niveau, in der Mitte oder am Ende des 19. Jahrhunderts nicht anders als zu verschiedenen Zeitpunkten im 20. Jahrhundert. In der Ländergruppe Nord, in der insbesondere Schweden, Norwegen und Dänemark zusammengefaßt sind, betrug die Säuglingssterblichkeit zu allen Zeiten nicht einmal die Hälfte dessen, was in der Gruppe Ost – vor allem Österreich, Ungarn, Tschechoslowakei, Rumänien, europäisches Rußland – jeweils üblich war, und zwar ganz gleichgültig, ob wir in der ersten Periode 1881–1890 nachsehen, in der letzten 1971–1975 oder in irgendeiner dazwischen. Ebenso verhält es sich in bezug auf die Lesekenntnisse. In den nordischen Ländern konnten 1850 mehr Menschen lesen als in Spanien und Italien, und wesentlich mehr als in den Balkanländern oder in europäisch Rußland. Im Jahre 1900 war das nicht anders.

Erinnern wir uns? Schweden, Norwegen, Dänemark, die nordischen Länder einerseits? – Spanien, Italien, Österreich, Ungarn, die Tschechoslowakei, Rußland andererseits? Waren die ersten nicht in ihrer Gesamtheit zum protestantischen Glauben übergetreten und die zweiten beim katholischen geblieben? Und hatten nicht alle Reformatoren großen Wert darauf gelegt, daß ihre Gläubigen die Bibel selbständig lesen konnten? Schon vor einem Jahrzehnt hatte einer der besten Kenner der frühneuzeitlichen Alphabetisierung in Europa, der Schwede Egil Johansson, konstatiert: «A clear difference rapidly appeared between Protestant and non-Protestant Europe. Whereas in Catholic and orthodox Southern and Eastern Europe there were still very few people who could read – less than 20 per cent at the turn of the century in 1700 – there was a drastic increase in Protestant Central and Northern Europe. The ability to read was perhaps most widespread in Iceland with its unbroken literary heritage. But figures for England, Scotland, and the Netherlands also show that many people were able to read in these countries as well, perhaps more than 50 per cent».[22]

Und hatten wir oben im Zusammenhang mit den Abbildungen 50, 51 und 52 nicht selbst ausführlich dargelegt, wie die weltliche Obrigkeit umgehend versuchte, dieses kostbare Instrument für ihre eigenen Zwecke einsetzen?

«Eigene Zwecke» aber waren damals «merkantilistische Zwecke». In diesem Kontext wiederum meinte ein anderer berühmter schwedischer Historiker, Eli Filip Heckscher (1879–1952), sogar schon mehrere Jahrzehnte früher: «Im großen ganzen herrscht in der Glanzperiode des Merkantilismus, nämlich dem letzten Teil des 17. Jahrhunderts, in allen Ländern ein fast fanatisches Bemühen um Bevölkerungsvermehrung».[23]

Damals wurde nach meinem Dafürhalten der Grundstein gelegt für das, was wir als generationenüberdauernde Korrelation zwischen dem linken und dem rechten Teil der Abbildung 53 noch heute feststellen. Dem Historiker sind Dutzende von Beispielen solcher «Elemente von langer Dauer» bekannt. Sie umspannen mit Leichtigkeit mehrere Jahrhunderte. Wir sind in unserer schnell-lebigen Welt bloß nicht mehr gewöhnt, darauf zu achten. Uns erscheinen selbst sensationelle Nachrichten vom Tage morgen schon als veraltet. Auch wir haben tiefere Wurzeln, als wir gemeinhin annehmen. Zu diesen «Elementen von langer Dauer» gehört nicht nur die Ausformung unserer Umwelt, sei dies nun der Verlauf von Flüssen oder Meeresküsten, von Gebirgszügen oder Straßennetzen, oder handle es sich um unser Krankheiten- und Todesursachen-Panorama. Dazu zählen auch viele unserer Alltagsgewohnheiten wie Essen und Trinken, der Rhythmus zwischen Arbeiten und Ruhen, Sonntag und Werktag, gehören Aufstehen und Sich-Kleiden sowie Dutzende weiterer eingeübter Gesten und Rituale, zählt ein ganzes Traditionsgefüge von kollektivem Nicht-Bewußtem, von Nicht-mehr-ständig-Reflektiertem.

Unter dieselbe Rubrik fallen aber auch viele unserer Einstellungen, im vorliegenden Fall die Einstellung gegenüber Leib und Leben, noch konkreter die Haltung gegenüber dem Leben und Überleben von Säuglingen und Kindern. In der nachreformatorischen Zeit wurde das Fundament gelegt für eine grundsätzlich unterschiedliche und für Jahrhunderte nachhaltig geprägte Einstellung gegenüber dem eigenen Nachwuchs. Im katholisch gebliebenen Europa war weiterhin der liebe Gott dafür zuständig, und zwar allein. Dort handelten die Eltern wie eh und je nach dem Motto: «Der Herr hat es ⟨das Neugeborene⟩ gegeben; der Herr hat es genommen. Der Name des Herrn sei gepriesen!» Sowohl die Zahl der Geburten wie auch der Säuglings- und Kinder-Sterbefälle verharrten hier länger auf einem gottgegeben hohen Niveau. Im protestantisch-reformierten Bereich dagegen wurde den Eltern wenn schon nicht die ganze, so doch eine große Mit-Verantwortung für das Überleben ihres Nachwuchses aufgebürdet. Säuglingssterblichkeit wie Geburtenzahlen gingen hier wesentlich früher als in katholischen Gebieten zurück. Die erfolgreiche Praktizierung von Familienplanung läßt sich in den Hochburgen des Calvinismus, so in Genf oder in den Niederlanden, aber auch in reformierten Teilen Deutschlands, schon im 17. und 18. Jahrhundert nachweisen. Die Geburtenabstände weiteten sich, die Frauen hatten ihre letzte Schwangerschaft nicht mehr Ende, sondern schon Mitte Dreißig.

Unter dem Strich blieb die Kinderzahl trotzdem dieselbe. Es kamen zwar weniger Kinder zur Welt, aber die Säuglinge – und ihre Mütter! – überlebten dank besserer Pflege und größerer Schonung in beträchtlich gestiegener Zahl. Die für Kleinkinder und Kindbettsterbefälle reservierten Friedhofsteile reichten immer länger aus. Der «Menschen-Umsatz» bei beidem verringerte sich.

Wer glaubt, aus meinen Worten Zynismus herauszuhören, hört falsch. Wie schwer fällt es uns doch, das Verhalten unserer Vorfahren mit deren und nicht mit unseren Augen zu sehen! Was wir in unseren «aufgeklärten Zeiten» als «Kindermord», als «Infantizid» bezeichnen mögen, brauchte es damals überhaupt nicht zu sein. Ganz abgesehen davon, daß wir meines Erachtens sehr wenig Grund zum entrüsteten Aufschrei haben – ist unsere Zeit denn etwa kinderfreundlicher? –, bitte ich den Leser, sich wieder einmal in die damalige Zeit zu versetzen, eine Zeit ohne ebenso hoch wirksame wie leicht zugängliche Antikonzeptionspräparate für jede Frau, ohne geburtenverhütende Präservative aus Hunderten von Automaten für jeden Mann, folglich mit häufigeren auch unerwünschten Schwangerschaften und weitaus geringeren Möglichkeiten für einen gefahrlosen Abort.

Wenn Familienplanung vor der Geburt aber nicht wirksam war, so konnte man eine «nachträgliche» anwenden. Wer wiederum einen sichtbaren Beweis zu brauchen glaubt, mag sich noch einmal in Brueghels «Besuch auf dem Pachthof» aus den katholischen südlichen Niederlanden um 1600 vertiefen (Abb. 52 B). Dort sieht man einerseits das gottgewollte lebensverlängernde Stillen á la ‹Maria lactans› und andererseits die lebensbedrohende Schlamperei und Unhygiene mit der Folge eines massiv erhöhten Säuglingssterblichkeits-Risikos. Es ist unglaubhaft, daß die Eltern damals über diese Zusammenhänge nicht Bescheid gewußt hätten. Schließlich hatten auch sie Augen im Kopf und wußten aus Erfahrung, was Ursache und was Folge war. Historikern, Kulturanthropologen und Soziobiologen sind im übrigen vielfältigste Formen von mehr oder weniger verdecktem oder gesellschaftlich akzeptiertem und daher offenem «Infantizid» aus sehr verschiedenen Gründen und unter Anwendung unterschiedlicher Praktiken bekannt. Diese reichen von der brutalen Aussetzung «überschüssiger Nachgeborener» bis zur sublimeren, aber nicht weniger wirksamen Vernachlässigung des einen oder des anderen Geschlechts, von der Bevorzugung männlicher Nachkommen aus wirtschaftlichen Erwägungen bis zur umgekehrten Präferenz für weibliche Säuglinge aus heiratsstrategischen Überlegungen.[24]

Ohne uns hier in diesem weiten Feld des Infantizids unter Mensch und Tier über Zeiten und Räume verlieren zu wollen, ersuche ich den Leser nochmals darum, sich wenigstens für einen Augenblick in die Seele unserer Vorfahren zu versetzen und zu überlegen, für welche Nachkommen Eltern damals besser sorgten und wo sie uneigennütziger handelten: ob dann, wenn sie ihre Kinder coûte que coûte am Leben erhielten, oder nicht viel-

leicht doch eher dann, wenn sie keine besonderen Anstrengungen unternah-
men, um die Neugeborenen über die schwierigste Anfangszeit hinwegzu-
bringen, im Gegenteil manchmal sogar etwas nachhalfen, um ihnen den
irdischen Abschied zu erleichtern. Nach damaliger Auffassung kamen un-
schuldige kleine Kinder beim Ableben «vor erlangtem Vernunftgebrauch»
unmittelbar in den Himmel. Der Zustand der Unschuld war um so gewisser,
je früher sie starben. Andere dagegen, die überlebten und heranwuchsen,
liefen leicht Gefahr, diesen Zustand der Unschuld spätestens als Jugendliche
zu verlieren. Hatten wir weiter oben jedoch nicht davon gehört, daß sie – die
nunmehr zu den Erwachsenen zählten – dann aber auch lernen mußten, zu
sterben, lernen mußten, ihre Seele im Kampf mit den bösen Mächten zu
retten? Man schaue sich nochmals die in Abbildung 43 wiedergegebene
Illustration aus der «Kunst und Technik des seligen Sterbens» an. Es ist dort
keineswegs von vornherein sicher, wie der Kampf ausgehen würde. Ihn
jedenfalls hatten die im Zustand der Unschuld verstorbenen Säuglinge weder zu befürchten, noch zu bestehen und schon gar nicht zu verlieren. Ihnen
war das Heil gewiß.

Und ihren Eltern auch! Denn «drei Kinder im Himmel sind eine Gewähr
auch für das Seelenheil von Vater und Mutter». Ihre mächtige Fürbitte beim
Herrn war, gemäß dieser Redewendung, praktisch eine Garantie hierfür.
Handelten solche «Rabeneltern» nun in erster Linie aus Egoismus oder aus
Altruismus? Oder verstanden sie es gar, beides miteinander zu verbinden?
Ich weiß es nicht. Ich kann sie auch nicht mehr fragen. Aber überlegen kann
ich mir hier manches und dabei zumindest verlernen, ihr Handeln aus mei-
ner heutigen Voreingenommenheit allzu schnell zu verurteilen.

Vielleicht verstehen wir vor diesem Hintergrund dann auch jene Mediziner besser, die in unseren eigenen Tagen wieder vor vergleichbaren Problemen stehen. Unwillkürlich kommen einem Buchtitel in den Sinn wie: «Selective nontreatment of handicapped newborns. Moral dilemmas in neonatal medicine».[25] Auch hier fragt man sich, für welche unter den schwer
mißgebildet zur Welt kommenden Kinder diese Pädiater besser handeln:
für jene, die sie unter Einsatz ihrer ganzen High-tech-Medizin coûte que
coûte am Leben erhalten, oder nicht vielleicht doch eher für jene, die sie
dieser Apparate-Medizin nicht aussetzen und «gnädigerweise» sterben lassen?

Ein weiterer Denkanstoß kommt dazu. «Moral dilemmas»: so lasen wir es
eben im Untertitel. Denn sterben die bewußt nicht am Leben erhaltenen
Kinder, dann sind sie für diese Ärzte und sind sie für ihre Eltern heute
selbstverständlich tot, unwiederbringlich, endgültig. Starben jedoch Säuglinge bei unseren Vorfahren – ob nun mit oder ohne menschliches Dazutun
–, waren sie es nicht. Mit größter überhaupt denkbarer Sicherheit konnten
gerade sie des ewigen Lebens in der Herrlichkeit Gottes im Jenseits gewiß
sein.

In den zuletzt besprochenen drei Abbildungen 51–53 hatten wir eine enge Beziehung zwischen Lesekenntnissen und Säuglingssterblichkeit hergestellt. Je weiter verbreitet diese Kenntnisse waren, so sagten wir, um so niedriger lag die Sterblichkeit. Ferner hörten wir davon, daß die Intensivierung der Lesekenntnisse vor allem im protestantisch-reformierten Bereich vorangetrieben wurde. Hier auch ging zumindest eine gewisse Mit-Verantwortung für das Überleben der Nachkommenschaft zuerst auf die Eltern über. Die staatliche Obrigkeit griff ihrerseits alsbald dieses Instrument allgemeinen Lesens auf, um gemäß merkantilistischer Doktrin die Säuglingssterblichkeit zu senken. Massenhaft verteilte Broschüren schärften den Müttern längeres Stillen und den Eltern größere Sorgfaltspflicht ein. Schließlich habe ich auf das lange Nachleben von damals implantierten unterschiedlichen Einstellungen gegenüber Leib und Leben hingewiesen. Im europäischen Rahmen sind sie bis heute nachweisbar.

4.

Ist «jetzt bei uns»
= gestern, heute, morgen anderswo?

Wenn die im dritten Kapitel ausgebreiteten historischen Einsichten aus dem
europäischen Raum zutreffen, dann müßte es doch eigentlich möglich sein,
hieraus eine Reihe von Folgerungen abzuleiten, die zumindest von einer
gewissen Relevanz auch für andere Länder und Völker auf der Welt sein
könnten, wo sich ähnliche Entwicklungen mit einem mehr oder weniger
großen Zeitverzug zu wiederholen scheinen. Ich möchte hier eingangs ein
paar prinzipielle Überlegungen zu diesem Thema zur Diskussion stellen. Sie
sollen uns zugleich den Weg zu den an- will sagen abschließenden Teilen
dieses Buches weisen. Um festeren Boden unter die Füße zu bekommen,
gehen wir von der *Abbildung 54* aus. Dort habe ich historische Entwicklungslinien aus Europa, in diesem Fall der Schweiz von 1880 bis 1980, mit
Einsichten aus heutigen Dritte-Welt-Ländern verknüpft. *Wechselseitiges
Lernen* könnte die Devise lauten.

Im unteren linken Teil der Abbildung sehen wir eine schematische Darstellung jenes Ursachenbündels, das in zahlreichen Ländern der Dritten und
Vierten Welt noch heute für eine hohe Säuglings- und Kindersterblichkeit
sorgt – und auch bei uns in der Ersten Welt vor noch nicht allzu langer Zeit

Abb. 54 Eine massive Zunahme der durchschnittlichen Lebenserwartung bei der Geburt
durch Erhöhung der Lebenssicherheit für alle setzt das Aufbrechen ganzer «Systeme»
voraus: das Prinzip der Zirkular-Kausation.
(A) Im Zentrum eingebettet die drastische Senkung der Säuglingssterblichkeit von hohen
   zu niedrigen Werten und die gleichzeitig erfolgte Verdoppelung der durchschnittlichen
   Lebenserwartung von vierzig auf fast achtzig Jahre, alles im Rahmen des Wandels von
   einem «System der Armut» zu einem «System des Reichtums» in der Schweiz 1880–
   1980.
   Quellen: Vom Dienst Gesundheitsstatistik des Schweizerischen Bundesamts für Statistik Bern freundlicherweise zur Verfügung gestelltes Material (vgl. auch Abb. 6). – Als
   Anregung zum Konzept der «Zirkular-Kausation» diente mir: Klaus M. Leisinger:
   Health Policy for Least Developed Countries. Basel: Social Strategies Publishers 1984;
   und Hans Gammeter: «Wege aus dem Teufelskreis von Armut und Krankheit. Theorie
   und Praxis medizinischer Projekte in der Dritten Welt». In: Neue Zürcher Zeitung,
   Fernausgabe Nr. 48, 28. 02. 1985, 29.
(B) In heutigen Entwicklungsgebieten der Dritten und Vierten Welt ist eine nach wie vor
   hohe Säuglings- und Kindersterblichkeit oft eine Folge des Zusammenwirkens der
   «Großen Drei» (1. Unter- / Fehl-Ernährung, 2. Diarrhöen, 3. Luftwegs-Infektionen)
   unter den «Herausragenden Zehn» (zusätzlich: 4. Eingeweide-Parasiten, 5. Keuchhu-

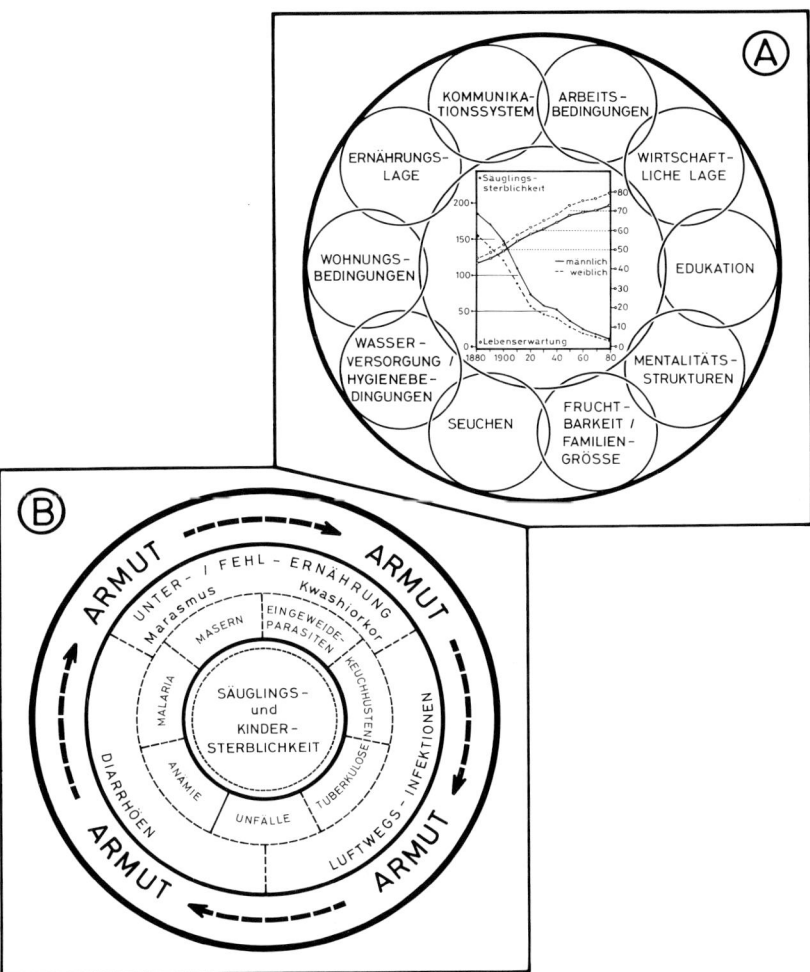

sten, 6. Tuberkulose, 7. Unfälle, 8. Anämie, 9. Malaria, 10. Masern). Während Unter-ernährung aufgrund schweren Kalorienmangels klinisch zu Marasmus führt, so hat Fehl-Ernährung mit spezifischem schwerem Proteinmangel den Kwashiorkor zur Folge. Den Nährboden dieser «multifaktoriellen Interdependenz» mit einer «multiplen Pathologie» bildet der «Teufelskreis Armut» als ein System von Unterentwicklung und Bedürftigkeit auf allen Ebenen des täglichen Lebens.

Quellen: Als Anregung dienten mir, neben der eigenen Anschauung, vor allem Harvey J. Graff: Literacy, Education, and Fertility, Past and Present: A Critical Review. In: Population and Development Review 5, 1979, 105–140. – H. M. Coovadia und W. E. K. Loening (Hrsg.): Paediatrics and Child Health. A Handbook for Health Professionals in the Third World. Oxford: Oxford University Press 1984, 44–56. – Rainer Frentzel-Beyme: Einführung in die Epidemiologie. Darmstadt: Wissenschaftliche Buchgesellschaft 1985.

in vergleichbarer Weise gesorgt hat. Der Kern in der Mitte des Diagramms
weist auf das meßbare Endprodukt hin, die «Säuglings- und Kindersterblichkeit». Die drei diesen Kern umlagernden konzentrischen Kreise spiegeln
die Quintessenz unzähliger Diskussionen mit Ärzten und Krankenschwe-
stern sowie betroffenen Eltern wieder, die ich während zweier längerer Forschungsaufenthalte 1983 und 1985 in rund einem Dutzend Säuglings- und
Kinderkliniken für die nichtweiße Bevölkerung Süd- und Südwestafrikas
führen konnte, im Tygerberg-Hospital außerhalb Kapstadts ebenso wie im
King Edward VIII-Hospital bei Durban, im Katatura-Krankenhaus vor
Windhuk genauso wie im Ga-Rankuwa-Hospital in der Nähe von Pretoria
oder vor allem im riesigen Baragwanath-Hospital von Soweto bei Johannes-
burg. Für mich als europäischen Historiker war die gegenwärtige kompli-
zierte Situation in Süd- und Südwestafrika mit ihrem vielfachen Neben-,
Mit- und Gegeneinander von schwarzafrikanischen, indischen, europäischen, gemischtrassischen Bevölkerungen und ihren jeweils ganz unterschiedlichen kulturellen Herkünften und Zugehörigkeiten, ihren divergie-
renden Haltungen und Einstellungen gegenüber Gesundheit und Krankheit,
Leben und Sterben wie ein «Geschichts-Laboratorium». Der dort gebotene
Anschauungsunterricht half mir, die *eigene* Vergangenheit besser zu verstehen. Meine Vorfahren, die vor hundert oder zweihundert Jahren in Europa
lebten, kann ich nicht mehr interviewen. Sehr wohl aber kann ich in unseren
Tagen eine Reihe ihrer seinerzeitigen Grundprobleme noch an Ort und
Stelle studieren, weil sie anderenorts unter annähernd ähnlichen Umständen
nach wie vor gang und gäbe sind, so eben zum Beispiel in weiten Teilen Süd-
und Südwestafrikas. Vor Naivität und zu großem Schematismus beim Vergleichen ist allerdings zu warnen. Soweto ist, um ein Beispiel anzuführen,
nicht einfach «Schwaben minus zweihundert Jahre», selbst wenn die Säuglingssterblichkeit damals dort wie heute da gleich hoch sein mag. Umgekehrt zeigten sich viele der Befragten in jenen Dritte- und Vierte-Welt-Ländern, nachdem erst einmal ihr anfängliches Mißtrauen und ihre Verwunde-
rung über das Recherchieren eines europäischen Historikers gewichen waren, unerwartet stark interessiert daran zu erfahren, weshalb denn bei uns
die Säuglinge und Kinder heute praktisch alle überlebten, wie lange es jeweils gedauert hätte, deren Sterblichkeitsraten zu halbieren und worauf der
Rückgang letztlich zurückzuführen wäre.

Medizinisch gesehen läßt sich die hohe Säuglings- und Kindersterblichkeit
in heutigen Entwicklungsländern auf zehn Hauptursachen zurückführen.
Nicht selten handelt es sich allerdings um ein kaum entwirrbares Zusammenwirken der «Großen Drei» unter ihnen, nämlich von mangelhafter oder
falscher Ernährung, von Durchfällen und von Luftwegsinfektionen (= mittlerer Kreis). Die sieben restlichen unter den «Top Ten» sind: Eingeweidepa-
rasiten, Keuchhusten, Tuberkulose, Unfälle, Anämie (Blutarmut), Malaria
und Masern (= innerster Kreis).

In einem übergeordneten gesellschaftlichen Rahmen spielt sich dies alles vor dem Hintergrund von «Armut» ab (= äußerster und damit alles andere umschließender Kreis). Sie ist der Nährboden für das, was die Epidemiologen als das «multifaktorielle Zusammenwirken» von Krankheiten und Todesursachen bezeichnen. In ihrer eigenen Terminologie heißt das: «multiple Pathologie».

Spätestens hier dürfte auch der letzte in ein Entwicklungsland gereiste Europäer zu der Einsicht gelangen, daß seine mitgebrachten Einteilungskriterien mit der Untergliederung der Verstorbenen nach dieser oder jener bestimmten Todesursache im vorliegenden Zusammenhang wenig hilfreich sind. Statt zum Beispiel ein Sterbefall an «Masern» zu sein, hätte es jeweils fast ebenso gut einer an «Keuchhusten» oder an «Tuberkulose» oder an «Anämie» sein können. Für ein unter- oder fehlernährtes Kleinkind, einen durch Diarrhöen oder eine Luftwegsinfektion erschöpften Säugling, geschweige denn für einen durch das erwähnte Zusammentreffen von gleich allen dreien unter den Großen geschwächten Organismus kann *jede* zusätzliche Belastung zum Tode führen. Wo unsere Kinder von den Masern höchstens für ein paar Tage ins Bett geworfen werden, bedeuten sie dort das Ende, den Sarg, den Weg zum Friedhof.

Bei der Frage nach der *eigentlichen* Todesursache fallen wir somit wiederum auf den äußersten Kreis, die Armut zurück, die ich in der Abbildung 54 B wie einen Teufelskreis kettenartig um die beiden Morbiditätsringe und den Mortalitätskern gelegt habe. Mit «Armut» meine ich hier nicht eng gefaßt bloß einen Zustand der ökonomischen Hilflosigkeit. Ich möchte damit wesentlich weiter greifen und darunter Unterentwicklung und Bedürftigkeit auf jeder Ebene des Lebens als ein umfassendes System verstanden wissen. Diese Auffassung lehnt sich somit an die Umschreibung durch den Basler Sozialwissenschaftler Klaus M. Leisinger (* 1947) an, zu der er durch seine langen Erfahrungen als Berater der Vereinten Nationen in Dritte-Welt-Ländern Lateinamerikas und des Fernen Ostens zugekommen ist: «Poverty is reflected by a multitude of conditions which are causally interrelated. The entirety of all conditions of poverty forms a social system. The interrelations of ill-health, insufficient nutrition, and sanitation, low levels of hygiene and education are so strong, that changes in one condition are likely to lead to changes in all other conditons» (Leisinger 1984, 234).

Im oberen rechten Teil von Figur 54 hat sich diese Auffassung von «Armut als umfassendem System» in der Form eines Rings niedergeschlagen, der aus zahlreichen ineinandergreifenden Kettengliedern besteht. Herausgehoben habe ich einzeln: die Arbeitsbedingungen, wobei auch an Aspekte wie Arbeitslosigkeit, Unterbeschäftigung, Arbeitsvermögen, Effizienz zu denken ist; die wirtschaftliche Lage (Einkommenshöhe, -verteilung); die Edukation (Bildung und Interessen im weitesten Sinne; Lernkapazität, Lesekenntnisse, Schreibfähigkeit, Organisation der Erziehung – in unserem

Zusammenhang speziell auch im Gesundheitsbereich, Aufklärung der Mütter über das Stillen und die Säuglingspflege); die Mentalitätsstrukturen (Einstellung zum Leben, zur Arbeit, zur Zukunft; Gewohnheiten, Normen, Traditionen, kulturelle Werte); Fruchtbarkeit und Familiengröße (Familienplanung, -zusammenhalt, Teenager-Schwangerschaften); die Seuchensituation (Infektionsherde, Ansteckungsgefahren, Maßnahmen zur Gesundheitserhaltung und -wiederherstellung auf traditionelle oder/und orthodoxe Weise, Schmerzdeutung und Akzeptabilitätsschwellen); die Wasserversorgung (inklusive die Abwässerentsorgung) sowie die Hygienebedingungen im öffentlichen und privaten Bereich; die Wohnungsbedingungen (Komfort, Beheizungsmöglichkeiten, Kochgelegenheiten, Überbelegung); die Ernährungslage (Unter-, Fehl-, Überernährung); das Kommunikations- und Transportsystem.

Wenn es nun einerseits stimmt, wie der Entwicklungssoziologe Leisinger meint, daß aufgrund der engen Verzahnung all dieser Komponenten der Wandel in *einem* Bereich gemäß der «Domino-Theorie» einen Wandel auch in allen anderen auslöst, und wenn andererseits die Entwicklung sowie das Ergebnis eines bereits erfolgten kompletten Systemwandels von «Armut» zu «Reichtum» – auch dieser in *jeder* Hinsicht – anhand reduzierter Säuglingssterblichkeit und zunehmender Lebenserwartung vom Historiker faktisch nachgewiesen werden kann (in 54 A auf der Basis schweizerischer Werte 1880–1980, im Zentrum einmontiert), so müßte es in der Folge nun auch möglich sein, jene Stelle in der Kette ausfindig zu machen, wo der Teufelskreis aufbrach, aufgebrochen wurde. Es ist dies kein leichtes Unterfangen, doch hat es enorme Bedeutung im Hinblick auf ein erfolgreiches Ausscheren aus dem Teufelskreise nicht nur in Süd- und Südwestafrika, sondern aus Hunderten von noch bestehenden weiteren Teufelskreisen in Ländern der Dritten und Vierten Welt.

Nun will ich hier nicht den Eindruck erwecken, als ob ich Fachmann für Probleme der Dritten und Vierten Welt wäre. Mein Beruf ist der eines Historikers, genauer gesagt der eines Professors für europäische Geschichte der Neuzeit. In diesem Bereich habe ich geforscht und vermag ich solide und sauber zu argumentieren. Zwar machte ich mich im Verlaufe der letzten Jahre wiederholt in einer ganzen Reihe von Dritte- und Vierte-Welt-Ländern Afrikas, Asiens und Lateinamerikas kundig und übernahm dort verschiedentlich längere Gastdozenturen. Doch habe ich gelernt, bei transkulturellen Vergleichen sehr vorsichtig zu sein und nicht unbesehen das eine mit dem anderen zu vergleichen. So will ich auch hier, nachdem wir das Problem erst einmal aufgeworfen haben, denn lieber andere antworten lassen, die zuständiger sind als ich (vgl. Anm. 26 mit den exakten Belegen für alle nachfolgenden Zitate).

Erinnern wir uns nochmals an die Ausführungen oben. Als europäischer Historiker hatte ich dort den engen Zusammenhang zwischen der Zunahme der Lesekenntnisse, der Einpflanzung von Verantwortung seitens der Eltern für ihren Nachwuchs und dem Rückgang der Säuglingssterblichkeit betont. Für unseren eigenen Raum und in unserer eigenen Geschichte haben wir hier somit jene Stelle gefunden, die wir suchten, das heißt wo die Zirkular-Kausation, der Teufelskreis aufgebrochen wurde. Die Bruchstelle liegt beim Kettenglied «Edukation».

Werfen wir vor diesem Hintergrund nun einen Blick in die Dritte und Vierte Welt und nehmen dabei die Forschungsergebnisse anderer zur Kenntnis, so bekommen wir für unsere eigene eben nochmals zusammengefaßte Argumentation unerwartete Schützenhilfe. Es deutet nämlich sehr viel darauf hin, daß auch in den Ländern der Dritten und Vierten Welt die Bruchstelle an eben demselben Ort zu suchen und zu finden ist. Die in diesem Zusammenhang weltweit geführten Diskussionen sowie die daran anknüpfenden Handlungsstrategien für die Praxis sind zumindest seit dem Ende der 1970er Jahre durch die Stichworte «Female education» und «Maternal education» geprägt. Überblickt man die zahlreichen Publikationen hierzu und faßt die Ergebnisse zusammen, so ähneln die Schlußformulierungen einander oft so sehr, daß sie beinahe austauschbar sind, und zwar gleichgültig, ob es sich um Feldforschungen aus Schwarzafrika, Südostasien oder Zentralamerika handelt.

Drei Beispiele mögen dies belegen. In bezug auf Nigeria lesen wir: «Very different levels of child survivorship result from different levels of maternal education in an otherwise similar socio-economic context and when there is equal access to the use of medical facilities. Indeed, maternal education appears to be the single most powerful determinant of the level of child mortality» (Caldwell 1979, 391). Mit Bezug auf Südindien heißt es: «The impact of parental education is probably greater than both income factors and access to health facilities combined. Paternal education is also important, though not as influential as maternal education» (Caldwell – Mac-Donald 1981, 92–93). Und im Hinblick auf Costa Rica schließlich lautet das Fazit: «The effect of education in reducing child mortality remains strong. Two other variables, sanitation (a public-health variable) and level of socio-economic well-being (income per head and dwelling quality), both have weaker effect» (Haines – Avery 1982, 43).

Auch die Argumentation, weshalb sich dies so verhält, stimmt praktisch mit dem überein, was der Historiker für seine eigene Interpretation der europäischen Entwicklung während der jüngsten Jahrhunderte in Anspruch nehmen würde: «An illiterate woman remains part of traditional culture, accepting its theories of illness and its attitudes to cure. A young mother with education is allowed to seize a greater share of personal initiative in treating sick children by non-traditional methods», und als Quintessenz vor allem: «She can better manipulate the modern world» (Caldwell – McDonald 1981, 80).

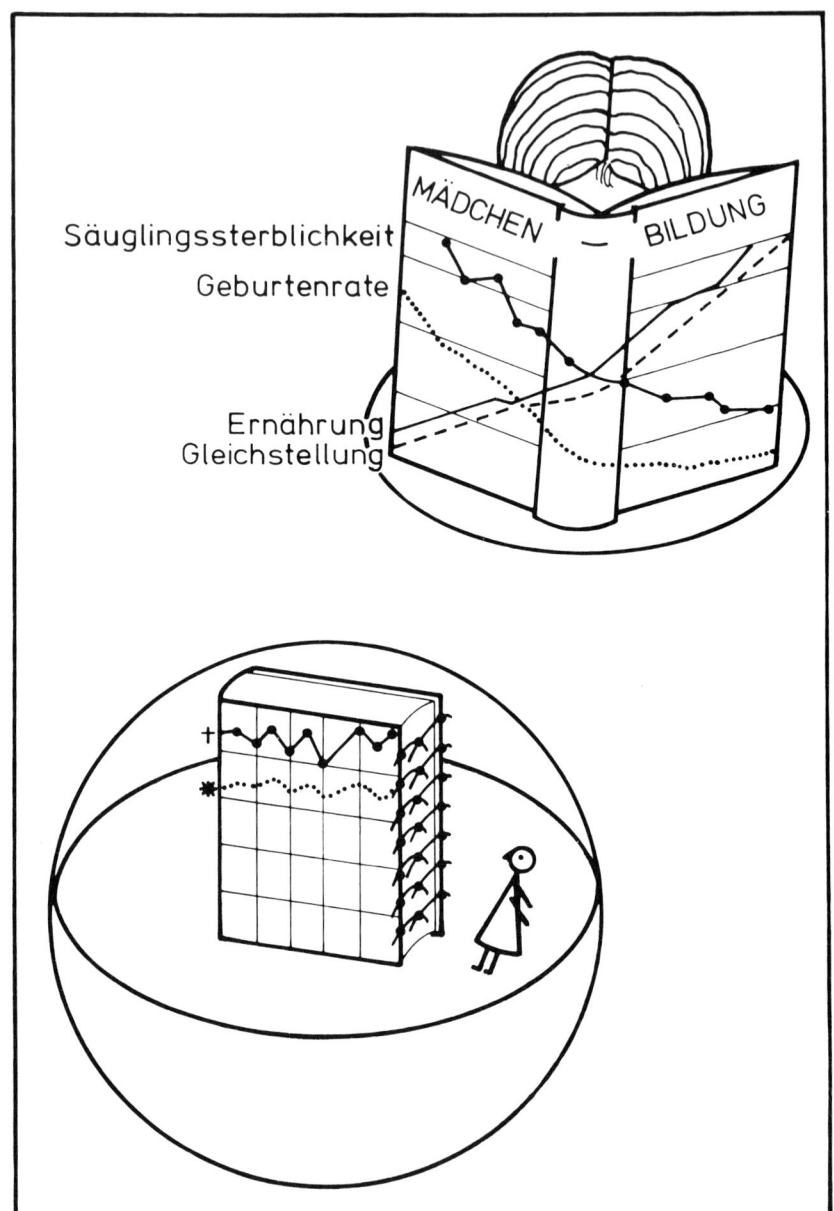

Abb. 55 Wenn das «Buch mit den sieben Siegeln» seine Siegel verliert. Lesekenntnisse auch für Frauen und gleiche Bildung für Mädchen öffnen ihnen eine neue Welt.
Unten: Die «traditionelle Welt» (in Europa bis zur Renaissance, Reformation, Aufklärung bzw. bis zur Ausbreitung allgemeiner Lesekenntnisse; in Ländern der Dritten und Vierten

Der entschiedenste Befürworter dieser «Female / maternal education»-These als des wichtigsten Hebels bei allen Bemühungen um eine massive Senkung der Säuglings- und Kindersterblichkeit in Ländern der Dritten und Vierten Welt, der soeben mehrfach zu Wort gekommene Australier John C. Caldwell, hatte mit seiner Argumentation während des letzten Jahrzehnts weltweit einen derart durchschlagenden Erfolg, daß er mittlerweile befürchtet, die weiteren mit der Zirkular-Kausation verknüpften Kettenglieder würden bereits ungebührlich vernachlässigt. Schon beeilte er sich deshalb, in neuesten Publikationen die Dinge wieder ins rechte Licht zu rücken und den Einzelfaktoren ihr Gewicht zurückzugeben. Zwar hält Caldwell nach wie vor an der Kernthese fest, unterstreicht aber, daß darob der gesamte Hintergrund nicht aus den Augen verloren werden dürfe: «Demographers may have begun to concentrate too much on maternal education rather than on its larger context» (Caldwell 1986, 202). Er modifizierte das alte Schlagwort und proklamiert nun «Female autonomy». – Für den europäischen Historiker bedeutet dies, daß uns die geschichtliche Korrelation sogar noch erleichtert wird.

Lange bevor wir oben in der Abbildung 51 auf den Zusammenhang zwischen Lesekenntnissen und Säuglingssterblichkeit zu sprechen gekommen waren, wurde anhand von Abbildung 50 der Wandel vom «Buch als Symbol» zum «Buch als Lesestoff» erläutert. Knüpfen wir somit dort nochmals an. Zur Verdeutlichung meiner Argumentation lege ich nun außerdem die *Abbildung 55* vor. Beide Figuren, 50 und 55, sollten nebeneinander betrachtet werden. In Pieter Janssens Elingas «Lesender Frau» macht sich das lesekundige Dienstmädchen mit der Lektüre eines trivialen Ritter-Heldenromans ja nicht bloß irgendein heimliches Vergnügen, das nur solange währt, bis die Hausfrau wieder zurückgekehrt ist. Es scheint mir nicht übertrieben zu behaupten, daß sich das Mädchen mit seinen fließenden Lesekenntnissen

Welt z. T. bis heute): ein geschlossenes «Buch mit sieben Siegeln», das nicht hinterfragt, sondern angestaunt wird. Unter anderem wurden zahlreiche Schwangerschaften und eine hohe Säuglingssterblichkeit als gottgewollt hingenommen.
Oben: Ausbrechen aus der «traditionellen Welt» durch zunehmende Mädchenbildung (Lesekenntnisse). Als Folge davon unter anderem: sinkende Säuglingssterblichkeit, rückläufige Geburtenzahlen, ausgewogenere Ernährung – alles im Rahmen steigender Selbstsicherheit, zunehmender Selbständigkeit, wachsender Gleichstellung, weiblicher Autonomie.
Anregungen durch: Jack Goody (Hrsg.): Literacy in Traditional Societies. Cambridge: Cambridge University Press 1968. – John W. Ratcliffe: Social justice and the demographic transition: Lessons from India's Kerala State. In: David Morley et al. (Hrsg.): Practising Health for All. Oxford: Oxford University Press 1983, 64–82, bes. 77. – Helen Ware: Effects of maternal Education, Women's Roles, and Child Care on Child Mortality. In: Henry W. Mosley und Lincoln C. Chen (Hrsg.): Child Survival Strategies for Research. Cambridge: Cambridge University Press 1984, 191–214.

vielmehr den Schlüssel zu einer ihm vorher verschlossenen Welt angeeignet hat. Er öffnet Bereiche, die zuvor nicht zugänglich waren und die deshalb – wie ich es in der Abbildung 55 unten dargestellt habe – einem «Buch mit sieben Siegeln» (Offenbarung des Johannes 5) glichen. Jenes Buch soll sämtliche Geheimnisse der Weltgeschichte enthalten haben. Entschleiert wurden sie nur den Initiierten, sprich denjenigen, die lesen konnten. Alle anderen standen bloß davor und staunten es an. Für sie war und blieb es ein Symbol göttlichen Geheimnisses.

Lesekenntnisse sind wie ein Passepartout, der die Türen zu Wegen in alle nur erdenklichen Richtungen öffnen kann. Auf den meisten von ihnen gelangt man zu größerer Unabhängigkeit, zu mehr Selbständigkeit und Reife. Dies aber ist, bezogen nun auf die Welt der Frauen, genau das, was Caldwell oben in «Female autonomy» forderte. Wer erst einmal vom Baum der Erkenntnis gegessen hat, beginnt Fragen zu stellen, sich und anderen. Er, besser: sie, nimmt nicht länger alles gottgegeben und gottergeben hin. Das traditionelle Weltverständnis wird aufgebrochen. Man (Frau) will Antworten haben, Zusammenhänge rational begreifen, Fatalismus überwinden. Hier geht es nicht länger zu wie in der Offenbarung des Johannes, wo die Ältesten nach dem Amen «niederfielen und anbeteten».

Dehnen wir den Begriff «Lesekenntnisse bei Frauen» aus auf «Bildung für Mädchen», dann verändern sich zwangsläufig auch die traditionellen Autoritätsstrukturen, und zwar sowohl innerhalb der Familie wie auch in einem übergeordneten gesamtgesellschaftlichen Rahmen. Gebildete Mädchen und Frauen treten sicherer auf. Sie wissen um ihre Rechte, ziehen im Krankheitsfall für sich und ihre Kinder einen Arzt zu Rate, bemühen sich um eine ausgewogenere Ernährung. Größere Selbstsicherheit führt zu wachsender Selbständigkeit, zunehmender Gleichstellung, vermehrter Entscheidungsbefugnis, hat «Female autonomy» zur Folge.

Die Senkung der Säuglings- und Kindersterblichkeit, von der unsere Überlegungen ausgegangen waren, bildete in diesem größeren Zusammenhang (Abb. 54) somit bloß einen Aspekt, allerdings einen sehr wichtigen. Senkung der Säuglings- und Kindersterblichkeit hieß ja nicht nur, daß nun eben mehr Säuglinge das erste Jahr überlebten und mehr Kinder das Jugendlichen- und Erwachsenenalter erreichten, daß somit die Lebenssicherheit jeder menschlichen Existenz entscheidend zunahm (Kern von 54 A). Dies bedeutete gleichzeitig auch, daß nicht länger zwei Geburten für einen Erwachsenen notwendig waren. Sobald diese allen alten Erfahrungswerten widersprechende Tatsache erst einmal fester Bestandteil des mentalen Gehäuses unserer Vorfahren geworden war – und erst dann –, war auch der Boden für Familienplanung gelegt, machte Geburtenbeschränkung Sinn. Nun gab es das Motiv, um die an sich seit eh und je vorhandenen kontrazeptionellen und abortiven Kenntnisse und Techniken in weitesten Bevölkerungskreisen auch in die Tat umzusetzen.

Geburtenregelung aber war zu allen Zeiten in erster Linie Frauensache. Um es salopp zu sagen: ihr Bauch gehörte schon immer ihr. Nun aber waren sie motiviert zu handeln – und taten es auch, und zwar lange bevor es «die Pille» gab. In Frankreich, Schweden, auf dem Kontinent gingen die Geburtenzahlen zurück: Anfang, Mitte, Ende des 19. und zu Beginn des 20. Jahrhunderts. Wieso sollten die Frauen noch länger sechs Mal schwanger werden, wenn sie schließlich drei erwachsene Kinder haben wollten? Vorbei die Zeiten, wo dafür sechs Geburten notwendig gewesen waren. Die allenthalben sich einstellenden Erfolgserlebnisse, sei es bei der Geburtenbeschränkung, sei es bei der Säuglings- und Kinderpflege, gaben diesen Frauen und Müttern Auftrieb. Mit ihrer Kompetenz wuchs ihr Ansehen.

In der Rückschau mag sich der Leser zu recht die Frage stellen, welcher Faktor zuerst war. Hat die erfolgreiche Geburtenbeschränkung dazu geführt, das mehr Säuglinge überlebten und ist somit die Familienplanung für den Rückgang der Sterblichkeit verantwortlich? Oder war es nicht vielmehr umgekehrt so, daß eine sinkende Säuglingssterblichkeit eine hohe Geburtenzahl überflüssig machte? Eine neue Studie über den Verlauf der sogenannten «Demographischen Transition», das heißt den Übergang von einem «früheren» Zustand, wo Geburtlichkeit und Sterblichkeit gleichermaßen hoch waren, zum heutigen mit gleichermaßen niedrigen Werten, läßt hierüber keinen Zweifel. Die fundamentale Transition wurde stets durch einen Rückgang der Sterblichkeit eingeleitet. Anfänglich blieb die Geburtlichkeit hoch, so daß es regelmäßig zu einer «Bevölkerungsexplosion» kam. Hatte sich der Erfahrungswert der rückläufigen Sterblichkeit indes erst einmal in der Mentalität weiter Bevölkerungskreise etabliert, dann nahm auch die Geburtlichkeit ab. Sie tat dies solange, bis die Werte auf gleiche Ebene mit der niedrigen Sterblichkeit zu liegen kamen. In dieser Phase stabilisierte sich die Bevölkerungszahl wieder.

Die eben erwähnte Studie ist insofern repräsentativ, als sie die Demographische Transition in nicht weniger als 67 Ländern untersucht, wo sie sich zwischen 1720 und 1984 vollzog und wo sie inzwischen zum Abschluß gekommen ist. Dies trifft bekanntlich noch nicht auf alle Länder der Welt zu. Wir kennen nach wie vor eine Vielzahl von Völkern, die sich noch immer in der mittleren, das heißt der «explosiven» Phase befinden. Es lohnt sich für uns, das abschließende Urteil des Autors, des französischen Demographen Jean-Claude Chesnais, zu studieren und seine Argumentation zu bedenken. Seine «sieben Gesetze der demographischen Transition» lauten im Original (Chesnais 1986, 380–382):

«1) Le déséquilibre initial est provoqué par une baisse de la mortalité. Une diminution de la mortalité est un préalable indispensable à la baisse de la fécondité.

2) Le recul de la mortalité semble avoir été systématiquement accompagné par une diffusion de l'alphabétisation de masse, notamment dans la popula-

tion féminine. La décision des couples de restreindre leur descendance paraît donc inconcevable sans une montée importante de l'instruction élémentaire féminine. Les meilleurs prédicteurs de la baisse de la fécondité sont, en réalité, la baisse de la mortalité et les progrès de l'éducation de masse. Ces deux phénomènes, à dimensions multiples, encouragent, en effet, à travers une liaison complex et rétroactive, l'individuation (au sens durkheimien), c'est-à-dire l'affranchissement de la personne par rapport aux codes de comportement anciens, qu'ils soient familiaux, religieux, politiques ou économiques. Or, la liberté individuelle est un des fondements de l'innovation.

3) Corollaire des propositions numéro 1 et numéro 2, le mariage devient moins précoce et moins frequent.

4) Un développement économique, pouvant prendre des formes diverses, apparaît généralement nécessaire à l'apparition d'une réduction de la fécondité.

5) Bien que délicate à isoler et non étudiée en tant que telle ici, l'influence de l'«urbanisation» sur le déclanchement de la baisse de la fécondité ne paraît – en règle générale – guère faire de doute. Tous les pays où celle-si s'est manifestée avaient atteint une certaine densité de peuplement ou un certain degré de concentration urbaine, variable d'un cas à l'autre.

6) En dehors de ces éléments communs à l'ensemble des pays, d'autres tels que la pression sur les terres, le système d'héritage, ont pu intervenir ici ou là. Mais l'énumération des facteurs en cause n'a rien d'exhaustif, compte tenu de la variabilité des contextes légués par l'histoire.

7) Migrations internationales et mouvement naturel sont étroitement liés».

Nicht minder wichtig als die «sieben Gesetze der demographischen Transition» selbst sind in unserem Zusammenhang jedoch die Folgerungen von Chesnais, seine fast schon philosophischen Schlüsse aus den umfassenden Forschungen, die er betrieb. Sie sind ganz dazu angetan, zu unserem eigentlichen Thema zurückzulenken: «Et si, à l'origine de la laïcisation, de l'épargne, de la diffusion de l'instruction, il n'y avait, avant tout, simplement, que la baisse de la mortalité? Alors, tout l'édifice explicatif reposerait sur les causes de la baisse séculaire de la mortalité. Le schéma est tentant, il comporte un fort pouvoir de conviction; pourtant à la réflexion, il ne s'avère guère plus satisfaisant que tant d'autres car les causes de cette baisse relèvent d'interactions complexes, insaisissables. Partir à la recherche d'une cause, en sciences humaines, c'est s'exposer à un travail de Sisyphe: dès qu'une cause a été isolée, on doit remonter plus haut, pour en découvrir une autre, jusqu'au moment où l'on bute sur l'inexplicable: les grands moteurs de l'histoire ressortissent plus de la philosophie ou de la théologie que de la science» (Chesnais 1986, 388–389).

So sehr ich mit Chesnais darin übereinstimme, daß am Anfang der ganzen Umwälzungen die Senkung der Mortalität gestanden hatte («Et si, à l'origine de la laïcisation, de l'épargne, de la diffusion de l'instruction, il n'y avait, avant tout, simplement, que la baisse de la mortalité?») und so sehr ich seine Meinung von der Sisyphusarbeit in den Geisteswissenschaften angesichts all der verschiedenen immer in Betracht kommenden Faktoren teile, so wende ich mich doch mit aller Entschiedenheit dagegen, die Hände deswegen in den Schoß zu legen, zu resignieren und vor dem «inexplicable» als einem letztlich unentwirrbaren Knäuel zusammenhängender Faktoren zu verstummen.

Zum einen halte ich mich hier lieber an jene positive Seite, die der gegenwärtige Präsident der Deutschen Forschungsgemeinschaft, Hubert Markl, in diesem Zusammenhang dem Sisyphus-Dasein von Wissenschaftlern abgewinnt und die vor ihm schon Albert Camus in ähnlicher Weise bemerkte: «Der Kampf gegen Gipfel vermag ein Menschenherz auszufüllen. Wir müssen uns Sisyphos als einen glücklichen Menschen vorstellen» (Markl 1986;1, 11).

Zum anderen pflichte ich Markl ebenfalls bei, wenn er den Wissenschaftlern ein bißchen mehr Bescheidenheit predigt: «Es steht der Wissenschaft wohl an, es deutlich auszusprechen: Der Mensch hat viele Wege zur Erfahrung der Welt, in der er lebt, der wissenschaftliche Erkenntnisweg ist nur einer davon, Wissenschaft mag sich mit allem zu befassen suchen, was in der Wirklichkeit der Fall ist, deshalb kann sie aber noch lange nicht beanspruchen, auch alles zu erklären, alles zu verstehen. Heute ist gerade dem Wissenschaftler nur allzu bewußt, daß nicht jede offene Frage eine wissenschaftliche Antwort findet, daß es menschliche Erlebensbereiche gibt, zu deren Beschreibung und Erhellung die Wissenschaft wenig oder gar nichts beitragen kann. Wissenschaft mag alles über Tatsachen wissen, doch kann sie wenig oder gar nichts über deren Sinn aussagen» (Markl 1986;2, 486). Wahrscheinlich meinte Chesnais sogar dasselbe, als er schrieb: «Les grands moteurs de l'histoire ressortissent plus de la philosophie ou de la théologie que de la science» (Chesnais 1986, 389).

Zum dritten bin ich schließlich der Ansicht – und damit schlagen wir den Bogen zu unserem Thema zurück –, daß wir als Wissenschaftler selbst dann Verantwortung tragen und nicht verstummen sollten, wenn wir noch nicht «alles wissen» und nicht «alles erklären» können. Ob meine Feststellung, daß die Zirkular-Kausation beim Kettenglied «Lesekenntnis / Edukation / Female autonomy» aufgebrochen wurde, wirklich zu hundert oder aber nur zu achtzig oder neunzig Prozent richtig ist, scheint mir weniger wichtig als die Tatsache, *daß* sie aufgebrochen wurde und daß *wir* über mögliche Zusammenhänge nachgedacht und uns um Erklärungsmuster bemüht haben. Wir *stehen* heute nun einmal an jener Stelle der Entwicklung, an der wir stehen; wir *haben* eine niedrige Säuglingssterblichkeit und *haben* eine hohe Lebenserwartung, *haben* weitverbreitete Lesekenntnisse und *haben* weiterreichende «Female autonomy» als je zuvor in der Geschichte. Und andere

Gruppen, Gesellschaften, Völker in der Zweiten, Dritten, Vierten Welt *folgen* uns in dieser Entwicklung nach. Hieraus aber erwächst uns eine Pflicht, ihret- wie unseretwegen über Geschichte, Gegenwart und mögliche Zukunft dieser Entwicklung nachzudenken und uns mit ihnen darüber auszutauschen.

Natürlich erfüllt es einen Historiker mit Befriedigung, wenn er aufgrund seines geschichtlichen Recherchierens handfeste Beweise für ein erfolgreiches Aufbrechen des Teufelskreises und für einen insgesamt erfolgreich verlaufenen kompletten Systemwandel vorlegen kann, so wie dies hier am schweizerischen Beispiel in der Abbildung 54 A geschah. Da er jedoch gewohnt ist, Geschichte prinzipiell nicht als abgeschlossen zu betrachten, weiß er, daß damit auch hier das letzte Wort nicht gesagt ist. Ich halte es sogar für unredlich, die Erfolgs-Story ausgerechnet an diesem Punkt abzubrechen. Allzu leicht könnte sich sonst das überhebliche Gefühl unter uns breitmachen, wir hätten das Ziel bei uns nun erreicht, wir stünden glänzend da, und für die anderen wäre es vor diesem Hintergrund ja wohl auch klar, was sie zu tun und wie sie sich zu verhalten hätten. Dann würden sie schon selbst sehen, wie rasch auch sie diesen paradiesischen Zustand erreichten.

Paradiesischen Zustand? In manchen Ländern der Dritten und Vierten Welt beginnt man uns zu durchschauen und sich und uns zu fragen, ob die Menschen in der Ersten Welt wirklich schon das Paradies auf Erden hätten. Es ist an der Zeit, daß wir vom hohen Roß der nur Dozierenden, der Alleinwissenden herabsteigen und jene Probleme genauso offen darlegen, die wir uns mit dem Systemwechsel eingehandelt haben. Dann sind unsere Gesprächspartner in der Zweiten, Dritten, Vierten Welt durchaus bereit, auf uns zu hören und mit uns zu diskutieren: von gleich zu gleich. Es kommt zum ernsthaften Austausch zwischen Partnern, die beide ihre Probleme haben und die gegenseitig voneinander lernen können. – Ich möchte dies am Beispiel Indiens näher erläutern, so wie ich es dort bei den Aufenthalten 1986 und 1987 erlebte. Zu diesem Zweck habe ich die Abbildungen 56 bis 58 vorbereitet.

4.1. Beispiel indische Gliedstaaten: in ihrer Vielfalt ein «Laboratorium»

Bei der letzten Volkszählung 1981 hatte Indien eine Bevölkerung von 685.2 Millionen Einwohnern, die Bundesrepublik Deutschland gleichzeitig 61.7 Millionen. Flächenmäßig bedeckt Indien 3287590 Quadratkilometer, die Bundesrepublik 248687. Seiner Bevölkerungszahl nach ist Indien somit rund elf, der Fläche nach rund dreizehn Mal größer als die Bundesrepublik. Wo wir uns schon hüten, Ostfriesen, Preußen und Bayern in einem Atemzug zu nennen, geschweige denn von Isländern und Sizilianern als quasi aus-

INDIEN 1981

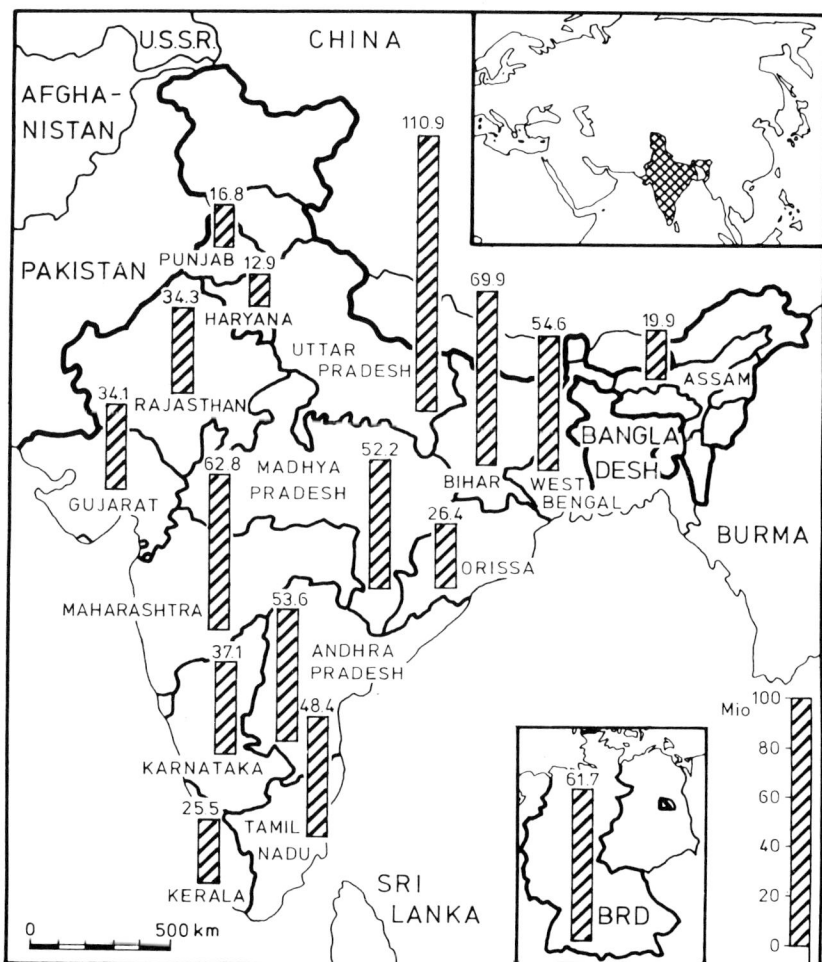

Abb. 56 Die fünfzehn größeren Bundesstaaten Indiens nach Lage und Bevölkerungszahl 1981 im Vergleich zur Bundesrepublik Deutschland im gleichen Jahr.
Quelle: Registrar General and Census Commissioner, India: Census of India 1981, Series 1, India. Paper 2 of 1983: Key Population Statistics based on 5 per Cent Sample Data. New Delhi: Government of India, Ministry of Home Affairs 1983, 5. – Statistisches Jahrbuch 1982 für die Bundesrepublik Deutschland. Stuttgart: Kohlhammer 1982, 29, 38.

tauschbaren «Durchschnitts-Europäern» zu reden, werden wir uns im folgenden auch in Acht zu nehmen haben, etwas über *«Indien»* oder *«die Inder»* auszusagen. Die geographischen, klimatischen, sprachlichen, kulturellen sowie konfessionellen Unterschiede sind auf dem indischen Subkontinent in keiner Weise geringer als bei uns in Europa (vgl. auch nochmals Abb. 11).

Schon ein erster Blick auf die *Abbildung 56* zeigt, daß mehrere unter den fast zwei Dutzend indischen Gliedstaaten flächen- oder/und bevölkerungsmäßig je für sich genommen größer als die gesamte Bundesrepublik sind. Hier wie in den acht Teilgraphiken der Abbildungen 57 und 58 habe ich stets die fünfzehn wichtigsten unter ihnen einzeln berücksichtigt. Insgesamt wiesen diese Gebiete 1981 eine Bevölkerung von 659.4 Millionen auf. Dies entspricht 96.2 Prozent der totalen Einwohnerzahl. Die restlichen sieben Staaten Himachal Pradesh, Jammu & Kashmir, Manipur, Meghalaya, Nagaland, Sikkim und Tripura zählten zusammen 16.1 Millionen, die neun sogenannten Unionsterritorien Andabar & Nicobar Inseln, Arunachal Pradesh, Chandigarh, Dadra & Nagar Haveli, Delhi, Goa & Daman & Diu, Lakshadweep, Mizoram und Pondicherry nochmals 9.7 Millionen.

Wer sich auch nur etwas in die acht Teilkarten der *Abbildungen 57 und 58* mit ihren verschiedenen sozio-demographischen Aussagen vertieft, dem dürfte – trotz Größe und Vielfalt des indischen Subkontinents – bald eine immer wiederkehrende Strukturierung der einzelnen Karten auffallen. Europäer werden sich in diesem Zusammenhang an ihr eigenes «Nord-Süd-Gefälle» erinnern, das sich ebenfalls in manchen Bereichen noch und noch wiederholt: in der Höhe der Lebenserwartung ebenso wie bei der Säuglingssterblichkeit, bei den Kinderzahlen wie den Scheidungsraten, in der konfessionellen Zugehörigkeit wie im Grad der Frauenemanzipation oder der unterschiedlichen Wirtschaftsentwicklung. Auch bei uns gibt es hierfür tiefer liegende durchgehende Ursachen.

Die indischen Gliedstaaten lassen sich ihrerseits zu drei großen überregionalen Einheiten zusammenfassen: einer Region Nord mit Gujarat, Rajasthan, Uttar Pradesh, Madhya Pradesh, Punjab und Haryana; einer Region Süd mit Kerala, Tamil Nadu, Andhra Pradesh, Karnataka und Maharashtra, und einer in bezug auf die meisten Werte dazwischen liegenden Region Ost mit Bihar, West Bengal und Orissa.

Die Region Nord zeichnet sich im allgemeinen durch besonders ungünstige demographische Werte aus: hohe Geburtenraten (57 D), hohe Säuglingssterblichkeit (58 A), niedrige Lebenserwartung (58 D), ein «verkehrtes» Geschlechterverhältnis. Merkwürdigerweise zeigt diese Region – weltweit gesehen einmalig – einen höheren Anteil von Männern an der Gesamtbevölkerung als von Frauen, und zwar schon seit Jahrzehnten (58 C). Die sich in diesen Karten wiederholende Strukturierung ist wohl kaum ein Zufall. Doch wo liegen die Ursachen? Die restlichen Teilgraphiken liefern den Schlüssel zum Verständnis, vor allem dann, wenn wir sie vor dem Hintergrund der ausführlich besprochenen Abbildungen 50 bis 55 sehen. Besonders die Teilgraphik 57 A dürfte uns nun sofort aufhorchen lassen. Dort habe ich die Lesekenntnisse von Frauen in den einzelnen indischen Gliedstaaten zu Beginn der 1980er Jahre eingetragen. Wiederum heben sich vor allem die beiden Extremgruppen deutlich voneinander ab. In der Region Nord sind die Lesekenntnisse durchweg – und zwar wesentlich – geringer als im Süden. Dort wiederum zeigt der südwestlichste Gliedstaat, Kerala, die mit weitem Abstand höchsten Werte. Während 1981 im indischen Durchschnitt nur 26% aller Frauen über 15 Jahren lesen konnten, so waren es in Kerala 71%. Kein einziger unter den übrigen Teilstaaten hatte damals auch nur 40% erreicht. Im Norden gab es sogar eine ganze Reihe, die unter 15% lagen: Rajasthan 12%, Uttar Pradesh 14%, Madhya Pradesh 16% (die exakten Zahlen auch für die anderen Staaten sind im Abbildungsnachweis am Schluß des Buches zusammengestellt).

Wenn in Kerala aber so ungewöhnlich viele Frauen lesen konnten, so mußten sie dies selbstverständlich irgendwo und irgendwann auch gelernt haben. Umgekehrt mußte Frauen, die über nur geringe Lesekenntnisse verfügten, entsprechend mehr Zeit «für anderes» zur Verfügung stehen, fürs Kinderkriegen zum Beispiel. Der Zusammenhang zwischen der Graphik 57 A (Lesekenntnisse von Frauen), 57 B (Anteil von Schulmädchen im Alter von 10–14 Jahren unter allen Mädchen dieses Alters), 57 C (Anteil verheirateter Frauen im Alter von 15–19 Jahren unter allen Frauen dieser Altersgruppe) und 57 D (Geburtenrate je tausend Einwohner) versteht sich deshalb fast von selbst. 1981 besuchte in Indien durchschnittlich jedes dritte 10- bis 14jährige Mädchen die Schule (insgesamt 38%). In Rajasthan waren es jedoch nur 19% und in Madhya Pradesh und Uttar Pradesh auch nur je 25%. Kerala dagegen zeigte damals 84%. Umgekehrt waren in Rajasthan unter den 15- bis 19jährigen Frauen bereits 64% verheiratet, in Madhya Pradesh 63%, in Uttar Pradesh 61% – in Kerala ganze 14%.

Was Wunder, daß vor diesem Hintergrund auch die Geburtenzahlen eklatant voneinander abweichen. 1983 gab es in Rajasthan 40 Neugeborene je tausend Einwohner, in Madhya Pradesh 39, in Uttar Pradesh 38. Am anderen Ende finden wir wiederum Kerala. Dort waren es gleichzeitig 25 Geburten je tausend Einwohner.

Als weitere Teilgraphik fügt sich die Karte 58 A problemlos in das skizzierte Bild ein. Wo nicht nur die Geburtenzahlen niedriger und die Familien kleiner sind, sondern wo gleichzeitig auch die Schulbildung der Mütter unvergleichlich besser ist, da dürfte die Säuglingssterblichkeit erwartungsgemäß erheblich unter dem Durchschnitt liegen. In der Tat weist Kerala wiederum mit Abstand die niedrigsten Werte auf. 1981 verstarben dort 37 Säuglinge je tausend Neugeborene im Verlaufe ihres ersten Lebensjahres. In Rajasthan waren es gleichzeitig 108, in Madhya Pradesh 142 und in Uttar

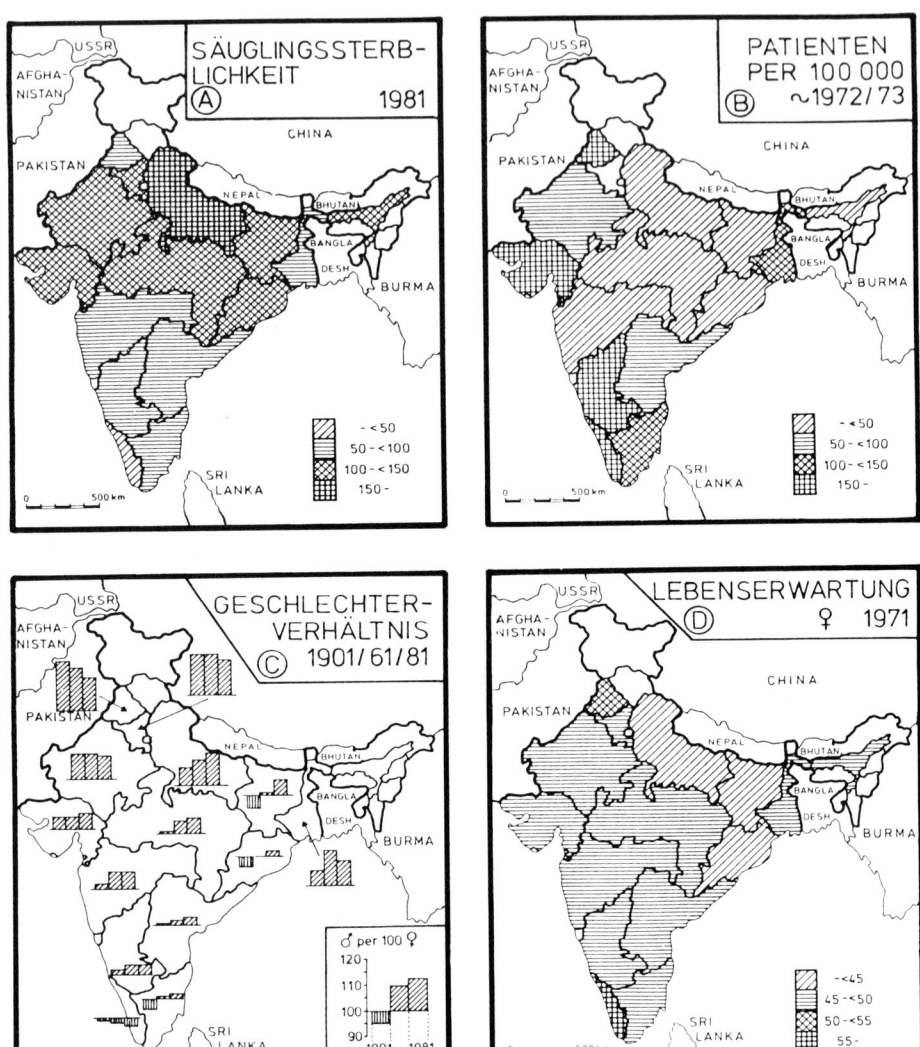

Abb. 57 Testfall Indien: Sozio-demographische Angaben für die fünfzehn größten Bundesstaaten 1981/1983.
(A) Anteil von Frauen über 15 Jahren, die 1981 lesen konnten, in Prozent aller Frauen dieses Alters im jeweiligen Bundesstaat.
(B) Anteil von Mädchen im Alter von 10–14 Jahren, die 1981 eine Schule besuchten, in Prozent aller Mädchen dieser Altersgruppe im jeweiligen Bundesstaat.
(C) Anteil von Frauen im Alter von 15–19 Jahren, die 1981 bereits verheiratet waren, in Prozent aller Frauen dieser Altersgruppe im jeweiligen Bundesstaat.
(D) Anzahl Geborene 1983 je 1000 Einwohner im jeweiligen Bundesstaat.
Quellen: Vgl. das exakte Zahlenmaterial zu (A) bis (D) unter den Abbildungs-Hinweisen am Schluß des Buches.

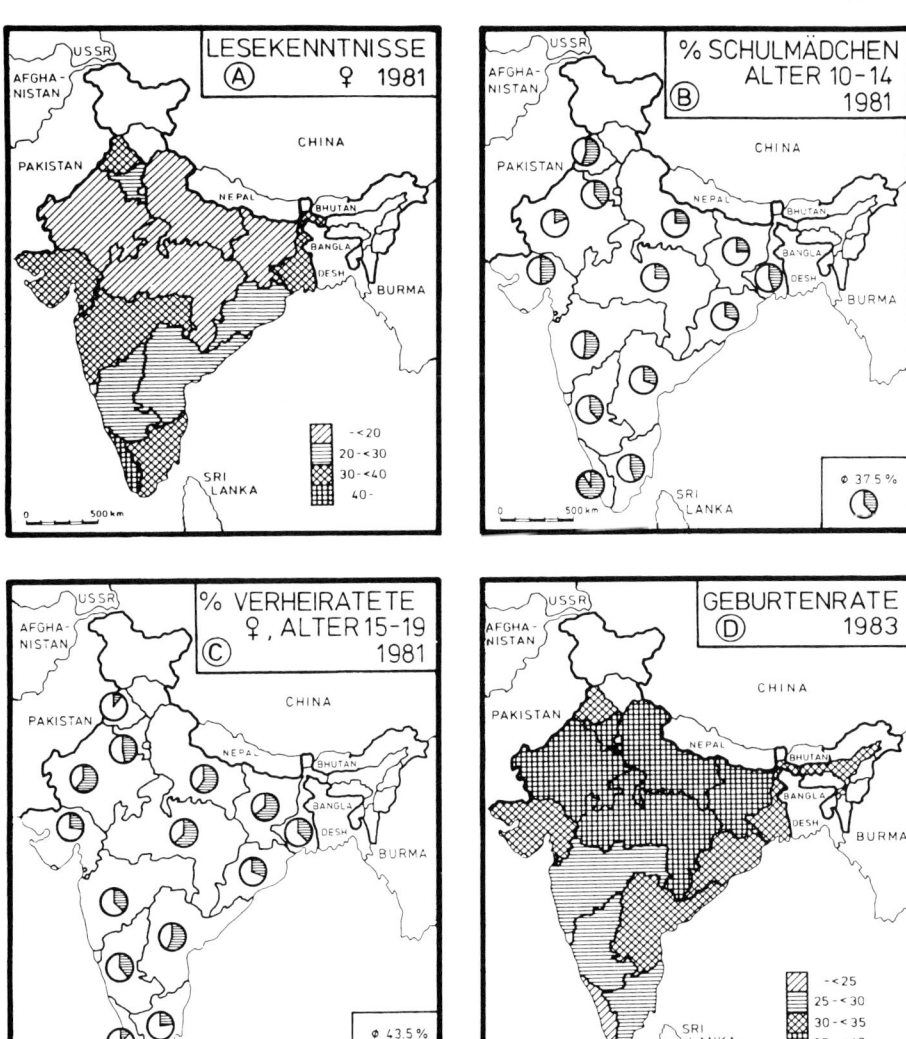

Abb. 58 Testfall Indien: Zusätzliche sozio-demographische Angaben für die fünfzehn größten Bundesstaaten 1901–1981.
 (A) Säuglingssterblichkeit 1981 je 1000 Lebendgeborene im jeweiligen Bundesstaat.
 (B) Anzahl Einwohner, die im jeweiligen Bundesstaat 1972/73 je 100000 Menschen als Patienten behandelt wurden.
 (C) Geschlechter-Verhältnis: Anzahl Männer je 100 Frauen im jeweiligen Bundesstaat in den Jahren 1901, 1961 und 1981.
 (D) Lebenserwartung bei der Geburt in Jahren 1971 für Frauen im jeweiligen Bundesstaat.
 Quellen: Vgl. das exakte Zahlenmaterial zu (A) bis (D) unter den Abbildungs-Hinweisen am Schluß des Buches.

Pradesh gar 150. Welche Ungleichheit vor Leben und Tod schon bei der Geburt und als Säugling, je nachdem, ob ein indisches Kind in Uttar Pradesh oder aber in Kerala zur Welt kommt. Welche Ungleichheit aber auch in höherem Alter! 1971 betrug die «durchschnittliche» Lebenserwartung indischer Frauen 45 Jahre. Wer jedoch in Uttar Pradesh wohnte, hatte acht Jahre weniger zu erwarten, nämlich ganze 37; in Kerala dagegen dreizehn Jahre mehr, also 58 Jahre! Das ist ein Unterschied von mehr als 20 – in Worten: zwanzig – Jahren.

Die Tür zum Verständnis für die zugrunde liegenden Ursachen beginnt sich uns zu öffnen. Selbstverständlich beruht die niedrige Säuglingssterblichkeit in Kerala und die um mehr als zwei Jahrzehnte höhere Lebenserwartung dortiger Frauen keineswegs nur auf irgendwelchen demographischbiologischen Faktoren. Sie spielen zwar eine Rolle, sind aber nicht allein entscheidend. Natürlich wirken sich die größeren Geburtenabstände und die geringere Anzahl Schwangerschaften in Kerala positiv aus. Die Teilgraphik 58 C ist hierfür eine Bestätigung. In Kerala sterben wesentlich weniger Frauen «vorzeitig» als in der Region Nord. Das Geschlechter-Verhältnis ist ausgeglichener. Es entspricht sogar «internationalen Normen». Kerala zeigt in seiner Bevölkerung als einziger indischer Gliedstaat den weltweit «üblichen» Frauenüberschuß. Auf je hundert weibliche Einwohner lebten hier 1901 99 männliche, 1961 98 und 1981 97. In allen anderen Regionen des Subkontinents ist das Verhältnis umgekehrt. In Uttar Pradesh waren es 1901 107 Männer je 100 Frauen, 1961 110, 1981 113. In Madhya Pradesh lauten die Zahlen für dieselben Jahre 101, 105 und 106; in Rajasthan 110, 110 und 109; in Haryana sogar 116, 116 und 114.

Hatten wir nicht oben schon gelernt – sei es nun aufgrund historischer Erfahrungen aus Europa oder aktueller Erkenntnisse aus Ländern der Dritten und Vierten Welt –, daß lesekundigen Frauen vieles aus ihrer allernächsten Umgebung nicht länger ein Buch mit sieben Siegeln ist? Daß sie Zusammenhänge begreifen und Ursachen wissen wollen? Daß sie aktiv(er) werden und selbständig(er) handeln? Wenn dem aber erst einmal so geworden ist, dann braucht auch die Säuglingssterblichkeit nicht länger «gewohnt» hoch zu sein oder es zu bleiben. Wenn Mütter erst einmal etwas über die Ursachen dieser oder jener Kinderkrankheit wissen und die eine oder andere Therapie kennen – weil sie während ihrer Schulausbildung davon gehört haben oder es in einem Leitfaden für Kinderkrankheiten nachlesen können –, werden viele von ihnen ihre Kenntnisse auch einsetzen, werden einen Arzt konsultieren oder ein Krankenhaus aufsuchen. Und sie werden dies auch tun, ohne erst ihren Mann zu fragen oder darauf zu warten, daß ein Bruder oder ein Onkel sie begleitet.

Zu den erwähnten biologisch-demographischen Faktoren gesellt sich somit aktives Handeln, wird die Säuglingssterblichkeit gezielt und bewußt gesenkt. Und nicht nur die Säuglingssterblichkeit! Auch Kinder, und zwar beiderlei Geschlechts, werden von diesen Müttern zum Arzt gebracht. Und sie selbst suchen im Krankheitsfall selbstverständlich ebenfalls medizinischen Beistand. Schon zu Beginn der 1970er Jahre wurden in Kerala jährlich 210 medizinisch behandelte Personen je einhunderttausend Einwohner registriert (vgl. Teilgraphik 58 B). In Rajasthan waren es gleichzeitig 61, in Uttar Pradesh 44 und in Madhya Pradesh ganze 10 (in Worten: zehn (!) Patienten je einhunderttausend Einwohner).

So verständlich all diese Zusammenhänge auch sein mögen und so sehr sie uns nach all dem, was wir aus unserer eigenen Geschichte oder bei Aufenthalten in Entwicklungsländern gelernt haben, auch einleuchten: es bleibt doch die Frage, wieso es in Indien denn ausgerechnet der Gliedstaat Kerala ist, der durchweg am besten abschneidet und weshalb die Region Nord durchweg das Schlußlicht bildet? Bisher haben wir ja eigentlich nichts weiter als eine lange Reihe von Übereinstimmungen festgestellt: geringe Lesekenntnisse von Frauen korrelieren mit einer weitgehend inexistenten Schulausbildung von Mädchen, diese wiederum mit niedrigem weiblichem Heiratsalter und hohen Geburtenzahlen sowie hoher Säuglingssterblichkeit, welche ihrerseits wieder mit einer unterdurchschnittlichen Lebenserwartung für Frauen, einem extremen Männerüberschuß und Patientenzahlen in der Nähe von Null zusammenfallen – und alles ebenso auch umgekehrt.

Damit dürfte zwar belegt worden sein, daß offensichtlich auch in Indien der Teufelskreis beim Kettenglied «Lesekenntnisse von Frauen» beziehungsweise «Schulausbildung für Mädchen» aufgebrochen wurde oder langsam wird. Kerala ist nur ein besonders dramatisches Beispiel hierfür.

Aber auch in Europa war seinerzeit die Ausbreitung allgemeiner Lesekenntnisse und hierbei insbesondere auch der Frauen ab dem 16., 17., 18. Jahrhundert nicht einfach vom Himmel gefallen. Oder es geschah dies (nämlich «vom Himmel») doch nur sehr mittelbar, indem die protestantisch-reformierten Kirchen, wie wir gehört hatten, die Initiative hierzu ergriffen. So wenig es somit bei uns ein Zufall ist, daß wir die niedrigen Säuglingssterblichkeitsziffern und die höheren Lebenserwartungen seit damals – und als Elemente von langer Dauer bis heute – in erster Linie in protestantisch-reformierten Regionen vorfinden, so wenig ist es in Indien ein Zufall, daß Kerala in bezug auf die meisten sozio-demographischen Aspekte das «fortschrittlichste» Gesicht aufweist.

Für manchen Leser mag es vielleicht überraschend sein, wenn ich sage, daß Kerala diesen «fortschrittlichsten» Zustand keineswegs deswegen erreicht hätte, weil es über eine besonders vorteilhafte wirtschaftliche Lage verfügen würde. Im Gegenteil – wie wir gleich hören werden! Doch auch hier lassen sich Parallelen zur europäischen Entwicklung ziehen. Die bei uns am frühesten in ihrer Gesamtheit lesekundigen Bevölkerungen – Schweden um die Mitte des 18. Jahrhunderts zu einhundert Prozent! – waren schließlich ebenfalls nicht die wohlhabendsten. Ähnlich ist es in Indien, wo Kerala ebenfalls zu den ärmeren Gliedstaaten zählt. So betrug 1981–1982 das durchschnittliche Pro-Kopf-Nationalprodukt für ganz Indien 1758 Rupien. Kerala erreichte jedoch bloß 1447 Rupien und schnitt somit ähnlich schlecht ab wie jene Staaten der Region Nord, die wir weiter oben durchweg als Schlußlichter aufgezählt hatten. Andhra Pradesh kam damals auf 1536 Rupien, Rajasthan auf 1441, Uttar Pradesh auf 1313, Madhya Pradesh auf 1241. In den obersten Rängen befanden sich dagegen Staaten wie Gujarat mit 2192 Rupien, Haryana mit 2581 oder Punjab gar mit 3164 Rupien (alle in der Region Nord! Bose 1985, 15). Die Bewohner Keralas sind, man kann es selbst nach indischen Maßstäben nicht anders sagen, arm. Ihre «fortschrittlichsten» Gesichtszüge haben sie somit nicht, weil sie reich sind, sondern obschon sie es *nicht* sind.

Hier liegt nun allerdings auch das Dilemma dieses Gliedstaates. Während westliche Sozialwissenschaftler, Entwicklungshelfer und Demographen Kerala in den letzten Jahren häufig als «Laboratorium» benutzten und überschwänglich über die in ihren Augen günstige Entwicklung berichteten: das heißt über die niedrige Säuglingssterblichkeit, die geringen Geburtenraten, die überdurchschnittlich hohe Lebenserwartung – alles in mehr oder weniger großem Abstand zu den übrigen Gliedstaaten –, so sind die Inder selbst wesentlich zurückhaltender. Lassen wir einen der kompetentesten unter ihnen, Professor Ashish Bose aus Neu Delhi, seines Zeichens Präsident der «Indian Association for the Study of Population», selbst zu Worte kommen. Zwar kann auch er nicht anders, als die ihm selbstverständlich ebenfalls bekannten Fakten für Kerala und hierbei insbesondere den hohen Prozentsatz von Mädchen mit längerer Schulbildung, deren (deshalb) höheres Heiratsalter und deren (deshalb) geringere Geburtenzahlen als «Indikatoren der Hoffnung» zu bezeichnen (Bose 1985, 16). Doch ist er nicht blind für die Kehrseite der Medaille. Sein Blick ist umsichtiger und sein abschließendes Urteil deshalb nicht nur ausgewogener, sondern auch weniger optimistisch und schon gar nicht überschwenglich: «The conclusion that emerges is that from the demographic point of view, Kerala is the most modern State in India. But I do not see much future for Kerala considering the low level of per capita income. Demographic modernisation without money power can only lead to frustration» (Bose 1985, 17). – Wir sollten uns hier daran erinnern, was oben im Zusammenhang mit den Abbildungen 10, 11 und 12 gesagt wurde: die indische (oder australische, lateinamerikanische oder zentralafrikanische) Welt sieht in den Augen der Inder (Australier, Lateinamerikaner, Zentralafrikaner) anders aus, als wenn wir sie durch unsere europäische Brille betrachten.

Die nach «westlicher» Meinung so vorteilhafte Entwicklung in Kerala kann, knapp zusammengefaßt, folgendermaßen erklärt werden, wobei man sich der eingangs erwähnten regionalen Dreiteilung des indischen Subkontinents zu erinnern hat. Wenn man noch großzügiger verfährt, läßt sich sogar von einer Zweiteilung sprechen. Nördlich einer Linie, die grosso modo von Ahmedabad / Surat nach Kalkutta verläuft, ist das durchschnittliche Heiratsalter der Frauen niedriger, ihre Lebenserwartung kürzer, die Geburtenrate höher, die Säuglings- und Kindersterblichkeit – vor allem der Mädchen – größer als südlich davon. Es ist dies auch die Linie, die eine relativ diversifizierte Landwirtschaft im Norden von einer Reisanbau-dominierten im Süden trennt. Agrar-Ökologen weisen nun auf den engen Zusammenhang zwischen beidem hin. Beim Reisanbau spielt ein hoher weiblicher Arbeitseinsatz eine entscheidende Rolle. Er ist größer als irgendwo sonst, sei dies nun in der Getreideproduktion oder sei es in der Weide- und Viehwirtschaft. Mit dem wertvollen Kapital weiblicher Arbeitskraft wird hier verständlicherweise haushälterisch umgegangen. In der Folge ist auch das Ansehen der Frauen höher und ihre Autonomie größer (Bray 1986).

Langfristig gesehen, so meinen Sozialanthropologen, führten die unterschiedlichen Landnutzungsweisen im Norden und im Süden Indiens zu grundlegend voneinander abweichenden Einstellungen in allem, was weibliche Belange betrifft. Damit ist die Rolle der Frauen und Mädchen in Familie und Gesellschaft ebenso gemeint wie ihr Ansehen, ihre Integration oder rigide Sozialdisziplinierung genauso wie das Ausmaß ihrer Autonomie. Lassen wir in diesem Zusammenhang wiederum zwei ausgewiesene Fachleute zu Worte kommen. Dabei werden einander die beiden erwähnten unterschiedlichen Mentalitäten in idealtypischer Weise gegenübergestellt.

In bezug auf den Norden heißt es: «Marriage rules are exogamic; women have no choice in the matter. Sexuality of females is very rigidly controlled. Women are subjected to relatively strong pronatalist pressures. Females are socialized to believe that their own wishes and interests are subordinate to those of the family group; they are therefore more likely to sacrifice their own health in repeated childbearing. They receive relatively little education; parents consider the education of sons a better investment. They are less prepared and able to innovate, since they have less access to new information, e. g. regarding child care, and they are more restricted in their ability to utilize health service, either for themselves or for their children. The main reason for the relatively high sex ratios in the north is higher female mortality. Age-old practices of discrimination against females in access to food and medical care, and female infanticide refer to northwestern India».

Für den Süden dagegen lesen wir: «The ideal marriage is between cross-cousins; the descent group is endogamous. Femal chastity is less rigidly controlled. There is less social restriction on female occupational choice, and greater freedom for women in society. Female autonomy indicates the ability – technical, social, and psychological – to obtain information and to use it as the basis for making decisions about one's private concerns and those of one's intimates» (Dyson-Moore 1983, ihre Hauptargumente der Seiten 43–51 zusammenfassend).

Der Boden war somit seit langem vorbereitet, als im *süd*indischen Kerala zu Beginn unseres Jahrhunderts als erstem Teilgebiet auf dem Subkontinent der kostenlose Primarschulunterricht für *alle*, für Knaben wie Mädchen, eingeführt wurde. Väter und Mütter hatten auf Familienebene von Anfang an ebenso wenig hiergegen einzuwenden wie die Dorfgemeinschaft oder die Gesellschaft. Heute (Zensus von 1981) sind die Lesekenntnisse der Frauen in Kerala nicht nur höher als die von Frauen sonstwo in Indien; sondern sie sind es vor allem auch auf dem Lande. Im Durchschnitt verfügen 71 Prozent aller Kerala-Frauen im Alter von 15 und mehr Jahren über genügend Kenntnisse, um ohne Schwierigkeiten Zeitungen lesen zu können. Auf dem Lande allein sind es 69 Prozent. Der Gliedstaat hat denn auch, was nun nicht länger überrascht, das dichteste Zeitungsnetz Indiens.

Man muß sich diese Zahlen immer wieder vor Augen führen, wenn man mit Verhältnissen in den Staaten der Region Nord vergleicht. In Rajasthan sind es fünf Prozent aller Frauen auf dem Lande, die lesen können, in Madhya Pradesh acht, in Uttar Pradesh neun Prozent, in ganz Indien achtzehn (Census of India 1981, Series-1 India, Paper-2 of 1983, 19). Dieser weibliche Analphabetismus aber sei, so lautet die Quintessenz einer neueren Studie über die Verteilung von Gerechtigkeit und Ungerechtigkeit im heutigen Indien, der eigentliche Hemmschuh in der Entwicklung zu vermehrter weiblicher Autonomie: «It is well known in India that illiteracy remains the greatest barrier to any improvement in the position of women – in employment, health, the enjoyment and exercise of legal and constitutional rights, equal opportunity in education» (Ratcliffe 1983, 76).

Für unsere weiteren Überlegungen bleiben zwei Punkte festzuhalten. Zum einen ist es die Tatsache, daß – wie in Kerala – mit wachsender weiblicher Autonomie aufgrund gleicher Schul- und Berufsausbildung für Frauen wie für Männer selbstverständlich auch deren Chancen zunehmen, ein eigenständiges, und das meint nun erstmals selbst in Indien ein unverheiratetes Leben zu führen, außerhalb von Familie und Clan. In der eben erwähnten «Social-Justice»-Studie heißt es simpel: «The point is that alternatives to child-bearing become a real choice to an educated female» (Ratcliffe 1983, 77). Heute sind in Kerala bereits 39 Prozent aller Frauen im Alter von 15–44 Jahren nicht mehr verheiratet. Im Vergleich lauten die Zahlen für Rajasthan 11 Prozent, für Uttar Pradesh 12 und für Madhya Pradesh 13 Prozent (Census of India 1981, Series-1 India, Paper-2 of 1983, 12).

Zum anderen aber machten die Bewohner von Kerala mittlerweile eine Entdeckung, die wir bei uns bereits vor einigen Generationen ebenfalls gemacht hatten. Obwohl es sich hier wie dort eigentlich um eine Selbstverständlichkeit handelt, kam und kommt sie dennoch überraschend. Wenn die Säuglingssterblichkeit zurückgeht, die Kindersterblichkeit sinkt, die Lebenserwartung steigt, dann nimmt nicht nur die Lebenssicherheit für jedes Individuum zu, das heißt es wird nicht nur der einzelne Mensch älter, sondern gleichzeitig steigt auch das Durchschnittsalter der Gesamtbevölkerung. Ihr Alter erhöht sich sogar noch rascher, als dies beim Individuum der Fall ist, denn hier wirken zwei Faktoren zusammen. Die Gesellschaft altert in dieser Phase nicht nur deshalb, weil immer mehr Menschen immer älter werden. Sondern sie altert ebenso «von unten her», weil nicht mehr so viele Menschen wie früher nachgeboren werden. Haben wir nicht oben davon gehört, daß im Zuge des Rückgangs der Säuglingssterblichkeit auch ein Rückgang der Geburtlichkeit erfolgte? Und haben wir nicht ebenso vernommen, daß im Zuge der wachsenden weiblichen Autonomie weniger Frauen überhaupt noch heiraten und Kinder haben wollen?

All dies kommt uns aus unserer Geschichte höchst bekannt vor. In Indien dagegen, oder genauer gesagt in Kerala, wo sich diese Anzeichen nun erstmals ebenfalls deutlich abzeichnen, ist man von dieser Entwicklung überrascht. Ende der 1970er Jahre stellte man dort konsterniert fest: «Not only is, in 1979, the life expectancy in Kerala the highest in India, but as a result, the proportion of those aged 60 and over in the population is also higher» (Nayar 1985a, 372). Wenn die begonnene Entwicklung weiter anhalte und sich überdies von Kerala wie ein Flächenbrand über den ganzen Subkontinent ausbreite, dann hätte Indien im Jahre 2025 die zweitgrößte Bevölkerung von alten Menschen auf der Welt überhaupt.

Engagierte Sozialwissenschaftler an Ort und Stelle versuchen, den Tatsachen ins Auge zu sehen und die sich abzeichnenden Probleme in den Griff zu bekommen. 1981 gründeten sie in Trivandrum, der Hauptstadt Keralas, ein «Zentrum für Gerontologische Studien», und nach einer mehrjährigen Anlaufphase führten sie im Februar 1985 erstmals eine internationale Tagung über die alternde Bevölkerung Indiens durch. Hören wir genau hin, zu welchen Ergebnissen man dort gelangte, denn die Resultate gehen auch uns durchaus etwas an. So hielt das Schlußprotokoll folgende vier Punkte als vordringlichste Aufgaben fest: «(1) to promote understanding of population aging in India – including the trends, determinants and consequences of population aging and their implications in the demographic, health care, economic, social-psychological and welfare fields; (2) to create a policy-oriented national information base on the different aspects and consequences of population aging in India; (3) to sort out and identify important issues in population aging in India and stimulate studies, discussions, research and action programmes; and (4) to examine the scope and relevance of the study of aging at the University level in India». Gleichzeitig appellierte man an die Zentralregierung in Delhi: «In view of the utter paucity of data on the old in India, the Government of India should immediately initiate a comprehensive study on the problems and needs of the old in cooperation with Universities and research organisations in the country and on multi-disciplinary basis. The strategy for the health care of the old should be preventive and early diagnosis of diseases. Hospitals should be provided with geriatric wards and geriatric medicines and services. Medical curriculum should incorporate syllabi on gerontology and geriatric medicines and services», denn «it is clear that higher proportions and growing numbers of the aging will necessitate fundamental adjustments in economy, in social-psychology, in the field of education for work and leisure, health and medical care of the aged, etc. These adjustments requiring decades to implement must be initiated now» (International Seminar 1985, 60; Nayar 1985b, 1–2).

Wenn ich vor diesem Hintergrund nun dazu aufrufe, daß auch wir nicht kneifen sollten, dann meine ich damit nicht, daß wir jetzt den Indern dauernd gute Ratschläge geben sollten, wie sie die angesprochenen Probleme am besten in den Griff bekämen. Zwar ist richtig, daß die meisten dieser Probleme uns schon länger vertraut sind. Doch haben wir sie deswegen tatsächlich auch im Griff und haben sie gelöst? Haben wir nicht vielmehr noch genügend vor unserer eigenen Tür zu kehren? Auch bei uns gehören Politiker, die letztlich die Entscheidungen treffen, weil sie am Geldhahn sitzen, noch immer selten zu den bestinformierten Leuten. Dies kann doch nichts anderes bedeuten, als daß auch bei uns die Wissenschaft, wenn sie Probleme erkannt und beschrieben hat, ihren Elfenbeinturm verlassen muß, wobei sie sich vor Öffentlichkeitsarbeit und damit verbundenem Engagement nicht fürchten darf.

Mit raschen Ratschlägen an andere sollten wir aber auch deswegen vorsichtig sein, weil manches gutgemeinte Rezept, das bei uns positiv anschlägt, in Indien vielleicht scheitert. Dachten wir zum Beispiel nicht lange Zeit, daß der sicherste Weg zur Eindämmung der Bevölkerungsexplosion in Indien oder anderen Entwicklungs- und Schwellenländern die massive Propaganda von Geburtenverhütung, Sterilisierung, Verteilung von Kondomen und Anti-Baby-Pillen wäre? Und wer an Ort und Stelle noch Zusätzliches tun wolle, der solle darüber hinaus die wirtschaftliche Entwicklung ankurbeln und auf Touren bringen. Als Folge davon würde sich alsbald der Lebensstandard der gesamten Bevölkerung erhöhen. Diese Neureichen aber wären binnen kurzem motiviert genug, um ihren eben erzielten Wohlstand nicht mehr zu gefährden. Um ihn nicht unter vielen Nachkommen aufteilen zu müssen, würden sie dann «selbstverständlich» schon dafür sorgen, daß sie nicht mehr zu viele Kinder bekämen. – Doch dieser Weg erwies sich als Irrweg. Was der Historiker aus der eigenen Geschichte schon lange wußte, bewahrheitete sich im indischen Kerala einmal mehr. Es ist nicht in erster Linie der Reichtum, der die Veränderungen in Gang setzt. Wir können es nur noch einmal wiederholen: der Hebel zur Sprengung der Zirkularkausation setzte in Europa wie in Kerala bei den «Lesekenntnissen», bei «Edukation», bei «Female autonomy» ein. Alte Weltanschauungen wurden obsolet, und das Buch mit sieben Siegeln wurde aufgeschnürt.

Gelingt es dem Historiker, diese Zusammenhänge einsichtig zu machen, dann findet er sich plötzlich als gefragter Redner und Gesprächspartner wieder. Und er kann, wenn er psychologisch und pädagogisch behutsam und geschickt zu Wege geht, diese Position nutzen. Zweifellos sind wir in der Ersten Welt im Rahmen der aufgezeichneten Entwicklung einen Schritt weiter als Indien und selbst als Kerala. So haben wir nicht nur die auf der Konferenz von Trivandrum angesprochenen Probleme bei uns schon länger, sondern wir haben längst neue dazu bekommen. Und es scheint durchaus nicht ausgeschlossen, daß auch Indien auf eben denselben Entwicklungsstand zugeht. Sollten wir uns also nicht mit ihnen zusammensetzen und sie heute schon darauf aufmerksam machen und auf jenen Zustand vorbereiten? Dies aber verlangt, daß wir ihnen unsere gegenwärtigen Probleme nicht verheimlichen, sondern offen darüber reden. Denn unsere Probleme von heute sind ihre Probleme von morgen, und unsere Probleme von morgen die ihren von übermorgen.

Wenn wir jedoch erst einmal vom hohen Roß herabsteigen und ihnen zu verstehen geben, daß auch wir keineswegs in einem Paradiese leben, dann sind sie eher bereit, auf unser Gesprächsangebot einzugehen und uns zuzuhören. Sie verschaffen uns sogar Zugang zu ihren Massenmedien und lassen uns vor ihren großen nationalen Kommissionen und Vereinigungen wie etwa der einflußreichen Indian Association for the Study of Population auftreten (The Statesman, 13.03. 1986, 3; Demography India 15, 1986, 1–25; Indian Journal of Community Medicine 11, 1986, 63–81). Zudem beginnen sie, im Anschluß daran und wie von uns erhofft, selbst darüber zu reflektieren: «It is important for the developing countries to understand what happened in other parts of the world, and to prepare themselves to meet the situation that will arise a few generations hence. So that they do not find themselves confronted with the problems that the developed countries had to tackle» (The Statesman, 13.03. 1986, 3).

Dann aber könnte es auch sein, daß sie nicht länger blauäugig Lösungsversuche anstreben, die zuerst zwar naheliegend scheinen, zudem attraktiv wirken und überdies schön klingen, letztlich jedoch zum Scheitern verurteilt sein dürften, ganz einfach deshalb, weil die Entwicklung über sie hinweggeht und in anderer Richtung verläuft. Auch bei uns hatte man's zuerst auf jene «attraktive» Weise versucht und versucht's zum Teil noch heute. Hier ist der europäische Historiker nicht nur in der Lage, vor einem Trugschluß zu warnen, sondern er sollte es auch tun, und zwar selbst dann, wenn seine Erkenntnisse unbequem sein mögen. Mit «blauäugigen Lösungsversuchen» und mit «Trugschlüssen» meine ich konkret, was in der erwähnten Konferenz von Trivandrum als Hauptempfehlung ausgesprochen wurde: «The family should be the first and most important institution for the care of the old. Appropriate financial and other incentives should be given to the family for keeping and caring their old members. The old should be given meaningful social roles to reduce part of their tension and anxiety on account of status loss. The young should be educated to respect the old through appropriate curriculum aids» (International Seminar 1985, 60).

Denn diese Forderungen könnten sich nur allzu leicht, so wie es bei uns der Fall war und ist, als Wunschträume von illusionären, wenn nicht gar reaktionären Nostalgikern herausstellen. Sollte Indien in der Tat Europa folgen, würde die Entwicklung nämlich genau in der entgegengesetzten Richtung verlaufen: nicht hin zu größerem Ansehen älterer Menschen, sondern zu deren zunehmender Abseitsstellung, nicht hin zu familiärer (Re-) Integration von Alten, sondern zu zunehmendem Einzelgängertum, zur Abnahme der Anzahl Personen pro Haushalt, zur Zunahme von Einpersonen-Haushalten.

Haben wir oben nicht festgestellt, daß Kerala bereits auf dem besten Weg ist, uns diesbezüglich nachzufolgen? Zwei Fünftel aller Frauen im Alter von 15–44 Jahren sind dort nicht verheiratet, wollen unabhängig sein. Aufgrund ihrer gleichwertigen (Aus-) Bildung haben sie tatsächlich auch die Möglichkeit dazu, und sie nehmen sie wahr. Nach oben – in Richtung Eltern oder Großeltern – sind sie noch in eine Familie integriert; nach unten jedoch – partner- und kinderlos wie sie sind – nicht mehr. Selbstverständlich werden sie dies auch dann nicht sein, wenn sie einmal ein Alter von sechzig oder siebzig Jahren erreicht haben. Dann aber dürften ihre Eltern und Großeltern längst gestorben sein. Wie also könnten sich dann Kinder oder andere Familienangehörige um sie kümmern?

Es ist höchste Zeit, daß wir uns wieder bei uns selbst umsehen und über unsere eigene Entwicklung «an vorderster Front» noch intensiver nachdenken, damit wir nicht zu falschen Propheten in Indien werden.

4.2. Beispiel Japan: neue Probleme angesichts der weltweit höchsten Lebenserwartung

«An vorderster Front» stehen allerdings seit wenigen Jahren nicht mehr wir in Europa, sondern stehen die Japaner. Sie können derzeit weltweit mit der längsten Lebensspanne rechnen. Dieser Kapitelteil, der die hieraus erwachsenden neuen Probleme ins Zentrum rückt, ist deshalb so aufgebaut, daß ich zuerst einen Überblick über den gegenwärtigen Stand bei uns gebe und daran anschließend die Entwicklung in Japan diskutiere.

In den *Abbildungen 59 und 60* sehen wir eine Reihe demographischer Angaben für mehrere europäische Länder seit 1960. Sie scheinen alle in dieselbe Richtung zu weisen. So nimmt die Zahl der Ehescheidungen überall zu, während die der Eheschließungen zurückgeht. Die Geburtenzahlen sinken, und die Kinder, die noch zur Welt kommen, werden immer häufiger von ledigen Müttern geboren. Zudem steigt der Anteil von Einpersonen-Haushalten.

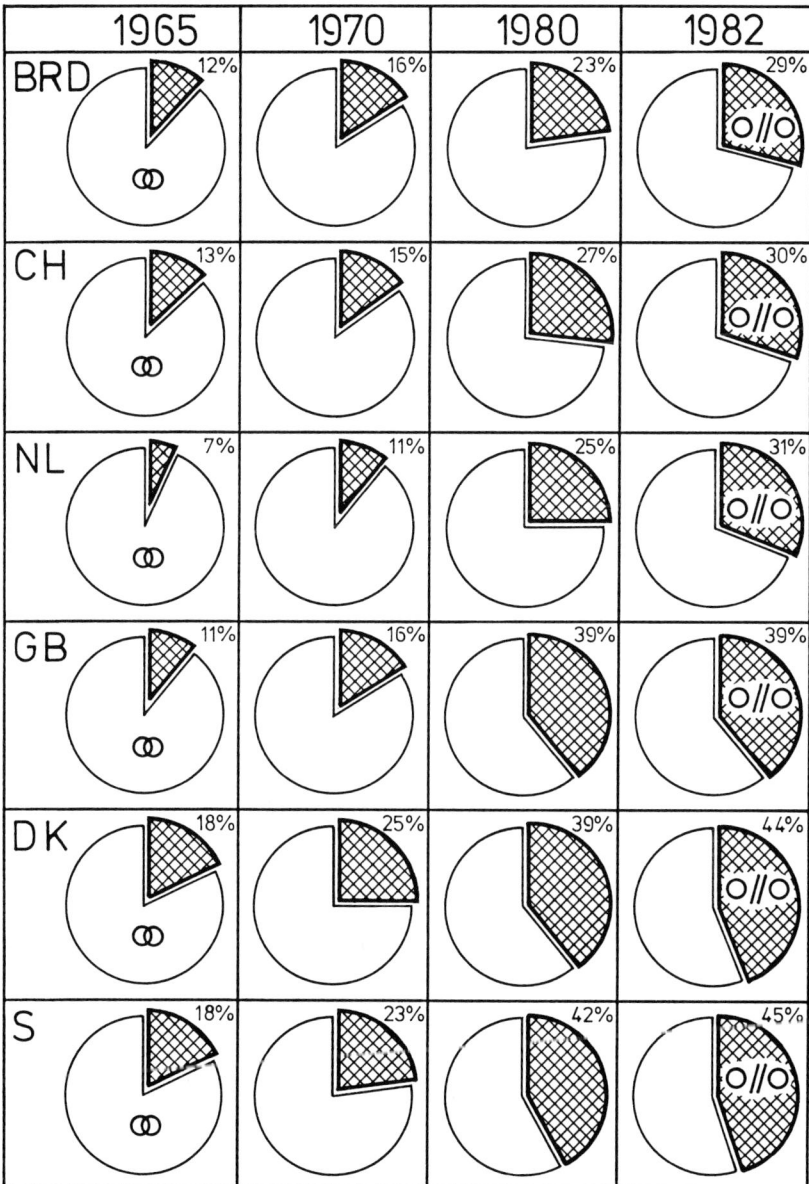

Abb. 59 Anteil Ehescheidungen je 100 geschlossene Ehen in sechs europäischen Ländern 1965–1982. *Von oben nach unten:* Bundesrepublik Deutschland, Schweiz, Niederlande, Großbritannien, Dänemark, Schweden.
Quelle: J.-E. Neury: Die Scheidungen in der Schweiz seit 1967 (= ⟨Schweizerisches⟩ Bundesamt für Statistik: Statistische Hefte, Bereich 1: Bevölkerung). Bern: Bundesamt für Statistik 1985, 15.

Die Phänomene sind nicht «system-immanent». Sie treffen auf kapitalistische Länder Westeuropas genauso zu wie auf sozialistische des Ostens. So
sank die Zahl der Eheschließungen – um nur die beiden deutschen Staaten
miteinander zu vergleichen – in der Bundesrepublik von 521 445 im Jahre
1960 auf 444 510 1970 und 362 408 1980, in der Deutschen Demokratischen Republik von 167 583 1960 auf 130 723 1970 und 124 890 1982. In
ähnlicher Weise nahmen in den gleichen Zeiträumen hüben wie drüben die
Ehescheidungen erheblich zu. In der BRD stiegen die Zahlen von 49 325 auf
76 711 und 96 351, in der DDR von 24 540 auf 27 407 und 49 865. Oder es
kamen 1960 in der Bundesrepublik 968 629 Kinder zur Welt, 1980 noch
620 657. In der DDR waren es 1960 292 985 Geburten, 1980 noch 245 132.
1963 wurden dort 9.4% aller Neugeborenen von ledigen Müttern zur Welt
gebracht, 1970 13.3%, 1981 25.6%. Das ist bereits mehr als ein Viertel. In
Westdeutschland liegen die Illegitimitätsziffern zwar niedriger, doch der
Trend ist derselbe. 1965 waren 4.7% aller Geburten nichtehelich, 1970
5.5%, 1981 7.9%, 1984 9.1%. Was die Haushalte betrifft, bestanden in der
Bundesrepublik 1961 noch 20.6% aus nur einer Person, 1970 bereits
25.1% und 1982 schließlich 31.3%. 1990 werden es nach den Vorausbe-
rechnungen des Statistischen Bundesamts in Wiesbaden rund 34 Prozent
sein. Jeder dritte Haushalt soll dann nur noch eine einzige Person aufweisen.
In größeren Städten wie Hamburg oder Berlin ist der Trend noch ausgeprägter. An der Elbe wurden 1982 40.6% aller Privat-Haushalte von «Singles»
gebildet, an der Spree (West-Berlin) sogar mehr als die Hälfte, nämlich
52.3%.
   Sehen wir uns in weiteren westeuropäischen Ländern um und richten
unser Augenmerk dabei auf die Entwicklung im Bereich der Ehescheidungen, so zeigt sich mit geringen Variationen auch hier stets dasselbe Bild
(Abb. 59). So wurden 1965 in der Bundesrepublik unter 100 Ehen 12 wieder geschieden. 1970 waren es 16, 1980 23 und 1982 29. In der Schweiz
stieg die Zahl im gleichen Zeitraum von 13 auf 30 Prozent, in den Niederlanden von 7 auf 31, in Großbritannien von 11 auf 39, in Dänemark von 18
auf 44 und in Schweden von 18 auf 45.

Abb. 60   Der Trend zum Einzel-Dasein: im Osten wie im Westen.
Oben: Anzahl Eheschließungen und Ehescheidungen in der Bundesrepublik Deutschland
und in der Deutschen Demokratischen Republik 1960–1980/1982.
Mitte: Anteil Geborener in der Deutschen Demokratischen Republik 1963–1983, deren
Mütter nicht verheiratet waren.
Unten: Anzahl Lebendgeborene in der Bundesrepublik Deutschland 1960–1980 sowie
Anteil der Einpersonen-Haushalte unter allen Privat-Haushalten in der Bundesrepublik
Deutschland 1961–1982 und in Hamburg und Berlin (West) 1982.
Quelle: «Historische Demographie». In: Wolfgang Schieder und Volker Sellin (Hrsg.):
Sozialgeschichte in Deutschland. Entwicklungen und Perspektiven im internationalen Zu-
sammenhang. Band II, Göttingen: Vandenhoeck & Ruprecht 1986, 48–49.

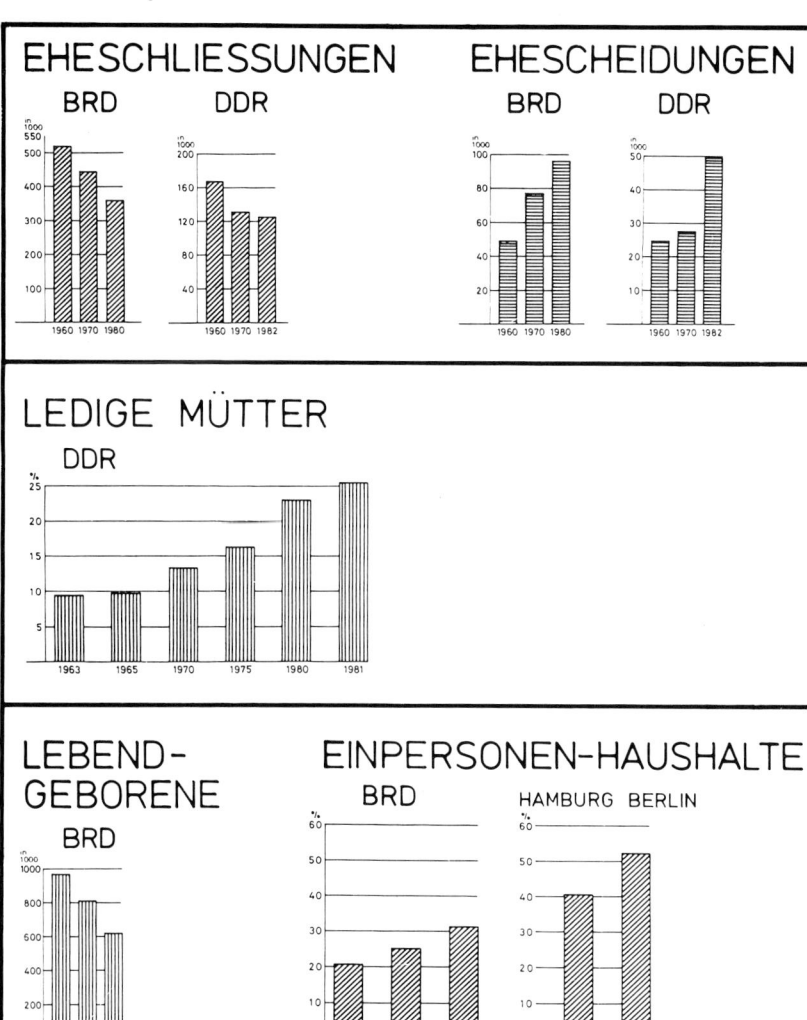

Die Bevölkerungszahlen für die beiden Staaten lauteten gleichzeitig:

Bundesrepublik Deutschland	Deutsche Demokratische Republik
1960: 55 433 000	1960: 17 241 000
1970: 60 651 000	1970: 17 058 000
1980: 61 566 000	
	1982: 16 697 000
(1984: 61 175 000	1984: 16 671 000)

Doch genug der Zahlen und Prozente! Als Historiker habe ich Skrupel, diesem statistischen Feuerwerk allein allzu große Bedeutung beizumessen. Zum einen sind für mich Entwicklungen über zehn, zwanzig, selbst dreißig Jahre relativ kurzfristige Angelegenheiten. Hierbei sich abzeichnende «Entwicklungen» möchte ich eher als Trends bewerten und sie somit auch nicht vorschnell als dauerhaft oder gar unumkehrbar interpretieren.

Zum anderen scheinen verschiedene Unsicherheitsfaktoren mit im Spiel zu sein, die sich verfälschend oder zumindest irreführend auswirken können. So muß etwa im Hinblick auf die Scheidungsziffern mitbedacht werden, daß eine ganze Anzahl der aufgeführten westeuropäischen Länder während des erfaßten Zeitraums ihre Scheidungsgesetzgebung geändert und das meint meist: gelockert hat. Dies war in Dänemark 1970 der Fall, in England und Wales 1971, in den Niederlanden 1972, in Schweden 1974, in Frankreich 1976, in der Bundesrepublik 1977 und in Österreich 1978. Mit Bezug auf die Einpersonen-Haushalte ist sodann gewiß nicht unerheblich daran zu denken, daß hier Befragungen zugrunde liegen. Und wer läßt sich schon gerne in seine privaten Angelegenheiten schauen? Erleben wir nicht in unseren eigenen Tagen, daß ständig weniger Zeitgenossen bereit sind, einem «hergelaufenen Türklopfer» exakte Auskünfte darüber zu erteilen, mit wem sie privat zusammenleben oder auch nicht zusammenleben?

Einpersonen-Haushalte kommen außerdem auf unterschiedliche Weise zustande. Bei der statistisch erfaßten einen Person kann es sich um einen nie zuvor verheirateten jungen oder alten Menschen handeln, ebensogut aber auch um einen geschiedenen, einen getrennt lebenden, einen verwitweten – wobei gerade in Berlin wiederum ältere Kriegerwitwen noch immer eine erhebliche Rolle spielen. Nicht alle Einpersonen-Haushalte sind somit freiwillige Einpersonen-Haushalte, bestehen aus «Happy-go-easy-‹Singles›», aus genußsüchtig nur nach Selbstverwirklichung trachtenden Individualisten, aus Egoisten, Hedonisten, Carpe-Diem-Leichtfüßlern.

Ferner sehen verschiedene Zahlen weniger dramatisch aus, wenn wir sie auf andere Weise ausdrücken, so wenn wir statt der dreißig, vierzig oder fünfzig Prozent Einpersonen-Haushalte die Anteile der hiervon betroffenen Einzel-Personen angeben. Viele Haushalte haben nicht nur zwei oder drei Mitglieder, sondern auch immer noch vier, fünf, sechs oder noch mehr. Im «Durchschnitt» waren es 1982 jedenfalls 2.4. So gab es in der Bundesrepublik damals zwar bereits knapp ein Drittel Einpersonen-Haushalte, aber dies tangierte – bezogen auf die Gesamtbevölkerung – «nur» 13.3% Einzel-Menschen. Immerhin ist dies auch bereits jeder siebte Einwohner, und der Aufwärtstrend scheint ungebrochen.

Über andere «Gegenargumente» nachzudenken lohnt sich ebenfalls, doch sind sie oft weniger stichhaltig. So meinen etwa «Ehen ohne Trauschein» oder «Ehen auf Probe» grundsätzlich nicht dasselbe wie «Ehen mit Trauschein» und «Ehen auf Dauer». Es ist – zumindest juristisch – wesentlich einfacher, von einem Tag auf den anderen wieder auseinanderzugehen, wenn kein legales Verhältnis vorliegt. Auch sind heutige «Wohn-Gemeinschaften» nicht dasselbe wie ehemalige «Haushalts-Gemeinschaften» oder seinerzeitige «(Groß-) Familien-Gemeinschaften». Vielmehr dokumentieren diese neuen Formen des Zusammenlebens gerade umgekehrt das Streben des Einzelnen nach größerer Selbstbestimmung. Sie spiegeln seine Scheu, sich langfristig zu binden und integrieren zu lassen. Gleichzeitig sind sie ein Beleg für die nicht länger im selben Ausmaß wie früher wirksamen gesellschaftlichen und wirtschaftlichen Zwänge zum Zusammenleben und Ausharren in den «schlechten alten Gemeinschaften», sind Konsequenzen des Abbaus sozialer Kontrollen und verwandtschaftlicher Repressionen. Autonomie zwischen gleichberechtigten Partnern mit jeweils eigener Entscheidungsfreiheit wird mittlerweilen weitgehend akzeptiert. Nicht unwesentlich ist hierbei der Umstand, daß es heute für mehr und besser denn je ausgebildete Frauen tatsächlich eine Alternative zur ehemaligen «Nur-Hausfrauen- und Mutterrolle» gibt.

Ich will mich hier nicht weiter auf die ausufernde Debatte einlassen, die seit einem guten Dutzend Jahren vor allem durch die Massenmedien in breitesten Kreisen warmgehalten wird. Wem es bis Mitte der 1970er Jahre in deutschen Landen noch nicht zu Ohren oder zu Augen gekommen sein sollte, wurde spätestens damals durch das Wochenmagazin DER SPIEGEL, Nummer 13 vom 24. März 1975, aufgeschreckt. «Sterben die Deutschen aus?» prangte groß auf der Titelseite. Im Innern folgte ein ausführlicher redaktioneller Artikel zum Thema «Die Kinder wollen keine Kinder mehr» (38–57). Einmal mehr ging es auch dort um die Frage eines sich ausbreitenden genußsüchtigen Egozentrismus: «Zwar mehr Sex, aber kaum noch Folgen?» (Untertitel des Artikels).

Selbst wissenschaftlich hochseriöse Publikationen zieren sich nicht mehr, jenen zugkräftigen Aufhänger in ihrem Titel zu benutzen. Ihnen zufolge scheinen inzwischen mehrere weitere europäische Länder, ja überhaupt ganz Europa «vom Aussterben» bedroht.[27] – Ohne daß ich hier im geringsten die vielfältigen aktuellen und in absehbarer Zeit noch verstärkt auf uns zukommenden Probleme verneinen wollte, die sich aufgrund einer stagnierenden oder rückläufigen Bevölkerung beinahe zwangsläufig ergeben, so ist hier doch nicht der Ort für deren eingehende Diskussion. Sie reichen von «Renten-Finanzierungsproblemen» bis zur «geistigen Vergreisung unserer Gesellschaft», von «leeren Kindergärten» und «arbeitslosen Lehrern» bis zur drohenden «Bevormundung durch Graue Panther».

Für uns sind hier einzig zwei Aspekte wichtig, und nur auf sie will ich im folgenden eingehen und sie vertiefen. Zum einen handelt es sich um den Zusammenhang zwischen dem unvergleichlich viel sicherer gewordenen Leben jedes einzelnen Menschen und seiner gestiegenen Besinnung auf das eigene EGO; zum anderen geht es um die Frage, wie wir uns am besten mit

diesem längeren und sichereren Leben arrangieren. Auch hier können nicht
alle Gesichtspunkte zur Sprache kommen. Erneut liegt mir mehr daran, den
Leser zum Nachdenken anzuregen, als ihm fertige Rezepte anzubieten.

1984 veröffentlichte der Soziologe und Demograph Hans-Joachim Hoffmann-Nowotny in der Neuen Zürcher Zeitung einen prägnannten Artikel, in
dem er sich und die Leser fragte, ob wir «Auf dem Wege zu einer Gesellschaft von Einzelgängern?» seien.[28] Der Beitrag – ganz offensichtlich die
Frucht langen Nachdenkens – schien mir im Hinblick auf meine eigenen
Forschungen zu wichtig, als daß ich darüber einfach hätte zur Tagesordnung zurückkehren können. Ich griff seine Gedanken auf und arrangierte
zwei Jahre später ein Symposium zum Thema: «Die verlängerte Lebenszeit:
Auswirkungen auf unser Zusammenleben, oder: Werden wir ein Volk von
Einzelgängern?». Eingeladen waren Soziologen und Demographen, Statistiker und Genetiker, Mediziner und Theologen, Volkskundler und Historiker, Krankenhausseelsorger und Altenbetreuer. Und sie kamen aus dem
Westen genauso wie aus dem Osten Europas, denn die Ausgangslage war
hüben wie drüben dieselbe.

Als erster wurde Hoffmann-Nowotny ersucht, zu *seinem* Thema zu sprechen. Das erstaunliche Fazit war, daß er nach den mittlerweilen verflossenen
zwei Jahren seine alten Thesen nicht nur weiterhin aufrecht erhielt, sondern
daß er nunmehr kein Fragezeichen mehr dahinter setzte. Er ging sogar noch
einen Schritt weiter und sagte: «Es ist ohne Zweifel *nicht undenkbar,* und
ich meine dies durchaus nicht zynisch, daß die autistische Gesellschaft, in
der ein hohes Maß an Freiheit und Individualität verwirklicht erscheint, den
Höhepunkt und zugleich das *Ende* unserer Geschichte darstellt». Man höre
sich diese logische Konsequenz nochmals genau an, denn Einzelgänger sind
selbstverständlich nicht fruchtbar. Sie geben das Leben nicht weiter.

Für die Leser fasse ich das Ergebnis dieser denkwürdigen Konferenz in der
Abbildung 61 zusammen. Untrennbar hineinverwoben sind dabei allerdings
die Ergebnisse jahrelangen eigenen Forschens und Überlegens, und zwar aus

Abb. 61   Von der unsicheren zur sicheren Lebenszeit – und den Folgen für unser Zusam-
menleben.
Die drei Teilgraphiken links beziehen sich auf Zustände «früher» («1680»), die drei rechts
auf Zustände «heute» («1980»).
Oben: Lebensläufe einzelner Menschen «früher» und «heute». Die Lücken betreffen Men-
schen, die das Erwachsenenalter nicht erreichten (hier mit 25 Jahren als ungefährem
Heiratsalter angegeben).
Mitte: Die seinerzeitige Unsicherheit jeglichen Lebens war auf die permanente tödliche
Bedrohung durch «Pest, Hunger und Krieg» zurückzuführen. Abwehrmaßnahmen ver-
mochten nicht wirksam zu schützen. Die unvergleichlich größere Sicherheit menschlichen
Lebens «heute» beruht auf dem gegenwärtig verhältnismäßig effektiven Schutz gegen
«Pest, Hunger und Krieg».

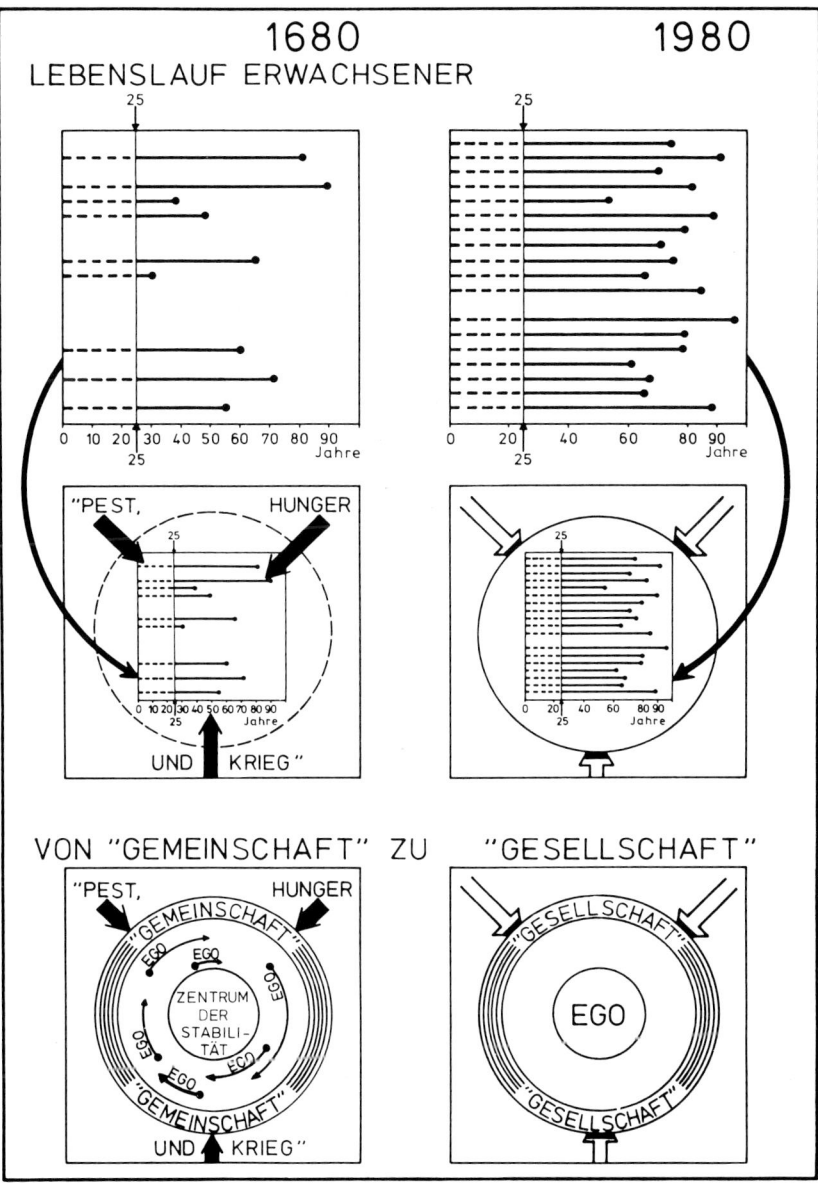

Unten: Um in den «früheren» «Pest-, Hunger- und Krieg«-Zeiten überleben zu können, mußte sich das Individuum in Gemeinschaften integrieren und gemeinschaftlich angestrebten Zielen unterordnen. «Heute» kann das EGO auch außerhalb solcher Gemeinschaften überleben und sich selbst ins Zentrum rücken. Viele EGOs leben in locker geknüpften Gesellschaften zusammen.

Quelle: Nach Figur 2 in: Ethnologia Europaea 17, 1987, 12.

dem Blickwinkel eines Sozialhistorikers der europäischen Neuzeit. Wer so will, kann in dieser Graphik somit auch die Quintessenz des vorliegenden Buches überhaupt sehen, die Plattform, von der aus ich zum gegenwärtigen Zeitpunkt meines Recherchierens und Fundierens argumentiere. Die drei Teilgraphiken links betreffen Zustände «früher», hier mit «1680» überschrieben. Rechts sind es Zustände «heute», etikettiert mit «1980». Von oben nach unten gelesen, halten die drei Doppelbilder folgende Entwicklungen zwischen «früher» und «heute» in summarischer Verdichtung fest:

1. In den beiden Kästchen ganz oben sind jeweils neunzehn individuelle Lebensläufe berücksichtigt. Wenn wir links nur neun Lebenslaufs-Linien erkennen, beruht dies darauf, daß für unsere Überlegungen bloß die Lebensläufe erwachsener Menschen von Belang sind. Säuglinge und Kleinkinder, ja selbst Heranwachsende, haben im allgemeinen noch keine fest umrissenen Lebenspläne, an denen sie langfristig festhalten. Als «Erwachsenen-Grenze» ist hier das 25. Lebensjahr eingesetzt. Es entspricht in etwa dem Heiratsalter. Spätestens dann, so dürfen wir vermuten, machen sich Menschen Gedanken über ihr ferneres Leben. Dieses Erwachsenenalter erreichten «früher» in aller Regel nur etwa die Hälfte aller Geborenen. Die vorher von der Bildfläche Verschwundenen habe ich aus diesem Grunde gleich von Anfang an weggelassen.

«Heute» dagegen fehlt unter neunzehn gleichzeitig Geborenen bloß einer, der sein 25. Altersjahr nicht erreicht. (Von je 100 geborenen Knaben und Mädchen waren in der Bundesrepublik 1982/84 zu diesem Zeitpunkt noch 97 junge Männer und 98 junge Frauen am Leben: Statistisches Jahrbuch 1986, 76). Aber auch während des anschließenden Erwachsenendaseins ist das Leben «heute» unvergleichlich viel sicherer als «früher». Seinerzeit lag das «durchschnittliche Sterbealter» erwachsener Menschen bei etwa 60 Jahren, in unseren Tagen dagegen bei etwa 75 Jahren. Entscheidend ist hierbei, daß sich die Streubreite der Sterbealter außerordentlich stark verengt hat. Wir haben nicht mehr so häufig wie «früher» Menschen im blühendsten Alter zu Grabe zu tragen. Als Erfahrungswert ist uns dies durchaus bewußt, selbst wenn wir individuell daraus noch keine Garantie auf einen Standard-Lebenslauf von 75 Jahren ableiten können. Niemand ist, auch nach der Verengung der Streubreite nicht, «statistischer Durchschnitt». Allerdings sind wir diesem Wert sehr viel näher gekommen, als es unsere Vorfahren jemals waren. Wir können mit relativer Sicherheit mit einem langen Leben von siebzig und mehr Jahren rechnen.

2. (Vgl. hierzu die beiden Mittelfelder): Die seinerzeitige Unsicherheit jeglichen menschlichen Lebens, auch im «besten» Erwachsenenalter, beruhte auf den Auswirkungen der alten Trias «Pest, Hunger und Krieg». Es gab zwar Abwehrmaßnahmen – etwa in Form von Quarantäneverordnungen gegen Pestilenzen, vorsorglicher Getreidemagazinierung gegen Nahrungs-

knappheit nach fehlgeschlagenen Ernten, Festungsbauten und Stadtmauern gegen feindliche Truppen –, aber insgesamt wurde dadurch doch kein wirkungsvoller Schutz für die gesamte Bevölkerung erreicht. Der Schutzschirm war löchrig. Den von außen anstürmenden «Pest, Hunger und Kriegs»-Pfeilen bereitete es im allgemeinen keine größeren Schwierigkeiten, durch den mehr oder weniger dichten Abwehrmantel hindurchzudringen und bis zum Individuum vorzustoßen, mochte es auch erst zwanzig, dreißig oder vierzig Jahre alt sein.

Inzwischen ist der Schutzmantel unvergleichlich viel dichter gewoben und engmaschiger geworden. «Pest, Hunger und Kriegs»-Pfeile haben es heute wesentlich schwerer und brauchen längere Zeit, um das Gewebe zu durchlöchern und ein Individuum bereits in dessen «besten» Jahren heimzusuchen. Diese Feststellung trifft selbst dann zu, wenn die Bedrohungen ihr Gesicht völlig verändert haben und in neuem Gewand daherkommen: statt der Pest als Kreislaufbeschwerden, statt des Hungers als Überernährung, statt des Krieges als Gewalt auf der Straße. Die Pfeile sind stumpf geworden, brechen immer wieder im sozialen Auffangnetz ab, werden von einem effektiven Gesundheitswesen aufgefangen, prallen gegen Vorbeugemaßnahmen, gegen die Auswirkungen öffentlicher und privater Hygiene, vermögen nichts mehr gegen flächendeckende Impfkampagnen, gegen Arbeitszeitbegrenzungen und gewährleistete Ferienwochen auszurichten und tun sich schwer angesichts Birchermüesli-satter Mägen und Jogging-gefitteter Körper.

3. (Vgl. hierzu die beiden untersten Felder): Um trotz ihrer ungesicherten individuellen Lebensläufe zumindest zu einer gewissen Stabilität zu gelangen – ohne die auch sie offensichtlich nicht auskommen konnten –, entwickelten unsere Vorfahren Abwehrsysteme, die wesentlich wirksamer waren als all das, wonach wir eben gefragt haben. Entscheidend war dabei ihre grundlegende Einsicht, daß es wenig Sinn hat, irgend ein EGO – ganz gleich ob das eigene oder ein anderes – ins Zentrum allen Denkens, Handelns und Planens zu rücken und irgendwelche Stabilitäts-Strategien ausgerechnet auf diesen größten Unsicherheitsfaktor auszurichten. Was indes das einzelne Individuum nicht zu garantieren vermochte, das brachte eine Mehrzahl von Individuen, eine Gemeinschaft vieler Personen zustande. Gemeinschaftliche Ziele wurden so den Einzelinteressen übergeordnet. Die Einzelperson stellte sich für die kürzere oder längere Dauer ihres Lebens in deren Dienst und war dafür in dieser Gemeinschaft aufgehoben, so gut oder so schlecht es eben ging. Sie konnte zwar die physische Existenz gegen «Pest, Hunger und Krieg» auch nicht garantieren, aber auf sich selbst gestellt hätte es der Einzelne noch viel weniger geschafft zu überleben. Integration in eine Gemeinschaft war somit überlebensnotwendig. Wir hatten oben eine ganze Anzahl derartiger Gemeinschaften von langer Dauer kennengelernt: die Inselgemeinschaft von Läsö im Kattegat zum Beispiel, die vom 13. Jahrhundert bis heute überlebte, oder die Schweizerische Eidgenossenschaft – eben-

falls vom 13. Jahrhundert bis heute. Oder die Inselrepublik Venedig vom 7. bis zum 18. Jahrhundert beziehungsweise die Mönchs- und Äbtegemein-schaft des Zisterzienserklosters Salem am Bodensee vom 12. bis 19. Jahr-hundert. Es sind dies alles höchst erstaunliche Stabilitäten von langer und sehr langer Dauer, entstanden und durchgehalten trotz Widerwärtigkeiten, trotz «Pest, Hunger und Krieg».

Oder besser gesagt und genauer betrachtet: gerade *wegen* «Pest, Hunger und Krieg»! Sobald deren früher todbringende Pfeile stumpf geworden wa-ren und ständig am geschlossenen Schutzmantel abprallten, benötigte das EGO die alten Gemeinschaften nicht länger zum Überleben. Es konnte und kann das nun auch ohne sie (vgl. ganz unten rechts). Wird den Menschen die Lebenssicherheit indes auch ohne Zwang zur Gemeinschaftsbildung garan-tiert, dann richten sich offensichtlich mehr und mehr von ihnen hierauf ein. Statt sich wie früher Gemeinschaftszielen unterzuordnen, rücken sie ihre eigenen Interessen ins Zentrum. Überspitzt formuliert könnte man sagen: es *schien* nur so, als ob der Mensch jenes soziale Wesen wäre, für das wir ihn während Jahrhunderten so selbstverständlich hielten. Er war bloß dazu gezwungen, solange es anders nicht ging, er anders gar nicht leben, vor allem nicht überleben konnte. Insofern ließen sich die seinerzeitigen «Pest, Hunger und Kriegs»-Zeiten auch als «Zeit der erzwungenen schlechten al-ten Gemeinschaften» charakterisieren.

Fällt der Zwang weg, leben die Menschen gleich sehr viel lockerer zusam-men. Sie gehen nur noch Teilbindungen ein und lösen diese auch wieder, ohne deswegen physischen Schaden zu nehmen. Heutzutage kann ich ohne weiteres als Einzelner durchs Leben gehen (was ich tatsächlich auch tue) und erreiche trotzdem «meine» 75 Jahre, so wie jeder verheiratete oder sonst in einer «Gemeinschaft» lebende Mensch auch.

Die vielen Einzelindividuen bilden in ihrer Gesamtheit nunmehr das, was man als «Gesellschaft» bezeichnet. Wer sich trotzdem noch dazu ent-schließt, längerfristige Gemeinschaftsbindungen einzugehen, wer nach wie vor eine legale Ehe schließt oder die klösterlichen Gelübde ablegt, muß schon ganz besonders hierzu motiviert sein. Heute tut er es aus freien Stük-ken und ohne Überlebenszwang. Der Bestand dieser freiwilligen Gemein-schaften scheint aufgrund solch starker Motivation deshalb auch relativ gesichert. Es sind «gute neue Gemeinschaften», im Gegensatz zu den «schlechten alten Zwangsgemeinschaften».

Daß der Wechsel von der alten Form des allgemeinen Zusammenlebens in «Gemeinschaften» zur neuen in «Gesellschaften» tatsächlich viel mit dem Wandel von der unsicheren zur sicheren Lebenszeit zu tun hat, will ich anhand der folgenden beiden Abbildungen 62 und 63 belegen. Diese bewußt gewählte vorsichtige Formulierung schließt somit in keiner Weise aus, daß es noch zahlreiche weitere Gründe gibt. Hier wie anderswo wende ich mich gegen allzu simple monokausale Erklärungen, auch wenn ich vor dem Hin-

tergrund meiner eigenen Forschungen einen bestimmten Aspekt, nämlich
den historisch-demographischen, ins Zentrum rücke.

In Japan und Deutschland war die Lebenserwartung zu Beginn unseres
Jahrhunderts noch gleichermaßen niedrig (vgl. *Abbildung 62*). Japanische
Männer konnten bei ihrer Geburt 1899/1903 mit 44.0 Lebensjahren rechnen, deutsche 1901/1910 mit 44.8; japanische Frauen damals mit 44.9,
deutsche mit 48.3 Jahren. Heute ist sie in beiden Ländern vergleichbar hoch
– wobei uns allerdings die Japaner auch hier bereits übertreffen. So lag die
Lebenserwartung 1983 für japanische Männer bei 74.2 Jahren, für deutsche
1981/83 bei 70.5, für japanische Frauen bei 79.8, für deutsche bei 77.1
Jahren. Inzwischen ist die Lebenserwartung in Japan sogar die höchste auf
der ganzen Welt. Vorbei sind die Zeiten, als europäische Länder die Rangli-
ste anführten, lange Zeit allen voran die skandinavisch-nordischen. 1984
haben die Japanerinnen erstmals die Schwelle von durchschnittlich 80 Jahren überschritten (80.2 Lebensjahre bei der Geburt, für Männer 74.5 Jahre).

Der Wandel von der unsicheren Lebenszeit zu Beginn unseres Jahrhunderts zur sicheren heute hat sich in den beiden Ländern allerdings in sehr
unterschiedlicher Weise vollzogen. Die Abbildung 62 macht deutlich, daß
der Anstieg der Lebenserwartung in Deutschland zu Beginn des Jahrhunderts sehr rasch vor sich ging, während in Japan bis zum Zweiten Weltkrieg
nur schwache Fortschritte zu verzeichnen waren. So kam es, daß der Abstand in der Lebenserwartung zwischen japanischen und deutschen Männern um die Mitte der 1930er Jahre nicht weniger als dreizehn Jahre betrug
(1935/36 in Japan 46.9, in Deutschland 1932/34 59.9 Jahre; die exakten
Zahlenangaben finden sich in den Anmerkungen zu den Abbildungen am
Schluß des Buches). Nach dem Zweiten Weltkrieg dagegen ging die Auf-
wärtsentwicklung in Japan außerordentlich rasch vor sich, während sie sich
in Deutschland erheblich abschwächte. Zeitweise nahm die Lebenserwartung in Japan damals jährlich um ein volles Lebensjahr zu. Betrug sie für die
Männer 1947 noch 50.1 und für die Frauen 54.0 Jahre, so 1960 65.3 und
70.2 Jahre! Im ebenso kriegsgeschüttelten Deutschland machte der Anstieg
zwischen 1949/51 und 1960/62 dagegen vergleichsweise bescheidene zwei
bis vier Jahre aus. Bei den Männern stieg sie von 64.6 auf 66.9, bei den
Frauen von 68.5 auf 72.4 Jahre. Überblicken wir in der Abbildung 62 unten
somit die gesamte Entwicklung in den beiden Ländern während unseres
Jahrhunderts, so zeigt sich für Japan ein deutlich konkaver, für Deutschland
hingegen ein ebenso markant nach oben gewölbter konvexer Kurvenverlauf.

Noch immer meinen viele bei uns, daß im fernöstlichen Inselstaat das
Kollektiv und nicht wie im Westen das Individuum die maßgebliche Rolle
spiele. Man hält die Japaner nach wie vor oft für ein Volk, das in «Gemeinschaft», konkret in unzähligen kleinen Gemeinschaften zusammenlebe. Dabei könnte es sich um familiäre Gemeinschaften handeln, oder um dörfliche
Gemeinschaften, um universitäre Gemeinschaften, um betriebliche Gemein-

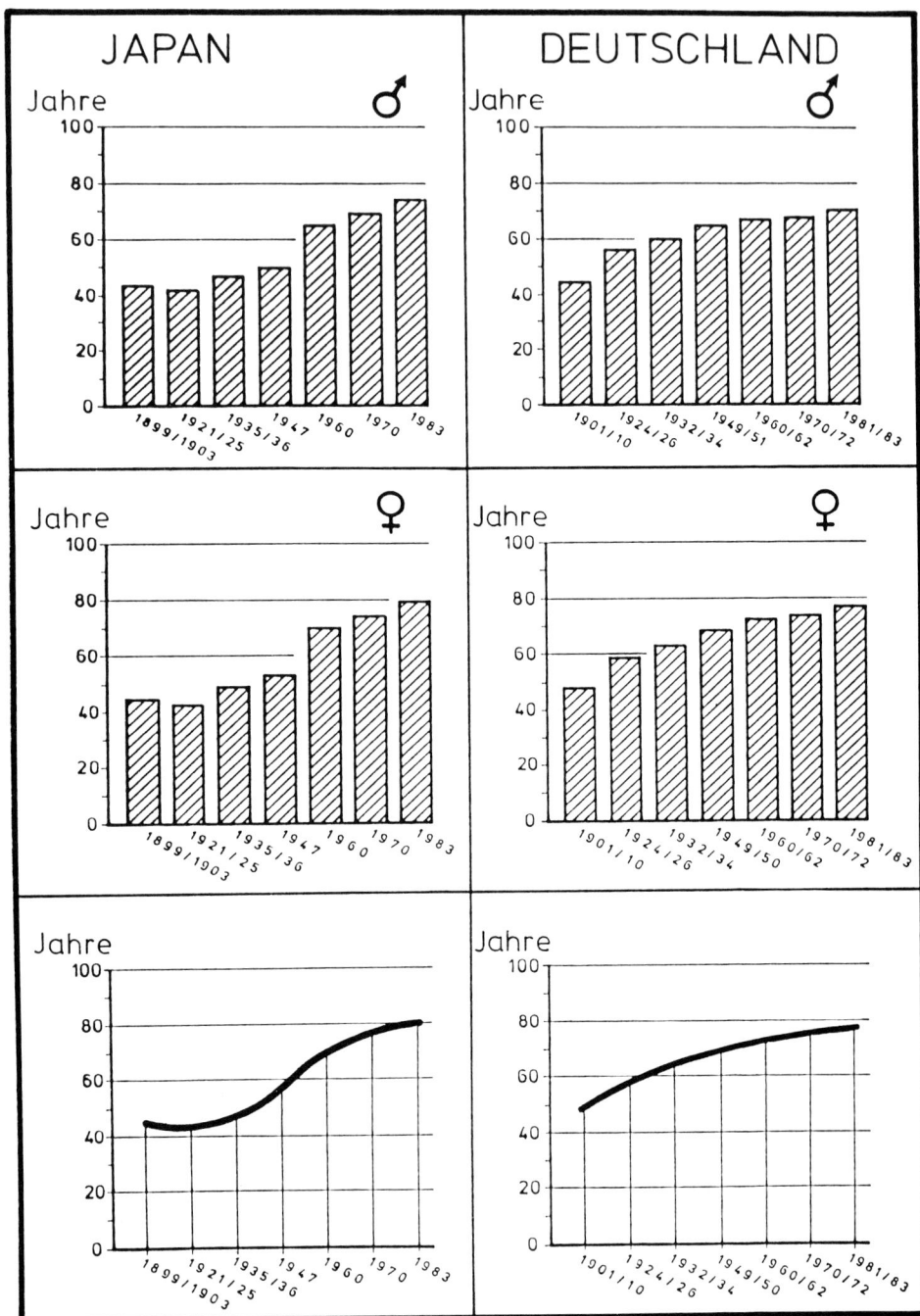

schaften, um Stadtteil-Gemeinschaften. Wer selbst noch nie in Japan war, hält sich in diesem Zusammenhang dann zumindest gern vor Augen, daß er den immer häufiger in Europa auftauchenden Japanern in der Tat selten als Einzelreisenden begegnet. Treten sie nicht allermeist in Gruppen auf? – Als ob die Deutschen, die Schweizer, die Engländer, die Franzosen, die Skandinavier auf anderen Kontinenten nicht in ganz ähnlicher Weise meist ebenfalls nur dann auffallen, wenn auch sie «rudelweise» in Erscheinung treten! Einzelreisende gehen dagegen eher in der Umgebung auf und lenken unsere Aufmerksamkeit kaum auf sich.

Doch selbst wer bei seinem Urteil über das angeblich kollektivistische Japan nicht auf trügerische Eindrücke abstellt, sondern bemüht ist, seine Meinung auf die Analysen japanischer Autoren zu gründen, scheint in der weitverbreiteten Annahme nur noch bestärkt zu werden. Hierbei unterliegt man allerdings einem Trugschluß. Oft dauert es nämlich lange, ja sehr lange, bis selbst bedeutende japanische Werke in eine westliche Sprache übersetzt werden und uns somit zugänglich sind. Japanisch können wohl die wenigsten unter uns. Die Entwicklung auf dem Inselstaat geht in manchen Bereichen jedoch dermaßen rasch vor sich – bezüglich der Computertechnik mögen wir eine Ahnung davon haben –, daß übersetzte Werke schon nach zwei, drei Jahren nicht mehr den am Ort des Geschehens mittlerweile überholten Zustand wiederspiegeln. Wenn die Abstände zwischen japanischer Originalpublikation und englischer, französischer, deutscher Ausgabe noch länger werden, dann interessiert sich fast nur noch der Historiker für diese Arbeiten, weil sie vorzügliche Instrumente für seine *geschichtlichen* Recherchen darstellen. Ich will dies an zwei Beispielen skizzieren (29).

Beim ersten handelt es sich um eine akademische Arbeit aus der Feder der 1926 geborenen Dorf-Soziologin Chie Nakane. Sie ist heute Professorin für Sozial-Anthropologie am Institut für Orientalische Kultur an der Universität Tokyo. Das zweite Beispiel betrifft einen millionenfach verkauften Roman der Schriftstellerin Sawako Ariyoshi (1931–1984). Beide Werke sind inzwischen auch für uns leicht greifbar. Ariyoshis Bestseller liegt seit 1984 in

Abb. 62 Entwicklung der Lebenserwartung in Japan und Deutschland im 20. Jahrhundert.
Oben und Mitte: Durchschnittliche Lebenserwartung bei der Geburt in Jahren für Männer (oben) und Frauen (Mitte), einerseits in Japan von 1899/1903 bis 1983 (links), andererseits in Deutschland von 1901/10 bis 1981/83 (rechts; 1949/1951 – 1981/1983: Bundesrepublik Deutschland).
Unten: Zu Beginn unseres Jahrhunderts war die Lebenserwartung in beiden Ländern ähnlich niedrig; heute ist sie in beiden ähnlich hoch. Während jedoch die Zunahme in Deutschland vor allem in den ersten Jahrzehnten stark anstieg und dann abflachte, erlebte Japan besonders in den Jahren nach dem Zweiten Weltkrieg eine fast explosionsartige Zunahme.
Quelle: Vereinfacht nach Figur 1 in: Leviathan 14, 1986, 366.

englischer Übersetzung vor (The Twilight Years. Tokyo: Kodansha). Nakanes Studie gibt es seit 1985 sogar in einer deutschen Version (Die Struktur
der japanischen Gesellschaft. Frankfurt: Suhrkamp). Diese Publikationsda-
ten mögen beim westlichen Leser den Eindruck erwecken, als würde hier das
gegenwärtige Japan geschildert. Dies trifft indes weder im einen noch im
anderen Fall zu. Ich ziehe beide Arbeiten denn auch bewußt als historische
Quellen heran, und zwar sehr bewußt in einem engen Zusammenhang mit
den Abbildungen 62 und 63.

Das imposante und in Japan selbst sehr einflußreich gewordene Gedan-
kengebäude Nakanes ist rund ein Vierteljahrhundert alt. Sie hatte ihre Feldforschungen auf Dorfebene Ende der 1950er Jahre durchgeführt und die
Ergebnisse ursprünglich in den 60ern zusammengefaßt und publiziert. Was
Nakane in ihrem 1985 nun endlich auf deutsch vorliegenden Buch über die
«japanische Gesellschaft» schildert, sind Analysen von Zuständen, die sich
dort noch bis kurz nach dem Zweiten Weltkrieg hatten halten können.

Als ich die Arbeit erstmals las, schien es mir, als hätte ich ein «Déjà-vu-
Erlebnis» nach dem anderen. Die japanische Gesellschaft war genauso wie
die deutsche – oder allgemeiner die europäische – während Jahrhunderten
durch die Trias «Pest, Hunger und Krieg» geprägt und jedes einzelne Menschenleben genauso ungesichert wie bei uns. Dementsprechend waren auch
in Japan Überlebens-Strategien entwickelt worden, die es erlaubten, trotz
allen physischen Unsicherheiten zu einer gewissen gesellschaftserhaltenden
Stabilität zu gelangen.

Dies ist es, was Nakane in ihrer «Struktur der japanischen Gesellschaft»
beschreibt. Selbst dann, wenn sie von städtischen Gruppenbildungen in Fir-
men, Verwaltungen und Hochschulen spricht, kommt sie immer wieder auf
die ursprüngliche dörfliche Gemeinschaft zurück, so wie sie diese noch in
den 1950er Jahren dort vorgefunden hat: «Eine solche, auf der gemeinsamen Arbeitsstelle beruhende Gruppe hat eine ganz ähnliche Funktion wie
ein mura, die traditionelle ländliche Dorfgemeinschaft. Ein eng geknüpftes
Netz gemeinschaftlichen Tuns bietet den Menschen Sicherheit. Dafür müssen sie sich jedoch stets den Forderungen der Gruppe unterordnen und die
Meinung der Gruppe akzeptieren. ... Innerhalb der eigenen Gruppe ist man
sicher, aber diese Sicherheit geht auf Kosten der Autonomie des einzelnen»
(Nakane 1985, 165).

Sehen wir uns noch ein paar weitere Zitate an, die wir ebenso gut zur
Charakterisierung der «Gemeinschaften» unserer eigenen Vorfahren anwenden könnten. Da heißt es bei Nakane: «Macht und Einfluß der Gruppe
wirken sich nicht nur auf Handlungen des einzelnen aus und gehen in sie
ein, sondern verändern sogar seine Vorstellungen und seine Denkweise. Die
Selbstbestimmung des einzelnen wird auf ein Mindestmaß reduziert. Wenn
dies geschieht, kann man nicht mehr feststellen, wo das Gruppendasein oder
das öffentliche Leben endet und das Privatleben beginnt. ... (Sie) fühlen sich

in diesem totalen Gruppengefühl sicherer» (a.a.O., 23–24). An anderer Stelle lesen wir: «Die soziale Organisation, die dazu führt, daß der einzelne so tief in ein Netz persönlicher Beziehungen eingebunden ist, begrenzt zugleich deren Feld. Er ist gut informiert über seine Gruppe und Institution ..., aber seine Aktivitäten und sein Interesse reichen nur selten über diese Welt hinaus» (a.a.O., 176), oder schließlich: «Die hauptsächlich in der japanischen Sozialstruktur wurzelnde Neigung, sich nach außen abzukapseln, kommt auf diese Weise den emotionalen Bedürfnissen des einzelnen entgegen, der innerhalb der Gruppe Sicherheit sucht, und bietet ihm einen Ausgleich für mangelnde individuelle Autonomie» (a.a.O., 181).

Doch diese Zeiten sind nun auch im fernen Inselstaat Japan vorbei. Man lebt dort nicht nur nicht länger wie in den 1950er und 60er Jahren, sondern die jahrhundertealten unsicheren Zeiten sind inzwischen genauso wie bei uns längst durch sichere abgelöst worden. Längst? Wir werden gleich näher darauf eingehen, denn in Japan läßt sich der Wandel und dessen fulminante Auswirkungen wie nirgendwo sonst auf der Welt einkreisen, fassen, studieren. Zeitlich stimmt er mit jenen bereits oben erwähnten Jahren überein, als die Lebenserwartung im Verlaufe von anderthalb Jahrzehnten um ebenso viele Jahre zunahm (1947/1960, bei den Männern von 50.1 auf 65.3, bei den Frauen von 54.0 auf 70.2 Lebensjahre).

Leser, die sich aufgrund der deutschen Nakane-Version auf einen Japanbesuch vorbereiten, müssen sich darüber im klaren sein, daß in diesem Buch ein Stück *historischen* Japans vermittelt wird. Es stimmt nicht länger, daß die Analyse «das gegenwärtige soziale Leben in Japan» beschreibt (Nakane 1985, 7). Das ist zwar eine korrekte Übersetzung der entsprechenden Passage im Original, doch wurde das Original um Jahrzehnte früher verfaßt. Zutreffender für die heutige Situation sind vielmehr Studien, die von der nächsten Generation japanischer Soziologen stammen. In ihnen wird nunmehr genauso eine zunehmende «Individualisierung» in Japan festgestellt, und zwar aus eben denselben Gründen wie bei uns! So lautet die Quintessenz einer neueren Arbeit über die zunehmenden und in wachsendem Ausmaß von Frauen beantragten Scheidungen in Japan aus der Feder von Fumie Kumagai, Professorin für Soziologie an der International University of Japan in Niigata: «It may no longer be a virtue for a Japanese woman to submit quietly to the authority figure in the family at the expense of her personal happiness» (Kumagai 1983, 105).

Man horcht auf! Stoßen wir nicht auf ganz ähnliche Formulierungen auch bei europäischen Soziologen, wenn sie die analogen Phänomene bei uns begründen? So heißt es beim Zürcher Sozialwissenschaftler François Höpflinger: «Vor allem junge Frauen erwarten von einer nicht-ehelichen Lebensgemeinschaft mehr Selbstverwirklichung und Partnerschaft als von der üblichen Ehe» (Höpflinger 1986, 26, 2, 162). Er sagt dies zwar in bezug auf die Schweiz, doch weist er selbst darauf hin, daß «die demographische

Entwicklung der Schweiz nur ein Illustrationsbeispiel für Entwicklungen ist, die in anderen hochentwickelten Ländern sehr ähnlich verlaufen» (a. a. O., 2, 162). – Die Schweiz / Europa / Japan: austauschbar! Der extrem rasche Wandel von der unsicheren zur sicheren Lebenszeit in Japan am Ende der 1940er sowie in den 1950er und 60er Jahren kam dort für viele wie ein Schock. Dieser Umstand scheint einer der Hauptgründe des sensationellen Erfolgs von Sawako Ariyoshis 1972 veröffentlichtem Roman ‹Kokotsu no hito› gewesen zu sein. Binnen eines einzigen Jahres wurde über eine Million Exemplare verkauft; inzwischen sind es zwei. Das Buch behandelt nicht nur die damals für viele japanische Familien völlig neuartigen Auswirkungen der sprunghaft gestiegenen Lebenserwartung beziehungsweise des Sterbealters, sondern es bringt ebenso konkrete wie offensichtlich einleuchtende und praktikable Lösungsvorschläge.

Die Geschichte ist rasch erzählt. Die Familie Tachibana lebt am Rande Tokios in einem bescheidenen Einfamilienhaus. Ehemann Nabutoshi ist Angestellter in einer Handelsfirma. Seine Ehefrau Akiko arbeitet ganztägig als Sekretärin in einer Anwaltspraxis. Beide sind in ihren «besten Jahren», das heißt im mittleren Alter. Sie haben einen einzigen Sohn. Er heißt Satoshi und bereitet sich intensiv auf das für seine spätere Karriere entscheidende Eintrittsexamen in die Höhere Schule vor. Auf dem zum Haus gehörigen Gartengrundstück leben Nabutoshis Eltern in einem eigens für sie errichteten Häuschen. Der Vater Shigezo ist 84, die Mutter zehn Jahre jünger. Völlig unerwartet stirbt sie an einem Schlaganfall. Erst jetzt wird allen deutlich, wie senil Shigezo geworden ist. Er kann nicht mehr allein für sich sorgen, sondern braucht permanente Betreuung. Das Drama kann beginnen.

Gemäß japanischer Tradition ist es die Aufgabe des ältesten Sohnes, seinen Vater bei sich aufzunehmen, und Aufgabe der Schwiegertochter, ihn zu betreuen. Doch Akiko hängt an ihrem Beruf und weigert sich, zu Hause zu bleiben. Da Shigezo wiederholt wegläuft, findet sich keines der sowieso seltenen Alters- oder Pflegeheime bereit, ihn aufzunehmen. Einzige Alternative wäre die permanente Unterbringung in einer Irrenanstalt – ein für Japaner unakzeptierbarer Gedanke. Schließlich zeichnet sich eine Lösung insofern ab, als Akiko ihren Beruf nur noch an drei Tagen in der Woche ausübt und die restlichen vier nach ihrem Schwiegervater sieht, während ein Studentenehepaar, das die leere Gartenwohnung bezieht, an drei Tagen die Betreuung Shigezos übernimmt.

Die Hauptabsicht der Verfasserin mochte ursprünglich gewesen sein, das Dilemma einer berufstätigen japanischen Frau zu schildern, die in Konflikt mit traditionellen Anforderungen der Altersbetreuung geraten war. Zwar stand Japan Ende der 60er, Anfang der 70er Jahre noch am Anfang des Alters-Booms, doch mußten sich damals bereits Zehntausende japanischer Frauen mittleren Alters in einer ähnlichen Situation wie Akiko befunden haben. Sie dürften einen wesentlichen Teil der unerwartet großen Leser-

schaft gebildet haben. Zugleich aber bemühte sich die Autorin um ganz
praktische Aufklärung, damals offensichtlich ein Bedürfnis in sehr weiten
Kreisen einer überraschten Nation. So finden sich detaillierte Hinweise auf
den konkreten Verlauf zunehmender Senilität im Alter, über die polizeiliche
Mithilfe bei der Suche weggelaufener und umherirrender alter Leute oder
auch darüber, daß Apotheken und Drogerien nicht nur Windeln für Säuglinge führen, sondern auch für alte inkontinent gewordene Greise vorrätig
haben.

Man mag die pädagogisch-didaktischen Absichten der Verfasserin durchschauen und entweder bewundern, wie sie langwierig-schmerzhafte Lern-
prozesse bei den Tachibanas höchst subtil von Stufe zu Stufe schildert, oder
dies als Schönfärberei abtun. Immerhin ist beeindruckend zu verfolgen, wie
Satoshi vom entsetzten Aufschrei zu Beginn des Dramas: «Vater, Mutter!
Bitte lebt nicht so lange wie dieser Opa!» (Ariyoshi 1984, 132) schließlich
dazu kommt, am Sterbelager des alten Mannes zu meinen: «Ich hätte mir
gewünscht, daß Großvater ein bißchen länger unter uns geblieben wäre»
(a.a.O., 216; beides in meiner Übersetzung).

Noch eindringlicher und deshalb wohl noch ergreifender und nachvoll-
ziehbarer ist der Wandel und das sukzessive Einlenken der hauptleidtragen-
den Akiko dargestellt. (Um nicht zu verfälschen, gebe ich ab hier Ariyoshis
Ausführungen im englischen Original wieder.) Anfänglich sträubt sie sich
mit Händen und Füßen gegen jede Pflegetätigkeit und nennt das Ansinnen,
ihren Arbeitsplatz aufzugeben, «totally unacceptable» (a.a.O., 70). Doch
bald beginnt es in ihr zu nagen: «She might be troubled at this moment
about Shigezo, but was there any guarantee that she herself would not suffer
the same sad fate thirty of forty years hence?» (71). Dann wieder schwankt
sie und will fast resignieren: «Things would be infinitely easier for her if
Shigezo died! She no longer felt guilty about her secret thought» (110).
Doch schließlich ringt sie sich dazu durch und «vowed to prolong his life for
as long as she possibly could, knowing in her heart that she was the only in
the family who was able to do so» (187). Was hier somit insgesamt dargestellt wird, ist ein perfektes Lernen durch Erleben, einmündend in das, was
die Japaner wohl als «the philosophy of resignation» bezeichnen.

Für uns ist hier von Bedeutung, daß dieser Roman im Zusammenhang mit
den Schock-Auswirkungen einer außerordentlich raschen Lebenserwar-
tungs-Zunahme in Japan entstanden und von Hunderttausenden ratloser
Inselbewohner wie ein Leitfaden gelesen wurde. Sie waren mit dem traditionellen Erfahrungswert aufgewachsen, daß ein Menschenleben durchschnittlich 50, 55 Jahre währt. Von einer Generation zur anderen stimmte das
jedoch nicht länger. Hinzu kam, daß nicht nur die Lebenserwartung sprunghaft angestiegen war, sondern daß im Zusammenhang damit ein ebenso
rascher Wandel vom alten zum neuen Sterbeprozeß stattgefunden hatte:
weg von den ehedem rasch tötenden Infektionskrankheiten und hin zu dege-

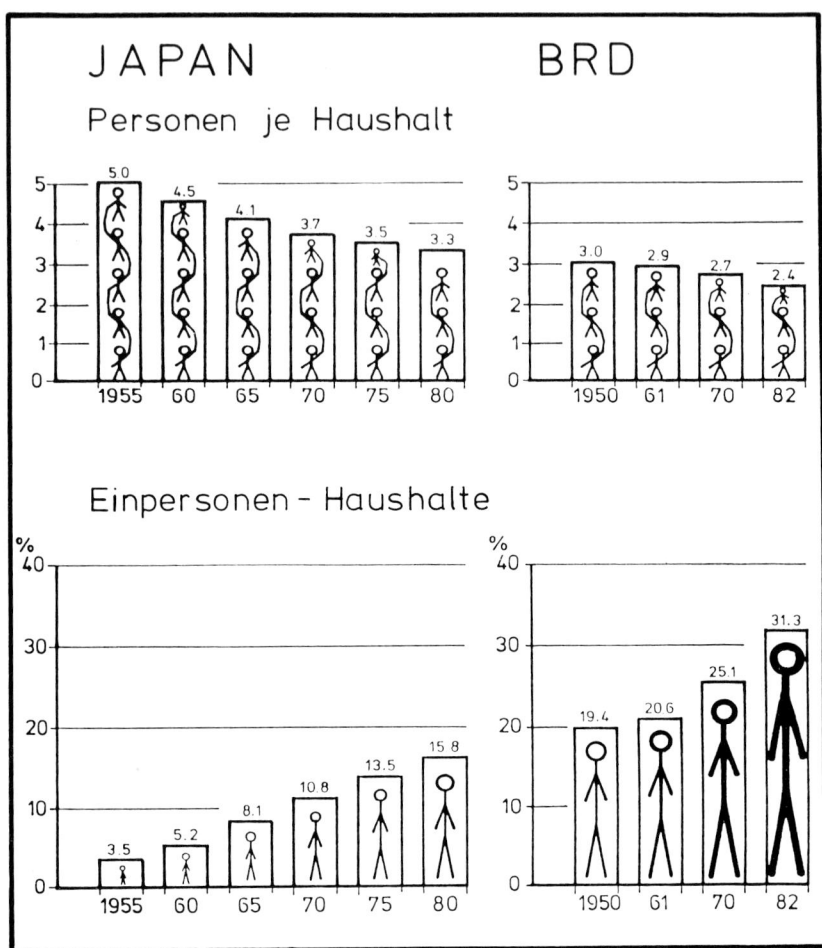

Abb. 63   Schrumpfende Haushaltsgrößen und Anstieg der Einpersonen-Haushalte in Japan und in der Bundesrepublik Deutschland nach dem Zweiten Weltkrieg.
Folgen uns die Japaner – mit einem Zeitverzug von etwa dreißig Jahren – in unserer Entwicklung zur einer Gesellschaft von Einzelgängern?
Quelle: Vereinfacht nach Figur 4 in: Leviathan 14, 1986, 381.

nerativ-chronischen Leiden, zu Senilität und langer Abhängigkeit von Fremdbetreuung.

Wohl haben in Japan durch den inzwischen erfolgten weiteren Anstieg der Lebenserwartung manche der damals schockierenden Auswirkungen etwas von ihrem anfänglichen Schrecken verloren. So ist etwa die Senilität als Todesursache von 5.5% 1970 auf 4.4% 1980 und 4.0% 1983 zurückgegangen. Dennoch bleibt natürlich vieles von dem, was Ariyoshi schon 1972 an tiefschürfenden lebensphilosophischen Fragen aufgeworfen hat, auch heute noch und wohl auch in absehbarer Zukunft sehr bedenkenswert. Mit der allmählichen Annäherung der ökologischen an die physiologische Lebenserwartung in Japan bleiben dort ältere und vor allem alte und sehr alte Menschen körperlich und geistig länger gesünder. Die Schwelle zwischen relativ harmlosen Altersunpäßlichkeiten und massiven chronischen Altersbeschwerden und Altersleiden steigt höher und höher. Die Frage drängt sich in den Vordergrund, was mehr und mehr *gesunde* alte Menschen mit ihren zusätzlichen Lebensjahren anfangen. Ariyoshis Lektion, ausgedrückt durch den Mund ihrer Heldin Akiko, ist eindeutig und richtet sich an jeden von uns: «Akiko resolved to keep both her mind and body active. She would cultivate various interests to keep her busy in her old age. Growing old should not be someone else's problem» (185). Als sie das sagte, schwebte ihr der greise Shigezo als abschreckendes Beispiel noch vor Augen. Er hatte so lange leben dürfen und doch viele der zusätzlichen Tage bloß vergeudet! An seinem Totenlager fragte sich Akiko immer wieder: «What did he live for all his life?» (185). Ein vernichtendes Urteil!

Ariyoshis Quintessenz «Growing old should not be someone else's problem» («Mein Altern soll nicht anderen zum Problem werden») nimmt sich im nachhinein wie das Testament der 1984 mit nur 53 Jahren verstorbenen Romanautorin aus. Die seit 1972 erfolgte Entwicklung macht ihr damaliges Postulat nur noch brennender und aktueller. Am Beispiel der rasch zunehmenden Zahl von Einpersonen-Haushalten in Japan läßt sich leicht nachweisen (vgl. *Abbildung 63*), daß der rasche Wandel von der unsicheren zur sicheren Lebenszeit dort dieselben Folgen bezüglich des Zusammenlebens hat wie bei uns. Mit einer beinahe unglaublichen Geschwindigkeit holt uns der fernöstliche Staat ein. Zur Zeit beträgt der Abstand zwischen dort und hier noch etwa dreißig Jahre. 1955 lebten in Japan durchschnittlich fünf Personen in einem Haushalt, 1980 3.3. 1955 gab es 3.5 Prozent Einpersonen-Haushalte, 1980 15.8. Der Abwärtstrend im ersten und der Aufwärtstrend im zweiten Fall scheinen ungebrochen. Bei beiden Werten stand Japan 1980 somit etwa dort, wo sich die Bundesrepublik dreißig Jahre zuvor befand. Und es ist – bei aller gebotenen Vorsicht mit Extrapolationen – unschwer vorherzusehen, daß der Inselstaat im Jahre 2000 oder kurz danach etwa dort angelangt sein wird, wo wir uns heute befinden.

Vor diesem Hintergrund sollten wir es vielleicht weniger nur als «große Ehre» auffassen, wenn uns finanzstarke japanische Privat-Universitäten oder staatlich geförderte Forschungsinstitutionen immer wieder zu mehrwöchigen Gastaufenthalten ins ferne Land einladen. An Ort und Stelle zeigt sich nämlich sehr bald, daß unsere Gastgeber ein sehr handfestes Interesse daran haben zu erfahren, wie wir denn dieselben Probleme – mit denen wir

bei uns in ähnlicher Weise doch schon sehr viel länger konfrontiert sind –
angepackt, gelöst, bewältigt haben.

Das erste stimmt, denn der Altersboom traf uns in der Tat bereits im ersten
Viertel unseres Jahrhunderts (vgl. nochmals Abb. 61). Haben wir deswegen
jedoch auch den zweiten Schritt getan? Bei der Antwort überkommen uns
denn doch große Zweifel. Man kann sich auch unumwundener ausdrücken,
so wie es etwa der bereits erwähnte Zürcher Sozialwissenschaftler Höpflinger
vor kurzem getan hat. Mit Blick auf die Schweiz, ja Europa insgesamt, meint
er: «Es scheint, dass die Gesellschaft die erreichte Langlebigkeit noch nicht
voll bewältigt hat» (1986, 145). Da stehen wir denn in Japan, stehen mit fast
leeren Händen da und kommen uns den Gastgebern gegenüber sehr klein vor.
Sie wollen händeringend von unseren Erfahrungen lernen und profitieren,
und wir können ihnen – abgesehen von einer Reihe technisch-administrativer
Details wie dem Rat, mehr Altersheime zu bauen, mehr geriatrische Abteilun-
gen einzurichten, mehr Seniorentreffpunkte zu organisieren, mehr Betriebsamkeit für noch rüstige Alte anzubieten – recht wenig geben. Auf all das, was
eben erwähnt wurde, kommen sie schließlich auch ohne uns, denn im bloßen
Rechnen und Organisieren stehen uns die Japaner keineswegs nach. Was sie
vielmehr von uns wissen möchten ist, ob wir inzwischen gelernt haben, mit
den vielen zusätzlichen Jahren etwas Sinnvolles anzufangen, und zwar in
einer Gesellschaft, die sich offensichtlich hier wie dort zunehmend auf ein
Einzelgängertum hin entwickelt.

Plötzlich fühlen wir uns in die Defensive gedrängt. Es scheint, als hätten
wir ein halbes Jahrhundert mit der Lösung technischer Details vertan. Gewiß ist dabei nicht wenig herausgekommen, und ich will die Resultate in
keiner Weise herabwürdigen. Es ist schließlich schon viel, daß praktisch alle
alten Menschen, sofern sie es möchten oder brauchen, bei uns Aussichten
haben, sowohl einen Altersheimplatz wie ein warmes Zimmer zu erhalten.
Weder das eine noch das andere ist in Japan im geringsten selbstverständlich. Doch was unsere physisch gut versorgten alten Menschen dort während all der vielen zusätzlichen Lebensjahre machen sollen, darüber ist hiermit noch gar nichts ausgesagt. Sie bekommen Wohnung, Nahrung und
Kleidung, erhalten auch medizinische Betreuung, wenn's nötig wird. Niemand verhungert, niemand erfriert, niemand stirbt bei uns «einfach so».
Der Historiker gesteht neidlos ein, daß die *äußeren* Umstände heute zweifellos besser denn je sind.

Doch was geschieht mit dieser physisch garantierten Lebens-Hülse? Wie
werden all die zusätzlichen Jahre mit Leben, mit Sinn gefüllt? Eine biologisch mächtig aufgeblähte Lebenshülle hat keineswegs automatisch auch ein
erfülltes langes Leben zur Folge. Handelt es sich bloß um einen schönen
Abendschein von außen, von uns Menschen in den besten Jahren aus gesehen? Ist es ein goldener Käfig für die darin Wohnenden, wobei sich das
«Gold» für die Betroffenen eher als Glitzerzeug ausnimmt? Und wo der

«schöne Abendschein» ihnen den Blick auf Nacht und Dunkel freigibt und zu Depression und Einsamkeit führt?

Was jedoch über die Lösung der angesprochenen Versorgungsprobleme älterer Menschen hinausgeht, ist auch bei uns bislang – so scheint mir jedenfalls – noch keineswegs genügend durchdacht worden. Die Unsicherheit und Beschämung, die uns ob dieser Erkenntnis in Japan überkommt, hat indes auch ihr Gutes. Sie bereitet den Boden für fruchtbare Diskussionen vor. Denn auf diese Weise stehen einander Partner gegenüber, die gleichermaßen ihre Probleme haben. Ein einseitiges Lehrer-Schüler-Verhältnis kann gar nicht erst aufkommen. Im Gegenteil werden auch wir, aus dem Westen, dort dann manchmal unversehens zu Lernenden, während uns die Japaner selbst in diesen Bereichen als Lehrmeister erscheinen.

Als japanischen Sozialwissenschaftlern in den 1970er Jahren allmählich klar wurde, daß auch ihre «Gemeinschaft» auf dem besten Weg war, sich zu einer «Gesellschaft» zu entwickeln – wobei sie übrigens diese Tönnies'schen Begriffe im deutschen Original verwenden –, versuchten einige zuerst, aufgeschreckt wie sie waren, das Rad der Geschichte anzuhalten, wenn nicht gar zurückzudrehen. Sie bemühten sich, die «guten alten Zustände», das heißt das einstige enge kollektive Zusammenleben à la Nakane, wiederherzustellen. Als ein Beispiel hierfür ließe sich etwa der Soziologe Tadashi Fukutake anführen, dessen 1981 in japanisch publiziertes Buch «Nihon Shakai no Kozo» bereits im Jahre darauf in englischer Sprache als «The Japanese Social Structure. Its Evolution in the Modern Century» vorlag (beide erschienen bei Tokyo University Press, Tokio 1981 und 1982). Als erstes konstatiert er: «When the German sociologist Toennies (1887) was drawing his distinction between ‹Gemeinschaft› and ‹Gesellschaft›, between community and association, he included the medieval city, along with the family and the village, as typical forms of Gemeinschaft. ... Postwar Japan has genuinely become an urban society. If one uses the formulations of Toennies, who took the metropolis as the extreme form of the ‹Gesellschaft›, it has become a metropolitan society» (Fukutake 1982, 39, 105). Dann meint er jedoch wehmütig: «By the same token, it lacks the solidarity support of a social community and suffers from the insecurity of an isolated microcosm closed off against the rest of society», und «that is why for the last ten years one has heard people talking of the need to create, not ‹kyodo-tai› - the Japanese word that we have translated here as ‹community› – but ‹komyuniti›. ... The feeling that it is necessary to find new ways of evoking a sense of citizen solidarity and cooperation, is expressed by using the borrowed foreign word. The demand for a new ‹komyuniti› shows just how far the decline of community has gone in Japan's towns and villages» (Fukutake 1982, 215, 137).

Fukutake hätte sich allerdings aufgrund der Tönnies'schen Dichotomie «Gemeinschaft» – «Gesellschaft» ausrechnen können, daß sein «komyuniti»-Modell unter den veränderten heutigen Umständen, das heißt nach der weitgehend realisierten Lebenssicherheit für einen jeden gar nicht tragfähig ist und sich somit gar nicht verwirklichen läßt. Eines der wesentlichsten Merkmale des von den alten Gemeinschafts-Zwängen befreiten Individuums in der heutigen Gesellschaft ist ja gerade, daß jedes EGO stets unter vielfältigsten gesellschaftlichen Angeboten auswählen kann und immer nur partiell und auf Zeit partizipiert. Nirgends wird mehr die Gesamtpersönlichkeit eingebracht. Niemand engagiert sich noch länger total mit Leib und Seele für eine übergeordnete Gemeinschafts-Sache, für einen beständigeren Wert, als er es selber ist. So beteiligt er sich zum Beispiel als Club-Mitglied dann und wann an irgendwelchen für ihn attraktiven Club-Aktivitäten. Als Krankenkassen-Mitglied nimmt er – aber nur im Krankheitsfall – die Leistungen dieser Solidargemeinschaft in Anspruch. Wir sind überall nur noch «Teilzeit-Partner». Selbst wenn sich ein Altenclub regelmäßig einmal in der Woche trifft, so füllt das noch lange keinen Menschen aus, auch keinen alten Menschen. Diese Form des anteiligen Partizipierens aber kann nie zu den von Fukutake und anderen rückwärts gewandten Romantikern herbeigesehnten neuen Komyunities führen. Das Individuum ist dazu heute weder länger in der Lage, noch ist es dazu gewillt. Der in Tokio lebende Rezensent der ‹Neuen Zürcher Zeitung›, Dieter Chenaux-Repon, trifft bei seiner Besprechung des 1986 erschienenen dreibändigen Sammelwerkes «Japan und der Westen» denn auch voll ins Schwarze, wenn er nach der Lektüre kritisch feststellt: «Grund zu Besinnung und ruhiger Korrektur durch Aufnahmebereitschaft gewiß, nicht aber zur Nachahmung eines gesellschaftlichen Grundmusters, das hinter uns liegt» (NZZ-Fernausgabe Nr. 10, 15.01. 1987, 41). Viele der dort abgedruckten Beiträge aus der Feder japanischer Autoren atmen noch denselben Geist, den wir aus den Zeilen Fukutakes herauslesen konnten. Es scheint sich um eine klassische Reaktion auf Probleme zu handeln, die überall den Wandel von der «Gemeinschaft» zur zunehmenden Einzelgänger-«Gesellschaft» begleiten. Man möchte die alte Nestwärme zurückhaben, die plötzlich verschwunden ist und einen in nackter Selbständigkeit frösteln läßt.

Schon im Kapitel über Indien konnten wir oben dieselbe Reaktion beobachten. Dort hieß der Slogan: «Zurück zur Familie!». Wir haben indes wenig Veranlassung, eine solche Reaktion, eine – in des Wortes eigentlichem Sinn – reaktionäre Haltung zu belächeln. Wird nicht auch bei uns häufig genug zu ihr Zuflucht genommen und in ihr das rückwärts gewandte Heil gesehen? Manchmal tritt sie sentimental-romantisch auf, wobei das Schlagwort etwa lautet: «Mehr Zärtlichkeit, mehr zwischenmenschliche Wärme!» Aber auch Politiker bedienen sich ihrer ungeniert und fordern: «Wieder mehr Familie, wieder mehr Kinder!» Doch sind das, nach all dem, was wir gesehen, gehört und festgestellt haben, «falsche Propagandatöne», die sich rückwärtsgewandte Nostalgie zunutze machen wollen. Es wird hierbei, bewußt oder unbewußt, nicht unvoreingenommen ein bestimmter Entwicklungsstand zur Kenntnis genommen, wie wenig erbaulich oder gar schmerzlich er für manchen Überraschten vielleicht auch sein mag. Nach Vorwärts gesehen in die Richtung, in die die Entwicklung allem Anschein nach tendiert, wird dabei schon gar nicht.

Zumindest was eine solche unvoreingenommene Zurkenntnisnahme betrifft, dürften uns viele Japaner inzwischen einen Schritt voraus sein. Bei Kiyomi Morioka von der Seijo University Tokyo, dem derzeit wohl führenden japanischen Familiensoziologen, lesen wir jedenfalls: «During the two decades from 1960 to 1980, Japan accomplished an unusually high economic growth and the Japanese experienced a large-scale change in various sectors of life. Among major changes are the modernization of family structure as seen in the sudden shrinkage of an average household size and the increased prevalence of nuclear forms, the changing conjugal relations with an increasing divorce rate.... In contemporary Japan, though still in minority, a new life course pattern has emerged which ends in an extra-familial existence» (Morioka 1985/86, 7, 9, 16).

Nicht nur eine korrekte Diagnose zu stellen und, darauf aufbauend, eine Prognose zu wagen, sondern Konsequenzen zu ziehen: das leistete allerdings die Romanschriftstellerin und Seherin Sawako Ariyoshi schon 1972. Insofern habe ich von ihr in Japan – und damit sei der Bogen zu ‹Kokotsu no hito› zurückgeschlagen – am meisten gelernt. Wir können uns die Quintessenz nicht oft genug in Erinnerung rufen, wie unbequem sie für uns auch sein mag: «Growing old should not be someone else's problem», und als Konsequenz: «Akiko resolved to keep both her mind and body active. She would cultivate various interests to keep her busy in her old age».

Wenn wir wollen, daß die uns gewährten zusätzlichen Lebensjahre gewonnene Jahre werden, dann müssen wir ganz offensichtlich *bei uns selbst* anfangen. Ariyoshi wurde nicht müde, ihren Lesern einen älter und immer noch älter werdenden Shigezo als abschreckendes Beispiel vor Augen zu führen und in immer neuen unerquicklichen Situationen auszumalen: Nicht nur weiß Shigezo nichts, aber auch gar nichts, mit seinen vielen zusätzlichen Lebensjahren anzufangen und hat er keine geistigen Interessen, sondern er läßt sich auch körperlich gehen und verfallen, mit der Folge «that Mr. Tachibana became senile because he didn't exercise his mind or his body» (Ariyoshi 1984, 104). Die selbstverschuldete Senilität, seine zunehmende Vergreisung beziehungsweise die rapide fortschreitende Verkindlichung des Greises wird in den schrillsten Tönen, den brutalsten Farben geschildert: «Shigezo cries like a baby» (53). «All he could say was ‹hello›, for he had forgotten the rest of his vocabulary» (203). «Every night the old man got up to empty his bladder. He urinated in the garden like a dog» (81). «He's not a child. He's an animal» (82). «Dad's turned into a complete idiot» (78). Und dies aus dem Mund des eigenen Sohnes Nabutoshi, des Enkels Satoshi, der

Schwiegertochter Akiko! Wahrlich: «What had he lived for all these years?» (123).

Der Pädagogin Ariyoshi lag indes nicht daran, die eingetretene Lebensverlängerung ihrer Landsleute nur radikal mit einem Fragezeichen zu versehen oder gar nur negativ zu beurteilen. Als Kontrast zu Shigezo führte sie in ihrem Roman den Fall von Mister Suzuki an. Ihn läßt sie einen plötzlichen Tod nach einem langen *und* erfüllten Leben sterben. – Schauen wir uns den Fall kurz an. Eines Tages sucht Akiko ein in der Nähe gelegenes Altenzentrum auf, um sich zu erkundigen, ob es für Shigezo geeignet sein könnte. Sie kommt dort gerade dazu, als dieser neunzigjährige Herr Suzuki stirbt. Bis zum letzten Atemzug hatte er noch seinem Lieblingskartenspiel bei körperlicher und geistiger Frische gefrönt. Die anwesenden alten Leute kommentieren sein Ableben beinahe unbekümmert: «He was lucky never to have known a day's illness all these years and to have died without suffering any pain. I wouldn't mind dying like that. Every elderly person present viewed the death dispassionately. They even envied the dead man, a perfect specimen of an old person sound in mind and body» (122–123). Ein Idealfall damals – aber vielleicht typisch in Zukunft?

Während Generationen hatten die Japaner zuvor gelernt – ähnlich unseren eigenen Vorfahren in Europa –, ein Leben von fünfzig, sechzig Jahren zu leben und auszufüllen, nicht aber eines, das plötzlich wesentlich länger dauerte und eine fast unendliche Fülle freier Lebenszeit auch noch jenseits der fünfzig und der sechzig mit sich brachte. Die Japaner waren offensichtlich bereit, auf die Botschaft Ariyoshis zu hören. Sie erwarben das Buch millionenfach. Nur auf die dort geschilderte Art und Weise, das heißt auf der Basis lebenslanger Eigeninitiative und Zielstrebigkeit kann zustandekommen, was schließlich selbst ein Nostalgiker wie Fukutake will, nämlich: «Growing old without regretting longevity» (Fukutake 1982, 219).

> «Growing old should not be someone else's problem!»
> («Mein Altern soll nicht anderen zum Problem werden!»)

Ob auch wir im Westen, in Europa, bereit sind, auf diese Botschaft Ariyoshis zu hören und sie in die Tat umzusetzen? Oder schlittern wir ins Alter hinein und werden wie Shigezo «be miserably waiting for death?» (Ariyoshi 1984, 65).

4.3. Beispiel Australien – Neuseeland: in beiden Ländern zwei Bevölkerungen mit unterschiedlicher Einstellung zu einer möglichst langen Lebensspanne. – Oder: sind wir wirklich auf dem richtigen Weg?

Wem das heutige Zusammenleben der vielen untereinander kaum noch verbundenen EGOs in unseren Gesellschaften nicht behagt und wer sich nach den alten Formen enger Gemeinschaften zurücksehnt, der kann auch das heute noch haben. Nur muß er in diesem Fall bereit sein, die Umstände ebenfalls in Kauf zu nehmen, die seinerzeit zu jenen Gemeinschaften geführt hatten. Man kann nicht die heutige Lebenssicherheit haben *und* gleichzeitig die damaligen Gemeinschaften.

Auch hier habe ich mich, so gut es meine Berufsumstände zuließen, an Ort und Stelle kundig gemacht. Im Endergebnis komme ich nicht etwa dazu – wie mancher Leser zuerst vielleicht denkt –, möglicherweise eine sozialistische Lösung osteuropäischer Prägung vor die kapitalistische Westeuropas zu stellen. In Ost *und* West ist die biologische Lebenssicherheit allen Bewohnern heute in etwa gleichem Ausmaß garantiert, ist die Säuglingssterblichkeit grosso modo ähnlich niedrig, ist die Lebenserwartung ähnlich hoch. Kurz: beide Systeme gehören in dieser Hinsicht derselben «Ersten Welt» an. Sie zeigen folglich auch beide dieselben Erscheinungen, so wie wir dies in der Abbildung 60 für die Deutsche Demokratische Republik und die Bundesrepublik Deutschland bereits dokumentiert haben: abnehmende Heiratszahlen, zunehmende Ehescheidungen, wachsende Zahl lediger Mütter, Abnahme der Geburten, stagnierende oder rückläufige Bevölkerungsgröße.

Wer die «früheren» Zustände, durch die unsere Vorfahren zum engeren Zusammenrücken gezwungen wurden, noch heute hautnah erleben will, der suche eines jener Länder auf, die weltweit die niedrigste Lebenserwartung aufweisen und somit die geringste biologische Sicherheit bieten. Selbstverständlich sind vorhergehende Schutzimpfungen zu unterlassen. Auch haben Antibiotika oder irgendwelche andere hochwirksame Medikamente im Gepäck nichts zu suchen. Am besten reist man überhaupt ohne Gepäck, ohne Zahnbürste, ohne Kleider zum Wechseln, ohne Seife oder Rasierapparat. Das alles hatten unsere Vorfahren auch nicht.

Die neuesten mir vorliegenden Statistiken zeigen für Männer in Malawi (1970/72) eine durchschnittliche Lebenserwartung von 40.9 und für Frauen von 44.2 Jahren, in Swasiland (1976) von 42.9 und 49.5, in Bolivien (1975/80) von 46.5 und 50.9, in Bangladesh (1982) von 54.5 und 54.8 Jahren (Statistisches Jahrbuch 1986 für die Bundesrepublik Deutschland, Internationale Übersichten 650–651. – In der Bundesrepublik Deutschland waren es zum Vergleich 1982/84 70.8 Jahre für Männer und 77.5 Jahre für Frauen, in der Deutschen Demokratischen Republik 1983 69.5 und 75.4 Jahre).

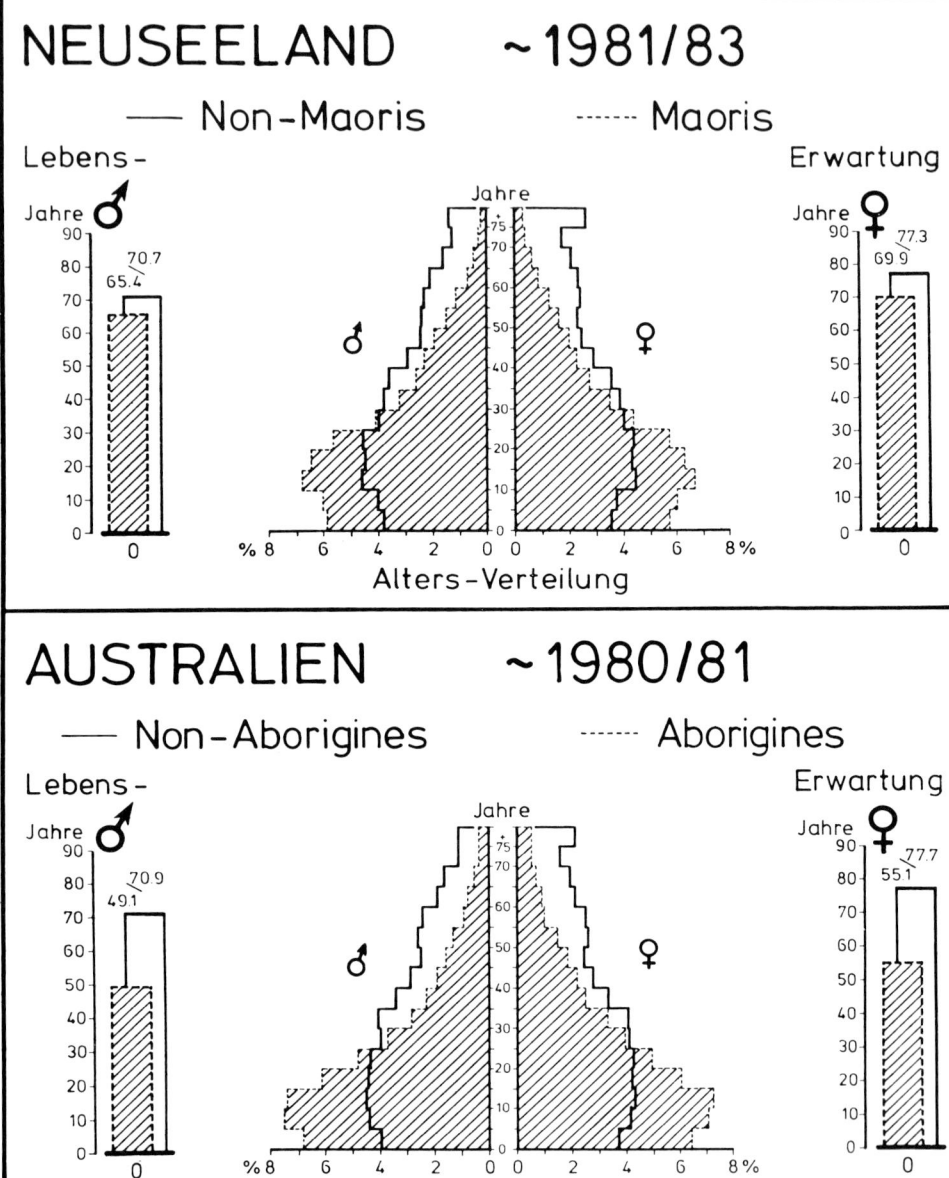

Abb. 64   Unterschiedliche Lebenserwartung bei der Geburt und unterschiedliche Altersverteilung der eingeborenen und der nicht-eingeborenen Bevölkerungen auf Neuseeland
1981/1983 (oben) und in Australien 1980/81 (unten).

Einen – anfänglich wenigstens – weniger schockierenden, wenngleich nicht minder eindrücklichen und vor allem kaum weniger nachdenklich stimmenden Anschauungsunterricht kann man schließlich in Australien oder auf Neuseeland erhalten. Zwar ist ein zweimaliger, wenngleich jeweils mehrere Monate umfassender Forschungs- und Lehraufenthalt in den beiden fernen Ländern noch lange keine Garantie dafür, daß ich Verhältnisse und Zustände dort vollkommen richtig beurteilen könnte. Ich maße mir das hier denn auch nicht einen Augenblick lang an. Wer unter uns könnte selbst in seinem eigenen Land sogar nach einem vollen langen Leben schon Verhältnisse und Zustände «vollkommen richtig» beurteilen? Immerhin haben die beiden Aufenthalte dort ausgereicht, um in mir einen Denkprozeß in Gang zu setzen, den ich in dieser Weise früher noch nirgendwo erlebte. Etwas davon an den Leser weiterzugeben ist die Absicht der anschließenden Ausführungen.

In Australien wie auf Neuseeland gibt es je zwei Bevölkerungen: einerseits die weiße, in der auch wir als Besucher uns überwiegend bewegen und uns dabei, weil sie größtenteils europäischen Ursprungs ist, mental wie «zu Hause» fühlen. Anderseits sind es die einheimischen Gruppen, Stämme, Gemeinschaften und Geschlechter. In Australien werden sie unter dem Begriff Aborigines – Ureinwohner zusammengefaßt. Auf Neuseeland heißen sie Maoris.

Doch die 160000 Aborigines in Australien und die 290000 Maoris auf Neuseeland passen, wie schon ein erster Blick auf die *Abbildungen 64 und 65* deutlich macht, nicht in unsere demographischen Schemata. Einerseits können sich beide Urbevölkerungen bezüglich ihrer Säuglingssterblichkeit durchaus mit Industrienationen messen. Anderseits ist ihre Lebenserwartung dermaßen kurz, daß wir uns in Ländern der Dritten, allenfalls Zweiten Welt nach Vergleichen umsehen müssen. In Australien sind es rund zwanzig Jahre weniger als bei der Gesamtbevölkerung, auf Neuseeland sechs. Man halte sich das vor Augen für Staaten, wo weder Apartheid gepredigt noch (offen) praktiziert wird. Im Gegenteil bildet man sich hier wie dort etwas darauf ein, daß *alle* Bewohner *gleich* sind.

Die vier Teil-Bevölkerungen bilden bei den vier Alterspyramiden je 100 Prozent. Die absoluten Zahlen lauten:

Neuseeland:	Maoris	Non-Maoris
31. 12. 1983	289300 (= 100%)	2980200 (= 100%)

Australien:	Aborigines	Non-Aborigines
30. 06. 1981	159895 (= 100%)	14696879 (= 100%)

Quelle: Vereinfacht nach den Abbildungen 1 und 2 in: Zeitschrift für Bevölkerungswissenschaft 12, 1986, 54/55 und 56/57. – Vgl. hierzu auch die Abbildung 12: Australien im Zentrum der Welt.

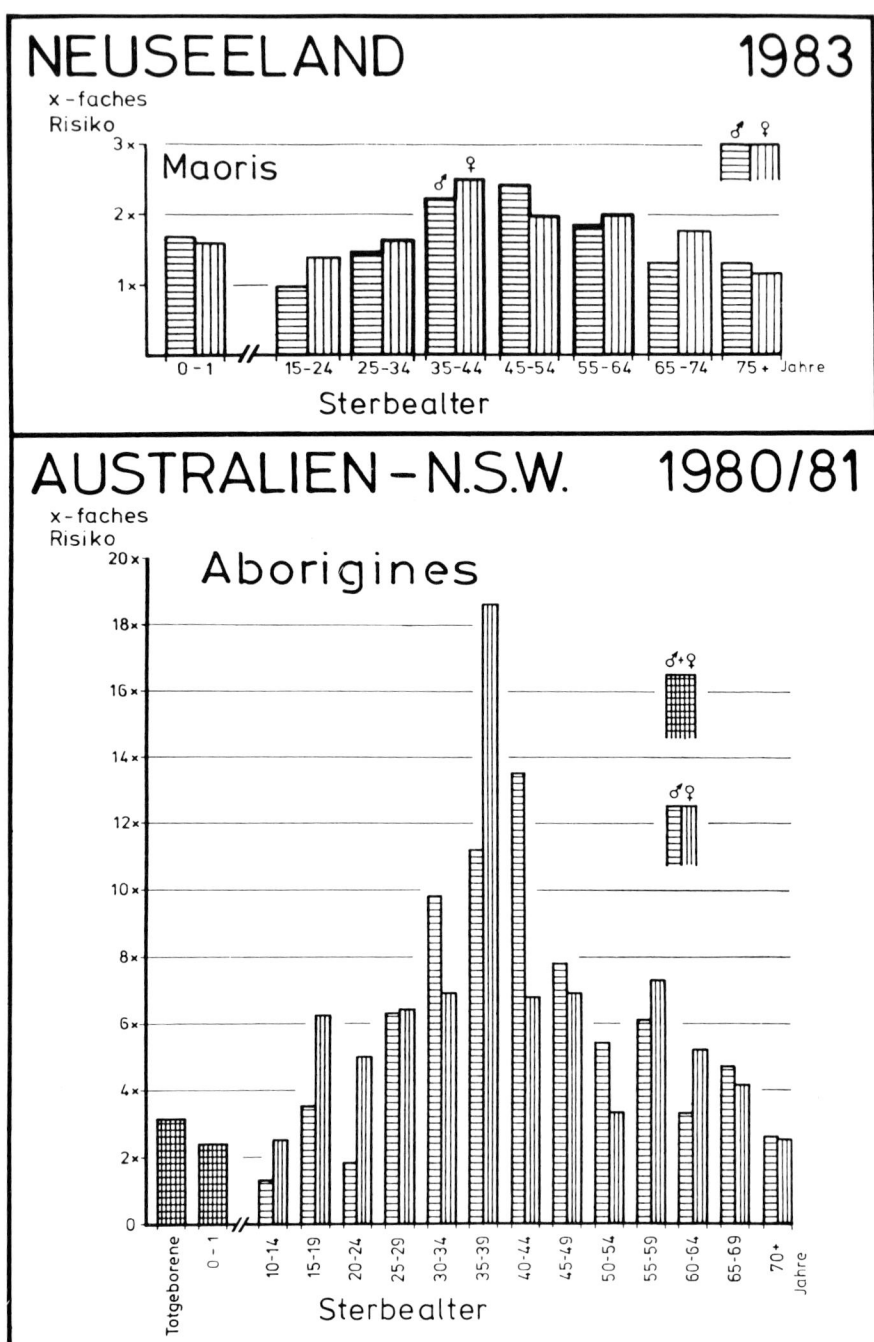

Doch lassen wir zuerst einmal die Zahlen sprechen: 1980/81 hatten die Aborigines-Männer im Durchschnitt bei der Geburt 49.1 Lebensjahre vor sich, die Frauen 55.1 (ähnlich etwa wie in Bolivien und Bangladesh). Alle anderen Australier, also die Non-Aborigines, hatten damals eine Lebenserwartung von 70.9 Jahren, die Australierinnen von 77.7 Jahren (fast exakt wie in der Bundesrepublik Deutschland). Bei den Maori-Männern waren es 1981/83 65.4 und bei den -Frauen 69.9 Jahre, bei den Non-Maoris gleichzeitig 70.7 und 77.3 Jahre. Die Folge hiervon ist, daß der altersmäßige Bevölkerungsaufbau für Weiß und Nicht-Weiß ein grundsätzlich unterschiedliches Aussehen zeigt. Die Aborigines und Maoris haben noch immer, ähnlich wie unsere eigenen Vorfahren oder viele Völker in Ländern der Dritten und Vierten Welt heute, eine Bevölkerungs-Pyramide, wobei der Pyramidenfuß allerdings wegen der nicht ins übliche Bild eines Entwicklungslandes passenden niedrigen Säuglingssterblichkeit verengt aussieht. Bei den Non-Aborigines und den Non-Maoris hat die «Pyramide» dagegen längst, wie bei uns ebenfalls, die Form einer «Vase» oder eines «Kastens» angenommen.

Die geringere Lebenserwartung der Ureinwohner ist somit in erster Linie auf eine geringere Rest-Lebenserwartung unter den Erwachsenen zurückzuführen. Dies zeichnet sich auch in der raschen Verjüngung ihrer Alterspyramiden schon jenseits des zwanzigsten Lebensjahres ab – in völligem Kontrast zum Bild der Non-Aborigines und Non-Maoris. Anders ausgedrückt: viele Ureinwohner Australiens und Neuseelands sterben «vorzeitig», bereits «in ihren besten Jahren». Am größten ist der Risiko-Unterschied zwischen Weiß und Nicht-Weiß bei den 35- bis 44jährigen. Aus der Abbildung 65 geht hervor, daß Aborigines-Männer dann bis zu dreizehnmal, Frauen sogar bis zu achtzehnmal häufiger sterben als übrige Australier und Australierinnen, Maoris zwei- bis dreimal so häufig wie andere Neuseeländer.

Untersucht man nun die Todesursachen im Detail, so ergibt sich erneut ein irritierendes Bild. Das vorzeitige Sterben wird nicht etwa, wie man vorerst wohl erwartet hätte, durch klassische Dritte-Welt-Gesundheitseinbußen verursacht. Die in vielen Entwicklungsländern noch immer stark ins Gewicht fallenden Kategorien «infektiöse und parasitäre Krankheiten», «Lei-

Abb. 65 Höheres Sterberisiko der Ur-Einwohner von Neuseeland und Australien, vor allem in ihren «besten Jahren».
Oben: Übersterblichkeit von Maoris 1983 nach Geschlecht und Altersgruppen im Vergleich zu Non-Maoris desselben Alters und Geschlechts, ausgedrückt im x-fachen.
Unten: Übersterblichkeit von Aborigines im australischen Bundesstaat New South Wales 1980/81 nach Geschlecht und Altersgruppen im Vergleich zur Gesamtbevölkerung desselben Alters und Geschlechts, ausgedrückt im x-fachen.
Quelle: Vereinfacht nach den Abbildungen 8 und 10 in: Zeitschrift für Bevölkerungswissenschaft 12, 1986, 76/77 und 80/81.

den der Verdauungsorgane» sowie «Symptome und schlecht bezeichnete Affektionen» spielen bei den Aborigines und Maoris eine völlig untergeordnete Rolle. Es sind somit nicht traditionelle, sondern moderne Gesundheitseinbußen, die bei ihnen einen übermäßigen Tribut fordern: Krebsleiden, Herz- und Kreislauf-Krankheiten – wie bei den übrigen Australiern und Neuseeländern auch und wie bei uns schließlich ebenfalls. Wieso aber tun sie das bei den Aborigines und den Maoris so viel früher?

Bei den Recherchen ging ich zuerst in anerzogen gewohnter Weise medizinischen und gesellschaftlich-wirtschaftlichen Ursachen nach. Dabei zeigten sich dann doch gewisse Unterschiede in der gesundheitlichen Versorgung zwischen Weiß und Nicht-Weiß. Ebenso war in beiden Ländern eine unterschiedliche Integrierung in den Arbeitsmarkt festzustellen. Dies alles schien mir indes für eine befriedigende Erklärung der – vor allem in Australien gewaltigen – Differenzen in der Lebenserwartung erwachsener Menschen noch ungenügend. Die Mehrzahl der sich meist auf Faktenanhäufung beschränkenden «Studien» kam mir reichlich vordergründig und oberflächlich vor.

In größere Tiefen führten dagegen Analysen von teilweise äußerst kontroversen Gesundheits-Debatten in den angesehenen Fachorganen ‹The Medical Journal of Australia›, ‹New Zealand Medical Journal› und ‹Australian and New Zealand Journal of Medicine›. Sie deckten dem Außenstehenden, wie ich es war, allmählich Ursachen von ganz anderen als bloß sozio-ökonomischen Dimensionen auf. «Traumatisierung der beiden Urbevölkerungen durch die massive europäische Einwanderung während der vergangenen zwei Jahrhunderte mit rücksichtsloser Landvertreibung, Diskriminierung und Dezimierung» mögen aneinandergereihte Schlagwörter aus dieser Diskussion sein. Sie umreißen jedoch kurz und prägnant den Rahmen und den Hintergrund jener Auseinandersetzungen. Danach ist die kürzere Lebensdauer letzten Endes gar kein Gesundheitsproblem und auch nicht oder doch nur vordergründig ein Problem des sozio-ökonomischen Ausgleichs, was ja bloß ein weiteres Mal auf eine Anpassung an unsere Lebensphilosophie, unsere Vorstellungen von Gesundheit und Krankheit, von Sterben und Tod hinausliefe.

Mediziner-Anthropologen, die jahrelang selbst unter und mit den Aborigines gelebt haben, scheinen am ehesten zu verstehen, worum es wirklich geht. Eine von ihnen, die heute an der Universität Sydney lehrende Janice Reid, sagte schon 1979 bei ihrer Anhörung vor dem «House of Representatives Standing Committee on Aboriginal Affairs» unmißverständlich: «Aborigines will not be healthy until they can shed their dependent status as virtual wards of the Australian Government and the paralyzing humiliation and apathy which this dependence generates. Good health – physical and emotional – presupposes that Aborigines have the freedom to develop a healthy living environment, and a lifestyle which consists of both traditional and non-traditional elements and has meaning and value to Aborigines themselves» (The Medical Journal of Australia 1979, Vol. 1, 321).

Um genau diesen letzten Punkt aber geht es offensichtlich, nämlich um «ein Leben, das Sinn und Wert für die Ureinwohner selbst hat». Hier wird zugleich in knappsten Worten der Hintergrund umrissen, vor dem sich die ganze Diskussion abspielt und der auch zum Denkanstoß für uns, weitab von jenen Ureinwohnern, werden kann, soll und muß. Es ist eben nicht damit getan, daß wir bei unseren Wochenendbesuchen in hochglanzpolierten Völkerkunde-Museen die Bumerangs halbnackt dargestellter Aborigines bestaunen und uns eine halbe Stunde lang nostalgisch an irgendwelchen farbenprächtig nachgebauten Maori-Naturhäusern oder -Booten oder kunstvoll geflochtenen Basttaschen delektieren. Es geht hier nicht um Exotik und auch nicht um unsere Augenweide, sondern es geht um Alltagsbedingungen von Zehn-, ja Hunderttausenden von «gleichen» Australiern und «gleichen» Neuseeländern. Vor allem aber geht es um ein Leben, das für sie Sinn und Wert hat, Sinn und Wert gemäß ihren, nicht unseren Vorstellungen.

An diesem Punkt jedoch, so scheint mir, hapert es sowohl in Australien wie auf Neuseeland. Und hapert es auch bei uns, denn bei der Aufteilung der Bevölkerung in Weiß und Nicht-Weiß zähle ich uns besuchende oder gar von hier aus urteilende Europäer durchaus mit zur ersten Gruppe. Ich sehe nicht, daß wir uns in unserer Mentalität erheblich von den dortigen Weißen unterscheiden würden. Wenn wir nun aber von «Gleichheit» oder «mangelnder Gleichheit» zwischen Weiß und Nicht-Weiß, unter anderem auch bezogen auf den gesundheitlich-medizinischen Bereich reden, dann meint das ja wohl doch meist nichts anderes als «Gleichheit» und Übereinstimmung mit *unserem* System: gleiche Einstellung zu Gesundheit und Krankheit, zu Hygiene, zu Ernährung, zu Gesundheitserziehung. Andere Einstellungen halten wir für grundsätzlich falsch und setzen ganz selbstverständlich voraus, daß sie aufgegeben werden. «Gleichheit» kann in unseren Augen nur durch Integration in unsere Kultur, in unsere Arbeits- und Konsumwelt erreicht werden, kurzum nur durch eine vollständige Anpassung in allem, was Leib und Leben, Sterben und Tod überhaupt betrifft. Was für eine anmaßend ethnozentrische Auffassung von uns aus!

Muß man wirklich Historiker sein, um sich daran zu erinnern, daß auch bei uns vor noch gar nicht vielen Generationen Sinn und Wert des Lebens nicht ausschließlich, wie heute so oft, in erster Linie nach dessen *Länge* gemessen wurde? Was ist das denn für ein Maßstab, den wir hier anlegen: möglichst minimale Säuglingssterblichkeit, möglichst maximale Lebensspanne, lebenslang einwandfreie Hygiene, permanent beschwerdefreier Zustand, volle Integration in den Markt, der uns das alles garantiert? Es ist *unser* Maßstab. Und das kann er bei uns ja auch sein, kann unserem Leben hier und heute (vielleicht) Sinn und Wert vermitteln.

Es geht mir hier in keiner Weise darum zu polemisieren, sondern zu relativieren, nachzudenken und auch andere zum Nachdenken darüber zu bringen, ob anderswo nicht andere Maßstäbe Gültigkeit haben oder haben könnten, und daß dort deshalb andere Prioritäten gesetzt werden. Woher wollen wir denn wissen, daß unsere abendländischen Zielvorstellungen mit denjenigen australischer Aborigines und neuseeländischer Maoris identisch sind? Was berechtigt uns zur Annahme, daß auch sie wie besessen nach einem möglichst langen irdischen Leben trachten? Ihre Übersterblichkeit in den besten Jahren lenkt die Gedanken genau in die entgegengesetzte Richtung. Damit man mich nicht falsch verstehe: ich versuche damit in keiner Weise, Ungleichheiten sozio-ökonomischer oder welcher Art auch immer zu entschuldigen oder zu beschönigen. Aber ich habe während meiner Aufenthalte in Australien und auf Neuseeland gelernt, mit derlei Überlegungen keine Zwangsvorstellungen mehr zu verbinden. Der Ausgleich, will letztlich sagen die Anpassung an unser System und unsere Vorstellungen ist für mich keineswegs länger das unbedingt zu erreichende, das einzig richtige Ziel.

Zugegeben: unser «System» scheint auf Anhieb wesentlich erfolgreicher zu sein als dasjenige der Ureinwohner. Ist es das aber wirklich? Kurzfristig gesehen: ja! Haben wir uns nicht im Verlaufe weniger Generationen verdoppelt, verdrei-, verzehnfacht – und haben dasselbe bereits vielen «lernbegierigen» Völkern weltweit beigebracht? Aber langfristig gesehen? Da beschleichen einen dann doch, gelinde gesagt, ganz erhebliche Zweifel. Eine maximale irdische Lebensdauer hat keineswegs in allen Kulturen höchste Priorität, so wie es derzeit bei uns häufig der Fall zu sein scheint. Wieso also sollten wir nicht bereit sein, die Aborigines und Maoris ihr Leben so leben zu lassen, wie sie es für gut befinden und wie es gemäß ihren eigenen Auffassungen Sinn und Wert hat: statt immer noch mehr Jahre ein Leben in Übereinstimmung mit ihrem Mikrokosmos, mit ihrem genealogischen Denken, mit ihrem Wunsch, in die nicht abbrechende unendliche Ahnenkette einzugehen? Es geht mir hier weder um fragwürdige Nostalgie noch um irgendwelche kleinmütige Zivilisationsverdrossenheit und somit auch nicht um ein Plädoyer für eine völlig unrealistische Anpassung unter umgekehrten Vorzeichen. Weder können noch wollen wir mit ihnen tauschen.

Was ich vor diesem Hintergrund dagegen sehr wohl will und was ich versprach, war dem Leser meine im Kontakt mit den Ureinwohnern selbst erfahrene Irritation, Verunsicherung, Gedankenanregung mitzuteilen und hier auf den Weg zu geben. Möge auch er in Ruhe darüber nachdenken, ob wir mit unserem einseitigen Streben nach einer immer noch weiteren Ausdehnung der Lebensspanne wirklich auf dem richtigen Weg sind.

Oder könnte es sein, daß weniger vielleicht doch mehr wäre? Manchem unter uns mag es zwar schwer fallen zu akzeptieren, daß ein «kurzes» Leben von 35, 40, 50 Jahren möglicherweise sinn- und wertvoller ist und dem Menschen, der es in Einklang mit seiner Umgebung, seinem Stamm, seiner

Gemeinschaft, seiner Welt und Weltanschauung lebt – oder wie unsere Vorfahren lebte –, größere Erfüllung bringt als ein doppelt so langes von 70, 80 oder 90 Jahren. Ein Leben reich an Jahren ist noch keineswegs gleichbedeutend mit einem Leben reich an Sinn. Der vorzeitige Tod der Aborigines und Maoris – oder der Mehrzahl unserer eigenen Vorfahren! – mag uns schockieren und unserem aufgeklärten erdenverklammert rationalen Denken Rätsel aufgeben. Menschlich – oder wenn man denn das große Wort lieber mag: lebensphilosophisch gesehen bleibt er ein Denkanstoß von viel größerer Tragweite und tiefgründigeren Anforderungen an uns. Insofern kann das Nachdenken hierüber, das Abwägen und Grübeln eine große Chance auch für uns sein, die wir nutzen und nicht leichthin oder bloß achselzuckend abtun sollten, und zwar hier bei uns und lieber heute als morgen. Diejenigen, die vor uns und um uns herum noch heute zu Hunderten und Tausenden «vorzeitig», in ihren «besten Jahren» starben und sterben, haben's vielleicht nur früher gemerkt und sich aus der Erdenverkrampfung früher gelöst, haben früher losgelassen.

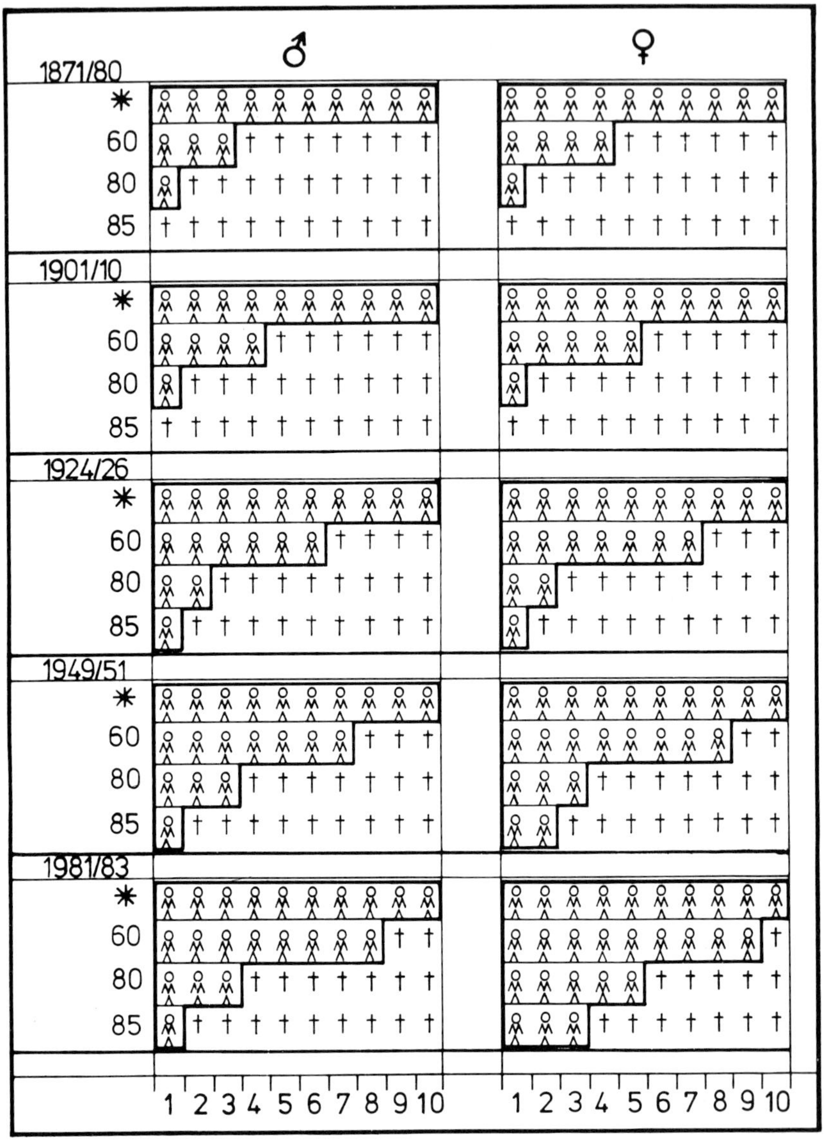

Abb. 66   Von der Notwendigkeit, ein langes Leben von Anfang an zu planen: immer mehr junge Menschen werden alt.
Anzahl Männer (links) und Frauen (rechts), die zu verschiedenen Zeitpunkten zwischen 1871/80 und 1981/83 in Deutschland (nach dem Zweiten Weltkrieg in der Bundesrepublik) unter jeweils 10 gleichzeitig Geborenen ein Alter von 60, 80 und 85 Jahren erreichten.
Quellen: Statistisches Bundesamt Wiesbaden (Hrsg.): Bevölkerung und Wirtschaft 1872–

5. Bilanz:
Von der Notwendigkeit, ein langes Leben schon früh zu planen.
Oder: Reife des Lebens als Chance und Ziel – heute fast für jeden von uns

Eine lange Reise über Raum und Zeit hatte ich zu Beginn des Buches versprochen. Nun sind wir ans Ziel gekommen. Ziehen wir Bilanz, und zwar im Hinblick auf *unsere* Situation, *hier* und *heute*.

Das ganze Buch hat davon gehandelt, wie die unsichere Lebenszeit unserer Vorfahren durch eine unvergleichlich sicherere abgelöst wurde. Noch nie lag das durchschnittliche Sterbealter so hoch wie heute; noch nie war es für so viele auch nur annähernd *gleich hoch*. Ich möchte die Bilanz mit den beiden letzten Figuren 66 und 67 beginnen. Sie rufen uns nochmals einige wesentliche Ergebnisse des tiefgreifenden Wandels in Erinnerung, und zwar vor allem Resultate jener Art, die in bezug auf unsere eigene Situation meines Erachtens noch immer zu wenig bedacht werden.

Die *Abbildung 66* zeigt, wie viele unter jeweils zehn deutschen Männern und Frauen zu verschiedenen Zeitpunkten zwischen 1871/80 und 1981/83 ein Alter von 60, 80 oder gar 85 Jahren erreichten. Gewiß ist eine derartige Alterseinteilung, die nur nach Jahren fragt, willkürlich. Sie sollte deshalb auch nicht zu eng ausgelegt werden. Weder ist ein 60jähriger Metallarbeiter dasselbe wie ein 60jähriger Hochschullehrer, noch eine achtzigjährige Kriegerwitwe oder Trümmerfrau in Berlin oder Hamburg das gleiche wie eine achtzigjährige Bäuerin in Schwaben. Auch kann man Sechzigjährige von 1880 nicht mit Sechzigjährigen von 1980 gleichsetzen – wobei ein merkwürdiger Widerspruch zutage tritt. Auf Anhieb neigt man vielleicht zur Ansicht, daß Sechzigjährige heute wesentlich «jünger» seien als vor hundert Jahren. Man kann aber auch umgekehrt argumentieren und behaupten, daß Sechzigjährige damals körperlich rüstiger gewesen wären als Sechzigjährige heute, einfach deshalb, weil die weniger rüstigen damals mit sechzig Jahren gar nicht mehr unter den Lebenden weilten. Seinerzeit handelte es sich um eine relativ kleine Auswahl besonders robuster Personen, heute dagegen um die Mehrheit.

1972. Stuttgart: Kohlhammer 1972, 109. – Statistisches Bundesamt Wiesbaden (Hrsg.): Statistisches Jahrbuch 1985 für die Bundesrepublik Deutschland. Stuttgart: Kohlhammer 1985, 78.

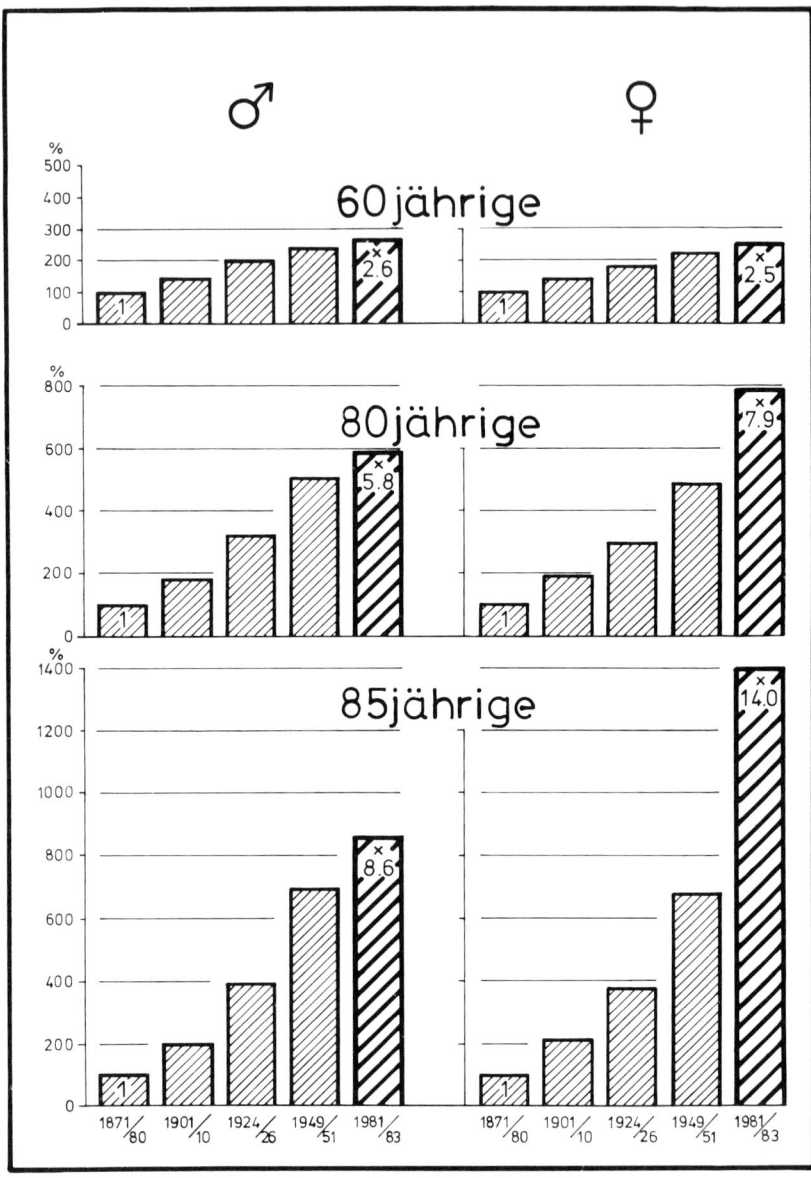

Abb. 67 Von der Notwendigkeit, ein langes Leben von Anfang an zu planen: immer mehr ältere Menschen werden sehr alt und stoßen an ihre biologische Lebenshülse. Zunahme des Anteils 60-, 80- und 85jähriger Männer (links) und Frauen (rechts) in Deutschland zwischen 1871/80 und 1981/83 (nach dem Zweiten Weltkrieg in der Bundesrepublik). Angaben in Prozent des jeweiligen Wertes von 1871/80. Während die 60jährigen Männer in diesem Zeitraum von gut hundert Jahren «nur» um 261.5% und die

Mir geht es in dieser und in der folgenden Abbildung einzig darum aufzu-
zeigen, wie viele Menschen zu verschiedenen Zeitpunkten «alt» und «sehr
alt» wurden, und wie viele gar bis gegen die Grenzen der biologischen
Lebenshülse vorstießen. Gemäß heutigem Sprachgebrauch gelten die 60- bis
80jährigen (manchmal auch nur bis 75jährigen) als die «jungen Alten» oder
die «Jungsenioren», die über 80- (oder über 75-) jährigen dagegen als die
«alten Alten», die «Hochbetagten».

In den obersten beiden Teilfiguren von Abbildung 66 läßt sich ablesen,
daß 1871/80 von zehn Männern drei und von zehn Frauen vier «alt» wurden. Je einer und je eine vermochten sich auch noch unter die «Hochbetagten» einzureihen, während in der Regel niemand seine physiologische Lebenshülse erreichte (die exakten Zahlenangaben pro 100 000 finden sich in
den Hinweisen zu den Abbildungen 66 und 67 am Ende des Buches). 1901/
10 wurden vier Männer und fünf Frauen «alt», 1924/26 sechs Männer und
sieben Frauen, 1949/51 sieben Männer und acht Frauen, 1981/83 schließlich acht Männer und neun Frauen. Um die Jahrtausendwende könnten es
neun oder zehn Männer und zehn Frauen sein. In ähnlicher Weise nahm die
Zahl der Hochbetagten zu sowie die Anzahl derjenigen, die ihre physiologische Lebensspanne ausleben konnten und 85 Jahre alt wurden. (Vgl. hierzu
auch die Ergebnisse einer Untersuchung, die das Bundesministerium für
Arbeit und Sozialordnung 1982 beim Bundesinstitut für Bevölkerungsforschung in Auftrag gab: Ralf Hussmanns: Sterblichkeitsentwicklung in der
Bundesrepublik Deutschland nach Geschlecht, Alter und Todesursache. Bis-
heriger Verlauf im internationalen Vergleich und Vorausschätzungen künftiger Entwicklungstendenzen. Wiesbaden: Bundesinstitut für Bevölkerungsforschung 1987.)

Wie nun aus der *Abbildung 67* hervorgeht, verlief die Zunahme bei den
Achtzig-, vor allem aber bei den Fünfundachtzigjährigen am dramatisch-
sten. 1981/83 wurden im Vergleich zu 1871/80 «nur» zweieinhalb Mal
mehr Männer und Frauen «alt», jedoch fast sechsmal mehr Männer und fast
achtmal mehr Frauen «sehr alt». Die Zahl der 85jährigen Männer aber
nahm um das 8.6fache, die der Frauen sogar um das 14fache zu. Bezogen
auf je 100 000 Männer und Frauen heißt dies, daß in der Bundesrepublik
Deutschland 1981/83 81 367 Männer und 90 154 Frauen ihr 60., 29 068
Männer und 51 593 Frauen ihr 80. und 14 000 Männer und 31 147 Frauen
ihr 85. Lebensjahr vollenden konnten. Noch anders ausgedrückt lebten in
der Bundesrepublik Ende 1984 3 865 000 «Jungsenioren» und 6 552 400

Frauen um 248.4% zugenommen haben, das heißt um das 2.6- und 2.5fache, so stieg der
Anteil 85jähriger Männer um 856.3%, derjenige der Frauen gar um 1395.5%, also um das
8.6- und das 14fache.
Quellen: Wie bei Abb. 66.

«Jungseniorinnen» sowie 570 500 «hochbetagte» Männer und 1 384 300 «hochbetagte» Frauen. Davon wiederum waren 172 600 Männer und 507 700 Frauen jenseits der 85 (Statistisches Jahrbuch 1986 für die Bundesrepublik Deutschland, 61). Auf Grund der höheren Lebenserwartung für Frauen befanden sich 1984 unter den Gestorbenen 128 788 Witwen über 80 Jahren, dagegen nur 40 870 Witwer im selben hohen Alter. Unter den verstorbenen Frauen über 80 waren sogar nur 12 755 noch verheiratet (a. a. O., 77).

Man stelle sich diese Zahlen konkret vor: Ende 1984 lebten in der Bundesrepublik 10.4 Millionen Menschen im «Jungsenioren-Alter». Das ist gleich viel, wie ganz Bayern Einwohner hat (10.9 Millionen). Und die 1.95 Millionen «Hochbetagten» sind wiederum so viele, wie die fünf Städte Stuttgart, Hannover, Nürnberg, Bonn und Würzburg zusammen Einwohner haben (561 200 + 510 800 + 466 100 + 292 600 + 129 400 = 1.96 Millionen). Um schließlich einen letzten Vergleich anzuführen, so gab es 1984 unter den Witwen über 80 Jahren gleich viele Todesfälle, wie ganz Würzburg Menschen zählt.

Dies gilt es, beim Bilanzieren voranzustellen. Es ist *unsere* Situation, hier und heute. Sie ist nicht so, wie bei den Maoris auf Neuseeland und nicht wie bei den Aborigines in Australien. Sie ist aber auch nicht mehr so wie im Schwellenland Brasilien oder im demographisch «fortschrittlichsten» Bundesstaat Indiens, in Kerala. Wir werden nun einmal, Männer wie Frauen, zu vier Fünfteln «alt» und in zunehmendem Ausmaß auch «sehr alt». Unter den Frauen erreicht bereits jede dritte das Hochbetagten-Alter, unter den Männern jeder siebte. Die meisten von uns scheinen ein solch langes Leben auch zu wollen. Zumindest kann die Tatsache so gedeutet werden, daß dem schmalen Band von Christoph Wilhelm Hufeland (1762–1836): «Die Kunst, das menschliche Leben zu verlängern» bei uns in Europa ein ganz außergewöhnlicher Dauererfolg bis zum heutigen Tag beschieden ist. Die Jugendschrift des Weimarer Residenz-Arztes war erstmals 1797 erschienen. Sie hat inzwischen nicht nur eine Reihe von Übersetzungen unter anderem in die französische, englische, holländische, dänische, schwedische, spanische oder ungarische Sprache erlebt, sondern auch unzählige deutsche Neuauflagen erfahren. Zur Zeit kann man sich die «Kunst» für preiswerte zwölf Mark als kartoniertes Insel-Taschenbüchlein aneignen (Nummer 770, Frankfurt 1984). Broschiert gibt es sie ähnlich günstig für DM 12.80 im Matthes & Seitz-Verlag (München 1978). Wer's schließlich repräsentativer mag, bekommt sie für DM 55.– im Hippokrates Verlag auch gebunden (Stuttgart 1975).

Während die «Jungsenioren» seit Jahren angesichts ihrer stattlichen Zahl von zehn Millionen jedoch nicht mehr zu übersehen sind und wir diese Tatsache inzwischen wohl auch weitgehend zur Kenntnis genommen haben, so scheint mir das in bezug auf die «Hochbetagten» noch nicht der Fall zu sein. Wenn wir von «Alterslastigkeit unserer Gesellschaft», von «Überalterung», «Rentenproblemen», «Gefahren für den Generationen-Vertrag», «Grauen Panthern» oder auch nur von «Senioren-Treffpunkten» sprechen, dann denken wir meist an das «Dritte», kaum jedoch an das «Vierte Alter». So will ich hier denn auch nicht einmal mehr bereits offene oder zumindest aufgestoßene Türen einrennen und am Schluß dieses Buches nicht ein weiteres Mal für einen «größeren Einsatz zugunsten unserer ‹älteren Menschen›» plädieren oder «Universitäten für das Dritte Alter» fordern, auch nicht vermehrtem «Alters-Sport» das Wort reden oder dem Slogan «Wer rastet, der rostet» huldigen. *All das setze ich bei uns voraus.* Ebenso wie ich es bei uns für selbstverständlich halte, daß ältere Menschen Anspruch auf wirtschaftliche Sicherstellung haben, auf gesundheitliche Versorgung, auf Befriedigung ihrer Wohnungsbedürfnisse. Wir hatten bei uns bereits Jahrzehnte Zeit, um uns mit der ganzen Palette von Problemen dieses Dritten Alters auseinanderzusetzen, Lösungsvorschläge auszuarbeiten, sie in die Tat umzusetzen, die getroffenen Maßnahmen – falls notwendig – abzuändern und zu verbessern. Und wo eine Realisierung selbst heute noch nicht vollzogen und nicht selbstverständlich sein sollte, wo sie nach wie vor umstritten oder angesichts «dringenderer» Probleme bei niedriger werdendem Haushaltsplafond gar gefährdet ist, scheint es mir nicht in erster Linie die Aufgabe des Historikers zu sein, hier für Abhilfe zu sorgen. Für mich handelt es sich hierbei um historische Probleme. Diejenigen, die sie wieder zu aktuellen machen möchten – seien es nun Politiker, Sozialfürsorger, Wirtschaftsfachleute –, sollten sich dies ebenfalls ins Stammbuch schreiben.

Wichtig für den Historiker ist in diesem Zusammenhang einzig, daß er über die ganze Entwicklung bei uns gründlich Bescheid weiß. Denn anderswo auf der Welt werden wir immer wieder um Auskunft über unsere hierbei gemachten Erfahrungen gebeten: im Schwellenland Brasilien, im indischen Bundesstaat Kerala, selbst im völlig überraschten Japan, das inzwischen nicht nur aufgeholt, sondern uns im Westen auch bezüglich der Lebenserwartung überholt hat. Die Fragen sind immer wieder dieselben: «Wie habt Ihr es bei Euch geschafft, genügend Altersheimplätze bereitzustellen? Wie sieht es bei Euch mit der gesundheitlichen Betreuung älterer Menschen angesichts von deren größerer Krankheitsanfälligkeit aus? Welche wirtschaftliche Sicherheit gibt es für sie? Wo und weshalb regen sich Widerstände?» Man möchte von uns lernen, um so zumindest eine Wiederholung unserer Fehler zu vermeiden, möchte Nutzanwendung aus unseren geschichtlichen Erfahrungen betreiben.

Es liegt mir fern, Bedenken von der Hand weisen, wonach die erreichten Ziele auch bei uns wieder gefährdet sein könnten, sei es wegen des zunehmenden Ungleichgewichts zwischen immer mehr Älteren und immer weniger Jüngeren, sei es wegen des Abbaus von Fürsorgemaßnahmen als Folge von Beschneidungen im Sozialhaushalt. Dennoch scheint mir diese Sicht, wenn sie weitere Aspekte außer acht läßt, zu einseitig. Werden hierbei nicht die Leistungsmöglichkeiten von ausschließlich sozialen Diensten für die Alten überschätzt? Schlägt hier nicht unsere anerzogene Versorgungs- und Betreuungsmentalität durch? Selbstverständlich ist es einfacher, die materiellen Ansprüche von Senioren zu erkennen, abzuwägen und zu erfüllen, als ihre seelisch-geistigen Bedürfnisse zu befriedigen. Hier wird uns nicht selten unser sozialstaatlich ausgerichtetes Denken zum Hindernis. Es erzieht uns zu jenem sozialen Eudämonismus, der das Glück und die Sinnerfüllung des Einzelnen einzig in seiner Entlastung von wirtschaftlichen Sorgen, in einer möglichst maximalen Versorgung mit allen nur möglichen Konsumgütern, in einer existenzsichernden Rente bis zum letzten Atemzug, in alles und jedes einkalkulierenden Versicherungen, letztlich in einer allumfassenden materiellen Versorgung und Absicherung sieht. Hinzu kommt, daß er uns von sich abhängig macht. Abhängigkeit von den Leistungen des Sozialstaats bedeutet aber nicht mehr, sondern weniger innere Freiheit und innere Sicherheit.

Eins übers andere Mal haben wir in diesem Buch festgestellt, daß es gerade ein heute dichter denn je gewobenes Sicherheitsnetz ist, das den Wandel von den ehemaligen Gemeinschaften zu unseren Gesellschaften von Einzelgängern erst ermöglichte. Solange wir in der Hektik des Berufs- oder Familienlebens stehen und auch noch solange wir uns des Konsumrausches erfreuen (können), mag das die «entsetzliche Leere» übertünchen, von der Hochbetagte sprechen, die jedem Aktivismus abgeschworen haben oder aus körperlichen Gründen abschwören müssen. Es mag unsere geistig-seelischen Bedürfnisse abtöten oder so weitgehend unterdrücken, daß es mit einem gelegentlichen Museums-, Theater- oder Konzertbesuch sein Bewenden haben kann. – Auch hierüber sollten wir in Brasilien, in Kerala, in Japan sprechen, und nicht nur darüber, daß heute bei uns jeder einen Platz im Altersheim bekommen kann, wenn er es so wünscht.

Bei der hier vorliegenden Bilanz gehe ich somit bewußt von der ganz und gar erstmaligen, historisch gesehen völlig einmaligen Situation einer rasch zunehmenden Bevölkerung von «Hochbetagten» aus. Viele unter uns haben gute Aussichten, über kurz oder lang zu ihnen zu gehören. Schon jetzt ist es jede dritte Frau und jeder siebente Mann. Und die Tendenz ist steigend. Eine Minderheit? – Doch lassen wir die Statistiken hinter uns! Sie dienten uns auch oben nur als Kulisse. Statistiken bieten dem Einzelnen schließlich keine Gewähr dafür, daß gerade er oder sie zum «statistischen Durchschnitt» gehört. Allerdings läßt sich aufgrund statistischer Werte zuverlässiger einschätzen, inwiefern es sich lohnt, über damit verbundene Probleme, Chancen, Perspektiven nachzudenken. Und ob es sich lohnt! «Hochbetagte» sind keine Einzelfälle mehr, «sehr alte alleinstehende Frauen» nicht länger seltene Ausnahmen. Und anderswo auf der Welt folgen uns ganze Völker in dieser Entwicklung nach. Sie erwarten von uns, daß wir sie über bevorstehende Schwierigkeiten sowie deren Handhabung und Lösung aufklären. Sind wir *dazu* in der Lage?

Als noch nicht Fünfzigjähriger werde ich mich hüten, den «Hochbetagten» hier gute Ratschläge zu erteilen, ihnen zu sagen, was für sie am besten wäre. Habe ich nicht in einem der ersten Abschnitte dieses Buches gerade ein solches Procedere anhand völlig überraschender Zeit-Erfahrungen in der Transsibirischen Eisenbahn in Frage gestellt (vgl. nochmals die Abbildung 8)? Wie soll ich mit knapp fünfzig Jahren wissen, welches die Lebenseinstellungen von Achtzigjährigen sind? Ganz abgesehen davon, daß es *die* Achtzigjährigen als homogene Gruppe gar nicht gibt.

Das heißt indes nicht, daß wir, die wir noch nicht zu den Hochbetagten gehören, keine Schlüsse aus unseren bisherigen Erfahrungen oder aus vorliegenden Statistiken ziehen könnten oder vielmehr ziehen sollten – im Gegenteil. Ariyoshi ging mit dem guten Beispiel voran. Auch sie war 1972, als ihr aufrüttelnder Roman erschien, noch keine fünfzig Jahre alt (* 1931, also 42). Und doch ließ sie ihre Heldin Akiko angesichts der vielen vergeudeten Lebensjahre ihres Schwiegervaters Shigezo ausrufen: «Growing old should not be someone else's problem.» Worauf der Rat folgte: «Akiko resolved to keep both her mind and body active. She would cultivate various interests to keep her busy in her old age» ((29): Ariyoshi 1984, 185, 104). Die unter dem Schock des plötzlichen Altersbooms stehenden Japaner folgten Ariyoshi zu Hunderttausenden. Eine Bestseller-Zahl von zwei Millionen verkauften Exemplaren spricht eine deutliche Sprache.

Bezugnehmend auf die Situation bei uns in Mitteleuropa möchte ich ein Zitat aus dem Munde einer der Hauptbetroffenen anführen, das mich sehr nachdenklich stimmte und, so hoffe ich, auch den Leser nachdenklich stimmen wird. Die Worte von Marie Gattiker, einer hochbetagten Frau aus der Schweiz, mögen zudem mehr Gewicht haben als meine. Im Sommer 1985 nahm sie in einem offenen Brief unter der Rubrik «Die Sicht der Hochbetagten» Stellung zu einem Artikel von Dr. Peter Rinderknecht, dem Informationschef der schweizerischen Stiftung «Pro Senectute / Für das Alter» (30). Unter dem Titel «Senioren auf dem Weg zur Selbsthilfe. Von der Betreuung zur Beteiligung» hatte dieser eine Reihe von Vorschlägen zur Aktivierung älterer Mitmenschen sowie zur Entfaltung von größerer Eigeninitiative gemacht. Eine Anzahl bereits bestehender Gruppen wurde vorgestellt und ihr segenbringendes Wirken gepriesen. Dabei kamen theaterspielende und musizierende Alten-Ensembles ebenso zur Sprache wie die «Senior mach mit!-Initiative», die Vereinigungen «Senioren für Senioren» ebenso wie «Werkgruppen für Betagte». Besonders Rüstigen wurden auch Aktivitäten wie «Pensionierte Praktiker beraten Jung- und Kleinunternehmer» oder gar der «Einsatz in der Entwicklungshilfe» nahegelegt.

Marie Gattiker meinte dazu schlicht: «P. R. hat in seinem Artikel wertvolle Vorschläge gemacht, die aber einer Ergänzung bedürfen. Er berücksichtigt nämlich nur die Altersgruppe derjenigen, die *weniger als achtzig Jahre alt* sind; diese Gruppe hat sich in unserem Jahrhundert ⟨in der Schweiz⟩ vervierfacht; die Gruppe der *Hochbetagten*, der über 80jährigen, die sich in derselben Zeitspanne verzehnfacht hat, bedenkt er nur mit gelegentlichen Spielnachmittagen, die kein erfülltes Alter gewährleisten. Im Alterswohnheim, in dem ich lebe, sind wir 75 Pensionäre, und das Durchschnittsalter beträgt 85 Jahre. Wir gehören also mit wenigen Ausnahmen zu den Hochbetagten. Die Aktivitäten, zu denen P. R. ermuntert, sind uns versagt wegen *abnehmender Seh-, Hör- und Körperkraft.* Das, was unserem letzten Lebensabschnitt Sinn und Erfüllung geben kann, muß von langer Hand vorbereitet werden; wir können es nicht, wie die Tätigkeiten der Jungsenioren, von einem Tag auf den andern übernehmen. Wer zeit seines Lebens die Freizeit, die ihm neben der Berufsarbeit verblieb, mit den dürftigen Zerstreuungen der Massenmedien bestritten hat, steht im letzten Lebensabschnitt in einer entsetzlichen *Leere.* Die Menschen, die noch auf der Höhe des Lebens stehen, brauchten ebenfalls eine Belehrung fürs Altwerden, denn nicht allen gelingt es im Alter, durch das Nachdenken über sein Leben, durch Meditation und wertvolle Lektüre, die so verbreitete Lethargie und die Depressionen des Altwerdens zu überwinden. Im letzten Lebensabschnitt zählt nicht mehr das *Tun,* sondern vielmehr das Sein. Auch das Überdenken des Todes nimmt ihm seinen Schrecken; er wird wie beim Üben einer schwierigen Passage eines Musikstückes mit der Zeit zu etwas Vertrautem.»

So leidenschaftslos, so überzeugend, so treffend und dabei so einfach und eindringlich hätte ich mich nie ausdrücken können. Was hier vor uns ausgebreitet wird, ist die Summe eines Lebens, eines erfüllten langen Lebens. Es ist Lebenssattheit, nicht Resignation.

Eines allerdings hatte Peter Rinderknecht in seinem Artikel auch gesehen, nämlich die wachsende Zahl der Hochbetagten. Er machte seine Aktivierungsvorschläge – so will mir scheinen – gar nicht in erster Linie deswegen, weil er die Bevölkerung dazu aufrufen wollte, sich vermehrt um die Gruppe der Jungsenioren zu kümmern, sondern gerade umgekehrt, um sich nicht mehr so sehr um sie kümmern zu müssen. Die in der Schweiz wie anderswo in Europa rasch zunehmende Zahl sehr alter Menschen führt nach ihm zwangsläufig dazu, «daß wir das Ideal der *allgemeinen Betreuung der Betagten* allmählich aufgeben und uns auf die Gruppe der *Hochbetagten* beschränken müssen, während das große Heer der rüstigen ⟨Jungsenioren⟩ zu vermehrter Selbstaktivierung und Beteiligung angeregt werden sollte. ⟨Jungsenioren für Altsenioren⟩ oder das ⟨Dritte Alter für das Vierte Alter⟩ - so könnte die Parole für die Zukunft lauten. Diese Tendenz mag zwar von Sozialarbeitern bedauert werden, denn noch ist die *Neigung zur Bevormundung* weit verbreitet. Es ist deshalb zu begrüßen, daß überall Eigeninitiativen von Senioren entstehen» (vgl. nochmals Anmerkung 30).

Hierin sehe ich jedoch zwei Gefahren im Hinblick auf die Hochbetagten, die hier im Zentrum stehen. Zum einen ist zwar richtig, daß sich unter den «sehr Alten» viele befinden, die auf Fremdhilfe angewiesen sind, so wie dies früher bei den «Alten» der Fall war. Doch scheint nun die Bevormundung von den ehemaligen «Alten» auf die «sehr Alten» abgeschoben zu werden. Ob diese jedoch nicht dasselbe Bedürfnis nach Mündigkeit haben wie die «Alten»? – Zum andern trifft auch nach meiner Ansicht zu, daß «rostet, wer rastet». Ich möchte somit nicht den Anschein erwecken, als wäre ich gegen die Entfaltung von Eigeninitiativen oder Aktivitäten unter «Jungsenioren». Nur sollten wir hierbei mitbedenken, was uns Maria Gattiker nahelegte: «Im letzten Lebensabschnitt zählt nicht mehr das *Tun*, sondern vielmehr das *Sein*», und: «Was unserem letzten Lebensabschnitt Sinn und Erfüllung geben kann, muß von langer Hand vorbereitet werden». Ob dazu der angepriesene Aktivismus für Jungsenioren wirklich die richtige Vorbereitung ist? Läuft er nicht gerade umgekehrt darauf hinaus, jeden Gedanken an eine drohende «entsetzliche Leere» im Hochbetagten-Alter zu verdrängen, solange es nur eben gehen will? Durch eine lebenslang eingeübte Rastlosigkeit soll auch nach der Pensionierung noch einmal für solange abgeblockt werden, was anschließend mit um so größerer Wucht durchbrechen wird: die Leere. Denn einmal wird die Zeit kommen – obwohl heute später –, in der man sich wie Tintoretto (in der Abbildung 28) in die Augen sehen *muß*, wo nichts mehr verschleiert werden kann, wo es mit dem «Tun» endgültig vorbei ist und es nur noch das «Sein» aus sich selbst gibt.

Durch den handlungssüchtigen Aktivismus gaukeln wir uns jedoch ein weiteres Mal vor, wie sehr uns die Welt noch immer braucht. Wir stemmen uns in uneinsichtiger Weise gegen einen angeblichen Statusverlust, den wir (vor allem die Männer) mit dem Ausscheiden aus dem Berufsleben oder (besonders Frauen) durch den Verlust des Ehepartners erleiden würden. Wieso eigentlich? Da rennen wir nochmals dem Jugendrausch nach uneingeschränkter Teilnahme am brausenden Leben nach, streben wichtigtuerisch nach Geltung und gesellschaftlicher Integration, heischen Partizipation an allen möglichen Aktivitäten und lechzen weiterhin nach einem täglichen Arbeitspensum. Wir brüsten uns vor anderen damit, wie sehr der Ruhestand ein Unruhestand sei und benebeln und betauben uns dadurch doch nur.

Ich frage noch einmal: wieso eigentlich? Selbst einem Fünfzigjährigen leuchtet heute doch schon ein, daß unser Leben darauf hinausläuft, mehr und mehr «überflüssig» zu werden. Das trifft – sofern wir Mütter und Väter sind – im Hinblick auf das Großziehen von Kindern genauso zu wie bei Berufstätigen bezüglich ihrer Arbeit. Solange die durchschnittliche Lebenserwartung erwachsener Menschen, Männer wie Frauen, bis ins 19. Jahrhundert hinein noch bei etwa sechzig Jahren lag, löste die jüngere Generation die ältere ab, wenn diese am Ende ihrer ‹Vita activa› angelangt war. Sterbealter und altersmäßig bedingtes Auslaufen des ‹aktiven Lebens› fielen einigermaßen zusammen. Die jüngere Generation wurde flügge, wenn die ältere das Zeitliche segnete. Generationenkonflikte waren damals strukturell nicht vorprogrammiert.

Heute dagegen sind sie es in vielen Fällen. Das Sterbealter wurde um ein Dutzend und mehr Jahre angehoben; das Erwachsenenleben währt beinahe ein Drittel länger. Doch offenbar noch ganz der Mentalität von gestern verhaftet, glauben viele unter uns, nun auch diese zusätzlichen Jahre im gleichen ‹Vita activa›-Tempo durchstehen zu müssen. Wieso nutzen wir die erstmalige Chance der verlängerten Lebenszeit nicht besser? Der ans Berufs- oder Familienleben anschließende Teil heißt ja nicht ‹Vita passiva›, sondern ‹Vita contemplativa›. Das tönt weder resignierend, noch lebensverneinend.

Auch wirtschaftlich gesehen können wir es uns leisten, «überflüssig» zu werden. Wir sind heute bei uns abgesicherter als zu jedem früheren Zeit- punkt in der Geschichte und als irgend jemand sonst auf der Welt. Wir brauchen im Ruhestand keine ‹Vita activa› zu betreiben, um Wohnung, Kleidung, Nahrung sicherzustellen. Wir haben, wie die Vorfahren auch, unser Teil geleistet, wenn wir mit 60, 65 Jahren allmählich gegen das Ende der ‹Vita activa› stoßen. Doch sterben wir, im Gegensatz zu ihnen, dann nicht mehr einfach weg. Vielmehr wird uns jede erdenkliche Chance einge- räumt, daran anschließend eine ‹Vita contemplativa› von zehn, zwanzig, dreißig Jahren zu führen. Wem daraus Langeweile, Einsamkeit oder gar eine «entsetzliche Leere» erwächst, ist zu bedauern. Und er ist zum großen Teil auch selber schuld daran.

Wir müssen lernen, überflüssig zu werden, uns mehr und mehr auf uns selbst besinnen und auf uns zurückziehen zu können, dabei nicht etwa in Eigenbrötelei zu versinken, sondern uns mehr und mehr selbst zu finden. Überflüssig werden heißt somit keineswegs, sich von der Welt abzukapseln und mit den anderen nichts mehr zu tun haben zu wollen. Es heißt jedoch sehr wohl, sich den anderen nicht länger aufzudrängen, nicht mehr um jeden Preis um (s)eine Position kämpfen und am Gerangel beruflicher, gesell- schaftlicher oder politischer Posten teilhaben zu müssen. «Überflüssig wer- den» ist etwas Positives, und zwar für sich selbst wie für die anderen. Wer mich sucht, der findet mich auch weiterhin für ihn bereit. Aber weder ist er, noch bin ich zu meiner Selbstbestätigung hierauf angewiesen. – Ich frage mich übrigens oft, ob ein solcher Zustand des sich nicht Aufdrängens und doch zur Verfügung Stehens nicht auch eine solide Basis für «Liebe» sein könnte?

Aus den Worten der hochbetagten Marie Gattiker ging indes auch hervor, daß dieses allmähliche Loslassen offensichtlich gelernt sein will. Wer erst mit achtzig dazu gezwungen wird, weil sein Körper den benebelnden Akti- vismus nicht länger mitmacht, der dürfte in der Tat in Lethargie und De- pression versinken. Für ihn muß das, was dann noch folgt, überflüssig wir- ken. Statt «gewonnene» sind es für ihn nur noch «zusätzliche» Jahre – bis

der Tod endlich ein Einsehen hat. Von ‹Vita contemplativa› kann da keine
Rede sein. Vielmehr tut sich nun die «entsetzliche Leere» auf. Statt auf ein
erfülltes langes Leben zurückzublicken und auch in diesem hohen Alter
noch aus sich selbst sinnvoll leben zu können, kommt ein solcher Mensch
dann womöglich zur späten Einsicht, gerade *nicht* gelebt zu haben. Doch
nun ist es *zu* spät. Das Angebot ist vertan, die Chance vorüber – und er hat
sie nicht wahrgenommen. Das Leben – das lange, lange Leben – geht zu
Ende, bevor es sich entfalten konnte. Schade um die vielen Jahre.

Die ganzen Ausführungen in diesem Buch waren so angelegt, daß daraus
auch ersichtlich werden sollte, wie ich mir die Planlegung eines erfüllten
langen Lebens vorstelle, auf welche Weise die ‹Vita activa› zur Vorbereitung
für eine spätere ‹Vita contemplativa› werden könnte. Ich habe dies an meinem eigenen Beispiel getan, denn nur dieses kenne ich gut genug. Der Titel
des ersten Kapitels: «Eine lange Reise über Raum und Zeit» war ganz
programmatisch gemeint. Derjenige des zweiten: «Von der unsicheren zur
sicheren Lebenszeit» nahm Bezug auf den Inhalt dieses Programms. Beide
bilden seit meinen frühen Erwachsenenjahren, zumindest aber seit dem Zeitpunkt, zu dem ich mich für das Geschichtsstudium entschied und – damit
verbunden – mit dem stets weiter ausholenden Reisen in alle Welt begann,
meinen Lebensrahmen und den Leitfaden, ihn aufzufüllen. Ein Mosaikstein
nach dem andern wurde – und wird noch laufend – darin plaziert. Im
Verlaufe des langen Lebens sollen sie sich mehr und mehr zu einem abgerun-
deten Bild zusammenfügen und am Ende eine sinnvolle Gesamtschau er-
möglichen. Das abschließende Überdenken, die innere Schau spare ich mir
für das Vierte Alter auf, für jene Zeit, wo – nach Marie Gattiker – «wegen
abnehmender Seh-, Hör- und Körperkraft nicht mehr das Tun, sondern nur
noch das Sein zählt».

Am Anfang und auch noch längere Zeit während der jüngeren Erwach-
senenjahre war das Bild recht diffus. Dies braucht nicht weiter zu verwun-
dern, denn wer könnte, nachdem er eben mit dem Legen eines Puzzles
begonnen hat, schon nach den ersten plazierten Teilchen erkennen, wie das
gesamte Mosaik dereinst aussehen wird? Oft kam ich mir eher wie in einem
Steinbruch vor. In der Geschichte hörte ich von Kriegen, von Pestilenzen,
von Mißernten. Auf den Reisen lernte ich Völker und Menschen kennen,
denen es sehr unterschiedlich gut ging. Am einen Ort gab es viele Kinder,
aber sie waren schlecht ernährt und hatten aufgequollene Hungerbäuche.
Und manche unter ihnen starben schon früh wieder weg. Am anderen Ort
fielen mir die zahlreichen älteren und alten Menschen im Straßenbild sowie
in den Parkanlagen auf; und deren Bäuche waren Wohlstandsbäuche. Wohl
begriff ich sehr bald, daß am ersten Ort eine hohe Säuglings- und Kindersterblichkeit, das Vorherrschen von infektiösen und parasitären Krankheiten sowie Unhygiene und mangelhafte Ernährung genausoviel miteinander
zu tun haben mußten wie am zweiten das augenfällig höhere Durchschnitts-

alter dieser Menschen mit ihrem Überfluß. Und ebenso rasch verstand ich, daß die Situation am ersten Ort eine Illustration jener Verhältnisse sein mußte, unter denen unsere eigenen Vorfahren während Jahrhunderten gelebt und überlebt hatten.

Diese Erkenntnisse für sich waren indes noch nicht mehr als Impressionen, als das Registrieren von Eindrücken, die mit einigen Überlegungen zusammengehalten wurden. Sehr viel mehr Kopfzerbrechen bereitete es mir, und es dauerte wesentlich länger, bis ich mir einen Reim darauf machen konnte, weshalb die Menschen am ersten Ort nicht alle todtraurig dreinschauten und sie am zweiten nicht stets mit fröhlicher Miene daherkamen, ja daß mir am ersten einige ganz offen sagten, sie möchten gar nicht mit mir tauschen. Zuvor war ich immer davon ausgegangen, daß allein ich nicht mit ihnen und somit auch nicht mit unseren Vorfahren tauschen möchte. Diese banal anmutenden Fakten waren es, die mich zum Nachdenken, zum Zimmern eines Gedankengebäudes zwangen: Was bewirkte – und bewirkt – der bei uns weitgehend vollzogene und anderswo noch im Gang befindliche Wandel von der unsicheren zur sicheren Lebenszeit? Offensichtlich nicht nur Gutes.

Den ausgelösten Denkprozeß habe ich in diesem Buch geschildert und die zurückgelegten Etappen anhand einer Vielzahl von Abbildungen illustriert und einzeln beschrieben. Ich erläuterte, wo ich heute stehe und wieso ich dahin gelangt bin. Noch immer möchte ich – selbst nach dem letzten gewaltig nachwirkenden Denkanstoß in Australien und Neuseeland – nicht tauschen, weder mit meinen Vorfahren noch mit irgend jemandem in einem Land der Zweiten, Dritten, Vierten Welt. Überheblich schiene mir diese Haltung jedoch nur dann zu sein, wenn ich ausschließlich ein schamloser Nutznießer unserer sowohl weltweit wie auch historisch einmalig privilegierten Stellung wäre. Indes übersehe ich nicht die vielen Schattenseiten. Ich habe in diesem Buch an keiner Stelle behauptet, daß wir nach der Zurückdrängung von «Pest, Hunger und Krieg» bei uns heute im Paradiese lebten. Im Gegenteil wurde immer und immer wieder auf die Glashaus-Atmosphäre unserer Situation aufmerksam gemacht. «Pest, Hunger und Krieg» können jederzeit zurückkehren, wenn wir nicht klug genug sind, sie auch weiterhin unter Kontrolle zu halten.

Im Augenblick aber *haben* wir die alte Trias – und hatten sie während der letzten drei, vier Jahrzehnte – unter Kontrolle. Und dies zeigt Wirkung. Als eines der Beispiele, auf das immer wieder Bezug genommen wurde, sei nochmals angeführt, wie im Zuge von einerseits wegfallenden jahrhundertealten Bedrohungen und andererseits nie zuvor in gleichem Ausmaß verwirklichten sozialen und wirtschaftlichen Sicherheiten die früher überlebensnotwendigen Gemeinschaftsbande lockerer wurden und sich lösten. Noch nie gingen so viele Menschen als Einzelne durchs Leben wie heute bei uns. Ein anderes Beispiel, das ebensowenig auf paradiesische Zustände schließen läßt, sind unsere heutigen Todesursachen. Nach der weitgehenden Ausmerzung von Infektionskrankheiten, die seinerzeit verhältnismäßig rasch und in allen Altern zuschlugen, stirbt heute bei uns die überwiegende Mehrzahl an chronischen und degenerativen Gesundheitseinbußen in vorgerücktem Alter, und dies oft erst nach langer Leidensphase und vielfältigen damit verbundenen Abhängigkeiten.

Aus all dem gilt es, die Konsequenzen zu ziehen: für uns, hier und heute, für mich persönlich und in Verbindung mit meiner Umwelt, aber auch im Hinblick auf jene, die uns auf der ganzen Erde in größerem oder kleinerem Abstand folgen, manchmal bedenkenlos, manchmal zögernd, manchmal widerwillig. Nur wenige gibt es, die einen anderen Weg vorziehen und nicht nach einer Maximierung von Lebensjahren streben.

Obwohl er noch lange nicht aufgefüllt ist, gibt mir dieser Rahmen mitsamt seinem sich darin allmählich abzeichnenden Gesamtbild bereits heute nicht nur die Möglichkeit, all das, was ich auf der Welt sehe oder aus der Geschichte lerne, sinnvoll einzuordnen, sondern er versetzt mich auch in die Lage, zielstrebig auszuwählen. Niemand kann alles machen, alles in sich aufnehmen und verarbeiten. Das Zeitbudget jedes Menschen ist – selbst bei einem langen Leben – beschränkt. Mit einem Ziel vor Augen läßt sich aber zumindest die in jungen Jahren häufige bloße Betriebsamkeit und die damit verbundene Hektik eindämmen sowie jeder übertriebene Aktivismus, der nur die Zeit totschlägt statt sie zu nutzen, vermeiden. Wie jedem anderen Hochschullehrer, der sich im Verlaufe der Jahre zum Spezialisten in diesem oder jenem Fach entwickelt hat, gehen auch mir laufend Anfragen zu, ob ich nicht für diese Zeitschrift oder jenen Sammelband noch einen Artikel verfassen könnte oder an dieser Konferenz oder vor jener Gesellschaft noch einen Vortrag halten würde. Doch ist die Frage für mich heute längst nicht mehr, wie und wann ich all diese «ehrenvollen Aufgaben» neben den anderen Verpflichtungen auch noch erledigen soll. Meine Entscheidung richtet sich rigoros nach dem Kriterium, wo ich tatsächlich etwas zu sagen habe. Statt einem Dutzend Vorträge, in denen dasselbe immer noch einmal in etwas anderen Worten zum Ausdruck gebracht wird, gibt es dann vielleicht nur zwei. Und statt fünf Artikeln entsteht möglicherweise nur einer – oder auch gar keiner, damit ich mich auf eine weitere Gastdozentur im Schwellenland Brasilien oder in noch weniger entwickelten Gebieten Indiens konzentrieren kann. Denn dort habe ich, wie ich meine, etwas zu sagen und kann vielleicht etwas bewirken, mehr jedenfalls, als durch den fünften oder zehnten Auftritt vor ausgewähltem Fachpublikum im heimischen Elfenbeinturm.

Nun meine ich selbstverständlich keineswegs, daß mein Beispiel der einzig gangbare Weg sei, um ein *erfülltes* langes Leben zu erreichen. Ein Allgemeinrezept hierfür gibt es meines Erachtens auch gar nicht. Die individuellen Voraussetzungen sind bei jedem Menschen anders, geprägt durch unterschiedliche Interessen, Bildung, ökonomische Verhältnisse, Freundes- oder

Familienkreis, Gesundheitszustand, Wohnungssituation, persönliche Neigungen und Wünsche. Was dem einen seine Bildungsreisen sind oder Museums-, Konzert- und Theaterbesuche, sind dem anderen vielleicht Sportveranstaltungen, Hobbygärtnerei, Kaffeekränzchen oder die Bienenzucht. Übereinstimmend ist wohl bloß, daß die Planung für eine ‹Vita contemplativa› in eine allgemeine Lebensplanung eingegliedert werden muß. Und dazu eignen sich von den eben angeführten Beispielen gewiß nicht alle gleich gut, vor allem dann nicht, wenn wir bedenken, daß dem Dritten Alter noch ein Viertes folgt. Denn dann zählt nur noch das Sein, nicht mehr das Tun.

Drei Gesichtspunkte scheinen mir abschließend allgemeinere Gültigkeit zu haben und im Zusammenhang mit dem ganzen Inhalt dieses Buches wichtig zu sein.

Erstens: Hoch entwickelte Gesellschaften mit großer Lebenssicherheit weisen eine wachsende Zahl von allein durchs Leben gehenden Menschen auf, werden also zunehmend Gesellschaften von Einzelgängern. Wer aber lebenslang ein Einzelgänger gewesen ist, wandelt sich im höheren und hohen Alter weder selbst zu einem «sozialen Wesen», noch kann oder wird er erwarten, daß sich dann unversehens irgendwelche «Gemeinschaften» um ihn kümmern. Einzelgänger sind und bleiben Einzelgänger, auch wenn sie als Hochbetagte mehr und mehr auf Fremdhilfe angewiesen sind.

Es sei hier außerdem nochmals an die unterschiedliche Lebenserwartung von Mann und Frau erinnert. 1981/83 wurden in der Bundesrepublik Deutschland unter 100 Frauen 52 80 und 31 85 Jahre alt, unter 100 Männern jedoch nur 29 und 14. Entsprechend hoch ist der Anteil älterer und alter Witwen. Weiter oben wurde bereits erwähnt, daß sich 1984 unter den in einem Alter von 80 und mehr Jahren Gestorbenen 128788 Witwen, jedoch nur 40870 Witwer befanden.

Nostalgieverbrämte, «gute alte» Gemeinschafts- insbesondere Familienbande beschwörende romantisch-rückwärtsgewandte Appelle wollen uns oft weismachen, daß «Einsamkeit im Alter» etwas Schreckliches sei. Abgesehen davon, daß entgegen landläufiger Meinung Alleinsein und Einsamsein zwei verschiedene Dinge sind, entsprechen die Vorstellungen vieler hier wohl nicht ganz den Tatsachen. Die Inhaberin des 1986 an der Universität Heidelberg eingerichteten ersten Lehrstuhls für Gerontologie in der Bundesrepublik Deutschland, die Psychologin Ursula Lehr, spricht unumwunden vom «Mythos der Einsamkeit im Alter» (so eine Kapitelüberschrift in ihrem Beitrag «Sozialpsychologische Aspekte: Alter Mensch und Familie»; in: Andreas Kruse, Ursula Lehr, Christoph Rott (Hrsg.): Gerontologie – eine interdisziplinäre Wissenschaft. München: Bayerische Monatsspiegel Verlagsgesellschaft 1987, 182).

Als unverfängliche Belege für diesen Mythos möchte ich die übereinstimmenden Ergebnisse zweier außereuropäischer Studien anführen, die das angebliche «Einsamkeits-Problem» nie verheirateter beziehungsweise kinderloser älterer Menschen in einer Wohlstandgesellschaft zum Thema haben. Die eine wurde in Australien, die andere in Kanada durchgeführt. Von der Forschergruppe «Ageing and the Family-Project» an der australischen Nationaluniversität in Canberra wurden 1050 nie verheiratete Personen in einem Alter von 60 und mehr Jahren untersucht, die in Privathaushalten von Sydney und Umgebung lebten. Das Resultat läßt keinen Zweifel zu, denn die Zusammenfassung lautet kurz und bündig: «The present study shows that never-married aged who are physically fit and mentally alert are not lonely people in a low state of morale. Past research has failed to distinguish between the functionally fit and disabled aged. Our findings indicate that the vast majority of the never-married, who live in the community, enjoy life, maintaining their independence and functioning without the complications associated with marriage» «31»): Neyland-Shadbolt 1985, 18).

Zu einem ähnlichen Ergebnis kam eine kanadische Forschergruppe an der Universität von Manitoba in Winnipeg. Sie befragte 1979 im Rahmen ihrer aufwendig angelegten und bewußt gegen den offiziellen pronatalistischen Kurs lökenden Studie «Childless Elderly: What Are They Missing?» insgesamt 338 über ganz Kanada verstreute kinderlose ältere Menschen (Durchschnittsalter: 72.3 Jahre). Auch ihre Zusammenfassung läßt an Eindeutigkeit nichts zu wünschen übrig. Es lohnt sich, jeden Satz im Original zur Kenntnis zu nehmen: «Findings reported here demonstrate that today's childless elderly have levels of well-being that match and sometimes exceed those of parent elderly. That the childless are able to construct a parallel quality of life suggests either that children are not crucial in that quest or that the childless are able to establish effective alternatives to the benefits derivid from children. It may be that the knowledge that children are not available as a fail-safe resource produces capable, self-reliant elderly. Of course, this adaptation is a lifelong process. The absence of large numbers in one's friendship network – especially of kin – may not reflect a disadvantage for the older person. There are considerable problems in designing policy around kinship structures that do not exist in their former, ideal form. It is erroneous to assume that the elderly have children who can and will look after their interests. We have learned that family is not necessarily the crucial element in determining high life quality in old age» ((31): Rempel 1985, 343, 346–347).

Die übereinstimmende Quintessenz aus beiden Studien mag auf viele wie ein Schock wirken: Weder sind allein stehende Menschen einzig aufgrund dieses Umstands «einsamer» als in Gemeinschaft lebende – vor allem auch ältere und alte nicht –, noch geht es ihnen sonstwie schlechter, *sofern sie gesund sind*. Es scheint mir besser, dieser Tatsache unvoreingenommen ins Auge zu blicken als einer Vergangenheit nachzutrauern, die es nicht mehr gibt, wenn es sie denn jemals gegeben haben sollte.

Zweitens: Auch wer nunmehr bereit ist umzudenken, wird nicht so leicht über den möglicherweise doch alles wieder in Frage stellenden Nebensatz «..., sofern sie gesund sind» hinwegkommen. Gemahnt er nicht an das berüchtigte Bild der Achillesferse? Die statistisch nachweisbare Zunahme unserer durchschnittlichen Lebenserwartung und die Standardisierung der Sterbealter auf hohem Niveau bedeuten ja noch keineswegs dasselbe wie ein gesundes langes Leben bis zum letzten Augenblick. Kennt nicht jeder genügend Beispiele aus seiner Umgebung, wie chronische Leiden älteren Menschen zu schaffen machen und wie sie diese in physische und psychische Abhängigkeit versetzen, und zwar nicht nur während zweier oder dreier Wochen vor dem Tod, sondern monate- und jahrelang? (Vgl. hierzu das großangelegte Forschungsprojekt «Disease without Death» an der Indiana University in Bloomington. – Riley 1987 (31)).

Allerdings scheint unser Blick auch hier getrübt zu sein, zum einen durch die Angst, daß es genau uns dereinst so treffen könnte, zum andern durch die beinahe ständige Diskussion in den Medien um die angeblich nicht mehr bezahlbaren Ausgaben für immer mehr ältere Menschen im Gesundheitswesen. Wie sieht die Realität aus? Die Ergebnisse einer jüngst gemeinsam vom Institut für Sozial- und Präventivmedizin der Universität Bern und der Stiftung für experimentelle Altersforschung in Basel durchgeführten Studie über «Behinderungen und Bedürfnisse Betagter» sind geeignet, zumindest die Relationen zurechtzurücken (Schweizerische Medizinische Wochenschrift 116, 1986, 1524–1542). Von medizinischer Seite kam man zum Schluß, «daß weitaus die meisten Betagten die Möglichkeiten haben, ihren Lebensabend in positivem Sinne zu erleben» (a.a.O. 1540). Von den untersuchten 66- bis 75jährigen waren ganze 9.3% auf tägliche Hilfe im Haushalt (z.B. das Bett machen oder Geschirr spülen) oder für die Pflege (beim Aufstehen und Waschen, auf der Toilette) angewiesen. Erst bei den über 85jährigen, also den sehr alten Hochbetagten, stieg der Prozentsatz auf 46.1% (1524, 1527).

Angesichts solcher eher optimistisch stimmenden Tatsachen meinten denn einige amerikanische Forscher in der umstrittenen Diskussion über die «Compression of morbidity», das heißt die Verkürzung der Krankheitsphase vor dem Tode auch bereits, daß wir uns sehr rasch einer vierten Phase in der epidemiologischen Transition näherten, nämlich dem «Age of Delayed Degenerative Diseases – a stage characterized distinctly by rapid mortality declines in advanced ages that are caused by a postponement of the ages at which degenerative diseases tend to kill» ((31): Olshansky-Ault 1986, 386). – Wichtiger als diese vielleicht doch fragwürdige Euphorie scheint mir indes der Denkanstoß zu sein, den dieselben Forscher ihren Lesern in der Schlußbemerkung mit auf den Weg geben: «Whether the influence will be positive or negative has yet to be determined. It is suggested in this paper that the age of delayed degenerative diseases represents an unexpected and perhaps welcome era in our epidemiologic history, an era that requires new ways of thinking about aging, disease, morbidity, mortality, and certainly how life will be lived in advanced ages in the very near future» (Olshansky-Ault 1986, 387). Hier wird keineswegs vorschnell dem Gedanken einer kommenden «schönen neuen Welt» gehuldigt, allein deshalb, weil ökologische und physiologische Lebenserwartung allmählich zur Deckung gelangen könnten.

Drittens: Statistiken und Durchschnittswerte sind die eine Sache. Sie kommen bei uns heute aufgrund von gesammelten Angaben über eine Vielzahl von Menschen zustande. Deshalb darf daraus berechtigterweise auch geschlossen werden, daß heute bei uns immer mehr Menschen immer länger am Leben bleiben. Aber nicht alle. Eine Garantie für den einzelnen gibt es aufgrund statistischer Durchschnittswerte nicht. So ist denn das, was mich selbst, meine eigene Person betrifft, immer noch eine andere Sache. Was nun, wenn gerade ich zu den statistischen Ausnahmen gehöre? Was wenn ausgerechnet mich ein schweres chronisches Leiden «viel zu früh» im Leben packt und schon mit vierzig oder fünfzig statt mit siebzig oder achtzig zu einer jahrelangen Auseinandersetzung mit dem sich abzeichnenden Ende zwingt? Sterben setzt spätestens mit der Gewißheit ein, an einer unheilbaren tödlichen Krankheit zu leiden. Sterben ist dann immer ein Stück Leben und besteht nicht nur aus den letzten Stunden vor dem physischen Tod. Sterben ist ein definitives Abschiednehmen von allem, was einem lieb ist: ein endgültiges Loslassen. «Aufmunterungsversuche» sind hier ebenso fehl am Platz wie jeder billige Trost.

Wieder einmal scheint der Historiker im Vorteil zu sein, doch bin ich gern bereit, mit dem Leser zu teilen. Zum einen brauchen wir uns nur nochmals daran zu erinnern, was in diesem Buch des langen und breiten geschichtlich erörtert wurde, daß nämlich das «durchschnittliche Sterbealter» unserer Vorfahren bis vor wenigen Generationen bei etwa dreißig Jahren lag. Da ich als Autor schon bald das fünfte Lebensjahrzehnt vollende, könnte ich mich vor diesem Hintergrund somit selbst dann nicht beklagen, wenn's mich bereits morgen treffen sollte. Ich habe Jahre, Jahrzehnte mehr zu meiner Verfügung gehabt als der Durchschnitt unserer Vorfahren, und zwar Jahre und Jahrzehnte, die – ganz im Gegensatz zu den ihren – keineswegs durch «Pest, Hunger und Krieg» bedroht wurden. Jedes wehleidige Klagen über «Warum so früh?» oder «Warum gerade ich?» käme mir völlig deplaziert vor.

In größere Tiefen führt der zweite Aspekt, auch er eine Frucht, die mir aufgrund meines Nachdenkens als Historiker zugefallen ist. Was ich im Verlaufe der Ausführungen immer wieder etwa als «Lebensplan» oder «Lebensziel» umschrieben habe oder in der Überschrift zu diesem Kapitel als «Reife des Lebens» bezeichnete, möchte ich hier einmal «Selbstfindung» nennen, und zwar im Gegensatz zu «Selbstverwirklichung». Bei der Selbstverwirklichung geht es um die möglichst breite Entfaltung von Anlagen, die in uns schlummern, um das Wuchern mit dem Pfunde, das uns gegeben ist. Dies betrifft die berufliche Ebene genauso wie die zwischenmenschliche, die gesellschaftliche ebenso wie die sportliche oder kulturelle. Man kann sich in einer Liebesbeziehung ebenso «verwirklichen» wie in seiner Freizeit beim Bergsteigen oder in einer künstlerischen Betätigung.

Mit Selbstfindung dagegen meine ich, seiner selbst mehr und mehr bewußt zu werden. Andere mögen es mit Hören auf die innere Stimme umschreiben oder als Wachwerden bezeichnen. Hierbei geht es nicht länger darum, seine Begabungen fruchtbar zu machen und sich beruflich oder familiär oder sportlich zu verwirklichen, sondern sich selber kennenzulernen. Hier geht es nicht um eine Rolle, die ich da oder dort spiele, nicht darum, wie ich mich nach außen zeige oder zeigen muß, oder wie ich von meiner Umgebung gesehen werden möchte, sondern darum, wie ich wirklich bin. «In dem Maße, da ich mich so zu akzeptieren beginne, wie ich wirklich bin, werde ich lebendig, was viel mehr ist als leben» (Jürg Wunderli in: Neue Zürcher Zeitung, Fernausgabe Nr. 98, 30. April 1985, 35. – Vgl. hier und zum folgenden a.a.O. den ganzen sehr bedenkenswerten Artikel «Trauer und Selbstfindung» aus der Feder dieses Mediziners).

Lebendigwerden im eben zitierten Sinn ist somit mehr, als seine – nunmehr meist vielen – Lebensjahre bloß abzusitzen. Im Unterschied zu unseren Vorfahren haben wir heute zwei große Möglichkeiten, zur Selbstfindung zu gelangen und lebendig zu werden. Einer Mehrheit unter uns wird erstmals in der Geschichte die Chance eingeräumt, das Dritte Alter zu erreichen und in wachsendem Ausmaß bei relativ guter Gesundheit bis ins Vierte vorzustoßen. Einer kleineren Zahl ist das nicht vergönnt. «Mitten im Leben» werden sie von heimtückischen Krankheiten überfallen, gegen die auch die heutige Medizin noch machtlos ist. Ihr chronisches Leiden führt zu einem «verfrühten» Tod, und zwar am Ende eines langwierigen Sterbeprozesses. Bekommen jedoch nicht auch diese Menschen – wieder im Gegensatz zu den Vorfahren – genauso ihre Chance zur Selbstfindung? Unsere Vorfahren starben mehrheitlich an verhältnismäßig rasch tötenden Infektionskrankheiten. Ein langer Sterbeprozeß blieb ihnen so zwar erspart. Doch erhielten sie dadurch auch nicht die Möglichkeit, während einer chronischen Leidenszeit zur Selbstfindung zu gelangen oder von ihr dazu gezwungen zu werden.

Sowohl für die Mehrzahl wie die Minderheit gibt es heute somit eine bessere Möglichkeit denn je, zu sich selbst zu finden. Im einen wie im andern Fall wäre es schade, wenn diese Chance nicht genutzt würde. Im ersten Fall läßt sie sich am ehesten realisieren, wenn ein Lebensplan in möglichst jungen Jahren angelegt und zielstrebig verfolgt wird, und zwar ein Plan, der nicht nur der Selbstverwirklichung, sondern darüber hinaus auch der Selbstfindung dient. Im zweiten Fall ist diese doppelte Planlegung – zur Selbstverwirklichung wie zur Selbstfindung – am Anfang und während vieler Jahre im Prinzip dieselbe, doch muß die Selbstverwirklichung zugunsten der

Selbstfindung beim Einsetzen des «verfrühten» Sterbeprozesses in den Hintergrund treten. Chronische Leiden erhalten in diesem Zusammenhang, wann auch immer im Leben sie auftreten mögen, ihren Sinn.

Genau betrachtet haben die meisten von uns heute eine doppelte Chance. Zum einen reicht die verlängerte Lebenszeit aus, um sich zuerst selbst zu verwirklichen, sich zum Beispiel im Beruf voll zu entfalten und / oder die Elternrolle bis zum Ende zu spielen. Im Anschluß an das Berufsleben oder die Elternschaft – gegebenenfalls erzwungen durch das «verfrühte» Eintreffen eines chronischen tödlichen Leidens – bleibt noch genügend Zeit, um auch zur Selbstfindung zu gelangen. Voraussetzung ist allerdings, daß wir nicht die Selbstverwirklichung zum alleinigen Lebensinhalt und Lebensziel machen, sondern eben auch die zweite Chance nutzen.

Viele, wenn nicht die meisten unserer Vorfahren hatten weder die eine noch die andere Chance. Allerdings hätten sie auch kaum verstanden, was wir hiermit meinen. Selbstverwirklichung in unserem Sinn war nicht ihr Lebensziel. Im Gegenteil kamen ihre generationenüberdauernden Stabilitäten trotz «Pest, Hunger und Krieg» gerade – wie wir sahen – dadurch zustande, daß sie sich überindividuellen Werten unterordneten und nicht ihr EGO und dessen Verwirklichung ins Zentrum stellten. Diese Unterordnung und das Einfügen in eine Gemeinschaft aber führte nicht nur zu größerer Sicherheit für den einzelnen, sondern sie gab seinem mehr oder weniger kurzen Dasein auch auf Erden einen Sinn.

Inzwischen sind die Verhältnisse jedoch nicht mehr so, wie sie es für unsere Vorfahren waren. Wir erreichen das Dritte und das Vierte Alter in großer Zahl oder / und werden von chronischen Leiden heimgesucht. Versuchen auch wir – wie unsere Vorfahren –, uns mit den Gegebenheiten zu arrangieren und die uns erstmals eingeräumten neuen Möglichkeiten zu nutzen. Sonst ist es schade: schade um die zusätzlichen Jahre, schade um die vertanen Chancen, schade um die Anstrengungen, die von vielen Seiten laufend erbracht werden müssen, um den meisten von uns diese Chancen heute zu bieten und zu gewährleisten.

Anhang

Anmerkungen

[1] Svetlana Alpers: Kunst als Beschreibung. Holländische Malerei des 17. Jahrhunderts. Köln: DuMont Buchverlag 1985 (Originaltitel: The Art of Describing. Dutch Art in the Seventeenth Century. Chicago: University of Chicago 1983). – Die amerikanische Kunsthistorikerin wendet sich hier entschieden gegen die massive Tradition der neueren Kunstgeschichte, wonach in der holländischen Malerei des 17. Jahrhunderts hinter jedem sichtbaren Element eine moralische Bedeutung verborgen wäre. Ihrer Ansicht nach wollten diese Bilder als Bestandteile einer visuellen Kultur in erster Linie mit dem Auge erfaßt werden: Freut Euch des Sehens! Vgl. von derselben Autorin auch: «Rembrandt, un maitre dans son atelier». In: Annales E. S. C. 42, 1987, 3–25. Es sei keineswegs verschwiegen, daß Svetlana Alpers von kompetenter kunsthistorischer Seite zum Teil mit vernichtenden Urteilen bedacht worden ist. Vgl. etwa die ausführliche Rezension von Josua Bruyn über The Art of Describing in: Oud Holland 99, 1985, 155–160. – Mit Vergnügen und Gewinn liest man ferner noch immer die nun erstmals zusammengefaßten und leicht zugänglichen kunsthistorischen Aufsätze und Vorträge von Jacob Burckhardt: Die Kunst der Betrachtung. Aufsätze und Vorträge zur bildenden Kunst, hrsg. v. Henning Ritter. Köln: DuMont 1984. Darin u.a. auch «Über die niederländische Genremalerei», 335–379. – Heimo Reinitzer: «Aktualisierte Tradition. Über Schwierigkeiten beim Lesen von Bildern». In: Klaus Grubmüller et al. (Hrsg.): Geistliche Denkformen in der Literatur des Mittelalters. München: Fink 1984 (anders als man erwarten könnten, wird hier die erste Hälfte des 17. Jahrhunderts behandelt). – Von kunsthistorischer Seite habe ich mich in methodischer Hinsicht stark anregen lassen vom überaus gediegenen Band Fritz Korenys: Albrecht Dürer und die Tier- und Planzenstudien der Renaissance. München: Prestel-Verlag 1985. Allerdings lesen wir bei ihm (im Hinblick auf das «Blumenstück mit Insekten» von Georg Hoefnagel ⟨Antwerpen 1542 – Wien 1600⟩): «Tulpe, Akelei, Rosen, Raupe, Schmetterlinge, Libelle und ein toter Maikäfer sind jedes einzeln für sich studiert und zu einer stilllebenartigen Darstellung arrangiert. Das 1594 datierte «Blumenstück mit Insekten» ist eines der wenigen erhaltenen frühen niederländischen Beispiele dieses Genres.... Allein schon die prononcierte Anordnung der botanischen und zoologischen Schaustücke macht die übergreifenden Bezüge sinnfällig: Neben der Schönheit der Blumen demonstrieren Raupe, Schmetterling und toter Maikäfer eindringlich Werden, Glanz und Vollendung – Entfaltung, Zenit und Hinfälligkeit allen Seins.» (S. 248. Das Stilleben ist als Farbtafel 91 reproduziert). – Ähnlich meint auch noch Bob Haak in seinem Kapitel über «Stilleben» unter direkter Bezugnahme auf Jan Brueghel den Älteren (wenn auch nicht auf unser Bild): «Viele Vanitas-Stilleben zeigen verwelkte Blumen oder einen verblühten Strauß. Insekten auf der Blume oder neben der Vase verstärken die Symbolik der vergehenden Zeit» (Bob Haak: Das Goldene Zeitalter der holländischen Malerei. Köln: DuMont 1984, 118. – Haak macht somit der ⟨Sehweise Alpers⟩ keine Zugeständnisse; vgl. die Rezension von Das Goldene Zeitalter durch Hans-Joachim Raupp in: Zeitschrift für Kunstgeschichte 49, 1986, 109–115). – Anregend immer auch noch die Arbeit von Gisela Eicke: Die Bedeutung der Insekten in der bildenden Kunst. Göttingen: Forstzoologisches Institut der Universität, Typskript Wintersemester 1963/64 (besonders Kapitel III: Insekten in der profanen Kunst, 54–59) sowie das Begleitheft zur Sonderausstellung 1982 in der Naturkunde-Abteilung des Niedersächsischen Landesmuseums Hannover: Rolf Schumacher (Red.):

Insekten und Spinnen in Kunstwerken von Hans Jähne. Hannover: Niedersächsisches Landesmuseum 1982. – Ein unermüdlicher Befürworter einer engeren Zusammenarbeit zwischen Allgemeinhistorikern und Kunsthistorikern ist seit Jahren der Geschichtsprofessor an der Princeton University Theodore K. Rabb. Als langjähriger Mitherausgeber des «Journal of Interdisciplinary History» hat er der Thematik eine umfangreiche Spezialnummer mit zwölf verschiedenen Beiträgen gewidmet: The Evidence of Art: Images and Meaning in History; A Special Issue of The Journal of Interdisciplinary History, Vol. 17, Nr. 1, 1986, 1–310.

² «Eigentlich hat der Spanische Bürgerkrieg nur Besiegte hinterlassen», beginnt einer der vielen kritischen Rückblicke anläßlich der fünfzigsten Wiederkehr von dessen Ausbruch: Dieter Kroner: Keine Sieger – nur Besiegte; in: Neue Zürcher Zeitung; Fernausgabe Nr. 146 vom 28. Juni 1986, 37–41 (auf Seite 40 ist auch das Guernica-Gemälde wiedergegeben). – Gewiß gehört der spanische Bruderkrieg zu den grausamsten Kapiteln der neueren Geschichte überhaupt. Doch trugen nicht «nur» blindwütige Gewalt auf beiden Seiten sowie die eigentlichen Kampfhandlungen zu den in die Hunderttausende gehenden Opfern bei. Ebenso viele starben an Krankheiten und Hunger. Die alte Trias von «Pest-Hunger-Krieg» war zurückgekehrt. – Zu Pablo Picassos Guernica-Gemälde vgl. Frank D. Russell: Picasso's Guernica. The Labyrinth of Narrative and Vision; Montclair, New Jersey: Allanheld & Schram 1980, sowie Herschel B. Chipp: Die Todesthematik in «Guernica». Der Tod und Spanien; in: Ausstellungskatalog Picasso – Todesthemen; Kunsthalle Bielefeld, 15. Januar bis 1. April 1984, 73–88. – Zur Bombardierung von Guernica: Hugh Thomas; The Spanish Civil War. Revised and enlarged edition; New York: Harper & Row 1977, 624–631, 986–989. Thomas kommt hierbei auch auf das Picasso-Gemälde zu sprechen. Einen eigenen Artikel widmete derselbe Autor dem Thema in der ZEIT, wobei das Gemälde ebenfalls als Blickfang reproduziert wurde: Hugh Thomas: «Vierzig Bomber, tausend Tote. Wie und warum Guernica in Schutt und Asche gelegt wurde»; in: DIE ZEIT, Nummer 18, vom 24. April 1987, 11. (Die ZEIT-Redaktion vermerkte einleitend: «Vor fünfzig Jahren bombardierte die Legion Condor das baskische Städtchen Guernica, dem Picasso mit seinem Monumentalgemälde ein Denkmal setzte. Der englische Historiker Hugh Thomas, der beste Kenner des spanischen Bürgerkrieges, schildert, was wir heute über Guernica wissen. A.a.O., 11.) – Eine gute Reproduktion von «Guernica» findet sich in: Wilhelm Boeck: Picasso. Stuttgart: Kohlhammer 1955, 233–234.

³ Friedrich Dürrenmatt in einem Interview mit Fritz J. Raddatz; DIE ZEIT, Nummer 34, vom 16. August 1985, Seite 33.

⁴ Erlebnisse von Krankheit und Tod während Kindheit und Jugend prägten Munchs ganzes Leben – und seine Kunst. Die Zitate nach Uwe M. Schneede: Edvard Munch. Das kranke Kind. Arbeit an der Erinnerung. Frankfurt: Fischer Taschenbuch Verlag 1984, S. 30.

⁵ Eine schöne, kritische Ausgabe besorgte Isa Ragusa: Meditations on the Life of Christ. An illustrated Manuscript of the Fourteenth Century. Paris, Bibliothèque Nationale, MS. Ital. 115; translated by Isa Ragusa, completed from the Latin and edited by Isa Ragusa and Rosalie B. Green; Princeton, New Jersey: Princeton University Press 1961. Wiedergegeben sind hier auch 193 Illustrationen des ursprünglichen, aus dem 14. Jahrhundert stammenden italienischen Manuskripts. Zum Kapitel X (S. 53–56) finden sich drei Abbildungen (Nr. 42–44). Auf dem ersten stillt Maria ihr Kind, während Joseph den beiden zusieht. Auf dem zweiten hält es Joseph in seinen Armen und neigt ihm seinen Kopf zu, während Maria auf die beiden zeigt. Auf dem dritten geht Joseph mit Maria, die nun das Kind wieder fest umschlossen hält, zum Tempel. – Zur Zeit des Aufenthalts in Paris 1985, der mit der Ausstellung zusammenfiel, lag mir jedoch die folgende lateinisch-französische Ausgabe vor: François Le Bannier: Méditations sur la vie de N.-S. Jésus-Christ par

le séraphique docteur Saint Bonaventure, nouvelle édition; Arras: Imprimerie de la Société du Pas-de Calais 1883; Kapitel X, S. 31–32. Die Zitate beziehen sich hierauf. Professor Jacques Ruffié und Dr. med. Vincent-Pierre Comiti vom Collège de France bin ich in diesem Zusammenhang zu Dank verpflichtet. – Zur Redigierung der «Meditationes vitae Christi» vgl. Kurt Ruh: Bonaventura deutsch. Ein Beitrag zur deutschen Franziskaner-Mystik und -Scholastik (Bibliotheca Germanica 7), Bern 1956, 269–272. – Georg Steer: Die Rezeption des theologischen Bonaventura-Schrifttums im deutschen Spätmittelalter; in: Ildefonso Vanderheyden O.F.M. (Hrsg.): Bonaventura. Studien zur Wirkungsgeschichte; Werl/Westfalen: Dietrich-Coelde-Verlag 1976, 146–156. – Sowie im Überblick: Kurt Ruh (Hrsg.): Abendländische Mystik im Mittelalter. Symposion Kloster Engelberg 1984. Stuttgart: Metzler 1986. – Zur nachlebenden Bedeutung von Franz von Assisi: Anton Rotzetter, Wilibrord-Christian van Dijk und Thaddée Matura: Franz von Assisi. Ein Anfang und was davon bleibt. Zweite, durchgesehene und verbesserte Auflage Zürich: Benziger 1982. (Vgl. auch Anm. 21 unten).

[6] Alfred Perrenoud: Le biologique et l'humain dans le déclin séculaire de la mortalité; in: Annales E.S.C. 40, 1985, 113–135, 237. Die Zitate S. 237 (= Zusammenfassung) und S. 133 (Originalton Perrenoud: «La réponse n'est plus du domaine de l'historien»). Vgl. auch seinen ausführlichen englischen Diskussionsbeitrag vom vorangehenden Jahr anläßlich eines internationalen Kongresses zur Geschichte der Mortalität: Mortality decline in its secular setting; in: Tommy Bengtsson et al. (Eds.): Pre-Industrial Population Change. The Mortality Decline and Short-Term Population Movements. Stockholm: Almqvist & Wiksell 1984, 41–69. – Nicht besser erging es, obwohl im Gegensatz zu Perrenoud mit einem gewaltigen Forschungsapparat sowie einem ganzen Team von Mitarbeitern ausgerüstet, dem amerikanischen Wirtschaftshistoriker Bob Fogel vom ‹Center for Population Economics of the University of Chicago›, der sich in den letzten Jahren um die Abklärung derselben Frage bemühte. Originalton Fogel in einem vorläufigen Abschlußbericht 1986: «The decline in mortality rates since 1700 is one of the greatest events of human history. I was inclined to say ‹one of the greatest achievements of humankind›, but the fact remains that we still do not know how much of that achievement was due to causes beyond human control.... The causes of this remarkable decline remain a puzzle» (Robert W. Fogel: Nutrition and the decline in mortality since 1700: Some additional preliminary findings; Cambridge, Massachusetts: National Bureau of Economic Research – Working Paper Series No. 1802, 1986, S. 1, 105.

[7] Albert Köbele (Hrsg.): Sippenbuch der Stadt Herbolzheim im Breisgau. Landkreis Emmendingen in Baden (= Deutsche Ortssippenbücher, Band 36, zugleich Band 17 der Badischen Ortssippenbücher). Grafenhausen bei Lahr: Selbstverlag des Herausgebers 1967. – Dem Bürgermeisteramt der Stadt Herbolzheim bin ich für die Hilfe bei der schwierigen Beschaffung dieses seit langem vergriffenen Bandes zu Dank verpflichtet. – Zur Gattung selbst vgl. den neuen Überblick von Wolfgang Böser: Ortssippenbücher, Erschließung einer genealogischen Sekundärquelle für die Sozialgeschichte. In: Blätter für deutsche Landesgeschichte 121, 1985, 1–48, und von Franz Heinzmann: Bibliographie der Ortssippenbücher in Deutschland. Düsseldorf: Selbstverlag des Verfassers 1986.

[8] Bernd Herrmann (Hrsg.): Mensch und Umwelt im Mittelalter; Stuttgart: Deutsche Verlags-Anstalt 1986. – Harry Kühnel (Hrsg.): Alltag im Spätmittelalter; Graz: Verlag Styria (Edition Kaleidoskop) 1984. – Ernst Badstüber: Klosterkirchen im Mittelalter. Die Baukunst der Reformorden; München: zweite, verbesserte Auflage, Beck 1985. – Günther Binding, Matthias Untermann: Kleine Kunstgeschichte der mittelalterlichen Ordensbaukunst in Deutschland; Darmstadt: Wissenschaftliche Buchgesellschaft 1985. – Réginald Grégoire et al.: Die Kultur der Klöster; Stuttgart: Belser 1985. – Sowie noch immer den Klassiker Norbert Elias: Über den Prozess der Zivilisation. Soziogenetische und psychoge-

netische Untersuchungen; 2 Bände, Basel: Haus zum Falken 1939. (Die zweite, um eine
Einleitung vermehrte Auflage ist leicht greifbar als Suhrkamp Taschenbuch Wissenschaft,
Nummern 158 und 159. – Vgl. dazu ferner: Peter Gleichmann et al. (Hrsg.): Materialien
zu Norbert Elias' Zivilisationstheorie; Frankfurt: Suhrkamp 1977 (= Suhrkamp Taschenbuch Wissenschaft, Nr. 233).) – In ihrem dreibändigen Monumentalwerk zum
Sankt Galler Klosterplan aus dem 9. Jahrhundert, der den Forschern im einzelnen immer
noch Rätsel aufgibt, gehen die beiden Autoren auch ausführlich auf die verschiedenen
Toilettenanlagen ein und diskutieren deren Weiterentwicklung in der monastischen Architektur bis ins Spätmittelalter. Walter Horn, Ernest Born: The Plan of St. Gall. A Study of
the Architecture & Economy of, & Life in a paradigmatic Carolingian Monastery; 3
Bände, Berkeley: University of California Press 1979; bezüglich der Toilettenanlagen speziell Bd. I, 259–262, und Bd. II, 300–314. Für uns sind zwei Punkte besonders aufschlußreich. Zum einen kommen die Verfasser zum Ergebnis, «that the standards of sanitary
hygiene in a medieval monastery were far advanced not only over those of any of their
classical proto- or antitypes, but – with the sole exception of modern de luxe hotels – even
conspicuously superior to common standards of modern sanitation» (Bd. II, 301). Sie
belegen ihre Behauptung hauptsächlich damit, daß die Anzahl Toilettensitze pro Mönch
allerhöchstens 1:2 betragen habe. – Da der Plan von Sankt Gallen indes eine Klosteranlage
gemäß der Benediktinerregel darstellt, enthält er nicht nur Kirche, Klausur, Noviziat,
Hospital, Gästehaus und Pilgerherberge, sondern auch Werkstätten, Ökonomiegebäude
und Gartenanlagen. Für die zahlreichen dort mithelfenden Laien würde man jedoch, genauso wie für die Pilger und ärmeren Besucher, im Plan vergeblich nach irgendwelchen
Toiletten suchen. Kommentar der Autoren: «One of the puzzling aspects of the Plan of St.
Gall is the fact that although its author is scrupulously precise in the specifications of the
privies that answer the needs of the monks and their noble visitors, the question of privies
is not even raised on the level of the serfs, the workmen, and the paupers. The absence of
privies (or even the provision of space for such) is most strongly felt in the case of the Great
Collective Workshop and the Hospice for Pilgrims and Paupers. This is not an oversight,
in my opinion, but a case of social discrimination. From a certain level downward the
designer of the scheme left the solution of the individual privy to the ingenuity of the
builder. In the case of those structures housing both humans and animals this poses no
problem, as the sanitation of the human occupants is subject to the same order of cleanli-
ness that governs good animal husbandry and can be met with the greatest of ease by an
infinite variety of ingenious improvisations. But in the case of the Great Collective Workshop and the Hospice for Pilgrims and Paupers, the absence of privies – or even the
provision of space for them – is more disquieting. The designer simply chose not to express
himself on this issue» (Bd. II, 310–312).

[9] Einen hervorragenden Einblick in die damaligen Alltagsverhältnisse ländlicher Regionen gewähren die von Amtsärzten verfaßten «medizinischen Topographien». Diese detail-
lierten Berichte liegen für den deutschen, vor allem den südwestdeutschen Raum in großer
Zahl vor. Sie erstrecken sich über den Zeitraum von etwa der Mitte des 18. Jahrhunderts
bis zum Ersten Weltkrieg. Viele von ihnen wurden gedruckt. Soweit wir sie ermitteln
konnten, haben wir sie im Verlaufe der letzten Jahre für die eigenen Forschungszwecke
mikroverfilmt. Die Sammlung umfaßt inzwischen rund 150 Rollen. Weitere 246 «Medizi-
nisch-Topographische und Ethnographische Beschreibungen der Physikatsbezirke Bay-
erns» speziell für die Jahre 1858–1861 befinden sich als Manuskripte in der Handschrif-
ten-Abteilung der Münchner Staatsbibliothek. Die über 20000 Folioseiten sind in 207
Bänden zusammengefaßt. Eine kommentierte Auswahledition unter der Leitung des Wirt-
schafts- und Sozialhistorikers Wolfgang Zorn und des Medizinhistorikers Christian Probst
ist seit 1982 bei der Historischen Kommission der Bayerischen Akademie der Wissenschaf-

ten im Gange. Vgl. hierzu: Wolfgang Zorn: Medizinische Volkskunde als sozialgeschichtliche Quelle. Die bayerische Bezirksärzte-Landesbeschreibung von 1860/62. In: Vierteljahrschrift für Sozial- und Wirtschaftsgeschichte 69, 1982, 219–231; sowie Wolfgang
Zorn und Christian Probst (Hrsg.): Karl Georg Bredauer: Bezirksamt Riedenburg. Eine
topographisch-ethnographische Bezirksbeschreibung von 1861. In: Verhandlungen des
Historischen Vereins für Oberpfalz und Regensburg 125, 1985, 239–325. (Hierbei handelt es sich um die beinahe ungekürzte exemplarische Wiedergabe einer der ergiebigsten
Berichte aus dieser Kollektion.). Laut Auskunft von Anfang 1987 soll sich das Kommis-
sionsprojekt künftig möglicherweise auf die Edition eines Regesten- und Findbuches mit
sozial- und medizingeschichtlicher Einleitung samt Personen- und Ortsregister beschrän-
ken, da man zwischenzeitlich an anderen Stellen die Volledition regionaler Bestände in die
Wege geleitet hat, so etwa an der Volkskundlichen Abteilung der Universität Würzburg die
Physikatsberichte von 1852 für den heutigen Bezirk Unterfranken (Mitteilung Professor
Dr. Wolfgang Brückner vom 30. 01. 1987). – Über die Auswertungsmöglichkeiten vgl. je
eine umfangreiche Dissertation: a) aufgrund des Münchner Materials: Eberhard Wormer:
Das Leben der Oberpfälzer in Gesundheit und Krankheit an der Schwelle zum Industrie-
zeitalter. Nach den Physikatsberichten der Bezirksärzte aus den Jahren 1858 bis 1861.
Diss.med. TU München 1986 (353 Seiten); b) aufgrund der Berliner Mikrofilm-Samm-
lung: Jan Brügelmann: Der Blick des Arztes auf die Krankheit im Alltag 1779–1850.
Medizinische Topographien als Quelle für die Sozialgeschichte des Gesundheitswesens.
Phil. Diss. FU Berlin 1982 (397 Seiten).

[10] Friedrich Dürrenmatt, wie Anm. 3, S. 33.

[11] Für eine neuere Diskussion von ökologischer und physiologischer Lebenserwartung,
von mittlerer maximaler und maximaler Lebensspanne sowie ihren historischen Aspekten
vgl. Mirko D. Grmek: Les maladies à l'aube de la civilisation occidentale; Paris: Payot
1983, S. 151–165. – Ferner: William G. Bailey (zusammengestellt von): Human Longevity
from Antiquity to the Modern Lab. A Selected, Annotated Bibliography. London: New
Greenwood Press 1987.

[12] So auch der Untertitel im zentralen Werk von Fries und Crapo, zwei Professoren von
der Stanford University School of Medicine: James F. Fries und Lawrence M. Crapo:
Vitality and Aging. Implications of the Rectangular Curve; San Francisco: Freeman 1981.

[13] So der Titel des Sammelbandes von Torsten Kruse und Harald Wagner (Hrsg.):
Sterbende brauchen Solidarität. Überlegungen aus medizinischer, ethischer und juristi-
scher Sicht. München: Beck 1986. Der Buchtitel geht auf den darin enthaltenen Beitrag des
Moraltheologen Volker Eid zurück.

[14] Statistisches Bundesamt Wiesbaden: Sterbefälle nach Todesursachen (Einzelnachweis), 1985. Wiesbaden: Statistisches Bundesamt 1986, 4. Diese «Einzelnachweis»-Ver-
sion enthält sämtliche (auch drei- und vierstelligen) Positions-Nummern. Sie erscheint
jährlich als sogenannte Arbeitsunterlage und wird Interessenten auf Anfrage zur Verfügung gestellt. Ein abgekürzte Fassung mit den rund 750 wichtigsten Positionen in der
Bundesrepublik wird gleichzeitig ebenfalls jährlich in der «Fachserie 12, Gesundheitswesen, Reihe 4, Todesursachen» veröffentlicht. – Die entsprechende Amtsstelle in Frankreich
bemüht sich seit Jahren in einem arbeits- und zeitaufwendigen Reorganisationsverfahren,
die ihr Land betreffenden Daten zumindest für den Zeitraum ab 1925 untereinander
vergleichbar zu machen. 1986 zirkulierte in Fachkreisen eine Vorabpublikation in limi-
tierter Auflage: Jacques Vallin, France Meslé: Les causes de décès en France de 1925 à
1943. Reclassement selon la 4ᵉ révision de la Classification internationale. Paris: Institut
National d'Etudes Démographiques 1986 (= Travaux et Documents; Annexe I du Cahier
115). Die endgültige Publikation ist auf insgesamt sieben Bände veranschlagt, die in den
nächsten Jahren nach und nach herausgegeben werden sollen. – Über die Schwierigkeiten

einer retrospektiven Auswertung amtlicher Todesursachen-Statistiken zu epidemiologi-
schen Zwecken vgl. Rainer Frentzel-Beyme: Einführung in die Epidemiologie. Darmstadt:
Wissenschaftliche Buchgesellschaft 1985, besonders Kapitel VIII: Epidemiologie auf der
Basis von Sterblichkeitsdaten, 62–85.

[15] Geneviève Heller: ‹Propre en ordre›. Habitation et vie domestique 1850–1930: l'ex-
emple vaudois. Lausanne: Editions d'En Bas 1979. – Über die alltäglichen Zustände
während der vorangegangenen Jahrhunderte in der Schweiz vgl. die beiden weit ausholenden Darstellungen einerseits von Albert Hauser: Was für ein Leben. Schweizer Alltag vom
15. bis 18. Jahrhundert Zürich: Verlag Neue Zürcher Zeitung 1987, und andererseits von
Markus Mattmüller: Bevölkerungsgeschichte der Schweiz. Teil I: Die frühe Neuzeit,
1500–1700; Band 1: Darstellung, Band 2: Wissenschaftlicher Anhang. Basel: Helbing &
Lichtenhahn 1987. – Beiden Kollegen – der erste in Zürich, der zweite in Basel – danke ich
für viele anregende Gespräche und so manchen Gedankenanstoß.

[16] Zur Ausstellung publizierte die Banca Cattolica del Veneto, in deren Besitz die Gemälde sind, einen schmalen Katalog mit farbiger Wiedergabe sämtlicher vierzehn Bilder.
Vittorio Sgarbi: (Ausstellungskatalog) Pietro Longhi. Die Gemälde im Palazzo Leoni Mon-
tanari in Vicenza (ohne Ort, ohne Jahr). Zwischen 1982 und 1987 wurde die Ausstellung
in 24 europäischen Städten gezeigt, von London bis Moskau, von Lyon bis Berlin (West;
hier in der Gemäldegalerie der Staatlichen Museen Preußischer Kulturbesitz vom 7. 2.–
8. 3. 1987).

[17] An der Universität Münster bestand zwischen 1967/68 und 1985 ein von der Deutschen Forschungsgemeinschaft getragener Sonderforschungsbereich «‹Mittelalterforschung› (Bild, Bedeutung, Sachen, Wörter und Personen)». Zentral für einen der vier
Unterbereiche war die Erforschung von Memoria im Sinne liturgischen Gedenkens für
Personen und Personengruppen. Die im Rahmen dieses sog. Teilprojekts B «Personen und
Gemeinschaften» errichtete Datenbank enthielt schließlich Zehntausende von gespeicher-
ten Namenbelegen. Die Auswertung der nekrologischen Überlieferung von Cluniacensern
erbrachte zum Beispiel allein rund 450000 Computereintragungen. Sie sind alle abrufbe-
reit. – Über die außerordentlich ertragreiche Arbeit dieses Sonderforschungsbereichs
orientiert ein 117 Seiten umfassender Abschlußbericht (Universität Münster 1986, hrsg. v.
Sonderforschungsbereich 7 «Mittelalterforschung»). Darin werden allein für die letzten
drei Arbeitsjahre mehrere hundert Publikationen nachgewiesen, darunter als eine der
wichtigsten in unserem Zusammenhang: Karl Schmid und Joachim Wollasch (Hrsg.):
Memoria. Der geschichtliche Zeugniswert des liturgischen Gedenkens im Mittelalter (=
Münstersche Mittelalter-Schriften, Bd. 48). München: Fink 1984 (786 Seiten!).

[18] Aus dem Roman «Leiden und Freuden eines Schulmeisters», den Jeremias Gotthelf
1838 und 1839 in zwei Teilen publizierte. Hier zitiert nach der Ausgabe: Jeremias Gotthelfs Werke in zwanzig Bänden, hrsg. v. Walter Muschg. Band 3, Birkhäuser: Basel 1948,
179 (aus dem Kapitel 15 des zweiten Teils des Romans).

[19] «C'est en ce monde ung paradis terrestre» zitiert nach der Ausgabe von J.-A. Buchon
(Hrsg.): Chroniques de Jean Molinet, Tome V; CCCXXIV. Paris: Verdière 1828, 271.

[20] Richard Weiss: «Die Frage der Kontinuität des Nikolausbrauches im nachreformatorischen Zürich». In: Archivalia et historica. Zürich: Berichtshaus 1958, 246–260. – Pieter
J. Meertens: «Vorreformatorische Relikte in den reformatorischen Niederlanden». In:
Festschrift Matthias Zender, hrsg. v. Edith Ennen und Günter Wiegelmann. Bonn: Röhr-
scheid 1972. Band 1, 395–411. – Ernst Walter Zeeden: Katholische Überlieferungen in
den Lutherischen Kirchenordnungen des 16. Jahrhunderts. In: Ders. (Hrsg.): Konfessions-
bildung. Studien zur Reformation, Gegenreformation und katholischen Reform. Stuttgart:
Klett-Cotta 1985, 113–191. (Dieser umfangreiche Artikel ist in unserem Zusammenhang
besonders aufschlußreich, da hier in erster Linie auf die tradierte religiöse Praxis geachtet

wird, auf die Einrichtungen und das äußere Gewand der Kirche: im Gottesdienst, im kultischen und religiösen Brauchtum, im Recht und im Bereich der kirchlichen Verfassung). – Zur Frage der «Kontinuität» vgl. zudem von volkskundlicher Seite den Sammelband: Hermann Bausinger und Wolfgang Brückner (Hrsg.): Kontinuität? Geschichtlichkeit und Dauer als volkskundliches Problem. Berlin: Schmidt 1969. – Den Gotthelf'schen Bauern im reformierten Bernbiet hatte sich der «Frauentag oder Mariä Verkündigung» (= 25. März) vor allem auch deswegen so fest eingeprägt, weil an ihm «die Hälfte des Hauszinses fällig war». So im 16. Kapitel von «Käthi die Grossmutter, oder der wahre Weg durch jede Not. Eine Erzählung für das Volk», hier zitiert nach: Jeremias Gotthelfs Werke in zwanzig Bänden, hrsg. v. Walter Muschg. Basel: Birkhäuser 1949, Bd. 10, S. 250. – Die erwähnten Vortragstitel betreffen: Edgar Harvolk: «‹Volksbarocke› Heiligenverehrung und jesuitische Kultpropaganda» sowie Werner Gross: «Heiligenverehrung in der Glaubenspraxis der Gegenwart», beide gehalten im Rahmen der wissenschaftlichen Studientagung «Heiligenverehrung in Geschichte und Gegenwart» der Akademie der Diözese Rottenburg-Stuttgart, 8.–12. April 1987 in Weingarten (Oberschwaben). Vgl. den Tagungsbericht in den AHF-Informationen, Nummer 27, vom 7. August 1987. – Herrn Dr. Theo Gantner vom Schweizerischen Museum für Volkskunde Basel danke ich für zusätzliche Auskünfte und Hilfestellungen. Unter Richard Weiss hatte die Zusammenarbeit zwischen Volkskunde und Geschichte an der Universität Zurich bereits vor drei Jahrzehnten Tradition. So ging die eingangs erwähnte Arbeit aus einem gemeinsamen Seminar hervor. Von der jüngeren Zuwendung deutscher Historiker zur religiösen Volkskunde zeugt der Sammelband (mit reichen Literaturhinweisen): Wolfgang Schieder (Hrsg.): Volksreligiosität in der modernen Sozialgeschichte. Göttingen: Vandenhoeck & Ruprecht 1986.

[21] Kurt Ruh (Hrsg.): Abendländische Mystik im Mittelalter. Symposion Kloster Engelberg 1984. Stuttgart: Metzler 1986. – «Was ist Mystik?» war das Thema des einzigen öffentlichen Abendvortrags, gehalten von Alois M. Haas (abgedruckt 319–341). – Ursprünglich sollte der fünfte und abschließende Tag dem Thema «Lebenspraktische Umsetzung der Mystik» gewidmet sein. Tatsächlich wurden dann jedoch wiederum spezifisch wissenschaftliche Vorträge zum Thema «Sprache und Formen der Mystik» gehalten. Vgl. Vorbemerkungen VII–IX sowie Einführung 1–2. (Vgl. auch Anm. 5 oben).

[22] Egil Johansson: The History of Literacy in Sweden. In comparison with some other countries. Umeå: Umeå University and Umeå School of Education, Sweden 1977 (= Educational Reports, No. 12), 9–10. Wieder abgedruckt in: Harvey J. Graff (Hrsg.): Literacy and social development in the West. A reader. Cambridge: Cambridge University Press 1981, 151–182, 328–329; das Zitat auf S. 156. – Ähnliches berichten zeitgenössische Beobachter über die weitverbreiteten Lesekenntnisse der ländlichen Bevölkerung im zwinglianisch-reformierten Umland von Zürich für die Mitte des 18. Jahrhunderts. Vgl. Marie-Louise von Wartburg-Ambühl: Alphabetisierung und Lektüre. Untersuchung am Beispiel einer ländlichen Region im 17. und 18. Jahrhundert. Bern: Lang 1981. Bezüglich der Lese- (nicht der Schreib-)kenntnisse besonders die Kapitel 2 und 3. – Vgl. außerdem die weiteren Hinweise im Verzeichnis der Abbildungen am Schluß des Buches zu Abb. 53.

[23] Eli Filip Heckscher: Der Merkantilismus. Autorisierte Übersetzung aus dem Schwedischen von Gerhard Mackenroth. Band 2 Jena: Fischer 1932, 143, sowie das ganze Kapitel «Bevölkerung», 142–148.

[24] Vgl. hierzu den weitausholenden Sammelband von Glenn Hausfater und Sarah Blaffer Hrdy ⟨sic!⟩ (Eds.): Infanticide. Comparative and Evolutionary Perspectives. New York: Aldine 1984, besonders die Beiträge zu den Kapiteln II («Infanticide in nonhuman Primates», 143–319) und IV («Infanticide in Humans: Ethnography, Demography, Sociobiology, and History», 425–520) sowie die umfangreiche Bibliographie, 521–588. Schon

das Vorwort ist unmißverständlich: «This volume – one product of a 1982 Wenner-Gren Foundation conference on ‹Infanticide in Animals and Man› held at Cornell University – marks the end of a transition period. Over the past decade, the intellectual pendulum in behavioral biology and related disciplines has swung from an earlier view that infanticide could not possibly represent anything other than abnormal and maladaptive behavior to the current view that in many populations infanticide is a normal and individually adaptive activity. Reflecting this change of perspective and exemplified by the papers in this volume, researchers have begun to interpret an ever expanding list of behaviors as subtle forms of infanticide or counterstrategies to infanticide» (aus dem Vorwort der Herausgeber: Preface XI).

[25] Robert F. Weir: Selective nontreatment of handicapped newborns. Moral dilemmas in neonatal medicine. Oxford: Oxford University Press 1984. – Über die im Anschluß daran heftig entbrannte Diskussion sowie die Stellungnahme des Autors dazu: Robert F. Weir: Selective nontreatment – One year later: reflections and response. In: Social Science & Medicine, Vol. 20, No. 11, 1985, 1109–1117.

[26] John C. Caldwell: «Education as a Factor of Mortality Decline: An Examination of Nigerian Data». In: Population Studies 33, 1979, 391, 395–413. – John C. Caldwell und Peter McDonald: «Influence of maternal education on infant and child mortality: Levels and causes». In: International Union for the Scientific Study of Population (Hrsg.): International Population Conference, Manila 1981, Solicited Papers, Vol. 2. Liège: IUSSP 1981, 79–96. – John C. Caldwell: «Routes to Low Mortality in Poor Countries». In: Population and Development Review 12, 1986, 171–219. – Jean-Claude Chesnais: La transition démographique. Etapes, formes, implications économiques. Etude de séries temporelles (1720–1984) relatives à 67 pays. Paris: Presses Universitaires de France 1986. – Michael R. Haines und Roger C. Avery: «Differential Infant and Child Mortality in Costa Rica: 1968–1973». In: Population Studies 36, 1982, 31–43. – Hubert Markl: «Für eine Leistungselite mehr als das Übliche tun». In: Frankfurter Allgemeine Zeitung, Nr. 151, 4. Juli 1986, 10–11 (= Markl 1986;1). – Ders.: «Forschung und Verantwortung». In: Erdöl, Erdgas, Kohle 102, 1986, 484–486 (= Markl 1986;2).

[27] «Sterben die Deutschen aus?»: Titelseite des SPIEGEL Nr. 13, 29. Jahrgang, vom 24. März 1975, sowie Redaktions-Artikel: «Die Kinder wollen keine Kinder mehr», 38–57. Vgl. ferner die Leserbriefe dazu in der SPIEGEL-Nummer 16/1975, 7–9. – Anschließend z.B. Hermann Schubnell: «Sterben die Europäer aus?». In: L. Franke und H.W. Jürgens (Hrsg.): Keine Kinder – Keine Zukunft? Zum Stand der Bevölkerungsforschung in Europa (= Schriftenreihe des Bundesinstituts für Bevölkerungsforschung, Bd. 4). Boppard am Rhein: Boldt 1978, 9–17. – Sowie neuerdings etwa wieder Olivier Blanc et al.: Sterben die Schweizer aus? Die Bevölkerung der Schweiz: Probleme, Perspektiven, Politik. Bern: Paul Haupt 1985.

[28] Hans-Joachim Hoffmann-Nowotny: «Auf dem Wege zu einer Gesellschaft von Einzelgängern?». In: Neue Zürcher Zeitung, Nr. 156, 7./8. Juli 1984, 37 (auch abgedruckt in der Fernausgabe Nr. 155, 7. Juli 1984, 9. – Wesentlich ausführlicher behandelt in: Ders.: Gesamtgesellschaftliche Aspekte der Entwicklung von Ehe, Familie und Fertilität. In: H.-J. Hoffmann-Nowotny et al.: Planspiel Familie. Familie, Kinderwunsch und Familienplanung in der Schweiz. Diessenhofen: Rüegger 1984, 17–76). – Die Statements aller Referenten an der Konferenz «Die verlängerte Lebenszeit: Auswirkungen auf unser Zusammenleben, oder: Werden wir ein Volk von Einzelgängern?» vom 26.–28. November 1986 an der Freien Universität Berlin liegen gesammelt als Materialienmappe vor: Zweite, erweiterte Auflage: Berlin: Fachbereich Geschichtswissenschaften der Freien Universität Berlin 1986. – Eine kritische Würdigung des Symposiums durch Susanna Elm: «Volk von Einzelgängern? Eine Berliner Tagung über die verlängerte Lebenszeit». In: Frankfurter Allgemeine

Zeitung, Nr. 292 vom 17. 12. 1986, 32. – Ein abwägender Bericht unter dem Titel «The Extended Life Course. Reflections on a European Multidisciplinary Symposium in Berlin, 26–28 November 1986». In: Medical History 31, 1987, 440–449. – Vgl. dagegen indes auch Fritz Vilmar und Brigitte Runge: Auf dem Weg zur Selbsthilfegesellschaft? 40 000 Selbsthilfegruppen: Gesamtüberblick, politische Theorie und Handlungsvorschläge. Essen: Klartext-Verlag 1986 (sowie die Besprechung dieses Buches durch Heinz Abosch unter dem Titel: «Selbsthilfe als soziales Modell». In: Neue Zürcher Zeitung, Fernausgabe Nr. 231, 7. Oktober 1986, 30).

[29] Ausführlicher behandelt in den Aufsätzen «Individualismus und Lebenserwartung in Japan. Japans Interesse an uns». In: Leviathan 14, 1986, 361–391. – «Is Japan following Europe towards a society of singles? Possible impacts of the rapid increase in life expectany on Japanese social structure – As seen by a European historical-demographer». In: Keio Economic Studies 23, (Tokyo) 1986, 21–47. – «What has the Longevity in Europe and Japan to Teach India?». In: Demography India. Population – Society – Economy – Environment – Interactions 15, 1986, 1–25. – Bei den Werken der beiden japanischen Autorinnen handelt es sich um: 1. Chie Nakane: Die Struktur der japanischen Gesellschaft. Frankfurt: Suhrkamp 1985 (ihre Feldforschungsergebnisse publizierte sie in japanischer Sprache 1964; eine englische Version der erweiterten Studie erschien 1970 als ‹Japanese Society›. London: Weidenfeld and Nicolson). – 2. Sawako Ariyoshi: The Twilight Years. Tokyo: Kodansha 1984 (das japanische Original erschien 1972 im selben Verlag als ‹Kokotsu no hito›, wörtlich etwa ‹Ein Mann in Ekstase›). – Die Scheidungs-Studie von Fumie Kumagai: Changing Divorce in Japan. In: The Journal of Family History 8, 1983, 85–108. – Tadashi Fukutake: The Japanese Social Structure. Its Evolution in the Modern Century. Translated and with a Foreword by Ronald P. Dore. Tokio: Tokyo University Press 1982 (Original: Nihon Shakai no Kozo, ebenfalls Tokyo University Press 1981). – Kiyomi Morioka: A Japanese Perspective on the Life Course: Emerging and Diminishing Patterns. Paper, prepared for the Meeting of the American Sociological Association, August 27, 1985. Washington, D.C.; further discussed at a Meeting at Keio University, Tokyo, February 6, 1986.

[30] Marie Gattiker: «Die Sicht der Hochbetagten». In: Neue Zürcher Zeitung, Fernausgabe Nr. 199, 30. 08. 1985, 11. – Die Verfasserin nimmt Bezug auf den Beitrag von Dr. Peter Rinderknecht (Informationschef der Schweizerischen Pro Senectute / Für das Alter): «Senioren auf dem Weg zur Selbsthilfe. Von der Betreuung zur Beteiligung». In: Neue Zürcher Zeitung, Lokalausgabe Nr. 171, 26. 07. 1985, 31 (auch abgedruckt in der Fernausgabe Nr. 171, 27. 07. 1985, 23. – Die «Schweizerische Pro Senectute», eine bereits 1917 gegründete private Stiftung mit dem erklärten Ziel, «dass der Mensch auch im Alter ein erfülltes Leben leben kann», ist nicht mit der deutschen Gesellschaft gleichen Namens zu verwechseln: «Pro Senectute. Gesellschaft für würdiges Leben und Sterben im Alter», derzeit unter dem Vorsitz von Professor Dr. Hartmut Diessenbacher von der Universität Bremen). – Dr. P. Rinderknecht seinerseits bezog sich im erwähnten Artikel auf den damals kurz vor dem Erscheinen stehenden Sammelband von Margret Klauser-Barth (Hrsg.): Impulse für die zweite Lebenshälfte 86. Basel: Reinhardt 1985. Frau Doris Bucher vom Informations- und Pressedienst der Schweizerischen Stiftung Pro Senectute danke ich für ausführliche Erläuterungen im April 1987. – Zum Buch von Sawako Ariyoshi: The Twilight Years. Tokyo: Kodansha 1984, vgl. die Hinweise zu den Abbildungen 62 und 63.

[31] S. Jay Olshansky und A. Brian Ault: «The Fourth Stage of the Epidemiologic Transition: The Age of Delayed Degenerative Diseases». In: The Milbank Quarterly 64, 1986, 355–391. Jay Olshansky, früher Department of Sociology, University of Utah, jetzt Argonne National Laboratory at Argonne, Illinois, habe ich für eine mehrjährige Korrespondenz zu danken. – Beth Neyland and Bruce Shadbolt: The Functionally Fit Never-Married

Aged Living in the Community: A Comparison of Morale with their Married Counter-parts (= Research School of Social Sciences – Ageing and the Family-Project. Working Paper No. 76). Canberra: Australian National University 1985. – Dr. Hal L. Kendig und seiner ganzen Forscher-Equipe am Institute of Advanced Studies in Canberra danke ich für viele anregende Gespräche sowie die zur Verfügung gestellten Computer-Materialien während meiner beiden Aufenthalte als Visiting Research Fellow 1985 und 1987. – Vgl. hierzu ingesamt: Hal L. Kendig (Ed.): Ageing and Families. A Support Networks Perspective. Sydney-London-New York: George Allen and Unwin 1987. – Judith Rempel: Childless Elderly: What Are They Missing? In: Journal of Marriage and the Family 47, 1985, 343–348. Auch Judith D. Rempel vom ‹Aging in Manitoba Longitudinal Research Project›, Winnipeg, Kanada, danke ich für zusätzliche persönliche Informationen. – James C. Riley: Disease without Death: New Sources for a History of Sickness. In: Journal of Interdisciplinary History 17, 1987, 537–563.

Verzeichnis der Abbildungen
mit bibliographischen Angaben

Abb. 1: Strichzeichnung nach Jan Brueghel dem Älteren «Der Blumenstrauß» (um 1619/ 20; Original in der Gemäldegalerie der Staatlichen Museen Preußischer Kulturbesitz Berlin) mit Hervorhebung und Auflistung der erkenn- und bestimmbaren Kleinlebewesen.

Zoologische Bestimmung aller im Original erkennbaren Insekten und Spinnen mit Nummer in der Strich-Nachzeichnung, der umgangssprachlichen Bezeichnung, dem deutschen und (in Klammern) dem lateinischen Fachnamen, der Position im Gemälde (zusätzlich mit Hinweis auf die Nummer im Führungsblatt der Dahlemer Gemäldegalerie) sowie einigen ergänzenden Anmerkungen. – Bei der Bestimmung dieser Kleinlebewesen waren mir Professor Dr. Ekkehard Wachmann vom Institut für Allgemeine Zoologie der Freien Universität Berlin und Dr. Joachim Haupt vom Institut für Biologie-Zoologie an der Technischen Universität Berlin behilflich, ferner Frau Rita Gudermann von meiner Forschergruppe. Für die Erlaubnis zur eingehenden Bilduntersuchung im Museumslabor mit mehreren Studenten im Wintersemester 1986/87 bin ich überdies dem Direktor der Gemäldegalerie, Professor Dr. Henning Bock, sowie dem Betreuer der umfangreichen Abteilung flämischer und holländischer Malerei, Dr. Jan Kelch, zu Dank verpflichtet.

1. Ein Schmetterling: Hummelschwärmer (Hemaris fuciformis) – groß links von der Vase
   Anmerkung: Scheinbar fehlerfrei gezeichnet, kann eindeutig bestimmt werden, gehört zur Gruppe der Schmetterlinge.
2. Eine Libelle: Teichjungfer-Art (Lestes ...) – bei Schachbrettblume (Nr. 12) Blütezeit: April–Mai
   Anmerkung: Meist erst ab Ende Mai zu finden, Ringelung (Farbenkombination) des Hinterleibes nicht korrekt.
3. Eine Heuschrecke: eine Feldheuschrecken-Art (Familie der Acrididae) – bei Pfingstrose (Nr. 13) Blütezeit: Mai–Juni
   Anmerkung: Lebt im Gras und ist gewöhnlich nicht auf Blumen zu finden.
4. Eine Spinne: Kreuzspinne, weibliches Tier (Araneus ...) – bei zweiblättrigem Blaustern (Nr. 39) Blütezeit: März–April
   Anmerkung: Normalerweise zwischen Blättern, Zweigen und Grashalmen zu finden, nicht jedoch an Blumen. Spinnen gehören nicht zu den Insekten.
5. Ein Phantasietier: – auf Kronenanemone (Nr. 20) Blütezeit: April–Mai
   Anmerkung: Sehr genau gezeichneter zikadenähnlicher Kopf, aber mit spinnenähnlichem Körper, ein Bein an der falschen Stelle angebracht.
6. Ein Käfer: Siebenpunkt-Marienkäfer (Coccinella septempunctata) – auf Aurikel (Nr.42) Blütezeit: April–Juni
   Anmerkung: Acht (!) Punkte in ungewöhnlicher Verteilung, am Hinterende fälschlicherweise ein weißer Fleck, ernährt sich von Blattläusen.
7. Eine kleine Spinne: – auf Damaszener Rose (Nr. 1) Blütezeit: Juni–Juli
   Anmerkung: Unbestimmbar, da «von schräg oben hinten» gemalt (Wachmann).
8. Eine Heuschrecke: eine Feldheuschrecken-Art (Familie der Acrididae) – bei Damaszener Rose (Nr. 1) Blütezeit: Juni–Juli
   Anmerkung: Lebt im Gras und ist gewöhnlich nicht auf Blumen zu finden.

9. Eine Fliege: eine Schwebfliegen-Art (Familie der Syrphidae) – auf Damaszener Rose (Nr. 1) Blütezeit: Juni–Juli
    Anmerkung: Ein Artefakt mit fliegenähnlichem Körper, aber uncharakteristischen schwarzen Fäden am Hinterleib, zu lange Fühler, ungewöhnliche Gliederung der Fühler.

10. Eine Schmetterlingsraupe: (Ordnung: Lepidoptera) – auf Knospenstiel einer Damaszener Rose (Nr. 1) Blütezeit: Juni–Juli
    Anmerkung: Ein Bein zuviel (Wachmann).

11. Eine Wespe: eine Töpfer-/Pillenwespen-Art (Eumenes…) – auf Elsbeere (Nr. 25) Blütezeit: Mai
    Anmerkung: Nicht an Blumen zu finden, «auf Zwischenlandung» (Wachmann).

12. Ein Schmetterling: Hauhechel-Bläuling (Polyommatus icarus) – auf dem Stiel einer Narzisse (Nr. 26) Blütezeit: April
    Anmerkung: Farbe ist nicht blau (Name!), da der Schmetterling hier zusammengefaltete Flügel hat.

13. Eine Biene (sic!): eine Hummel-Art (Bombus…) – auf Pfauenanemone (Nr. 10) Blütezeit: Mai–Juni
    Anmerkung: Färbung innerhalb der Art sehr unterschiedlich; selbst lebende Tiere sind schwierig zu bestimmen, gemalte noch viel schwieriger.

14. Eine Schmetterlingsraupe: (Ordnung: Lepidoptera) – auf dem Stiel einer Trompeten-Narzisse (Nr. 26) Blütezeit: April
    Anmerkung: Keine Beine erkennbar; nichts, was für eine bestimmte Art kennzeichnend wäre.

15. Ein Käfer: Lilienhähnchen (Lilioceris lilii) – auf dem Blatt einer Traubenkirsche (Nr. 27) Blütezeit: Mai
    Anmerkung: Nur an Lilien zu finden (vgl. Name!).

16. Ein Schmetterling: Hauhechel-Bläuling (Polyommatus icarus) – auf Tazett-Narzisse (Nr. 6) Blütezeit: Mai
    Anmerkung: Farbe ist nicht blau (Name!), da der Schmetterling hier zusammengefaltete Flügel hat. Flügel sonst sehr genau gezeichnet, allerdings uncharakteristische Bänderung an der Breitseite; korrekt, wenn auch zu weit nach hinten gezeichnet, der spiralförmige Rüssel. Hält sich bevorzugt an Schmetterlingsblütlern auf.

17. Ein Käfer: (Oder zwei Käfer, die mit den Köpfen zusammenstoßen?) – auf Tulpe (Nr. 5) Blütezeit: April-Mai
    Anmerkung: Oder doch eher der Teil einer Tulpe? Unbestimmbar.

18. Ein Phantasietier: – auf der Primel im Kranz unten links (Nr. 3) Blütezeit: April
    Anmerkung: Entfernte Ähnlichkeit mit einer Mücke oder einer Schlupfwespe, keine Antennen erkennbar.

19. Eine Fliege: eine Schwebfliegen-Art (Familie der Syrphidae) – auf narzissenähnlicher Pflanze im Kranz unten links
    Anmerkung: Jede charakteristische Hinterleibsfärbung fehlt.

20. Eine Libelle: Teichjungfern-Art (Lestes…) – am Johannisbeerzweig (Nr. 44) rechts von der Vase
    Anmerkung: Farbe unbestimmbar, Fühler kaum zu erkennen.

Literatur: Zu Brueghel: Jan Kelch: Flämische und Holländische Malerei des 17. Jahrhunderts. In: Henning Bock et al.: Gemäldegalerie Berlin. Geschichte der Sammlung und ausgewählte Meisterwerke. Berlin: Staatliche Museen Preußischer Kulturbesitz 1985, 189–265 (mit einer ganzseitigen Farbwiedergabe S. 203). – Fritz Baumgart: Blumen-Brueghel (Jan Brueghel d. Ä.), Leben und Werk. Köln: DuMont 1978 (DuMont-Kunst-

Taschenbücher; 67). – Klaus Ertz: Jan Brueghel der Ältere (1568–1625). Die Gemälde mit kritischem Oeuvrekatalog. Köln: DuMont 1979. – Gertraude Winkelmann-Rhein: Blumen-Brueghel. Köln: DuMont, 3. Auflage 1979. – Jan Kelch et al.: Jan Brueghel der Ältere. Der Blumenstrauß. Um 1619/20. Berlin: Staatliche Museen Preußischer Kulturbesitz 1983 (= Führungsblatt 752 sowie Abbildungsblatt A 767a; die Strichzeichnung auf der Titelseite des Führungsblatts von Marina Heilmeyer. Sie diente als Vorlage für die hier um das Getier erweiterte Umzeichnung durch Gabriele Giesecke). – Zahlreiche weitere Umzeichnungen holländischer Blumenstilleben mit botanischer Pflanzenbestimmung finden sich in: Jan Kelch et al.: Holländische Malerei aus Berliner Privatbesitz (Ausstellungskatalog). Berlin: Gemäldegalerie Staatliche Museen Preußischer Kulturbesitz 1984, 28, 64, 74, 84, 112, 148, 158, 170. – Als allgemeiner Einstieg: Laurens J. Bol: Holländische Maler des 17. Jahrhunderts nahe den großen Meistern. Landschaften und Stilleben. Zweite verbesserte Auflage, Braunschweig: Klinkhardt & Biermann 1982. – Ingvar Bergström: Dutch Still Life Painting in the Seventeenth-century. New York: Hacker Art Books 1982 (hierbei handelt es sich allerdings um einen unveränderten Nachdruck der Ausgabe bei Faber & Faber, London 1956). – *Zur Insektenbestimmung:* Heiko Bellmann: Spinnen: beobachten, bestimmen. Melsungen, Berlin, Basel, Wien: Neumann-Neudamm, 1984 (JNN Taschenführer). – Michael Chinery: Insekten Mitteleuropas. Ein Taschenbuch für Zoologen und Naturfreunde. Hamburg, Berlin: Parey 1976. – Wolfgang Dreyer: Die Libellen. Hildesheim: Gerstenberg 1986. – Werner Jacobs: Taschenlexikon zur Biologie der Insekten mit besonderer Berücksichtigung mitteleuropäischer Arten. Stuttgart: Gustav Fischer 1974. – Manfred Koch: Wir bestimmen Schmetterlinge. Melsungen: Neumann-Neudamm, Lizenzausgabe: Neumann Verlag Leipzig, Radebeul DDR 1984. – Ulrich Sedlag (Hrsg.): Insekten Mitteleuropas. Beobachten und bestimmen. Stuttgart: Enke 1986. – Jiri Zahradnik: Käfer Mittel-und Nordwesteuropas. Bestimmungsbuch für Biologen und Naturfreunde. Hamburg, Berlin: Parey 1985. – Helgard Zeichholf-Ziehm: Insekten mit Anhang Spinnentiere. München: Mosaik Verlag, 1984.

Abb. 2: Edouard Manet: Der Fliederstrauß, um 1882. Nationalgalerie der Staatlichen Museen Preußischer Kulturbesitz Berlin.

Literatur: Emil Waldmann: Edouard Manet. Berlin: Paul Cassirer 1923. – Gotthard Jedlicka: Edouard Manet. Erlenbach-Zürich: Eugen Rentsch 1941. – Pierre Daix: La vie de peintre d'Edouard Manet. Paris: Fayard 1983. – (Ausstellungskatalog) Manet 1832–1883. Galeries nationales du Grand Palais, Paris, 22 avril – 1er août 1983; Metropolitan Museum of Art, New York, 10 septembre – 27 novembre 1983. Paris: Editions de la Réunion des Musées Nationaux 1983.

Anmerkung: Bei Waldmann heißt es zu diesem Bild: «Man fühlt vor dem weißen Flieder, daß es Gewächshausflieder sein muß, so richtig ist der kränklich blasse schöne Ton des Weiß und des Grün getroffen» (S. 93–94). Und nach Jedlicka ist Manets Fliederstrauß «eines der schönsten Stilleben seiner spätesten Zeit.... Wir kennen keine andern Stilleben, die so viel Kultur und sogar Zivilisation enthalten, die mit soviel sublimierter Konvention rechnen!... Es ist nicht möglich, eine größere Distanz zur Natur zu nehmen, als er sie in seinen Stilleben genommen hat). (S. 202–206). Ob man sich in diesem Zusammenhang indes nicht daran erinnern sollte, daß Manet wegen der fortschreitenden Lähmung seiner Beine gezwungen war, seit 1880 ein sehr mühsames Leben zu führen? Zwar versuchte er die quälenden Gangrän-Schmerzen immer wieder zu ignorieren. Er malte weiter, auch als er das Atelier und schließlich das Krankenlager nicht mehr verlassen konnte. Am 20. April 1883 mußte ihm das linke Bein amputiert werden. Zehn Tage nach der Operation starb er.

Abb. 3: Georg Flegel: Nature morte au flacon de vin et aux petits poissons (wörtlich: ‹Tote Natur mit Weinkaraffe und kleinen Fischen›; im Rahmen deutscher Sonderausstellungen als ‹Stilleben mit Fischgericht› bezeichnet), 1637. Louvre Paris.
Literatur: Wolfgang J. Müller: Der Maler Georg Flegel und die Anfänge des Stillebens. Frankfurt am Main 1956. – Ders.: Georg Flegel. In: Neue Zürcher Zeitung, Fernausgabe Nr. 22 vom 23. 01. 1965. – Ders.: Neuentdeckungen zum Werk des Georg Flegel. In: Pantheon 26, 1968, 122–129, mit einer Wiedergabe des Gemäldes S. 123. – Ingvar Bergström: Georg Flegel als Meister des Blumenstücks. In: Westfalen. Hefte für Geschichte, Kunst und Volkskunde 55, 1977, 135–146 (mit zahlreichen Abbildungen Flegel'scher Blumenstilleben aus vorangegangenen Schaffensperioden, in denen häufig sehr genau beobachtete Insekten – Käfer, Fliegen, Schmetterlinge – an prominenter Stelle zu sehen sind). – Kurt Wettengl: Die Mahlzeitenstilleben von Georg Flegel; Universität Osnabrück: Diss. phil. Fachbereich Kultur- und Geowissenschaften 1983. – (Ausstellungskatalog) Deutsche Maler und Zeichner des 17. Jahrhunderts. Orangerie des Schlosses Charlottenburg Berlin, 26. August – 16. Oktober 1966, mit einer Abbildung des Gemäldes (Nr. 19) sowie Kommentar, S. 31–36. – Götz Adriani: Deutsche Malerei im 17. Jahrhundert. Köln: DuMont 1977. – (Ausstellungskatalog) Zeichnung in Deutschland. Deutsche Zeichner 1540–1640. Staatsgalerie Stuttgart, Graphische Sammlung 1. Dezember 1979 – 17. Februar 1980 (zu Flegel: Band 2, 66–68). – (Ausstellungskatalog) Stilleben in Europa. Westfälisches Landesmuseum für Kunst und Kulturgeschichte Münster 25. 11. 1979 – 24. 2. 1980; Staatliche Kunsthalle Baden-Baden 15.3. – 15. 6. 1980 (zu Flegel mehrfach, vgl. Register S. 616). – Eine farbige Reproduktion des Bildes in Originalgröße in: André Chastel: Musca depicta. Con testi di Luciano di Samosata, Leon Battista Alberti, Giovan Battista Lalli, Katherine Mansfield, Luigi Pirandello. Postfazione di Giorgio Manganelli. Mailand: Franco Maria Ricci 1984, 119. (Ein weiteres Bild von Flegel «Tavola imbandita» ⟨in Privatbesitz⟩, das ebenfalls eine Fliege auf einem Brötchen zeigt, ist S. 121 wiedergegeben.)

Anmerkung: Dieses Spätwerk Flegels (1566–1638) wurde erst 1960 in Südfrankreich entdeckt. Über Pariser Privatbesitz gelangte es schließlich in den Louvre (= Nouvelles acquisitions du Département des Peintures du Louvre, RF 1981–21). Dort war die Neuerwerbung vom November 1983 – April 1984 in den Sonderausstellungsräumen des «Pavillon de Flore» zu sehen. Damals erschien auch ein Ausstellungskatalog mit einem ausführlichen Kommentar zu diesem Bild, verfaßt von Elisabeth Foucart-Walter, Konservatorin an der Gemäldegalerie des Louvre und zuständig für die «Section allemande»: E. F.-W.: Flegel, Georg; Nature morte au flacon de vin et aux petits poissons. In: (Ausstellungskatalog) Musée du Louvre. Nouvelles acquisitions du Département des Peintures (1980–1982). Sous la direction de Jacques Foucart. Paris: Editions de la Réunion des Musées Nationaux 1983, 14–15. – Für vielfache Hilfestellung und spätere schriftliche Auskünfte danke ich Herrn Jacques Foucart, Chef du Service d'Etudes et de Documentation du Département des Peintures du Musée du Louvre Paris und der Konservatorin Elisabeth Foucart-Walter.

Die fachlichen Hinweise zu Hummel und Schmeißfliege verdanke ich dem Berliner Entomologen Professor Dr. Ekkehard Wachmann und Frau Rita Gudermann. Nach ihrer Aussage wären Hummelarten zwar schwer zu bestimmen, doch könne es sich beim oberen Insekt auf keinen Fall um eine Schmeißfliege handeln. Fliegen hätten nur zwei Flügel, das dort gemalte Tier jedoch deren vier. Für eine Hummel sprächen außerdem Körperform, Beine, Antennen und die Augenform. Eine genauere Bestimmung ließe sich nur vornehmen, falls auf dem Hinterleib ein – oder mehrere – rot-gelb-bräunliche Streifen zu sehen wären, was auf dem Original jedoch nicht zu beobachten ist. In bezug auf das untere Insekt handle es sich eindeutig um eine Fliege. Größe, Rückenfurchung, große Augen und kleine Antennen sprächen durchaus für eine Schmeißfliegen-Art. Wiederum ließ sich bei einer nachträglichen Kontrolle am Original keine metallische Färbung, weder blau, gold-gelb noch grün eruieren, woraus sonst die Art noch exakter hätte bestimmt werden kön-nen.

Aufschlußreich sind die Bemerkungen Fritz Korenys zu Flegels etwas früherem Aquarell «Schachblume, Iris, Narzisse und Hornisse» (im Kupferstichkabinett der Staatlichen Mu-seen Preußischer Kulturbesitz Berlin): «Neben den drei einem schlanken Strauß ähnelnden Blumen ... kriecht, überdimensioniert, eine Hornisse. Schrägansicht, Verkürzung und Bo-denschatten verleihen ihr ein Maß an körperlicher Realität, die sich auf die schattenlosen Pflanzenstudien überträgt, die Darstellungsfläche der Blumen zum Lebensraum des Insekts werden läßt und die bloße Blumenstudie zum Stilleben wandelt. Mit dem Insekt wird gewissermaßen eine zusätzliche Dimension natürlichen Daseins dem vegetabilen Leben an die Seite gestellt». In: Fritz Koreny: Albrecht Dürer und die Tier- und Planzenstudien der Renaissance. München: Prestel-Verlag 1985, S. 250; das Aquarell als Farbreproduktion in Tafel 92. – Auch auf dem Bild im Louvre waren der Pariser Konservatorin die völlig überdimensionierten Proportionen von Hummel und Fliege bereits aufgefallen. Im er-wähnten Ausstellungskatalog spricht sie sogar von einer «natürlichen Größenwiedergabe der beiden Tiere» (a.a.O., 15).

Im Hinblick auf eine (allfällige) symbolische Bedeutung dieser Insekten vgl. einführend aber auch Arthur Henkel und Albrecht Schöne (Hrsg.): Emblemata. Handbuch zur Sinn-bildkunst des XVI. und XVII. Jahrhunderts. Stuttgart: Metzler 1967 (zu «Fliegen» speziell S. 943–945). So vertreten die Kunsthistoriker Henning Bock und Rainald Grosshans in ihrer Beschreibung des schon 1496 – ebenfalls in Frankfurt – entstandenen Bildes «Der Künstler und seine Frau» aus der Hand eines namentlich nicht bekannten Malers die Meinung, daß die dort zu sehenden beiden «Fliegen auf dem Tisch und auf der Haube der Frau die Sündhaftigkeit des Menschen versinnbildlichen». In: (Ausstellungskatalog) Bilder vom Menschen in der Kunst des Abendlandes. Berlin: Staatliche Museen Preußischer Kulturbesitz 1980, S. 162, sowie Farbreproduktion als Tafel 9. – Auch hier sehen wir frisch angeschnittenes Brot. Allerdings tut sich die eine der beiden dicken Fliegen an den Kirschen in einer Schale gütlich, während die andere das weiße Kopftuch der jungen Künstlersfrau als Tummelplatz ausersehen hat.

Vor einem Dutzend Jahren erschienen unabhängig voneinander gleichzeitig zwei gut zu lesende umfassende Darstellungen zum Thema «Insekten und Geschichte» aus der Feder von zwei Londoner Nicht-Historikern, einerseits vom Entomologen J.R. Busvine: Insects, Hygiene and History. London: Athlone Press 1976; andererseits vom Zoologen John Leonard Cloudsley-Thompson: Insects and History. London: Weidenfeld and Nicolson 1976. Sein Kapitel 7 handelt über «Fliegen, Bauchtyphus und Ruhr», 124–145. Lesens-wert ist nach wie vor auch der Bestseller des Bakteriologen Hans Zinsser: Rats, Lice and History, erstmals 1934 erschienen und seitdem immer wieder aufgelegt, auch als Paper back. Eine neue Edition z.B. bei Macmillan 1985.

Abb. 4: Gestorbene je 1000 Einwohner in Berlin 1751–1780, 1811–1840 und 1881–1910 sowie in der Bundesrepublik Deutschland 1951–1980.

Literatur: Ausführlich behandelt in den beiden Aufsätzen «Mortalität in Berlin vom 18. bis 20. Jahrhundert». In: Berliner Statistik 31, 1977, 138–145 sowie Titelblatt 8/77; und «Die gewonnenen Jahre – Wozu?» In: Jörg Schneider (Hrsg.): Struktur und Lebenslage der deutschen Familie. Hannover: Nordwestdeutsche Gesellschaft für Gynäkologie und Geburtshilfe 1986, 20–36.

Abb. 5: Maler und Tod: Vom Tod, der dem Maler den Pinsel führt, über den Tod, auf dessen Lied der Maler noch hört, zum Tod, der den Maler erschreckt. Diese Abbildung

enthält die Gemälde «Der Maler» aus dem Berner Totentanz von Niklaus Manuel (1516/
17; hier nach einer Kopie von Albrecht Kauw aus dem Jahre 1649, Historisches Museum
Bern), «Selbstbildnis mit fiedelndem Tod» von Arnold Böcklin (1872, Nationalgalerie der
Staatlichen Museen Preußischer Kulturbesitz Berlin) und «Die Nacht» von Ferdinand
Hodler (1889/90, Kunstmuseum Bern).

Literatur: Zu Niklaus Manuel: Paul Zinsli: Der Berner Totentanz des Niklaus Manuel
(etwa 1484 bis 1530) in den Nachbildungen von Albrecht Kauw (1649). Bern: 2. durchge-
sehene und erweiterte Auflage 1979. – Franz Bächtiger (Red.): Berner Totentanz. Bern:
Historisches Museum 1984. – Gert Kaiser: Der tanzende Tod. Mittelalterliche Totentän-
ze. Frankfurt am Main: Insel Verlag 1982/83. – *Zu Arnold Böcklin:* (Ausstellungskatalog)
Arnold Böcklin, 1827–1901. Kunstmuseum Düsseldorf 21.06.–11.08. 1974. – Rolf
Andree (Hrsg.): Arnold Böcklin. Die Gemälde. Basel: Friedrich Reinhardt Verlag und
München: Prestel-Verlag 1977. – Siegmar Holsten: Das Bild des Künstlers. Selbstdarstel-
lungen. Zur Ausstellung in der Hamburger Kunsthalle vom 16. Juni bis 27. August 1978.
Hamburg: Christians-Verlag und Hamburger Kunsthalle 1978, Kapitel «Aug in Auge mit
sich selbst: Im Angesicht des Todes», 34–43. – *Zu Ferdinand Hodler:* Hans A. Lüthy:
Ferdinand Hodlers erste symbolistische Bilder von ‹Die Nacht› bis zu ‹Der Weg der auser-
wählten Seelen›. In: (Ausstellungskatalog) Hodler. Die Mission des Künstlers. Museum für
Kunst und Geschichte, Freiburg (Schweiz), 11.06. – 20. 09. 1981. Bern: Benteli 1981, 88–
95. – Sharon L. Hirsh: Ferdinand Hodler. München: Prestel Verlag 1981. – Jura Brüsch-
weiler et al. (Red.): (Ausstellungskatalog) Ferdinand Hodler. Zürich: Kunsthaus 1983. –
Hans Mühlestein, Georg Schmidt: Ferdinand Hodler. Sein Leben und sein Werk. Zürich:
Unionsverlag 1983.

Anmerkung: Manuels Totentanz bestand ursprünglich aus 24 lebensgroßen Doppelbil-
dern. Beim «Maler» handelte es sich um das 45. Teilgemälde im zweitletzten Doppelbild.
Er hatte sie 1516/17 auf die Innenseite der Umfassungsmauer des Berner Dominikanerklosters gemalt. Der ganze Zyklus beanspruchte 80 Meter Breite. Sein Werk verschwand dort
jedoch schon 1660, als die Mauer «um Erweiterung der Gasse willen» abgebrochen wurde. Es ist nur in den 24 Kopien von Albrecht Kauw aus dem Jahre 1649 erhalten. Diese
befinden sich heute im Historischen Museum Bern, wo sie im Basement museumspädago-
gisch geschickt präsentiert werden.

Abb. 6: Widrige Umstände führten in früheren Zeiten zu engen Mutter-Kind-Beziehungen.
Nach dem Rückgang der Säuglings- und Kindersterblichkeit ist dies nicht mehr im gleichen
Ausmaß der Fall. Diese Abbildung enthält die Teile «Das kranke Kind» von Edvard
Munch (1907, Tate Gallery London), «Madonna mit dem grünen Kissen» von Andrea
Solario (um 1507/10, Louvre Paris), «Häusliche Toilette» von Bartolomé Estéban Murillo
(um 1670/75, Alte Pinakothek München) sowie die Graphik «Rückgang der Säuglings-
sterblichkeit in der Schweiz 1901–1980, unterteilt nach Neonatal- und Postneonatal-
Mortalität».

Literatur: Zu Edvard Munch: Ulrich Weisner (Hrsg.): (Ausstellungskatalog) Munch.
Liebe – Angst – Tod. Themen und Variationen. 2. verbesserte Auflage, Kunsthalle Bielefeld 1980. – Uwe M. Schneede: Edvard Munch. Das kranke Kind. Arbeit an der Erinnerung. Frankfurt: Fischer Taschenbuch Verlag 1984. – *Zu Andrea Solario:* Sylvie Béguin
(Hrsg.): Andrea Solario en France. Paris: Editions de la Réunion des Musées Nationaux
1985. – Es handelt sich hierbei um eines jener hervorragend recherchierten kleinen «Dos-
siers», die das Département des Peintures jeweils für seine Sonderausstellungen im «Pavillon de Flore» zusammenstellt und in einer eigenen Reihe publiziert. (Das vorliegende
Bändchen ist daraus Nr. 31.) Die «Exposition: Andrea Solario en France» wurde im
«Pavillon» vom 15. 11. 1985 – 03. 03. 1986 gezeigt. Das Bild «La vierge au coussin vert»

war auch als äußerst attraktiver Blickfang für das Ausstellungsplakat gewählt worden. – *Zu Bartolomé Estéban Murillo:* (Ausstellungskatalog) Bartolomé Estéban Murillo, 1617–1682. Museo del Prado Madrid 1982, Royal Academy of Arts, London 1983. London: Royal Academy of Arts, Weidenfeld and Nicolson 1982. – Hubert von Sonnenburg: Zur Maltechnik Murillos. Bayerische Staatsgemäldesammlungen München, Abteilung für Restaurierung und naturwissenschaftliche Untersuchungen (Doerner-Institut), Mitteilungen 4/1980. – *Anmerkung:* Von diesem Bild Murillos ließ sich auch der Londoner Entomologe J. R. Busvine in seiner lesenswerten Monographie «Insects, Hygiene and History» anregen. London: Athlone Press 1976, 91, sowie das ganze Kapitel 5 «Human Reactions to Ectoparasites», 86–124. – Für Berliner noch näher liegend sind die etwa zeitgleich entstandenen Zeichnungen von Johann Heinrich Roos (Reipoltskirchen/Pfalz 1631 – Frankfurt am Main 1685) im Kupferstichkabinett der Staatlichen Museen Preußischer Kulturbesitz Berlin: «Hirtin laust einen Hirten» und «Hirtin laust einen Knaben», frühe 1670er Jahre. Vgl. Margarete Jarchow (bearbeitet von): Roos. Eine deutsche Künstlerfamilie des 17. Jahrhunderts. Verzeichnis sämtlicher Zeichnungen und Radierungen von Johann Heinrich, Theodor, Philipp Peter, Johann Melchior, Franz und Peter Roos im Besitz des Berliner Kupferstichkabinetts. Berlin: Staatliche Museen Preußischer Kulturbesitz 1986, 45, 104–105. (Zu sehen in der gleichnamigen Ausstellung vom 17. 12. 1986–23. 3. 1987.)

Anmerkung zum Rückgang der Säuglingssterblichkeit in der Schweiz: Ausführlich behandelt im Aufsatz «La mortalité infantile historique et actuelle: dialogue entre l'historien et le pédiatre». In: History and Philosophy of the Life Sciences 8, 1986, 81–97. Die im Zentrum graphisch wiedergegebenen Werte betragen zahlenmäßig:

Für das Jahr:	1901	1910	1920	1930	1940	1950	1960	1970	1980
Sterblichkeit (je 1000 Lebendgeborene)	137.2	105.0	83.7	50.8	46.2	31.2	21.1	15.1	9.1
Gestorbene im 1. Monat:	40.8	43.9	47.3	56.0	58.5	67.8	76.0	72.0	64.9
2.–12. Monat:	59.2	56.1	52.7	44.0	41.5	32.2	24.0	28.0	35.1
1.–12. Monat absolut:	13312	9819	6796	3552	2960	2642	1993	1495	667
in Prozent:	100.0	100.0	100.0	100.0	100.0	100.0	100.0	100.0	100.0

Quelle: Unveröffentlichter Computerausdruck des Schweizerischen Bundesamts für Statistik Bern, Dienst Gesundheitsstatistik, November 1984.

Abb. 7: Dreidimensionale Personal-Computer-Graphik mit der Anzahl Männer und Frauen ausgewählter Geburtsjahrgänge, die in Deutschland zwischen 1871/80 und 1980/82 unter je tausend gleichzeitig Geborenen ein bestimmtes Alter erreichten.

Literatur: Zum methodisch-technischen und didaktischen Vorgehen: Konrad H. Jarausch, Gerhard Arminger, Manfred Thaller: Quantitative Methoden in der Geschichtswissenschaft. Eine Einführung in die Forschung, Datenverarbeitung und Statistik. Darmstadt: Wissenschaftliche Buchgesellschaft 1985. – Gerhard Fleischer: Dia-Vorträge. Planung, Gestaltung, Durchführung; Stuttgart: Thieme 1986. – Vom Altmeister der graphischen Semiologie, d. h. der Wissenschaft von den zeichnerischen Ausdrucksmöglichkeiten ist noch immer anregend: Jacques Bertin: La graphique et le traitement graphique de l'information. Paris: Flammarion 1977.

Zum Inhalt vgl. die beiden Aufsätze «Mit dem Computer auf den Spuren unserer Vorfahren. Aus der Werkstatt der Historischen Analytischen Demographie und Sozialanthropologie. In: «... gefördert von der Stiftung Volkswagenwerk»; 20 Jahre Wissen-schaftsförderung. Göttingen: Vandenhoeck & Ruprecht 1982, 15–24; und «Die gewonne-nen Jahre – Wozu?» In: Jörg Schneider (Hrsg.): Struktur und Lebenslage der deutschen Familie. Hannover: Nordwestdeutsche Gesellschaft für Gynäkologie und Geburtshilfe 1986, 20–36.

Abb. 8: 10 556 Kilometer von der Ostsee zum Japanischen Meer mit der russischen Eisenbahn. – Rasch am Anfang, gemächlich gegen das Ende: ein Gleichnis unseres langen Lebens?
Literatur: Max Thürkauf: Mit der Eisenbahn durch den dialektischen Materialismus. Reiseskizzen aus der Sowjetunion. Bern: Hallwag 1973. – Der philosophierende Basler Physikprofessor Thürkauf (* 1925) hat seine Gedanken somit im selben Jahr veröffent-licht, in dem auch meine Reise stattfand.

Abb. 9: Wir haben große Räder bekommen, aber einen kleinen Kopf behalten.
Flugzeiten eines LUFTHANSA-Jumbo-Jets von Frankfurt nach São Paulo, Johannes-burg, Neu Delhi, Tokio und Sydney im Sommer 1986 sowie Bestuhlungsplan einer BOEING 747E dieser Gesellschaft mit 212 Sitzen in der Touristen-, 108 in der Business-und 35 in der Ersten Klasse, davon 14 im «Upper Deck». Einmontiert eine Abbildung der Plastik «Le chariot» vom Schweizer Bildhauer und Maler Alberto Giacometti (1950, Kunsthaus Zürich).
Literatur: Franz Meyer: Alberto Giacometti. Eine Kunst existentieller Wirklichkeit. Frauenfeld: Huber 1968. – André Kuenzi (Hrsg.): (Ausstellungskatalog) Alberto Giaco-metti. Martigny: Fondation Pierre Gianadda 1986. (Hier findet sich auch eine gute Farbre-produktion von «Le chariot», S. 89.) – Angela Schneider (Hrsg.): (Ausstellungskatalog) Alberto Giacometti. Staatliche Museen Preußischer Kulturbesitz (Nationalgalerie) 1987. (Auch hier gibt es zwei gute ganzseitige Abbildungen des «Karrens»: schwarz-weiß auf S. 106, farbig auf S. 213.)
Anmerkung: Sicher wollte Giacometti mit seinem Werk nicht das ausdrücken, was bei mir im Titel steht. Vielmehr geht sein «Karren» auf Eindrücke zurück, die er während der Pflege nach einem Unfall 1938 im Bichat-Krankenhaus erhalten hatte und die an den immer wieder vorüberrollenden Medikamentenwagen der Spitalapotheke geknüpft sind. Dennoch schlug mich das Gleichnis von den «großen Rädern und dem kleinen Kopf» spontan, als ich seine Skulptur sah – die aufgeführten Flüge alle noch in frischer Erinne-rung. «Le chariot» war vom 16. Mai – 2. (mit Verlängerung: 23.) November 1986 anläßlich der Retrospektive zum 20. Todestag des Künstlers im Museum Pierre Gianadda in Martigny (Schweiz) sowie vom 9. Oktober 1987 – 3. Januar 1988 in der Nationalgale-rie in Berlin (West) ausgestellt.

Abb. 10: Globuskarte mit Europa als Zentrum der Welt.

Abb. 11: Globuskarte mit Indien als Zentrum der Welt.

Abb. 12: Globuskarte mit Australien als Zentrum der Welt.

Abb. 13: Aus den Sterberegistern der Kirchengemeinde Dorotheenstadt zu Berlin 1719 und 1749. – Evangelische Kirche in Deutschland und Evangelische Kirche der Union: Kirchenbuchstelle des Evangelischen Zentralarchivs in Berlin.
Literatur: Karl Themel und Wolfgang Ribbe: Die Evangelischen Kirchenbücher von Berlin. Berlin: Colloquium Verlag 1984. – Ausführlich behandelt in den Aufsätzen: «The

Analysis of Eighteenth-Century Causes of Death: Some Methodological Considerations». In: Historical Methods 11, 1978, 3–35. – «Methodologische Probleme heutiger Stadtgeschichtsschreibung: Zwanzig Spiegelbilder städtischer Sterblichkeit 1750–1850 (hauptsächlich aufgrund von Daten der Berliner Kirchengemeinde Dorotheenstadt». In: Wolfgang Ribbe (Hrsg.): Berlin-Forschungen I. (Einzelveröffentlichungen der Historischen Kommission zu Berlin, Band 54). Berlin: Colloquium Verlag 1986, 101–134.

Abb. 14: Aus Todes- und Beerdigungsanzeigen in München 1986. – Süddeutsche Zeitung Nr. 113, Dienstag, 20. Mai 1986.
Literatur: Stella Baum: Plötzlich und unerwartet. Todesanzeigen. Frankfurt am Main: Ullstein 1981. – Hier und zu den folgenden Abbildungen ferner der Sammelband von Friedrich Putz und Karl Schwarz (Hrsg.): Neuere Aspekte der Sterblichkeitsentwicklung. Wiesbaden: Deutsche Gesellschaft für Bevölkerungswissenschaft 1984.

Abb. 15: «Mitten wir im Leben / sind vom Tod umgeben» – im 18. Jahrhundert ja, heute nein. – Graphische Darstellung der in den Abbildungen 13 und 14 vermerkten Sterbealter.
Literatur: Ausführlich behandelt im Aufsatz «‹Mitten wir im Leben sind vom Tod umgeben›: im 16. Jahrhundert ja – heute nein. Der radikale Wandel der Sterblichkeit in den letzten vier Jahrhunderten und seine Auswirkungen». In: Jahrbuch des Instituts für Geschichte der Medizin der Robert Bosch Stiftung, Bd. 2 (1983), 50–80.

Abb. 16: Beruhigung der Sterblichkeit in Europa vom 16. bis zum 20. Jahrhundert. – Mortalität in England 1541–1871 und in Schweden 1736–1900 sowie Pest in Europa vom «Schwarzen Tod» 1346 bis zu ihrem Verschwinden im 18. Jahrhundert.
Literatur: Ausführlicher behandelt in den Aufsätzen «Mortality from the 18th to the 20th Century: Research results – research problems». In: Sabine Rupp und Karl Schwarz (Hrsg.): Beiträge aus der bevölkerungswissenschaftlichen Forschung: Festschrift für Hermann Schubnell (= Schriftenreihe des Bundesinstituts für Bevölkerungsforschung, Bd. 11). Boppard am Rhein: Boldt 1983, 423–435. – «Von der unsicheren zur sicheren Lebenszeit. Ein folgenschwerer Wandel im Verlaufe der Neuzeit». In: Vierteljahrschrift für Sozial- und Wirtschaftsgeschichte 71, 1984, 175–198.

Abb. 17: Beruhigung und Rückgang der Sterblichkeit in Berlin 1721–1936 sowie Auftauchen einer neuen Seuche (Cholera) im 19. Jahrhundert, nachdem eine andere (Pocken) zu Beginn des Jahrhunderst verschwunden war.
Literatur: Ausführlicher behandelt im Aufsatz «Methodologische Probleme heutiger Stadtgeschichtsschreibung: Zwanzig Spiegelbilder städtischer Sterblichkeit 1750–1850 (hauptsächlich aufgrund von Daten der Berliner Kirchengemeinde Dorotheenstadt)». In: Wolfgang Ribbe (Hrsg.): Berlin Forschungen I. (Einzelveröffentlichungen der Historischen Kommission zu Berlin, Band 54). Berlin: Colloquium Verlag 1986, 101–134. – Zum Forschungsstand über die Cholerawellen im 19. Jahrhundert vgl.: H. Diederiks: Le choléra aux Pays-Bas, en 1832 en particulier: Diffusion de mesures pour combattre l'épidémie. In: Annales de démographie historique – dh. Bulletin d'information 45, 1985, 23–33. – Richard J. Evans: Death in Hamburg: Society and Politics in the Cholera Years, 1830–1910; Oxford: Clarendon Press 1987. – Zur Geschichte der Pocken und deren weltweiter Ausrottung vgl. Donald R. Hopkins: Princes and Peasants. Smallpox in History. Chicago: The Unversity of Chicago Press 1983. – Zur Geschichte der Pockenschutz-Impfung in Deutschland vgl. Claudia Huerkamp: «The History of Smallpox Vaccination in Germany: A First Step in the Medicalization of the General Public». In: Journal of Contemporary History 20, 1985, 617–635. – In bezug auf eine andere erneut um sich greifende Seuche

vgl. Albert F. Wessen: Resurgent Malaria and the Social Sciences. In: Social Science & Medicine, Vol. 22;8, 1986, III–IV (= Einführung in die Thematik) sowie die dazu gehörigen Studien, 835–886. Hieraus geht übrigens eindeutig hervor, daß das Wiederaufflammen der Malaria viel weniger auf die oft beschworene «Resistenz» zurückzuführen ist, die die Vektoren angeblich gegen Insektizide und die Parasiten gegen Chlorochine entwickelt haben sollen. Eine wesentlich wichtigere Rolle spielen die menschlichen Unzulänglichkeiten bei Prophylaxe und Therapie. Nicht umsonst hat die Weltgesundheitsorganisation (WHO) das Jahr 1987 zum «Internationalen Jahr des Impfens» erklärt. Das Motto lautet: «Impfen nützt – Impfen schützt. Laßt die Kinder wieder impfen!»

Anmerkung: Die dreidimensionalen Computer-Ausdrucke für die Todesfälle an Cholera und Pocken von 1715 – 1875 mußten weiterhin im Universitäts-Rechenzentrum erstellt werden, da das Personal-Computer-Programmpaket OPEN ACCESS höchstens 30 Positionen je Dimension akzeptiert.

Abb. 18: Der gleichzeitige Boom bei den Totgeborenenraten, der Säuglings- sowie der Müttersterblichkeit im 19. Jahrhundert in Deutschland.

Literatur: Ausführlich behandelt in den Aufsätzen «Die Übersterblichkeit verheirateter Frauen im fruchtbaren Alter – eine Illustration der ‹condition féminine› im 19. Jahrhundert». In: Zeitschrift für Bevölkerungswissenschaft 5, 1979, 487–510. – «Unterschiedliche Säuglingssterblichkeit in Deutschland, 18. bis 20. Jahrhundert – Warum?» In: Zeitschrift für Bevölkerungswissenschaft 7, 1981, 343–382. – «The amazing simultaneousness of the big differences and the boom in the 19th century – Some facts and hypotheses about infant and maternal mortality in Germany, 18th to 20th century». In: Tommy Bengtsson, Gunnar Fridlizius, and Rolf Ohlsson (Eds.): Pre-Industrial Population Change. The Mortality Decline and Short-Term Population Movements. Stockholm: Almqvist & Wiksell International 1984, 191–222. – Sowie Roger Schofield: Did the Mothers Really Die? Three Centuries of maternal Mortality in ‹The World We Have Lost›. In: Lloyd Bonfield, Richard M. Smith, and Keith Wrightson (Eds.): The world we have gained: Histories of population and social structure. Oxford: Basil Blackwell 1986, 231–260.

Anmerkung: Um die historischen Werte für Europa mit heutigen Angaben aus Dritt- und Viertwelt-Ländern vergleichen zu können, haben wir uns bei der Müttersterblichkeit streng an die Definition der Weltgesundheits-Organisation gehalten. Berücksichtigt sind somit Todesfälle von Frauen 0–41 Tage nach der letzten Geburt. Interessanterweise deckt sich diese Festlegung mit einem offensichtlich sehr alten Erfahrungswert, steht doch in unseren Kirchenbüchern häufig vermerkt: «starb in den sechs Wochen» oder einfach «Sechswöchnerin».

Abb. 19: Säuglingssterblichkeits-Hochrisikofamilien im 19. Jahrhundert: die Denkler-Zabels aus Berlin-Spandau sowie 73 Familien aus Schweden.

Literatur: Ausführlicher behandelt im Aufsatz «Statistiker, Historiker – und die andern. Ein Kapitel angewandter Berliner Bevölkerungsstatistik». In: Wolfgang Ribbe (Hrsg.): Berlin-Forschungen I. (Einzelveröffentlichungen der Historischen Kommission zu Berlin, Band 54). Berlin: Colloquium Verlag 1986, 296–332.

Anmerkung: Der schwedischen Forschergruppe um Anders Brändström und Lars-Göran Tedebrand von der Universität Umeå schulde ich Dank für die großzügige Überlassung von computergespeichertem Datenmaterial auf Disketten zur weiteren Bearbeitung im Friedrich-Meinecke-Institut der Freien Universität Berlin.

Abb. 20: Ungeniertes öffentliches Defäkieren und Urinieren von Mensch und Tier führten allenthalben zu Brutstätten für Erreger verschiedenster Infektionskrankheiten und zu deren leichter Ausbreitung. Mit Bildausschnitten aus Isack von Ostade: Halt vor dem Wirtshaus, 1646; und Hendrik Averkamp: Winterlandschaft, vor 1610. Beide Kunsthistorisches Museum Wien. Ferner ein Mönch um 1400, der auf einem Zweisitzer die wohltuende Wirkung eines Abführmittels abwartet.

Literatur: Zu Isack van Ostade: Bernhard Schnackenburg: Adriaen van Ostade, Isack van Ostade. Zeichnungen und Aquarelle. Gesamtdarstellung mit Werkkatalogen, 2 Bände. Hamburg: Hauswedell 1981. – *Zu Hendrick Avercamp:* Clara J. Welcker: Hendrick Avercamp 1585–1634, bejgenaamd «De Stomme van Campen». En Barent Avercamp 1612–1679. «Schilders tot Campen». Doornspijk-Holland: Davaco Publishers, aktualisierte Neuauflage 1979. – Albert Blankert et al.: Hendrick Avercamp 1585–1634, Barent Avercamp 1612–1679. Frozen Silence. Paintings from Museums and private collections. Amsterdam: Waterman 1982. Darin besonders das Kapitel von George S. Keyes: Hendrick Avercamp and the Winter Landscape, 37–55. – *Zur ‹Verhäuslichung von Intimbedürfnissen›* im Verlaufe des Zivilisationsprozesses: Peter Gleichmann et al. (Hrsg.): Materialien zu Norbert Elias' Zivilisationstheorie; Frankfurt: Suhrkamp 1977 ⟨= Suhrkamp Taschenbuch Wissenschaft, Nr. 233⟩.

Abb. 21: Unterschiedliche Auswirkungen von Industrialisierung und Urbanisierung auf die Bevölkerung des Umlandes je nach Einbeziehung der Dörfer oder Gehöfte in die sich ausweitenden Zulieferbereiche, illustriert am Raum Stuttgart-Heilbronn in der zweiten Hälfte des 19. Jahrhunderts.

Literatur: Ausführlicher behandelt in den beiden Aufsätzen «Körperliche Überlastung von Frauen im 19. Jahrhundert» (gemeinsam mit Geneviève Heller). In: Der Mensch und sein Körper. Von der Antike bis heute. München: Beck 1983, 137–156. – «Die Ermittlung regionaler Verhaltensweisen als Aufgabe der Geschichte kollektiver Mentalitäten». In: H. L. Cox und Günter Wiegelmann (Hrsg.): Volkskundliche Kulturraumforschung heute. Münster: Coppenrath 1984, 85–112. – Vgl. im Hinblick auf die zunehmende Markt-Einbeziehung ferner: Fritz Fezer (Hrsg.): Topographischer Atlas Baden-Württemberg. Eine Landeskunde in 110 Karten. Neumünster: Wachholtz 1979. – Ute Freyer: Entwicklung des Eisenbahnnetzes. In: Historischer Atlas von Baden-Württemberg, Karte X,4, mit Beiwort (dieser Teil: Stuttgart 1972). – Deutsche Bundesbahn, Ressort Technik, Zentralstelle – Karten- und Luftbildstelle (Hrsg.): (5.01:) Eisenbahnkarte von Deutschland und Nachbarländern 1849, ung. 1:2 500 000; (5.02:) Post- und Eisenbahn-Reisekarte Deutschland und Nachbarländer 1851, ung. 1:2 400 000; (5.03) Reisekarte von Deutschland und der angrenzenden Länder 1861, ung. 1:2 300 000; (5.04) Übersichtskarte der Eisenbahnen Deutschlands 1886/87, ung. 1:2 500 000; (5.05:) Karte der bayrischen Eisenbahnen 1897, 1:750 000; (5.06:) Neueste Reisekarte von Deutschland und den angrenzenden Ländern 1899, 1:2 000 000; (5.07:) Die Eisenbahnen im Deutschen Reich 1914, 1:2 000 000. Alle reprint: Mainz: Karten- und Luftbildstelle der Deutschen Bundesbahn 1986.

Abb. 22: Schematische Darstellung in fünf Phasen von Sterblichkeit, Todesursache, Sterbedauer und Lebensdauer während der letzten Jahrhunderte – mit einem Blick «in die Zukunft».

Literatur: Ausführlicher behandelt in den Aufsätzen «Die verlängerte Lebenszeit – Auswirkungen auf unser Zusammenleben». In: Saeculum 36, 1985, 46–69; und «Statistiker, Historiker – und die andern. Ein Kapitel angewandter Berliner Bevölkerungsstatistik». In: Wolfgang Ribbe (Hrsg.): Berlin-Forschungen I. (Einzelveröffentlichungen der Historischen Kommission zu Berlin, Band 54). Berlin: Colloquium Verlag 1986, 296–332.

Abb. 23: Ökologische und physiologische Lebenserwartung während der letzten vierhundert Jahre – mit einem Blick in die Zukunft und ins Tierreich.

Literatur: Ausführlicher behandelt im Aufsatz: «Implications of extended life expectancy on family and social life». In: Andrew Wear (Ed.): The History of Medicine in Society. Cambridge: Cambridge University Press 1987. – Die grundlegenden Werke in der kontrovers geführten Diskussion über die «rechtwinklige Absterbekurve in Zukunft» sind einerseits: James F. Fries, Lawrence M. Crapo: Vitality and Aging. Implications of the Rectangular Curve. San Francisco: Freeman 1981; andererseits Kenneth G. Manton, Eric Stallard: Recent Trends in Mortality Analysis. New York: Academic Press 1984. – Vgl. ferner von Harald Hansluwka et al. (Eds.): New Developments in the Analysis of Mortality and Causes of Death. Geneva: World Health Organization, Global Epidemiological Surveillance and Health Assessment 1986; sowie das Literaturverzeichnis bei Hans Franke: Auf den Spuren der Langlebigkeit. Stuttgart: Schattauer 1985, 172–184.

Abb. 24: Ein Schwellenland wie Brasilien scheint uns in der Sterblichkeitsentwicklung auf dem Fuß zu folgen.
    Literatur: Ausführlicher behandelt im Aufsatz: «Bevölkerungsprobleme in Deutschland und Brasilien: Gestern – heute – morgen. Ein schwieriger, aber sinnvoller Dialog». In: Zeitschrift für Bevölkerungswissenschaft 11, 1985, 3–31.

Abb. 25: Epidemiologische Transition in Deutschland 1905–1980 (1950–1980: Bundesrepublik Deutschland) und in Brasilien 1930–1980; oder: vom «Alten Tod» zum «Neuen Tod».
    Literatur: Ausführlicher behandelt im Aufsatz: «Mortality Problems in Brazil and in Germany: Past – Present – Future. Learning from Each Other?» In: Revista de Saúde Pública (São Paulo) 19, 1985, 233–250.

Abb. 26: Der Tod als Selbstverständlichkeit im 16. Jahrhundert. Lukas Furtenagel: Der Maler Hans Burgkmair und seine Frau Anna Allerlaiin, 1529. Kunsthistorisches Museum Wien. – Ludger tom Ring der Jüngere: Bildnis des Hermann Huddaeus, 1568. Gemäldegalerie der Staatlichen Museen Preußischer Kulturbesitz Berlin.
    Literatur: Zu (Laux =) Lukas Furtenagel: Ludwig Baldass: Laux Furtenagels Bildnis des Ehepaars Burgkmair. In: Pantheon 17, 1936, 143–147. – Gert von der Osten: Lukas Furtenagel in Halle. In: Wallraf-Richartz-Jahrbuch 34, 1972, 105–118. – Alexander von Reitzenstein: Zum Burgkmairschen Doppelbildnis von 1529. In: Pantheon 33, 1975, 106–110. – Siegmar Holsten: Das Bild des Künstlers. Selbstdarstellungen. Zur Ausstellung in der Hamburger Kunsthalle vom 16. Juni bis 27. August 1978. Hamburg: Christians-Verlag und Hamburger Kunsthalle 1978, Kapitel «Aug in Auge mit sich selbst: Im Angesicht des Todes», 34–43. – Hans-Joachim Raupp: Untersuchungen zu Künstlerbildnis und Künstlerdarstellung in den Niederlanden im 17. Jahrhundert. Hildesheim: Olms 1984, Kapitel 2.4. «Das Selbstbildnis im Spiegel», 302–310. – *Zu Ludger tom Ring d.J.:* Theodor Riewerts und Paul Piper: Die Maler tom Ring. Ludger der Ältere – Hermann – Ludger der Jüngere. München-Berlin: Deutscher Kunstverlag 1955. – Johann Karl v. Schroeder: Das Bildnis des Mindener Superintendenten Hermann Huddaeus von Ludger tom Ring dem Jüngeren. In: Westfalen. Hefte für Geschichte, Kunst und Volkskunde 47, 1969, 119–130. – Paul Pieper: Ludger tom Ring d.J. als Porträtist des Adels und des Bürgertums. In: Cord Meckseper (Hrsg.): Stadt im Wandel. Kunst und Kultur des Bürgertums in Norddeutschland 1150–1650 (Braunschweigisches Landesmuseum, Landesausstellung Niedersachsen 1985, Ausstellungskatalog Band 3). Stuttgart-Bad Cannstatt: Cantz 1985, 687–708. – Gemäldegalerie Berlin. Gesamtverzeichnis der Gemälde. Berlin: Staatliche Museen Preußischer Kulturbesitz 1986, 65, 136–137.

Abb. 27: Panik-Reaktion auf die Begegnung mit dem Tod Anfang des 16. Jahrhunderts: Hals über Kopf auf und davon rennen. Anonym, Bern: Allerseelenaltar, 1505. Außenseite, linker Flügel: Der Küster findet nachts die Kirche erleuchtet; rechter Flügel: Der Küster wohnt der Messe der Toten bei. 1505 für das Berner Münster gestiftet. Heute im Kunstmuseum Bern, Gottfried Keller-Stiftung.

Literatur: Hugo Wagner: Kunstmuseum Bern; Gemälde des 15. und 16. Jahrhunderts ohne Italien. Bern: Kunstmuseum 1977, 67–75. – Sandor Kuthy (Red.): Kunstmuseum Bern; Die Gemälde. Bern: Kunstmuseum 1983. – Zur thematischen Darstellung vgl. Gloria K. Fiero: «Death ritual in fifteenth-century manuscript illumination». In: Journal of Medieval History 10, 1984, 271–294. – Zur Thematik der Armen Seelen im Volksglauben vgl. immer noch die umfangreiche Studie von Günther Thomann: Die Armen Seelen im Volksglauben und Volksbrauch des altbayerischen und oberpfälzischen Raumes. Untersuchungen zur Volksfrömmigkeit des 19. und 20. Jahrhunderts. In: Verhandlungen des Historischen Vereins für Oberpfalz und Regensburg 110, 1970, 115–179; 111, 1971, 95–167; 112, 1972, 173–261.

Abb. 28: Altern von sich und von anderen im 16. Jahrhundert: Akzeptieren und verarbeiten. Jacopo Robusti, genannt Jacopo Tintoretto: «Selbstbildnis», um 1588. Louvre Paris. – Albrecht Dürer: Die Mutter des Künstlers. Kupferstichkabinett der Staatlichen Museen Preußischer Kulturbesitz Berlin.

Literatur: Zu Jacopo Tintoretto: Paola Rossi: Jacopo Tintoretto. Bd. I: I ritratti. Venedig: Alfieri o.J. (1974). – Einordnend: John Steer: A Concise History of Venetian Painting. London: Thames and Hudson 1970. – Marc-Joachim Wasmer: Gerhart Hauptmann und Jacopo Tintoretto. In: Neue Zürcher Zeitung, Fernausgabe Nr. 1, 1./2. Januar 1986, 28 (mit einer Wiedergabe des Bildes, so wie es Hauptmann 1937 gesehen hatte. Bei der Restaurierung 1957 wurde die nicht autentische Inschrift ‹IACOBUS.TENTORETVS.PICTor.VENT.ius / IPSIUS.F.› entfernt. Bei John Steer ist das Bild S. 129 ebenfalls noch in seinem alten Zustand mit apokrypher Inskription reproduziert. – Eine stark erweiterte Fassung des NZZ-Artikels erscheint in einer der kommenden Nummern von «Artibus et historiae»). – Gerhart Hauptmann: Tintoretto. Essay; ursprünglich erschienen in der Zeitschrift «Die neue Rundschau» 1938 unter dem Titel «Über Tintoretto. Bemerkungen vor seinen Bildern». Abgedruckt in: Gerhart Hauptmann: Sämtliche Werke, hrsg. v. Hans-Egon Hass, Bd. 6. Darmstadt: Wissenschaftliche Buchgesellschaft 1963, 963–983. – Für zusätzliche schriftliche Auskünfte danke ich Jacques Foucart, Conservateur au Département des Peintures, Musée du Louvre, und Marc-Joachim Wasmer. – *Zu Albrecht Dürer:* Albrecht Dürer. Kritischer Katalog der Zeichnungen, bearbeitet von Fedja Anzelewsky und Hans Mielke. Berlin: Staatliche Museen Preußischer Kulturbesitz 1984. – R.F. Timken-Zinkann: Ein Mensch namens Dürer. Des Künstlers Leben, Ideen, Umwelt. Berlin: Mann 1972. – Peter Strieder u.a.: Dürer. Königstein im Taunus: Langewiesche-Köster 1981. – Theodor Hetzer: Die Bildkunst Dürers (hrsg. v. Gertrude Berthold). Mittenwald-Stuttgart: Mäander-Urachhaus 1982. – Fedja Anzelewsky: Dürers «Ästhetischer Exkurs» in seiner Proportionslehre. In: Kaleidoskop. Festschrift für Fritz Baumgart zum 75. Geburtstag, hrsg. v. Friedrich Mielke. Berlin: Mann 1977, 70–78. – Hans Rupprich (Hrsg.): Dürer. Schriftlicher Nachlaß, Bd. 1: Autobiographische Schriften / Briefwechsel / Dichtungen, Beischriften, Notizen und Gutachten. Zeugnisse zum persönlichen Leben. Berlin: Deutscher Verein für Kunstwissenschaft 1956. – Das Porträt von Dürers Mutter ist abgedruckt in Friedrich Winkler: Die Zeichnungen Albrecht Dürers. Berlin: Deutscher Verein für Kunstwissenschaft 1936–1939; Bd. III: 1510–1520, 1938, Nr. 559. – Zusätzlich herangezogen: «Bruchstück aus Dürers Gedenkbuch, 1502, 1503, 1506/07, 1514». Kupferstichkabinett der Staatlichen Museen Preußischer Kulturbesitz Berlin.

Anmerkung: Eine Stammtafel Albrecht Dürers mit den, soweit bekannt, exakten Lebensdaten der Eltern und Geschwister bringt Gerhard Hirschmann als Beilage II in seiner Studie «Albrecht Dürers Abstammung und Familienkreis». In: Albrecht Dürers Umwelt. Festschrift zum 500. Geburtstag Albrecht Dürers am 21. Mai 1971. Nürnberg: Selbstverlag des Vereins für Geschichte der Stadt Nürnberg 1971, 35–55 (die Beilage auf S. 54).

Abb. 29: Überleben und Stabilität vom 13. bis zum 20. Jahrhundert durch ökologische und wirtschaftliche Anpassung: 800 Jahre Inselbevölkerung auf Läsö im Kattegat.
  Literatur: Der Volkskundler Bjarne Stoklund vom dänischen Freilicht-Museum Lyngby und Professor für Europäische Ethnologie an der Universität Kopenhagen beschäftigt sich seit über einem Vierteljahrhundert mit der der Insel Läsö. Seine zahlreichen Publikationen hierzu dienten mir als Grundlage für meine eigenen Ausführungen. Sie wurden ergänzt durch schriftliche und mündliche Erläuterungen, wofür ich ihm zu Dank verpflichtet bin. Vgl. als neuesten Überblick «Economy, Work and Social Roles. Continuity and Change in the Danish Island of Läsö, c. 1200–1900». In: Ethnologia Europaea 15, 1985, 129–163. – Einen guten Überblick über die topographischen Verhältnisse mit den südlich der Insel kilometerweit vorgelagerten seichten und bei Ebbe trockenen Meeresgründen bietet: Kort over Danmark 1:100 000; Nr. 1417: Laesö. Kopenhagen: Geodaetisk Institut 1983. – Vgl. ferner methodisch aufschlußreich und den neuesten skandinavischen Forschungsstand zusammenfassend: Stewart P. Oakley: «Reconstructing Scandinavian Farms 1660–1860: Sources in Denmark, Iceland, Norway and Sweden». In: The Scandinavian Economic History Review 34, 1986, 181–203 (mit demographischen, rechtlichen, ökonomischen, volkskundlichen Detailanalysen zum Mikrokosmos von sechs schwedischen, vier norwegischen sowie je einem dänischen und isländischen Gehöft). – Ähnlich für den französisch-savoyischen Raum: David Siddle: Inheritance strategies and lineage development in peasant society. In: Continuity and Change 1, 1986, 333–361. – Für den deutschsprachigen Raum kann als exemplarisch die Göttinger Dissertation angeführt werden, die im Zusammenhang mit der Überführung und Wiedererrichtung des Brümmerhofes im Landwirtschafts-Freilichtmuseum Hösseringen in der Lüneburger Heide entstand: Hans-Jürgen Vogtherr: Die Geschichte des Brümmerhofes. Untersuchungen zur bäuerlichen Geschichte in der Lüneburger Heide. Uelzen: Becker 1986 (untersuchter Zeitraum: 16.–20. Jahrhundert). – Im Hinblick auf den anschließenden Forschungsschritt vgl. Thomas Sokoll: «Zur Rekonstruktion historischer Gemeinschaftsformen. Neuere sozialgeschichtliche Gemeindestudien in England». In: Zeitschrift für Volkskunde 1983, 15–41. – Hier und zu den folgenden Abbildungen ferner auch: Otto Gerhard Oexle: Die mittelalterlichen Gilden: Ihre Selbstdeutung und ihr Beitrag zur Formung sozialer Strukturen. In: Albert Zimmermann (Hrsg.): Soziale Ordnungen im Selbstverständnis des Mittelalters, Bd. 12;1. Berlin: De Gruyter 1979, 203–226. – Karl Schmid: «Zur Entstehung und Erforschung von Geschlechterbewußtsein». In: Zeitschrift für die Geschichte des Oberrheins 134, 1986, 21–33. – Werner Wilhelm Engelhardt: Allgemeine Ideengeschichte des Genossenschaftswesens. Einführung in die Genossenschafts- und Kooperationslehre auf geschichtlicher Basis. Darmstadt: Wissenschaftliche Buchgesellschaft 1985.

Abb. 30: Stabilität und Wurzeln: Die Schweizerische Eidgenossenschaft in der Mitte der Welt und in deren Mitte die Landsgemeinde. Schematische Nachzeichnung der ersten Karte der Eidgenossenschaft von 1479 durch den Humanisten Albrecht von Bonstetten aus Einsiedeln (1442–1504) sowie Diagramm der Regierung des Halbkantons Ob dem Wald im 18. Jahrhundert.
  Literatur: Hans Jacob Leu: Allgemeines Helvetisches / Eydgenössisches / oder Schweizerisches Lexicon, XVIII. Theil; Zürich: Denzler 1763. – Urs Altermatt: Der Alpenraum

und die Schweiz. In: Gebirgsarmeekorps 3 (Hrsg.): Unser Alpenkorps. Zug: Kalt-Zehnder 1983, 13–49. – François de Capitani: Beharren und Umsturz (1648–1815). In: Beatrix Mesmer (Red.): Geschichte der Schweiz – und der Schweizer. Basel: Helbing & Lichtenhahn 1983, Band II, 97–175 (Professor Urs Altermatt, Fribourg und Dr. de Capitani, Bern, bin ich für zusätzliche mündliche und schriftliche Informationen zu Dank verpflichtet). – Als neues Gesamtwerk zur Schweizer Geschichte vgl. die drei unter Federführung von Beatrix Mesmer erschienenen Bände Geschichte der Schweiz – und der Schweizer. Basel: Helbing & Lichtenhahn, Bd. I: 1982, Bde. II und III: 1983 – alle mit jeweils reichen bibliographischen Angaben. – Kürzer und aus einer Hand ferner: Ulrich Im Hof: Die Schweiz. Illustrierte Geschichte der Eidgenossenschaft. Stuttgart: Kohlhammer 1984. – Zur früheren Schweizer Geschichte vgl. den vorzüglichen Band von Werner Meyer: Hirsebrei und Hellebarde. Auf den Spuren des mittelalterlichen Lebens in der Schweiz. Olten: Walter 1985. – Zum «demokratisch»-verfassungsgeschichtlichen Aspekt ferner: Louis Carlen: Die Landsgemeinde in der Schweiz. Schule der Demokratie. Sigmaringen: Thorbecke 1976. – Hans Conrad Peyer: Verfassungsgeschichte der alten Schweiz. Zürich: Schulthess Polygraphischer Verlag 1978. – Sowie «von außen»: Benjamin R. Barber: The Death of Communal Liberty. A History of Freedom in a Swiss Mountain Canton. Princeton: Princeton University Press 1974. – (Schweizerisches) Bundesamt für Statistik (Hrsg.): Bilanz der Wohnbevölkerung in den Gemeinden der Schweiz 1985 (= Amtliche Statistik der Schweiz, Nr. 083, Statistische Resultate). Bern: Bundesamt für Statistik 1986. – Zum Kanton Obwalden im Überblick: Die Kantone in Einzelporträts (Obwalden). In: Neue Zürcher Zeitung, Fernausgabe Nr. 100, 3./4. Mai 1987, 27–28.

Anmerkung: Für zusätzliche schriftliche Auskünfte danke ich dem Schweizerischen Bundesamt für Statistik, Abt. Bevölkerungsbewegung.

Abb. 31: Stabilitäten von langer Dauer: Elfhundert Jahre Inselrepublik Venedig 697–1797 – 120 Dogen als Rollenträger. Nachzeichnung von Giovanni und Bartolomeo B(u)ons «Der Doge Francesco Foscari und der geflügelte Löwe», 1438–1442, über dem Haupteingang zum Dogenpalast in Venedig, und von Giovanni Bellinis «Porträt des Dogen Loredan», um 1501, National Gallery London.

Literatur: Debra Pincus: The Arco Foscari: The Building of a Triumphal Gateway in Fifteenth Century Venice. New York 1976 (= A Garland Series. Outstanding Dissertations in the Fine Arts; Diss. phil., New York University 1974; zur Porta della Carta bes. Kapitel II, 34–75 und Fig. 8, S. 499). – Alistair Smith: Renaissance Portraits. London: The National Gallery 1973. – Norbert Huse und Wolfgang Wolters: Venedig. Die Kunst der Renaissance. Architektur, Skulptur, Malerei 1460–1590. München: Beck 1986 (Huse, der die Abschnitte über Malerei verfaßte, gibt Bellinis Dogen Loredan S. 239 ganzseitig wieder; der Kommentar des Münchner Kunsthistorikers (* 1941) hierzu S. 240–241). – Jan Lauts: Carpaccio. Paintings and drawings. Complete edition. London: Phaidon 1962, mit einer ganzseitigen Wiedergabe von Carpaccios Dogen Lorenzo Loredan (um 1501/1502, Leinwand, 71×50 cm) aus der Florentiner Privatsammlung Rita Bellesi, Tafel 106, sowie Kommentar, 241–242. – Jürg Meyer zur Capellen: Gentile Bellini. Stuttgart: Steiner 1985, 66–67, 187–190. – John Steer: A Concise History of Venetian Painting. London: Thames and Hudson 1970 (sein Kommentar samt Bild S. 110–111). – Manfred Hellmann: Grundzüge der Geschichte Venedigs. 2. verbesserte und erweiterte Auflage – Darmstadt: Wissenschaftliche Buchgesellschaft 1981. – Alvise Zorzi: Venedig – eine Stadt, eine Republik, ein Weltreich; 697–1797. München: Amber 1981 (darin S. 258–260 die Namen und Daten der 120 traditionell gezählten venezianischen Dogen). – Eberhard Horst: Venedig. Die Stadt im Meer. 4. überarbeitete Auflage, Olten: Walter 1982. – Ferner ist noch immer mit großem Gewinn zu lesen das Lebenswerk von Heinrich Kretschmayr: Geschichte von

Venedig. Band 1: Gotha: Perthes 1905; Band 2: Gotha: Perthes 1920; Band 3: Stuttgart: Perthes 1934. – Zur Thematik Jahrhunderte-überdauernder Kontinuität erschienen aus Anlaß des 60. Geburtstages von Königin Elisabeth II. am 21. April 1986 selbst in der Tagespresse Kommentare, die exakt diesen Aspekt hervorhoben. So hieß es etwa in der «Neuen Zürcher Zeitung» unter der Rubrik «Das Image der britischen Königsfamilie: 900jährige Kontinuität»: «Die Monarchie existiert trotz jahrhundertelangen Bruderkämpfen und heftigen politischen Stürmen fast ununterbrochen seit 900 Jahren. Sowohl die Königsfamilien als auch die politischen Parteien sind darauf bedacht, diese *Kontinuität* zu wahren. Das ist ein Grund dafür, weshalb der unzeitgemässe Formalismus des *Hofzeremoniells* strikt aufrechterhalten wird. Die Krone soll von der Aktualität unberührt, das Königshaus aus dem Gewühle der täglichen Sorgen emporgehoben erscheinen» (Fernausgabe Nr. 91, 22. April 1986, 3). Hierzu paßt der in Großbritannien massenhaft vertriebene Pracht-Stammbaum: Butcher, John (compiled by): The Royal Line of Succession from William the Conquerer to Prince William of Wales. (Mit dem bezeichnenden Untertitel:) A sumptuous wall chart tracing the line of succession through the Royal Family Tree. Harmondsworth: Penguin 1983. – Zur stabilisierenden Rolle von Tradition: Norbert Kamp und Joachim Wollasch (Hrsg.): Tradition als historische Kraft. Interdisziplinäre Forschungen zur Geschichte des früheren Mittelalters. Berlin: De Gruyter 1982. – Als Monographie und im Hinblick auf eine Dynamik der Tradition außerordentlich ideenreich und anregend: Edward Shils: Tradition. London-Boston: Faber & Faber 1981.

Anmerkung: Der Haupteingang zum Dogenpalast, die Porta della Carta, wurde 1438–1442 unter der Leitung von Giovanni und Bartolomeo B(u)on, Vater und Sohn, sowie unter Mitarbeit von Giorgio da Sebenico und verschiedenen toskanischen und lombardischen Bildhauern ausgeführt. Die Original-Skulptur des geflügelten Löwen mit dem knienden Dogen Francesco Foscari, Amtsinhaber 1423–1457, wurde 1797 zerstört. Die heute zu sehende Replik stammt aus dem Jahre 1885. Sie wurde von Luigi Ferrari gefertigt.

Abb. 32: Anteile jemals verheirateter Personen in ausgewählten Altersgruppen in Schweden, England und Frankreich, 16. bis 19. Jahrhundert, sowie Familienporträt der Saltonstalls, von David Des Granges (1636/1637, Tate Gallery London).

Literatur: Ausführlicher behandelt in den Aufsätzen «Remarriage in Rural Populations and in Urban Middle and Upper Strata in Germany from the Sixteenth to the Twentieth Century». In: Jacques Dupâquier et al. (Eds.): Marriage and Remarriage in Populations of the Past. New York: Academic Press 1981, 335–346. – «Life-Course Patterns of Women and Their Husbands: 16th to 20th Century». In : Aage B. Sörensen et al. (Eds.): Human Development and the Life Course: Multidisciplinary Perspectives. Hillsdale, New Jersey: Lawrence Erlbaum 1986, 247–270. – Zu Schweden, England und Frankreich vgl. ferner: Erland Hofsten und Hans Lundström: Swedish Population History. Main trends from 1750 to 1970. Stockholm: National Central Bureau of Statistics 1976. – A. E. Wrigley und R. S. Schofield: The Population History of England 1541–1871. A reconstruction. London: Edward Arnold 1981. – Louis Henry, Jacques Houdaille: Célibat et âge au mariage aux XVIIIe et XIXe siècles en France; in: Population 33, 1978, 43–84.

Abb. 33: Heiraten in Gabelbach (Schwaben), Hesel (Ostfriesland), der Schwalm (Nordhessen) und Philippsburg (Oberrheinische Tiefebene) 1600–1779 und 1780–1899 nach dem Zivilstand der Heiratenden.

Literatur: Ausführlicher behandelt im Aufsatz «Wiederverheiratung in Deutschland zwischen dem 16. und dem Beginn des 20. Jahrhunderts». In: Rudolf Lenz (Hrsg.): Studien zur deutschsprachigen Leichenpredigt der frühen Neuzeit (= Marburger Personalschriften-Forschungen, Bd. 4). Marburg: Schwarz 1981, 185–222. – Zum Zivilstand der verarmten Bevölkerung in Flensburg 1795–1798: Kai Detlev Sievers: «Zur historischen Demographie der Armen im Kirchspiel St. Nikolai zu Flensburg Ende des 18. Jahrhunderts». In: Kieler Blätter zur Volkskunde 18, 1986, 115–142. – Vgl. auch unter den Stichworten «Waisenhäuser» und «Witwen» im Sachregister von Angelika Baumann: ‹Armuth ist hier wahrhaft zu Haus...›. Vorindustrieller Pauperismus und Einrichtungen der Armenpflege in Bayern um 1800. (= Miscellanea Bavarica Monacensia, Bd. 132). München: Neue Schriftenreihe des Stadtarchivs 1984, sowie den Sammelband von Bernhard Kirchgässner und Fritz Reuter (Hrsg.): Städtische Randgruppen und Minderheiten (= Stadt in der Geschichte; Veröffentlichungen des Südwestdeutschen Arbeitskreises für Stadtgeschichtforschung, Band 13). Sigmaringen: Thorbecke 1986.

Abb. 34: Monogrammist SH, Oberösterreich, gegen Ende des 15. Jahrhunderts: Die beiden Innenflügel des Altars der Seeauer Kapelle von Altmünster mit sechs Einzeldarstellungen der ‹Sieben Leiblichen Werke der Barmherzigkeit›. Oberösterreichisches Landesmuseum Schloß Linz.
   Literatur: Franz C. Lipp (Red.): Schlossmuseum Linz. Führer durch die Sammlungen. Linz: Oberösterreichisches Landesmuseum 1978. – Angelus Pauper: Die Werke der Barmherzigkeit. Freiburg i. Br.: Caritasverlag 1936. – Otto Schmitt: Werke der Barmherzigkeit. In: Ders. (Hrsg.): Reallexikon zur deutschen Kunstgeschichte. Band I, Stuttgart: Metzler 1937, Spalten 1458–1468. – A. Pigler: Barockthemen. Eine Auswahl von Verzeichnissen zur Ikonographie des 17. und 18. Jahrhunderts. Band I, Berlin: Henschelverlag Kunst und Gesellschaft 1956 («Die sieben Werke der leiblichen Barmherzigkeit. Gemeinsame Darstellungen der 7 Szenen, oder Folgen von Einzeldarstellungen», 527–529). – Michel Mollat: Die Armen im Mittelalter. München: Beck 1984 (ursprünglich Paris 1978). – Robert Jütte: Obrigkeitliche Armenfürsorge in Deutschen Reichsstädten der Frühen Neuzeit. Städtisches Armenwesen in Frankfurt am Main und Köln. Köln: Böhlau 1984 (mit ausführlicher Bibliographie, 375–399). – Diese tiefschürfende Studie ist vor allem deswegen interessant, weil sie die Entwicklung des Armenwesens in einer katholischen ⟨Köln⟩ und einen protestantischen Stadt ⟨Frankfurt⟩ miteinander vergleicht. Während in Köln die überkomme Struktur das Reformationszeitalter überdauerte, begründete Frankfurt im Zuge der Reformation den sogenannten «Gemeinen Kasten» und legte damit den Grundstein für ein staatlich-obrigkeitlich gelenktes zentral disziplinierendes Armenwesen). – Unter Verwendung neuerer Literatur: Marcel Mayer: Hilfsbedürftige und Delinquenten. Die Anstaltsinsassen der Stadt St. Gallen 1750–1798 (= St. Galler Kultur und Geschichte, Bd. 17). St. Gallen: Staatsarchiv 1987. – Eine knappe Einführung durch Wolfram Fischer: Armut in der Geschichte. Erscheinungsformen und Lösungsversuche der «Sozialen Frage» in Europa seit dem Mittelalter. Göttingen: Vandenhoeck & Ruprecht 1982 (allerdings enthält das Register, S. 137–143, weder ein Stichwort zu «Barmherzigkeit» noch zu «Werke der Barmherzigkeit». – Ausführlicher und mit reichen Quellenbelegen: Christoph Sachsse und Florian Tennstedt: Geschichte der Armenfürsorge in Deutschland. Vom Spätmittelalter bis zum 1. Weltkrieg. Stuttgart: Kohlhammer 1980. – Für eine nach wie vor funktionierende «Bruderschaft»: Leopold Borter et al.: Bruderschaft vom Osterlamm Brig 1786–1986. Brig: Rotten-Verlag 1986. – (Münsterbaukommission: Hrsg.): Das Basler Münster. Basel: Heman 1982 (mit Abbildungen zur Galluspforte und den sechs Hochreliefs der Werke leiblicher Barmherzigkeit, 104–111). – Zur Entwicklung bzw. dem heutigen Pflichtenheft von Sozialversicherungen vgl. einleitend: Fritz Nüscheler: «Seit wann gibt es Sozialversicherungen? Ein Dokument aus dem 14. Jahrhundert». In: Neue Zürcher Zeitung, Fernausgabe Nr. 23, 30. Januar 1982, 27. – Unter den zahlreichen Arbeiten des Mediziners, Soziologen und Historikers Alfons Labisch seien genannt: Social history of

occupational medicine and of factory health services in the Federal Republic of Germany. In: Paul Weindling (Hrsg.): The Social History of Occupational Health. London: Croom Helm 1985, 32–51; und ‹Hygiene ist Moral – Moral ist Hygiene› – Soziale Disziplinierung durch Ärzte und Medizin. In: Christoph Sachsse und Florian Tennstedt (Hrsg.): Soziale Sicherheit und soziale Disziplinierung. Beiträge zu einer historischen Theorie der Sozialpolitik. Frankfurt am Main: Suhrkamp 1986, 265–285 (beide Sammelbände mit zahlreichen weiteren einschlägigen Beiträgen, im zweiten u.a. von Otto Gerhard Oexle: Armut, Armutsbegriff und Armenfürsorge im Mittelalter, 73–100; und von Robert Jütte: Disziplinierungsmechanismen in der städtischen Armenfürsorge der Frühneuzeit, 101–118). – Heinz Ahlbrecht: Die Kriegsopferversorgung in Berlin (West) 1945 bis 1985 – Bestandsaufnahme und historischer Rückblick. In: Berliner Statistik 40, 1986, 202–222. – *Zum Bundessozialhilfegesetz* vgl.: Bundessozialhilfegesetz. Textausgabe mit Durchführungsbestimmungen des Bundes, 11. Auflage. Stuttgart: Kohlhammer 1985 (= Kleinere Schriften des Deutschen Vereins für öffentliche und private Fürsorge Frankfurt, Nr. 33. – Diese neu bearbeitete elfte Auflage enthält den Text des Bundessozialhilfegesetzes mit den durch das Vierte Gesetz zur Änderung des Bundessozialhilfegesetzes vom 21. Juni 1985 und durch das Gesetz über die 14. Anpassung der Leistungen nach dem Bundesversorgungsgesetz vom 4. Juni 1985 geänderten und seit dem 1. Juli 1985 geltenden Bestimmungen). *Anmerkung:* Herrn Dr. Benno Ulm, Leiter der Abteilung Kunst- und Kulturgeschichte des Oberösterreichischen Landesmuseums Linz danke ich für die Ermöglichung photographischer Neuaufnahmen im Sommer 1984 sowie für die Zugänglichmachung handschriftlicher Erläuterungen.

Abb. 35: Stabilitäten von langer Dauer: fast sieben Jahrhunderte Zisterzienser-Kloster Salem am Bodensee. 40 Äbte als Rollenträger 1137–1802/1804: Äbte-Epitaph im Münster des Klosters von Johann Georg Dirr (1723–1779) sowie Äbte-Reihe in Kettenform um Abtinsignien und Pontifikalien. *Literatur:* Reinhard Schneider: Geschichte Salems. In: Reinhard Schneider (Hrsg.): Salem – 850 Jahre Reichsabtei und Schloß. Konstanz: Stadler 1984, 11–153. – Albert Knoepfli: Salems klösterliche Kunst. A.a.O., 192–294. – Christa Häusler-Stockhammer: Die Stukkaturen Johann Georg Dirrs in Schloß Salem. Sigmaringen: Thorbecke 1986. – Joachim Wollasch: «Abtlisten». In: Lexikon des Mittelalters; München und Zürich: Artemis 1980, 66–67. – Kaspar Elm et al. (Hrsg.): Die Zistersienser. Ordensleben zwischen Ideal und Wirklichkeit. Bonn: Habelt 1980 (dazu ein Ergänzungsband mit gleichem Titel, Köln: Wienand 1982). – Hier und zur Abbildung 36 vgl. ferner noch immer die grundlegende, fast 800seitige Arbeit von Josef Braun: Die liturgische Gewandung im Occident und Orient nach Ursprung und Entwicklung, Verwendung und Symbolik. Darmstadt: Wissenschaftliche Buchgesellschaft 1964 (= Neudruck des Ausgabe 1907). Hier besonders Abschnitt 4 «Die Insignien», 515–700. *Anmerkung:* Für zusätzliche schriftliche Auskünfte danke ich Herrn Landeskonservator Dr. Carl Wilhelm Clasen, Bonn, Pater Hermann Josef Roth von der Redaktion der Zeitschrift Cistercienser-Chronik, Köln, sowie Professor Dr. Gerhard B. Winkler, O. Cist., Stift Wilhering / Österreich.

Abb. 36: Ein bißchen irdische Unsterblichkeit durch Verewigung auf einem gestifteten Altarbild. – Unbekannter Meister aus Böhmen, um 1350: Thronende Maria mit dem Kind (Glatzer Muttergottes) sowie vergrößerter Ausschnitt mit dem Stifter des Bildes, dem ersten Erzbischof von Prag Ernst von Pardubitz (um 1297–1364). Gemäldegalerie der Staatlichen Museen Preußischer Kulturbesitz Berlin. *Literatur:* Gerhard Schmidt: Malerei bis 1450. Tafelmalerei – Wandmalerei – Buchmalerei. In: Karl M. Swoboda (Hrsg.): Gotik in Böhmen. Geschichte, Gesellschaftsgeschichte, Architektur, Plastik und Malerei. München: Prestel 1969, 167–179, 425–426. – Adolf Reinle: Das Stellvertretende Bildnis. Plastiken und Gemälde von der Antike bis ins 19. Jahrhundert. Zürich: Artemis 1984 (bes. das Kapitel «Devotions-, Dedikations- und Stifterbilder», 31–65, 332–334). – Wilhelm H. Köhler: Deutsche Malerei des 13. bis 16. Jahrhunderts. In: Henning Bock et al.: Gemäldegalerie Berlin. Geschichte der Sammlung und ausgewählte Meisterwerke. Berlin: Staatliche Museen Preußischer Kulturbesitz 1985, 37–104 (mit einer Farbabbildung der Glatzer Madonna S. 45). – Theodor Klauser: Der Ursprung der bischöflichen Insignien und Ehrenrechte. Krefeld: Scherpe 1949. – In methodisch vorbildlicher interdisziplinärer Zusammenarbeit: Willibald Sauerländer ⟨Kunsthistoriker⟩ und Joachim Wollasch ⟨Mediävist⟩: Stiftergedenken und Stifterfiguren in Naumburg. In: Karl Schmid und Joachim Wollasch (Hrsg.): Memoria. Der geschichtliche Zeugniswert des liturgischen Gedenkens im Mittelalter (= Münstersche Mittelalter-Schriften, Bd. 48). München: Fink 1984, 354–383. – Dieser letztgenannte Aufsatz ist, wie der gesamte Sammelband Memoria, im Rahmen des Teilprojekts B «Personen und Gemeinschaften» des Sonderforschungsbereichs «‹Mittelalterforschung› (Bild, Bedeutung, Sachen, Wörter und Personen)» entstanden, der zwischen 1967/68 und 1985 an der Universität Münster eine äußerst vielfältige und erfolgreiche Tätigkeit entfaltete (vgl. hierzu auch die Anmerkung 17). Unter den Hunderten von Einzelpublikationen führe ich hier in chronologischer Folge eine Handvoll an, die für mich im vorliegenden Zusammenhang besonders augenöffnend waren: Karl Schmid: «Über das Verhältnis von Person und Gemeinschaft im früheren Mittelalter». In: Frühmittelalterliche Studien. Jahrbuch des Instituts für Frühmittelalterforschung der Universität Münster 1, 1967, 225–249. – Karl Schmid: «Die Mönchsgemeinschaft von Fulda als sozialgeschichtliches Problem». In: Frühmittelalterliche Studien 4, 1970, 173–200. – Joachim Mehne: «Personen als Funktionsträger in den mittelalterlichen Quellen». In: Prosopographie als Sozialgeschichte? Methoden personengeschichtlicher Erforschung des Mittelalters. Sektionsbeiträge zum 32. Deutschen Historikertag Hamburg 1978. München: Fink 1978, 14–19. – Siegfried Zörkendörfer: «Statistische Untersuchungen über die Mönchslisten und Totenannalen des Klosters Fulda». In: Karl Schmid (Hrsg.): Die Klostergemeinschaft von Fulda im früheren Mittelalter. München: Fink 1978, 988–1002. – Franz-Josef Jakobi: «Geistliche Gemeinschaften im europäischen Mittelalter. Neue Möglichkeiten für die Erforschung der mittelalterlichen Sozialgeschichte». In: Geschichte, Politik und ihre Didaktik 7, 1979, 139–148. – Joachim Wollasch: «Zu den Anfängen liturgischen Gedenkens an Personen und Personengruppen in den Bodenseeklöstern». In: Freiburger Diözesan-Archiv 100, 1980, 59–78. – Arnold Angenendt: «Theologie und Liturgie der mittelalterlichen Toten-Memoria». In: Karl Schmid und Joachim Wollasch (Hrsg.): Memoria. Der geschichtliche Zeugniswert des liturgischen Gedenkens im Mittelalter. München: Fink 1984, 79–199. – Otto Gerhard Oexle: «Memoria und Memorialbild». Ebda., 384–440. – Karl Schmid: «Zum Quellenwert der Verbrüderungsbücher von St. Gallen und Reichenau». In: Deutsches Archiv für Erforschung des Mittelalters 41, 1985, 345–389. – Karl Schmid (Hrsg.): Gedächtnis, das Gemeinschaft stiftet. München: Schnell & Steiner 1985 (= für eine breitere Öffentlichkeit geschriebener Sammelband in Taschenbuchformat mit einem sehr bezeichnenden Titel. Vier der Hauptprotagonisten sind mit Beiträgen vertreten: Joachim Wollasch, Arnold Angenendt, Karl Schmid und Otto Gerhard Oexle; gute Einführung in die Thematik. – Herrn Kollegen Angenendt bin ich für eine Einladung an sein Institut für Mittlere und Neuere Kirchengeschichte an der Universität Münster im Dezember 1985 besonders verbunden.) – Es sei hier außerdem auf die ebenfalls stark international ausgerichteten langjährigen Forschungen von Neithard Bulst zur mittelalterlichen Personengeschichte hingewiesen. Vgl. u. a.: Neithard Bulst und Jean-Philippe Genet (Hrsg.): Medieval Lives and the

Historian. Studies in Medieval Prosopography. Kalamazoo, Michigan: Western Michigan University Medieval Institute Publications 1986. – Johan Huizinga: «Das Problem der Renaissance». In: Ders.: Wege der Kulturgeschichte (deutsch von Werner Kaegi). München: Drei Masken Verlag 1930, 89–139. Diese Studie war ursprünglich holländisch bereits 1920 erschienen. – Lesenswert auch Karl Bosl: «Der Mensch im europäischen Aufbruch: Individuen und Typen. Frau, Ritter, Vagant, Mönch, Kaufmann, Herrscher, Papst. Ideen – Ideologien – Trends». In: Ders.: Europa im Aufbruch. Herrschaft, Gesellschaft, Kultur vom 10. bis zum 14. Jahrhundert. München: Beck 1980, 289–313, 348–354.

Abb. 37: Ein bißchen irdische Unsterblichkeit durch Verewigung auf einem Kunstwerk: zwei Dominikanerinnen auf einer von ihnen hergestellten Bildwirkerei. – Passionsteppich aus dem Dominikanerinnenkloster Heilig Grab zu Bamberg, um 1500 sowie vergrößerter Ausschnitt mit den beiden Klosterfrauen. Diözesanmuseum Bamberg.

Literatur: Betty Kurth: Die deutschen Bildteppiche des Mittelalters. 3 Bände, Wien: Anton Schroll 1926 (eine großformatige Wiedergabe des ganzen Teppichs in Bd. 3, S. 309). – Renate Baumgärtel-Fleischmann: Ausgewählte Kunstwerke aus dem Diözesanmuseum Bamberg. Bamberg: Bayerische Verlagsanstalt 1983 (Frau Dr. Renate Baumgärtel-Fleischmann, Oberkonservatorin am Diözesanmuseum, danke ich für zusätzliche schriftliche Informationen und die Ermöglichung zur Detailaufnahme der webenden Klosterfrauen im Sommer 1985). – Jenny Schneider: Schweizerische Bildstickereien des 16. und 17. Jahrhunderts. Zweite verbesserte Auflage Bern: Haupt 1978. – Jenny Schneider: Bildteppiche. Bern: Haupt 1978. – Horst Appuhn: Bildstickereien des Mittelalters in Kloster Lüne. Dortmund: Harenberg 1983. – Hans Lanz u.a.: Die alten Bildteppiche im Historischen Museum Basel. Basel: Stiftung für das Historische Museum und Christoph Merian Verlag 1985. – Kurt Goldammer: Artikel «Farbe, liturgisch». In: Reallexikon zur Deutschen Kunstgeschichte.Band 7; München: Beck 1981, Spalten 54–139. – Zusätzliche Recherchen erfolgten im Germanischen Nationalmuseum Nürnberg, wo nach zweieinhalbjähriger Restaurierung der um 1380 entstandene und aus der Lorenzkirche stammende Prophetenteppich als einer der Glanzpunkte vorzüglich präsentiert nun wieder zu sehen ist. Vgl. dazu: Leonie von Wilckens und Erika Weiland: «Der Nürnberger Prophetenteppich». In: Anzeiger des Germanischen Nationalmuseums 1977, 37–54. Der Textilrestauratorin Erika Weiland, in deren Händen die Restaurierung hauptsächlich lag, danke ich für nachträgliche schriftliche Auskünfte im Sommer 1985 zur Frage «Ein bißchen irdische Unsterblichkeit durch verantwortungsvolle Restaurationsarbeit an einem berühmten Kunstwerk?» – Vgl. hierzu auch die treffende Bemerkung von Gottfried Sello in seiner Besprechung der Ausstellung ‹Ornamenta Ecclesiae› in der Josef-Haubrich-Kunsthalle Köln 1985: «Der Drang sich zu verewigen, im Ewigen Buch, wenn auch nur am Rande verzeichnet zu werden, ist den Künstlern, den Werkleuten des hohen Mittelalters gemeinsam». In: Die Zeit, Nr. 15, 5. April 1985, 59. – Dank auch an Schwester Avelina von der Kongregation der Salvatorianerinnen im Franz-Jordan-Stift Berlin und Pater Dr. Rainald Fischer vom Kapuziner-Kloster Wesemlin Luzern.

Abb. 38: Ein bißchen irdische Unsterblichkeit durch eine Grabesstätte möglichst in der Nähe berühmter Namen? – Auf dem Sankt-Johannisfriedhof zu Nürnberg, u.a. mit dem Grab Albrecht Dürers. Einmontiert ein Porträtausschnitt des Hieronymus Holzschuher von Albrecht Dürer. Gemäldegalerie der Staatlichen Museen Preußischer Kulturbesitz Berlin.

Literatur: Otto Glossner, bearbeitet von Illa Maron-Hahn: Der St. Johannisfriedhof zu Nürnberg. Dritte Auflage, München: Deutscher Kunstverlag 1984. – Kurt Pilz: St. Johannis und St. Rochus zu Nürnberg. Die Kirchhöfe mit den Vorstädten St. Johannis und Gostenhof. Nürnberg: Hans Carl 1984. – Gerhard Hirschmann: 750 Jahre St. Johannis 1234–1984. Vom Siechkobel zur Vorstadt. Nürnberg: Korn & Berg 1984. – Bürgerverein St. Johannis (Hrsg.): Handwerker-Epitaphien auf dem St. Johannisfriedhof. Nürnberg: Bürgerverein St. Johannis-Schniegling-Wetzendorf 1984. – Christoph von Imhoff (Hrsg.): Berühmte Nürnberger aus neun Jahrhunderten. Nürnberg: Albert Hofmann 1984. – Gerhard Bott (Hrsg.): Wenzel Jamnitzer und die Nürnberger Goldschmiedekunst 1500–1700. Nürnberg: Germanisches Nationalmuseum 1985. – Gerhard Bott und Philippe de Montebello (Hrsg.): Nürnberg 1300–1550. Kunst der Gotik und Renaissance. München: Prestel-Verlag 1986. – Zu Albrecht Dürers Holzschuher-Bildnis vgl. Peter Strieder: Die Bedeutung des Porträts bei Albrecht Dürer. In: Herbert Schade (Hrsg.): Albrecht Dürer. Kunst einer Zeitenwende. Regensburg: Pustet 1971, 84–100; sowie Wilhelm H. Köhler: Deutsche Malerei des 13. bis 16. Jahrhunderts. In: Henning Bock et al.: Gemäldegalerie Berlin. Geschichte der Sammlung und ausgewählte Meisterwerk. Berlin: Staatliche Museen Preußischer Kulturbesitz 1985, 37–104 (mit einer Farbabbildung S. 69).

Anmerkung: Der Sankt-Johannisfriedhof ist seit der Mitte des 14. Jahrhunderts in Gebrauch, zuerst als Grabstätte Aussätziger und Pesttoter. Nach dem generellen Bestattungsverbot innerhalb der Mauern 1518 wurde er Begräbnisstätte für die Sebalder Stadtseite. Die frühesten überkommen Grabdenkmäler stammen aus dem Jahre 1520. Wiederholt mußten Erweiterungen vorgenommen werden, so 1562, 1592, 1604, 1644, 1662, 1677, 1714, 1896, 1932 und 1958. Heute ist der Sankt-Johannisfriedhof, der nach wie vor genutzt wird, im Besitz der sechs evangelisch-lutherischen Kirchengemeinden St. Sebald, St. Lorenz, St. Egidien, St. Jakob, Heilig Geist und St. Johannis. – Der 1526 von Albrecht Dürer gemalte Hieronymus Holzschuher gehörte zu jener vermögenden Nürnberger Patrizierfamilie, deren Angehörige seit 1523 in der nach ihnen benannten Kapelle nicht weit von Dürers Grab beigesetzt wurden. Er ist dem engsten Freundeskreis Dürers zuzurechnen. Ihre Lebensdaten sind fast identisch: Dürer 1471–1528; Holzschuher: 1469–1529. Hieronymus Holzschuher bekleidete mehrere hohe Ämter. 1500 war er zuerst Jüngerer, 1509 dann Älterer Bürgermeister. 1514 wurde er zum Decemvir und damit in das höchste Ratsgremium gewählt. Wir sehen ihn hier im 57. Altersjahr. – Die exakte Grabstätte des Schuhmacher-Dichters Hans Sachs (1494–1576) auf dem Sankt-Johannisfriedhof ist nicht bekannt. Die Grabstätte Nr. 503 (= D) gehört einem Zuckersieder gleichen Namens. – Der Sankt-Johannisfriedhof ist gut erschlossen. Es existieren mehrere Pläne mit Beschreibung der Grabstätten. Zu allen bekannteren Namen findet sich Biographisches vor allem in den Werken von Kurt Pilz (1984) und Christoph von Imhoff (1984).

Abb. 39: Unsterblichkeit durch Auferstehung von den Toten und ein ewiges Leben? – 760 Skelette auf dem Klosterareal des dänischen Augustiner-Chorherrenstifts Aebelholt nordwestlich von Kopenhagen. Die Gräber stammen aus der Zeit zwischen der Gründung des Klosters um 1175 und seiner Aufhebung 1560.
Literatur: Vilhelm Möller-Christensen, Jens Östergaard, Aage Roussell: Aebelholt Klostermuseum. Kopenhagen: Nationalmuseum 1978. – Vilhelm Möller-Christensen: Aebelholt Kloster. Kopenhagen: Nationalmuseum 1982. – Vilhelm Möller-Christensen: Skelettreste vom Kloster Aebelholt. In: Bernd Herrmann (Hrsg.): Mensch und Umwelt im Mittelalter. Stuttgart: Deutsche Verlags-Anstalt 1986, 129–139. – Kristen Isager in Zusammenarbeit mit Einar Sjövall: Krankenfürsorge des dänischen Zistersienserklosters Öm, Cara Insula, 1172–1560. Eine archäologisch-paläopathologische Untersuchung zur Kenntnis der mittelalterlichen Pathologie und Chirurgie und des Klosters als Heil- und Pflegestätte. Kopenhagen: Munksgaard 1941 (auch hier trifft zu, ähnlich wie bei Aebelholt: «Nachdem die Kirche und sämtliche Klostergebäude niedergerissen waren, mussten die Begräbnisse

Verteilung der 760 Skelette nach Fundort, Sterbealter und Geschlecht.

Alter (in Jahren)		Fundort											
		Kirche				Klostergarten				Friedhof			
		M	W	UNB	INF	M	W	UNB	INF	M	W	UNB	INF
Kinder	−14				21				40				74
Jugendliche	14–20		2	3		5	20	4		3			
Erwachsene	20–40	11	5	2		12	12	17		3			
Erwachsene	40–60	68	21	22		134	110	47		41	17	6	
Ältere ab	60–		8	2	4	17	19	8		1	1		
Total (Anzahl)		87	30	31	21	168	161	76	40	48	18	6	74
Total (Ort)					169				445				146
Total (Kloster)													760

Geschlecht:
M   = männlich   303 Skelette
W   = weiblich   209 Skelette
UNB = unbekannt   113 Skelette
INF   = Infantes (Kinder bis 14 Jahre)   135 Skelette
Total   760 Skelette

Quelle: Vilhelm Möller-Christensen: Aebelholt Kloster. Kopenhagen: Nationalmuseum 1982, 136. – Dem ehemaligen Extraordinarius für Geschichte der Medizin an der Universität Kopenhagen, Professor Möller-Christensen, danke ich für persönliche Informationen. Die Ausgrabungen von Aebelholt sind sein Lebenswerk. Er leitete sie seit 1935.

auf diesem Platz aufhören. Später wurde der Friedhof unter den Pflug genommen und geriet gänzlich in Vergessenheit. Die jetzt ausgegrabenen Skelette müssen aus der Zeit von 1172–1560 stammen.», S. 15). – Über die Skelettreste des mittelalterlichen Friedhofes von Roden handeln Winfried Henke und Michael Schultz: Zur Anthropologie der Bevölkerung von Roden. In: B. Korzus (Hrsg.): Kloster tom Roden. Eine archäologische Entdeckung in Westfalen. Münster: Landschaftsverband Westfalen-Lippe – Druckhaus Cramer, Greven 1982, 71–112. Der Friedhof wurde vom 12. bis zum 16. Jahrhundert benutzt. Er gehörte zur Klosterkirche einer Benediktinerpropstei, die mit Mönchen des nahegelegenen Klosters Corvey besetzt war. Mit ganz wenigen Ausnahmen handelt es sich um Skelettüberreste von Dorfbewohnern der Siedlung Roden, also um Laien. – Karl Bosl: Regularkanoniker (Augustinerchorherren) und Seelsorge in Kirche und Gesellschaft des europäischen 12. Jahrhunderts. München: Verlag der Bayerischen Akademie der Wissenschaften 1979. – Oskar Thulin: Artikel «Augustiner». In: Reallexikon zur Deutschen Kunstgeschichte. Band 1, Stuttgart: Metzler 1937, Spalten 1252–1268. – Günther Binding und Matthias Untermann: Kleine Kunstgeschichte der mittelalterlichen Ordensbaukunst in Deutschland. Darmstadt: Wissenschaftliche Buchgesellschaft 1985 (zu den Augustiner-Chorherren ⟨Regularkanonikern⟩ S. 275–293). – Zur 900jährigen Geschichte eines der wenigen heute noch bestehenden Augustiner-Chorherren-Klöster, das im Bistum Passau gelegene Stift Reichersberg bei Linz, vgl. Helga Litschel (Schriftleitung): 900 Jahre Augustiner Chorherrenstift Reichersberg. Linz: Oberösterreichischer Landesverlag 1983. – Hier und zur Abbildung 40 ferner: Gisbert Greshake und Jacob Kremer: Resurrectio mortuorum. Zum theologischen Verständnis der leiblichen Auferstehung. Darmstadt: Wissenschaftliche Buchgesellschaft 1986, – und Max Schoch: «Der christliche Glaube an die Auferstehung der Toten». In: Neue Zürcher Zeitung, Fernausgabe Nr. 59, 13.03.1987, 45.

Abb. 40: Eine Zeit zu leben und eine Zeit zu sterben: Vom Willen zu leben in jüngerem und der Bereitschaft zu sterben in höherem Alter unter den Benediktinermönchen von Kloster Saint-Maur bei Paris 1612–1789, aufgezeigt anhand der grundsätzlich unterschiedlichen Monatsverteilung der Sterbefälle in den Altersgruppen 50–59 und 75–79 Jahre. Zum Vergleich wurden die Monatsverteilungen je einer städtischen und einer ländlichen Bevölkerung herangezogen (Stadt Gießen in Oberhessen sowie acht ländliche Gemeinden in deren Umgebung während des 18. Jahrhunderts).

Monatsverteilung: Die absoluten Zahlen (=n) wurden in sämtlichen sechs Teilgraphiken auf eine gleiche Größe von 1200 standardisiert, ebenso alle Monatslängen auf einheitlich 30.4 Tage. Wären in jedem Monat gleich viele Menschen gestorben, hätten alle Umrechnungswerte 100 betragen müssen. Dies war jedoch nicht der Fall. Eingetragen sind die Abweichungen von dieser 100er-Linie.

50–59 Jahre:	JAN	FEB	MAR	APR	MAI	JUN	JUL	AUG	SEP	OKT	NOV	DEZ	TOTAL
STADT n =:	99	91	99	97	108	61	64	69	89	73	64	82	996
pro 1200:	*117*	*118*	*117*	*118*	*128*	*74*	*76*	*82*	*109*	*86*	*78*	*97*	*1200*
LAND n =:	113	105	135	111	89	56	59	47	51	53	65	96	980
pro 1200:	*136*	*138*	*162*	*138*	*107*	*69*	*71*	*56*	*63*	*64*	*81*	*115*	*1200*
ST-MAUR n =:	113	107	110	117	104	98	103	97	127	108	109	115	1308
pro 1200:	*102*	*105*	*99*	*109*	*94*	*91*	*93*	*87*	*118*	*97*	*101*	*104*	*1200*

75–79 Jahre:	JAN	FEB	MAR	APR	MAI	JUN	JUL	AUG	SEP	OKT	NOV	DEZ	TOTAL
STADT n =:	63	51	39	29	43	32	32	27	39	40	41	44	480
pro 1200:	*154*	*137*	*96*	*73*	*105*	*81*	*79*	*66*	*99*	*98*	*104*	*108*	*1200*
LAND n =:	43	45	64	53	34	29	20	30	21	41	29	42	451
pro 1200:	*112*	*129*	*167*	*143*	*89*	*78*	*52*	*78*	*57*	*107*	*78*	*110*	*1200*
ST-MAUR n=:	69	58	53	53	59	49	40	42	36	39	48	50	596
pro 1200:	*136*	*126*	*105*	*108*	*116*	*100*	*79*	*83*	*73*	*77*	*98*	*99*	*1200*

Lebenserwartung der Benediktinermönche von Saint Maur.

Geburtsgenerationen	Lebenserwartung mit 25 insgesamt
1595–1605	58.46 Jahre
1605–1615	59.45 Jahre
1615–1625	61.49 Jahre
1625–1635	60.80 Jahre
1635–1645	61.85 Jahre
1645–1655	62.66 Jahre
1655–1665	61.19 Jahre
1665–1675	61.04 Jahre
1675–1685	61.53 Jahre
1685–1695	61.34 Jahre

Quellen: Hervé Le Bras und Dominique Dinet: Mortalité des laïcs et mortalité des religieux: Les bénédictins de St-Maur aux XVIIe et XVIIIe siècles. In: Population 35, 1980, 347–384. – Sterblichkeitsstrukturen im 18. Jahrhundert auf Grund von massenstatistischen Analysen. In: Zeitschrift für Bevölkerungswissenschaft 2, 1976, 103–117. – Die Benediktus-Regel zitiert nach: Basilius Steidle (Hrsg.): Die Benediktus-Regel Lateinisch-deutsch. 4. Auflage, Beuron: Beuroner Kunstverlag 1980 (Kapitel 36, 126–127).

Literatur: Analog zur Gießener Untersuchung vgl. von Raimo Pullat: Die Struktur und die saisonmäßige Verteilung der Sterblichkeit der Tallinner Bevölkerung im 18. Jahrhundert basierend auf Kirchenbüchern der Heiligengeistkirche. In: Zeitschrift für Bevölkerungswissenschaft 11, 1985, 401–412. – Als Überblick über rund 700 historisch-demographische Punktstudien: Michael W. Flinn: The European Demographic System 1500–1820. Brighton: Harvester Press 1981. – Als gute Einstimmung in ein riesiges Gebiet: Réginald Grégoire et al.: Die Kultur der Klöster. Darmstadt: Wissenschaftliche Buchgesellschaft 1985, sowie mit umfangreichen bibliographischen Angaben Günther Binding und Matthias Untermann: Kleine Kunstgeschichte der mittelalterlichen Ordensbaukunst in Deutschland. Darmstadt: Wissenschaftliche Buchgesellschaft 1985.

Abb. 41: Einige hatten schon immer das Paradies bereits auf Erden. – Wozu brauchten sie dann noch eine Ewigkeit? Der burgundische Tausendblumenteppich von 1466 als Abbild des Paradieses. Historisches Museum Bern.

Literatur: Florens Deuchler: Der Tausendblumenteppich in Bern (= Werkmonographien zur Bildenden Kunst in Reclams Universal-Bibliothek Nr. 117). Stuttgart: Reclam 1966. – Florens Deuchler: Der Tausendblumenteppich aus der Burgunderbeute. Ein Abbild des Paradieses. Zürich: Oppersdorff 1984. – Als grundlegendes Werk zur Pflanzensymbolik des Mittelalters vgl. noch immer: Lottlisa Behling: Die Pflanze in der mittelalterlichen Tafelmalerei. Weimar: Hermann Böhlaus Nachfolger 1957. – Zum kulturellen Umfeld der burgundischen Niederlande von 1380 bis etwa 1530 vgl. den Prachtband von Walter Prevenier und Willem Pieter Blockmans: Die burgundischen Niederlande. Weinheim: Acta Humaniora 1986. Dort S. 321 auch ein ganzseitiger Farbausschnitt aus dem Tausendblumenteppich. – Zur christlichen Symbolik (u. a. der Pflanzen): Gerd Heinz-Mohr: Lexikon der Symbole. Bilder und Zeichen der christlichen Kunst. 6., erweiterte Auflage Düsseldorf – Köln: Diederichs 1981. – Donat de Chapeaurouge: Einführung in die Geschichte der christlichen Symbole. Darmstadt: Wissenschaftliche Buchgesellschaft 1984. – Als Überblick: Laetitia Boehm: Geschichte Burgunds. Politik – Staatsbildungen – Kultur. Zweite, ergänzte Auflage Stuttgart: Kohlhammer 1979; sowie noch immer unübertroffen: Johan Huizinga: Herbst des Mittelalters. Studien über Lebens- und Geistesformen des 14. und 15. Jahrhunderts in Frankreich und in den Niederlanden. (Hier benutzt die neunte Auflage der Übertragung nach der niederländischen Ausgabe letzter Hand ⟨1941⟩:) Stuttgart: Kröner 1965. – Das Zitat «C'est en ce monde ung paradis terrestre» nach J.-A. Buchon (Hrsg.): Chroniques de Jean Molinet, Tome V; CCCXXIV. Paris: Verdière 1828, 271.

Abb. 42: Sterbefälle an «Fieber» in der Berliner Kirchengemeinde zu Dorotheenstadt fünfjahresweise von 1715 bis 1874 nach Sterbealter. Dreidimensionaler Computerausdruck in Kugelgraphik zum Zeichen der metaphysischen Eingebundenheit unserer Vorfahren.

Literatur: Ausführlicher behandelt im Aufsatz «Methodologische Probleme heutiger Stadtgeschichtsschreibung: Zwanzig Spiegelbilder städtischer Sterblichkeit 1750–1850 (hauptsächlich aufgrund von Daten der Berliner Kirchengemeinde Dorotheenstadt)». In: Wolfgang Ribbe (Hrsg.): Berlin-Forschungen I. (Einzelveröffentlichungen der Historischen Kommission zu Berlin, Band 54). Berlin: Colloquium Verlag 1986, 101–134. – Fast achtzig Jahre nach der Erstveröffentlichung 1909 liegt nun das Hauptwerk des französischen Ethnologen Arnold van Gennep (1873–1957) auch in deutscher Übersetzung vor: Übergangsriten (Les rites de passage). Frankfurt: Campus 1986. Zur «Reise vom Diesseits ins Jenseits» vgl. besonders das Kapitel 8 «Bestattung», 142–159. – Wie weit bei chronisch-unheilbaren Gesundheitseinbußen auch heute noch versucht wird, dem Leiden einen Sinn abzugewinnen, belegt (aufgrund seiner unveröffentlichten Dissertation von 1980) Joseph A. Kotarba: «Perceptions of death, belief systems and the process of coping with chronic pain». In: Social Science & Medicine, Vol. 17, No. 10, 1983, 681–689. – Vgl. in diesem Zusammenhang ferner den Sammelband von Johanna Geyer-Kordesch et al. (Hrsg.): Leiden, Sterben und Tod. Münster: Aschendorff 1986. Darin u.a. von Werner Schweidtmann: Menschen begegnen dem Tod: Erfahrungen eines Krankenseelsorgers, 42–53. – Sowie Peter Schmid: Umgang mit dem Schmerz. In: Schweizer Heimwesen 6, 1983, 288–299. – Vgl. auch die Literaturangaben zu Abb. 43.

Abb. 43: Trotz Verankerung im Glauben: Angst vor Versuchungen des Teufels noch in der Sterbestunde. Doch – wenn's schief gehen sollte – auch ein mächtiger Gott, der einen noch im Jenseits an der Hand nehmen und dem Höllenschlund entreißen kann. – Meister E. S.: Die Versuchung im Glauben (15. Jahrhundert). Kupferstichkabinett der Staatlichen Museen Preußischer Kulturbesitz Berlin. Meister Bertram: Höllenfahrt Christi aus dem Passionsaltar, wahrscheinlich 1394 für die Hamburger Sankt-Petrikirche geschaffen. Niedersächsisches Landesmuseum Hannover.

Literatur: Zu Meister E. S. und «Ars moriendi»: Max Geisberg: Der Meister E.S. Zweite Auflage Leipzig: Klinkhardt und Biermann o.J. (1950/51). – Lilli Fischel: Die Karlsruher Passion und ihr Meister. Karlsruhe: Braun 1952 (zu «Ars moriendi»: ⟨Kommentarteil⟩ 42–48, ⟨Bilderteil⟩ 50–55). – (Ausstellungskatalog) Alan Shestack: Master E.S. Five hundredth anniversary exhibition. Philadelphia: Philadelphia Museum of Art 1967 (zu «Ars moriendi»: Illustrationen und Kommentare zu den Nummern 4–14). – Holm Bevers (Bearb.): Meister E. S. Ein oberrheinischer Kupferstecher der Spätgotik. München: Staatliche Graphische Sammlung 1986 (mit einer Abbildung der «Versuchung im Glauben», S. 180, sowie Kommentaren dazu, S. 74–76). – Rainer Rudolf: Ars moriendi. Von der Kunst des heilsamen Lebens und Sterbens. Köln: Böhlau 1957. – Roger Chartier: Les arts de mourir, 1450–1600. In: Annales E.S.C. 31, 1976, 51–75. – Daniel Roche: ⟨La mémoire de la mort⟩. Recherche sur la place des arts de mourir dans la Librairie et la lecture en France aux XVIIe et XVIIIe siècles. In: Annales E.S.C. 31, 1976, 76–119. – Karl Stüber: Commendatio animae. Sterben im Mittelalter. Bern: Lang 1976. – *Zu Meister Bertram und der «Höllenfahrt Christi»:* Ingrid Möller: Meister Bertram. Dresden: VEB Verlag der Kunst 1983 (mit einer Farbreproduktion der acht Szenen aus der Mitteltafel, somit inklusive der «Höllenfahrt Christi», 16–17). – Christian Beutler: Meister Bertram. Der Hochaltar von Sankt Petri. Christliche Allegorie als protestantisches Ärgernis. Frankfurt am Main: Fischer Taschenbuchverlag 1984. – Niedersächsisches Landesmuseum: Führungsblatt für Raum 2 der Gemäldegalerie: Niedersächsische Altäre der Gotik. Hannover o.J. – Margarete Bauer: Die Ikonographie der Höllenfahrt Christi von ihren Anfängen bis zum XVI. Jahrhundert. Diss. phil. Göttingen 1948 (nur als Typoskript vorhanden. Staats- und Universitätsbibliothek Göttingen, Signatur U45/48 4400). – Alois M. Haas: Descensus ad Inferos. Höllenfahrten und Jenseitsvisionen im Mittelalter vor Dante. In: Ders.: Geistliches Mittelalter. Freiburg, Schweiz: Universitätsverlag 1984, 161–177 (ursprünglich erschienen in: Internationale katholische Zeitschrift Communio 10, 1981, 40–56). – Gerhard Schmidt: Die Armenbibeln des XIV. Jahrhunderts. Graz-Köln: Böhlau 1959. – Zu der bis zum II. Vatikanischen Konzil gültigen Version «Abgestiegen zu der Hölle» vgl.

Wolfgang Trillhaas: Das Apostolische Glaubensbekenntnis. Witten: Luther-Verlag 1953, 28–29, 53–59. – Joseph Ratzinger: Einführung in das Christentum. Vorlesungen über das Apostolische Glaubensbekenntnis. 10. Auflage, München: Kösel 1968, 242–249. – *Zur Geschichte des Todes*, die durch die bahnbrechenden Arbeiten von Philippe Ariès (1914–1984) einen außerordentlichen Aufschwung erfuhr, vgl. noch immer von ihm selbst die m. E. nach wie vor unübertroffene Einführung in die Thematik (die er zuerst 1973 als Vorlesungsreihe an der Johns Hopkins University in Baltimore gehalten hat): Philippe Ariès: Western attitudes toward death from the middle ages to the present. Baltimore: Johns Hopkins University Press 1974 (deutsch als: Studien zur Geschichte des Todes im Abendland. München: Hanser 1976). – Ferner das letzte große Werk von ihm, das in seinem Todesjahr auch auf deutsch erschienen ist: Philippe Ariès: Bilder zur Geschichte des Todes. München: Hanser 1984. – Unter den herausragenden Titeln ferner: Joachim Whaley (Ed.): Mirrors of Mortality. Studies in the Social History of Death. London: Europa Publications 1981. – Michel Vovelle: La mort et l'Occident de 1300 à nos jours. Paris: Gallimard 1983. – Auf deutsch eine Monographie und zwei Sammelbände: Gion Condrau: Der Mensch und sein Tod. Certa moriendi condicio. Zürich: Benziger 1984. – Rolf Winau und Hans Peter Rosemeier (Hrsg.): Tod und Sterben. Berlin: Walter de Gruyter 1984. – Hansjakob Becker und Reiner Kaczynski (Hrsg.): Im Angesicht des Todes. Ein interdisziplinäres Kompendium. 2 Bände, St. Ottilien: EOS Verlag 1987. Alle Bände sind reichlich mit weiterführenden Literaturangaben versehen. – Wichtig von Jacques Le Goff außerdem: La naissance du Purgatoire. Paris: Gallimard 1981 (deutsch als: Die Geburt des Fegefeuers. Stuttgart: Klett-Cotta 1984).

Abb. 44: Kultorte des heiligen Ärzte-Brüderpaares Kosmas und Damian im zentraleuropäischen Raum.

Literatur: Anneliese Wittmann: Kosmas und Damian. Kultausbreitung und Volksdevotion. Berlin: Erich Schmidt 1967. – Statistisches Bundesamt Wiesbaden (Hrsg.): Systematisches Verzeichnis der Krankenhäuser in der Bundesrepublik Deutschland. Stand: 1. Januar 1982. Stuttgart: Kohlhammer 1983 (das alphabetische Verzeichnis S. 228–241 weist insgesamt 1342 «Gemeinden mit Krankenhäusern» aus, wobei z.B. Berlin (West) als eine «Gemeinde» gilt und allein 116 sehr unterschiedlich große und unterschiedlich spezialisierte Krankenhäuser hat. – Hier und zu den Abbildungen 45 (Rochus, Sebastian) und 46 (Florian) ferner: Dietrich Heinrich Kerler: Die Patronate der Heiligen. Hildesheim: Olms 1968 (= Reprint der Ausgabe Ulm: Kerler 1905). – Otto Wimmer und Hartmann Melzer: Lexikon der Namen und Heiligen. Vierte, neubearbeitete und wesentlich erweiterte Auflage, Innsbruck: Tyrolia 1982. – Stephen Wilson (Hrsg.): Saints and their Cults. Studies in Religious Sociology, Folklore and History. Cambridge: Cambridge University Press 1983 (vgl. vor allem die kommentierende Bibliographie, die nicht weniger als 1309 Titel enthält, S. 309–417). – Die Legenda aurea Deutsch (Die Legenda aurea des Jacobus de Voragine, aus dem Lateinischen übersetzt von Richard Benz). Zehnte Auflage Darmstadt: Wissenschaftliche Buchgesellschaft 1984. – Hiltgart L. Keller: Reclams Lexikon der Heiligen und der biblischen Gestalten. Legende und Darstellung in der bildenden Kunst. 5. durchgesehene und ergänzte Auflage, Stuttgart: Reclam 1984. – Georg Schreiber: Die Vierzehn Nothelfer in Volksfrömmigkeit und Sakralkultur. Symbolkraft und Herrschaftsbereich der Wallfahrtskapelle, vorab in Franken und Tirol. Innsbruck: Universitätsverlag Wagner 1959. – Helmut Lahrkamp: Die Vierzehn Nothelfer im deutschen Sakralraum. In: Georg Schreiber: Die Vierzehn Nothelfer in Volksfrömmigkeit und Sakralkultur. Innsbruck: Universitätsverlag Wagner 1959, 119–129. – Walter Ruppen: Der spätgotische Nothelferaltar in Ernen. Brig: Rotten 1979. – Karl Bröger, mit Bildern von Rudolf Schiestl: Die Vierzehn Nothelfer. Bremen: Worpsweder Verlag 1984.

Abb. 45: Rückzug der Pest aus Zentral-Europa Anfang des 18. Jahrhunderts – und damit Entzug der Existenz-Grundlage für die Pest-Heiligen Sebastian und Rochus. – Mit einer Nachzeichnung von Albrecht Dürers Federzeichnung: Die Heiligen Sebastian und Rochus, um 1497. Städelsches Kunstinstitut Frankfurt am Main.

Literatur: Jean-Noël Biraben: Les hommes et la peste en France et dans les pays européens et méditérannéens. 2 Bände, Paris – Den Haag: Mouton 1975–1976. – Walter Hartinger und Winfried Helm: «Die laidige Sucht der Pestilentz». Kleine Kulturgeschichte der Pest in Europa. Passau: Lehrstuhl für Volkskunde der Universität Passau 1986. – Marie-Theres Schmitz-Eichhoff: St. Rochus. Ikonographische und medizinhistorische Studien. Köln: Forschungsstelle des Instituts für Geschichte der Universität zu Köln 1977. – Irene Vaslef: The role of St. Roch as a plague saint: a late medieval hagiographic tradition. Washington D. C.: The Catholic University of America 1984. – Marie-Madeleine Antony-Schmitt: Le culte de Saint Sébastien en Alsace. Médecine populaire et Saints Guérisseurs. Essai de sociologie religieuse; Strasbourg: Istra 1977. – Friedrich Winkler: Die Zeichnungen Albrecht Dürers in vier Bänden. Berlin: Deutscher Verein für Kunstwissenschaft 1936–1939 (hier Bd. I: 1484–1502, 1936).

Anmerkung: Sebastian erlitt der Legende nach sein Glaubensmartyrium im 3. Jahrhundert als Offizier der kaiserlichen Garde. Auf Befehl Diokletians sollte er durch den Pfeil getötet werden. Als 680 die Pest in Rom grassierte, trug man seine Reliquien in Prozessionen durch die Stadt, worauf die Seuche erlosch. Seitdem galt er als einer der mächtigsten Pestpatrone des Abendlandes. Im süddeutschen Raum entwickelte sich das oberbayerische Kloster Ebersberg, seit 931 im Besitz der Hirnschale des Heiligen, zu einem Zentrum der Verehrung, im Unterelsaß die Franziskanerkirche zu Hagenau, wohin um 1250 ein Arm gelangte. – Rochus soll um 1295 im südfranzösischen Montpellier geboren worden sein. Unterwegs auf einer Pilgerschaft nach Rom 1317 habe er Pestkranke gepflegt und sei auf der Rückreise 1320 im oberitalienischen Piacenza selbst an der Seuche erkrankt, doch wundersamerweise von einem Engel davon geheilt worden. 1327 starb er in Montpellier. – Beide Pest-Heilige werden, ähnlich wie das Ärzte-Heiligen-Paar Kosmas und Damian, häufig gemeinsam dargestellt. An ihren unverwechselbaren Attributen sind sie leicht zu erkennen. Sebastian ist von Pfeilen durchbohrt, die ihm wunderbarerweise jedoch nichts anhaben konnten. Auf seine Fürbitte hin, so hofften die von göttlichen Pestpfeilen getroffenen Gläubigen, möchte ihnen Ähnliches geschehen. – Rochus trägt das Pilgergewand. Er macht den Oberschenkel frei, um auf seine Pestbeule zu weisen. Eigentlich sollte er seinen Pilgerrock noch etwas weiter anheben, handelt es sich klinisch doch um eine Lymphdrüsenschwellung in der Leistengegend nach erfolgter Infektion durch einen Flohbiß. Diskreterweise verschob sich die Stelle jedoch etwas nach unten. – Beider Heiligen Andenken wurde durch unzählige Bildwerke, Säulen, Kirchen, Kapellen, Altäre, Spitäler, Prozessionen, Andachten, Spiele, Bruderschaften geehrt. Da sich der Rochus-Kult auch auf Tierseuchen ausweitete, vermochte er das Verschwinden der Pest aus der Welt unserer bäuerlichen Vorfahren etwas besser zu überleben. Im 19. Jahrhundert gab es für ihn sogar ein Comeback, und zwar als Cholera-Heiliger.

Abb. 46: Nicht nur die Pest-Heiligen verloren im 18. Jahrhundert ihren festen Boden unter den Füßen. Auch für andere Spezialheilige begann die Existenzgrundlage zu wanken. So schwemmten effizientere Feuerwehr-Spritzen und schließlich unsere High-tech-Löschzüge den heiligen Sankt Florian mit seinem Wasserkübel auch gleich mit fort. Mit Heiligem Florian, Hinterglasbild aus Sandl / Oberösterreich, 19. Jahrhundert. Bayerisches Nationalmuseum München; Sammlung für religiöse Volkskunde Professor Dr. Rudolf Kriss. – Nachzeichnung der fahrbaren Handdruck-Feuerspritze der süddeutschen Pfarrgemeinde Herrieden bei Ansbach in Franken aus dem Jahre 1759. Heimatmuseum Feuchtwangen. –

Nachzeichnung eines Ziegler-Tanklöschfahrzeugs TLF 48/70–40 HA auf Mercedes-Benz Allrad-Antrieb. *Literatur: Zum heiligen Sankt Florian:* Friederike Tschochner, unter Mitarbeit von Matthias Exner: Heiliger Sankt Florian. München: Callwey 1981 (mit einer Wiedergabe des Hinterglasbildes aus Sandl auf S. 204, Abb. 262). – Florian Trenner: Der heilige Florian. Regensburg: Pustet 1981. – Inventarverzeichnis des Bayerischen Nationalmuseums München zu Inventar-Nummer Kr G 265. – *Zur Herrieder Feuerspritze:* Heimatmuseum Feuchtwangen: Zwei Inventarblätter (zu Inv.Nr. 1566) mit Beschreibung und Dokumentation, angefertigt 1966. – Frau Museumsleiterin Karla Görner sowie Herrn Fritz Karg vom Verein für Volkskunst und Volkskunde Feuchtwangen danke ich für zusätzliche schriftliche Erläuterungen. – *Zum Tanklöschfahrzeug:* Albert Ziegler GmbH: Feuerwehr-Katalog 1985/87. – «Eines der modernsten Feuerwehrfahrzeuge in Opfikon. Feuerwehrpikett übernimmt kantonale Aufgaben». In: Neue Zürcher Zeitung, Fernausgabe Nr. 189, 19. August 1986, S. 20. – *Zur Feuerwehrgeschichte:* Wolfgang Hornung: Feuerwehrgeschichte. Brandschutz und Löschgerätetechnik von der Antike bis zur Gegenwart. Stuttgart: Kohlhammer 1981 (hierin auch eine Abbildung der «Herrieder Bischofsspritze», 87). – Maria Borgmann: «Aus der Frühzeit der Berliner Feuerwehr». In: (Museumskatalog) Museum für Verkehr und Technik Berlin. Schätze und Perspektiven. 2. vollständig überarbeitete Auflage, Berlin: Nicolaische Verlagsbuchhandlung 1985, 89–92.

Abb. 47: CHRISTUS SALVATOR geht auf Distanz – mit der Christusfigur des Justus Glesker aus dem Jahre 1648/49 für den Bamberger Dom und dem dazugehörenden Marmorschaft, heute im Diözesanmuseum Bamberg. – Im Gegensatz dazu das Bockhorster Triumphkreuz aus dem 12. Jahrhundert, heute im Westfälischen Landesmuseum für Kunst und Kulturgeschichte Münster. *Literatur:* Renate Baumgärtel-Fleischmann: Ausgewählte Kunstwerke aus dem Diözesanmuseum Bamberg. Bamberg: Bayerische Verlagsanstalt 1983. – Erich Herzog und Anton Ress: Der Frankfurter Barockbildhauer Justus Glesker. In: Schriften des Historischen Museums Frankfurt am Main 10, 1962, S. 53–148. – Géza Jászai: Das Bockhorster Triumphkreuz in Münster. Münster: Landschaftsverband Westfalen-Lippe 1985. – Edgar Hürkey: Das Bild des Gekreuzigten im Mittelalter. Untersuchungen zu Gruppierung, Entwicklung und Verbreitung anhand der Gewandmotive. Worms: Werner'sche Verlagsgesellschaft 1983. – Sowie zusätzliche schriftliche Auskünfte von Dr. Géza Jászai vom Westfälischen Landesmuseum Münster, September 1986. *Anmerkung:* Zwar wurde das «Bockhorster Triumphkreuz» Ende des 19. Jahrhunderts auf dem Dachboden der kleinen Dorfkirche zu Bockhorst (heute Kreis Gütersloh) aufgefunden, von wo es 1894 in die Bestände des Museums nach Münster gelangte. Das heißt allerdings noch nicht, daß das monumentale Werk ursprünglich auch für diese Kirche geschaffen worden war. Wahrscheinlicher ist seine Anfertigung für ein größeres Gotteshaus.

Abb. 48: Verquere Vorschriften untergraben den kirchlichen Autoritätsanspruch. Kollision zwischen agrarisch geprägtem Arbeitsjahr der Bauern und liturgisch bestimmten Jahresablauf der (katholischen) Kirche. Mit Monatsverteilung der Heiraten einerseits im katholischen Altdorf 1690–1899 und andererseits im lutherisch-protestantischen Grenzach 1620–1899 (beide am Oberrhein gelegen), sowie dem Jahresrhythmus bäuerlicher Feldarbeiten. *Literatur:* Ausführlicher behandelt in den drei Aufsätzen: «Leib und Leben unserer Vorfahren: eine rhythmisierte Welt». In: Leib und Leben in der Geschichte der Neuzeit (= Berliner Historische Studien, Bd. 9). Berlin: Duncker & Humblot 1983, 21–38. – «Die

Ermittlung regionaler Verhaltensweisen als Aufgabe der Geschichte kollektiver Mentalitäten». In: H. L. Cox und Günter Wiegelmann (Hrsg.): Volkskundliche Kulturraumforschung heute (Beiträge zur Volkskultur in Nordwestdeutschland, Heft 42). Münster: Coppenrath 1984, 85–112. – «Störung von Stabilitäten durch ‹Randgruppen›? Fragen an die Stadtgeschichtsforschung». In: Bernhard Kirchgässner und Fritz Reuter (Hrsg.): Städtische Randgruppen und Minderheiten. Sigmaringen: Thorbecke 1986, 200–225. – Vgl. ferner Gerhard Oesterle: «Trauung an jedem Tag erlaubt?». In: Pastor Bonus. Trierer Theologische Zeitschrift 68, 1959, 300–305. – Walter G. Rödel: Mainz und seine Bevölkerung im 17. und 18. Jahrhundert. Demographische Entwicklung, Lebensverhältnisse und soziale Strukturen in einer geistlichen Residenzstadt. Stuttgart: Steiner 1985 (Abschnitt 3.4.2.: Für Heiraten bevorzugte Wochentage: 185–192). – Stuart George Hall und Joseph H. Crehan: (Artikel) Fasten/Fasttage III. Biblisch und kirchenhistorisch. In: Theologische Realenzyklopädie. Berlin: Walter de Gruyter 1983, Bd. XI, 48–59. – Zum Umfeld außerdem: Lukas Grünenwald: Volkstum und Kirchenjahr. Ein Beitrag zur Volkskunde der Pfalz. Speyer: Verlag des Historischen Museums der Pfalz und des Historischen Vereins der Pfalz 1927. – Fintan Michael Phayer: Religion und das Gewöhnliche Volk in Bayern in der Zeit von 1750–1850 (Neue Schriftenreihe des Stadtarchivs München, Band 38). München: Stadtarchiv 1970. – Hermann Hörger: Kirche, Dorfreligion und bäuerliche Gesellschaft. Strukturanalysen zur gesellschaftsgebundenen Religiosität ländlicher Unterschichten des 17. bis 19. Jahrhunderts, aufgezeigt an bayerischen Beispielen (Studien zur altbayerischen Kirchengeschichte, Bände 5 und 7). Teil 1: München: Kommissionsverlag Seitz & Höfling 1978; Teil 2: München: Kommissionsverlag Seitz Druck 1983. – Zu Altdorf und Grenzach: Alice Goldstein: Determinants of Change and Response among Jews and Catholics in a Nineteenth Century German Village ⟨= Altdorf⟩. New York: Conference on Jewish Social Studies 1984. – Wolfgang Böser: «Ortssippenbücher, Erschließung einer genealogischen Sekundärquelle für die Sozialgeschichte». In: Blätter für deutsche Landesgeschichte 121, 1985, 1–48.

Anmerkung zum Umrechnungsmodus: Die insgesamt 702 Heiraten in Altdorf und die 758 Eheschließungen in Grenzach wurden auf je 1200 Fälle sowie eine standardisierte Monatslänge von 30.4 Tagen umgerechnet. Hätten in jedem Monat gleich viele Heiraten stattgefunden, wäre das Rechnungsergebnis stets 100 gewesen. Dies war jedoch nicht der Fall. Die einzelnen Monatsstapel zeigen die Abweichungen von dieser 100er-Linie an. – Zur Fasten- und Adventszeit: Von den jährlich unterschiedlich früh beginnenden 46 Tagen der Fastenzeit entfielen 1690–1899 durchschnittlich 8.9 auf den Februar, 29.0 auf den März und 8.1 Tage auf den April. Sie konnte damals frühestens am 4. Februar beginnen und am 24. April enden. Der Erste Adventssonntag war frühestens ab 27. November möglich.

Abb. 49: Trennung von Lebenden, Kranken und Toten in Venedig. Mit Lage- und Ansichtsskizzen der Stadt der Kanäle, der Scuola Grande di San Marco – heute städtisches Zentralkrankenhaus –, der Friedhofsinsel San Michele sowie der Kirchen San Zanipolo und Santa Maria della Salute.

Literatur: Herbert Dellwing: Venedig. Stadt und Provinz. Darmstadt: Wissenschaftliche Buchgesellschaft 1974. – Eberhard Horst: Venedig. Die Stadt im Meer. Vierte, überarbeitete Auflage, Olten: Walter 1982. – Michael Helston: Second Sight: Canaletto – Guardi. A National Gallery Exhibition, 18 February – 18 April 1982. London: The National Gallery 1982. – Peter Dreyer (bearbeitet von): Vedute. Architektonisches Capriccio und Landschaft in der venezianischen Graphik des 18. Jahrhunderts. Eine Ausstellung aus den Beständen des Berliner Kupferstichkabinetts. Berlin: Staatliche Museen Preußischer Kulturbesitz 1985.- Lindsay Stainton: William Turner in Venedig. München: Prestel 1985. – *Zur Pest von 1575–77 und 1630–31 sowie zur Votivkirche:* Paolo Preto: Peste e società a

Venezia nel 1576. Vicenza: Neri Pozza Editore 1978. – Commune di Venezia, Assessorato alla Cultura e Belle Arti (Hrsg.): Venezia e la Peste; 1348/1797. Venedig: Marsilio Editori 1979 (darin besonders von Paolo Preto: «Peste e demografia; L'età moderna: le due pesti del 1575–77 e 1630–31», 97–98. – Ders.: «Le grandi pesti dell'età moderna: 1575–77 e 1630–31», 123–148. – Antonio Niero: «Pietà ufficiale e pietà popolare in tempo di peste», 287–293. – Ders.: «I templi del Redentore e della Salute: motivazioni teologiche», 294–341). – Stephen R. Ell: The Venetian Plague of 1630–1631. Assessment of a Human Disaster. In: Medical Heritage 2, 1986, 151–156. – *Allgemein:* Manfred Hellmann: Grundzüge der Geschichte Venedigs. 2. verbesserte und erweiterte Auflage. Darmstadt: Wissenschaftliche Buchgesellschaft 1981. – Alvise Zorzi: Venedig. Eine Stadt – eine Republik – ein Weltreich 697–1797. München: Amber 1981. – Sowie weitere Hinweise unter Abb. 31.

Abb. 50: Vom Umgang mit Büchern im 17. Jahrhundert: Attributives Statussymbol oder Lesestoff. Peter Paul Rubens: Maria mit dem Kinde, um 1624/25. Gemäldegalerie der Staatlichen Museen Preußischer Kulturbesitz Berlin. – Pieter Janssens Elinga: Die lesende Frau, um 1670. Alte Pinakothek München.
Literatur: Zu Büchern in Bildern: (Ausstellungskatalog) Die Sprache der Bilder. Realität und Bedeutung in der niederländischen Malerei des 17. Jahrhunderts. Herzog Anton Ulrich-Museum Braunschweig, 6.9. – 5.11. 1978. Braunschweig: Herzog Anton Ulrich-Museum 1978. – Das Buch im Stilleben – Das Stilleben im Buch. In: (Ausstellungskatalog) Stilleben in Europa. Westfälisches Landesmuseum für Kunst und Kulturgeschichte Münster, 25. 11. 1979 – 24. 2. 1980; Staatliche Kunsthalle Baden-Baden, 15.3. – 15.6. 1980. Münster: Landschaftsverband Westfalen-Lippe, Westfälisches Landesmuseum für Kunst und Kulturgeschichte Münster; Baden-Baden: Staatliche Kunsthalle 1980, 448–478, 589–595. – Peter Eikemeier: Bücher in Bildern. In: De Arte et Libris. Festschrift Erasmus 1934–1984. Amsterdam: Erasmus 1984, 61–67. – *Zu Rubens:* Martin Warnke: Flämische Malerei des 17. Jahrhunderts. Berlin: Gemäldegalerie der Staatlichen Museen Preußischer Kulturbesitz 1967. – Gemäldegalerie der Staatlichen Museen Preußischer Kulturbesitz Berlin: Katalog der ausgestellten Gemälde des 13.–18. Jahrhunderts. Berlin-Dahlem 1975, 367–376. – Henning Bock et al.: Gemäldegalerie Berlin. Gesamtverzeichnis der Gemälde. Berlin: Staatliche Museen Preußischer Kulturbesitz 1986. (Kapitel Flämische und Holländische Malerei des 17. Jahrhunderts, 219–352, sowie 65–66). – *Zu Elinga:* Clotilde Brière-Misme: A Dutch Intimist: Pieter Janssens Elinga. In: Gazette des Beaux-Arts, Bde. 31, 1947, 89–102; 32, 1947, 159–176; 33, 1948, 347–36. – Leo C. Collins: A Postscript: An Early Painting by Pieter Janssens Elinga? In: Gazette des Beaux-Arts, Bd. 35, 1949, 285–310. – Rainer Pickel (Bearb.): Alte Pinakothek München. Erläuterungen zu den ausgestellten Gemälden. München: Bayerische Staatsgemäldesammlungen 1983 (zur «Lesenden Frau», 262–263). – Peter C. Sutton: Pieter Janssens Elinga: Die lesende Frau, um 1670. In: (Ausstellungskatalog) Peter C. Sutton et al.: Von Frans Hals bis Vermeer. Meisterwerke holländischer Genremalerei. Gemäldegalerie der Staatlichen Museen Preußischer Kulturbesitz Berlin, 8. Juni bis 12. August 1984. Berlin: Staatliche Museen Preußischer Kulturbesitz in Zusammenarbeit mit Weidenfeld Kunstbuch Berlin 1984, 172–174, 364–365 (mit einer ganzseitigen Farbreproduktion, S. 173). – Zum Ursprung des «Ridder Malegijs» vgl. Philippe Vernay: Maugis d'Aigrement. Chanson de geste. Edition critique avec introduction, notes et glossaire. Bern: Francke 1980. – *Zur frühen Alphabetisierung* in den calvinistischen Niederlanden vgl. A.M. van der Woude: De alfabetisering. In: Algemene Geschiedenis der Nederlanden, Bd. VII: Nieuwe Tijd (1490–1800). Haarlem: Fibula-Van Dishoeck 1980, 256–265. – Weitere Literatur hierzu im gesamteuropäischen Kontext unter den Hinweisen zu den Abbildungen 51–54.

Anmerkung: Im Zusammenhang mit der Berliner Ausstellung «Von Frans Hals bis Vermeer» 1984, in der das Bild gezeigt wurde, untersuchte der Fachreferent für die Altniederländische und holländische Abteilung der Alten Pinakothek München, Peter Eikemeier, den aufgeschlagenen Band in allen Details. Er kam damals zum Schluß, daß die Frau ein Exemplar des «Ridder Malegijs» lesen könnte. Herrn Peter Eikemeier danke ich für persönliche Zusatzerläuterungen 1986.

Abb. 51: Die protestantische Kirche Schwedens bringt allen ihren Gläubigen bis um 1750 das Lesen bei; und die staatliche Obrigkeit nutzt die allgemeinen Lesekenntnisse umgehend in ihrem merkantilistischen Sinne zur Senkung der Säuglingssterblichkeit.
Literatur: Zur frühen Durchsetzung der Lesekenntnisse in Schweden: Egil Johansson: The History of Literacy in Sweden. In comparison with some other countries. Umeå: School of Education, Umeå University 1977. – Ders.: Den kyrkliga lästraditionen i Sverige – en konturteckning. In: Ur nordisk kulturhistoria. Läskunnighet och folkbildning före folkskoleväsendet. Jyväskylä: XVIII. Nordiska historikermötet 1981, Mötesrapport III, 193–223. – Ders.: Sockenliv i äldre Tid. Stockholm: Liber Utbildningsförlaget 1985. – *Zum Merkantilismus:* Vgl. noch immer das klassische Werk des Schweden Eli Filip Heckscher: Der Merkantilismus. 2 Bde., Jena: Fischer 1932. – Die Bevölkerungsentwicklung ist ausführlich behandelt in: Aspekte der Bevölkerungsentwicklung in den Nordischen Ländern 1720–1750. 2 Teile, Bern: Francke 1976. – *Zu gleichzeitigen Bestrebungen im deutschsprachigen Raum um Senkung der Säuglingssterblichkeit:* Johann Friedrich Zückert: Unterricht für rechtschaffene Eltern zur diätetischen Pflege ihrer Säuglinge. Berlin: Mylius 1764 (mit einer Fortsetzung desselben Verfassers: Von der diätetischen Erziehung der entwöhnten und erwachsenen Kinder bis in ihr mannbares Alter. Berlin: Mylius 1765). – Lydia Kunze: Die physische Erziehung der Kinder. Populäre Schriften zur Gesundheitserziehung in der Medizin der Aufklärung. Diss.med., Marburg 1971. – Reinhard Spree: Sozialisationsnormen in ärztlichen Ratgebern zur Säuglings- und Kleinkinderpflege. Von der Aufklärungs- zur naturwissenschaftlichen Pädiatrie. Berlin: Max-Planck-Institut für Bildungsforschung, Forschungsbereich Entwicklung und Sozialisation 1985.

Abb. 52: Senkung der Säuglingssterblichkeit im 16./17. Jahrhundert in Europa: mit dem Appell an die «Stillpflicht» der Mütter durch Hinweis auf die «Nährende Himmelskönigin» war es noch nicht getan. – Mit Ausschnitten aus Robert Campins «Maria mit dem Kind vor einem Ofenschirm». National Gallery London. – Jan Brueghel des Älteren «Besuch auf dem Pachthof», 1597. Kunsthistorisches Museum Wien. – Und Gerard Dous «Junger Mutter», um 1655/1660. Gemäldegalerie der Staatlichen Museen Preußischer Kulturbesitz Berlin.
Literatur: Zu Campin: Martin Davies: Rogier van der Weyden. Ein Essay. Mit einem kritischen Katalog aller ihm und Robert Campin zugeschriebenen Werke. München: Beck 1972 (mit ganzseitiger Schwarz/Weiß-Reproduktion des Bildes: Tafel 160). – *Zu Brueghel:* Klaus Demus et al. (Bearb.): Flämische Malerei von Jan van Eyck bis Pieter Bruegel d.Ä.: Katalog der Gemäldegalerie. Wien: Herold 1981 (zum «Besuch auf dem Pachthof» heißt es unumwunden: «Von Genre kann nicht gesprochen werden; und ebenso erübrigt sich die Frage nach einem versteckten Bild-Sinn», 127). – *Zu Dou:* Gemäldegalerie der Staatlichen Museen Preußischer Kulturbesitz Berlin: Katalog der ausgestellten Gemälde des 13.–18. Jahrhunderts. Berlin-Dahlem 1975, 131–133. – Henning Bock et al.: Gemäldegalerie Berlin. Gesamtverzeichnis der Gemälde. Berlin: Staatliche Museen Preußischer Kulturbesitz 1986. (Kapitel Flämische und Holländische Malerei des 17. Jahrhunderts, 219–352, sowie 27–28, mit ganzseitiger Schwarz/Weiß-Reproduktion des Bildes, 275). – *Zu «Maria lactans»:* Ernst Günther Grimme: Unsere Liebe Frau. Das Bild Mariens

in der Malerei des Mittelalters und der Frührenaissance. Köln: DuMont 1968. – Gertrud
Schiller: Ikonographie der christlichen Kunst. Band 4,2: Maria. Gütersloh: Mohn 1980. –
Zur Geschichte der Säuglingssterblichkeit (in den südlichen katholischen Niederlanden,
dem heutigen Belgien) liegt zwar eine umfangreiche neue Abhandlung vor, doch setzt sie
im wesentlichen aus Quellengründen erst im 19. Jahrhundert ein: Godelieve Masuy-Stroo-
bant: Les déterminants individuels et régionaux de la mortalité infantile. La Belgique
d'hier et d'aujourd'hui. Louvain: Ciaco Editeur 1983 (540 Seiten!). – Vgl. hierzu ferner
unter Anmerkungen zu Abb. 53.

Abb. 53: Von der Ähnlichkeit der Proportionen, einerseits bei der Lese-Unkenntnis in
europäischen Ländern 1850/1900 und anderseits in der Höhe der Säuglings-Sterblichkeit
1881–1975.

Angaben zur Teilgraphik links: Anteil der Bevölkerung in ausgewählten europäischen Ländern, der
1850 beziehungsweise 1900 noch nicht lesen konnte, in «circa»-Prozent:

Ländergruppe	1850	1900
Nordische Länder, Schottland, die Niederlande, Deutschland und die		
Schweiz	7%	3%
England und Wales	30%	14%
Frankreich, Belgien und Irland	45%	18%
Österreich und Ungarn (hier nicht dargestellt)	65%	27%
Spanien, Italien und Polen	75%	55%
Balkanländer, Rußland und Portugal	84%	75%

Quelle: Egil Johansson: The History of Literacy in Sweden. In comparison with some other
countries. Umeå: Umeå University and Umeå School of Education, Sweden 1977 (= Educational Reports, No. 12), 71–72.

Angaben zur Teilgraphik rechts: Säuglingssterblichkeit in Europa nach Ländergruppen von 1881–1890
bis 1971–1975. – Die Angaben zur Säuglingssterblichkeit sind in Promille ausgedrückt, die Abnahmen
von Zeitraum zu Zeitraum in Prozent.
Ländergruppe Nord: Schweden, Norwegen, Dänemark, Irland;
Ländergruppe West: England, Frankreich, Schweiz, Belgien, Niederlande, Finnland;
Ländergruppe Süd: Spanien, Italien;
Ländergruppe Ost: Deutschland, Österreich, Ungarn, Tschechoslowakei, Rumänien, Rußland.

Ländergruppe	1881–1890	1906–1915	1921–1930	1951–1960	1971–1975
Nord	110	84–24%	66–21%	25–62%	12–52%
West	162	119–27%	81–32%	30–63%	14–53%
Süd	194	151–22%	128–15%	51–60%	19–63%
Ost	242	205–15%	151–26%	56–63%	27–52%

Quelle: Michel Poulain und Dominique Tabutin: La mortalité aux jeunes âges en Europe et en
Amérique du Nord du XIXe siècle à nos jours. In: Paul-Marie Boulanger und Dominique Tabutin (Hrsg.): La mortalité des enfants dans le monde et dans l'histoire. Liège: Ordina 1980, 123.

*Literatur: Zur frühen Durchsetzung allgemeiner Lesekenntnisse im protestantisch-re-
formierten Europa* (vgl. auch bereits unter Abb. 50–52): Jack Goody (Hrsg.): Literacy in
Traditional Societies. Cambridge: Cambridge University Press 1968. – Gerald Strauss:
Luther's House of Learning. Indoctrination of the Young in the German Reformation.
Baltimore: The Johns Hopkins University Press 1978. – R. W. Scribner: For the sake of
simple folk. Popular propaganda for the German Reformation. Cambridge: Cambridge
University Press 1981. – Margaret Spufford: Small books and pleasant histories. Popular
fiction and its readership in seventeenth-century England. London: Methuen 1981. –

Harvey J. Graff (Hrsg.): Literacy and social development in the West: A reader. Cambridge: Cambridge University Press 1981 (darin u.a. auch der Beitrag von Egil Johansson: «The History of Literacy in Sweden», 151–182, 328–329). – Marie-Louise von Wartburg-Ambühl: Alphabetisierung und Lektüre. Untersuchung am Beispiel einer ländlichen Region im 17. und 18. Jahrhundert. Bern: Lang 1981. – Rab Houston: Literacy and society in the west, 1500–1850. In: Social History 8, 1983, 269–293. – Bernd Moeller et al. (Hrsg.): Studien zum städtischen Bildungswesen des späten Mittelalters und der frühen Neuzeit. Göttingen: Vandenhoeck & Ruprecht 1983. – Hans Medick: «Buchkultur auf dem Lande: Laichingen 1748–1820. Ein Beitrag zur Geschichte der protestantischen Volksfrömmigkeit in Altwürttemberg». In: Glaube, Welt und Kirche im evangelischen Württemberg. Ausstellung zur 450-Jahr-Feier der Evangelischen Landeskirche. Stuttgart: Landeskirchliches Archiv 1984, 46–68. – Etienne François: Premiers jalons en vue d'une approche comparée de l'alphabétisation en France et en Allemagne. In: Histoire sociale, sensibilités collectives et mentalités. Mélanges Robert Mandrou. Paris: Presses Universitaires de France 1985, 481–494. – Ders.: Les protestants allemands et la Bible. Diffusion et pratiques. In: Yvon Belaval und Dominique Bourel (sous la direction de): Le siècle des Lumières et la Bible. Paris: Beauchesne 1986, 47–58. – Ders.: «Le livre religieux comme recours sacré, relique familiale et symbole d'identité dans l'Allemagne protestante (XVIIe–XIXe siècle). (Vortrags-Typoskript für:) Rencontre franco-allemande sur l'histoire de la lecture. Paris, 13–15 janvier 1986, 12 Seiten. – Robert Allan Houston: Scottish Literacy and the Scottish Identity. Illiteracy and Society in Scotland and Northern England 1600–1800. Cambridge: Cambridge University Press 1985. – Mary Jo Maynes: Schooling in Western Europe: A Social History. Albany: SUNY Press 1985. – Wolfgang Neugebauer: Absolutistischer Staat und Schulwirklichkeit in Brandenburg-Preußen (= Veröffentlichungen der Historischen Kommission zu Berlin, Bd. 62). Berlin: Walter de Gruyter 1985. – John Markoff: Some Effects of Literacy in Eighteenth-Century France. In: Journal of Interdisciplinary History 17, 1986, 311–333. – Catherine Maurer: La ‹Guerre des Gesangücher› dans l'Allemagne protestante de la fin du XVIIIème siècle: Petite étude socioculturelle de l'opposition populaire aux livres de cantiques influencés par l'Aufklärung. In: Recherches et travaux de l'Institut d'histoire économique et sociale de l'Université de Paris I, Panthéon-Sorbonne, Bulletin no 15, 1986, 19–46 – *Zur Entwicklung der Säuglingssterblichkeit in Europa* (und weltweit): Ausführlicher behandelt im Bändchen ‹Säuglingssterblichkeit im europäischen Kontext, 17.–20. Jahrhundert›. Umeå: Umeå University – Demographic Data Base 1984; sowie im Aufsatz «La mortalité infantile historique et actuelle: dialogues entre l'historien et le pédiatre, et entre Pays développées et Tiers monde». In: History and Philosophy of the Life Sciences 8, 1986, 81–97. – Vgl. ferner: W. Henry Mosley und Lincoln C. Chen (Hrsg.): Child survival. Strategies for research (= Population and Development Review; A Supplement to Volume 10, 1984). Cambridge. Cambridge University Press 1984. – Jacques Vallin und Alan Lopez (Hrsg.): La lutte contre la mort. Influence des politiques sociales et des politiques de santé sur l'évolution de la mortalité. Paris: Presses Universitaires de France 1985. Hiervon erschien noch im gleichen Jahr eine englische Ausgabe: Jacques Vallin und Alan Lopez (Hrsg.): Health Policy, Social Policy and Mortality Prospects. Liège: Ordina 1985. – Francine van de Walle: «Infant Mortality and the European Demographic Transition». In: Ansley J. Coale und Susan Cotts Watkins (Hrsg.): The Decline of Fertility in Europe. Princeton: Princeton University Press 1986, 201–233. – Das Kapitel «Le recul de la mortalité infantile» bei Jean-Claude Chesnais: La transition démographique. Etapes, formes, implications économiques. Etude de séries temporelles (1720–1984) relatives à 67 pays. Paris: Presses Universitaires de France 1986, 65–79, enthält sechs außerordentlich illustrative kartographische Darstellungen über den Rückgang der Säuglingssterblichkeit im europäischen Raum 1850,

1875, 1900, 1925, 1950 und 1975. – Es sei außerdem darauf verwiesen, daß UNICEF (United Nations Children's Fund) jährlich einen eigenen Band The State of the World's Children publiziert, der jeweils weltweit neueste Angaben wie auch Spezialstudien über einzelne Länder oder Sachfragen enthält (im Auftrag der UNICEF publiziert bei Oxford University Press).

Abb. 54: Eine massive Zunahme der durchschnittlichen Lebenserwartung bei der Geburt durch Erhöhung der Lebenssicherheit für alle setzt das Aufbrechen ganzer «Systeme» voraus: das Prinzip der Zirkular-Kausation. Entwicklung von Säuglingssterblichkeit und Lebenserwartung in der Schweiz 1880–1980 im Rahmen des Wandels von einem «System der Armut» zu einem «System des Reichtums»; sowie «Teufelskreis Armut» als Nährboden für das «multifaktorielle Zusammenwirken» und die «multiple Pathologie» bei einer hohen Säuglings- und Kindersterblichkeit.

Literatur: Ausführlicher behandelt im Aufsatz: «Nachdenken über Säuglingssterblichkeit. Ein europäischer Historiker zu den heutigen Unterschieden in Süd- und Südwestafrika». In: Zeitschrift für Bevölkerungswissenschaft 11, 1985, 305–343. – Vgl. ferner: John C. Caldwell: «Routes to Low Mortality in Poor Countries». In: Population and Development Review 12, 1986, 171–219 (mit ausführlichen Literaturhinweisen, auch auf seine eigenen früheren Publikationen, 213–220). – Jean-Claude Chesnais: La transition démographique. Etapes, formes, implications économiques. Etude de séries temporelles (1720–1984) relatives à 67 pays. Paris: Presses Universitaires de France 1986 (= Institut National d'Etudes Démographiques, Travaux et Documents, Cahier No 113; 580 Seiten! – Eine knappe zusammenfassende Präsentation dieses Bandes durch den Autor unter demselben Titel in: Population 41, 1986, 1059–1070).

Abb. 55: Wenn das «Buch mit den sieben Siegeln» seine Siegel verliert. Lesekenntnisse auch für Frauen und gleiche Bildung für Mädchen öffnen ihnen eine neue Welt.
Literatur: Wie in den Hinweisen zu den Abb. 50–54 und 57–58 vermerkt.

Abb. 56: Die fünfzehn größeren Bundesstaaten Indiens nach Lage und Bevölkerungszahl 1981 im Vergleich zur Bundesrepublik Deutschland im gleichen Jahr.
Literatur: Die offiziellen Publikationen über den letzten Zensus in Indien (1981) sind verzeichnet in: Indian Administrative Service: List of 1981 Census Publications. New Delhi: Registrar General and Census Commissioner, India 1983. – Die Inhalte zu den Abb. 56–58 sind ausführlicher behandelt in den beiden Aufsätzen: (1) «What has the Longevity in Europe and Japan to Teach India?». In: Demography India. Population – Society – Economy – Environment – Interactions 15, 1986, 1–25. – (2) «Can India learn lessons from Europe's Demographic and Epidemiologic Transitions?». In: Indian Journal of Community Medicine 11, 1986, 63–81.

Abb. 57: Testfall Indien: Sozio-demographische Angaben für die fünfzehn größten Bundesstaaten 1981/1983.
(A) Anteil von Frauen über 15 Jahren, die 1981 lesen konnten, in Prozent aller Frauen dieses Alters im jeweiligen Bundesstaat.
(B) Anteil von Mädchen im Alter von 10–14 Jahren, die 1981 eine Schule besuchten, in Prozent aller Mädchen dieser Altersgruppe im jeweiligen Bundesstaat.
(C) Anteil von Frauen im Alter von 15–19 Jahren, die 1981 bereits verheiratet waren, in Prozent aller Frauen dieser Altersgruppe im jeweiligen Bundesstaat.
(D) Anzahl Geborene 1983 je 1000 Einwohner im jeweiligen Bundesstaat.

Bundesstaat	(A) Lese-kenntnisse von Frauen über 15 in %	(B) Schul-mädchen 10–14 Jahre in %	(C) Verhei-ratete Frauen 15–19 Jahre in %	(D) Geburten-rate je 1000 Einwohner
Andhra Pradesh	20.03	30.0	56.3	30.7
Assam	–	–	–	34.1
Bihar	13.17	24.7	64.1	37.2
Gujarat	33.16	49.7	26.9	34.0
Haryana	21.58	36.2	47.4	35.9
Karnataka	28.23	37.8	36.2	28.7
Kerala	*70.79*	*84.0*	*14.0*	*24.9*
Madhya Pradesh	15.88	25.3	62.7	38.5
Maharashtra	34.56	51.2	38.1	29.6
Orissa	21.16	30.4	30.9	33.3
Punjab	32.42	55.6	14.1	30.2
Rajasthan	12.03	18.7	64.3	40.0
Tamil Nadu	34.65	44.6	22.8	27.8
Uttar Pradesh	13.92	25.1	60.5	38.4
West Bengal	33.25	45.1	37.3	31.9
INDIEN	25.68	37.5	43.5	33.6

Quellen: Zu (A): Registrar General and Census Commissioner, India: Census of India 1981, Series 1, India. Paper 2 of 1983: Key Population Statistics based on 5 per Cent Sample Data. New Delhi: Government of India, Ministry of Home Affairs 1983, 19. – Zu (B) und (C): Ashish Bose: Demography beyond Decimal Points. Delhi: Indian Association for the Study of Population 1985, 14–15. – Zu (D): Registrar General, India: Registrar General's News Letter, Vol. 16, Nr. 1, Januar 1985, 15–17.

Literatur (zu Abb. 57 und 58): S. Abraham und K.B. Gotpagar: An Annotated Bibliography of Mortality Studies in India. Bombay: Himalaya Publishing House and International Institute for Population Studies, Bombay 1985. – Asha A. Bhende et al.: Baseline Survey on Fertility, Mortality and Related Factors in Maharashtra. International Institute of Population Sciences, Bombay, and Department of Sociology, Marathwada University, Aurangabad 1985. – Ashish Bose: Demography beyond Decimal Points. Delhi: Indian Association for the Study of Population 1985. – Ashish Bose: Population stabilisation through bureaucratic targetism or social transformation? Delhi: Indian Association for the Study of Population 1986. – Francesca Bray: The Rice Economies. Technology and Development in Asian Societies. Oxford: Basil Blackwell 1986. – Ian J. Catanach: «Fatalism»? Indian Responses to Plague and Other Crises. In: Asian Profile 12, 1984, 183–192. – Satadal Dasgupta und G. R. Madan: Community and Agriculture in Two Indian Villages. Calcutta: Editions Indian 1978. – Tim Dyson und Mick Moore: On kinship structure, female autonomy, and demographic behavior in India. In: Population and Development Review 9, 1983, 35–59. – M. M. Gandotra et al.: Infant Mortality and its Causes in Gujarat. Baroda: Population Research Centre, Faculty of Science 1982. – Pirkko L. Graves: Infant behavior and maternal attitudes. Early sex differences in West Bengal, India. In: Journal of Cross-Cultural Psychology 9, 1978, 45–60. – Indian Association for the Study of Population (Hrsg.): Abstracts of Contributed Papers and Invited Papers to the Eleventh Annual Conference, Varanasi, Banaras Hindu University 1986. Delhi: IASP 1986. – International Seminar on Population Aging in India; University of Kerala, Trivandrum, India, 3–7 February 1985. In: International Union for the Scientific Study of Population, Newsletter 25, 1985, 60. – A. K. Jain: Determinants of Regional Variations in

Infant Mortality in Rural India. In: Population Studies 39, 1985, 407–424. – T. N. Krishnan: Infant mortality in Kerala State, India. In: Assignment Children 65/68, 1984, 293–308. – Moni Nag: Impact of Social and Economic Development on Mortality. Comparative Study of Kerala and West Bengal. In: Economic and Political Weekly; May 1983, 877–900. – P. K. B. Nayar: Le cas du Kerala, Inde. In: Jacques Vallin und Alan Lopez (Hrsg.): La lutte contre la mort. Influence des politiques de santé sur l'évolution de la mortalité. Paris: Presses Universitaires de France 1985, 357–367 (auch in englischer Version als: The Case of Kerala, India. In: Jacques Vallin und Alan D. Lopez (Hrsg.): Health Policy and Mortality Prospects. Liège: Ordina 1985, 371–381, (= Nayar 1985a)). – P. K. B. Nayar (Hrsg.): International Seminar on Population Aging in India, Trivandrum, February 3–7, 1985; Summary of Papers, Proceedings and Recommendations. Kariabattom, Trivandrum: University of Kerala, Department of Sociology 1985 (= Nayar 1985b). – Kanti B. Pakrasi: Female Infanticide in India. Calcutta: Editions Indian 1970. – John Ratcliffe: Social justice and the demographic transition: Lessons from India's Kerala State. In: David Morley et al. (Eds.): Practising health for all. Oxford: Oxford University Press 1983, 64–82. – Registrar General, India: Survey of Infant and Child Mortality, 1979. New Delhi: Government of India, Ministry of Home Affairs, Office of the Registrar General: Government of India Press 1983. – S. Sandhya: Sociocultural and economic correlates of infant mortality: A case study of Andhra Pradesh. Hyderabad: Administrative Staff College of India Bella Vista 1985. – Yogendra Singh: Modernization of Indian Tradition. New Delhi: Mehra Press 1979. – K. Srinivasan, P. C. Saxena, Tara Kanitkar (Hrsg.): Demographic and socio-economic aspects of the child in India. Bombay: Himalaya Publishing House and International Institute for Population Studies. Bombay 1979 (mit 72 Beiträgen!). – (The Statesman, by a Staff Reporter of:) A New Look at those Numbers. In: The Statesman; Delhi, 13. März 1986, 3. – Pravin Visaria und Leela Visaria: India's Population: Second and Growing. Washington: Population Reference Bureau 1981 (= Population Bulletin Vol. 36, Nr. 4). – Pravin Visaria und Leela Visaria: Indian Population Scene after 1981 Census. A Perspective. In: Economic and Political Weekly; Special Number, November 1981, 1727–1780.

Abb. 58: Testfall Indien: Zusätzliche sozio-demographische Angaben für die fünfzehn größten Bundesstaaten 1901–1981.
(A) Säuglingssterblichkeit 1981 je 1000 Lebendgeborene im jeweiligen Bundesstaat.
(B) Anzahl Einwohner, die im jeweiligen Bundesstaat 1972/73 je 100 000 Menschen als Patienten behandelt wurden.
(C) Geschlechter-Verhältnis: Anzahl Männer je 100 Frauen im jeweiligen Bundesstaat in den Jahren 1901, 1961 und 1981.
(D) Lebenserwartung bei der Geburt in Jahren 1971 für Frauen im jeweiligen Bundesstaat.

Bundesstaat	(A) Säuglingssterblichkeit je 1000 Geborene	(B) Patienten je 100000 Einwohner	(C) Männer je 100 Frauen in den Jahren:			(D) Lebenserwartung in Jahren
			1901	1961	1981	
Andhra Pradesh	86	79	101	102	103	45.65
Assam	106	24	–	–	–	48.91
Bihar	118	10	95	101	106	41.84
Gujarat	116	165	105	105	106	49.62
Haryana	101	–	116	116	114	47.81
Karnataka	69	152	102	104	104	47.08

Bundesstaat	(A) Säuglingssterblichkeit je 1000 Geborene	(B) Patienten je 100000 Einwohner	(C) Männer je 100 Frauen in den Jahren: 1901 1961 1981			(D) Lebenserwartung in Jahren
Kerala	*37*	*210*	*99*	*98*	*97*	*57.61*
Madhya Pradesh	142	10	101	105	106	45.12
Maharashtra	79	27	102	107	107	49.71
Orissa	135	44	96	100	102	42.75
Punjab	81	166	120	117	113	52.68
Rajasthan	108	61	110	110	109	47.27
Tamil Nadu	91	110	96	101	102	46.50
Uttar Pradesh	150	44	107	110	113	37.26
West Bengal	91	108	106	114	110	47.20
INDIEN	110	–	103	106	107	45.25

Quellen: Zu (A): Registrar General, India: Registrar General's News Letter, Vol. 16, Nr. 1, Januar 1985, 18. – Zu (B) und (C): Tim Dyson und Mick Moore: On kinship structure, female autonomy, and demographic behavior in India. In: Population and Development Review 9, 1983, 38. – Zu (D): P. N. Mari Bhat, Samuel Preston, Tim Dyson: Vital Rates in India, 1961–1981 (= Committee on Population and Demography, Report No. 24). Washington, D. C.: National Academy Press 1984, 115.

Abb. 59: Anteil Ehescheidungen je 100 geschlossene Ehen in der Bundesrepublik Deutschland, der Schweiz, den Niederlanden, Großbritannien, Dänemark und Schweden 1965–1982.
Literatur: Jacques Commaille et al. (Groupe international de recherche sur le divorce): Le divorce en Europe occidentale. La loi et le nombre. Paris: Institut National d'Etudes Démographiques 1983. – François Höpflinger: Changing marriage behaviour: Some European comparisons. In: Genus 41, 1985, 41–64 (mit umfangreichen bibliographischen Hinweisen: 60–62). – Ders.: Bevölkerungswandel in der Schweiz. Zur Entwicklung von Heiraten, Geburten, Wanderungen und Sterblichkeit. Chur-Grüsch: Rüegger 1986. – Louis Roussel: Evolution récente de la structure des ménages dans quelques pays industriels. In: Population 41, 1986, 913–934. – Poul C. Matthiessen: Consensual unions in Denmark. Kopenhagen: Schultz 1984 – J.-E. Neury: Die Scheidungen in der Schweiz seit 1967 (= ⟨Schweizerisches⟩ Bundesamt für Statistik: Statistische Hefte, Bereich 1: Bevölkerung). Bern: Bundesamt für Statistik 1985. – Jan E. Trost: Marital and Non-marital Cohabitation. In: John Rogers und Hans Norman (Hrsg.): The Nordic Family. Perspectives on Family Research. Essays in social and demographic history (– Reports from the Family History Group, Nr. 4). Uppsala: Uppsala University 1985, 109–119. – Vgl. ferner im Überblick Dirk Blasius: Ehescheidung in Deutschland 1794–1945. Göttingen: Vandenhoeck & Ruprecht 1987 sowie unter den Literaturhinweisen zu Abb. 60.

Abb. 60: Der Trend zum Einzel-Dasein: im Osten wie im Westen: Anzahl Eheschließungen und Ehescheidungen in der Bundesrepublik Deutschland und in der Deutschen Demokratischen Republik 1960–1980/1982; Anteil Geborener in der Deutschen Demokratischen Republik 1963–1983, deren Mütter nicht verheiratet waren; Anzahl Lebendgeborene in der Bundesrepublik Deutschland 1960–1980 sowie Anteil der Einpersonen-Haushalte unter allen Privat-Haushalten in der Bundesrepublik Deutschland 1961–1982 und in Hamburg und Berlin (West) 1982.
Literatur: Ausführlicher behandelt in den Aufsätzen: «Historische Demographie». In:

Wolfgang Schieder und Volker Sellin (Hrsg.): Sozialgeschichte in Deutschland. Entwicklungen und Perspektiven im internationalen Zusammenhang. Band II: Handlungsräume des Menschen in der Geschichte. Göttingen: Vandenhoeck & Ruprecht 1986, 32–63. – «Die gewonnenen Jahre – Wozu?». In: Jörg Schneider (Hrsg.): Struktur und Lebenslage der deutschen Familie. Hannover: Kali-Chemie-Pharma 1986, 20–36. – «Regulation, Manipulation und Explosion der Bevölkerungsdichte – aus der Sicht eines Sozialhistorikers». In: Otto Kraus (Hrsg.): Regulation, Manipulation und Explosion der Bevölkerungsdichte (= Veröffentlichungen der Joachim Jungius-Gesellschaft der Wissenschaften Hamburg 55). Göttingen: Vandenhoeck & Ruprecht 1986, 108–146. – Elisabeth Beck-Gernsheim: Von der Liebe zur Beziehung? Veränderungen im Verhältnis von Mann und Frau in der individualisierten Gesellschaft. In: Johannes Berger (Hrsg.): Die Moderne – Kontinuitäten und Zäsuren (= Soziale Welt, Sonderband 4). Göttingen: Schwartz 1986, 209–233. – Bundesministerium für Jugend, Familie und Gesundheit (Hrsg.): Nichteheliche Lebensgemeinschaften in der Bundesrepublik Deutschland (= Schriftenreihe des Bundesministers für Jugend, Familie und Gesundheit, Bd. 170). Stuttgart: Kohlhammer 1985. – Bundesministerium der Justiz und Bundesministerium für Jugend, Familie, Frauen und Gesundheit (Hrsg.): Gemeinsam leben ohne Trauschein. Bonn: Referat für Presse- und Öffentlichkeitsarbeit (der beiden Ministerien) 1986. – Max Wingen: Nichteheliche Lebensgemeinschaften. Formen, Motive, Folgen. Osnabrück: Fromm 1984.

Abb. 61: Von der unsicheren zur sicheren Lebenszeit – und den Folgen für unser Zusammenleben. Schematische Darstellung des Wandels vom überlebensnotwendigen Zusammenleben in Gemeinschaften «früher» zum Nebeneinanderherleben in Gesellschaften «heute».

Literatur: Ausführlicher behandelt in den Aufsätzen «Nos ancêtres à la recherche de stabilité». In: La France d'Ancien Régime. Etudes réunies en l'honneur de Pierre Goubert. Paris: Société de Démographie Historique 1984, 301–315. – «Von der unsicheren zur sicheren Lebenszeit. Ein folgenschwerer Wandel im Verlaufe der Neuzeit». In: Vierteljahrschrift für Sozial- und Wirtschaftsgeschichte 71, 1984, 175–198. – «Die verlängerte Lebenszeit – Auswirkungen auf unser Zusammenleben». In: Saeculum 36, 1985, 46–69. – «Planning Full-Size Life Careers. Consequences of the increase in the length and certainty of our life spans over the last three hundred years». In: Ethnologia Europaea 17, 1987, 5–23. – Sowie im Sammelband: Von der unsicheren zur sicheren Lebenszeit. Fünf historisch-demographische Studien. Darmstadt: Wissenschaftliche Buchgesellschaft 1987. – Zur Dichotomie «Gemeinschaft» – «Gesellschaft»: Ferdinand Tönnies: Gemeinschaft und Gesellschaft. Grundbegriffe der reinen Soziologie 〈1887 erstmals erschienen〉. Reprographischer Nachdruck der letzten, achten Auflage von 1935: Darmstadt: Wissenschaftliche Buchgesellschaft 1963. – Vgl. ferner Manfred Riedel: Gesellschaft, Gemeinschaft. In: Otto Brunner, Werner Conze, Reinhart Koselleck (Hrsg.): Geschichtliche Grundbegriffe. Historisches Lexikon zur politisch-sozialen Sprache in Deutschland. Bd. 2, Stuttgart: Klett 1975, 801–862. – Karl Acham: Gemeinschaft und Gesellschaft. Ihre Strukturen und ihr Verhältnis zueinander. In: A. Pfniss et al.: Individuum, Gemeinschaft und Gesellschaft in ihrem Mit- und Gegeneinander. Graz: Leykam 1986, 19–37. – Zu den verschiedenen Individualisierungs-Modernisierungs-Theorien, vor allem von soziologischer und sozialpsychologischer Seite, vgl. außerdem die verschiedenen Beiträge der Konferenzteilnehmer aus diesen Disziplinen in der Materialienmappe zum Symposium «Die verlängerte Lebenszeit: Auswirkungen auf unser Zusammenleben, oder: Werden wir ein Volk von Einzelgängern?» (Berlin, 26.–28. November 1986). Zweite erweiterte Auflage: Berlin: Fachbereich Geschichtswissenschaften der Freien Universität 1986 (insbesondere von Hans-Joachim Hoffmann-Nowotny, Martin Kohli, Hans-Joachim von Kondratowitz, Ursula Lehr, Helmut Lukesch, Meinrad Perrez. – Vgl. hierbei neben Martin Kohli: Die Institutionalisierung des Lebenslaufs. Historische Befunde und theoretische Argumente. In: Kölner Zeitschrift für Soziologie und Sozialpsychologie 37, 1985, 1–29, auch Ulrich Beck: Jenseits von Stand und Klasse? Soziale Ungleichheiten, gesellschaftliche Individualisierungsprozesse und die Entstehung neuer sozialer Formationen und Identitäten. In: Soziale Welt, Sonderband 2, 1983, 35–74). – Von «außerhalb» auch immer noch sehr lesenswert und anregend: Karl Bosl: «Der Mensch im europäischen Aufbruch: Individuen und Typen». In: Ders.: Europa im Aufbruch. Herrschaft – Gesellschaft – Kultur vom 10. bis zum 14. Jahrhundert. München: Beck 1980, 289–313.

Abb. 62: Zunahme der Lebenserwartung in Japan und Deutschland im 20. Jahrhundert: rasch zu Beginn in Deutschland, langsam in Japan; nach dem Zweiten Weltkrieg langsam in Deutschland, sprunghaft in Japan.

Lebenserwartung bei der Geburt in Jahren

	Japan			Deutschland	
	Männer	Frauen		Männer	Frauen
1899/1903	44.0	44.9	1901/1910	44.8	48.3
1921/1925	42.1	43.2	1924/1926	56.0	58.8
1935/1936	46.9	49.6	1932/1934	59.9	62.8
1947	50.1	54.0	1949/1951	64.6	68.5
1960	65.3	70.2	1960/1962	66.9	72.4
1970	69.3	74.7	1970/1972	67.4	73.8
1983	74.2	79.8	1981/1983	70.5	77.1

Quellen: Japan Statistical Yearbook 1985. Tokyo: Japan Statistical Association, Statistics Bureau, Management and Coordination Agency 1985, 55. – Statistisches Jahrbuch 1985 für die Bundesrepublik Deutschland. Stuttgart: Kohlhammer 1985, 78.

Literatur: Ausführlicher behandelt in den Aufsätzen: «Ähnliche Befunde vor unterschiedlichem Hintergrund: Differierende Auswirkungen der längeren Lebenszeit in Japan und Deutschland». In: Zeitschrift für Gerontologie 17, 1984, 167–175. – «Individualismus und Lebenserwartung in Japan. Japans Interesse an uns». In: Leviathan 14, 1986, 361–391. – «Is Japan following Europe towards a society of singles? Possible impacts of the rapid increase in life expectancy on Japanese social structure – As seen by a European historical-demographer». In: Keio Economic Studies 23, (Tokyo) 1986, 21–47. – «What has the Longevity in Europe and Japan to Teach India?». In: Demography India. Population – Society – Economy – Environment – Interactions 15, 1986, 1–25. – «Can India learn lessons from Europe's Demographic and Epidemiologic Transitions?». In: Indian Journal of Community Medicine 11, 1986, 63–81. – Zur übergreifenden Einleitung ferner das breit angelegte dreibändige westlich-fernöstliche Sammelwerk, hrsg. v. Constantin von Barloewen und Kai Werhahn-Mees: Japan und der Westen (Bd. 1: Philosophie, Geistesgeschichte, Anthropologie; Bd. 2: Wirtschafts- und Sozialwissenschaften, Technologie; Bd. 3: Politik, Kultur, Gesellschaft). Frankfurt am Main: Fischer Taschenbuch Verlag 1986 (mit einer kritischen Würdigung durch Dieter Chenaux-Repond: «Das Phänomen Japan – ein ‹Mischgewebe›?». In: Neue Zürcher Zeitung, Fernausgabe Nr. 10, 15.01. 1987, 41). – Sehr wert- und verdienstvoll die kommentierte Bibliographie von Sepp Linhart und Fleur Wöss: Old Age in Japan. An Annotated Bibliography of Western-Language Materials. Wien: Institut für Japanologie der Universität Wien 1984. – Instruktiv, umfassend und zuverlässig: Horst Hammitzsch (Hrsg.): Japan-Handbuch. Wiesbaden: Steiner 1981 (unter Beteiligung von rund 150 Fachleuten. – 2. unveränderte Auflage 1984).

Abb. 63: Schrumpfende Haushaltsgrößen und Anstieg der Einpersonen-Haushalte in Japan und in der Bundesrepublik Deutschland nach dem Zweiten Weltkrieg.
Folgen uns die Japaner – mit einem Zeitverzug von etwa dreißig Jahren – in unserer Entwicklung zur einer Gesellschaft von Einzelgängern?

JAPAN						
Jahr	1955	1960	1965	1970	1975	1980
Haushalte total in 1000	17383	19678	23085	26856	31271	34106
Davon mit nur 1 Person	3.5%	5.2%	8.1%	10.8%	13.5%	15.8%
Personen je Haushalt	5.0	4.5	4.1	3.7	3.5	3.3

BUNDESREPUBLIK DEUTSCHLAND				
Jahr	1950	1961	1970	1982
Haushalte total in 1000	16650	19460	21991	25336
Davon mit nur 1 Person	19.4%	20.6%	25.1%	31.3%
Personen je Haushalt	3.0	2.9	2.7	2.4

Quellen: Japan Statistical Yearbook 1985. Tokyo: Japan Statistical Association, Statistics Bureau, Management and Coordination Agency 1985, 47–48. – Statistisches Jahrbuch 1985 für die Bundesrepublik Deutschland. Stuttgart: Kohlhammer 1985, 66.

Literatur: Vgl. unter den Hinweisen zu Abb. 62.

Abb. 64: Unterschiedliche Lebenserwartung bei der Geburt und unterschiedliche Altersverteilung der eingeborenen und der nicht-eingeborenen Bevölkerungen auf Neuseeland 1981/1983 und in Australien 1980/81.
Literatur: Ausführlicher behandelt im Aufsatz «Der vorzeitige Tod in Australien und Neuseeland – kein Mysterium, sondern ein Anlaß zum Nachdenken». In: Zeitschrift für Bevölkerungswissenschaft 12, 1986, 53–97, mit umfangreichen Quellen und Literaturhinweisen, 91–97. – Noch nicht benutzt werden konnte damals das hervorragende zweibändige Sammelwerk: United Nations Economic and Social Commission for Asia and the Pacific (Ed.): Population of New Zealand (= Country Monograph Series No. 12, Vols. 1– 2). New York: United Nations 1985.
Anmerkung: Es sei hier nicht verschwiegen, daß es schwierig ist, mit Aborigines in Kontakt zu kommen, und noch schwieriger, mit ihnen auf «gleicher Wellenlänge» einen Gedankenaustausch zu pflegen. Wie die Maoris auf Neuseeland sagen sie – um uns rascher wieder loszuwerden – gerne «ja», wo sie eigentlich «nein» meinen. Angesichts der im Vergleich zur Bundesrepublik Deutschland riesigen Ausmaße Australiens (249 000 qkm zu 7 687 000 qkm = rund 31 Mal größer) und seiner, abgesehen vom Küstensaum, sehr dünnen Besiedlung fällt es den Aborigines außerdem sehr leicht, sich uns völlig zu entziehen. Mit einer (geschätzten) Zahl von rund 160 000 stellen sie zudem nur gut ein Prozent der australischen Gesamtbevölkerung (1981 total 14 923 300 = 1.1%). Etwas besser integriert in die Gesamtgesellschaft sind die Maoris auf Neuseeland. Einerseits ist dessen Fläche mit insgesamt 244 600 qkm etwa vergleichbar mit derjenigen der Bundesrepublik,

also um ein Vielfaches kleiner als Australien. Zum andern beträgt der Anteil der Maoris an der Gesamtbevölkerung fast ein Zehntel (1981: 279081 von insgesamt 3175737 = 8.8%). – Über die grundsätzliche Problematik des Umgangs und der Verständigung zwischen weißer und nicht-weißer Bevölkerung in Australien und auf Neuseeland vgl. als Einstieg (von der im Text zitierten Medizinerin und Anthropologin) Janice Reid (Hrsg.): Body, Land and Spirit. Health and healing in aboriginal Society. St. Lucia, Qld.: University of Queensland Press 1982. – Michael King (Hrsg.): Te ao hurihuri. The world moves on. Aspects of Maoritanga. Revised edition: Auckland: Longman Paul 1977.

Abb. 65: Höheres Sterberisiko der Ur-Einwohner auf Neuseeland 1983 und im australischen Bundesstaat New South Wales 1980/81 nach Geschlecht und Altersgruppen im Vergleich zur jeweiligen Gesamtbevölkerung desselben Alters und Geschlechts.
Literatur: Vgl. die Hinweise zu Abb. 64.

Abb. 66: Von der Notwendigkeit, ein langes Leben von Anfang an zu planen: immer mehr junge Menschen werden alt.

Anzahl Männer und Frauen unter jeweils 10 gleichzeitig Geborenen, die zu verschiedenen Zeitpunkten zwischen 1871/80 und 1981/83 in Deutschland (nach dem Zweiten Weltkrieg in der Bundesrepublik) ein Alter von 60, 80 und 85 Jahren erreichten.

Zeitraum	Geborene		davon wurden					
			60 Jahre alt		80 Jahre alt		85 Jahre alt	
	Männer	Frauen	Männer	Frauen	Männer	Frauen	Männer	Frauen
1871/80	10	10	3.1	3.6	0.5	0.7	0.1	0.2
1901/10	10	10	4.4	5.1	0.9	1.2	0.3	0.4
1924/26	10	10	6.1	6.5	1.6	2.0	0.6	0.8
1949/51	10	10	7.3	8.0	2.5	3.2	1.1	1.5
1981/83	10	10	8.1	9.0	2.9	5.2	0.8	3.1

Quellen: Statistisches Bundesamt Wiesbaden (Hrsg.): Bevölkerung und Wirtschaft 1872–1972. Stuttgart: Kohlhammer 1972, 109. – Statistisches Bundesamt Wiesbaden (Hrsg.): Statistisches Jahrbuch 1985 für die Bundesrepublik Deutschland. Stuttgart: Kohlhammer 1985, 78.

Literatur: Statistisches Bundesamt Wiesbaden (Hrsg.): Bevölkerung: Gestern – heute – morgen. Stuttgart: Kohlhammer 1985. – S. Jay Olshansky und A. Brian Ault: «The Fourth Stage of the Epidemiologic Transition: The Age of Delayed Degenerative Diseases». In: The Milbank Quarterly 64, 1986, 355–391. – Als allgemeinen Einstieg vgl. die Materialienmappe mit den Kurzbeiträgen der Konferenzteilnehmer am (europäischen) interdisziplinären Symposium «Die verlängerte Lebenszeit: Auswirkungen auf unser Zusammenleben, oder: Werden wir ein Volk von Einzelgängern?» (Berlin, 26.–28. November 1986). Zweite erweitere Auflage: Berlin: Fachbereich Geschichtswissenschaften der Freien Universität 1986. – Von amerikanischer Seite vgl. den Sammelband von Andrew W. Achenbaum et al.: The Aging Society (= Daedalus, Vol. 115). New York: American Academy of Arts and Sciences 1986 (hier im Beitrag von Harry R. Moody «Education in an Aging Society», 191–210, auch das Konzept des ‹Lifelong Learning in the Aging Society› behandelt). – Von amerikanisch-deutscher Seite: Aage B. Sörensen et al. (Hrsg.): Human Development and the Life Course: Multidisciplinary Perspectives. Hillsdale, New Jersey: Lawrence Erlbaum 1986. – Im Hinblick auf Japan (mit der längsten Lebenserwartung auf der Welt): David W. Plath (Ed.): Work and Life Course in Japan. Albany: State University of New York Press 1983. – Von internationaler volkskundlicher Seite zahlreiche anregende

Konferenzpapiere im Rahmen des ‹Third Congress of the International Society of Ethnology and Folklore SIEF›, Zürich, 9.–12. April 1987. – Hingewiesen sei mit Nachdruck auch auf die Schriftenreihe «Beiträge zur Gerontologie und Altenarbeit» des Deutschen Zentrums für Altersfragen Berlin, die mittlerweile über siebzig Bände umfaßt (vgl. u.a. die Nummer 59: Peter Zeman: Gemeinschaftliche Altenselbsthilfe: Prozesse sozialer Integration im Alter ⟨1985⟩, und Nummer 66: Henk Nies und Joep Munnichs, unter Mitarbeit von Nan Stevens und Huub Buijssen: Sinngebung und Altern ⟨1986⟩).
Hier und zur Abbildung 67 in restriktiver Auswahl ferner: F. E. Amacher: Freiheit und Lebensstil im Alter. In: Neue Zürcher Zeitung, Fernausgabe Nr. 39, 17. Februar 1978, 19–20. – Th. Abelin und Daniela Schlettwein-Gsell: Behinderungen und Bedürfnisse Betagter. Eine multifaktorielle epidemiologische Studie unter städtischen Bedingungen. In: Schweizerische Medizinische Wochenschrift 116, 1986, 1524–1542. – Manfred Bergener (Hrsg.): Depressionen im Alter. Darmstadt: Steinkopff 1986. – Cyril O. Houle: Patterns of Learning: New Perspectives on Life-Span Education. San Francisco: Jossey-Bass 1984. – Pat M. Keith: The social context and resources of the unmarried in old age. In: International Journal of Aging and Human Development 23, 1986, 81–96. – Kuratorium Deutsche Altershilfe – Wilhelmine-Lübke-Stiftung (Hrsg.): Im Alter ... einsam? Köln: Presse- und Informationsdienst (des Kuratoriums), Folge 6/1985 (besonders 3–17). – Ursula Lehr: Älterwerden in unserer Zeit. Eine Aufgabe für den einzelnen und die Gesellschaft. Nürnberg: Sandoz 1984 (sowie eine große Vielzahl weiterer Veröffentlichungen derselben Autorin. Die Psychologie-Professorin Ursula Lehr ist seit 1986 Direktorin des neugegründeten Instituts für Gerontologie an der Universität Heidelberg). – Peter Rinderknecht: «Senioren auf dem Weg zur Selbsthilfe. Von der Betreuung zur Beteiligung». In: Neue Zürcher Zeitung, Fernausgabe Nr. 171, 27. Juli 1985, 23. – Leopold Rosenmayr: Die späte Freiheit. Das Alter – ein Stück bewußt gelebten Lebens. Berlin: Severin und Siedler 1983. – Jürg Wunderli: Trauer und Selbstfindung. In: Neue Zürcher Zeitung, Fernausgabe Nr. 98, 30. April 1985, 35.

Abb. 67: Von der Notwendigkeit, ein langes Leben von Anfang an zu planen: immer mehr ältere Menschen werden sehr alt und stoßen an ihre biologische Lebenshülse. – Zunahme des Anteils 60-, 80- und 85jähriger Männer und Frauen in Deutschland zwischen 1871/80 und 1981/83 (nach dem Zweiten Weltkrieg in der Bundesrepublik).

In den fünf Zeiträumen zwischen 1871/80 und 1981/83 erreichten von 100 000 Männern und Frauen ein Alter von 60, 80 und 85 Jahren:

Zeitraum	Geborene		davon wurden					
			60 Jahre alt		80 Jahre alt		85 Jahre alt	
	Männer	Frauen	Männer	Frauen	Männer	Frauen	Männer	Frauen
1871/80	100 000	100 000	31 121	36 293	5 035	6 570	1 635	2 232
1901/10	100 000	100 000	43 807	50 780	8 987	12 348	3 212	4 752
1924/26	100 000	100 000	60 883	65 076	16 066	19 711	6 371	8 372
1949/51	100 000	100 000	72 852	80 166	25 106	31 787	11 321	15 225
1981/83	100 000	100 000	81 367	90 154	29 068	51 593	14 000	31 147

Setzt man die Anzahl der überlebenden 60-, 80- und 85jährigen Männer und Frauen des ersten Zeitraums 1871/80 je gleich 100 Prozent, dann hat deren Anzahl in den anschließenden Zeiträumen wie folgt zugenommen:

Zeitraum	60jährige		80jährige		85jährige	
	Männer	Frauen	Männer	Frauen	Männer	Frauen
1871/80 abs.	31 121	36 293	5 035	6 570	1 635	2 232
1871/80 in %	100.0%	100.0%	100.0%	100.0%	100.0%	100.0%
1901/10 in %	140.7%	139.9%	178.5%	187.9%	196.5%	212.9%
1924/26 in %	195.6%	179.3%	319.1%	300.0%	389.7%	375.1%
1949/51 in %	234.1%	220.9%	498.6%	483.8%	692.4%	682.1%
1981/83 in %	261.5%	248.4%	577.3%	785.3%	856.3%	1395.5%

Quellen: Wie bei Abb. 66.

Literatur: Arthur Schatzkin: How Long Can We Live? A More Optimistic View of Potential Gains in Life Expectancy. In: American Journal of Public Health 70, 1980, 1199–1200. – Allan Kellehear: Are we a ‹death-denying› society? A sociological Review. In: Social Science & Medicine, Vol. 18, No. 9, 1984, 713–723. – Burton P. Halpert und Mary K. Zimmerman: The health status of the ‹old-old›: A reconsideration. In: Social Science & Medicine, Vol. 22, No. 9, 1986, 893–899. – Vgl. außerdem die Anmerkungen zu Abbildung 66.

Anzeigen

Weitere Werke zur Kulturgeschichte:

Peter Gay
Erziehung der Sinne
Sexualität im bürgerlichen Zeitalter
Aus dem Englischen von Holger Fließbach
1986. 572 Seiten und 20 Abbildungen auf Tafeln
Leinen

Peter Gay
Die zarte Leidenschaft
Liebe im bürgerlichen Zeitalter
Aus dem Englischen von Holger Fließbach
1987. 526 Seiten und 20 Abbildungen
Leinen

Herrad Schenk
Freie Liebe – Wilde Ehe
Über die allmähliche Auflösung der Ehe
durch die Liebe
1987. 274 Seiten. Broschiert

William H. Hubbard
Familiengeschichte
Materialien zur deutschen Familie
seit dem Ende des 18. Jahrhunderts
1983. 277 Seiten. Broschiert

Otto Mayr
Uhrwerk und Waage
Autorität, Freiheit und technische Systeme
in der frühen Neuzeit
Aus dem Englischen von Friedrich Griese
1987. 302 Seiten mit 38 Abbildungen
Leinen

Von Arthur E. Imhof
sind bereits erschienen:

*Einführung in die
Historische Demographie*
1977. 149 Seiten mit 32 Figuren
und 11 Tabellen
Broschiert

Die verlorenen Welten
Alltagsbewältigung durch
unsere Vorfahren –
und warum wir uns heute
so schwer damit tun
2. Auflage 1985
248 Seiten mit 37 Abbildungen
und Graphiken
Broschiert

Die gewonnenen Jahre
Von der Zunahme unserer Lebensspanne
seit dreihundert Jahren
oder
von der Notwendigkeit einer neuen
Einstellung zu Leben und Sterben
Ein historischer Essay
1981. 279 Seiten mit 62 Graphiken
und 4 Tabellen
Broschiert

Der Mensch und sein Körper
Von der Antike bis heute
Herausgegeben von Arthur E. Imhof
1983. 280 Seiten mit 35 Abbildungen
Broschiert